보이드
BOYD

BOYD

KODEF 안보총서 120

보이드
BOYD

로버트 코람 지음 | 김진용 옮김 | 오충원 감수

플래닛미디어
Planet Media

추천사 1

미국과 중국이라는 2개의 강대국이 충돌하는 오늘날의 안보 환경은 역사 속의 그 어떤 시간보다도 '전략'이 중요한 시기로 진행되고 있다. 미국의 인도·태평양 전략과 중국의 A2AD 전략이 충돌하고 있는 것이 가장 대표적인 예다. 이러한 강력한 '전략적 충돌'이 일어나고 있는 안보 환경에서는 그 어떤 때보다도 전략에 대한 이해가 필요하다. 특히 2023년은 한미동맹이 70주년을 맞이하는 시점으로 한국의 입장에서는 혈맹인 미국의 전략에 대한 통찰력 있고 세밀한 이해가 필수적이다. 미국의 전략을 이해하는 방법은 새롭게 제시되는 전략 개념을 소통하는 것도 중요하지만, '전략의 기원'이 어디에서부터 시작되었는지를 확인하는 것 역시 중요하다.

존 보이드의 전략구상은 현대의 군대가 어떻게 전쟁을 수행하고 승리를 추구해야 하는지에 대한 방법을 제시하고, 전략적 사고에 대한 '출발점'이라는 점에서 매우 중요하다. 한국에서는 아직까지 보이드에 대한 연구가 충분하게 되고 있지 않은 현실에서 이 책이 가지고 있는 의미는 매우 크다.

이 책은 미국의 전략적 사고의 방법과 전쟁 수행에 대한 방식을 이해하는 데에 도움이 되는 하나의 지침서가 될 것이다. 따라서 현재의 안보 정책을 담당하는 전문가나 미래의 전략가들이 필수적으로 읽고 인용할 수 있는 훌륭한 책이 출판된 것은 안보 문제를 고민하는 모두에게 기쁜 일이다. 오늘날처럼 위기가 고증되는 시기에는 다시 처음으로 돌아가서 본질을 연구해야만 한다. 우리 군이 전략적 식견을 넓힐 수 있는 기회의 창이 이 책을 통해서 열렸으면 하는 마음이다.

국방대학교 국가안전보장문제연구소장 박영준

추천사 2

오늘날의 안보 환경은 그 어느 때보다 복잡하게 구성되어 있다. 이러한 안보 환경에서 대비해야 하는 전쟁은 정치, 경제, 외교를 포함한 전 영역에서의 전략적 노력이 필요하다. 심지어는 전쟁 이전의 상황에서도 회색지대의 분쟁이라는 이름으로 갈등의 양상이 확대되고 복잡해지는 추세다. 미국은 이와 같은 복잡한 전쟁의 양상에서 승리의 주도권을 확보하기 위해 다영역 작전Multi Domain Operation, MDO이라는 개념을 제시했고, 최근에는 미 공군이 합동전영역작전Joint All Domain Operation, JADO이라는 개념으로 그들의 안보 철학을 발전시키는 노력을 지속하고 있다.

이러한 상황에서 전쟁의 본성을 정확하게 이해하려는 방법으로 존 보이드가 주는 지혜는 여전히 유효하다. 이 책에서 설명하고 있는 우다 루프OODA Loop는 전쟁의 승리를 달성하기 위한 방법이다. 특히, 한국에서 기존의 연구들이 우다 루프를 1차원적으로 이해하고 있었다는 사실을 인식하고 있다면, 진짜 우다 루프가 무엇인지 설명해주는 저자와 역자의 노력은 많은 사람의 찬사를 받아 마땅하다.

전쟁의 승리는 단순하게 더 큰 파괴력을 갖는 것에서 보장되는 것이 아니다. 지휘관이 다양한 변수를 정확하게 고려하고, 목표, 수단, 방법의

적확한 변화를 묘수처럼 활용할 수 있을 때, 비로소 전쟁의 승리를 예측할 수 있게 되는 것이다. 이러한 의미에서 이 책이 가지고 있는 가치는 안보 전략의 나침반을 제공하는 것과 같다고 할 수 있다. 복잡한 안보 환경을 이해하고, 전략적 대응 방법을 찾아내기 위한 방법론으로 모든 독자에게 존 보이드의 전략구상을 권한다.

전前 공군 작전사령관 공군 중장 최성천

감수자의 글

존 보이드. 그는 한국에서는 잘 알려져 있지 않은 인물이다. 심지어 그의 조국인 미국에서조차 그가 위대한 군사전략가 '미국의 손자孫子'라고 칭송을 받기까지는 꽤 오랜 시간이 걸렸다.

하지만 오늘날 우리가 구글 검색창에 'John Boyd(존 보이드)' 또는 그가 만든 'OODA Loop(우다 루프)'를 입력하면 수많은 검색 결과와 즉시 마주하게 된다. 여기에는 '우다 루프OODA Loop'의 기본적인 정의와 개념은 물론이고 우다 루프가 전쟁, 경제 및 경영, 운동경기 또는 개인의 인간관계 등 '경쟁'이 이루어지는 모든 상황에서 상대에게 승리하거나 우위를 점하기 위한 독보적인 의사결정 도구라는 것을 설명하는 엄청난 수의 각종 자료들로 가득하다. 하지만 이토록 유명한 우다 루프도 그의 위대하고 다양한 업적들 중 일부일 뿐이다. 그렇다면 어떻게 해야 존 보이드의 이론과 사상을 온전하게 이해할 수 있을까?

로버트 코람Robert Coram이 쓴 이 책은 '40초 보이드', 'F-16의 아버지', '우다 루프의 창시자', '미국의 손자', '영국의 군사이론가 리델 하트Liddell Hart가 인정한 20세기 최고 군사전략가'로 알려져 있는 존 보이드의 치열한 삶과 그의 업적들을 한 권의 책에 온전히 담은 보이드 평전評傳으로, 수많은 사람들을 인터뷰하고 관련 자료들을 바탕으로 탄생시킨 역작力作이다. 이 책이 한국어로 번역 출간되어 다행스럽고 기쁜 마음이다.

존 보이드의 시대는 치열했다. 그는 제2차 세계대전이 끝나고 한국전쟁과 베트남 전쟁을 거쳐 미국의 국방개혁이 활발하게 논의되는 시대의 중심에 놓여 있었다. 그리고 그 국방개혁의 산고를 통해 탄생한 새로운 전쟁 패러다임을 전 세계에 보여준 걸프전 당시 보이지 않는 곳에서 미국의 전쟁 수행 계획에 큰 영향을 미쳤다. 그는 가히 "군사개혁을 이끌었다"고 말하기에 충분했다. 그는 이러한 시대적 배경 속에서 뛰어난 전투기 조종사이자 공학자, 군사이론가, 그리고 군사전략가로서 다양한 분야에서 뛰어난 업적을 후대에 남겼다.

먼저 그는 당대 최고의 기량을 가진 '전투기 조종사'였다. 그는 전투기 무기학교(미 공군의 일명 "탑건 스쿨") 교관으로 근무할 때 '40초 보이드'라는 별명으로 유명했다. 그는 모의 공중전에서 어떠한 위치에서든 40초 이내에 자신을 이기는 조종사가 있다면 40달러를 주겠다는 내기를 걸었다. 하지만 수년간 교관으로 있으면서 그를 이긴 조종사는 단 한 명도 없었다. 그의 전투비행 기량은 단순히 우수하다는 말을 넘어선 또 다른 표현이 필요했다. 이런 최고의 비행술을 바탕으로 그는 최초의 공중전 교범인 "공중전 연구Aerial Attack Study"를 집필한다. 그의 이 교범이 나오기 전까지만 해도 공대공 전투는 개념과 논리를 규정하기도 힘들고 이해하기 힘든 영역이라 인식되었다. 오로지 도제식으로 교육하고 훈련하는 방식이 전부였다. 교관과 학생이 함께 하늘을 날지 않는다면 개인의 경험을 타인에게 전달하는 것은 극히 제한될 수밖에 없었다. 이러한 한계를 극복하기 위해서 젊은 대위였던 존 보이드는 최초로 공대공 전투를 체계적으로 정리하여 교범으로 만든 것이다. 훗날 이 교범은 미 공군이 비밀에서 해제

한 후 전 세계 전투기 비행 교범의 초석이 된다.

전투기 조종사의 삶 이후 보이드는 조지아 공대에서 공학을 공부한다. 공학의 언어로 세상을 볼 수 있게 된 보이드는 전투기의 성능을 도표화하여 분석할 수 있는 '에너지-기동성Energy-Maneuverability 이론', 일명 'E-M 이론'을 개발한다. 에너지-기동성 이론은 코람이 이 책에서 표현한 대로 "코페르니쿠스 세계에서 뉴턴 세계로 바뀐 것만큼"이나 놀라운 업적이었다. 그의 에너지-기동성 이론을 기반으로 개발한 전투기가 바로 F-15와 F-16이다. 이러한 배경이 바로 보이드를 두 항공기의 아버지로 인정하는 이유다. 보이드는 그의 "공중전 연구"나 '에너지-기동성 이론'만으로도 항공사에 길이 남을 업적을 남겼다고 인정받기에 충분했다.

하지만 그가 남긴 가장 위대한 업적들은 그 이후에 만들어진다. 그는 24년간의 공군 생활을 마치고 전역한 뒤에는 펜타곤에서 근무하게 되는데, 이때 군사전략, 전쟁사, 철학, 과학, 심리학 등 다양한 분야의 학문에 대해 엄청난 연구를 한다. 그리고 자신이 연구한 모든 것과 공중전에 대한 모든 것을 융합하는 시도를 한다. 그리하여 보이드는 "분쟁의 양상 Patterns of Conflict"이라는 놀라운 연구 결과물을 특이하게도 6시간이 넘게 걸리는 긴 브리핑 형식으로 세상에 알리게 된다. 그럼에도 불구하고 그의 연구는 많은 고위 장성들과 정치인, 기업 경영인들에게 폭발적인 인기를 얻게 된다. 그는 이후에 "분쟁의 양상" 연구를 기반으로 '기동전 정립', '우다 루프 이론 정립', '미국 군사혁신 기여', '미 해병대 교범 재정립', '걸프전 승리의 초석 마련' 등의 업적을 완성하게 된다. 특히 우다 루프 이론은 군사 영역을 넘어 민간 분야인 경제, 경영, 그리고 운동경기 영역에까지 큰 영향을 미쳐 빠른 의사결정을 위한 필수 도구로서 각광을 받고 있다.

국내에 최초로 출간된 보이드 평전인 이 책은 왜 보이드가 미국이 낳은 가장 위대한 전략사상가이며 '미국의 손자'라고 칭송받는 이유를 잘 설명해준다. 우리는 이 책을 통해 보이드와 그의 업적들을 이해할 수 있게 될 것이다. 보이드의 철학, 논리, 언어를 이해할 수 있다는 것은 아주 좋은 성능의 컴퓨터칩과 같은 사고체계를 갖출 수 있다는 것을 의미한다. 쉽게 말하면, 넓게는 오늘날의 정치, 사회, 문화를 이해하는 것에 도움을 줄 뿐만 아니라, 좁게는 현재진행형인 전쟁들(러시아-우크라이나 전쟁, 이스라엘-하마스 전쟁)과 동아시아에서의 군사적 위기 등을 정확한 관점으로 이해할 수 있는 훌륭한 도구를 손에 쥐는 것이라고 할 수 있다.

이 책에는 그의 많은 업적 외에도 삶과 일에 대한 그의 진지한 생각들을 엿볼 수 있는 에피소드들이 많이 수록되어 있는데, 그중에서 특히 그의 "되느냐, 하느냐$^{To\ Be\ or\ to\ Do}$" 일장연설은 큰 울림으로 다가온다. 그는 그의 추종자들에게 "자신의 양심을 버리고 다른 사람들과 타협해서 출세하는 사람이 되느냐, 아니면 변화를 가져올 수 있는 중요한 일을 하느냐의 갈림길에 놓일 때 어느 쪽을 선택할 것이냐"고 묻는다. 그의 이 "되느냐, 하느냐" 일장연설은 결국 삶에 대한 보이드의 다짐이자 신조다. 그는 이 신조대로 옳은 중요한 일을 하기 위해 군과 펜타곤의 출세주의자와 관료주의자들에 맞서 싸웠고, 많은 업적을 세웠음에도 불구하고 장군으로 진급하지 못하고 대령으로 전역하게 된다.

하지만 그는 전역 후 방산업체의 고연봉직 제안도 거절하고 자유롭게 동서양의 고대부터 현대까지의 전쟁사는 물론이고 다방면의 학문을 독학으로 섭렵하면서 옳은 중요한 일을 하는 데 매진하여 전투기 조종사, 공학자를 넘어서 20세기 최고의 군사이론가, 군사전략가로 거듭난다.

"인생에는 부름을 받을 때가 종종 있어. 그때 결정을 해야 해. 되느냐, 하느냐? 자넨 어느 길로 가겠나?"

보이드는 이 물음에 대한 답을 그의 삶으로 보여주었다.

이처럼 훌륭한 책이 한글로 번역되어 출간될 수 있게 해주신 플래닛미디어 김세영 대표님의 안목에 찬사를 보내며, 꼼꼼한 편집 작업을 해주신 이보라 편집장님, 그리고 글의 의미를 잘 살려 번역해주신 김진용 번역가님께 진심으로 감사드린다. 앞으로 대한민국에서도 존 보이드와 같은 위대한 군사전략가가 탄생하길 기원해본다.

2023년 11월
대한민국 공군 제38전투비행전대장 대령 오충원

감사의 말

나처럼 이렇게 많은 사람들이 돕고 싶어 하는 주제를 다룬 작가는 드물 것이다. 그것은 사람들의 마음을 끄는 나만의 독특한 방법이 있어서도 아니고 나의 쾌활한 성격 때문도 아니었다. 그것은 존 보이드John Boyd를 알았던 사람들이 그의 이야기가 세상에 제대로 알려지기를 간절히 바랄 만큼 존 보이드라는 인물이 특별한 사람이었기 때문이다.

　이 책을 준비하면서 보이드와 가까웠던 사람들, 이른바 그의 열렬한 추종자들을 자주, 그리고 오랫동안 만났다. 나는 평소에는 내 책에 담는 사람들과 어느 정도 거리를 두지만, 이 사람들을 만나면서는 그 거리감이 사라졌다. 자료를 조사하고 집필하는 2년이 넘는 기간 동안, 프랭클린 "척" 스피니Franklin "Chuck" Spinney는 내가 필요로 하는 모든 것을 해결해주는 해결사였다. 그에게 가장 많이 빚을 졌다. 척 스피니, 톰 크리스티Tom Christie, 피어 스프레이Pierre Sprey, 레이 레오폴드Ray Leopold, 짐 버튼Jim Burton, 마이크 와일리Mike Wyly는 1960·70·80년대에 그랬던 것처럼 지금도 여전히 열정적이고 이상주의적이다. 그처럼 열정적이었던 과거를 돌아보면서 함께 보낸 수많은 시간들, 그리고 그들의 우정에 항상 감사할 것이다.

매리 보이드Mary Boyd, 캐시 보이드Kathy Boyd, 제프 보이드Jeff Boyd, 존 스캇 보이드John Scott Boyd는 가족 이야기를 아주 솔직하게 털어놓았다. 그것은 때로는 가족 모두에게 너무 고통스런 일이었다. 보이드의 유언집행인 매리 엘렌 홀튼Mary Ellen Holton은 특히 가족의 사문서를 얻는 데 도움을 주었다.

딕 체니Dick Cheney 부통령은 기꺼이 시간을 내어 그의 오랜 친구인 보이드에 관해 많은 이야기를 들려주었는데, 이를 통해 보이드에 대한의 그의 존경심이 어느 정도인지를 알 수 있었다. 그의 우정어린 말들은 이 책을 더욱 풍요롭게 만들어주었다.

이외에도 도움을 준 수십 명의 사람들 중에서 특히 몇 명에게 고마움을 표하고 싶다. 뛰어난 미 공군 장교인 잭 섀너한Jack Shanahan은 필자와 함께 몇 달 동안 공군의 역사, 문화, 장교근무평정Efficiency Report의 세부사항, 공중전투의 복잡한 내용, 그 밖에 공군 생활에 관한 수백 가지의 세부사항들을 알려주었다.

그랜트 해먼드Grant Hammond는 1990년대 중반 보이드와 수백 시간을 함께 보내면서 얻은 통찰력을 기꺼이 나에게 들려주었다. 버넌 스프래들링Vernon Spradling은 1950년대와 1960년대 전투기무기학교Fighter Weapons School, FWS의 조직 체계에 대한 기억을 고스란히 간직하고 있었다. 그는 나이가 들수록 기억력이 떨어지는 것은 아니라는 것을 보여주었다.

론 캐튼Ron Catton은 거친 젊은 시절을 보내고 공군에서 화려한 경력을 쌓은 뒤 사업에서 성공한 경험을 통해 삶의 지혜를 얻게 되었다. 그의 자문은 매우 귀중했다.

챗 리처즈Chet Richards는 보이드의 아이디어를 비즈니스에 응용하는 컨설턴트이자 강사다. 그는 수학자와도 같은 날카로운 논리로 나의 많은 실수를 바로잡아주었다.

미 공군역사실Office of Air Force History의 웨인 톰슨Wayne Thompson 박사는 내가 그런 문서들이 있는지조차 몰랐을 법한 귀중한 문서들을 제공해주었다.

조지아 공대Georgia Tech의 밥 하티Bob Harty, 매리 맥베이Marie McVay, 데비

윌리엄슨Debbie Williamson, 캐시 토마즈코Kathy Tomajko는 보이드가 조지아 공대라는 저명한 학교에 있던 2년간을 다룬 장chapter에 깊이와 차원을 더해주었다. 그리고 나의 친구 그래디 "힘셀프" 트래셔Grady "Himself" Thrasher는 많은 시간을 할애해 1960년대 초 그가 학생이었을 당시의 조지아 공대에 관해 이야기해주었다.

짐 스티븐슨Jim Stevenson은 비행기에 대해서 모르는 게 없는 척척박사다. 그는 자신의 지식을 나눠주었다.

약 30년 동안 한 무리의 사람들이 매주 수요일 밤에 워싱턴에서 강 건너에 있는 포트 마이어Fort Myer의 장교 클럽에서 만났다. 그곳은 아마 미국에서 국방에 가장 많은 공헌을 한 사람들이 모인 공간일 것이다. 그들은 모두 전설적인 인물들이다. 그래서 나는 항상 워싱턴에 갈 일이 있으면 그들을 보기 위해 수요일 모임 시간에 맞춰 일정을 잡았다.

이외에도 몇몇 사람을 더 언급하겠다.

나는 때마침 뉴욕에 있는 최고의 작가 에이전시를 알게 되었다. 윌리엄모리스 에이전시William Morris Agency의 멜 버거Mel Berger가 일을 잘 마무리해주었다. 그것도 빠르게 말이다.

이 책은 미군 역사에서 기나긴 격동의 시기를 다루고 있다. 정확성을 기하기 위해, 이 책에 언급된 많은 사람들이 원고의 일부나 전부를 읽었다. 하지만 오류가 있다면 그것은 전적으로 나의 탓이다. 나는 세인트 캐서린St. Catherines Island 섬에서 원고를 편집했다. 작가인 나에게 그곳은 최고의 집필 장소였다. 조지아 해변에 있는 그 외딴 섬의 관리자인 좋은 친구 로이스 헤이스Royce Hayes에게 한없는 고마움을 전한다.

마지막으로, 언제나처럼 아내 제니 애덤스Jeannine Addams에게 깊은 감사를 전한다. 아내 덕분에 나의 삶이 완전히 달라졌다.

★ CONTENTS ★

PART 2 공학자 ··· 183

★

프롤로그

회상

1997년 3월 20일, 워싱턴 D.C.에서 포토맥^{Potomac}강 건너편 알링턴 국립 묘지^{Arlington National Cemetery}에 있는 올드 포스트 채플^{Old Post Chapel}에 침울한 군중이 모였다. 그들은 미 공군에서 전역한 존 리처드 보이드^{John Richard Boyd} 대령의 추도식에 참석하기 위해 그곳에 왔다.

북부 버지니아의 언덕들에는 종종 겨울이 늦게까지 물러가지 않는다. 그리고 그 목요일 아침에는 하늘은 흐리고 차가운 비가 내려 많은 사람들이 겨울 코트의 끈을 더 단단히 동여매고 예배당 문 안으로 서둘러 들어갔다.

의장대, 군악대, 조총분대, 회색 말 6마리가 끄는 국기가 덮인 관 등 완전한 군대 의전이 보이드를 위해 제공되었다. 보이드는 전투기 조종사였다. 그는 24년 동안 공군 제복을 입었다. 이 기간 동안 그는 미 공군 역사상 그 어느 누구보다도 전투기 전술, 항공기 설계, 그리고 공중전투이론에 많은 공헌을 했다. 그러나 보이드의 유해가 안치된 그 흐리고 음울한 날, 공군은 그의 죽음을 거의 무시했다. 제복을 입은 공군 장교는 겨우 2명만이 추도식에 참석했다. 한 명은 미 공군 참모총장을 대리한 3성 장군이었다. 맨 앞줄에 홀로 앉은 그는 불편해하는 기색이 역력했다. 다른 한 명은 보이드가 한 일을 알고 그저 경의를 표하고 싶어 참석한 소령이었다.

두 사람 모두 존 보이드를 만난 적이 없었다.

목사가 개신교 예배를 시작했다. 그리고 보이드의 가장 오랜 친구 3명이 차례로 예배당 앞으로 걸어갔다.

키가 크고 백발인 톰 크리스티Tom Christie는 시편 23편을 엄숙히 읽었다.

보이드의 옛 학생 중 한 명이자 동료 전투기 조종사였던 론 캐튼Ron Catton이 첫 추도사를 낭독했다. 그는 소포클레스Sophocles의 말을 인용했다. "하루가 얼마나 화려했는지를 알려면 저녁까지 기다려야 한다." 그는 옛날에 보이드와 함께 비행했을 당시 어떠했는지를 말하면서 입술이 떨리고 말이 빨라졌다. 참석한 사람들 중 일부는 눈을 돌려 린넨으로 덮인 보이드의 유골 단지를 물끄러미 바라보며 추억을 회상했다.

추억할 게 너무나 많았다. 그만큼 존 보이드는 멋진 삶을 산 보기 드문 사람이었다.

보이드의 친구들은 시끄럽고 팔을 흔들며 활기 넘치던 보이드의 한창 때 모습을 회상하며 빙긋이 미소지었고, 그중 몇 명은 활짝 웃기까지 했다. 그 웃음소리를 듣고 목사는 틀림없이 어리둥절했을 것이다. 완전한 의전을 갖춘 군 장례식은 위엄 있고 엄숙한 것이 특징이다. 느리고 차분한 억양과 역사적으로 정해진 절차들은 경건한 침묵을 자아낸다. 이것은 나라를 위해 일생을 군에 바친 사람을 마지막으로 기리기 위한 신성한 의식이다. 여기에 경박함은 어울리지 않는다.

그러나 보이드의 친구들은 슬퍼하기 위해 온 것이 아니라 평탄하지 않았던 그의 삶을 축하하기 위해 왔다. 흰머리를 뒤로 넘긴 귀족적이고 내성적인 피어 스프레이Pierre Sprey가 "군법회의[1]와 그들이 받은 조사로 인해 삶이 규정되는 사람은 많지 않습니다"라고 말하면서 두 번째 추도사를

---

[1] 군법회의: 군사재판을 관할하기 위해 설치된 특별법원으로, 오늘날 군에서는 군법회의라 하지 않고 군사재판이라고 한다. 보이드가 살았던 시대를 다룬 이 책에서는 과거 표현대로 군법회의라는 말을 사용했다.

시작하자, 요란한 웃음소리가 흰 벽으로 둘러싸인 예배당 안에 울려 퍼졌다. 스프레이는 보이드가 어떻게 F-86의 꼬리를 잘라 먹었는지, 어떻게 F-100 전투기에서 조종불능상태인 스핀$^{spin\,2}$에 빠졌는지, 그리고 급진적인 새로운 공중전술이론을 개발하기 위해 어떻게 공군으로부터 100만 달러 이상의 가치에 해당하는 컴퓨터의 이용 권한을 몰래 훔쳐 사용하고도 관련된 모든 조사에서 살아남을 수 있었는지 얘기했다. 보이드에게 아들과도 같았던 미소년 같은 펜타곤 분석가 척 스피니$^{Chuck\,Spinney}$는 예배당 전체에 들릴 정도로 크게 웃었다. 심지어 보이드를 거의 알지 못하는 추모객들조차도 보이드가 언론에 정보를 유출한 혐의로 수십 차례 조사를 받은 경위와 성공적인 정보 유출을 위한 그의 게릴라 전술이 어떻게 지금까지도 쓰이고 있는지를 듣고는 크게 웃었다.

보이드의 경력은 20세기 후반기에 걸쳐 있었다. 그는 제2차 세계대전, 한국전쟁, 베트남전에 참전했다. 그의 아이디어는 1991년 걸프전을 준비하는 데 큰 영향을 미쳤다. 세계무역센터$^{World\,Trade\,Center}$와 펜타곤^{Pentagon}에 대한 공격 이후, 보이드의 연구에 기반한 개념인 "4세대 전쟁$^{Fourth\,Generation\,Warfare}$"에 관해 수많은 언론 보도가 있었다. 이렇듯 보이드의 삶은 위대하고 영속적인 업적들로 이루어졌지만, 그에게 가장 오랫동안 가장 큰 의미가 있었던 것은 처음부터 그가 가지고 있던 단순한 칭호였다. 그는 처음부터 마지막까지 언제나 전투기 조종사였다. 그는 큰 소리로 말하고 시가를 피우며 사람들의 이목을 끄는 전투기 조종사였다. 전투기 조종사에는 은퇴자란 없다. 젊은이가 일단 제트기 조종석 안전벨트를 질끈 매고 전투를 위해 창공으로 날아오르면, 그것은 그의 마음에 영원히 각인된다. 언젠가 그는 조종복을 벗게 될 것이다. 결국 모두 그렇게 된다. 그리고 황혼기에는 나이를 먹음에 따라 눈이 침침해지고 등이 굽을지도 모른다. 하지만 그에게 그의 삶을 묻는다면, 그는 눈을 반짝이며 등을 곧게

---

2 스핀: 양쪽 주날개의 양력(揚力)이 불균형한 상황에서 발생하는 조종불능상태의 하나.

펴고는 손으로 공중 기동을 보여주며 모든 대화를 "내가 거기에 있을 때는 말이야…"로 시작하면서 다시 젊어진다. 그는 하늘을 가르며 춤을 추던 날들을, 버튼 하나로 번개를 소환하고 천둥을 부를 수 있던 때를, 땅의 왕자이자 하늘의 왕이었던 날들을 기억한다. 영광스러운 날들을 기억하면서 그는 다시 젊어진다.

추도식에 참석한 보이드의 친구 중 일부는 보이드가 미국 최고의 전투기 조종사였던 1950년대 중후반을 추억했다. 한국에서 전투 근무를 마치고 돌아와 미 공군에서 최고 수준의 근접공중전dogfighting 교육기관인 전투기무기학교Fighter Weapons School의 교관이 되었을 때, 그는 모의 공대공 전투에서 어떤 상대라도 40초 안에 이길 수 있는 전투기 조종사라는 의미의 "40초 보이드Forty-Second Boyd"라는 별명으로 불렸다. 별명과 명성을 가진 여느 총잡이처럼 보이드는 도전 요청을 받았다. 미 공군 최고의 전투기 조종사 몇 명이 때때로 그에게 도전했다. 해군과 해병대의 최고 조종사들도 마찬가지였다. 그러나 존 보이드보다 하늘에서 더 뛰어난 사람은 찾아볼 수 없었다. 그는 결코 패배한 적이 없다.

보이드는 스틱stick³과 러더rudder⁴ 조작이 뛰어난 조종사 그 이상이었다. 그는 가장 희귀한 존재, 즉 '생각하는' 전투기 조종사였다. 공군에 대해 잘 아는 사람이라면 두 가지를 확실하게 말할 수 있다. 첫 번째는 전투기 조종사는 지성보다는 남성성으로 더 알려져 있다는 것이고, 두 번째는 군사 교리는 어깨에 별을 단 사람들이 결정한다는 것이다. 하지만 젊은 대위였던 1959년에 존 보이드는 공대공 전투라는 규정하기 힘들고 이해하기 힘든 영역을 처음으로 체계적으로 정리했다. 그는 "공중전 연구Aerial Attack Study"를 집필했는데, 이 문서는 처음에는 미국에서 공군 공식 교리이자 공중전의 바이블이 되었고 기밀 해제가 된 후에는 전 세계 공군으

---

3 스틱: 비행기의 자세를 제어하는 조종간.

4 러더: 비행기의 수직꼬리날개에 있는 방향타를 조절하는 페달.

로까지 퍼져나갔다. 달리 표현하면, 초급 장교에 불과한 존 보이드는 세계의 모든 공군이 비행하고 싸우는 방식을 바꿨던 것이다.

그러나 공대공 전투의 새로운 표준을 만든 일은 보이드가 미 공군에 지적으로 기여한 일들의 시작에 불과했다. 피어 스프레이는 1961년에 공군이 보이드를 다시 대학으로 보내 어떻게 또 다른 학위를 취득하게 했는지 말했다. 보이드는 미국의 주립 공과대학 중 가장 힘든 곳 중 하나인 조지아 공과대학Georgia Institute of Technology을 선택했다. 열역학 시험 공부를 하던 어느 늦은 밤, 보이드는 잠시 딴생각에 빠져 한국전쟁에 전투기 조종사로 참전했을 당시 미그 앨리MiG Alley 지역에서 F-86 전투기로 비행했을 때를 떠올리며 그때 어땠는지를 생각하게 되었다. 순간 그는 열역학에서 배운 것과 지금까지 전투기 조종사로서 배운 모든 것이 마치 톱니바퀴처럼 딱 들어맞는다는 사실을 깨닫게 되었고, 이러한 깨달음은 그의 에너지-기동성Energy-Maneuverability, E-M 이론을 만드는 계기가 되었다.

톰 크리스티는 과거를 회상하면서 미소 지으며 고개를 끄덕였다. 그는 보이드가 에너지-기동성 이론을 공군에 제시하면서 "미친 소령"이라고 알려진 격동의 시절에, 난폭하고 대립적인 보이드의 뒤를 받쳐준 사람이었다. 에너지-기동성 이론 이후 항공 분야는 모든 것이 달라졌다. 에너지-기동성 이론은 코페르니쿠스의 세계에서 뉴턴의 세계로 바뀐 것만큼이나 신-구 시대 사이의 경계를 명확히 구분하는 선이었다. 에너지-기동성 이론에서 얻은 지식 덕분에 F-15와 F-16을 세계 최고의 전투기로 만들 수 있었다. 보이드는 그 두 항공기의 아버지로 인정받고 있다.

보이드는 "공중전 연구"나 에너지-기동성 이론만으로도 항공 역사에 길이 남을 업적을 남겼다고 인정받았을 것이다. 하지만 그가 남긴 가장 위대한 업적들은 그 이후에 만들어진다. 1975년 공군에서 전역한 후 보이드는 획일적이고 무소불위로 보이는 펜타곤에 영향을 미친 일종의 게릴라 운동인 "군사개혁 운동"의 창시자이자 지도자이며 정신적 지주가 되었는데, 역사상 그러한 전례는 찾아보기 힘들다. 몇 년 동안 그는 워싱턴에서 가장 영향력 있는 인물 중 한 명이었다.

그런 다음 그는 스스로 유배를 자초하여 철학과 과학 이론, 군사사, 심리학, 그리고 그 밖에 관련 없는 분야처럼 보이는 10여 가지의 학문에 대한 엄청난 연구에 몰두했다. 그는 전사戰士에서 전사 공학자로 변신하더니 보통사람들과는 동떨어진 순수한 지식인다운 분위기를 풍겼다. 그는 자신이 연구한 모든 것과 공중전투에 대해 알고 있는 모든 것을 통합한 후 이를 모든 형태의 분쟁을 포함하도록 확장해서 "분쟁의 양상Patterns of Conflict"이라는 제목의 놀라운 요약 보고서를 탄생시켰다.

추도사의 이 부분에 이르자, 스프레이는 잠시 말을 멈추고 예배당을 두리번거리다가 크리스티와 스피니, 그리고 다른 두 남자를 발견했다. 레이 레오폴드Ray Leopold와 제임스 버튼James Burton이 그들이었다. 이들은 보이드를 헌신적으로 따르던 추종자[5]들이었다. 그들이 보이드와 함께한 시기는 그들의 인생에서 중요한 시기였다. 그들은 보이드를 따라서 관료주의와의 피비린내 나는 싸움에 수십 차례 뛰어들었고, 이로 인해 그들의 경력은 완전히 바뀌었으며, 일부는 경력이 무너졌다고 말한다. 그들은 보이드의 마지막 연구로 인해 2,400년 전에 손자孫子가 『손자병법孫子兵法』을 쓴 이래로 그가 가장 영향력 있는 군사사상가가 되었다고 믿는다. 왜냐하면 사막을 유랑함으로써 영혼을 정화한 구약성서의 선지자처럼 보이드는 유배를 자처하여 연구에 몰두한 끝에 전쟁 수행에 관한 기본 교리를 바꿔야 한다고 미 육군과 미 해병대를 설득시킬 정도로 놀랍고 심오한 전망을 제시했기 때문이다. 기이하고 믿기지 않겠지만 한 늙은 전투기 조종사가 지상군에게 전쟁을 수행하는 방법을 가르친 것이다. 그가 가르친 것의 결과는 걸프전이라는 시련의 장場에서 나타났다. 걸프전에서 놀라울 정도로 신속하게 승리를 거둘 수 있었던 것은 미디어의 영웅들이나 거드

---

5 저자는 원서에서 보이드의 일생 동안 그를 따르며 실무를 함께한 측근 그룹을 Acolyte라고 표현했다. 이 책에서는 이들을 추종자라고 표기한다.

름 피우고 허풍 떠는 장군들이 아니라, 자신이 잊혀졌다고 여긴 남부 플로리다의 외로운 늙은이 덕분이라고 할 수 있다.

보이드는 그의 시대에 가장 중요한 무명인無名人 중 한 명이었다. 그는 극소수의 사람만이 해낼 수 있는 영예로운 일을 성취했다. 세상을 바꾼 것이다. 하지만 그가 한 일의 상당 부분이나 그가 한 일의 영향은 극비이거나 기본적으로 군의 관심 분야였다. 그가 정식으로 발표한 유일한 것은 공군 전문 잡지에 실린 몇 편의 기사와 11페이지 분량의 논문 한 편뿐이었다. 그의 가장 중요한 연구 성과물은 6시간 분량의 브리핑이었다. 따라서 학자들이 깊이 파고들어 상세하게 설명할 것이 거의 없다. 그렇기 때문에 오늘날 보이드와 그의 연구 성과물 모두 군대 밖에서는 잘 알려지지 않은 상태로 남아 있다.

그의 추종자들은 그것을 바꾸기 위해 노력한다. 그들은 보이드에 관한 기억을 되살리고 그의 아이디어를 미국 사상의 주류로 옮기기 위해 일한다. 매주 수요일 저녁, 그들은 거의 30년 동안 그래왔듯 포트마이어Fort Myer의 장교 클럽에서 만난다. 그들이 모이는 지하실은 아주 적절하게도 올드 가드 룸Old Guard Room이라고 불린다. 그들은 보이드에 대해 이야기하고 오래된 전투를 회고하며 그가 설계한 '망토 흔들기cape job'와 '핫 플래터hot platter', 그리고 '튜브 스테이크tube steak'**6**를 떠올리며 웃는다. 하지만 그들이 대화를 나눌 때는 보이드의 성격과 진실성을 더 많이 이야기한다. 그는 선하고 숭고한 인물의 전형은 아니었다. 오히려 그와는 거리가 멀었다. 그는 다른 전투기 조종사들처럼 자신의 거친 말과 행동, 상스

---

6 저자인 로버트 코람은 이 책에서 보이드가 사용한 속임수를 몇 가지 언급했는데, 그중 '망토 흔들기'는 이 책의 본문에서 언급되었으나 '핫 플래터', '튜브 스테이크', 그리고 책의 뒷부분에 언급되는 '바브와이어 엔칠라다(barbwire enchilada)'에 관해서는 이 책 본문에 구체적인 설명을 남기지 않았다. 이후 저자는 한 방송과의 인터뷰에서 '튜브 스테이크'와 '바브와이어 엔칠라다'가 무슨 뜻인지 질문을 받고서 "누군가에게 무언가 불쾌한 일을 강제로 수락하게끔 하는 것"이라고 마지못한 말투로 설명을 한 적이 있다. 이 책에 묘사된 존 보이드의 성격을 감안하면 공개적으로 설명하기 힘들 정도로 비밀스런 의미가 담긴 표현이라서 저자가 얼버무리고 넘어간 게 아닌가 짐작된다.

러운 유머 감각을 자랑으로 여겼다. 외모에는 거의 신경을 쓰지 않았으며, 까다롭고, 거칠고, 비이성적일 때도 있었다. 그리고 직업적인 삶에서는 결코 흉내 낼 수 없는 일들을 성취했지만, 개인적인 삶에서는 거의 누구도 본받고 싶어하지 않을 일들을 했다.

보이드의 추종자들은 그의 결점을 축소한다. 그들은 그의 핵심적인 신념이 굳건했고, 도덕적 기준이 올곧았으며, 재능을 결코 낭비하지 않았다는 점이 더 중요하다고 말한다. 그의 동기는 단순했다. 가능한 한 진실에 가까이 가는 것이었다. 그는 절대적인 진실이란 없다는 것을 알 만한 사람이었다. 하지만 그럼에도 불구하고 자신의 손아귀에서 멀어지는 무언가를 계속 좇았다. 그리고 그것을 추구하는 과정에서 그는 도달 불가능한 목표를 향해 대부분의 다른 사람들보다 훨씬 더 가까이 다가갔다.

보이드는 자신이 가장 바라던 한 가지를 결코 달성하지 못했다. 그는 고향 사람들이 그가 국방에 얼마나 많이 기여했는지를 전혀 알지 못한다고 생각하며 죽었다. 그는 자신이 괴짜이자 실패자, 장군이 되지 못한 사람, 그리고 자신의 아이디어를 이해시키지 못하고 대단치 않은 업적을 이룬 사람으로 기억될 것이라고 생각하면서 죽었다.

보이드는 평생 현실 속에 실재하는 적과 상상 속의 적에게 쫓겼다. 그는 자신이 알고 있는 유일한 방법, 즉 공격으로 대응했다. 적의 계급이나 지위, 기관의 규모나 중요성, 그 어떤 것도 개의치 않고 공격했다. 그리고 공격할 때는 무자비했다. 그는 매번 적을 압도하여 그들을 수치스러운 패배로 몰아넣었다.

보이드 주변에서 그를 가장 오래, 그리고 가장 잘 알았던 사람들은 그가 거액의 유혹에 맞서 강하게 맞섰다고 말한다. 그는 자신은 물론이고 다른 사람들에게도 최고의 기준을 요구하는 세속적인 청교도였다. 그는 흑과 백, 옳고 그름, 그리고 선과 악의 세계에서 살았다. 그는 절대로 믿음을 저버리지 않았고, 그렇게 하는 사람들을 용납하지 않을 터였다. 아주 많은 사람들이 부패해 있던 곳에서 그는 청렴한 사람이었다. 그는 순수한 사람이 필요하지만 그에 부응하는 사람이 거의 없던 시대에 존재한 순수한 사람이었다.

이 음울한 날 알링턴 국립묘지Arlington National Cemetery의 예배당에서 존 보이드의 친구들은 이 모든 것들, 그리고 더 많은 것들을 회고했다. 추도 식이 끝나자 그들은 천천히 예배당을 걸어 나와 비와 옅은 안개 속에서 작은 무리를 지어 옹기종기 모였다. 그들은 공군에 화가 났다. 그렇게 많은 것을 남기고 간 사람을 위해 공군이 더 많은 예우를 갖췄어야 했다.

미 공군이 추도식에 불참했기 때문에 눈에 띄었다면, 미 해병대는 추도 식에 참석했기 때문에 눈에 띄었다. 실제로 군대 문화는 알지만 존 보이 드에 대해서 모르는 사람이라면 공군 조종사의 추도식에 그렇게 많은 해 병들이 참석한 것을 보고 당황했을 것이다. 특히 눈에 띈 것은 콴티코 해병 기지Marine Base Quantico의 기본훈련학교Basic School에서 온 머리를 아주 짧게 깎고 자세가 곧은 강직한 일단의 젊은 위관장교들이었다. 이들은 훈련 중인 전사였다. 이들 중에서 장차 해병대 사령관이 나올 것이다. 그리고 여러 전투를 겪었음을 보여주는 기장과 훈장을 착용한 해병대 대령이 참석했다. 그의 존재는 젊은 위관장교들로부터 경외심을 불러일으켰고, 젊은 위관장교들은 그런 그에게서 눈을 떼지 못했다.

이 해병대 대령은 보이드의 추도식에 참석했다는 사실만으로도 사람 들의 이목을 끌기에 충분했는데, 사람들이 끝없이 늘어선 비석들 사이로 빗물에 의해 반짝이는 길을 따라 걸을 때 홀로 걸어서 더욱더 눈에 띄었 다. 리드미컬한 말발굽 소리와 의장대의 빛나는 전투화에 달린 금속 장식 이 내는 날카로운 찰칵 소리는 습한 공기 속으로 흡수되었다.

바람이 불어오는 초록빛 비탈길에서 장례 행렬은 멈췄다. 잔디는 젖었 고 공기는 맑고 상쾌했다. 사람들은 60번 구역 3660번 묘지에 모였다. 해병대 대령은 주머니에서 독수리, 지구본, 닻이 있는 해병대 휘장을 꺼 냈다. 그는 군중에서 걸어 나와 무릎을 꿇고 그 휘장을 보이드의 유해가 담긴 유골함 옆에 놓았다. 누군가가 사진을 찍었다. 그 찰나의 순간에 독수리, 지구본, 닻이 있는 휘장이 카메라 플래시의 빛을 받아 반짝이면서 청동 유골함과 푸른 잔디와 선명한 대조를 이루었다. 검은색 휘장이 모든 사람의 시선을 끌었다. 그렇게 하라는 명령이 없었지만 젊은 위관장교들은 일순간 차려 자세를 취했다. 미 해병대의 상징을 묘지에 안치하는 것은 해병대가 수여할 수 있는 최고의 명예이다. 이는 전투를 치르고 훈장을 받은 해병대원의 장례식에서조차 드문 일이며, 공군 조종사가 그러한 영예를 받은 것은 아마 역사상 처음이었을 것이다. 이 단순한 행동은 일종의 사랑의 표현으로서 고인에 대한 사랑, 진실에 대한 사랑, 나라에 대한 사랑, 해병대에 대한 사랑이 모두 담긴 행위다. 이는 보이드의 전사 정신이 틀에 박힌 패턴에서 벗어났다는 뜻이었다.

7명으로 구성된 조총분대가 3발을 일제사격했고 나팔수 한 명이 아주 구슬픈 "영결 나팔"을 불었다. 이로써 장례식은 끝났다. 장례식에 참석한 사람들 중 몇몇 사람은 돌아서서 걸어 나갔다. 그러나 젊은 해병대 장교들은 차려 자세를 유지하며 마지막까지 오랫동안 존경의 뜻을 표시했다. 해병대원들처럼 보이드의 친구들도 이별을 주저했다. 그들은 옅은 안개 속에 머물며 담소를 나눴다. 그들은 머리 위 고공에서 배회하는 F-15 편대가 구름을 뚫고 내려와 보이드의 무덤 상공에서 추모비행을 하려고 시도하는 소리를 들을 수 있었다. 하지만 그것은 불가능할 터였다. 구름이 너무 두터웠다. 보이드의 친구들은 빗속에서 어깨를 맞대고 모였다. 미국에서 가장 장엄하고 엄숙한 곳 중 하나인 알링턴 국립묘지에 모인 그들의 주변에는 신념을 위해 싸우다 죽은 수천 명의 무덤이 있었다. 그곳은 존 보이드의 유해를 위한 적절한 안식처였다. 그러나 어떻게든 어떤 식으로든 그의 묘지는 다른 묘지들과 차별화되었어야 마땅하다. 미국은 종종 존 보이드 같은 사람들을 배출한다고 믿고 싶어하지만, 사실 광범위하고 영속적인 지적 성취와 전사 정신을 모두 구현한 사람은 미국뿐만 아니라 다른 어느 나라에서도 찾아보기 힘들다. 그런 사람들은 좀처럼 우리 곁에 나타나지 않으며, 정말로 절실할 때만 나타난다.

PART 1

전투기 조종사
FIGHTER PILOT

CHAPTER 1

불우한 성장기

펜실베이니아주 이리의 중산층 집안에서 태어나다

펜실베이니아주 이리Erie는 살기 힘든 도시, 육체노동자들의 도시, 지저분하고 낙후된 도시로서, 펜실베이니아주의 다른 도시들보다는 오대호Great Lakes 지역의 러스트 벨트rust-belt[7]인 버팔로Buffalo와 클리블랜드Cleveland와 공통점이 더 많다. 펜실베이니아주의 북서쪽 모퉁이 끝에 자리 잡은 이리는 이리호Lake Erie를 정면을 바라보고 뒤로는 펜실베이니아주의 나머지 지역이 있는 펜실베니이아주의 유일한 호반 항구 도시다. 심지어 펜실베이니아주의 다른 지역에 사는 사람들조차도 최근까지도 이리가 우아하고 역사적인 도시 필라델피아Philadelphia, 그리고 건강한 세련미가 넘치는 피츠버그Pittsburgh 다음으로 펜실베이니아주에서 세 번째로 큰 지자체였다는 것을 알면 놀라곤 한다. 인구가 약 10만인 이 도시는 그렇게 커 보이지는 않는데, 외딴 곳에 있기 때문이 아니라 아주 좁고 시골 같은 느낌이 나기 때문이다.

---

7 러스트 벨트: 미국 북부의 쇠락한 공업 지대.

이리에서 주목할 만한 자연경관 중 하나는 프레스크 아일 반도^{Presque} Isle Peninsula인데, 이곳은 호수 쪽으로 11킬로미터 돌출되어 여름에는 보트를 타고 겨울에는 빙상 요트 레이스를 하기에 이상적인 만을 이룬다. 문자 그대로 이 "반도"에는 11개의 해변뿐만 아니라 사람의 손길이 닿지 않은 야생 지역, 아름다운 습지와 산책로들이 있어 수천 명의 사람들이 찾는다. 이곳은 유일무이한 자연의 선물이다.

하지만 이리는 오대호로 통하는 산업항이 되기에도 적합하다. 이리는 처음부터 관광지가 될 것인지 산업항이 될 것인지를 놓고 고민했다. 하지만 산업도시가 되고자 하는 열망이 너무 강해서 지역의 제조업체들로 인한 호수 바닥의 오염물질을 결코 제거할 수 없을 정도가 되었다.

이리는 오랫동안 도시를 특별하게 만드는 것들, 즉 바깥 세계에 자랑할 가치가 있는 역사적 사건이나 인물을 찾으려 해왔다. 하지만 그러한 역사적 사건이나 인물은 극소수에 불과했고, 그마저도 미국의 다른 지역 사람들의 눈에는 이상하게 보였을 것이다. 예를 들면, 1812년 미영전쟁[8] 중 이리호 전투Battle of Lake Erie에서 올리버 해저드 페리Oliver Hazard Perry 해군 준장이 이리에서 건조된 배를 타고 항해했다는 것을 이리 주민들은 상당한 지역 자랑거리로 여긴다. 그 후에는 이리 출신인 스트롱 빈센트Strong Vincent 대령이 있었다. 그는 게티스버그 전투Battle of Gettysburg에서 전장의 한복판에 서서 자신의 부대를 승마 채찍으로 독려했다. 이러한 행동으로 인해 결국 그는 남군 저격수에게 저격당해 죽었다. 대부분의 역사학자들은 조슈아 체임벌린Joshua Chamberlain 대령[9]이 게티스버그에서 북부연방의 영웅이었다는 데 동의하는 반면, 이리의 주민들은 스트롱 빈센트가 북부

---

8 미영전쟁: 1812년 6월부터 1815년 2월까지 미국과 영국, 그리고 양국의 동맹국 사이에서 벌어진 전쟁.

9 조슈아 체임벌린: 게티스버그 전투 당시 제20메인주의용보병연대(the 20th Maine Volunteer Infantry Regiment)를 지휘하며 북군 전선 중 가장 좌측에 있던 고지인 리틀 라운드 탑(Little Round Top)에서 적을 필사적으로 저지하여 남군의 우회 공격을 막아내는 데 큰 역할을 했다.

연방을 곤경에서 구했다고 말한다. 그리고 에이브러햄 링컨^{Abraham Lincoln} 대통령의 시신을 싣고 워싱턴에서부터 일리노이의 본가까지 운행한 기차가 있었는데, 그 기차가 이리를 경유했다는 사실을 이리 주민들은 자랑거리로 삼았다.

1920년대에 휴버트 보이드^{Hubert Boyd}와 그의 아내 엘시 보이드^{Elsie Boyd}는 2남 1녀의 자녀와 함께 만에서 한 블록밖에 떨어지지 않은 이리 서쪽 링컨가^{Lincoln Avenue} 514번지에 있는 갈색 2층 목조 주택에서 살았다. 이곳은 이리에서 상류층 지역 중 한 곳으로, 부모들이 선망하는 거리였다. 이 거리는 잘 정비된 집들, 안전한 거리, 그늘을 드리운 단풍나무와 아름드리 참나무로 유명했다. 대부분 현관 베란다가 있는 집들이 잘 정돈된 인도와 맞닿아 있었다. 거리는 긴 블록 하나를 지나 만이 내려다보이는 가파른 절벽에서 끝났다. 만 너머에는 반도가 있고 반도 너머에는 이리호가, 이리호 너머에는 광활한 지평선과 캐나다가 있었다.

휴버트 보이드는 1만 6,500달러를 주고 이 집을 샀다. 엘시는 인테리어의 세세한 부분까지 꿰뚫어보는 안목을 지니고 있었다. 그녀는 식당에 어두운 견목 마루를 깔았는데, 그저 아무 견목이 아니라 그 가격대에서 가장 품질이 좋은 짙은 참나무로 된 좁고 꼭 맞는 판자를 썼다. 그녀는 훌륭한 마호가니 식탁을 사서 그 위에 아이리시 리넨으로 된 식탁보를 씌웠다. 거실에는 성장하는 아이들이 긴 겨울 저녁을 보낼 수 있도록 주철 가스난로를 설치했고, 겨울 저녁에 실내가 밝아 보이도록 분홍색 벽지를 발랐다. 거실의 또 다른 특징은 휴버트가 선물로 준 검은 스타인웨이^{Steinway} 피아노였다. 엘시는 결혼하기 전에 피아노를 가르쳤기 때문에 피아노 연주를 좋아했다.

1920년대 후반의 이리에서 그 정도면 안락한 중산층에 속했다. 휴버트 보이드는 해머밀 페이퍼 컴퍼니^{HammerMill Paper Company}의 외판원이었는데, '해머밀'에서의 일은 평판도, 보수도 좋았다.

엘시 보이드는 줄리아 바이어^{Julia Beyer}와 루돌프 바이어^{Rudolph Beyer}의

딸이었다. 그녀의 아버지는 이리 남쪽 인근에 있는 작은 땅에서 농사를 지었다. 엘시는 독일 출신의 장로교 신자로, 엄청난 자부심과 자신의 신념을 자유롭게 표현할 수 있는 자신감이 넘치는 여성이었다. 그녀는 자신의 신념 대부분을 "세상은 네가 원하는 대로 되지 않는다. 이것이 세상의 이치다." 혹은 "소신껏 말해야 한다." 혹은 "결코 포기하지 말고 결코 굴복하지 마라."와 같은 간결한 표현으로 종합해 말했다. 그녀는 목소리가 깊고 권위적이었으며, 말을 할 때는 의사 표현이 분명했다.

휴버트 보이드는 메리 골든Mary Golden과 토머스 보이드Thomas Boyd의 아들이었다. 토머스는 오대호에서 어선으로 추정되는 배에서 일했다. 그의 아들 휴버트는 갈색 눈과 부스스한 검은 곱슬머리에 키 크고 마르고 만사태평한 녀석이었다. 토머스는 가톨릭 신자였고 자녀들에게 가톨릭 신자로서 세례를 받게 했지만 교회보다는 골프장을 더 좋아했다.

존 리처드 보이드John Richard Boyd는 1927년 1월 23일에 이처럼 삶에 만족해하는 유복한 가정에서 태어났다.

아버지의 이른 죽음 이후 가족을 부양한 강한 어머니

존이 태어났을 때, 그의 부모는 안방을 쓰고, 열한 살인 누나 매리언Marion은 자신의 방이 따로 있었다. 세 번째 방은 휴버트의 두 아들, 즉 이제 막 열 살이 된 빌Bill과 네 살인 게리Gerry가 함께 썼다. 존의 아기침대는 부모가 함께 쓰는 안방에 놓았다. 1928년 9월 23일, 보이드 가족의 다섯째이자 막내인 앤Ann이 태어났다.

앤이 태어난 후, 휴버트 보이드는 5명의 아이들을 먹이고 입혀야 하는 책임감이 크게 다가왔다. 그는 대학을 나오지 않았다. 생기 있는 미소와 아일랜드인의 열정으로 해머밀에서 좋은 일자리를 얻었지만, 그는 타고난 재능만으로는 한계가 있을 수 있다는 것을 깨달았다. 그는 자신은 결코 갖지 못한 이점을 자녀들은 갖기를 원했다. 그는 매리언에게 대학 교육의 필요성을 역설했다. 1926년 가을에 그는 만일 자신에게 무슨 일이 생길 경우 자녀들의 교육비를 제공해줄 보험증권 가입에 관해서 이웃에게 이야기했다. 하지만 그는 아직 젊었기 때문에 좀 더 기다렸다가 결정하기로 했다.

1929년 11월 말에 휴버트는 몇 주 동안 "남쪽으로" 출장을 떠났다. 아무도 그곳이 정확히 어디였는지는 기억 못 하지만, 다만 매리언의 말에 따르면 "따뜻한 남쪽 어디쯤"이었다. 그가 집에 돌아왔을 때 기록적인 추위와 함께 눈이 내렸다. 그는 가족과 함께 크리스마스를 축하했으며, 1월 중순에 대엽성 폐렴[10]에 걸렸다. 그의 가족은 그가 남부와 이리 간의 급격한 기온차 때문에 폐렴에 걸렸다고 했는데, 이 말에는 분명히 남부를 탓하는 뜻이 담겨 있었다. 하지만 의사들은 일반적으로 대엽성 폐렴이 만성 흡연이나 전신 감염 때문이라고 보았고, 휴버트는 실제로 골초였다.

휴버트가 폐렴에 걸린 동안 앤을 제외하고 나머지 아이들은 전부 이리 남부에 있는 고모들에게 맡겨졌다. 휴버트는 그의 아내가 혼자 돌보았다. 아이들은 집에 거의 오지 않았다. 한번은 매리언이 집에 돌아와 보니 아버지가 추운 안방에서 매리언의 방으로 옮겨져 있었다. 창문은 호수의 바람이 들이칠 수 있도록 열려 있었다. 당시 의학계에서는 폐렴은 "얼려서" 치료한다는 생각이 통용되고 있었다. 매리언은 계단 꼭대기에 있는 의자에 앉아 추위에 떨며 울었다.

얼음같이 찬 기온과 매서운 바람은 폐렴을 치료하기에 부적절해 휴버트 보이드는 1930년 1월 19일에 사망했다. 그는 당시 37세였고, 존의 세 번째 생일에 안장되었다.

80대 중반이 된 매리언은 아버지의 죽음이 생각만큼 고통스럽지 않았다고 말했다. 대부분의 가정에서 아버지는 매일 밤 집에 있다. 하지만 그녀의 아버지는 "항상 없었다". 그녀는 장례식이 끝난 후 몇 달 동안 '아,

---

10 대엽성 폐렴: 폐엽(肺葉)에 염증이 생기는 폐렴으로, 고열 증상이 특징이다.

아빠가 여행을 가셨구나'라고 생각했다고 말했다. 그러나 아버지가 돌아가셨을 때 그녀는 10대였고, 70년의 세월이 흐르면서 당시 느꼈던 감정에 대한 기억은 차츰 희미해졌다. 존은 여행과 귀가라는 개념을 이해하기에는 너무 어렸다. 그걸 이해할 수 있었다 해도 아버지 없이 자라게 될 것이었고, 따라서 다른 아이들과 다르다는 뼈아픈 깨달음에 괴로운 순간을 거쳐야 했다.

휴버트 보이드는 생명보험으로 1만 달러만을 들었는데, 그 대부분은 담보 대출금을 갚는 데 쓰였다. 엘시는 다섯 아이를 먹여살리고 키운다는 피할 수 없는 과제에 직면했다. 앤과 존이 갓난아기에 불과했기에 어떤 일이든 집에서 할 수 있는 일을 찾아야만 했다. 그러나 대공황이 미국 전역으로 퍼지고 있었고 심지어 이리처럼 북적거리는 항구 도시도 그 영향을 받기 시작했다.

그녀는 또 다른 짐을 스스로 짊어지고 있기도 했다. 해머밀 영업사원의 아내로서 엘시는 지금까지 일정한 라이프스타일과 일정한 공동체의 지위를 누려왔다. 그녀는 둘 다 유지하기를 원했다. 그것은 이리에 사는 사람들이 그녀가 정말로 일할 필요가 없다고 생각하게 만들어야 한다는 것을 의미했다.

그녀는 케이크를 구워서 이웃에게 팔기 시작했다. 자녀들 중 아무도 그 가격을 기억하지 못하지만, 1930년대 초반에는 케이크 한 개당 몇 센트밖에 벌지 못했을 것이다. 그녀는 여러 종류의 케이크를 만들었지만, 그 중에서도 데블스 푸드 케이크devil's food cake[11]와 크리스마스에는 데이트 앤 넛 케이크date-and-nut cake[12]로 이리 지역에서 유명해졌다. 어느 크리스마스에 그녀는 케이크 80개를 주문받았는데, 몇 주 동안 집이 제과점으로 변

---

11 데블스 푸드 케이크: 베이킹파우더와 코코아를 섞어 만든 스펀지 케이크를 층층이 쌓고 그 위에 초콜릿 아이싱을 얹은 미국식의 초콜릿 케이크.

12 데이트 앤 넛 케이크: 대추와 호두를 넣은 케이크.

했다. 그렇게 짧은 기간 안에 그렇게 작은 오븐에서 그만큼 많은 케이크를 만들려면 새벽부터 해질녘까지 초 단위로 시간을 맞춰야 했다. 엘시 보이드는 자녀들이 돕는 것을 허락하지 않았다. 아이들은 부엌에 들어오지 말라는 명령을 받았다.

엘시는 또한 크리스마스 카드와 문구류를 판매하기 시작했고, 전화로 연회 프로그램 책자에 넣을 광고 영업을 하는 세 번째 직업도 찾았다. 그녀는 링컨가의 집에서 이 일을 했고, 전화하는 틈틈이 아이들을 돌봤다.

매리언은 어머니가 집 전화로 광고를 요청할 때 목소리가 깊고 위엄 있으며, "강하고, 설득력 있고, 주도적이었다"고 회상했다. 보이드 부인은 이리의 사람들이 남편은 죽었지만 아무것도 변하지 않았음을 알기를 바랐다. 링컨가의 보이드 가족은 꽤 잘 지내고 있었다. 그녀의 덕분이었다.

그러나 감탄스러운 엘시 보이드의 통제 능력조차 넘어서는 중대한 사건들이 하나씩 일어나기 시작했다.

원칙과 신념, 진실성을 강조한 어머니의 가르침

아이들을 키우면서 엘시에게는 특이한 이분법이 생겨났다. 한편으로 그녀는 아이들이 거의 자유롭게 행동하도록 허락했는데, 특히 집 주위에서 그러했다. 한번은 우체부가 보이드 부인에게 존이 뒤뜰에서 벌거벗고 뛰어다니며 스프링클러sprinkler에서 놀고 있다고 알려준 적이 있다. 저녁 식탁에서 아이들은 종종 성질이 폭발해서 서로에게 소리를 질러댔다. 집 안에서 아이들은 시끄럽고 요란했으며 자유분방하고 구속을 받지 않았다.

보이드 부인은 자녀들에게 집 안에서는 이례적인 자유를 준 반면, 집 밖에서는 규칙을 부여하는 데 아주 열심이었다. 그녀는 아이들이 평생 기억할 방어기제를 그들에게 주입시켰다. 그녀는 사람들이 보이드 가족에 대해 너무 많은 것을 안다면 언젠가는 그것을 악용할 것이라고 몇 번이고 말했다. 그녀는 "사람들에게 알려지기를 원하지 않은 것은 절대로 사람들에게 말하지 말거라. 사람들은 너의 약점과 결점을 찾아낼 테니, 너의 장점만을 말해라. 가족 문제는 현관 밖에서는 절대로 언급해서는 안 된다"라고 타일렀다. 그 결과, 보이드 집안 아이들은 나이가 들어서도 가족 문제에서 아주 사소한 것을 제외한 모든 것에 대해 극도로 말을 아끼게 되었다.

엘시는 이리 사람들이 그녀가 남편이 죽기 전처럼 편안하다고 생각하게 만들려고 무척 애썼지만, 집 안에서는 가난을 가장 중요한 미덕으로 만들었다. 그녀는 모든 아이에게, 특히 감수성이 가장 예민한 나이인 존에게 우리 가족에게는 돈과 사회적 지위를 가진 사람들에게는 없는 경우가 많은 원칙과 진실성이 있다고 가르쳤다. 그녀는 존에게 무엇이 옳은지에 대한 자신의 생각을 고수하는 한, 그리고 진실성을 유지하는 한, 지위나 돈만 가진 사람들보다 우월하다고 주입시켰다. 또한 그녀는 원칙적인 사람은 다른 사람들이 두려워하며, 신념 때문에 공격을 받겠지만 항상 신념을 지켜야 한다고 가르쳤다. 그녀는 "네가 옳다면, 옳은 것이다"라고 말했다.

남편이 죽은 후 몇 년 동안 엘시는 겉으로는 집안의 종교를 그대로 유지했다. 남편이 가톨릭 신자였기 때문에, 그리고 모든 아이들이 가톨릭 성당에서 세례를 받았기 때문에 그녀는 매리언과 게리에게 성당에 다니라고 권했다. 그러나 성당이 점점 더 많은 헌금을 요구한다는 생각에 점점 짜증이 나기 시작했다.

그러던 어느 날 견진성사[13] 공부를 하던 매리언이 교리문답서를 기억하지 못하는 일이 생겼다. 매리언은 신부가 학생들 앞에서 그녀를 조롱하고 "마치 자신이 우상이 된 것처럼" 그의 앞에 무릎 꿇게 했다고 어머니에게 알렸다. 당시 일부 사제들의 이런 권위주의적인 태도는 예외적이라기보다는 흔한 일이었지만, 장로교인이자 세상에 맞서 아이들을 보호해야 하는 짐을 진 어머니로서 엘시 보이드는 신부가 매리언과 더 나아가 그녀

---

13 견진성사: 천주교에서 세례 다음에 받는 의식으로, 신앙을 인증하는 성격의 안수 의식.

의 가족을 모욕한 방식에 격분했다. 그녀는 신부에게 전화를 걸어, "저는 신부님이 제 아이들을 괴롭히지 않더라도 저희 가족이 단합하도록 하기 위해 애쓰는 것만으로도 충분히 힘듭니다"라고 말했다. 신부가 항의하자, 보이드 부인은 더 큰 반감을 갖고 그를 비난했다. 신부가 자신이 옳다고 주장하자, 그 순간 보이드 부인은 더 이상 자신의 아이들을 가톨릭 성당에 보내지 않겠다고 통지하고는 전화를 끊었다.

존은 이 일 때문에 걱정하기에는 너무 어렸다. 하지만 매리언은 가톨릭 성당을 떠난 아이들에게 무슨 일이 일어났는지를 듣고는 '이런, 이제 나는 지옥에 가겠네'라고 생각했다. 휴버트 보이드의 누이 둘은 모두 독실한 가톨릭 신자였는데, 그들은 조카들의 이러한 신학적 변화에 매우 불안해하며 아이들의 영혼을 염려했다. 엘시에게 격한 비난이 뒤따랐다.

엘시는 여느 때와 마찬가지로 굽히지 않았다. 아이들은 자신의 자녀였고 자신이 최선이라고 생각한 대로 아이들을 키울 생각이었다. 죽은 남편의 누이들은 그 문제에 아무런 발언권이 없었다. 그녀는 그 자리에서 시누이들을 집에서 내쫓았다. 그 후 몇 년이 지나서야 아이들은 어머니의 허락을 받고 두 고모들을 방문할 수 있었다.

엘시가 자신을 불쾌하게 하는 사람이나 기관과는 관계를 끊겠다는 의지를 보인 것이 그때가 마지막은 아니었다. 그녀는 한 번 더 생각하지 않고, 뒤도 돌아보지 않고, 그 문제를 의논할 아무런 의사도 없이 그렇게 할 수 있었다. 그녀가 한 번 문을 닫으면 관계의 문은 영원히 닫혔다. 존은 그녀를 본보기로 배웠고, 그것은 그가 명심해야 할 교훈이었다.

몇 주 뒤 엘시는 아이들을 가톨릭 성당에서 나오게 했고 존을 장로교 신자로 키우기로 결정했다. 그래서 어느 일요일에 매리언은 존을 이리 시내에 있는 언약교회Church of the Covenant(이리에 있는 장로교회)로 데려가 주일학교에 등록시켰다. 그러나 얼마 못 가 엘시는 장로교 신자들이 가톨릭 신자들보다 별로 낫지 않다고 판단했다. 그녀는 "그들이 원하는 것은 돈뿐"이라며 불평했다. 그녀는 교회에 낼 돈이 없었다. 그녀는 장로교인들과 관계를 끊고 존을 주일학교에서 나오게 했다. 여러 해 동안 그녀는 조직화된 종교를 맹비난했다. 존은 교회에 다니지 않으면서 종교적 소속 없이 자랐다. 공군에 기록된 바에 따르면, 그는 자신의 종교를 장로교라고 기재했는데, 이는 그저 빈 칸을 채우기 위한 단어였을 뿐이다.

소아마비에 걸린 앤

몇 년 동안 엘시는 온갖 역경에도 불구하고 자신의 세계를 통제하기 위한 싸움에서 승리할 것처럼 보였다. 그녀는 자신의 인생 앞에 놓인 고난을 극복한 것 같았다. 생활은 그런 대로 안정되었다.

매리언은 고등학교를 졸업한 뒤 오하이오주 옥스포드Oxford에 있는 마이애미 대학교Miami University에 다니고 있었는데, 1933년 3월 20일에 어머니 엘시로부터 편지를 받았다. 편지에는 불황으로 인해 이리의 은행들이 문을 닫아야 했고, 존은 홍역에 걸려서 16일 동안 학교를 쉬어야 했다고 씌어 있었다. 엘시는 "어두운 방에 존을 계속 가둬두려 하는 일은 끔찍했다"고 썼다. "그 애는 어린 망아지처럼 행동하고 있어." 그녀는 집 앞에 홍역 환자가 안에 있다는 커다란 표지판이 붙어 있고 앤도 곧 홍역에 걸릴 것 같다고 말했다.

앤은 실제로 홍역에 걸렸고, 홍역에 걸린 지 한 달 정도 지난 후 또 다른 병에 걸렸는데, 이번에는 신장염이었다. 그녀는 인근의 가톨릭병원에서 2주 동안 입원했고, 집에 돌아왔을 때는 허약하고 힘이 없었다. 결국 가정 주치의인 프랭크 크리멜Frank Krimmel 박사가 집에 와서 앤을 진찰하고는 소아마비라고 진단했다. 1933년에는 소아마비에 관해 알려진 것이 거의 없었고, 소아마비를 수영장에서 감염되는 여름 전염병으로 여겼다. 당시 관행대로 보이드의 집 정문에는 "소아마비POLIO MYELITIS"라고 적힌 큰 표지가 박혔다. 가족 이외에는 아무도 집에 들어갈 수 없었다. 동네 아이들이 그 집을 지날 때는 링컨가의 반대편으로 걸어가면서 보일지도 모르는 보이드의 집 아이들에게 "우리는 아무것도 걸리고 싶지 않아!"라고 외쳤다. 그들은 그 집 아이들을 마치 전염병에 걸린 것처럼 취급했다.

이후 존에게는 이를 기억할 각별한 이유가 생기게 된다.

어린 시절 동생의 병 때문에 관심과 돌봄을 제대로 받지 못한 보이드

앤이 소아마비 진단을 받은 후, 어머니는 멋진 마호가니 식탁에서 리넨 식탁보를 벗겨냈고, 그 식탁은 앤의 뒤틀린 다리를 위해 스트레칭 운동을 하는 장소가 되었다. 엘시는 매일같이 앤을 식탁 위에 조심스레 뉘어놓고 그녀의 작은 다리를 문지르고 잡아당기고 마사지했다. 그녀의 병은 보이드 집안을 지배했다. 엘시는 앤을 치료도 잘 하고 공짜인 인근의 젬젬 슈라이너스 병원Zem Zem Shriners Hospital으로 데려가고 싶었지만, 그 병원에서는 가톨릭 신자의 자녀들을 거의 받아주지 않았다. 그녀는 변호사인 한 이웃에게 가서 앤의 문제를 변호해달라고 부탁했다. 그는 그렇게 해주었고 병원에서 앤을 받아줬지만, 치료는 거의 소용이 없었다. 몇 달 후 의사들은 앤이 발 수술을 받아야 한다고 말했다. 그녀는 클리블랜드의 한 병원으로 옮겨져 그곳에서 1년간 입원했다. 1930년대 초만 해도 복잡한 치료를 받으면서 그렇게 오래 입원하면 비용이 많이 들었다. 수술비와 병원비는 해머밀 페이퍼 컴퍼니가 부담했다. 두 번째 수술은 자선단체의 후원을 받아 이루어졌다. 엘시는 자녀들에게 수술비가 어떻게 처리됐는지 절대 아무에게도 말하지 말라고 명령했다.

앤이 병원에 입원해 있던 해에 엘시는 매우 힘들었다. 매리언은 이리에 있는 여자대학인 머시허스트Mercyhurst로 전학을 해서 집에서 아이 4명을 돌봤다. 엘시는 종종 차를 몰고 160킬로미터를 달려 클리블랜드로 가서 앤을 보고 왔다. 그녀는 앤이 수술을 받을 때마다 수술 후 일주일 이상 병원에 머물렀다.

엘시가 앤을 집으로 데려왔을 때, 수술이나 치료 모두 큰 도움이 되지 않았음이 분명했다. 앤은 양 다리에 무거운 교정기를 찼고 목발을 짚고서만 걸을 수 있었다.

이때까지 엘시는 통제력을 유지하기 위해 싸우고 있었다. 그녀는 집 안에서 "불구자"라는 단어를 쓰지 못하도록 금지했다. 그녀는 의사들이 앤이 결코 걸을 수 없을 것이라고 말한 것을 신경쓰지 않았다. 그녀는 앤이 걸을 것이고, 가능한 한 다른 아이들과 같아질 것이라고 다짐했다.

존은 옆에서 이 모든 것을 지켜봤다. 그는 앤에게 매일 운동을 해야 한다고 고집하는 어머니와 불편한 운동을 피하려는 앤이 다투는 소리를 들었다. 하지만 늘 그렇듯 어머니 엘시가 이겼다. 앤은 11살 무렵까지 교정기와 목발을 짚고 걸었고, 그 후부터는 엘시 보이드가 다짐한 대로 목발을 치우고 아무 도움 없이 걸었다. 그녀는 다리를 절었지만 그것이 소아마비로 인한 것인지 확실하지 않았다.

이 몇 년 동안 존은 유별난 상황에 처해 있었다. 매리언, 빌, 게리는 스스로를, 그리고 서로를 돌볼 수 있을 만한 나이가 되었다. 엘시는 거의 모든 시간과 에너지와 관심을 그녀의 세 가지 직업과 막내 아가 앤에게만 쏟았다. 존은 그 사이에서 방황했다. 그는 아버지가 없었고, 어머니는 그를 돌볼 시간이 거의 없었고, 형과 누나들은 그와 함께 시간을 보내고 싶지 않을 나이였다. 그는 거의 1년 동안 다리를 절었는데, 의사들은 그가 가벼운 소아마비를 앓고 있는지 아니면 그 절뚝거림이 어린 여동생에 대한 동정적인 반응 때문인지 판단할 수 없었다. 누구도 그것이 어머니의 관심을 끌려는 방법일지 모른다는 의심을 하지 않았다.

여러 해 뒤 보이드는 공군 구술 역사Air Force Oral History 프로그램의 일환으로 공군역사실과 인터뷰했다. 그는 "어머니는 자식들을 위해 많은 일을 해야 했습니다. 그래서 나는 많은 관심을 받지 못했습니다." 그래서 대부분의 아이들보다 "더 많은 자유"가 생겼다고 말했다. 그때까지도 집안일에 대한 어머니의 훈계를 기억하고 있던 그는 긴 인터뷰 내내 어머니가 그렇게 시간이 적었던 이유가 그녀가 세 가지 일을 했고 앤이 소아마비를 잃었기 때문이라고는 결코 설명하지 않았다.

항공기에 대한 관심

1933년이 되자 대공황이 이리를 확실히 덮쳤다. 1929년에는 직업이 있었던 마을의 근로자 중 절반이 이제는 실직 상태였다. 이리에 있는 은행 10개가 문을 닫았고 그중 4개는 다시는 문을 열지 못하게 된다.

앤의 의료비 지출이 계속되면서 보이드 집안이 심각한 재정난에 빠졌음을 누구나 알 수 있었다. 빌은 자신의 낡은 옷을 게리에게, 게리는 그것을 존에게 넘겨주었다. 그리고 존은 아침에 학교에 가기 위해 옷을 입을 때 어머니가 앤 때문에 바빴기 때문에 어머니가 봤다면 결코 입도록 내버려두지 않았을 허름한 옷들을 모아 입었다.

1933년에 존은 링컨가의 집에서 한 블록 반 떨어진 하딩 초등학교Harding Elementary School에 입학했다. 교사들은 그가 집중을 하지 못해서 1학년을 낙제했다고 말했다. 하지만 이듬해쯤에 보이드는 당시의 친구들이 아직도 이야기할 정도로 놀라운 집중력을 보여주었기 때문에 교사들의 설명은 사실이 아닌 것 같다. 존은 학급에서 아버지가 돌아가신 유일한 소년이었을 가능성이 높으며, 이제는 처음으로 집을 떠나서 다른 아이들과 함께 있으면서 자신이 어떻게 다른지를 깨달았다. 그의 가족은 가난했고, 소아마비에 걸린 아이가 있다는 오명을 견뎌야 했다. 존의 옷은 너무 낡아서 한번은 어느 선생님이 학생들 앞에서 그에게 옷 같은 옷 좀 입을 수는 없겠냐고 물어본 적이 있다. 그는 집에 돌아와 어머니에게 무슨 일이 일어났는지 말하며 그때까지 참았던 눈물을 터뜨렸다. 그녀는 그를 두 팔로 감싸면서 이렇게 말했다.

"신경쓰지 말거라. '그걸 신경쓰지 않는다', '그걸 신경쓰지 않는다'라고 계속 되뇌거라. 너는 반에서 아무도 갖고 있지 않은 걸 가지고 있다는 것을 기억해라. 너는 원칙과 진실성을 가지고 있단다. 그건 네가 비난받고 공격받을 것이라는 뜻이야. 하지만 결국은 네가 이길 거다. 그러니 신경 쓰지 마라."

때로 너무 더워서 요리를 할 수 없을 때면 엘시는 소풍도시락을 싸서 아이들을 데리고 반도로 나갔다. 존은 그곳에서 수영을 배웠다. 어머니가 지켜봐주는 가운데 그의 첨벙질은 개헤엄으로, 그리고 길고 매끄러운 스트로크로 바뀌었다. 그는 해변에 갈 때마다 기술이 늘어 결국 어느 날에는 강하면서 우아하게 수영을 할 수 있게 되었다.

존이 여덟 살 때, 학교에서 돌아온 뒤 어머니에게 "엄마, 저한테 온 우편물 있어요?"라고 묻기 시작했다. 그녀는 아들이 우편물을 받는다는 생각에 즐거워했고 항상 아니라고 말했다. 질문이 계속되자 그녀는 "무얼 찾니?"라고 말했다. 알고 보니 존은 찰스 아틀라스^{Charles Atlas} 보디빌딩 프로그램의 잡지 광고를 보고는 더 많은 정보를 요청했던 것이었다. 그 후 편지가 도착했고 그는 부엌으로 들어가서 말했다. "엄마, 50달러만 주실래요?"

"왜 그러니?" 엘시가 물었다.

"찰스 아틀라스 보디빌딩 프로그램에 등록하고 싶어요."

엘시는 웃으면서 존에게 더 클 때까지 기다려야 할 것이라고 말했다.

3학년 때 존은 항공기에 대한 강한 관심뿐만 아니라 남다른 지식과 집중력을 보이기 시작했다. 같은 반 친구였던 밥 녹스^{Bob Knox}는 존이 항상 학습 과제를 제일 먼저 해치우는 학생 중 하나였다고 기억한다. 다른 친구들이 계속해서 학습 과제를 하는 동안 존은 비행기 그림을 그렸다. 녹스의 기억에 따르면, 그가 그린 비행기는 1930년대 초반의 비행기가 아니라 깨끗하고 매끈한 선을 가진 '미래형' 단엽기로, 마치 20년 또는 30년 후의 전투기 형상을 상상해서 그린 것 같았다. 비행기를 그린 후에 그는 그림을 다리 사이의 의자 위에 올려놓고 손을 비비면서 다른 친구들이 모두 과제를 마칠 때까지 그림을 응시하곤 했다. 이 무렵 그는 집중력이 매우 강한 시기에 접어들어서 녹스가 "장담컨대 그가 상상 속에서 그 비행기를 조종하고 있었을 겁니다"라고 말할 정도였다.

어린 시절의 또 다른 친구인 잭 아버클$^{Jack Arbuckle}$은 존의 이웃으로, 존은 일주일에 두세 번 방과 후에 그의 집에 들렀다. 존은 문을 열고 들어가면서 잡지를 뒤적거리며 비행기 이야기나 사진을 찾았다. 아버클은 방과 후에 친구 서너 명이 자신의 집에 와서 남은 오후 동안 무엇을 하고 싶은지 이야기를 나눌 때 존은 잡지를 들고 앉아서 "혼자 딴 나라에 가 있던" 적이 여러 번 있었다고 기억한다. 친구들은 야구를 하기로 하곤 했지만, 존은 일단 잡지에 몰두하고 나면 그들이 불러도 몰랐다. 존의 주의를 끌기 위해 두어 번 시도한 후, 아버클이 몸을 굽혀 그의 귀에다 "존, 우리 공놀이하러 갈 거야!"라고 외치면 존은 화들짝 놀라면서 당황하여 주위를 둘러보곤 했다.

존은 5학년 때 항공에 대한 관심을 굳힌 귀중한 경험을 했다. 엘시는 전국적인 약국 체인을 설립한 이리 주민인 잭 에커드$^{Jack Eckerd}$의 이복자매와 함께 고등학교에 다녔었다. 에커드는 경비행기를 소유했는데, 한번은 이리로 돌아온 그가 존에게 비행기를 태워주겠다고 했다. 존은 나중에 아버클에게 에커드가 급경사각을 주면서 급강하를 했다고 하면서 곡예비행에 가까운 비행이었다고 묘사했다. 그게 사실이었을지도 모른다. 하지만 비행 경험이 없는 승객을 태우고 그런 기동을 하는 사람은 드물며, 그가 진짜 그랬다면 남은 안중에도 없는 무신경한 사람임에 틀림없다. 그보다 더 사실일 가능성이 높은 설명은 존이 그 비행에 대해 설명하면서 전투기 조종사의 뼛속 깊이 내재해 있는 특성―과장, 그리고 단순히 사실만을 고집하기보다는 멋진 이야기가 더 중요하다는 믿음―을 처음으로 드러냈다는 것이다.

불우한 소년기 보이드에게 큰 영향을 미친 2명의 남자

1939년 9월에 존 보이드와 친구 잭 아버클은 스트롱 빈센트 고등학교 Strong Vincent High School 부설 중학교에 입학했다. 아버클의 기억에 따르면,

그와 존은 경쟁심이 강해서 종종 성적을 비교하곤 했다. 하딩 초등학교를 다닐 때는 둘의 성적이 비슷했지만, 스트롱 빈센트에 입학한 뒤 과학 수업을 듣기 시작하면서 존이 빠르게 앞서나갔다. 존은 특히 수학에 재능이 있었다.

중학교 시절 존은 육상부에 처음으로 도전했지만 곧 탈퇴했다. 그는 미식축구나 농구, 야구를 하러 나가지 않았다. 그는 자신이 미식축구나 농구, 야구 실력이 보통 수준밖에 되지 않는다는 것을 알고 있었기 때문에 여기에 시간을 허비하지 않았다. 하지만 수영장에서는 이리 호수에서의 긴 여름날들이 헛되지 않았음을 발견했다. 그는 수영에 뛰어났다. 그의 스타일과 적극성은 고등학교 수영 코치의 눈에 띄었는데, 그는 나중에 이 재능 있는 젊은 운동선수에게 개인적인 관심을 갖게 된다.

존이 고등학교에 다니기 시작할 무렵에는 미국 전역의 신문들이 전쟁 뉴스를 앞다퉈 다루었다. 《이리 데일리 타임스Erie Daily Times》에 실린 많은 광고, 만화, 뉴스 기사들이 전쟁과 관련이 있었다. 이 신문은 이리 출신 군인들에 관한 정기 칼럼을 실었고, 매월 실종자나 전사자 소식을 다루었다. 지역 극장의 관객은 전쟁영화로 쏠렸다. 존은 고등학교를 졸업하면 자신도 전쟁에 나가게 되리라는 것을 은연중에 의식하면서 성장했다.

존은 1942년 9월 2일 고등학교 입학 당시의 이야기를 평생 즐겨 말하곤 했다. 그는 당시 일련의 테스트를 거쳤는데, 그중 IQ 테스트에서 IQ가 겨우 90으로 나왔다고 한다. 다시 IQ 테스트를 해보자는 제안을 받았을 때 그는 거절했다. 이 IQ 테스트는 나중에 그가 관료들을 상대할 때 그에게 큰 전술적 이점으로 작용했다. 당시 그가 관료들에게 자신의 IQ가 90에 불과하다고 말하면 그들은 늘 그를 과소평가했다. 어느덧 보이드는 이목구비가 뚜렷해지고 머리카락이 짙어졌으며 키가 거의 183센티미터에 육박했다. 그는 타고난 운동선수처럼 아주 우아하게 움직이는 긴 팔다리를 가진 소년으로 성장했다. 그는 같은 또래 소년들에게서 찾아보기 힘든 존재감을 가지고 있었다. 존이 이렇게 성장하기까지 큰 영향을 미치고 그를 형성한 사람은 바로 그의 어머니였다. 존은 자신을 거의 드러내지 않는 평면적인 인물이었다. 그가 행동을 통해 자신이 어떤 사람인지를 드러내기 시작하는 것은 몇 년 후였고, 그의 업적으로 그의 지적 능력을 입증해 보이기까지는 그것보다 훨씬 더 시간이 걸렸다. 그리고 남자 롤모델 없이 자라난 그는 이제 다른 또래 소년들보다 더 백지와 같은 상태에서 원하는 것은 무엇이든 써나갈 수 있는 강한 손을 기다리는 입장이었다. 그는 고등학교에서 그와 같은 강한 손을 가진 롤모델 2명, 즉 그의 삶에 큰 영향을 미칠 2명의 남자를 발견했다.

첫 번째 사람은 스트롱 빈센트의 수영 코치인 아트 웨이블Art Weibel이었다. 웨이블은 그가 가르친 학교의 벽돌 건물처럼 단단하고 흔들림이 없는 사람이었다. 그는 강한 직업의식, 개인의 책임 및 의무라는 전통적인 원칙에 충실했다. 그는 수영 코치로서 전국적인 명성을 가지고 있었는데, 이는 부분적으로는 자기 팀에 수영선수로서 최고일 뿐만 아니라 모든 면에서 최고인 소년들만 받아들였기 때문이다. 그의 선수들은 성격, 결단력, 그들이 하는 모든 일에서 뛰어나려는 열망으로 유명했다. 남자가 되는 방법을 찾고 알아가는, 이제 막 성인의 문턱에 선 소년들이 보기에 아트 웨이블은 자석처럼 사람을 끌어당기는 인물이었다. 그는 냉철하고 아주 엄격한 규율을 가졌으며, 사람은 얻는 것보다 더 많은 것을 주어야 한다고 믿었다. 지금의 기준으로 보면 그는 구식 덕목을 가진 구식 사람이었다. 모든 소년들이 그의 엄격한 훈육을 잘 따라가지는 못했지만, 존에게는 무엇을 하라고 알려주고 그를 완성시켜줄 사람이 필요했다. 아트 웨이블은 존이 갈망하는 가르침을 주었다.

열심히 노력하면 인생을 쉽게 사는 사람을 능가할 수 있다는 어머니의 교훈을 염두에 둔 존은 다른 선수들보다 훨씬 일찍 수영장에 갔고, 연습이 끝나면 남들이 떠난 뒤로 한참 더 늦게까지 남았다. 그는 수영 스트로크가 하나의 아름다운 동작이 될 때까지 연습했다. 그는 장거리 수영선수의 동작을 근육이 기억할 때까지 연습했다. 그는 물 위를 스치며 나아가는 것처럼 보일 때까지 연습했다.

뛰어난 수영 솜씨 덕분에 존은 그에게 큰 영향을 끼친 두 번째 사람의 주목을 받게 되었다. 이 사람은 존보다 겨우 14살 위였지만 존이 가져본 적이 없는 아버지가 되었다. 그는 반도 인명구조대lifeguard at the Peninsula 부副대장인 프랭크 페티나토Frank Pettinato였다.

이리 청년들에게 최고의 여름 일자리는 반도 인명구조대원이 되는 것이었다. 인명구조대원은 20명만 선발했는데, 선발 시 아버지가 지역사회에서 얼마나 유명한지, 그가 어떤 정치인을 아는지는 중요하지 않았으며, 페티나토가 선발에 절대적인 권한을 가졌다. 그는 보통 대학생을 채용했지만 적합한 자격을 가진 이리 청년들은 대부분 군복을 입고 해외에 있었다. 어쩔 수 없이 채용 기준을 고등학생으로 낮춘 페티나토는 각별한 주의를 기울여야 했다. 반도의 해변은 북쪽, 동쪽, 서쪽에서 폭풍우가 몰아칠 수 있다. 그러면 몇 분 안으로 엄청난 파도가 일 수 있다. 그는 어린이와 무고한 사람, 그리고 부주의한 사람들의 보호자라는 그 일을 신성한 소명으로 여기는 소년들을 원했다. 그는 옳고 그른 것을 알고 항상 옳은 것을 선택하는 소년들을 원했다. 그리고 강한 직업윤리를 가진 소년들을 원했다. 웨이블과 마찬가지로 그는 선발되는 소년들이 모든 영역에서 뛰어나기를 기대했다. 그리고 그는 소년들에게 미국은 불가능한 꿈도 이룰 수 있는 곳이라는 믿음을 심어주었다.

졸업반 선배들이 대부분 징집되어 그의 기준에 맞는 후배들이 거의 없는 상황에서 페티나토는 2학년을 막 마친 16살 풋내기 소년들 중에서 대원을 모집해야만 했다. 존은 친구인 잭 아버클과 쳇 라이커트Chet Reichert와 함께 선발되었다. 라이커트는 아버클과 마찬가지로 존의 이웃이면서 가까운 친구였다.

구조대원들이 출근하면 페티나토는 지프에 올라타고 대원들이 해변에서 1.5 내지 3킬로미터를 달리는 동안 그 뒤를 따랐다. 그리고 나서 그는 그들에게 물에 들어가서 출발지점까지 수영을 해서 되돌아오라고 명령했다. 대원들이 수영을 하는 동안 그는 지프를 타고 해변을 따라 달리면서 그들에게 더 빠르게 헤엄치라고 요구했다. 때로는 다양한 훈련을 위해 앞바다를 가리키면서 "저 낚시기둥까지 수영하라"고 말했다. 낚시기둥은 블루 파이크blue pike[14] 물고기가 이리호에서 헤엄치던 시절, 그리고 낚싯배가 물가에서 1.5킬로미터 이상 나아가 호수 바닥에 꽂힌 기둥에 부표를 묶던 시절을 떠올리게 만드는 상징이었다. 비가 오거나, 안개가 끼거나, 바람이 불어 파도가 일렁이는 날이라도 상관 없었다. 그는 폭풍이 칠 때만 대원들에게 물 밖으로 나오라고 지시했다.

라이커트는 여전히 존의 힘과 지구력을 떠올리며 고개를 젓는다. 존은 도움닫기를 해서 호수에 뛰어든 다음 머리를 숙이고 물속에서 강하고 지칠 줄 모르는 규칙적인 스트로크로 화살처럼 앞으로 나아가곤 했다.

페티나토가 특히 좋아한 구조대원들, 즉 그가 최고의 여름 대원들로 여긴 대원들은 그의 지프를 타고 함께 해변을 순찰한 뒤 그의 영역인 관측대 밑에서 함께 시간을 보낼 수 있는 특전을 누렸다. 보이드는 거의 처음부터 그 지프를 타고 관측탑 밑에 서 있었다.

페티나토의 아들인 프랭크 주니어Frank Jr.는 네다섯 살 때 처음으로 해변에 왔다. 그가 기억하는 가장 어렸을 때의 일 중 하나는 자기 아버지가 존 보이드 이야기를 했던 일이다. 그것은 존의 수영 능력 이외 것들에 대한 이야기였다. 페티나토는 자신이 채용한 청년들 중에서 존처럼 자신의 생각과 신념을 잘 받아들이는 청년을 본 적이 없었다. 존은 페티나토의 생각을 흡수하고, 그의 규율을 잘 따랐으며, 다른 구조대원들에게서 볼 수 없었던 강한 의지와 사명감을 보였다. 존의 소년기에 프랭크 페티나토만큼 큰 영향을 미친 사람은 없었다.

그러나 존은 해변의 스타이기는 했지만, 고등학교 마지막 2년 동안 자신이 알지 못했던 영광과 성취, 그리고 언제나 알고 있던 고통과 당혹감

---

14 블루 파이크: 오대호 지역에 사는 눈알이 큰 어종.

이 뒤섞인 경험을 했다. 고등학교 시절에 겪은 두 사건은 지워지지 않는 마음의 상처를 남겼다. 첫 번째 사건은 한 교사가 그에게 "존 보이드, 너는 영업사원밖에 될 수 없을 거야"라고 말한 것이었다. 아버지가 영업사원이었지만 그는 그 말을 심한 모욕으로 받아들였다. 그것은 그가 말주변이 좋고 얄팍하며 실속이 없다는 뜻이었다. 결혼 후 그는 아내에게 살면서 그런 끔찍한 말들을 매일 들었고, 그의 경력 내내 자신이 단순한 영업사원 그 이상의 능력을 가졌음을 증명해야 했다고 말했다.

두 번째 사건도 이에 못지않게 강력했다. 1944년까지도 미 육군은 30대 후반의 남자를 징집하고 있었지만, 존의 형인 빌은 스물일곱 살인데 여전히 집에 있었다. 빌은 엘리베이터 조작수, 노동자, 경비원 같은 일을 했었다. 하지만 모든 일자리에서 사직하거나 해고당했다. 그는 자신이 전쟁에 나간 이리 출신 젊은이 수백 명에 포함되지 않았다는 사실에 우울해졌다. 그의 가족은 그가 심장잡음heart murmur[15]이 있어서 군 복무를 할 수 없다고 모든 사람들에게 말했다. 그러나 사실은 꽤 달랐다.

1944년 4월 1일 토요일, 빌이 아무런 자극도 없었는데 어머니를 폭행하면서 여러 해 동안 곪아오던 병이 터졌다. 다음 날 저녁 그는 상당히 흥분한 상태에서 창문을 뚫고 뛰어내려 팔과 손에 심한 자상을 입었고, 봉합수술을 받기 위해 병원으로 이송되었다. 그를 침대에 눕히고 진정제를 놓기 위해 두 사람이 필요했다.

의료 기록을 보면 그는 월요일에 자기 치아에 레이더가 있다고 말했다. 병원 직원들에게 "교황을 만나러 가고 싶어요. 교황이 절 도울 수 있다면 가톨릭으로 개종하겠습니다. 그런데 인도에 가고 싶어요"라고 말했다. 그날 늦게는 심한 두통을 호소하며 "의사한테 진찰을 받고 싶습니다. 살려

---

15 심장잡음: 심장이 몸이나 폐로 혈액을 짜내는 펌프로서의 역할을 하거나 혈액이 심장에 채워질 때 나는 소리를 말한다. 그 자체를 병이라고 할 수는 없지만, 심장에 어떤 이상이 있다는 신호가 될 수 있다.

주세요. 당신이 저를 궁지에 몰았어요"라고 말했다. 여러 가지 진정제가
투여되었고, 그 후 그는 이리 동부의 정신병원인 워런 주립병원Warren State
Hospital에 입원했다. 그는 5월 3일에 그곳에서 사망했고, 이리 공동묘지Erie
Cemetery의 1인 구획에 묻혔다. 사망증명서에는 그가 급성 긴장성 흥분으
로 인한 말기 기관지폐렴으로 하루 만에 사망했고, 그 급성 긴장성 흥분
은 4년 이상 지속된 조발성 치매 때문이라고 씌어 있었다. 요즘 말로 빌
은 조현병 환자였다.

빌의 의료 기록을 보면, 외할머니와 삼촌이 모두 정신적인 문제가 있었
고, '신경과민'인 누이가 한 명 있었음을 알 수 있다. 이름이 나와 있지는
않지만 그 누이는 아마도 매리언이었을 것이다.

빌이 죽은 뒤 워런 주립병원 대표들이 보이드 가족의 집에 와서 엘시
에게 가족 중 정신질환이 있는 사람이 있는지, 시설에 입소해야 할 사람
이 또 있는지 물었다. 1940년대에 정신질환은 견딜 수 없는 오명이었다.
그리고 정신병원 사람들이 방문을 두드리며 가족의 정신질환에 대해 묻
는 것은 엘시에게 너무나도 큰 충격이었다. 그녀는 아이들에게 다른 사
람에게는 이들의 방문을 절대로 말하지 말라고 명령했다. 만일 누가 묻
는다면 빌은 폐렴으로 죽었다. 그게 다였다. 이리에 사는 누구도 진실을 몰
랐다. 잭 아버클과 쳇 라이커트조차도 빌에게 무슨 일이 일어났는지 전혀
모른다고 말했다.

그의 가족이 이처럼 깊은 개인적 고통을 겪고 있는 동안 존은 인생에
서 처음으로 우수한 운동선수가 되는, 그리고 무언가를 잘 해내는 영예
를 경험하고 있었다. 2, 3학년 때 그는 수영과 수구로 다섯 번 학교 대표
가 되었다. 3학년 때는 그의 수영팀이 주 선수권에서 우승했다. 그는 같
은 해 200미터 자유형에서 주 2위를 차지했다. 그는 수구팀 주장이었다.

그의 가족 중 아무도 수영대회에 오지 않았다. 다른 아버지들은 관람석
에서 응원을 했다. 대회가 끝난 후 아버지들은 아들의 어깨를 철썩 때리
며 축하해주었다. 존은 승리를 했지만 외롭고 공허했다.

존은 고등학교 때 데이트를 거의 하지 않았다. 데이트나 사교활동을 할 돈이 별로 없었다. 옷은 여전히 대부분 물려받았다. 어머니는 그에게 그런 건 전혀 중요하지 않다고 말했다. 그녀는 그가 열심히 일하고 진실하다면 그의 가난을 깔보고, 옷을 조롱하며, 자신들이 더 우월하다고 생각하는 사람들을 언젠가는 능가하게 될 것이라고 되풀이해서 강조했다. 이 말이 틀림없이 존에게 위안이 되었을 것이다. 그리고 그는 이를 마음에 새겼다. 여름 동안 그와 쳇 라이커트는 날씨가 어떻든 상관 없이 카누를 저어 만을 가로질러 다니곤 했는데, 그때 존은 어떻게 세상에 스스로를 증명해야 했는지 되풀이해서 말하곤 했다. 그는 아직 어떤 분야일지는 모르지만 그 분야에서 탁월해지기로 결심했다. 그는 무언가를 누군가가 전에 했던 것보다 더 잘해야 한다는 것만을 알았다. 그는 이리의 사람들에게 자신이 대단한 사람임을 보여주어야 했다.

존은 고등학교에 들어갈 때부터 3학년이 되면 징집될 것임을 알았는데, 육군에는 가고 싶지 않았다. 그는 땅에서 전투를 묵묵히 수행할 사람이 아니었다. 그는 고등학교 2학년 때인 1944년 10월 30일에 육군항공단 Army Air Corps에 병사로 입대했다. 그의 입대 조건은 전쟁 기간 및 그 이후 6개월까지였다. 그는 3학년을 마칠 무렵이 되어서야 실제로 입영하게 된다.

그때까지 그는 같은 또래의 대부분의 청년들보다 훨씬 힘들게 인생의 고난을 겪어왔다. 앞으로 세상이 어떤 고난을 그에게 안겨주든 그가 이미 견뎌낸 고난보다 더 나쁠 수는 없었다. 그는 준비가 되어 있었다. 그의 키는 183센티미터였고 체중은 74킬로그램이었다. 친구들은 그를 "제이비 J. B."라고 불렀다. 그의 고등학교 졸업앨범에서는 그가 "과묵함", "용감함", 그리고 "남자 인어"라고 묘사되어 있었다.

그는 대부분이 거치는 통과의례 중 하나를 놓쳤다. 고등학교 졸업식에 참석하지 않은 것이다. 미국은 전쟁 중이었고 1945년 4월 16일, 그는 부름에 응했다. 그는 육군항공단에 입영했다.

입대 서류에는 민간인이었을 때 직업을 "인명구조원"이라고 적었다.

CHAPTER 2

빅 조크와 장로교인

육군을 상대로 한 싸움에서 이기다

보이드는 자신의 첫 번째 전쟁에 늦게 도착했다. 이리를 떠난 그는 텍사스주 셰퍼드 필드Sheppard Field에서 기초군사훈련을 받았고, 그곳에서 항공사관후보생 프로그램aviation cadet program[16]에 지원했다. 이 프로그램은 젊은 병사들이 조종사가 되는 엄격한 과정으로, 수료하면 임관을 하고 조종사 윙wings of a pilot[17]도 받는다. 그는 "자질 부족" 사유로 불합격되었다.

기초군사훈련을 마친 후 그는 항공기 선회포탑 정비사mechanic for aircraft turrets로서 콜로라도주 로리 필드Lowry Field로 가라는 명령을 받았지만, 그해 여름에 제2차 세계대전이 끝나서 그 주특기가 더 이상 필요가 없어졌

---

16 미국의 항공사관후보생(Aviation Cadet) 프로그램은 미군 항공력의 초창기부터 민간인, 병사, 부사관 중에서 조종사 자원을 모집하던 제도다. 기본적으로 2년제 대학 졸업자나 대학 2년 수료자가 지원 자격이었고, 조종사 수요가 급증한 제2차 세계대전 중에는 한시적으로 지원 자격을 고졸 이상으로 낮추기도 했다. 이 제도는 미 공군사관학교가 1954년에 창설되어 요즘과 같은 4년제 학사 학위 장교 조종사를 배출하기 시작한 이후로 1961년에 조종사 양성 과정을 중단하고 19965년에는 항법사 양성을 중단하면서 최종적으로 폐지되었다.

17 조종사 윙: 조종 흉장을 말하며, 조종사라는 자격 표시다.

다. 하지만 군대는 관성적으로 여전히 젊은이들을 해외로 보내고 있었다. 애리조나의 한 집결지에서 몇 개월을 보낸 후 보이드는 점령군의 일원으로서 일본으로 갔다. 그는 1946년 1월 3일에 일본에 도착해 제49전투비행전대 제8비행대대에 배속되었다. 그의 군 기록을 보면, 그는 그 후 2개월이 채 못 되어 "군의 소요를 충족"하기 위해 수영 교관이 되었다. 보이드는 육군항공단 극동사령부 수영팀Air Corps Far Eastern Swim Team의 일원으로서 실내 난방수영장에서 수영하고 일본 지역의 수영대회에 참가하면서 시간을 보냈다. 언젠가는 최고의 전사로 여겨질 그에게는 불길한 첫 군대 경험이었다.

보이드의 짧은 병사 근무 기간에 관해서는 그 이상 알려진 것이 거의 없다. 그 시기에 유일하게 알려진 이야기는 그가 자주 했던 이야기로, 현실의 존 보이드가 전설의 존 보이드가 되기 시작한 이야기인데, 이는 여러 해 동안 쌓인 무수한 "보이드 이야기" 중 첫 번째 이야기에 해당한다. 1945~1946년 일본의 겨울은 특히 춥고 습했다. 보이드가 주둔하던 옛 일본 공군기지에서 장교들은 따뜻한 숙소에서 생활하고 침대에서 자고 따뜻한 음식을 먹은 반면, 병사들은 천막에서 지내면서 땅바닥에서 자고 전투식량인 K레이션K Ration[18]을 먹었다. 병영 시설로 적합한 대형 목조 격납고들은 사용되지 않고 비어 있었다. 이런 상황에 진저리가 난 보이드는 반란에 앞장섰다. 그와 동료 병사들은 격납고 2개를 허물고 그 목재로 불을 피워 따뜻하게 지낼 수 있었다. 얼마 후 육군은 기지 재산을 조사하면서 격납고들이 사라졌음을 발견했다. 보이드는 범인들의 우두머리로 확인되어 기소되었다. 곧 군법회의가 열릴 것 같았다. 장교들은 보이드의 유죄가 확실하므로 재판이 빠르고 간단하게 이루어질 것이라고 생각했다. 그러나 보이드 일병은 공격에 나서서, 군법회의를 기다리는 동안 장교들의 리더십과 책임감에 대한 문제를 제기해서 여론전을 폈다. 그는 수사관

---

18 K레이션: 제2차 세계대전 중에 개발되어 한국전쟁 때까지 지급된 통조림형 전투식량.

에게 그가 격납고 목재로 불을 피웠을 당시 육군의 일반명령general order이 효력이 있는지 물었다. 당연히 일반명령이 효력이 있다는 말을 듣자, 그는 일반명령 중에 장교의 첫 번째 의무가 부하들을 보살피는 것이라는 조항이 있다고 말했다. 적당한 막사가 비어 있음에도 병사들이 땅바닥에서 잔다면 장교들이 그 의무를 이행하지 않은 것이었다. 그는 만일 군법회의가 진행된다면 상급부대에 장교의 책임 문제를 제기하겠다고 말했다.

기소는 취하되었다. 육군은 보이드와의 첫 번째 싸움에서 졌다. 후에 보이드는 이 이야기를 자주 했는데, 특히 그를 숭배한 펜타곤의 부하들에게 자주 했다. 보이드의 가장 헌신적인 추종자들 사이에서 이 이야기는 거의 신성시되었다. 보이드는 신문 기자들에게도 이 이야기를 하면서 이렇게 양념을 쳤다. "그들이 나를 군사법정에 세웠다면 그 뒤에 나 때문에 골치 썩을 필요가 없었을 거요."

그러나 보이드는 구술 역사 프로그램의 일환으로 공군 역사실과 인터뷰했을 때는 이 이야기를 말하지 않았다. 그 이유는 추측만 할 수 있을 뿐이다. 긴 인터뷰 동안 그는 스스로를 공군 규정을 상습적으로 위반한 사람이라고 묘사하는 다른 이야기들을 말했다. 하지만 그가 격납고를 부순 이유와 그가 달성한 승리 모두 분명히 언급할 만한 가치가 있음에도 그는 이에 대해 언급하지 않았다. 아마도 장교들이 모르는 사이에 병사들이 격납고 2개를 헐어서 장작을 태웠다는 것은 믿기 힘든 이야기이기 때문이었을 것이다. 그렇게 하는 데는 몇 주가 걸렸을 것이고, 불은 분명히 눈에 띄었을 것이다. 그리고 왜 격납고를 완전히 허물었을까? 그 격납고들이 막사로 적합했다면 보이드와 동료들은 격납고 안으로 들어가면 되는데 왜 안 그랬을까? 그리고 만일 보이드가 상급부대에 장교들의 부하들에 대한 책임 문제를 제기하겠다고 위협했다면 그건 협박이라고밖에는 말할 수 없다. 역사상 군대는 일개 병사의 협박에 굴복한 적이 없다.

육군항공단은 협박을 당한 군법회의에 대한 기록을 보관하지 않았다. 하지만 보이드의 추종자들은 이 이야기가 확실한 사실이라고 믿고 있다.

그들은 보이드의 이야기들이 항상 일관적이었고, 보이드가 이야기들을 날조했다면 세부사항들이 시간이 지남에 따라 변했을 것이라고 말한다.

어쨌든 이 이야기는, 특히 그것이 사실이 아니라면, 보이드가 자신을 어떤 사람으로 여겼고, 앞으로 계속 자신을 어떤 사람으로 여기게 될 것인지를 보여준다. 그는 자기자신을 원칙이 없는 윗사람들과 싸우는 원칙주의자, 책임을 회피한 상급자와 싸우는 이상주의자, 끔찍한 결과를 초래할 것이라는 위협에도 굴하지 않고 모든 것을 걸고 싸워 이기는 사람으로 여겼다. 그의 원칙은 상대의 무원칙을 이긴다. 이는 그의 어머니가 말한 대로다.

아이오와 대학교에서 쓴맛을 경험한 보이드

보이드는 스무 번째 생일을 약 2주 앞둔 1947년 1월 7일에 제대했다. 그의 군 기록에 따르면, 그는 2년하고 2개월을 복무했지만, 여기에는 그가 고등학교 2학년이던 1944년 10월 30일에 입대했을 때부터 다음해 4월에 입영할 때까지의 기간인 6개월이 포함되어 있다. 따라서 그의 현역 근무 기간은 약 20개월이었다.

보이드는 일본에 있는 동안 키가 2.5센티미터 더 자라고 체중도 늘었다. 그의 병역증명서를 보면, 당시 키 185센티미터 체중 82킬로그램임을 알 수 있다. 그가 집에 오자 어머니는 그가 얼마나 건장해졌는지 보고 놀랐다. 보이드가 이리에 돌아와서 가장 먼저 찾은 사람 중 한 명은 프랭크 페티나토였다. 그들은 아마 페티나토의 승진에 대해 이야기를 나누었을 것이다. 페티나토는 반도 인명구조대 대장이었다. 그리고 보이드가 정부의 제대군인 지원 제도인 제대군인원호법GI Bill 자격이 되었으므로, 페티나토는 분명히 그에게 대학에 가라고 권하면서 어느 대학에 갈 것인지 상담했을 것이다.

그리고 아마 보이드가 수영을 재개할 수 있을 만한 곳에 관해서도 이야기했을 것이다. 만이 얼어붙어 있어서 보이드는 10번가에 있는 YMCA

와 이리 시내의 피치 스트리트Peach Street에서 자주 수영을 했다. 일본에서 돌아온 지 불과 몇 주 후에 그는 이리 수영 클럽Erie Aquatic Club과 함께 피츠버그로 여행을 떠났고, 유명한 미시간 대학교University of Michigan 수영팀과 겨뤘다. 보이드는 스타였다. 그는 50야드 경기에서 26.2초로 우승했고, 100야드 시니어 자유형에서 준우승을 했다.

여름이 되자, 보이드는 인명구조대 부대장으로 반도의 일터로 돌아왔다. 그는 대부분의 시간을 페티나토와 함께 해변을 순찰하면서 보냈다. 프랭크 페티나토 주니어는 그해 여름에 일곱 살이었는데, 해변에 가면 아버지가 항상 보이드를 극찬하는 이야기를 했다고 기억한다. 집에서 그의 아버지는 아들 프랭크 주니어에게 보이드처럼 커야 한다고 자주 말했다.

여름이 끝나자 보이드는 경제학을 공부하기 위해 아이오와 대학교 University of Iowa로 떠났다. 그는 1917년에 아이오와에서 수영을 스포츠로 정착시키고 버터플라이 스트로크와 플립턴flip turn[19]을 개발해서 유명해진 전설적인 수영 코치 데이비드 암브루스터David Armbruster에게서 배우기 위해 아이오와 대학교를 선택했다. 1927년에 암브루스터는 대학교 측에 50미터 수영장을 지어달라고 설득했다. 그는 "경기를 위한 수영과 다이빙Competitive Swimming and Diving"이라는 교재를 썼고, 30명이 넘는 수영 및 다이빙 선수들을 미국 대표 선수로 만들었다. 그의 선수들은 대학 대항전 국내 신기록을 자주 경신했다.

고등학교 시절 운동 및 학과 모두에서 영광의 순간들을 거쳤다고 해서 대학에서도 그렇다는 법은 없음을 깨달을 때 겸손함을 배우게 된다. 1948년 1월에 시즌이 시작되었을 때 보이드가 수영팀에 들어갔다면 성공하지 못했을 것이다. 이듬해 아이오와에서 그는 전설적인 월리 리스 Wally Ris와 경쟁해야 한다는 것을 깨달았는데, 월리 리스는 1947년에 수영 신기록을 깨기 시작했고 1948년에는 올림픽 금메달을 땄다. 그의 주

---

19 플립턴: 수영장 한쪽 끝에서 벽을 발로 차면서 진행 방향을 바꾸어 나아가는 턴.

종목은 100미터와 200미터 자유형이었는데, 바로 보이드의 종목이었다.

보이드는 리스가 졸업한 뒤인 1950년에 대학 수영 대표팀에 들어갔다. 나중에 보이드가 아이오와 대학교에서 수영선수 생활을 한 경험을 이야기할 때면 항상 암브루스터 코치가 자신을 "총애했다"고 말했다. 보이드는 아트 웨이블의 총애도 받았고 프랭크 페티나토의 총애도 받았다. 하지만 아이오와 대학교에서는 무리 중에서 그렇게 특출나지 않았다. 아이오와 대학교에서 쓴맛을 경험한 그는 평생 아이오와 대학교를 "옥수수 대학교"[20]라고 비꼬면서 "내가 거기 왜 갔는지 모르겠어. 거기서 얻은 게 없어"라고 주장할 정도였다.

메리를 만나다

존 보이드는 메리 에설린 브루스Mary Ethelyn Bruce를 둘 모두 3학년일 때 만났다. 그녀는 아이오와주 오텀와Ottumwa 출신의 단아한 흑갈색 머리의 여성이었는데, 신랑감을 찾으러 대학에 다닌다는 사실을 숨기지 않았다. 보이드와 메리는 재향군인클럽에서 만났다. 그녀는 보이드의 사교클럽 회원 중 한 명과 함께 그곳에 있었다. 메리는 보이드가 며칠 후에 데이트 신청을 했을 때 그를 기억하지 못했으므로, 보이드가 그녀에게 남긴 것보다 그녀가 보이드에게 남긴 인상이 더 컸음이 틀림없다. 졸업앨범을 뒤져서 그의 사진을 찾은 그녀는 그가 "나빠 보이지는 않는다"고 판단하고 그를 만나기로 했다.

처음에 둘은 공통점이 많은 것 같았다. 두 사람 모두 인명구조대원으로 일했었다. 둘 다 형제자매가 3남 2녀 5남매였고, 독일계 장로교 신자이면서 강인하고 위압적인 홀어머니 밑에서 자랐으며, 아버지가 죽은 이후로 금전적 문제로 어려웠다.

---

20 아이오와주는 미국 최대의 옥수수 생산 지역 중 하나다.

메리는 보이드에 대해 알아야 할 모든 것을 어렵지 않게 알아냈다. 그는 그녀에게 지네트 맥도널드Jeanette MacDonald[21]를 닮았다고 말한 다음 대부분 자신에 관해 이야기했다. 그는 그녀에게 일본에 관해, 그리고 장교들에 대한 병사들의 반란을 자신이 어떻게 이끌었는지 말했다. 그리고 이리에서 수영 챔피언이 된 일과 위대한 프랭크 페티나토에 대해 말했다. 그는 그녀에게 그의 가족이 얼마나 친밀한지, 그리고 가족 모두가 서로에게 얼마나 충실한지 말했다. 그는 "우리 가족은 힘든 삶을 살았어. 하지만 나는 신경쓰지 않았어. 나는 투덜이가 아니거든. 앞으로도 그럴 거야"라고 말했다. 그는 말을 할 때 팔을 흔들고 큰 소리로 말하면서 가장 단순한 이야기들을 꾸며서 세상을 새롭고 흥미진진한 곳으로 만들었다.

아이오와에는 전쟁에 나갔던 나이 든 남자들이 넘쳤고 신랑감으로 선택할 만한 사람이 너무나 많았다. 하지만 보이드는 달랐다. 그는 인생을 모험으로 만들었다. 그의 열정과 삶의 환희는 그녀를 사로잡았다. 그래서 그녀는 다른 사람과는 데이트하지 않았다. 그녀는 천천히 보이드에게 자신의 인생 이야기를 들려주었다. 그녀는 엘리자베스 브루스Elizabeth Bruce와 앨버트 브루스Albert Bruce 사이에서 다섯 번째 아이로 태어났다. 그녀의 어머니인 엘리자베스 보나Elizabeth Bonar는 아이오와주의 한 농장에서 자랐고 정비사인 앨버트 웨이어 브루스Albert Weyer Bruce와 결혼했다. 앨버트는 바라는 것이 별로 없는 점잖은 사람이었다. 그는 자동차 관련 일을 원했고 아내를 기쁘게 해주고 싶어했다. 하지만 이 두 가지를 모두 할 수는 없다는 것을 깨달았다.

엘리자베스는 앨버트와 정반대였는데, 앨버트가 부드럽고 관대한 반면 그녀는 강하고 지배적이었다. 농장에서 먼지와 검댕을 지겹도록 보아온 그녀는 자신과 아이들을 위해 다른 삶을 원했다. 그녀는 가족이 오텀와에서 어느 정도 사회적 지위를 갖기를 원했다. 그리고 앨버트가 손톱의

---

21 지네트 맥도널드(1903~1965): 1919~1959년에 활동한 미국 여배우이자 가수.

기름때를 닦아내고 간부가 되기를 원했다. 그녀의 끊임없는 재촉에 그는 상담사가 되었고, 그 후에는 닭의 깃털을 벗겨내는 장비를 제조하는 가금류 가공 공장 장비 회사의 감독관이 되었다. 그곳에서 그는 불행했다. 그는 간부가 되고 싶지 않았고, 하급 간부조차 되고 싶지 않았다. 그는 자동차정비사가 되기를 갈망했다. 그는 메리가 열한 살 때 심장마비로 죽었는데, 그의 미망인은 여러 해 동안 자신이 남편을 죽게 만든 원인일지도 모른다고 생각했다. 그녀는 때로 "그를 너무 몰아붙인 게 아닌가 하는 생각이 든다"고 말했다.

브루스 부인은 이런 자기성찰을 자주 할 만큼 여유롭지 않았다. 그녀는 아이들을 책임져야 했다. 가금류 가공 공장은 그녀에게 매달 수표를 보냈지만 다섯 아이를 키우기에는 충분하지 않았다. 그녀는 아이들을 난방이 되지 않는 다락방으로 옮기고 자택을 하숙집으로 바꾼 뒤 마치 군사작전을 하듯이 효율적으로 운영했다.

브루스 부인은 메리가 자신의 의견을 거의 갖지 못할 정도로 메리의 인생을 좌지우지했다. 메리는 무엇이든 어머니가 바라는 대로 생각했다. 그녀는 그저 가만히 서서 인생에서 무슨 일이 일어나는지 보려고 기다리는 수동적인 사람이었다. 그녀는 거의 어느 누구와도 말다툼을 하지 않았다. 의견이 일치하지 않으면 고개를 끄덕이며 동의하는 척했다가 이내 소극적인 공격 방식으로 자신의 의견을 고수했다.

메리는 고등학교 졸업 후 아이오와주 페어필드Fairfield에 있는 작은 종교학교인 파슨스 칼리지Parsons College에 다녔다. 그녀는 그곳을 1년만 다니다가 더 크고 남자가 많은 아이오와 대학교로 전학해서 가정학을 전공했다. 그녀는 자신이 오해를 받고 있고 자신의 사고방식과 세상을 보는 방식이 뭔가 잘못되었다고 느껴서 심리학과 관련된 선택과목을 많이 들었다.

그녀는 "사실 저는 '남편 찾기'를 전공했어요"라고 말했다. 그녀는 자신이 무엇을 원하는지 정확히 알았다. 그녀가 가장 좋아하는 오빠 2명은 활동적이지도 않고 인기도 없었기 때문에, "빅 조크^{big jock 22}"라고 불리는 상대와 결혼하고 싶었다. 그녀는 운동선수가 편하고 관대할 것이고 졸업 후 코치가 되면 아이오와의 작은 마을에서 소박한 삶을 살 수 있을 것이라고 생각했다. 그녀는 지역 장로교회의 일원이 되어 성가대에서 노래하며 복잡하지 않은 삶을 살기를 바랐다.

보이드가 적격이었다. 그는 그녀의 오빠들처럼 키가 크고 잘생겼으며 머리색도 짙었다. 하지만 그는 오빠들과는 달리 운동선수였고 인기도 매우 많았다. 그녀는 그의 신앙심이 얼마나 깊은지, 그녀처럼 그가 종교에 의지해 살았는지 묻지 않았다. 그녀는 독실한 장로교 신자였고 그도 같다고 생각했다. 그녀에게 세상은 흑과 백, 선과 악, 옳고 그름만 존재했다. 결코 넘을 수 없는 절대적이고 엄격한 선이 있을 뿐이었다. 그녀는 보이드를 바라보며 자신이 만든 단단한 작은 틀 안에 그를 집어넣었다.

메리가 보이드에게서 느낀 "빅 조크"라는 이미지와 맞지 않은 유일한 부분은 그가 책을 아주 많이 읽었다는 것뿐이었다. 그는 항상 책을 가지고 다녔는데, 학과 교재뿐만 아니라 역사, 전쟁, 철학을 다룬 책들을 들고 다녔다. 메리는 이를 별난 가식이라고 여기며 폄하했다. 그리고 군대 문제도 있었다. 3학년 초에 보이드는 공군 학생군사교육단^{Air Force Reserve Officers' Training Corps, AFROTC}에 등록했다. 그는 ROTC 후보생이 된 것은 순전히 금전적인 이유로, 매달 ROTC 후보생에게 주어지는 28달러가 필요했기 때문이라고 말했다. 이유가 무엇이든 그는 열정적으로 ROTC에 임했다. 그가 명령을 내리고 사실상 모든 모임을 책임져서 마침내 다른 ROTC 후보생들은 그를 "보이드 대장^{Captain Boyd}"이라고 부르기 시작했다. 그는 훨씬 더 적극적이 되었고, 군에서 "지도자형"이라고 말하는 인물이 되었다. 그는 한 남자로서 진가를 발휘하고 있었다.

메리가 보이드에게 졸업 후에 무얼 하고 싶은지 묻자, 그는 공군에 가

---

22 빅 조크: 운동을 많이 하는 사내라는 뜻.

서 제트기를 타고 싶다고 말했다. 그녀는 미간을 찌푸렸다. 하지만 그녀는 걱정하지 않았을 것이다. 몇 년 동안만 비행을 하고 나서 다른 일을 할 것이라 생각했을 테니 말이다.

ROTC 후보생은 3학년이 끝난 후 장교가 되기 위한 교육 과정인 하계 입영훈련을 받으러 간다. 보이드는 1950년 6월에 북한이 남한을 침략했을 때 하계입영훈련을 받으러 가는 길이었다. 미국은 갑자기 또 다른 전쟁을 하게 되었는데, 이번에는 공산주의와의 전쟁이었다. 한국전쟁은 냉전시대의 첫 분쟁이었고 선과 악의 대결로 여겨졌다.

보이드는 대학 마지막 해에 고등학교 마지막 해에 그랬던 것처럼 졸업을 하면 전쟁터로 가게 되리라는 것을 알고 있었다. 그는 전투기 조종사로서 전쟁에 나가기로 일찌감치 결정했다. 그는 공군 구술 역사 인터뷰에서 폭격기 조종사를 "한 무리의 트럭 운전사들"로 여겼고 "만원 버스에 타고 한 무리의 사람들이 내게 계속 무얼 하라고 말하는 걸 원치 않았소"라고 말했다. 그는 오마하^{Omaha}로 가서 조종사가 될 능력이 있는지를 판단하기 위한 신체검사와 심리검사를 받았다. 그는 이 검사를 모두 통과했다.

이제 비행 훈련 입과 허락을 받은 그는 메리에게 그가 탈 비행기들을 줄줄이 이야기했다. 1950년 12월 이후로 그가 타게 될 기종은 단 하나, F-86 세이버^{Sabre} 제트기뿐이었다.

12월 17일, 세이버 한 대가 압록강 하구 서쪽 신의주시 상공에서 미그^{MiG}기 한 대를 격추했는데, 이 사건은 미국 전역에서 헤드라인을 장식했다. 미국을 대변하는 기관총을 쏘는 번쩍이는 은색 번개. F-86은 갑자기 역사상 가장 낭만적으로 묘사된 전쟁 도구가 되었다.

1950년에 미국인 대부분은 독일 공군, 즉 루프트바페^{Luftwaffe}가 제2차 세계대전이 끝나갈 무렵에 제트 전투기를 보유했던 사실을 잊고 있었다. 그리고 미국의 유명한 F-80의 전신인 XP-80이 1944년에 비행했다는 것도 기억하지 못했다. 제2차 세계대전 이후 소련과 미국 모두 독일의 제트 전투기 연구에 접근할 수 있었고, 두 나라 모두 상당 부분 독일의 연구를 바탕으로 제트기 생산에 들어갔다. 소련의 MiG-15와 미국의 F-86 세이버는 놀라울 정도로 비슷했다. 둘 다 후퇴익swept wings[23]을 가졌고, 크기가 거의 같긴 했지만 미그기가 약간 더 작았다.

미학적인 면에서 볼 때 세이버는 상상할 수 있는 가장 매력적인 제트기로서, 후퇴익과 물방울형 캐노피bubble canopy[24]를 가졌고, "D"형은 공기흡입구 위에 있는 코 부분이 위협적이고 공격적으로 보였다. 프로펠러의 견인력이 아니라 불과 천둥의 추진력으로 나는 항공기가 여기 있었다. 제트기였다. 심지어 그 이름에도 완전히 새로운 마력이 깃들어 있었다. 미국은 세이버 기종에서 뉴턴Newton의 제3법칙, 즉 작용-반작용의 법칙을 생생하게 목격했다. 엔진에 불을 붙이고 연료를 태우면 그 반작용으로 엄청난 속도로 하늘을 가르며 나는 모습이었다. 이 비행기처럼 미국의 상상력을 사로잡은 항공기는 거의 없었다. F-86은 괴물 같은 놀라운 추력을 보여주며 45도 각도로도 상승할 수 있었다. 이 비행기는 시속 680마일로 날아 기존의 모든 속도 기록을 깼다. 매끈하고 아름다운 이 기종은 한국 상공에서 제트 전투기에 대한 미국의 새로운 열정, 새로 독립한 공군, 그리고 공산주의와 싸우는 미국의 아주 좋은 상징이 되었다. 그리고 이 비행기는 거의 20년 뒤에 보이드가 더 나은 기종을 설계하는 데 중요한 역할을 할 때까지 공군이 보유하고 있던 진정으로 위대한 전투기였다.

보이드는 얘기를 들어주는 모든 사람에게 자신에게는 이 비행기뿐이라고 말했다.

메리는 이 모든 말들을 한 귀로 듣고 한 귀로 흘렸다. 당시 그녀는 당연히 보이드와 결혼하게 될 것이라고 생각하고 있었다. 그녀는 그가 청혼할 줄 알았지만, 그 후 한국에서 전쟁이 일어나자 그가 하는 말이라고는 온통 제트기, 제트기, 제트기뿐이었다. 1951년 2월에 졸업한 뒤 그녀는 고

---

23 후퇴익: 주날개가 뒤를 향해 젖혀진 모양의 날개. 고속 항공기에 쓰인다.

24 물방울형 캐노피: 비행기 동체에서 유선형 모양으로 돌출되어 조종사의 시야가 넓은 조종석.

향인 오텀와로 가서 청혼을 기다렸다. 그녀는 아파트를 빌리고 일자리를 찾기 시작했다. 그녀는 마침내 지역 의사의 보조원이 되어 주사를 놓고 잡일을 처리했다. 그리고 기다렸다.

혼자 사는 것이 외로워서 불과 몇 주 후에 그녀는 어머니의 집으로 돌아왔다. 그녀는 이제 다 컸지만, 어머니가 명령하는 것을 막지는 못했다. "어머니가 이래라 저래라 하는 것이 싫었어요." 메리는 말했다. "하지만 편안했어요." 그녀는 운전 교습을 받았고, 스물두 살에 처음으로 운전면허를 땄다.

메리와 보이드는 자주 전화 통화를 했다. 그는 거의 주말마다 아이오와 시티^{Iowa City}에서 버스를 타고 내려왔다. 그는 1951년 6월에 졸업하고 공군 소위로 임관했다. 어머니와 앤이 졸업식을 축하하러 아이오와로 왔다. 메리도 거기에 있었다. 그녀는 보이드가 졸업을 하면 청혼할 것이라고 생각하면서 몇 달 동안 이 날을 기다려왔다. 그녀는 보이드의 어머니에게 주눅이 들었던 기억을 떠올린다. 메리는 친절하고 세심히 배려하려고 애썼지만, 엘시는 아주 근엄한 표정을 짓고 매서운 눈빛을 한 채 걸어 다녔다. 마치 아들을 제외한 모두에게 화가 난 것 같았다. 아들이 여자친구를 잘못 선택했다고 생각하는 게 틀림없었다.

메리는 신체 장애가 있는 사람과 있어본 적이 없어서 다리를 저는 앤의 모습을 보기가 몹시 불편했다. 그녀에게는 좋은 주말이 아니었다. 그리고 보이드가 청혼을 하지 않았다는 사실 때문에 기분이 더 상했다.

보이드는 다음 기수의 비행 훈련이 시작될 때까지 뉴멕시코주 앨버커키^{Albuquerque}로 가라는 명령을 받았고, 메리는 오텀와로 돌아왔다. 아마 보이드는 곧 청혼할 것이다. 하지만 만약 그가 다른 사람을 만난다면? 만일 비행 훈련이 끝날 때까지 기다렸는데 그가 한국으로 가게 되면 어쩌지? 오텀와에서 신랑감을 찾을 기회는 희박했다.

메리는 기다리기로 했다.

CHAPTER 3

신출내기

T-6의 달인으로 인정받은 초짜 학생조종사

계급장에 금색 작대기가 한 개라서 "버터 바$^{butter\ bar}$"라고 불리는 소위들에게는 대개 장교가 해야 하지만 고위급 장교는 하지 않는 하찮은 일들이 주어진다. 이제 막 비행 훈련을 시작하려는 소위들에게는 특히 그렇다. 이 젊은 장교들은 자신들이 신과 같은 존재라고 믿으면서, 아직 조종 자격이 없는 현실을 견디기는 힘들지만 비행 훈련을 마치고 왼쪽 가슴 주머니에 은빛 조종윙을 달기만 하면 더 높은 대우를 받게 될 신분이라고 믿었다. 전투기 조종사보다 강한 자부심과 자아를 가진 집단은 아마 이 지구상에 없을 것이다. 공군 인사 시스템을 운영하는 관료들은 하찮은 일들이 이 신참내기들에게 겸손함을 가르치리라고 믿는다. 하지만 여러 해 동안 그들은 이 믿음이 현실이기보다는 희망사항이었음을 깨닫게 되었다. 지금까지 전투기 조종사는 겸손한 적이 없었고 앞으로도 그럴 것이다. 하지만 관료들은 계속 시도할 것이다.

보이드가 임관했을 때 앨버커키에 있는 커틀랜드^{Kirtland} 공군기지에서는 장교식당 부관이 필요한 상황이었다. 그래서 보이드는 뉴멕시코로 갔다. 그는 그곳에 한 달만 있었지만 그 기간이 영원처럼 느껴졌을 것이다.

8월 1일에 그는 비행 훈련을 시작할 미시시피주 콜럼버스Columbus 공군기지의 제3301비행훈련대대에 신고하라는 명령을 받았다. 비행학교 클래스는 학생조종사의 수료 예정일에 따라 번호가 붙는다. 보이드는 52-F반이었다. 경험 많은 공군 조종사들은 한국에서 필요했고 기본 비행을 가르치는 데 시간을 낭비하기에는 너무 귀한 존재였기 때문에 콜럼버스 공군기지의 교관들은 민간인들이었다. 보이드의 교관은 C. 웨인 레몬즈Wayne Lemons였는데, 신참 조종사들에게 비행법을 가르치기 위해 공군 계약을 따낸 전세 및 화물 항공사인 캘리포니아 이스턴California Eastern의 직원이었다. 보이드는 우선 미시시피 북동부 상공에서 "달러 라이드dollar ride"라고 부르는 관숙비행Orientation Flight[25]에 나섰고, 그 후 몇 개월간 그 지역에서 비행하게 된다. 그는 수많은 비포장 보조비행장들을 보았는데, 그중 몇몇은 목화밭 한복판을 좁게 가로지르고 있었다. 그런 다음 그는 교실에서 항공학, 기상학, 비행이론, 항법, 크로스컨트리cross-country 비행[26], 모스 부호, 무선통신 절차, 그리고 다른 많은 난해한 과목들에 대한 수업을 들었다.

보이드는 ROTC로 임관한 소위 약 40명과 항공사관후보생 약 110명으로 구성된 반에 있었다. 소위 40명은 몇 주 뒤에 모두 서로 알게 되고, 같은 반에서 비행을 배우는 동료애, 그리고 곧 함께 참전한다는 운명을 통해 끈끈한 전우애로 뭉쳤다. 그중 많은 이들이 고위급 장교가 되거나 전투에서 큰 성과를 거두게 되며, 일부는 공군에서 전설이 된다. 하지만 그들은 남은 인생 동안 52-F반 동기로서 단단히 결속된다.

콜럼버스 기지에 있던 6개월 동안 보이드는 비행 능력과 리더십뿐만 아니라 몇 가지 개인적 특성 때문에 신참 소위들 사이에서 유명해졌다.

---

25 관숙비행: 항공기의 성능과 특성을 보여 주기 위하여 수행하는 비행.

26 크로스컨트리 비행: 장시간의 종주 연습 비행.

그는 엄청난 양의 음식을 먹을 수 있었고, 52-F반의 다른 누구보다도 빨리 먹을 수 있었다. 식당에서 그는 접시에 음식을 너무 높이 쌓아서 테이블로 걸어갈 때 음식이 바닥에 떨어졌다. 그는 앉아서, 몸을 숙이고, 포크질을 하면서 좌우를 돌아보지 않았다 마치 삽으로 석탄을 퍼서 아궁이에 퍼붓는 것 같았다. 그의 손은 접시에서 입으로, 다시 접시로의 왕복을 영영 멈추지 않을 것 같았다. 심지어 씹지도 않고 삼키는 것처럼 보였다. 그의 대대 동료들은 대개 보이드가 다 먹은 뒤 한숨을 쉬고 배를 문지르고 의자를 뒤로 빼고 주시 프루트^{Juicy Fruit} 추잉껌 한 통을 전부 입에 구겨넣고 말을 하기 시작할 때 그제야 겨우 먹기 시작했다. 그는 52-F반 동료들에게 "주시 프루트 키드^{Juicy Fruit Kid}"라고 불릴 정도로 껌을 많이, 힘차게 씹었다. 보이드는 항공 전술에 관해 자세히 설명하면서 자신이 고급 기동을 할 준비가 되어 있는데 공군의 훈련 체계를 따라야 한다는 게 얼마나 불만스러운지, 그리고 어떻게 공군에서 최고의 전투기 조종사가 될 것인지를 이야기했다.

매일 아침 학생조종사들은 제2차 세계대전에서 고등훈련기 역할을 했던 유서 깊은 탠덤^{tandem}석²⁷ 단발기인 T-6 "텍산^{Texan}"으로 비행했다. 이전 전쟁에서 고등훈련기로 적합했던 이 항공기의 특성은 제트기로 전환하려는 인원을 위한 기본훈련기 용도에도 적합했다. "끔찍한 텍산^{Terrible Texan}"은 착륙장치 사이의 폭이 좁아 많은 학생조종사들이 착륙 후에 조종성을 잃고 "그라운드 루프^{ground loop}"라고 알려진 급격한 수평 회전에 빠지게 되었는데, 이 현상이 발생하면 착륙장치가 접히거나 부러질 수도 있었다. 흔히 이런 말을 했다. "T-6 조종사는 두 종류가 있다. 그라운드 루프를 한 사람과 그라운드 루프를 할 사람이다." 부주의한 조종사에게 나쁜 영향을 미치는 경향이 있었지만, T-6는 튼튼하며 135mph²⁸의 속도

---

27 탠덤석: 조종석이 앞뒤로 배치된 형태.

28 135mph: 217km/h에 해당한다. mph는 miles per hour(시간당 마일)를 뜻하는 속도 단위다.

로 순항했다. 레드라인redline, 즉 제한속도는 상당한 고도에서 동력 강하를 해야만 다다를 수 있었는데, 그 제한속도는 260mph(420km/h)였다.

훈련을 시작할 때부터 보이드는 마치 장군처럼 기지 주변을 걸어 다녔다. 그는 다른 학생조종사들에게 공중 전술을 강의하는 일에 한해서는 주저하지 않았다. 그는 교육 진도가 느리다고 생각해서 민간 교관에게 성질을 부리고 때로는 다툴 정도로 독립적이었다.

쉬는 날에는 메리를 보기 위해 기차를 타고 아이오와로 갔다. 그중 어느 주말에 그는 마침내 청혼했다. 그와 메리는 오텀와에 있는 작은 귀금속상에서 반지 하나를 발견했고 그녀는 결혼식 계획을 세우기 시작했다.

비행 훈련으로 돌아온 보이드는 빠르게 기본 기동 과목을 통과하고 솔로Solo 비행을 했다. 그러고는 밖으로 나가 마치 남들이 보기에는 천 번은 했던 것처럼 겁 없이 T-6를 하늘로 내몰았다. 같은 반 동료들은 보이드가 자신들처럼 여태까지 비행 교육을 받은 적이 없는 초짜 학생조종사라는 것을 믿기 힘들었다. 그는 한마디로 T-6의 달인이었다.

그 의미를 깨달으려면 신참이 처음으로 항공기 조종석cockpit에 들어가서 낯선 계기 더미들을 바라볼 때 경외감이 밀려온다는 것을 이해해야 한다. 조종사가 되기를 얼마나 갈망하느냐와 상관없이, 그저 조종석에 앉아만 있어도 경이로움이 절로 든다. 그리고 처음으로 하늘에 올라 3차원 공간에서 움직이고 있음을 깨달을 때면, 그리고 한순간의 부주의로도 추락과 대폭발을 초래할 수 있음을 깨달을 때면, 비행기에 대한 경외감을 느끼곤 한다. 조종사는 지나치게 조심스러워질 수도, 지나치게 꼼꼼해질 수도 있다. 조종사는 제원을 읽고 암기하며, 성능 한계를 파악하고, 성능 한계를 절대 눈곱만큼도 넘지 않도록 주의한다.

하지만 보이드는 성능 제원을 믿지 않았고 항공기를 두려워하지 않았다. 그는 T-6를 거칠게 다뤘고, 하늘에서 비행기를 몰아붙이며 날았다. 그는 비행기를 성능 한계까지 몰고 그것을 넘어섰다. 교범에 항공기의 속도가 260mph를 넘어서는 안 된다고 되어 있다면 보이드는 265나

270, 280mph까지 밀어붙였다. 그는 책에 나온 한계가 아닌 실제 한계에 다가갈 때 항공기에서 나는 소리로 그 한계를 직감적으로 알았는데, 그 한계를 알아보려 할 정도로 대담한 사람들만이 항공기의 실제 한계까지 가볼 수 있었다. 시험비행 조종사Test pilot도 같은 일을 하지만, 그들은 대부분 엔지니어이면서 숙달의 경지에 오른 매우 숙련된 조종사들이다. 학생조종사 중에는 그 정도로 대담한 사람이 거의 없다.

자신의 정교한 조종 솜씨에 자부심을 갖고 있고, 지정된 고도에서 50피트(15.2미터) 이상, 혹은 지정된 속도에서 10노트Knot[29] 이상은 절대 벗어나지 않으며, 교범에 따라서 엄격하게 기동하는 전투기 조종사라면 보이드가 "손이 거칠다"고 말할 것이다. 그들의 말이 맞을지도 모른다. 하지만 실제 공중전에서는 정교함이 거의 통하지 않는다. 많은 민간인, 그리고 피퍼pipper라는 기총 조준기를 통해서 적기를 본 적이 없는 사람들은 틀림없이 제1차 세계대전에 관한 책과 영화에 영향을 받아서 전투기 조종사들이 하늘의 기사이고, 항상 정정당당한 전투를 시작하기 전에 적에게 경의를 표하는 정중한 사람들이라는 낭만적인 생각에 사로잡혀 있다. 그들은 전투기 조종사들이 공중전 예절에 관한 세세한 규칙들을 준수하며, 맑고 깨끗한 높은 하늘에서 벌어지는 전투는 진흙 속에서 벌어지는 전투와는 상당히 다를 뿐 아니라 더 영광스럽고 특별하다고 믿는다. 하지만 이는 터무니 없는 생각이다. 공중전 경험이 있는 사람들의 말에 따르면, 공중전은 하늘에서 벌어지는 기초적이고 원시적인 형태의 전투다. 전투기 조종사, 즉 공중전에서 살아남은 조종사들은 신사가 아니다. 등 뒤를 찌르는 암살자들이다. 그들은 태양 쪽에서 나와서 적의 시야가 가려진 상태에서 공격한다. 적기의 후방이나 하방에서 몰래 다가가거나, 적기 위에서 "후려치거나", 적기의 꼬리, 즉 6시 위치로 확 들어가서는 적이 눈치채기 전에 적기를 "두들긴다". 이것이 전투기 조종사들이 유리병 속의 물

---

29 노트: 1시간에 1노티컬마일(Nautical Mile), 즉 1해리를 가는 속도의 단위.

벌레처럼 징크^{jink} **30**를 하고 위브^{weave} **31**를 하고 쏜살같이 움직이는 이유다. 그들은 결코 6~8초 이상 같은 비행 방향이나 위치를 유지하지 않는다.

공중전은 끔찍하게 무자비하다. 2등을 하면 대개 죽음이라는 아주 극적인 결말로 끝난다. 대부분의 희생자들은 총탄에 벌집이 되고, 불길에 휩싸이고, 지면에 추락해 큰 구멍을 만들기 전까지 자신이 표적이 되었는지조차 전혀 알지 못한다. 제1차 세계대전의 공중전이 정정당당한 싸움이었다는 환상에 사로잡힌 채 공중전에 참여하려는 사람들은 짧은 경력으로 끝나게 될 것이다. 따라서 공중전은 비행기를 진정한 목적, 즉 기총발사대$^{gun\ platform}$로 사용하는 것을 두려워하지 않는 대담한 사람들의 편이다. 적의 뒤로 몰래 다가가서 죽이는 것은 정정당당한 것이 아니다. 공중전은 어둠 속에서 몰래 칼을 휘두르는 유혈극이다. 승자는 살고, 패자는 죽는다. 보이드는 본능적으로 이것을 알았고, 그의 비행은 처음부터 진정한 전투기 조종사의 비행이었다.

수료하기 한 달 전 그는 크리스마스 휴가를 받았고, 약혼한 지 3개월 만에 그와 메리는 오텀와에 있는 장로교회에서 결혼했다. 보이드는 공군 제복을 입었다. 어머니와 앤도 참석했다. 보이드는 신혼여행을 갈 돈도 시간도 거의 없었기 때문에, 그와 메리는 차를 타고 40킬로미터를 달려 파슨스 칼리지$^{Parsons\ College}$가 있는 페어필드^{Fairfield}까지 가서 며칠간 호텔방을 빌려 지냈다. 그런 다음 함께 콜럼버스로 출발했다.

훈련을 수료하고 공군 조종윙을 받을 것이 확실하던 비행 훈련의 마지막 몇 달 동안, 훈련생들은 다발기$^{multiengine\ aircraft}$ **32**를 조종할 사람과 전투기를 조종할 사람으로 나뉘었다.

전투기 조종사는 공군이 필요로 하는 인력이었다. 한국전쟁 당시의

---

30 징크: 상대가 움직임을 예측할 수 없도록 불규칙한 모양으로 하는 기동.

31 위브: 갈지자 모양의 기동.

32 다발기: 엔진이 여러 개인 항공기. 폭격기, 수송기 등을 의미한다.

폭격기 병과를 보면, 전략공군사령부Strategic Air Command, SAC의 B-29와 B-50 폭격기들이 주간 임무를 수행하면서 큰 손실을 입게 되자 거의 다 야간 비행으로 바뀌고 규모도 소규모 단위로 축소되었다. 전략공군사령부는 소규모 재래전을 치를 준비도, 장비도 갖추지 못했으며, 핵무기 운반에 맞춰 준비되어 있었다. 하지만 전투기 병과는 달랐다. 6개 전투비행단이 한국에, 1개는 일본에, 그리고 다른 1개는 오키나와에 주둔했고, 모두 한국전쟁에 전념했다. 1개 비행단은 3개 비행대대로 구성되고, 각 비행대대는 이론상으로 24~32대의 항공기로 구성된다. 1개 전투비행단은 약 96대의 항공기를 보유한다. 따라서 이 6개 비행단의 항공기 대수는 이론상으로는 500~600대였지만, 실제 항공기 대수는 그 절반 정도밖에 되지 않았다. F-86 조종사들은 임무를 100회 마치면 비전투 근무로 순환보임되었기 때문에, 항상 교체 수요가 있었다.

한국전쟁은 폭격기의 전쟁이 아닌 전투기의 전쟁이었기 때문에, 보이드처럼 능숙한 전투기 조종사가 폭격기 조종사로 한국에 보내졌을 가능성은 희박하다. 하지만 보이드가 이야기한 바에 따르면, 그가 F-86으로 가지 못하도록 막으려는 음모가 있었다고 한다. 보이드는 공군이 자신에게 전투기 조종사가 되기에는 키가 너무 크니 폭격기를 조종해야 한다고 했다고 주장했다. 그는 "젠장, 저는 다발기에는 가지 않을 겁니다. 다발기로 가야 한다면 공군에 남지 않을 것"이라고 그들에게 말했다고 회고했다. 그는 전역하겠다고 위협했다.

보이드가 그런 최후통첩을 전했다면 상당 부분은 허풍이었을 것이다. 그는 자신이 전역하려 하면 공군이 그를 현역으로 붙잡아두고 그에게 모욕적인 보직을 줘서 제대할 때까지 그의 삶을 비참하게 만드리라는 것을 누구보다 잘 알고 있었다. 보이드는 군을 쉽게 떠나기에는 제트기를 비행하는 데 너무 빠져 있었다. 만일 그가 정말로 폭격기를 조종하게 될 것이라는 말을 들었다면, 그리고 그가 전역하겠다고 위협했다면, 가장 그럴듯한 이유는 그가 폭격기를 조종하느니 차라리 군을 떠나겠다는 자신의 입장을 공군에 드러내 보이고 싶었기 때문일 것이다. 이러한 열정을 환영하는 상급자라면 그의 최후통첩을 받아들여주었을 것이다. 어떤 일이 있었든 간에 보이드는 원하는 대로 전투기 부대에 배속되었고, 보이드의 최후통첩 이야기는 일본에서 격납고들을 뜯어낸 이야기와 마찬가지로 그의 성향을 드러냈다는 점에서 가치가 있다. 남은 공군 경력 동안 보이드는 모든 새로운 임무에서 음모와 처벌을 겪게 된다. 그를 지상 보직에 보내 망신을 주거나 모욕하려는 행동이 되풀이되고 관료적인 싸움이 뒤따르지만, 그는 큰 역경에 맞서며 그의 경력을 걸고 마침내 승리하게 된다.

전투기 조종사들의 요람, 윌리엄스 공군기지

"윌리Willy" 또는 "패치Patch"로 알려져 있던 애리조나에 있는 윌리엄스 Williams 공군기지는 전투기 조종사들의 요람으로서 공군에서 가장 유명한 기지 중 하나였다. 이곳에서 조종사들은 처음으로 제트기를 탔다. 또한 윌리엄스 공군기지는 주기종 훈련을 위한 출발점이었다. F-84 전폭기를 탈 조종사들은 전투 훈련을 위해 윌리엄스 공군기지에서 역시 애리조나에 있는 루크Luke 공군기지로 보내지고, F-86 전투기를 탈 조종사들은 네바다주에 있는 넬리스Nellis 공군기지로 보내진다.

윌리엄스 공군기지의 교관들은 그들이 훈련시킨 모든 조종사들이 한국으로 보내질 것이라는 사실을 알고 있었기 때문에 신참 조종사들을 잘 훈련시켜 고도의 전문성을 갖추게 하는 일을 엄숙하고 신성한 임무로 받아들였다. 52-F반은 1952년 4월에 윌리엄스 공군기지에 도착하자마자 환영식을 위해 강당에 모였다. 한 대령이 그들 앞에 서서 호전적으로 노려보다가 이렇게 말했다. "내가 내 마음대로 한다면 네놈들의 반을 죽여버리고 나머지 반만 전투기 조종사로 만들어서 내보낼 거다, 개자식들아." 그는 그들이 그 말을 곱씹도록 잠시 내버려둔 후 이렇게 말했다. "하지만 망할 의회가 그렇게 못 하게 하네."

그럼에도 불구하고 그는 그렇게 하려고 했다. 52-F반은 훈련 사고와 사망자 비율이 더 높았다. 훈련 속도가 빨라졌고, 제트기로의 전환과 함께 그에 따른 기본 전투 훈련이 가능한 한 실전처럼 이루어졌다. 하지만 이것은 넬리스로 갈 인원을 위한 더욱 실전 같은 훈련의 서곡이었다. 하지만 보이드는 훈련 체계에 짜증이 났다. "그들이 그곳에서 배우던 많은 것들을 나는 이미 익혔으니 좀 더 속도를 내서 훈련을 빨리 끝냈으면 했죠." 그는 회고했다. "마치 가로막힌 것 같았습니다. 뭐, 제트기를 처음 탈 때까지는요. 그 뒤로는 정말 좋았죠." 그는 F-80 "슈팅스타Shooting Star"로 제트기 훈련을 시작했는데, 이 기종은 느리고 추력이 약한 단발 직선익straight-winged[33] 제트기였다. F-80의 초기 모델에는 사출좌석ejection seat[34]이 없었기 때문에 항공기에 불이 나거나 "플레임 아웃flame out[35]", 즉 엔진이 정지되거나 기계적인 문제가 생기면 조종사, 특히 보이드처럼 키가 큰 조종사는 심각한 상황에 처했다. 그 순간 그가 바랄 수 있는 최소한의 결과는 무릎을 다치는 것이었다. 그가 만일 사출좌석이 있는 F-80 기종을 조종하고 있었다면 다리가 부러지거나 절단되지만 않아도 천만다행이었다.

키 큰 F-80 조종사들은 정비사들에게 걱정을 표했다.

보이드는 제트기를 조종할 때는 원칙이 다르다는 것을 깨달았다. T-6에서는 스로틀throttle[36]을 앞으로 천천히 움직이면 우레와 같은 소리가 커지고 추력이 급증해 조종사가 루프loop[37]를 하거나 급선회로 확 꺾을 수 있다. 그러나 제트기에서 부주의하게 스로틀을 조작하면 "플레임 아웃"이라는 새로운 현상을 초래했다. 일부 초기형 엔진은 신뢰성이 낮고 비행

---

33 직선익: 주날개가 비행기 양쪽으로 곧게 뻗은 형태.

34 사출좌석: 비행 중 비상사태 발생 시 조종사가 기체 밖으로 튕겨 나가도록 고안된 좌석.

35 플레임 아웃: 비행 중 엔진이 꺼지는 현상.

36 스로틀: 엔진 추력 조절장치.

37 루프: 공중제비.

중에 갑자기 멈췄다. 그래서 신참 조종사들이 전술적 교전 중에 비행 성능 한계까지 밀어붙일 때 간혹 자신들의 비행 능력을 과대평가하다가 사막에 추락했다.

보이드는 그 어떤 것도 전혀 개의치 않았다. 그는 "나는 비열한 술수를 다시 쓰기 시작했죠. 어쩔 수 없었습니다"라고 말했다. 윌리엄스 기지의 고등비행훈련 중에는 보이드가 "바보 같은 크로스컨트리 유람"이라고 부른 과목이 있었는데, 이 비행에서 조종사는 규칙적으로 무선기로 위치를 보고한다. 보이드는 이 유람 비행을 하는 대신 루크 공군기지의 친구들이 F-84로 모의 공대공 전투 비행을 한다고 알고 있는 곳으로 자신의 F-80을 몰고 가서 거기에 참여했다. 이후 그는 몇 차례 더 크로스컨트리 유람 비행을 하는 대신 교관들이 모의 공대공 전투를 연습하는 곳으로 가서 그들을 "후렸다". 교관들은 이런 일을 좋아하지 않았는데, 특히 그가 이겼을 때 그랬다.

구술 역사 인터뷰에서 보이드는 이 초창기 공대공 교전에서 방어 위치에 몰렸음을 깨달았을 때 어떤 생각을 했냐는 질문을 받았다. 그는 전투기 조종사의 마초적 성질, 그리고 답변을 하던 당시 그가 가졌던 전투기 항공술에 대한 생각을 모두 드러내면서, "그 비행기를 확 꺾고" 상대를 "갈겨"버려야 했다고 대답했다.

비행기를 "꺾는다"는 것은 적기보다 G(중력가속도)[38]를 더 많이 당겨서 급기동을 하면서 적기의 선회 경로 안쪽으로 들어가 사격할 수 있는 유리한 위치를 확보하는 것이다.

기총을 발사할 때는 예광탄tracer을 보고 조종사가 조준을 수정할 수 있다. 제트기의 G를 당기면 예광탄의 흐름이 휘어져서 마치 빠르게 움직이는 호스에서 나오는 물줄기처럼 보인다. 그러므로 적을 "갈겨버린다"

---

38 G(중력가속도): 관성에 의해 생기는 가속도의 단위로, 지구중력가속도의 배수로 표기된다. 급기동을 할수록 G가 커지고 조종사와 기체에 큰 힘이 가해진다.

는 것은, 적기를 피퍼pipper, 즉 사격조준기 안에 들어오게 만든 뒤 예광탄으로 적기의 뒤를 쫓아 기총으로 박살내는 것이다. 조종사들은 이를 흔히 똥침을 놓는다[39]고 표현한다.

훈련 중반쯤에 교관들은 신참 조종사 중 최고, 즉 스틱과 러더 조작 기술이 뛰어날 뿐만 아니라 "용기에서 비롯된 공격 정신"이라고 일컬어지는 특성을 가진 조종사들을 살펴보고 그들을 선발해서 F-86 세이버로 전환하도록 했다. 보이드는 여기에 선발되었다.

넬리스 공군기지 교관들도 이긴 보이드

1952년 9월 13일에 보이드는 F-86으로 전투 훈련을 받기 위해 넬리스 공군기지에 전입신고를 했다. 윌리엄스 공군기지가 힘들었다면, 넬리스 공군기지는 더 힘들었다. 넬리스는 공군에서 전투기 조종사들을 전쟁터로 바로 보내는 유일한 기지였다. 만일 어느 조종사가 충분한 수준의 기술을 훈련받지 못했다면 공격적인 미그기 조종사들, 특히 상당수가 뛰어난 전문가인 러시아 조종사들이 그를 첫 교전에서 격추할 것이었다. 그래서 넬리스 공군기지의 목적은 항공기를 성능 한계 너머까지 몰아붙이고 훈련을 가급적 실전처럼 실시하는 것이었다. 당시 격언으로 이런 말이 있었다. "평시에 피를 더 많이 흘리면 전쟁에서 피를 덜 흘린다." 이것은 안전에 관한 기본적인 규칙과 상식이 무시되는 경우가 많았다는 말의 다른 표현이다. 조종사들은 '넬리스에서 살아남는다면 한국에서는 쉬울 것이다'라고 생각했다.

넬리스는 사실 검투사 학교나 다름없었다. 조종사들은 젊고 자신감이 충만했고, 미 공군에서 가장 발전된 제트기를 타고 비행했으며, 이제 전투에 막 나갈 참이었다. 이 전투는 단순한 여느 전쟁이 아니라, 무신론자인 공산

---

39 원서에서는 wax his ass라고 표현되어 있다.

주의자들이 일으킨 참화로부터 자유의 땅이자 용감한 자의 고향을 보호하기 위한 전쟁이었다. 훈련은 실전 "같아야만" 했다. 그러다 젊은 조종사가 죽는다 해도 그건 어쩔 수 없었다. 아무리 큰 대가도 지나치지 않았다. 패배할 때가 아니었다. 그건 곧 공산주의에 짓밟힌다는 뜻이었기 때문이다.

조종사들은 모의 공대공 전투를 벌이며 항상 다른 조종사의 6시 위치를 차지하려고 기동했다. 추락 사고가 났을 때 인원들을 집결시키기 위한 사이렌이 비행대기선flight line[40] 근처에 위치해 있었는데, 사이렌 소리가 적어도 일주일에 한 번, 때로는 두 번 넬리스 공군기지에 울렸다. 그러면 이내 푸른색 관용차가 조종사들이 사는 거리를 천천히 지나면서 운전자가 추락한 조종사의 집 주소를 찾곤 했다. 그동안 사이렌 소리를 들은 아내들은 창가에 서서 그 차가 자기 집 진입로로 들어오지 않기를 기도했다. 메리도 그중 한 명이었다. 그 시절에는 넬리스에서 너무 많은 조종사들이 죽었기 때문에, 국기가 조기로 게양되어 있지 않으면 기념사진을 찍어두라고 할 정도로 조기가 게양되는 날이 많았다.

보이드는 1년 동안 70명 이상의 조종사가 죽었다고 말한다. 넬리스의 한 역사가는 보이드가 아마도 실제보다 적게 추산했을 것이라고 말한다. 비행단 사령관들은 조종사가 너무 많이 죽으면 때로 통계를 조작했다.

이미 보이드는 공대공 전투에서 제트기를 급하게 "꺾고" 높은 G 선회를 하면서 우격다짐으로 나아가는 것 외에도 더 많은 것이 필요하다고 믿고 있었다. 공중 전술에 대한 그의 초기 아이디어는 학문이 아니라 실전 감각을 통해 형성되기 시작했다. 그는 자신의 교관들을 이기기 시작했는데, 그중 일부는 한국전쟁 참전용사였다.

12월에 보이드는 공군이 "응용 전술"이라고 부른 80시간 훈련을 마쳤고 한국으로 갈 준비가 되었다. 넬리스 공군기지 교관들이 마지막으로 그

---

40 비행대기선: 비행장에서 지원 시설들을 제외하고 활주로와 그 부근에서 실제 비행과 직접 관련된 일들을 하는 구역. 이 구역으로 들어가려면 별도의 인가가 필요하다.

에게 한 충고는 간단했다. "안쪽을 차지하고 놈을 갈겨버려."

출발하기 전, 보이드는 임신한 메리가 첫 아이를 낳을 때가 되었기 때문에 장기 휴가를 허락받았다. 메리와 보이드는 차를 타고 오텀와로 향했다. 그녀는 넬리스를 떠나서 기뻤다. 넬리스의 사막과 관목 덤불, 선인장과 끝없는 바람은 아이오와주의 익숙한 녹색 들판과는 같지 않았다. 제트기들은 새벽부터 해질녘까지 뜨고 내렸다. 조종사들이 그토록 사랑하는 항공유 냄새는 그녀를 메스껍게 했다.

1953년 2월 14일에 스티븐 보이드Stephen Boyd가 태어났다. 스티븐 보이드는 넬리스에 있는 아버지의 세상에서 잉태되어 오텀와에 있는 어머니의 세상에서 나왔다. 보이드는 어린 아들을 높이 들고 있는 사진을 찍었고, 이 사진을 지갑이 낡아서 검고 구겨지고 해질 때까지 지갑 안에 넣고 다녔다. 많은 경우 아버지는 첫 아이와 친하고, 특히 아이가 아들이면 그렇다. 하지만 보이드는 스티븐과 유난히 친했는데, 마치 스티븐의 삶에 곧 무슨 일이 닥칠지 무의식적으로 알고 아들을 추억할 좋은 날들을 만들고 싶어하는 것 같았다.

이제 곧 보이드가 전투를 위해 출발할 시간이었다. 그는 제2차 세계대전에 참전할 기회를 놓쳤지만 한국전쟁에는 참전할 것이다. 보이드는 미국이 전쟁 중일 때 이리의 젊은이들이 늘 하던 일을 하는 것이었지만 그의 경우에는 이것이 그의 운명의 첫걸음일 뿐이었다.

보이드가 한국에서 배운 것은 그의 일생의 역작의 토대가 된다.

CHAPTER 4

K-13과 미그 앨리

한국전쟁에 전투기 조종사로 참전하다

이번에도 보이드는 전쟁에 뒤늦게 도착했다.

1953년 3월 27일, 그와 여러 명의 다른 신참대원들은 C-54 수송기편으로 한국 수원에 도착했다. 그들 대부분은 옷깃에 은색 중위 계급장을 뽐내고 있었다. 20대 중반인 그들은 넬리스 공군기지에서 살아남았고 스스로 세계에서 가장 잘 훈련된 조종사라는 자신감에 가득 차서 주위를 둘러보았다. 그들은 반짝이는 F-86들이 줄지어 서 있는 활주로 건너편을 바라보며 미그기를 격추하기를 열망하고 있었다.

한국에서 처음 몇 주 동안 그들은 비교적 안전하고 특별한 일이 없는 임무에서 요기wingman[41]로 비행하거나, 기상정찰이나 호위 임무와 같이 고참 조종사가 원하지 않는 임무를 대신 맡아 수행했다. 공군 전투기들은 4기 편대로 전투에 나간다. 편대는 편대장flight leader과 그의 요기wingman, 그리고 분대장element leader과 그의 요기로 이루어진다. 편대장과 분대장은

---

41 요기: 편대에서 편대장, 분대장과 같은 리더(leader)기를 호위하고 돕는 동료기.

공격을 시작하는 총잡이, 즉 슈터shooter였다. 요기의 어길 수 없는 유일한 임무는 리더의 후방, 즉 6시 방향을 엄호해서 그를 적기로부터 보호하는 것이었다. 새로운 조종사는 요기로서 약 30회의 임무를 비행해야 분대장으로 승급해 슈터가 될 수 있었다.

수원비행장은 조종사들에게 "K-13"이라고 불렸는데, 서울에서 약 50킬로미터 남쪽, 압록강에서는 390킬로미터 남쪽에 있었다. K-13은 제51전투요격전대 예하 제25전투요격대대의 모기지home base였다. 25대대는 폭격이나 지상공격 임무는 수행하지 않았다. 25대대의 임무는 공중우세 확보였다. 25대대의 조종사들은 사냥꾼이었다. 25대대는 "레드 스쿼드론red squadron"이었는데, 대대의 F-86에는 꼬리날개 상단에 붉은 줄무늬가 가로로 그려져 있었고, 조종사들은 붉은색 스카프를 둘렀다. 무전기에서 F-86 조종사가 이글 식스Eagle Six와 같이 조류 이름으로 된 콜사인callsign(호출부호)으로 신원을 밝히면 25대대 조종사라는 의미였다.

25대대의 조종사들은 아래쪽이 골판 벽재로 된 천막에서 잤다. 이 천막은 원래 8인용인데 보통 10명이 썼다. 한국의 겨울은 이리의 겨울과는 비교도 안 될 정도로 추웠다.

한국에 새로 도착한 중위들은 "스모크smoke"라고 불렸다. 그들은 공산군 조종사들에게 사격을 가할 기회를 얻기 전에 몇 회의 관숙 비행과 훈련 비행을 거쳐야 했다. 대대마다 이를 위한 각자의 방법이 있었다. 25대대는 스모크들을 "클로버 칼리지Clobber College"로 보냈다.

클로버 칼리지에는 두 가지 훈련 과정이 있었는데, 하나는 공식적, 다른 하나는 비공식적이었다. 공식 과정에서는 스모크들이 F-86에 올라타고 전투 고참 중 한 명이 자신의 비행기로 그들을 이끌면서 미국 측 전투 지역을 보여주고, 비상 활주로를 알려주고, 지역의 기상 특성을 숙지시켰다.

그들은 몇 회의 계기접근instrument approaches[39]을 수행했다. 하지만 그들이 배운 내용은 대부분 교전규칙ROE, Rules Of Engagement이었는데, 이 교전규칙은 그들이 언제, 어떻게, 어디서, 그중에서도 주로 어디서 미그기들과 교전할 수 있는지를 규정한 것이었다. 어떤 상황에서도 미국 조종사는 압록강을 넘어 북한기들의 기지가 있는 만주로 들어가서는 안 되었다. 미국 조종사들은 압록강 남단에서 미그기가 초계하는 폭 50킬로미터 구역인 "미그 앨리MiG Alley"에서 적기와 가장 자주 만났다. F-86 조종사가 미그기를 기총 조준점인 피퍼에 들어오게 만들었는데 그 미그기가 압록강을 넘어서 도망간다면 F-86 조종사는 교전을 중지해야 했다. 만주는 미국이 침범해서는 안 되는 피난처였다.

최소한 공식적 지침은 그랬다. F-86에 올라탄 젊은 전사들이 항상 이 규칙을 따른 것은 아니었다. 수없이 많은 경우에 젊은 조종사들이 피난처로 돌아가는 미그기를 쫓아가서 미그기가 착륙하는 도중에 격추했다. 미그기 격추 중 여러 건은 건카메라Gun Camera[43] 영상에 만주의 활주로가 나왔기 때문에 공식 기록으로 인정되지 않았고, 조종사가 격추를 주장하는 것은 곧 본국 소환을 의미했다.(매우 많은 미그기들이 만주에서 격추되어서, 조종사들이 "압록강 이남에서는 에이스가 나오지 않는다"고 말할 정도였다.) 한국에서의 이 금지 교전규칙은 미국이 다음 전쟁인 베트남전에서 조종사들에게 부과할 훨씬 더 엄격한 규칙의 전조가 되었다.

클로버 칼리지의 비공식 과정에서는 베테랑 조종사 중 한 명이 스모크 한 명을 데리고 그가 얼마나 훈련을 잘 받았는지 파악하기 위해 그를 자신의 6시 위치로 가게 한 뒤 선회하고, 상승하고, 높은 G를 당기는 동안 그가 6시 후방에 얼마나 오래 붙어 있을 수 있는지 보았다. 그런 다음 이번에는 고참 조종사가 신참 조종사의 6시 위치에 바짝 붙어 신참 조종사가 고참 조종사를 떨쳐낼 수 있는지 보곤 했다. 고참 F-86 조종사들이 사

---

42 계기접근: 조종사가 비행계기를 이용해서 착륙지점에 접근하는 방법을 말한다.

43 건카메라: 기관총이 발사될 때 작동해서 사격 장면을 영상으로 기록하는 일종의 블랙박스 카메라.

용한 전술은 제2차 세계대전 당시의 P-51 조종사들이 사용한 전술과 기본적으로 같았지만, 더 높은 고도와 더 빠른 속도에서 이루어졌다.

보이드는 구술 역사 인터뷰에서 비공식 훈련을 하러 K-13 상공으로 올라갔을 때 무슨 일이 있었는지 말했다. 그와 한 고참 조종사는 K-13 상공으로 올라갔고, 고참 조종사는 그에게 뒤로 붙으라고 명령했다. 앞장선 고참 조종사는 자기 F-86으로 롤^{roll}[44]을 해서 기체를 기울이고 조종간을 잡아채듯 당기며 거칠게 방어기동을 했다. 그의 의도는 보이드를 떼어내거나 억지로 자기 앞으로 오게 만들어 표적이 되도록 하는 것이었다. 추적하는 항공기의 일반적인 절차는 도망치는 항공기의 기동을 그대로 따라하고, 적기의 6시에 붙어 있으면서, 기총을 사격할 수 있는 한순간을 기다리는 것이다. 하지만 보이드는 그 요령을 따르지 않았다. 그는 기수를 당겨 올리며 상대기의 옆쪽으로 빠졌고, 롤 기동으로 비행기를 뒤집으면서 상대기가 자기 아래에 나타나자 그를 위에서 덮쳤다. 그러면서도 여전히 상대의 6시 위치를 물고 유리한 위치에서 사격제원을 얻었다.

그 후 두 사람은 위치를 바꿨다. 이번에는 보이드가 표적이었다. 그가 이야기한 바에 따르면 이랬다. "끝내주는 롤 기동 한 번으로 그 자식을 바로 내 앞으로 보냈죠." 전투기 조종사가 가까이에서 쫓길 때 한 번의 기동으로 갑자기 속도를 늦춰서 그를 추적하는 항공기를 앞으로 튀어나가게 만들면, 전투기 조종사들은 이를 두고 "구경거리 지나간다"고 말한다. 보이드는 그의 F-86으로 항공기의 속도를 순식간에 느려지게 하는 기동인 하이 G 배럴 롤$^{high-G\ barrel\ roll}$[45]을 헉헉대며 성공해 뒤에 있던 적기가 그를 지나쳐 가게 해서 표적이 되게 만들었다.

신참 조종사들에게 약간의 수치심을 느끼게 해서 전투의 위험성을 알

---

44 롤: 비행기를 조종사 자세 기준으로 좌우 기울기 방향으로 회전시키는 조작.

45 하이 G 배럴 롤: 비행 경로가 원통 모양을 그리는 기동. 항공기에 G를 가하면서 기동하기 때문에 붙은 이름이다.

려주도록 계획된 비행에서 보이드는 판을 뒤엎고 전투 베테랑 조종사를 물리쳤다. 그는 의기양양했다. 그는 자신이 전투 준비가 되어 있다고 생각했고, 일단 적 조종사들이 그가 거기 있다는 것을 알게 되면 대부분 미그기를 버려두고 줄행랑을 칠 것이라고 믿었다.

시어머니 엘시와 며느리 메리 간의 고부 갈등

이른 봄에 메리는 스티븐을 할머니에게 보여드리기 위해 아이와 함께 기차를 타고 10시간 걸려 이리로 갔다. 그녀는 무서운 시어머니와 단둘이 있는 것이 처음이라 불안했다. 하지만 보이드가 해외에 있는 동안 시어머니를 만나뵙고 시어머니에게 스티븐을 보여드려야겠다고 생각했다.

시어머니 엘시와 며느리 메리가 주방에서 서성이고 있을 때 시어머니 엘시가 아들 존의 안부를 궁금해하며 그가 편지에 뭐라고 썼는지, 한국에서 어떻게 지내고 있는지 물었다. 메리는 자신이 편지를 한 통만 썼다는 사실을 엘시에게 말하지 않고 시치미를 뗐다.

"존은 그곳을 좋아해요." 메리가 말했다.

엘시는 깜짝 놀랐다. 그녀는 그대로 멈춰 서서 메리를 무섭게 노려보았다. "그곳을 좋아한다는 게 무슨 말이니? 그 애는 전쟁터에 갔는데."

"네, 하지만 그는 훈련받은 대로 하고 있어요. 그는 거기 있어서 신이 나 있어요."

엘시는 너무 화가 나서 주방을 뛰쳐나갔다.

이리에 있는 동안 메리는 잭 아버클과 몇 번 보트를 타러 갔다. 엘시는 "내 아들은 저 먼 한국에서 전쟁 중인데 너는 다른 남자와 호수에 놀러가니"라고 불평하면서 "무책임하구나"라고 직설적으로 메리에게 말했다.

메리는 5주 뒤 이리를 떠났다. 그녀는 시어머니가 며느리 때문은 아니더라도 갓 태어난 손자 때문에 분명히 좋았을 것이라고 생각했다. 그러나 나중에 엘시는 메리에게 "5주라니! 나는 네가 다시는 떠나지 않을 줄 알았다"라고 말했다.

오텀와로 돌아온 메리는 보이드에게서 온 편지를 발견했다. 그는 메리가 왜 더 자주 편지를 쓰지 않는지 알고 싶어했다. 그는 "여기 있는 사람들 중 몇몇은 편지를 매일 받아"라고 말했다.

메리는 무심하게 답장했다. "나는 당신이 원하는 곳에 있는 줄 알았어요. 좋은 시간을 보내고 있는 줄 알았죠."

그는 정말 그랬다. 그는 생각만큼 많은 편지를 받지 못해서 화가 났을지도 모르지만, 그곳에서 좋은 시간, 아니 대단한 시간을 보내고 있었다.

최고의 F-86 조종사

메리가 이리 호수에 보트를 타러 간 몇 주 뒤, 보이드는 스물아홉 번째 임무를 마치고 44시간의 전투비행 시간을 기록했다. 그는 당장이라도 분대장으로 승급해서 슈터가 되기를 바랐다. 그는 조만간 미그기 자루에 퍼담기 신기록을 세울 것이라 믿었다.

"내 머리가 박살 날지도 모른다는 걱정은 안 했습니다." 그는 나중에 말했다. "솔직히 그런 걱정을 하루 이틀 정도는 했죠. 세상에 맙소사, 이일이 진짜 좋습니다. 만일 한 임무에 5대를 격추할 수 있다면…. 팡! 팡! 팡! 팡! 팡!"

전쟁이 끝나기 몇 주 전인 1953년 6월 30일, 보이드는 MiG-15 1대를 손상시킨 전과를 공식적으로 인정받았다. 교전의 세부 내용은 찾을 수 없었지만, 몇 년 후 그는 자기 추종자들에게 어떻게 압록강을 몰래 건너가서 미그기를 한 대 격추했는지, 하지만 왜 격추 기록을 주장할 수는 없었는지 말하곤 했다. 보이드는 영국 공군 교환 장교인 조크 메이틀런드Jock Maitland가 자신에게 그의 요기로 압록강을 건너 미그기가 풍년인 동네로 불법 습격을 하러 가자고 요청했다고 말했다. 그들은 4만 피트 상공에 있었지만 미그기가 올라오지 않았기 때문에 짙은 구름을 뚫고 하강했다. 구름 밑으로 내려간 직후 약 1만 9,000피트 고도에서 그들은 14~16대 정도 되는 미그기 한 무리를 보았다. 메이틀런드와 보이드는 이 미그기 대열로 뛰어들었다. 메이틀런드는 도망치는 미그기의 6시 방향으로 기동했지만 사격을 하지 않았다. 그는 미그기의 200피트 뒤에서 꼬리를 물고 있었는데도 사격을 하지 않았다. 보이드는 무전기를 잡고 말했다. "젠장, 조크, 왜 안 쏴요? 제길, 조크, 다른 놈들이 와요. 그놈을 갈겨버려요." 메이틀런드는 대답이 없었다.

두 조종사는 하늘을 누비면서 항공기를 거칠게 몰며 한 무리의 미그기들을 몰아붙였다. 보이드는 메이틀런드의 기체가 전기 고장으로 인해 기총이 발사되지 않았다는 것을 당시에는 몰랐다. 두 조종사는 방공포의 공격을 받았다. 그들은 연료가 떨어졌기 때문에 교전을 중지하고 고고도로 다시 상승해서 K-13으로 돌아갔다. 보이드는 구름을 뚫고 강하할 때 앞장섰고 메이틀런드가 그의 요기 위치에 있었다. (메이틀런드는 이 이야기가 사실이라고 확인해주었다.) 두 조종사는 다행히 본국으로 송환되지 않았다. 전쟁의 마지막 몇 달 동안 25대대에서는 조종사 6명이 압록강을 넘었다는 이유로 본국으로 송환되었다.

6월이 되어서는 뛰어난 소련 조종사들이 더 이상 북한에서 비행하지 않았고, 미국 조종사들은 F-86을 한 대도 잃지 않고 미그기 77대를 격추했다. F-86 조종사들에게는 사격 연습이나 다름없었으므로 자연히 한 가지 의문이 생긴다. 만일 보이드가 그렇게 우수했다면, 그리고 그가 F-86 조종사들에게는 최고의 시기에 그곳에 있었다면, 왜 미그기를 격추하지 못했을까?

그 답은 기회가 없었다는 것이다. 분대장으로 승급하기 전에 적대행위가 중지되었기 때문에 그는 결코 슈터가 되지 못했다. 하지만 슈터가 되었다 해도 그가 반드시 미그기들을 퍼담았을 것이라는 법은 없다. 어떤 조종사들은 비행을 나갈 때마다 거의 매번 미그기를 만나는 것 같았다. 반면에 다른 어떤 조종사들은 20회나 30회, 심지어 누구는 51회의 임무 비행을 하고서도 미그기를 한 대도 보지 못했다.

한국전쟁에서 보이드에게 가장 중요한 부분은 그가 미그기를 단 한 대도 격추하지 못했다는 것이 아니라, 적대행위가 중단된 이후 그가 무엇을 했고 무엇을 발견했는지였다. 누군가의 인생에서 존 보이드만큼 정확하고 눈에 보이는 발전을 하면서 아주 확실한 성공을 차곡차곡 쌓는 경우는 드물다. 한국에서의 성취는 그 발전의 기초가 된다.

우선, 보이드는 조종사로서의 능력이 탁월했다. 적대행위가 중지된 후, 비행시간이 많은 전투 베테랑들은 대부분 전 세계의 다른 기지에 있는 전투기대대를 강화하기 위해 순환배치되었다. F-86은 여전히 미그 앨리를 초계했고, 복귀 비행 중 연료가 넉넉하면 조종사들은 모의 공중전을 벌였다. 정찰비행이 없는 날에는 조종사들이 세이버에 올라타고 3만 피트 상공으로 올라가 연료가 떨어질 때까지 싸웠다. 보이드는 분명히 대대에서 최고의 F-86 조종사였고, 실력이 너무 뛰어나서 1953년 10월 20일에는 부작전 장교가 되었다.

보이드는 대대에서 조종술이 좋아 "굿 스틱good stick"으로 알려졌을 뿐만 아니라, 콜럼버스 공군기지의 동료 조종사들에게 깊은 인상을 남겼던 식욕으로도 유명해졌다. 장교클럽은 일주일에 한 번씩 무제한으로 먹을 수 있는 "스테이크의 밤"을 열었다. 제럴드 파커Jerald Parker는 보이드와 함께 장교클럽에 가서 스테이크를 주문하고 식사를 시작하곤 했던 기억을 떠올린다. 파커가 겨우 몇 조각 먹을 때 보이드는 벌써 다 먹고 벌떡 일어나서 스테이크를 더 가지러 가곤 했는데, 돌아올 때는 보통 첫 번째 스테이크보다 더 큰 스테이크를 가져왔다. 그 무렵 보이드는 수다쟁이로도 알려져 있었는데, 그가 이야기하는 주제는 오직 공대공 전투뿐이었다. 그는 한 가지 생각에만 몰두했다. 그는 먹는 것만큼이나 말도 빨랐고, 이 두 가지를 동시에 할 수 있었다. 때로는 그가 말을 할 때 입에서 음식과 침이 튀었다. 다른 장교들은 보이드의 식사예절을 보고 실망했으며 심지어는 역겹다고 말했다. 그의 습관은 장교로서, 그리고 신사로서 매우 부적절했다. 식탁에서 보이드 근처에 앉고 싶어하는 조종사는 거의 없었다. 그는 옆 사람에게 이야기할 때 몸을 가까이 기울였다. 그리고 그들이 이해하지 못한다고 생각하면 중지를 뻗어 그들의 가슴을 찌르면서 "내가 하는 말을 알아듣겠어?"라고 따지곤 했다.

그는 전술에 대해 너무 많이, 그리고 너무 자주, 그리고 너무 큰 소리로 이야기했으며, 11월 25일에는 편대장 겸 대대 전술 교관이 되었다. (공군은 이후 "전술 교관tactics instructor" 호칭을 "무기 장교weapons officer"로 변경했다.) 그 시점에 보이드는 기존의 전술을 수정·보완해 가르쳤다. 그는 그야말로 주저하지 않고 성능 한계까지 밀어붙이는 뛰어난 비행 스틱 조작자였다.

조종사들은 보이드의 항공기 조종술과 그의 아이디어 모두에 흥미를 느꼈다. 그들은 그에게 그의 전술을 글로 쓰고 여러 가지 전술 기동의 도해를 만들어달라고 요청했다. 그는 그 업무를 진지하게 받아들여서 메모를 작성하고, 브리핑들을 종합하고, 이전 전쟁들의 전술을 연구하기 시작했다. 그는 강의계획서를 쓰면서 한국의 길고 추운 밤을 지새웠다. 그리고 곧 강의를 개설했다.

모두들 제트기 비행에 열심이고 열정적인 보이드의 동료 F-86 조종사들조차도 그의 열정과 에너지에 감탄했다. 항공에 대해 그렇게 일편단심인 사람은 그 이전이나 그 이후로도 본 적이 없다고 여러 사람이 말했다. 그는 F-86을 엔진과 동체, 그리고 신비로운 부품들로 이루어진 무생물 집합체로 보지 않았다. 그는 그것이 매끈하고 아름답고 치명적인 전쟁 무기라고 생각하면서 마치 생물체나 다름없이 여겼고, 각각의 항공기는 각자의 개성을 가진 채 미합중국의 이름을 대표해 창공으로 날아오르는 존재라고 보았다.

보이드는 공중 전술에 대해 이야기할 때면 얼굴을 찡린 채 팔을 흔들고 강의실을 왔다갔다 하면서 어깨를 으쓱거리고 머리를 앞뒤로 흔들었다. 그는 목소리가 큰 데다가 한 번 말을 하면 끝이 없었다. 긴장감 높은 에너지가 그에게서 뿜어져나왔다. 만일 누가 그에게 질문을 한다면, 그리고 그 사람이 진정으로 지식을 추구한다는 생각이 들면 보이드는 그 사람이 공중 전술에 대해 알고자 하는 모든 것을 말해주었을 것이다. 그러나 그의 관점에 동의하지 않는 사람들이라면 빨리 생각을 바꿔 그의 관점을 받아들여주기를 바랐다. 만약 누군가가 그의 아이디어를 과소평가한다면 그들은 즉시, 그리고 영원히 그의 삶에서 배제되었다. 그들의 존재는 그의 삶에서 완전히 사라졌다. 그는 결코 다시 그들과 이야기하지 않았다.

미그 앨리 상공에서 미국이 보인 놀라운 우월성과 지배력에 전 세계가 들썩거리던 그 시기에 공중 전술에 대한 보이드의 생각이 싹트며 자라고 있었다. 전쟁이 끝날 당시 미그기는 격추교환비kill ratio[46] 기록에서 상대인 F-86에 뒤졌다. 미그기의 격추교환비는 최고 14 대 1까지 높아졌다가 최종적으로는 10 대 1이 되었다. 한국전쟁에 대한 공식 집계에 따르면, 미그기는 792대, F-86은 78대가 격추되었다. (일각에서는 이 수치를 여전히 의심스러워한다. 진정한 승패는 거의 밝혀지지 않으며, 심지어 전쟁이 끝난 이후에도 그렇다. 하지만 한국전쟁사에는 격추교환비가 10 대 1로 기록되어 있다.) 격추교환비가 놀라우리만치 압도적이어서 미 공군 장성들은 가슴을 내밀고 자랑할 정도였지만, 이로 인해 미 공군 내 진지한 사상가들 사이에 큰 혼란이 발생했다. 미그기의 전과가 F-86보다 훨씬 나았어야 했다. 여러 면에서 미그기가 F-86보다 훨씬 더 우수한 항공기였으니 말이다. 미그기는 F-86보다 더 급하게 선회할 수 있었고, 더 빠르게 가속할 수 있었으며, 고고도 성능도 더 좋았다. 미그기는 굉장한 비행기였다. 그렇다면 왜 그렇게 된 걸까?

이러한 혼란은 다음과 같은 이유가 제시되면서 잠잠해졌고, 이 논리는 그 이후에 통설이 되었다. 반세기가 넘는 세월이 흐른 지금에도 사람들이 F-86이 어떻게 미그기를 물리쳤는지 얘기할 때면 이런 이유를 댄다. "우

---

46 격추교환비: 서로 싸운 양 측의 피해 수치 비율.

리 조종사들이 미그기 조종사들보다 훈련을 더 잘 받았다." 그리고 그것은 사실이다. 그러나 이러한 논리는 어느 누구도 더 나은 이유를 제시할 수 없다는 사실을 감추기 위한 지적 쓰레기통이 되었다는 것도 사실이다.

하지만 보이드는 각 공대공 교전의 상세한 기록들을 연구한 뒤 다른 이유가 더 있어야 한다는 것을 깨달았다. 그가 그것이 무엇인지 알아내는 데는 10년이 더 걸렸다. 그리고 그가 그 이유를 알아냈을 때 그것은 항공 분야를 영원히 바꿔놓았다.

한국 근무 당시 보이드의 장교근무평정

보이드의 짧은 한국 근무에 대해서는 당시 장교근무평정Officer Efficiency Report("OER", 때로 더 줄여서 "ER"이라고 부름)에 객관적으로 기록되어 있다. 1950년대에 미 공군에서는 어느 장교의 진급, 즉 경력은 거의 전적으로 그의 근무평정에 따라 좌우되었다. 나쁜 근무평정 하나가 그 장교의 경력을 망칠 수 있었다.

근무평정은 두 페이지였고, 추가 배서 사항이 있으면 세 페이지가 되었다. (미 공군은 이 추가 사항을 "이서endorsement"가 아닌 "배서indorsement"라고 표기한다.) 민간인이 근무평정을 본다면 그 표현이 단순명료하다고 느낄 것이다. 하지만 근무평정은 기만적이고 심지어 오해의 소지도 있다. 근무평정 작성은 일종의 예술 행위다. 특별한 지식 없이 근무평정을 읽는 것은 사해문서Dead Sea Scrolls[47]를 해독하려는 것과 같다. 최고의 찬사처럼 보이는 표현이 실제로는 경력을 끝장내는 표현이 될 수도 있다. 그래서 요즘에도 가끔 어느 장교가 군에서 쫓겨나면 자신의 근무평정을 언론에 흔들어대고, 그걸 어떻게 읽어야 하는지 모르는 언론이 가세해서 이 뛰어난

---

47 사해문서: 이스라엘 사해 지역 인근 동굴에서 발견된 구약성서 사본을 비롯한 여러 고대 문서. 히브리어로 기록되었다.

장교가 부당한 대우를 받았다고 말하곤 하는 것이다.

근무평정의 가장 중요한 부분은 2페이지의 첫 단락과 마지막 단락이었다. 보이드의 대대장은 적대행위가 끝난 후 보이드가 얼마나 "그의 편대원들에게 전투기 전술을 가르치는 일을 훌륭하게 해냈는지"를 설명했다. 또한 그는 신입 조종사들에게도 전투 비행 기술을 가르쳤다고 한다.

검토 장교는 "본인은 보이드 중위의 비행 능력이 같은 계급과 경험을 가진 다른 조종사들보다 우수하다고 생각함"이라고 썼다. 그는 보이드의 "긴장감 높은 에너지"에 관해, 그리고 그가 동료 장교들과 얼마나 잘 지냈는지에 대해 몇 줄을 추가했다. 그런 다음 가장 중요한 마지막 단락이 나왔는데, 그 단락에서 검토 장교는 보이드가 더 높은 지휘 보직과 더 큰 책임을 질 능력이 있다고 평가했다. 보이드를 조기 진급시키거나 더 높은 지휘 보직을 준비시킬 학교로 보내라고 권고했다면 최고의 평가가 되었을 것인데, 실제로 그랬다. 마지막 단락은 보이드를 "초급지휘관 참모과정 Squadron Officers Course에 입과시키는 조치를 고려할 것"이라는 권고로 끝맺었다.

이것만 해도 좋은 평가였는데, 그의 전대장인 대령이 다음과 같이 더 좋은 평가를 추가해 배서하면서 보이드는 아주 높은 평가를 받게 되었다. "보이드 중위는 공격적이고, 유능하고 역동적이고, 겁이 없는 장교이자 전투기 조종사임. 우리가 공군의 분명한 숙명인 우리나라를 방어하는 책임을 다하기를 기대한다면, 미 공군에는 그와 같은 능력을 갖춘 전투기 조종사가 더 많이 필요함. 본인은 보이드 중위의 자격과 경험을 볼 때 그를 가급적 빠른 시일 내에 대위로 진급시키기를 권고함." 보이드는 분명히 윗사람들에게 좋은 인상을 남겼다.

보이드의 전투 근무는 끝났고, 미국으로 다시 돌아갈 시간이 되었다. 몇 년 뒤 미그 앨리에서 비행했던 조종사들은 한국전쟁을 회고하면서 전투기 조종사들에게 좋은 전쟁이었고 심지어 위대한 전쟁이었으며, 조종사들을 진정한 지휘자들이 관리한 마지막 전쟁이었다고 말하곤 했다. 다

음 전쟁에서는 조종사들을 단순히 관리자들이 지휘하게 된다.[48]

　미 공군은 독립한 지 이제 겨우 7년밖에 되지 않았는데도 빠르게 관료화되어가고 있었을 뿐만 아니라 군의 다른 어느 군종보다도 장비와 도구를 숭상하는 기술관료조직이 되어가고 있었다. 공군은 하드웨어 지향적이 되고 있었고 그 하드웨어의 목표는 단순했다. 더 크게-더 빠르게-더 높이-더 멀리였다. 공군 장성들은 전투기 조종사들을 냉담하게 바라보았다. 제트기의 전투는 빠른 속도에서 이루어졌기 때문에 장군들은 급격한 변화가 필요하다고 믿게 되었다. 그들은 전투기가 적기와 공중전에서 만나 서로 교차할 때의 상대속도가 1,000mph가 넘기 때문에 기총은 구시대의 유물이 되었다고 말했다. 미사일이 답이었다.

　보이드는 넬리스 공군기지에 출근하라는 명령을 받았다. 그는 그곳에서 6년간 있게 된다. 그리고 그동안 그는 세계에서 가장 유명한 전투기 조종사 중 한 명이 된다.

48　여기서 지휘자(leader)란 진정한 실전적 지휘자라는 의미이고, 관리자(manager)란 경직되고 무사안일하게 관료적으로 조직을 이끄는 성향의 지도자를 말한다. 저자는 이 책에서 이 두 가지 지휘 성향을 반대 성향이라는 의미로 대비시켜서 표현했다.

CHAPTER 5

대사제

넬리스, 사막의 발할라

1950년대 중반, 미 공군은 전투기 조종사를 위한 곳이 아니었다. 제2차 세계대전에서 폭격기를 조종한 사람들이 이제 공군을 이끌고 있었고, 공군력에 대한 그들의 철학은 대형 다발 항공기가 적의 영역에 깊이 침투해서 폭탄을 떨어뜨린 전시 경험에서 비롯되었다. 별도의 독립된 군종으로서 공군이라는 존재는 전략폭격strategic bombing[49] 개념에 기초했다. 폭격기는 1950년대의 중요 기종 중 인기 있는 기종이었으며, 어떤 사람은 "유일하게" 중요한 기종이라고 하곤 했다. 미국의 국방은 어떤 외세에 대해서도 억제력으로 작용할 수 있는 충분한 항공기와 핵폭탄을 보유한다는 "대량보복massive retaliation"[50]이라는 아이젠하워 독트린Eisenhower Doctrine에 기반을 두고 있었다. 오직 대형 폭격기만이 핵무기를 지구상의 어느

---

49 전략폭격: 적국의 전쟁 능력이나 의지를 없애기 위해 민간이나 군사용 기반시설과 같은 국가적인 표적을 파괴하는 폭격.

50 대량보복: 적의 핵 선제공격에 대해 더 강한 핵 전력으로 보복하여 더 많은 피해를 주는 것.

곳으로든 운반할 수 있었다. 미국인들은 공습 대피소를 수천 개 지었고, 모든 학생들은 미국이 소련 핵무기의 공격을 받을 경우 어떻게 해야 하는지를 연습했다. 한국전쟁과 같은 "제한전limited war"은 미래전의 전조가 아닌 예외적인 경우로 여겨졌다. 이제는 강대국들 사이의 확전만이 있을 것이었다. 확전은 핵을 뜻하고 핵은 미 공군을 뜻했다. 미군의 다른 어떤 군종도 그처럼 엄중한 책임을 갖고 있지 않았다.

1954년에 미 공군은 독립한 지 7년이 되었고, 다른 여느 일곱 살 아이들처럼 제멋대로였으며, 의견을 관철시키려고 했고, 항상 새 장난감을 요구했다. 공군은 조달 중심 조직이었다. 1954년에 국방 예산 중 가장 큰 부분인 120억 달러가 공군에 돌아갔다. (육군은 99억 달러, 해군은 81억 달러를 받았다. 공군은 1961년까지 국방 예산의 가장 많은 몫을 받았다.) 공군 내에서는 대부분의 예산이 전략공군사령부에 배정되었다. 전략공군사령부는 커티스 르메이Curtis LeMay[51] 대장이 이끌었다. 만일 비행복을 입은 신이 어떻게 생겼는지 알고 싶다면 르메이 대장을 보면 된다. "전투기 비행은 재미있다. 폭격기 비행은 중요하다." 그는 이렇게 말했다.

르메이는 미 공군을 역사상 가장 강력한 군대로 키웠다. 그는 지구 반대편까지 갈 수 있는 거대한 폭격기와 핵폭탄을 가지고 있었으며, 그 두 가지 모두를 사용하려는 의지를 가지고 있었다. 그가 공개적인 언급에서 무슨 말을 하든, 그는 그 두 가지를 모두 사용하고 싶어했다. 어느 순간이든 전략공군사령부의 상당수 승무원들은 비행 중이었는데, 그들은 핵무기를 탑재한 채 소련 영공 주변을 비행하면서 소련의 심장부로 들어가라는 암호 명령을 기다리고 있었다. 다른 전략공군사령부 승무원들은 비상 대기하면서 언제든 활주로로 뛰어나가 이륙해 지구 반대편에 있는 미리 선정된 표적을 폭격할 준비를 한 채 무기를 탑재한 항공기에서 불과 몇

---

51 커티스 르메이: 제2차 세계대전 말기에 태평양 전선에서 일본에 대한 무자비한 전략 폭격을 이끈 것으로 유명하다.

미터 떨어진 엄체호에서 지냈다. B-47과 같은 전략공군사령부의 폭격기는 F-86으로 따라갈 수 없을 정도로 높이, 그리고 빠르게 비행할 수 있었다. F-86으로 잡을 수 없다면 소련기로도 잡을 수 없을 터였다. 왜냐하면 모두 미국이 세계 최고의 항공기를 만들고 있다고 믿었기 때문이다.

전략공군사령부 장교들은 그렇게 중책을 맡았기 때문에 공군의 다른 누구보다도 진급이 더 빨랐다. 그들은 미국의 안전을 책임졌다. 그리고 미국을 안전하게 지킴으로써 자유세계를 안전하게 지키고 있었다. 전략공군사령부 승무원들은 성유聖油를 바른 소수의 선택된 자들이었다.

"평화는 우리의 직업Peace is Our Profession"이 아마겟돈Armageddon[52]을 준비하던 전략공군사령부의 모토였다.

그렇기 때문에 1950년대의 전투기 항공병과의 주요 임무는 적 폭격기를 요격하고 전술핵무기를 실어 나르는 것이었다. 유럽의 전투기는 소형핵무기를 동체 하부에 달고 항시 무장을 장전한 상태였고, 조종사는 조종석에서 안전벨트를 묶은 채 활주로에서 대기했다. 전쟁이 벌어질 경우 전투기의 역할은 B-47 승무원이 신경 쓰기에는 너무 작은 표적들을 제거하는 것이었다.

전투기 조종사들은 대부분의 시간을 공대지(조종사들은 공대진창air-to-mud이라고 불렀다.) 임무를 위한 훈련을 하면서 보냈다. 그들은 반복해서 30도와 45도 급강하 폭격, 초저고도 폭격skip bombing[53], 기총사격을 연습했다. 전략공군사령부 장성들은 전투기 항공병과를 가장 잘 사용하는 방법은 전투기 항공병과를 마치 미니 전략공군사령부처럼 운용하는 것이라고 믿었다. 근접 공중전을 이야기하는 전투기 조종사는 과거의 유물이 된 시대였다. 최초의 공대공 미사일이 목전에 있었으며, 이 미사일들을 적기

---

52 아마겟돈: 성경 요한계시록에 나오는 선과 악 간의 최후의 전쟁터로, 여기서는 핵전쟁의 의미로 쓰였다.

53 초저고도 폭격: 물 위의 아주 낮은 고도에서 마치 돌맹이로 물수제비를 뜨듯이 폭탄을 수면에 떨궈 보내 표적인 함선을 맞히는 공격 방법.

로부터 10마일(16킬로미터) 떨어진 곳에서도 발사할 수 있다는 이야기도 들렸다. 적기 조종사가 미국 전투기를 보기도 전에 미사일이 적기를 날려버릴 수도 있다는 것이었다. 차세대 전투기는 기총을 달지 않을 것이라는 주장도 있었다. 하늘의 총잡이 시대는 이제 지나갔다.

그러나 전투기 항공병과의 불꽃이 살아 있는 장소가 딱 한 곳 남아 있었는데, 그곳은 미국에서 전투기 조종사가 여전히 최고 책임자인 곳, 공격 정신이 용감한 가슴에 뿌리내린, 거의 잊힌 오지 중 한 곳이었다. 그곳은 말 그대로, 그리고 상징적으로 사막 한가운데에 있었다.

넬리스였다.

넬리스는 미국에서 가장 인적이 드물고 외진 지역이었는데, 마치 폭격기를 사랑하는 장군들에 의해 그곳으로 추방된 것 같았다. 공기는 건조했고, 바람은 가차 없이 불었으며, 더위는 견디기 힘들었다. 혹독한 사막과 황량한 산들이 기지를 거의 둘러싸고 있었고, 버려진 광산촌의 폐허들이 여기저기 있었다. 1950년대 공군기지 서열에서 넬리스는 최하위였다. 넬리스에 배속된 장교들은 진급의 기회가 제한된다는 것을 알고 있었다. 하지만 어떤 소수의 사람들에게는 이 중 아무것도 문제가 되지 않았다. 넬리스는 전투기 조종사의 고향이었다. 그리고 모든 전투기 조종사가 원한 것은 단발 제트기에 안전벨트를 채우고 하늘을 종횡무진 누비는 것이었다.

원자력위원회Atomic Energy Commission는 넬리스의 폭격훈련장의 일부인 프렌치맨스 플랫Frenchman's Flat을 핵무기 기폭장으로 이용하기 시작했다. (폭발은 항상 사전에 발표되었고 인근의 라스베이거스에서 가장 인기 있는 취미 중 하나는 청명한 사막 하늘 높이 솟구치는 버섯구름을 구경하는 일이었다.) 전투기 조종사가 폭탄을 투하하고 나서 하늘을 향해 줌zoom[54] 상승을 하며 폭격장의 핵폭발을 보면서 무전기를 잡고 "내가 뭘 했는지 봐"라고 말하고는 사막 위에서 곡예비행을 하는 것이 드문 일은 아니었다. 토노파

---

54 줌: 속도를 유지한 채로 상승해서 고도를 빠르게 높이는 것.

Tonopah, 선라이즈 마운틴Sunrise Mountain, 인디언 스프링스Indian Springs, 텍사스 레이크Texas Lake, 그린 스팟Green Spot과 같은 지명들이 전투기 조종사들의 입에 오르내리기 시작했는데, 조종사들은 자신이 넬리스에 배속된 적이 있다는 것을 넌지시 알리기 위해 그 지명들을 언급했다.

넬리스.

전투기 조종사에게 바로 이 단어는 마법이었다.

네바다주 남부의 대부분의 땅은 정부 소유였고, 일년 내내 날씨가 좋았기 때문에 네바다주 남부는 근접 공중전에 안성맞춤이었다. 넬리스는 정부 소유의 토지 외에도 넬리스 훈련장Nellis Range이라고 하는 거의 100만 에이커가 넘는 공역을 사용할 권리가 있었다. 당시에는 훈련 공역이 요즘처럼 통제되지는 않았고, 넬리스 조종사들이 이 훈련장을 벗어나더라도 크게 문제가 되지 않았다. 이 훈련장의 여름 기온은 섭씨 43도, 49도, 심지어 때로는 54도까지 올라갔다. 공군 최고의 젊은 조종사들이 그들의 결점을 태워버리고 전투기 조종사라는 순금으로 단련되기 위해 이 용광로로 보내졌다.

전투기 조종사에게 이 멀고도 외로운 전초기지처럼 신비로운 곳은 그 어디에도 없었다. 넬리스와 나머지 세상이 있을 뿐이었다. 전략공군사령부의 폭격기 조종사는 매력적으로 보였을지 모른다. 하지만 전투기 조종사에게 B-47이나 B-52 폭격기를 조종하는 것은 항공 분야의 버스 운전사가 되는 것이나 다름없었다. 폭격기 조종사는 신중하고 꼼꼼한 팀플레이어로서 높이 상승해 한나절 동안 비행하고 종종 목표물을 보지 못한 채 폭탄을 투하하고 귀환했다. 이 알루미늄 먹구름을 조종하는 사람은 심지어 파일럿이라고 불리지도 않았다. 그는 기장aircraft commander이었다. 그리고 그에게는 부조종사copilot, 기관사engineer, 항법사navigator, 폭격수bombardier와 같이 전투기 조종사라면 모두 직접 하는 일들을 해주는 승무원들이 따로 있었다. 전략공군사령부 조종사들은 "폭격수 놈들bomber pukes"이었다.

그리고 캘리포니아주 에드워즈 공군기지에는 시험비행조종사^{test pilot}들이 있었다. 언론은 이들을 좋아했다. 그러나 전투기 조종사들은 모든 신문기사들을 비웃으며 코웃음을 쳤다. 물론 시험비행조종사는 최신 시제기를 테스트했지만 그들의 무릎에는 작은 클립보드가 묶여 있었고 그 클립보드에는 비행할 고도와 속도, 수행할 모든 기동을 위한 지침, 그리고 기동이 완료된 시점을 표시하는 작은 체크박스들이 있었다. 시험비행조종사는 지상의 통제사들이 조종하는 줄에 끌려다니는 인형극의 인형이었으며, 주도성을 보여서는 안 되고, 전투기 조종사들이 하는 것처럼 속박을 풀고 조종간을 전후좌우로 움직이면서 턴앤번^{turn and burn}[55]을 하며 하늘을 한바탕 휘젓고 다니는 비행을 거의 할 수 없는 "금손^{golden arms}"들이었다. 에드워즈의 시험비행조종사들은 비행 기지의 사막 고지대에 있는 작은 술집에 가서 자신이 항공기를 성능 한계 끝까지 밀어붙였다며 자랑하곤 했다. 하지만 허세에 불과했다. 1950년대 중반의 시험비행조종사들은 전투기 조종사로 경력을 시작했지만 전투기 조종사로서 인정받지 못하고 도태된 조종사들이 대부분이었다. 점점 더 많은 시험비행조종사들은 보수적이고 지나칠 정도로 꼼꼼하며 규칙을 엄격히 따르는 기술자였지, 소란을 피우는 전사들은 아니었다.

시험비행조종사는 평가하는 사람이었다. 전투기 조종사는 실행하는 사람이었다.

시험비행조종사는 비행기에서 무언가 잘못된 것을 찾으려 하는 비관주의자였다. 전투기 조종사는 비행기에서 무언가 대단한 것을 찾으려 하는 낙관주의자였다.

시험비행조종사는 자신들이 비행한 비행기에 무심했다. 전투기 조종사는 그들의 비행기를 사랑했다.

---

55 턴앤번: 급선회(turn)를 하면 속도가 급격히 떨어지기 때문에 속도를 유지하기 위해 추력을 증가시킨다(burn)는 데서 나온 말로, 급기동을 의미하는 표현이다.

시험비행조종사는 우주로 나가는 것에 대해 이야기했다.

우주?

우주선 캡슐을 타고?

시험비행조종사는 그놈의 캡슐을 조종하지 않고 거기 앉아서 계기를 들여다본다. 승객이다. 우주가 어찌 되든 말든 말이다. 전투기 조종사는 적기를 6시 방향에 몰아넣고 그놈의 자식을 갈겨버리기를 원한다.

전투기 조종사는 전략공군사령부 폭격기 조종사들만큼이나 그 금손들을 무시했다. 시험비행조종사들은 "에드워즈 놈들Edwards pukes"이었다.

폭격수 놈들과 에드워즈 놈들은 비행하지 않는 사람들, 즉 "참모 놈들"로 불리는 급도 안 되는 관료들보다 지위가 약간 더 높을 뿐이었다.

넬리스의 모토는 "모든 사람을 타이거로Every Man a Tiger"였고, 고참 전투기 조종사가 타이거라고 불리는 것은 최고의 칭찬이었다. 자신감 넘치고 지적인 전투기 조종사들은 단지 넬리스 간부 중 한 명이 괜찮다고 고개를 끄덕이면서 자신을 "타이거"라고 불러주기를 기대하며 공대공 전투 훈련 중에 항공기에서 리벳rivet[56]이 거의 뽑힐 정도로 급격하게 기동하곤 했다. 타이거로 불린다는 것은 걸어갈 때 땅에 끌리면 불꽃이 튀는 강철 고환을 가졌다는 뜻이었다. 타이거로 불린다는 것은 순수한 전투기 조종사이고 대령에게 엿먹으라고 말하는 것을 주저하지 않는다는 뜻이었다.

공대공 훈련은 대부분 다트DART라는 예인 표적towed target을 사격하는 것이었다. 하지만 후미를 추격할 시간은 항상 있었다. 젊은 전투기 조종사들은 성능 한계에 도달할 때까지 밀어붙였을 뿐만 아니라, 그것을 뚫고 그 너머로 펄럭이는 적색 위험 영역에서 기동했다. 조종사들은 사막 위를 아주 낮게 날아서 조슈아 나무Joshua Tree[57] 끝을 잘라버리고 더 밑으로

---

56 리벳: 강철판, 형강 등의 금속재료를 영구적으로 결합하는 데 사용되는 막대 모양의 기계 요소.

57 조슈아 나무: 미국 캘리포니아주, 애리조나주, 유타주, 네바다주의 고도 400~1,800미터 지역에서 자생하는, 10미터 정도의 높이로 성장하는 나무.

내려가서 흙먼지를 일으키고는 주날개 뿌리에 선인장이 박힌 채로 기지로 귀환했다. 그들은 넬리스 북쪽으로 약 90마일을 비행해 그들이 "그린 스팟Green Spot"이라고 부르는 풀과 미루나무가 있는 작은 초원 지역 위를 날곤 했는데, 그곳은 어느 방향으로든 100마일 이내에 있는 유일한 녹색 지형으로서 하늘에서 쉽게 식별이 되었다. 네바다주 최초의 사창가 중 한 곳이 그린 스팟에 있었는데, 그곳 종사자들은 종종 누드로 일광욕을 했다.

그린 스팟 상공에서 조종사들은 "파이츠 온Fight's on[58]"을 외치고 지상까지 내려가서 싸우고는 다시 올라갔다가 다시 내려오기를 반복하며 다른 조종사의 6시 방향을 확보하기 위해 기동하면서 계속 조종간을 전후좌우로 흔들고 턴앤번을 했다. 그들은 이것을 "쥐 꼬리 잡기rat-racing", "엉덩이 잡기playing grabass", 혹은 "털뭉치 만들기getting in a furball"라고 불렀다. 하나의 항공기, 하나의 좌석, 하나의 엔진, 한 명의 조종사는 지금까지 고안된 것 중 가장 치명적인 인간과 기계의 조합이다.

공중전 훈련은 지구상에서 가장 위험한 곳 중 하나인 사막에 있는 빛나는 환상의 나라에 매력을 더해줄 뿐이었다. 전투기 조종사들의 추락 사고는 일주일이 멀다 하고 일어났다. 전투기가 400노트의 속도로 추락하면 그걸로 끝이었다. 조종사들은 추락해서 죽는 것을 두고 땅을 팠다augered in, 죽을 쒔다screw the pooch, 십장생이 됐다fuck the duck, 밭을 샀다bought the farm 와 같은 은어로 표현했다. 그런 일이 생기면 기지에 사이렌이 울리고, 파란색 차가 느리게 지나가고, 부인들은 창가에 서고, 군목은 위로하고, 조기가 게양되었다. 하지만 이런 일은 항상 다른 누군가에게 일어날 뿐, 세계 최고의 전투기 조종사에게는 결코 일어나지 않았다. 만약 누가 최고인지 묻는다면, 여러분이 아닌 것만은 확실하다. 전투기 조종사들은 전투 본능을 발휘하며 눈썹이 휘날릴 정도로 비행했고 매일같이 죽음과 마주했다. 그렇게 하지 않으면 아무것도 아니었다.

---

58 파이츠 온: 모의 공중전 기동 시작을 의미하는 비행 용어.

넬리스는 젊은 전투기 조종사들이 3만 피트 고도에서 비행하면서 보낸 모든 날들을 훗날 떠올리게 되는 그런 곳이었다. 넬리스는 사막의 발할라^{Valhalla}[59]였다.

이곳이 보이드가 막 들어가려는 세계였으며 그가 지배할 세계였다.

저주받은 자의 고통: 소아마비에 걸린 스티븐

한국전쟁이 끝난 후, 미 공군은 갑작스러운 전투기 조종사의 과잉사태를 어찌해야 할지 몰랐다. 일부는 전 세계에 있는 비행대대들에 재배속되었고, 일부는 넬리스에 교관으로 갔다. 그러나 아직도 잉여인력이 존재해 보이드는 정비사들을 감독하는 일을 담당하는 정비대대에 배속될 뻔했다. 그의 공군 기록에는 취소된 임무가 기록되어 있지 않아서 이것에 관한 유일한 기록은 그의 구술 역사 인터뷰에서 "나는 막 항의했습니다. 젠장, 정비라니. 거기서는 아무것도 하고 싶지 않았어요"라고 말한 것이 전부다. 그는 싸움에서 이겨 넬리스에 배치되었다.

1954년에 넬리스는 세계에서 가장 바쁜 공군기지였다. 그리고 이례적으로 높은 군법회의 개최율·성병 발병률·무단결근자율로도 유명했다. 인근 도시인 라스베이거스는 1950년에 인구가 약 2만 5,000명이었다가 1950년대 말에는 약 14만 명에 달했다.

존 보이드 중위는 메리와 스티븐과 함께 1954년 4월 20일에 넬리스에 도착했다. 그들은 아이오와에서 차를 타고 넬리스까지 갔는데, 보이드는 차를 타고 가면서 공중 전술에 관한 생각과 그가 공군을 어떻게 바꿀 것인지에 대해서만 말하고는 그 외에 다른 말은 거의 하지 않았다. 메리는 고개를 끄덕이며 스티븐을 꼭 껴안아줬고 가끔 존의 말에 맞장구를 쳐주었다. 그녀는 그의 말을 거의 이해하지 못했고 관심도 없었다. 보이드가

---

59 발할라: 유럽 신화에 나오는, 천국에 있는 전사자들을 위한 궁전.

조종사로 근무하는 동안 메리는 그가 비행 이륙을 하는 것을 단 한 번도 본 적이 없었다. 그러나 그녀 혼자만 그런 것은 아니었다. 그것은 최소한 보이드의 시대에 군대 내에 퍼져 있던 비행에 관한 한 가지 미신─전투기 조종사의 아내는 남편이 비행기를 타고 이륙하는 것을 절대로 보아서는 안 된다─ 때문이었다.

보이드는 고등비행학교Advanced Flying School의 학생조종사로서 넬리스에 배속되었는데, 이곳은 "고강도 훈련" 학교로 신참 제트기 조종사들은 이 과정을 거쳐야 전투 준비가 된 것으로 간주되었다. 실전을 막 마치고 왔고 스틱 앤 러더 맨이라는 별명으로 명성이 자자한 보이드를 학교로 보냈다는 것이 의아하게 들릴 수도 있다. 하지만 그는 교관이 되려고 했고 교관으로서 가르치려면 이 학교를 수료해야 했다. 그는 이 학교의 교과과정을 거쳐야 했고 공군의 교수법도 배워야 했다. 그래서 보이드는 학생조종사가 되어 9시간의 편대 비행, 10.5시간의 공대지 사격, 17시간의 공대공 사격, 15시간의 응용전술을 배웠다.

이 과정들을 모두 마치자, 그의 미래, 즉 진급 가능성은 높아 보였다. 그는 27세의 참전용사였고 직전의 근무평정은 자신이 직접 쓰더라도 그보다 더 좋을 수가 없을 정도였다. 그는 전투기 항공병과에서 자신의 이름을 알리고 있었다. 그리고 공중 전술에 대한 수백 가지 아이디어를 가지고 있었다. 넬리스는 그런 자신의 아이디어들을 실행하기에 완벽한 장소였다.

하지만 그와 메리와 스티븐은 기지에서 제공한 제2차 세계대전 시대에 지어진 낡은 집에 겨우 자리를 잡았다. 이 작은 집에는 전화도 에어컨도 없었다. 그때 그들에게 문제가 발생했다.

6월에는 기온이 섭씨 37~38도까지 올라갔다. 16개월 된 스티븐은 이제 막 걸음마를 뗐다. 어느 날 스티븐에게 고열이 발생했다. 메리는 모든 아기들이 때때로 고열이 발생하니 심각한 것은 아닐 것이라고 믿고 곁에서 지켜보았다. 스티븐은 상태가 호전되지 않았고 며칠 후에는 기운이 없어 보이더니 완전히 무기력해졌다.

메리는 '독감이 틀림없어'라고 생각하고는 그에게 순한 약을 먹였다. 그러던 어느 날 아침 그녀가 스티븐의 방으로 갔을 때 아이는 바로 앉아 있지도 않고, 밥을 달라고 하지도 않았다. 메리는 웃으면서 아이를 어르며 게으른 아이라고 말하고는 아이를 똑바로 끌어당겼다. 그의 머리가 옆으로 기울어졌고 그는 다시 침대에 쓰러졌다. 메리가 아이를 다시 똑바로 앉히자 아이는 또다시 머리가 옆으로 기울어지면서 침대에 쓰러졌다.

메리는 어린 나이에 존과 결혼하여 엄마가 된 지 얼마 안 된 데다가 고향 집으로부터 멀리 떨어져 있었기 때문에 순간 공포가 엄습했다. 아들에게 뭔가 큰 문제가 생긴 게 틀림없었다.

혹시…?

그녀는 차마 그 말을 입 밖에 꺼낼 수가 없었다.

그녀는 서둘러 스티븐을 의사에게 데려갔다.

아이는 소아마비에 걸렸다.

물론 보이드도 여동생 앤과 함께 이와 같은 순간을 겪은 적이 있었다. 이 병은 초기에 '족하수foot drop[60]'라는 증상을 유발했고, 등의 일부 근육은 마비되고 일부 근육은 마비되지 않아서 일반적으로 환자의 다리가 바깥쪽으로 비틀렸다. 치료는 고통스러웠다. 무거운 모래주머니를 다리 사이에 끼우고 단단한 강철 교정기로 환자의 등과 다리를 단단히 고정했다. 빛나는 강철 링은 환자의 머리를 위로 잡아당겼다. 거의 모든 환자가 휠체어에 앉아 있었다. 환자가 목발을 사용해 걸을 수 있다면 그나마 운이 좋은 편이었다. 많은 환자들이 죽었다. 그러나 어떤 사람들은 철폐iron lung[61]를 달고 평생을 사느니 차라리 죽는 게 더 낫다고 여겼다.

존의 여동생 앤은 다시 걸을 수 있을 정도로 재활에 성공했지만, 스티

---

60 족하수: 신경이나 근육 문제로 발을 앞뒤로 들지 못하고 밑으로 떨구는 증상.

61 철폐: 근육이 마비된 환자에게 사용하는 인공호흡기계.

븐의 소아마비는 특히 심했다. 다리에는 모래주머니를, 등에는 교정기를 착용해야 했다. 보이드는 수영장 제조업체에 가서 작은 펌프를 사다가 욕조에 설치해서 스티븐이 소용돌이 치는 따뜻한 물속에 누워 있을 수 있도록 했다. 식탁은 그 위에 있는 것들을 깨끗이 치우고 운동 테이블로 사용했다. 보이드와 메리가 아침마다 스티븐을 그 위에 눕히고 다리를 잡아당기고 늘리고 위축된 근육을 마사지하는 동안, 스티븐은 아파서 비명을 질렀다. 보이드는 종종 점심시간에 집에 와서 스티븐에게 추가로 더 운동을 시켰다. 스티븐은 두 번이나 거의 죽을 뻔했다. 메리는 맏아들이 겪고 있는 고통에 가슴 아파하며 울었다.

스티븐의 병에 관한 소식이 이리에 전해지자, 사람들은 앤과 존이 다리를 절었던 해를 떠올렸고, 잭 아버클의 가족 중 한 명은 소아마비가 유전된다는 소식을 전해주었다. 보이드는 저주받은 자의 고통을 겪고 있었을 것이다. 그러나 이를 결코 메리와 상의하지 않았다. 그는 결코 기분이나 감정을 말하지 않았다.

메리가 스티븐의 소아마비가 보이드의 가족으로부터 유전되었을지도 모른다고 말했을 때, 그는 입술을 꾹 다문 채 고개를 끄덕이면서 그런 추측이 "흥미롭군"이라고 말했다. 그는 독특하게도 바그너Wagner 음악에서 위안을 찾았다. 그가 좋아한 바그너의 곡은 〈발키리의 기행Ride of the Valkyries〉[62]이었는데, 그는 이 곡을 반복해서 큰 소리로 틀었다.

메리는 프랭클린 D. 루스벨트Franklin D. Roosevelt 대통령이 조지아주 웜스프링스Warm Springs의 미네랄이 풍부한 물에서 노는 영화 장면을 본 것이 떠올랐다. 루스벨트가 거기 갔다면 틀림없이 좋은 곳일 거라는 생각이 들었다.

보이드는 스티븐이 차 뒤에 누워서 몸을 쭉 뻗고 편하게 여행할 수 있도록 가족의 패밀리카를 스테이션 왜건과 맞바꾸었다. 보이드는 청원휴

---

62 〈발키리의 기행〉: 바그너의 오페라 〈니벨룽엔의 반지〉 중 제2부 3막의 시작곡.

가를 내고 메리와 스티븐과 함께 전국일주여행을 떠났다. 그들은 텍사스와 앨라배마의 값싼 모텔에서 머물렀다. 3일 동안 스티븐의 천 기저귀를 모텔이나 주유소에서 빨아서 자동차 창문에 널어 말렸다.

웜스프링스에서 3일간 치료를 받은 뒤 가족은 넬리스로 돌아왔다. 차에는 에어컨이 없었고, 남쪽과 남서쪽으로 달리는 동안 날이 더웠다. 스티븐의 교정기는 불편하고 답답했다. 아이의 턱을 높게 유지하는 강철 교정기는 고통스러웠다. 아이의 목과 다리에 찬 모래주머니로 인해 고통이 더 컸다. 아이는 여행하면서 많이 울었다.

이 여행은 보이드 가족이 여러 해 동안 가게 될 웜스프링스로의 많은 여행 중 첫 번째 여행이었다. 길고 고된 10일간의 왕복여행은 결국 스티븐에게는 아무런 도움이 되지 않았다. 보이드는 아들에게 비싼 치료를 받을 수 있게 해줄 만한 돈이 없었다. 당시 공군 군의관들은 소아마비를 치료할 지식도, 장비도, 능력도 없었다. 소아마비 구제 모금운동인 마치 오브 다임즈March of Dimes와 이스터 실 의료재단Easter Seal Foundation이 스티븐의 치료비를 부담했다. 보이드는 자존심이 강한 사람이었기 때문에 자신의 가족이 그가 어렸을 때 어머니가 그랬던 것처럼 자선단체에 의존할 수밖에 없다는 것을 깨달았을 때 자신이 아들의 고통을 해결해줄 만한 능력이 되지 않는다는 사실에 괴로워했을 것이다.

그런데 또 다른 문제가 생겼다. 메리가 또 임신을 했던 것이다. 메리는 감마 글로불린gamma globulin[63] 주사가 소아마비를 예방할 수 있을지도 모른다는 의사들의 말을 듣고 감마 글로불린 주사를 맞기 시작했다. 하지만 소아마비가 유전이라면, 그리고 첫 아이가 그 병을 가졌다면 둘째 아이에게도 같은 일이 일어날 수 있었다. 메리는 또다시 보이드에게 그의 가족이 소아마비의 근원일지도 모른다고 걱정하며 말했다. 그는 기다려봐야 한다고 말했다.

---

63 감마 글로불린: 항체 역할을 하는 혈장 단백질의 일종.

보이드는 스티븐의 이동 능력을 높이고 가급적 정상적인 어린 시절을 보낼 수 있도록 판자 여러 개를 대어 못으로 박고 스케이트 바퀴를 바닥에 붙인 다음 그 판자에 누워서 이것을 손으로 미는 방법을 스티븐에게 직접 보여주었다.

스티븐은 자라면서 거리로 나가 동네 아이들과 놀았다. 보이드가 제트기를 타고 3만 피트 고도에서 400mph가 넘는 속도로 비행하고 집에 올 때, 차를 몰고 오면서 집 근처에서 가장 먼저 보는 일은 거리에서 아들이 집에서 만든 서핑보드 같은 장치를 타고 웃고 달리는 아이들 뒤에서 용감하게 밀면서 나아가는 모습이었다.

스티븐이 소아마비에 걸린 1954년 여름은 미국에서 소아마비가 유행한 마지막 여름이었다. 그해 조너스 소크Jonas Salk 박사가 소아마비 백신을 발명했다. 1955년에 미국 정부는 소아마비 예방접종을 승인했고 소아마비는 미국에서 사실상 사라졌다. 이는 미국과 전 세계에 좋은 소식이었을뿐더러 보이드에게 더욱 중요한 소식은 소크 박사가 소아마비는 바이러스라고 했다는 것이다. 즉, 이 병은 유전이 아니었던 것이다. 보이드에게는 책임이 없었다. 그러나 스티븐은 걷지 못하게 된다.

역사상 최초로 전투기를 위한 공식 훈련법을 개발해 체계화하려 시도

그해 여름, 보이드는 고등비행학교를 수료하고 제3597비행 훈련대대에 교관으로 배속되었다. 그는 훈련 지원 장비, 임무 계획, 과정 개요, 수업 구조 등을 살펴본 뒤 "전술 부분을 수정"할 것이라고 발표했다.

수정? 그런데 수정할 것이 없었다. 전략공군사령부의 장군들은 폭탄을 땅에 꽂는 방법에 대한 훈련 이외에는 전투기 조종사를 위한 고급 훈련이 불필요하다고 생각했다. 교육과정에서 공대공 비중은 줄어들어서 공대공 교육과정은 거의 없다시피 했다. 전술 교범조차 없었다. 제1차 세계대전부터 제2차 세계대전, 그리고 한국전쟁까지 전해내려온 비결 한 보따리가 전부였다.

어떻게 이렇게 되었는지 이해하기 위해서는 항공사의 초창기로 거슬러 올라가야 한다. 제1차 세계대전의 독일 조종사들은 태양을 등지고 급강하해서 미국 조종사들의 시야를 가린 뒤 사격하는 기술을 개발했다. 이 기동으로 인해 "태양 속의 독일놈을 조심하라Beware of the Hun in the sun"는 표현이 생겼다. 미국 조종사들은 이 기동을 따라 했다.

제2차 세계대전의 유명한 독일 조종사 에리히 하르트만Erich Hartmann은 느린 폭격기, 낌새를 채지 못한 전투기, 그 밖의 무능력한 항공기들을 쉽게 뒤에서 덮쳤다. 이처럼 뒤에서 사격하는 백슈터back-shooter였던 그는 적기 352대를 격추하여 역사상 최고의 에이스가 되었다.

제2차 세계대전 당시 미국 최고의 에이스인 리처드 봉Richard Bong은 P-38 전투기의 기동성이 너무 떨어졌기 때문에 한 가지 묘책에 의존해야 했다. 그것은 고고도에서 급강하여 P-38의 맹렬한 속도를 이용해서 적의 대형으로 뛰어드는 것이었다. 그는 사격이 빗나가지 않을 정도로 적기에 가까이 다가가서 적기를 공중에서 박살 낸 다음 적의 대형을 뚫고 지나갔다. 그런 다음 그는 빠른 강하 속도를 이용해 다시 고고도로 급상승한 다음 같은 행동을 반복했다. 그는 조금도 복잡할 게 없는 이 수법을 이용해 일본 항공기 40대를 격추했다.

한국의 참전용사들은 미그 앨리에서 배운 것을 가르치고 있었는데, 그들이 가르친 것이 하르트만이나 봉이 한 것과 크게 다르지 않았다는 것은 전혀 놀라운 일이 아니었다. 이는 한국에서 신참 조종사들이 미그기와의 선회전turning fight에 절대 뛰어들지 말고 속도를 이용해서 적 대형을 뚫고 나가라는 얘기를 들었기 때문이었다. 미국 조종사들은 자신들과 적군 조종사들 모두 그와 같은 기동을 마음대로 무한반복해서는 공중전을 체계화할 수 없다고 믿었다. 공중전은 과학이 아닌 일종의 예술 행위였다. 모의 공중전에서 패배한 조종사는 패배한 이유를 결코 알지 못할 것이다. 그의 교관들 어느 누구도 그에게 그 이유를 말해줄 수 없었다. 교관들은 "걱정 말게나, 결국은 우리처럼 잘하게 될 거야"와 같은 말만 했다. 전투기 조종사는 공중전에서 살아남아서 베테랑 조종사 집단의 일원이 되거나 죽거나 둘 중 하나였다. 간단히 말해 공중 전술은 한두 가지 예외를 제외하면 제1차 세계대전 이후 의미 있는 진전을 이루지 못했다. 제1차 세계대전 당시 솝위드 카멜Sopwith Camel 기종이나 제2차 세계대전에서 P-38에 의해 수행된 기동은 여전히 한국에서 F-86에 의해 수행되었고, 한국전쟁 이후에는 넬리스에서 그것을 가르쳤다. 유일한 차이는 제트기의 속도와 추력으로 인해 가솔린 엔진을 탑재한 항공기로는 거의 불가능했던 수직 기동을 할 수 있게 되었다는 점뿐이었다. 그렇기는 해도 한국에서 F-86 조종사들은 이제 막 수직 기동을 시작했을 뿐이었고 대부분의 전투는 수평면horizontal plane[64]에서 이루어졌다.

따라서 보이드가 "전술을 수정할 것"이라고 말한 것은 전투기를 위한 공식 훈련법을 개발해 역사상 처음으로 체계화하겠다는 의미였다. 그는 열정을 갖고 그 일에 임했다. 그는 밤늦게까지 전투기 대 전투기 교전에 관한 일련의 브리핑 자료를 만들었고 강사로서의 실력을 키우기 시작했다.

공군의 어느 누구도 공대공 전투 기술을 발전시키려 하지 않았다. 대통령을 포함한 정부의 모든 사람들은 다음 전쟁이 핵전쟁이 될 것이라고 믿었다. 그렇기 때문에 보이드는 곧 공군의 다른 어떤 사람보다 자신이 가르치고 있는 것에 관해 더 많이 알게 되었다.

대의를 찾는 대부분의 사람과 마찬가지로, 그는 그가 하는 일을 이해하지 못하거나 반대하는 사람들에 대해 거의 인내심이 없었다. 보이드는 그의 생각을 이해하지 못하는 출세주의자나 관료나 그 밖의 사람들로부터 적지 않게 시달렸다. 대부분의 경우 그는 군인으로서 그에 맞는 예의를 갖추었다. 그러나 그는 전투기 조종사의 공격성을 지녔고, 누군가 질문을 하면 직설적으로 대답했다.

---

64 수평면: 중력 방향에 대해 수직인 평면.

보이드의 경력 내내 그를 대한 상급자들은 그를 좋아하지 않고 그가 프로답지 않다고 생각하는 사람들과 그가 공군에 기여한 공헌에 대해 엄청난 찬사를 보내며 존중하는 사람들로 양분화되었다. 넬리스에서 받은 첫 장교근무평정은 그의 위태로운 위치를 보여준다. 장교근무평정의 첫 페이지에는 "업무 지식", "리더십", "성장 잠재력"과 같은 다양한 범주별로 일련의 체크박스들이 있는데, 평가 장교는 그중 하나에 표시함으로써 평가 대상인 젊은 장교의 등급을 매기게 되어 있다. 이상적인 경우 앞 페이지는 "방화벽"으로 둘러싸이게 된다. 즉, 모든 체크박스가 페이지 맨 오른쪽의 여섯 번째 박스에 표시된다. 보이드의 경우는 모두 세 번째나 네 번째 체크박스에 표시되어 있었다. 이 정도면 평범하며 그의 경력이 끝날 수도 있는 등급이었다.

더 중요한 두 번째 페이지에서 평가 장교는 보이드에 관해 이렇게 말한다. "그는 신경질적이고, 말이 많고, 매력적인 개성을 보여줌. … 그는 논쟁의 중심에 서 있을 때 매우 흥분하고 시끄러워짐.… 그는 자신이 익숙한 모든 주제에 박식하고 정확하며 이를 상세하게 논할 의지가 있음." 진급 가능성을 평가하는 가장 중요한 마지막 단락에서 평가 장교는 보이드에 대해 "…그의 지위와 경험에 걸맞은 뛰어난 젊은 조종사이며 언제든 전투기 조직에서 자산이 될 것"이라고 간략하게 평가하고 넘어갔다.

전투기 조종사들은 서로를 평가할 때 항상 각자만의 최악의 적들이 있었다. 한 연구를 보면 공군에서 동료에 대한 가장 냉정한 평가자는 전투기 조종사였고, 간호사가 그 뒤를 따랐다. 보이드는 상급자들과 공개적으로 논쟁하고 그들을 비판함으로써 가혹한 평가를 받는 경향이 늘어났다. 넬리스에 도착한 지 1년도 못 되어 그는 심각한 곤경에 처했다.

넬리스 공군기지의 전투기무기학교 교관이 되다

힘든 임신과 고통스럽고 긴 분만 끝에 메리 보이드는 1955년 2월 8일에 둘째 아이를 낳았다. 그녀는 둘째인 딸아이에게 1950년대의 영화배우인 캐서린 그레이슨Kathryn Grayson의 이름을 따서 캐서린이라는 이름을 지어 주었다. 메리는 소아마비에 걸릴까 봐 불안해하며 매일 캐시를 검사하면서 그녀의 다리와 팔을 만져보고 스티브이 병에 걸리기 전의 증상이 있는지 관찰했지만, 캐시는 건강했고 소아마비에도 걸리지 않았다. 그러나 그녀의 문제는 나중에 훨씬 더 혼란스러운 성격으로 나타나게 된다.

《파이터 웨폰스 뉴스레터Fighter Weapons Newsletter》 1955년 3월호에는 한국전쟁 더블 에이스Double Ace[65]인 프레더릭 "부츠" 블레세Frederick "Boots" Blesse 소령이 쓴 "배짱 없이는 영광도 없다No Guts, No Glory"라는 제목의 전투기 전술에 관한 기사가 실렸다. 이 회보는 넬리스의 전투기무기학교의 공식 간행물이었는데, 일반적으로 여기에는 중요한 기사가 실리지 않았지만 블레세의 기사는 세 가지 점에서 중요했다. 우선 이 기사는 능력이 입증된 미그기 킬러 조종사가 썼다는 점이다. 에이스는 항상 많은 관심을 받기 마련이다. 두 번째로 제1차 세계대전, 제2차 세계대전, 한국전쟁 당시의 공중 전술에 관한 글이 사실상 없었다는 점이다.《파이터 웨폰스 뉴스레터》의 편집자는 이 점에 주목하고 서문에서 "항공전의 이 중요한 단계에 대한 기록물이 거의 없다는 것은 불행한 일이 아닐 수 없다"고 말하면서 이렇게 덧붙였다. "… 이 기사의 많은 부분은 이미 알려진 원칙들을 다루고 있다." 블레세의 원고에는 독창적인 것은 없었지만, 전투기 에이스가 쓴 전투기 전술에 관한 기사를 본 공군 당국은 긴장했고, 이 기사가 실린 해당 호《파이터 웨폰스 뉴스레터》는 "기밀"로 분류되었다. 마지막으로, 이 기사는 블레세의 논평이 공중 전술에 대한 보이드의 독창적이고 창의적인 연구의 많은 부분을 무색하게 만들었기 때문에 중요했다.

보이드는 공중 전술에 대한 연구와 개발을 계속 진행하면서 자신의 아

---

65 더블 에이스: 에이스는 적기 5대를 격추한 조종사이고, 더블 에이스는 그 두 배인 10대를 격추한 조종사를 뜻한다.

이디어를 공중에서 계속 시험했다. F-86은 구조적 문제로 인해 일시적으로 비행이 정지되었다. 비행이 재개되자, 대부분의 조종사들은 일반적으로 한동안 비행기를 아기처럼 다루는 경향을 보였다. 하지만 보이드는 F-86을 거칠게 다뤘다. 그가 특히 좋아하는 기동 중 하나는 스냅 롤snap roll[66]로, 수직꼬리날개에 엄청난 횡방향 하중을 유발하는 격한 기동이었다. 그는 이 기동을 학생조종사들에게 가르치기를 원했지만 상급자들은 너무 위험하다고 여겼다. 만일 그 기동을 적절히, 정확히 수행하지 못한다면 구조적 손상과 추락을 초래할 수 있었다. 어느 날 보이드와 다른 한 교관이 근접 공중전 훈련을 할 때 보이드가 스냅 롤을 했다. 다른 교관이 그걸 보더니 무전기로 보이드에게 "네 꼬리에서 철사들이 편대비행을 하고 있어"라고 말했다. 보이드는 넬리스로 돌아와서 부드럽게 착륙을 한 후 비행대기선의 한구석에 비행기를 주기했다. 그는 뒤틀린 꼬리날개 조종면에서 튀어나온 끊어진 철사들을 보고 작지 않은 공포를 느꼈다. 그는 항공기 정비기장[67]에게 손상을 점검해달라고 부탁했다. 보이드가 장교클럽에 가 있을 때 앞문에서 누가 불렀다. 정비기장은 그에게 F-86의 꼬리 부분에 있는 주요 구조 지지대가 부러졌고 꼬리날개가 부서지지 않은 것이 기적이라고 알려주었다. 보이드에 대한 충성심에서 정비기장은 이 사고를 덮었고, 보이드는 어떤 혐의로도 기소되지 않았다.

1955년에 보이드는 앞서 그를 평가했던 같은 소령으로부터 또 다른 장교근무평정을 받았다. 보고서는 처음보다 훨씬 더 비판적이었다. 첫 페이지에서는 낮은 등급을 받았다. 두 번째 페이지에서 중요한 첫 번째 문장은 이러했다. "보이드 중위는 시끄럽고 논쟁과 토론을 즐기는 말이 많은 사람임." 중간 단락은 보이드의 근무를 열정적으로 표현하고 있다. 그

---

66 스냅 롤: 기체를 과격하게 조작해서 인위적인 스핀(spin) 현상을 일으켜 기체를 급하게 회전시킨 다음 다시 자세를 회복하는 기술.

67 정비기장: 특정한 항공기의 정비를 총책임지는 사람.

는 "매우 성공적인 교관임." 조종사로서의 능력은 "평균을 훨씬 상회하는 수준임." 그는 "학생조종사들에게 전투를 위한 동기를 부여하는 성실한 교관임." 그리고 "그는 내가 알고 있는 사람 중에서 비행에 대해 가장 열정적인 사람 중 한 명임." 하지만 마지막 단락에서 이 소령은 보이드가 전투비행대대의 편대장 혹은 부작전장교에 적합한 인적 자산이라고 언급한다. 보이드가 이미 한국에서 편대장으로 근무한 적이 있었기 때문에 이 평가 장교는 보이드가 몇 년 전에 맡았던 보직에 적합할 것이라고 말하고 있었던 것이다. 그리고 "일반적으로 유능한 장교"라고 하는 것은 그에게 특별한 점이 없고 진급 대상자로 고려할 가치가 없다는 것이다. 즉, 그저 여러 사람 중 한 명에 지나지 않는다고 말하는 것이다.

당시는 대부분의 장교근무평정이 방화벽을 쳐서 평점을 부풀리는 것이 표준 관행이던 시대였으므로 이러한 보이드에 대한 평가는 형편없는 것이었다. 사실 이러한 평가를 받은 대부분의 젊은 중위들은 공군에서 경력을 쌓겠다는 계획을 진지하게 다시 고려해봐야 한다.

그러나 짧은 경력에서 최저점을 받은 보이드는 4월부터 시작되는 전투기무기학교 클래스에 학생으로 참여했다. 그곳에서 그는 공중전의 고급 기술로 교관을 교육하는 법을 배우게 된다.

전투기무기학교는 1949년에 넬리스에서 창설되었다. 이곳은 여러 해동안, 특히 1950년대 중후반에 여러 가지 명칭과 부대 번호로 불렸지만, 공대공 전투가 전투기를 가장 고귀하고 순수하게 사용할 수 있는 전투라는 근본적인 믿음에 충실했다. 전투기무기학교의 설립 취지는 세계 최고의 전투기 조종사들을 양성하여 졸업시킨 뒤 그들을 소속 대대로 돌려보내어 동료 조종사들에게 공중전의 자세한 부분을 교육하게 한다는 것이었다.

그러나 핵폭탄 투하를 강조하고 3개월 단위의 클래스에 참여하는 학생조종사의 수가 10여 명밖에 안 되어서 전투기무기학교의 잠재력은 약화되었다. (여러 해 동안 미 해군과 해병대 조종사들이 하늘의 총잡이가 되는 법을 배우기 위해 전투기무기학교에 입교했다. 전투기무기학교가 창설되고 20

년 뒤에 미 해군은 이 학교를 모방해서 탑건Top Gun이라는 이름을 붙였다. 영화 《탑건》때문에 대부분의 일반인은 해군의 탑건만 안다.)

전투기무기학교는 전투기 조종사만 입교할 수 있는 가장 어렵고 힘든 학교였다. 엄밀히 말해 신참 조종사들은 지원할 수 있지만, 실제로는 초대를 받았다. 이들이 기본비행학교를 나와서 비행대대에 배속되면 전투기무기학교 수료 선배인 선임자들이 4~5년간 이들을 관찰한다. 이들이 대대에서 최고의 전투기 조종사라면, 대담하고 공격적이라면, 그리고 전투기 항공병과의 복음을 설파한다면 전투기무기학교의 초대를 받게 될 것이다.

전투기무기학교는 전투기 조종사를 위한 대학원 그 이상의 학교다. 그리고 공군의 최고 교육기관 그 이상이다. 전투기무기학교는 전투기 항공병과의 성전이다. 전투기 항공병과가 신성한 소명이라고 믿는 사람들을 위한 곳이다. 배움의 성전 대부분이 그렇듯이, 전투기무기학교에 입학하는 모든 사람이 과정을 수료하는 것은 아니다. 과정을 수료하고 정문으로 행진하는 사람들은 존경과 명예를 얻는다. "도망치는" 사람들은 전도유망한 경력은 그것으로 끝났다는 것을 알게 된다. "도망"이라는 위험한 장애물이 있기 때문에 전투기무기학교에 입교하라는 매우 소중한 초대를 받았을 때 흥분과 함께 두려움을 느끼게 된다.

만일 전투기무기학교가 성전이고 수료생이 사제라면, 전투기무기학교 교관은 대사제다. 이들은 3차원, 고속의 죽음의 춤, 지금까지 고안된 전투 중에서 가장 빠르게 변화하는 전투의 달인이다.

전투기무기학교의 교관은 겉모습은 평범한 인간과 다르지 않다.

하지만 그들은 패치를 착용한다.

보이드의 시대에 교관들은 녹색 조종복의 가슴에 큰 배지 형태의 패치를 착용했고 패치의 중앙에는 과녁 모양의 십자선이 있었다. 패치의 상단에는 굵은 글씨로 교관INSTRUCTOR이라는 직책이 씌어 있었다. 대부분의 고등교육기관에서는 강사가 학문적 서열에서 최하위에 있다. 하지만 넬리스에서는 교관보다 더 권위 있는 직책은 없었다. 전투기무기학교의 교관은 장군이 될 수도 있다. 많은 사람들이 그랬다. 하지만 보이드에게 전투기무기학교의 교관이 되는 것과 장군 진급 중 무엇이 가장 큰 자부심을 안겨주는지 물어보면 그는 주저하지 않고 답할 것이다. 장군은 별을 단다. 하지만 전투기무기학교 교관은 패치를 단다.

또 전투기무기학교 교관은 검은색과 금색 체크 무늬 스카프를 목에 착용하고 조종복 목 안에 집어넣는다. 그들의 항공기의 코부분과 수직꼬리 날개에도 똑같은 체크 무늬가 도색된다. 검은색과 금색 체크 무늬가 있는 전투기라면 넬리스 공군기지의 항공기임을 즉시 알 수 있고, 이 기체가 다른 기지에 착륙하면 비행장 램프의 모든 사람들이 행동을 멈추고 마치 망토를 옆으로 내던지는 중세의 기사를 보는 것처럼 캐노피를 들어올리는 조종사를 바라보았다. 비행운항실^{flight ops}에서 전투기 조종사가 서류를 작성하는 동안 폭격기 조종사나 수송기 조종사들은 패치와 검은색과 금색 체크 무늬 스카프을 보고 자신들의 남성성이 쪼그라드는 것을 느꼈다. 모든 전투기무기학교 수료자는 패치를 착용하지만, 1950년대에는 수료 패치가 교관이 착용하는 패치보다 더 작았고 조종복 어깨에 부착했다. 그리고 조종사 한 명이 다른 조종사 한 명을 상대하는 기본전투기동^{BFM, Basic Fighter Maneuverin}을 하든, 한 명 이상의 조종사들을 상대하는 공중전투기동^{ACM, Air Combat Maneuvering}을 하든, 패치 착용자가 승리할 것으로 예상된다.

1950년대 중반, 전투기무기학교 교관의 대부분은 F-86을 타고 미그 앨리에서 비행한 경험이 있는 한국전쟁 참전용사였다. 한국전쟁 참전용사들은 "웜뱃^{Wombat 68}"이라고 불렸다. 신참 학생조종사에게는 웜뱃과 쥐꼬리 잡기를 해서 그의 패치를 얻어내는 것보다 더 좋은 일은 없었다.

아, 더 좋은 것이 하나 있었는데 그것은 전투기무기학교에 오는 거의 모든 전투기 조종사가 가슴에 담은 꿈이었다. 그것은 학과에서, 그리고

---

68 웜뱃: 호주에 서식하는 땅딸한 모양의 유대류 초식동물.

하늘에서 아주 좋은 성적을 거둔 뒤 자신의 대대로 돌아와서 6개월이나 1년을 지낸 뒤 넬리스로 돌아와 교관이 되라고 요청하는 전화를 받았으면 하는 바람이었다.

아주 드물게 공대공 전투에 관한 지식에 해박하고 기량이 아주 뛰어난 조종사가 오면 대대로 복귀하지 않고 호출을 기다렸다. 수료 후 그는 교관으로 머물러달라는 요청을 받았다. 이 인원들은 최고의 재능을 가진 인재, 궁극적인 전투기 조종사, 순수한 전사로 여겨졌다. 보이드가 전투기무기학교를 수료했을 때 그는 6.5시간의 숙지 및 관숙 비행, 11시간의 응용전술, 12시간의 공대지 임무, 30시간의 공대공 훈련, 12.5시간의 핵무기 투하 방법 훈련을 받았다. 학과에서 그는 29시간의 지상공격 강의, 20시간의 항공 공격, 27시간의 파이터 웨폰스 프로그램^{fighter weapons program} 준비 방법, 24시간의 신참 조종사에게 하늘의 암살 기술을 교육하는 방법을 이수했다. 보이드의 시대에는 전투기무기학교에 근무평정이 없었고, 그가 이 과정을 마쳤음을 보여주는 훈련 보고서만 있었다. 그의 성적이 어땠는지를 가장 잘 보여주는 것은 그가 수료하자마자 대사제가 되기 위해 교관으로 남으라는 요청을 받았다는 것이다.

이제 보이드는 전투기무기학교의 교관으로서 "40초 보이드"라는 유명한 전설이 된다.

CHAPTER 6

교황 존,
엄청난 초음속으로 날다

공중전을 과학으로 만들기 위한 최초의 시도

1956년 2월에 보이드는 《파이터 웨폰스 뉴스레터》에 "전투기 대 전투기 훈련 계획 제안A Proposed Plan for Ftr. Vs. Ftr Training"이라는 제목의 기사를 기고했다. 이 기사는 그가 쓴 몇 안 되는 글 중 첫 번째 글이었다. 이 기사의 탁월한 점은 교육 요령이나 특정한 기동보다는 조종사들에게 새로운 사고방식을 가르치는 데 더 중점을 두었다는 것이다. 도해를 이용해 다양한 기동을 설명하고 있지만, 이보다 더 중요한 것은 조종사들에게 기동의 결과를 보여주는 것이었다.

이 기사는 독창적이기는 했지만 보이드가 전투기 항공술에 처음으로 크게 기여하게 되리라는 것을 어렴풋한 지평선처럼 희미하게 암시하는 실험적인 글이었다. 그는 블레세의 기사에 대한 관심이 곧 전투비행대대가 조종사에게 공중전을 교육하지 않는다는 현실을 보여주는 것이라고 말하면서 글을 시작했다. 기총탄, 폭탄, 로켓을 쏘는 기술은 표준화되었지만, 정작 중요한 요소인 다른 전투기에 대항해 전투기를 최적의 위치로 가도록 조종하는 방법은 빠져 있었다. 보이드는 조종사들이 훈련할 때 의

존하는 많은 요령들이 전투에서 죽음을 초래할 수 있다고 쓰고 있다. 그는 전투기 훈련은 전투기 조종사의 가장 기초적인 기술부터 시작해야 한다고 말한다. "학생조종사는 교관의 후미에 위치를 잡고 교관이 어떤 기동을 하든 그 위치를 유지하는 방법을 배워야 한다." 전투기 조종사는 사격제원을 획득할 수 있을 때까지 적기의 6시 위치를 오랫동안 물고 늘어지는 방법을 터득해야 한다.

급선회hard turn(적기를 시야에 유지한 채 거의 최대 성능으로 선회하는 기동)는 공중전의 기본이지만, 보이드는 공중 전술가로서의 천재성을 보여주고 앞으로 더 급진적인 행보를 암시하는 조언을 추가했다. 조종사들은 항상 선회 시 조종간을 움직여 에일러론aileron[69]을 작동시킨 다음 러더rudder[70]를 차라고 교육받아왔다. 하지만 보이드는 러더가 항공기 속도를 늦춰 선회반경을 좁히기 때문에 학생조종사들에게 러더를 먼저 차라고 말했다. 방어 위치에 있는 조종사의 경우 러더를 먼저 차면서 선회를 시작하면 두 항공기 간의 속도 차이가 커지고, 상대를 바깥쪽으로 밀어내서 수평 분리lateral separation[71]를 하는 데 도움이 되었다. 방어 위치에 있는 조종사가 우선 생각해야 할 것은 수평 분리를 하는 것인데, 이는 공격기를 자기 뒤에서 떼어놓은 후 공격 위치에서 전투에 재돌입할 수 있도록 하는 전술이다. 이것이 다가 아니었다. 보이드는 시저스scissors[72], 하이스

---

69 에일러론: 비행기 주날개에 달린 작은 보조날개. 에일러론을 움직이면 비행기가 조종사의 자세를 기준으로 좌우로 기울어진다.

70 러더: 비행기의 수직꼬리날개에 달린 방향타. 조종사가 발로 러더 페달을 움직이면 비행기가 조종사의 자세를 기준으로 좌우로 돌아간다.

71 수평 분리: 공격기가 방어기 비행 경로의 직후방에 있지 않고 옆으로 비켜나는 위치에 놓이는 것으로서, 측면 수평 분리 간격이 클수록 방어기가 그 간격을 이용해서 대응할 수 있는 여지가 커진다.

72 시저스: 방어기가 공격기의 수평 분리 간격을 이용해서 공격기 쪽으로 급선회를 반복하고 공격기도 그에 대응하면 두 비행기가 갈지자로 기동하면서 공격기와 비행 경로가 반복해서 교차하는 형태가 되는데, 이 모양이 가위처럼 엇갈리는 형태가 되기 때문에 시저스 기동이라고 한다.

피드 요요high-speed yo-yo[73], 로우스피드 요요low speed yo-yo[74], 하이 G 배럴 롤 high-G barrel roll[75], 버티컬 롤링 시저스vertical rolling scissors[76]와 같은 다양한 전술적 전투 기동을 이용해서 상대에게 우위를 점하는 방법을 알려주었다.

이 기사의 효과는 즉각적이었다. 다소 따분하고 형식적인 간행물이던 《파이터 웨폰스 뉴스레터》가 갑자기 전투기 조종사들 사이에서 화제가 되었다. 그들은 이 간행물을 전 세계의 전투기 조종사들에게 보냈다. 그들은 보이드의 글을 자세히 읽고, 손으로 전투기의 움직임을 따라해보며 기동 장면을 상상하면서 보이드가 무엇을 가르치고 있는지 이해하고는 고개를 끄덕였다.

그가 가르친 것은 생각하는 방법이었다. 단순한 기동이 아니라 각 기동이 속도에 미치는 영향, 적 조종사가 사용할 수 있는 대응기동countermoves, 그 대응기동을 예측하는 방법, 그리고 그 대응기동에 대응하기 위해 충분한 속도를 유지하는 방법 등이었다. 속도를 유지하면 조종사가 공격 위치를 유지하거나 다시 점유할 수 있었다. 이는 급진적이고 자극적인 내용이었고, 공중전을 단순한 조종술이 아닌 과학으로 만들기 위한 최초의 시도였다.

보이드의 기사는 젊은 전투기 조종사, 아직 풋내기이며 새로운 아이디어에 개방적인 사람, 그리고 낡은 방식에서 벗어나기를 원하는 사람들에게 가장 매력적으로 다가왔다. 그렇다고 그의 기사가 모든 사람에게 관심

---

73 하이스피드 요요: 공격기가 방어기보다 높은 속도일 때 방어기의 선회반경 밖으로 나가서 수평 분리가 되는 것을 막기 위해 방어기의 선회반경 안에서 고도를 높이고 속도를 줄였다가 다시 강하하며 공격 위치를 유지하는 기동.

74 로우스피드 요요: 하이스피드 요요와 반대로, 공격기의 속도가 느릴 때 강하하면서 속도를 얻은 후 다시 상승하면서 공격 위치를 잡는 기동.

75 하이 G 배럴 롤 기동: 하이 G 배럴롤 기동을 하면 비행기의 속도가 급격히 줄고, 비행기의 전진 거리가 짧아져 적기가 나의 앞에 오게 하는 효과가 있다.

76 버티컬 롤링 시저스: 우선, 두 비행기가 서로 상대를 앞으로 보내기 위해 하이 G 배럴 롤 기동에 같이 들어가서 비행 경로가 서로 엇갈리면서 싸우는 것을 롤링 시저스라고 한다. 그리고 이 롤링 시저스가 수직 방향에서 이루어지면 이것을 버티컬 롤링 시저스라고 한다.

을 받은 것은 아니었다. 부츠 블레세가 앞서 기고한 기사가 여전히 널리 유포되고 있었고, 블레세 지지자들은 보이드의 기사를 보고 "그래? 그가 미그기를 얼마나 많이 격추했는데?"라며 일축했다.

보이드는 그런 조롱을 받는다고 단념할 사람은 아니었지만, 어느 정도는 그 비판에 속이 쓰렸을 것이다. 그는 자신이 중요한 무언가를 추구하고 있음을 알았고, 단지 에이스가 아니라는 이유만으로 무시당하는 것에 화가 났다. 그가 공개적으로 아주 터무니없는 발언을 하기 시작한 것은 아마도 그에 대한 보상심리 때문이었을 것이다.

어느 날 보이드는 한 무리의 장교들과 함께 있었는데, 누군가가 전술에 대한 지식을 갖춘 조종사라면 공군 비행시범팀인 선더버즈Thunderbirds에 선발되었어야 하지 않냐고 말했다. 이 말은 곧 보이드가 실제로는 공군 최고의 조종사들로 구성된 선더버즈에서 비행할 정도로 충분히 뛰어나지 않을지도 모른다는 의미를 담은 일격이었다.

보이드는 자신이 선발 제의를 받았지만 거절했다고 말해서 그 장교들을 어리둥절하게 만들었다.

장교들은 그가 팔을 흔들면서 선더버즈가 이단이나 다름없다며 벌컥 화를 내자 몹시 놀란 표정으로 그를 응시했다. "선더버즈는 바보 같은 훈련받은 원숭이 무리와 같다니까. 빌어먹을 서커스 단원이라고. 사막 상공에 올라가서 똑같은 기동을 하고 또 해. 그건 비행이 아니지. 빌어먹을 할머니들을 데려다가 훈련시키더라도 똑같이 할 수 있을 거야. 그리고 그들은 나가서 에어쇼를 하고는 빌어먹을 영화배우처럼 다림질한 제복을 입고 으스대며 다니지. 그들은 모병하는 데는 좋지. 인정해. 아마 공군 최고의 모병 수단일 거야. 하지만 그들이 하는 것은 전투비행과는 상관없어. 그들에게 중요한 건 겉모습뿐이지 비행기 조종이 아니야. 나는 그 무리에 낄 생각이 추호도 없어. 그들이 하는 거라고는 칵테일 마시기와 여자 후리기뿐이야."

그가 선더버즈의 대원에게 중요한 것은 겉모습뿐이라고 한 것은 옳았다. 실제로 비행 기량보다 겉모습과 사회적 명예가 그들에게 더 중요했을 것이다. 하지만 보이드가 선더버즈 선발 제안을 받았다는 말은 사실일 리 없었다.

보이드는 자신의 말에 사람들이 깜짝 놀라는 반응을 보며 이를 즐겼고, 여러 해 동안 이러한 일을 자주 반복했다. 하지만 그의 시각은 공군 조직과 맞지 않았다. 심지어 폭격기 조종사조차도 부모가 손님들에게 예쁜 짓 하라고 데리고 나온 유난히 밝은 아이를 바라보듯이 선더버즈를 구경했다. 선더버즈는 공군에서 가장 뛰어난 홍보 수단이었다. 보이드는 언젠가 자신의 논평에 대한 대가를 치르게 될 것이다.

그러나 당시 보이드는 자신의 눈에 띄는 결점을 눈감아주고 전투기 항공술을 위해 자신이 하고 있는 일을 인정해줄 만큼 분별력 있는 상급자 밑에서 일하고 있었다.

그의 어느 장교근무평정은 이렇게 시작된다. "보이드 중위는 가장 뛰어난 장교이며 본인은 그와 일하게 되어 영광임." "그는 전투기 비행과 전술 분야의 전문가임. … 그는 '배짱 없이는 영광도 없다'라는 기사에 나오는 기본 원칙들을 개선하여 전투기 전술의 최고 권위자 중 한 명으로 간주되고 있음." 이 장교근무평정에 중령이 배서를 하면서 이렇게 썼다. 보이드는 "열성적이고 열정적인 성격으로 인해 때로는 원하지 않는 사람에게도 자신의 관점을 강요하기도 함." 하지만 더욱 놀라운 점은 아직 중위인 보이드의 장교근무평정에 소장이 배서를 해서 "이 젊은 조종사는 본인이 아는 어떤 중위보다 진취적임"이라고 썼다는 것이다. 이 장군은 이렇게 말하면서 끝을 맺었다. "또래보다 앞서 나갈 수 있도록 그를 배려할 것을 권고함."

이는 보이드의 경력에서 최고의 장교근무평정 중 하나였다.

1957년 2월, 그는 대위로 진급했고 그로부터 몇 달 뒤 앨라배마주 몽고메리Montgomery에 있는 맥스웰 필드Maxwell Field에서 초급지휘관참모과정 Squadron Officers School에 입교하라는 명령을 받았는데, 이곳은 경력이 짧은 장교가 더 높이 올라가기 위한 디딤돌이 되는 학교였다.

넬리스로 돌아온 뒤 그는 낡고 음침한 관사에서 노스 라스베이거스North Las Vegas의 11 캐시디 스트리트Cassady Street에 있는 이층집으로 옮겼다. 보이드의 가족은 이제 안정되었고 그의 경력은 이제 탄탄대로에 올라 있었다. 그는 혁명을 일으킬 준비가 되어 있었다.

보이드를 유일하게 인정해준 스프래들링

버넌 "스프래드" 스프래들링Vernon "Sprad" Spradling은 2,000시간을 비행했고 행정학 석사학위를 가진 공군의 베테랑이었다. 그는 작지만 단단했으며, 허튼짓을 용납하지 않는 고지식한 사람이었다. 그는 몇 년 동안 유카 플랫Yucca Flat[77]에서 핵실험을 관찰하는 일을 했고 극비 시설인 넬리스의 핵무기 연구 시설에서 일했다. 그런 다음 전투기무기학교로 자리를 옮겼는데, 그의 보직은 교관을 선발하고 교육하고 그들의 학과 수업 능력을 모니터하는 일이었다. 전투기무기학교 교관은 강단에 서기 전에 스프래들링 앞에 서서 지식과 교육기술 모두를 실증해야 했다. 스프래들링은 각 강의가 공군 교리에 기초하고 있는지, 모든 요점을 다루고 있는지 확인했다. 그리고 자신의 업무가 교육 품질을 향상하는 것이었기 때문에 그는 새로운 아이디어와 새로운 정보, 그리고 이 두 가지 모두를 제공할 새로운 방법을 꾸준히 추구했다. 그는 보이드의 좋은 점을 발견하고는 마음에 들어했다.

당시 전투기무기학교는 3개 부서로 구성되어 있었다. 교수들과 참모들에게 가장 권위 있는 부서는 작전·훈련Operations and Training부로, 전투기무기학교가 하는 일의 핵심을 담당했다. 두 번째 부서는 연구개발Research and Development부로, 작전·훈련부와 마찬가지로 많은 비행이 이루어지는 부

---

77 유카 플랫: 네바다주 실험장에 있는 네 곳의 핵실험장 중 하나.

서였다. 세 번째이자 가장 인기 없는 부서는 학술Academics부로, 커리큘럼과 교수법을 개발하는 곳이었다. 전투기무기학교에 쓰레기 하치장이 있다면 학술부가 바로 그런 곳이었다.

스프래들링은 보이드에게 가서 말했다. "존, 자네가 학술부를 맡아줬으면 하네."

보이드는 잠시 동안 생각하더니, 고개를 끄덕이며 말했다. "스프래드, 그렇게 하겠습니다. 단, 제가 전술 관련 커리큘럼을 수정할 수 있게 해주세요."

스프래들링은 전술 관련 커리큘럼을 수정하는 것에 대해 아무런 문제도 제기하지 않았다. 사실 그것은 전투기무기학교를 개선하려는 그의 계획에 부합했다. 하지만 보이드가 생각한 전술 관련 커리큘럼 수정은 스프래들링이 생각한 것보다는 훨씬 더 야심적이었다. 보이드는 전술 관련 커리큘럼에 이론 수업 4개를 추가하기를 원했다. 그는 만일 전투기무기학교장이 이를 거절한다면 훈련대대로 돌아가서 조종사들을 전투기무기학교 수료생들보다 더 우수하게 훈련시키겠다고 스프래드에게 말했다. 전투기무기학교장은 보이드가 자신이 말한 대로 할 수 있는 사람이라는 것을 알고 있었다. 이론 비중을 늘리겠다는 보이드의 생각에 전적으로 동의해서 그랬는지, 아니면 다른 조종사들이 전투기무기학교 수료생들을 이기기를 원하지 않아서 그랬는지 알 수 없지만, 전투기무기학교장은 보이드가 전술 관련 커리큘럼에 이론 수업을 추가하는 것을 허락했다.

보이드는 스프래들링의 사무실로 이사하여 스프래들링의 맞은편 책상에 자리를 잡았다. 둘은 그 자리에서 약 4년을 보내게 된다. 스프래들링은 그 후로도 오랫동안 전투기무기학교에 남아서 몇 년마다 장교들이 오고 가는 학교에서 유일하게 바뀌지 않는 존재, 학교의 모든 것을 생생하게 기억하는 산증인이라는 의미로 "미스터 파이터 웨폰스 스쿨"로 불리게 되었다. 그는 넬리스에 22년간 있으면서 뛰어난 교관들과 뛰어난 학생조종사들을 알게 되었고, 그중 일부는 베트남에서 영웅이 되거나 장군으로 진급했다. 하지만 버넌 스프래들링은 22년 동안 이 학교를 거쳐간 누구보다 존 보이드를 선명하게 기억했다. 누구도 그보다 보이드를 더 잘 알지 못했다.

당시 보이드는 아이오와 대학에서 경영학 학위를 받은 자신이 공군에서 하고 싶은 일을 하기 위한 준비가 전혀 되어 있지 않는다는 것을 깨달았다. 하지만 항공공학 학위를 가진 한 전투기 조종사가 우연히 전투기무기학교를 거쳐가면서 보이드는 처음으로 변분법$^{variational\ calculus}$[78]을 배웠다. 그는 고등학교와 대학교에서 수학을 잘했기 때문에 교재를 사서 미적분법을 독학했다. 이제 그는 자신의 아이디어와 전투기 전술에 대한 연구를 새로운 차원으로 끌어올릴 수 있었다. 그는 전투기의 움직임을 양력^{lift}[79]과 항력^{drag}[80]과 벡터^{vector}[81]의 수학 방정식으로 요약할 수 있었다. 그는 전투기 조종사들이 항상 말로 설명할 수 없고 수치화할 수도 없는 예술 행위와 같다고 믿어온 것을 절대적 관점에서 체계적으로 정리할 수 있었다. 보이드는 매일 스프래들링의 맞은편 책상에 앉아 공대공 전술을 개발하면서 리본 차트를 그리고 신비로운 방정식들을 썼다가 지우고 다시 쓰기를 반복했다. 대화 도중에 질문을 하면 보이드는 아무 대답 없이 멍하니 있는 경우도 있었고, 일을 하다가 고개를 들어보면 멍하니 벽을 15분이나 20분씩 바라보기도 했다. 보이드는 "나 자신과 교감하고 있었다"고 설명했다. 그러다가 마치 스위치가 켜진 것처럼 갑자기 의자에 앉아 빙글빙글 돌면서 다시 대화를 시작했다. 그는 태풍 속의 풍차처럼 팔을 흔들면서 책상 너머 스프래들링 쪽으로 몸을 기울이고는 거의 소리를 지르다시피 목소리를 높인 채 입에서 침을 튀겨가며 말했다.

---

78 변분법: 미적분학의 일종으로, 에너지 또는 거리와 같은 적분값이 최소가 되거나 최대가 되게 하는 함수를 찾는 방법.

79 양력: 비행하는 항공기 주위를 흐르는 공기가 항공기를 수직 방향으로 들어올리는 힘.

80 항력: 항공기가 비행할 때 비행하는 반대방향으로 작용하여 운동을 방해하는 힘.

81 벡터: 크기와 방향을 함께 갖는 물리량.

넬리스 공군기지에 있던 시절에 보이드를 알았던 몇몇 장교들은 보이드가 집착이 심했다고 말한다. 다른 사람들은 그가 "약간 미쳤다"고 말한다. 스프래들링이라면 아마 둘 다에 동의했을 것이다.

보이드는 너무 긴장하면 마치 손가락 끝을 믹서기에 넣은 것처럼 보일 때까지 빠르게 손톱을 물어뜯기 시작했다. 누군가가 그에게 입에 뭔가를 물고 있으면 손톱을 물어뜯지 않을 테니 담배를 한번 피워보라고 권했다. 보이드는 담배 냄새를 싫어해서 시가를 피우기 시작했다. 그는 더치 마스터즈Dutch Masters를 좋아해서 하루에 네다섯 개씩 피웠다. 이제 그와 대화를 나누는 사람에게는 새로운 위험이 생겼다. 그가 가까이 와서 불을 붙인 시가를 들고 팔을 휘두르면서 말을 할 때마다 시가의 불똥이 튀고 재가 흩날렸기 때문이다.

긴장을 풀기 위해서 보이드는 기지 체육관에서 운동을 하기 시작했다. 그의 어머니는 그가 여덟 살 때 찰스 아틀라스Charles Atlas 헬스클럽 회원권을 사줄 여유가 없었지만 정부는 그가 원하는 모든 것을 무료로 제공했다. 그는 거의 매일 역기를 들었고 곧 손바닥에 큰 굳은살이 생겼다. 그런데도 긴장이 조금도 풀리지 않자 이번에는 손가락을 펴고 엄지와 검지 사이의 굳은살을 이빨로 물어뜯고 물어뜯은 굳은살 조각은 씹어서 뱉었다.

보이드가 전화에 집착하기 시작한 것은 이 무렵이었다. 일주일에 서너 번씩 밤에, 그것도 늘 자정이 넘은 밤에 스프래들링의 관사에 전화벨이 울렸다. 스프래들링은 침대 옆 탁자로 손을 뻗어 수화기를 들었는데 대화는 이렇게 진행되었다.

"스프래들링 관사입니다."

"스프래드? 존입니다."

"어, 존, 무슨 일인가?"

"스프래드, 돌파구를 찾았습니다."

"지금 몇 시지?"

"스프래드, 아침에 말씀드린 방정식 생각나요?"

"존, 내일 얘기하는 게 좋겠는데."

"방금 뭐가 빠졌는지 알았습니다. 해결했어요."

보이는 대화를 내일로 미루려는 스프래들링의 모든 노력을 무시한 채 한두 시간 정도 미적분 방정식에 대해 이야기하곤 했다. 스프래들링은 가끔 투덜거리거나 애매하게 "으응" 하는 정도로 대꾸했다. 처음에 그는 자신이 대화에 응하지 않으면 보이드가 전화를 끊을 것이라고 생각했다. 그러나 몇 달 동안 이런 심야 통화를 한 후, 스프래들링은 보이드가 대화를 원하지 않는다는 것을 깨달았다. 보이드는 단지 이야기하기를 원했던 것이다. 그는 알기 위해서 이야기했다. 그는 독백을 하면서 생각을 정리하고 다양한 주장들을 제기하고 반박하면서 마침내 그의 마음속에 있는 것이 무엇이든지 간에 그것을 더 잘 이해하게 되었다. 그렇게 한두 시간 떠든 후, 보이드는 "도와주셔서 고맙습니다, 스프래드. 큰 도움이 되었습니다"라고 말하고는 전화를 끊곤 했다.

스프래들링의 부인은 이 심야 통화를 좋아하지 않았다. 하지만 스프래들링은 두 가지 이유 때문에 이것을 용인했다. 첫째로 그는 전투기무기학교에서 아주 많은 강의를 모니터했기 때문에 수업에 대한 전반적 지식이 뛰어나 가끔 보이드에게 조언을 해줄 수 있었다. 둘째로 보이드는 친한 친구였을 뿐만 아니라 전투기무기학교에서 가장 인기 있는 조종사였고 공중전을 위한 급진적인 새 전술과 기술을 개발하고 있었다. 실제로 존 보이드 대위는 전투기 조종사 세계에서 전설이 되어가고 있었다. 스프래들링은 돕고 싶었다. 이른 새벽의 전화는 더 큰 것을 위한 작은 희생에 불과했다.

미국의 최고 F-100 조종사

전투기 조종사로서 보이드의 명성은 공군 역사상 가장 변덕스럽고 위험한 전투기 중 하나인 F-100의 날개 위에서 비롯되었다. 이 기종은 수평 비행에서 음속에 도달한 최초의 일선 항공기였다.

노스 아메리칸^{North American}사가 제작한 F-100은 공군이 전력화한 것 중 가장 전설적인 항공기 시리즈인 센추리 시리즈^{Century Series}[82] 중 첫 번째 기종이었다. 주간 공중우세 항공기, 즉 전투기로 설계되고 제작된 이 전투기를 폭격기 장군들이 공대진창^{air-to-mud} 항공기로 바꿨다.

F-100은 "100^{Hundred}"을 뜻하는 "헌^{Hun}"이라고 불렸다. 센추리 시리즈에는 다른 유명한 항공기들도 있었다. 전략공군사령부 폭격기 호위기인 F-101, 요격기 F-102, 아주 짧은 주익을 가져 "사람이 탄 미사일"이라고 불린 "스타파이터^{Starfighter}" F-104, 전술핵 항공기 F-105 "서드^{Thud}", 그리고 전천후 요격기 F-106이 있었다. 하지만 이것들은 모두 후속기에 지나지 않았다. 그 무엇도 F-100의 명성을 따라갈 수 없었다.

F-100, 특히 A 모델은 소위 킬러^{lieutenant-killer}, 과부제조기^{widow-maker}라는 무시무시한 이름으로 불렸다. F-100 전체 생산 대수의 4분의 1이 사고로 손실되었다. 너그러운 항공기는 조종사의 실수를 용인한다. 조종사들의 표현대로 너그러운 항공기는 "일어나서 조종사의 엉덩이를 물어뜯지 않을 것이다." 그러나 F-100은 그때까지 제작된 항공기 중 가장 너그럽지 않은 항공기 중 하나였다. 이 기종은 초 단위로 조종을 해야 했다. 한 번만이라도 조종간을 잘못 움직이고 한순간이라도 부주의하면 F-100은 조종성 상실^{depart flight} 현상이 생겼는데, 즉 항공기가 조종간을 조작하는 대로 움직이지 않고 마치 비행기가 날개가 없는 벽돌이 하늘에 던져진 것과 다름 없는 상태가 되곤 했다. 조종성 상실 상황에 빠지면 보통 항공기 피치^{pitch}[83]가 60도로 급격하게 올라간 다음 강한 롤 현상이 뒤따르면서 빠르게 통제 불능의 스핀 현상에 빠졌다.

F-100에는 조종사가 새로 발견했거나 고질적인 특이한 문제가 여

---

82 센추리 시리즈: 냉전 시대 미국이 개발한 F-100부터 F-106까지의 기종.

83 피치: 조종사의 자세를 기준으로 비행기 기수의 위아래 움직임을 뜻함.

러 가지 있었다. 가장 사소한 문제는 엔진의 자이로스코프 효과gyroscopic effect[84]였다. 항공기가 이륙할 때, 그리고 느린 속도였다가 가속할 때 엔진의 회전 질량이 자이로스코프 효과를 내서 항공기의 기수가 한쪽 옆으로 밀렸다. 러더를 확실하게 이용하면 제어할 수 있었지만 그 현상을 맞닥뜨리면 당황하기 마련이었다. 다른 이상 현상들도 있었다. 급기동을 하면 엔진으로 들어가는 공기의 흐름이 바뀌었다. 기류가 항공기의 주둥이 부분으로 부드럽게 가는 대신 난류가 되어 엔진 흡기구로 들어가서 압축기 실속compressor stall[85]을 초래했다. 양쪽 흡기구와 배기구로 불과 연기가 뿜어져나오고, 펑! 펑! 펑! 하는 폭탄 터지는 소리와 함께 항공기가 흔들려서 그로 인해 대부분의 경우 조종사의 발이 러더 페달에서 떨어질 정도였다. 이 제트기는 당시 최신 기종이어서 압축기 실속이 어느 정도까지인지 전부 알려져 있지 않았다. 한동안은 항공기가 충분히 빨리 실속에서 회복하지 않으면 공중에서 폭발할지도 모른다는 우려가 있었다. 비행시험에서 압축기 실속이 비교적 위험하지 않다는 것이 밝혀진 후에도 신입 F-100 조종사들은 여전히 두려워했다. 조종사가 활주로로 지상활주taxing를 하고 스로틀을 밀 때부터 착륙할 때까지 엔진이 칙칙 소리를 내며 비행하는 F-100은 문제가 발생하기만 기다리는 신세였다.

F-100의 또 다른 문제는 많은 기계적 비밀이 깊이 숨겨져 있다는 것이었다. 이 기종은 미 공군이 여전히 인원을 감축하던 때 운용되기 시작했다. 한국전쟁 이후 몇 년 만에 10개 전술전투비행단이 해체되었다. 이는 공군이 이제껏 본 적이 없는 가장 복잡한 전투기가 취역하려는 순간에 공군에서 가장 숙련된 제트기 정비사 중 일부가 한꺼번에 제대해야 한다는 뜻이었다. F-100의 정비 문제는 만성적이었다.

---

84 자이로스코프 효과: 회전하는 물체의 회전축에 모멘트를 가했을 때 모멘트의 회전 방향대로 회전축이 움직이지 않고 그 직각 방향으로 회전하는 현상이다.

85 압축기 실속: 엔진으로 들어가는 공기를 압축시키는 압축기의 원활한 공기 흐름이 끊겨 압축기가 기능을 못 하게 되는 현상.

하지만 가장 심각한 문제는 역요adverse yaw 현상[86]이었다. F-100이 1950년대 중반에 나왔을 때 에일러론은 경사각bank angle[87]을 증가시키거나 감소시키는 데 쓰였다. 하지만 에일러론을 더 건드리면 F-100이 격하게 반대로 롤이 들어가고, 많은 경우 조종성 상실로 회복 불가능한 스핀에 빠지는 지점이 있었다. 예기치 못한 롤에 대응하는 전통적인 방법은 조종 스틱을 반대로 미는 것이다. 하지만 F-100에서는 그렇게 하면 이미 위험한 상황이 더 악화될 뿐이었다.

단순히 낮은 속도와 높은 받음각angle of attack[88]에서 에일러론을 내리면 양력보다 더 많은 항력이 생겼다. 어느 F-100 조종사가 말했듯이 "조종사가 오른쪽으로 가고자 하고 항공기가 왼쪽으로 가고자 한다면 항공기가 항상 이긴다." 그러면 조종사는 갑자기 고도, 속도, 그리고 비행 감각을 동시에 잃었다. 전투기무기학교 조종사들이 많은 시간을 보낸 저고도에서는 이를 회복할 여유가 없었다. 역요 현상으로 많은 조종사가 죽자, F-100은 그 무시무시한 평판을 얻게 되었다.

보이드는 이 비행기의 지독한 변덕을 사랑했다. 그는 비행기가 "조종사에게 대든다"고 말했다. 그는 F-100이 학생조종사에게 훌륭한 항공기라고 생각했다. 만일 학생조종사들이 F-100을 조종해 비행할 수 있다면, 무엇이든 조종할 수 있을 것이었다. 조종사들은 수평 비행에서 음속에 도달하는 이 비행기의 능력을 사랑하게 되었다. 그들은 넬리스 훈련장을 벗어나서 음속 장벽을 뚫고 나아갈 때까지 스로틀을 천천히 앞으로 밀면서 날아가다가 뒤에서 천둥 같은 소닉붐sonic boom[89]이 들리기 시작하면 스틱을 조작해 항공기 기수를 선라이즈 마운틴Sunrise Mountain 위로 들어올려

---

86 역요 현상: 선회를 위해 한쪽 방향으로 항공기 에일러론을 조작했을 때 선회하려는 반대방향으로 기수가 틀어지는 현상. 일선에선 어드버스 요라고 불린다.

87 경사각: 조종사를 기준으로 할 때 비행기의 좌우 기울기를 말한다.

88 받음각: 비행기가 비행하면서 받는 상대적인 기류의 방향과 날개의 각도의 차이.

89 소닉붐: 비행기가 음속을 돌파할 때 내는 폭음.

라스베이거스에 "소닉붐"이 울려퍼지게 하는 것을 즐겼다.

"거기서 내가 엄청난 초음속으로 날고 있었다니까"라는 말이 F-100 조종사들 사이에서 새로운 유행어가 되다시피 했다. (F-100 조종사들은 그냥 초음속으로 날았다고 하는 것만으로는 만족하지 않았다. "엄청난 초음속" 이라야 했다.) F-100 조종사들은 공군의 다른 조종사들이 이와 같은 말을 할 수 없다는 것을 알고 있었을 뿐만 아니라 하찮은 그들에게 자신들이 야말로 이 엄청난 일을 해낼 수 있는 적임자라는 것을 굳이 상기시켜줄 필요가 없었기 때문에 태연스럽게 이런 말을 했다.

F-100이 넬리스 공군기지에 배치되고 몇 달 안 되어서 라스베이거스 주민들에게는 집에 조용히 앉아 있을 때 갑자기 세상의 종말이 다가온 것처럼 창문이 흔들리고 엄청난 음파로 인해 충격을 받는 일이 거의 일상이 되다시피 했다. 어느 조종사는 40피트(12미터) 고도에서 815mph(1,310km/h)의 속도로 비행하다가 사막의 작은 마을에 너무 크게 소닉붐이 울려퍼져서 지역 병원의 주 내력벽에 금이 가는 바람에 기지 사령관이 나가서 사죄하고 공군이 2만 달러가 넘는 피해보상금을 지불해야 했다고 한다.

피해 항의가 쇄도하면서 고위 장교들은 엄격한 조치를 취했다. 초음속 비행은 주민들과 멀리 떨어진 넬리스 훈련장의 중심부로 제한되었고, 인구밀집지역에서 소닉붐을 일으키면 중범죄가 되었다. 하지만 F-100이 이전 기종들보다 훨씬 더 빨랐고 기동하기 위해 훨씬 넓은 공간이 필요했기 때문에, 공군은 네바다주 남부에 추가로 75만 에이커의 영역에 대한 공역 이용권을 요청해서 받아냈다.

이 포고령은 그린 스팟에 있는 매춘업소인 셰리스^{Sherrie's}에는 그 효력이 미치지 않아서 F-100 조종사들은 항공기 기수를 미루나무로 둘러싸인 창녀촌으로 향하고 소닉붐을 일으키기를 좋아했다. 그렇게 하면 항의가 거의 들어오지 않았을 것이다.

비행기가 소리보다 더 빠르게 비행할 수 있다는 사실에 미국 전체가 놀랐다. 사람들은 길모퉁이에 서서 비행기가 어떻게 지상의 사람들이 소리를 듣기도 전에 사라질 수 있는지에 대해 이야기했다. 그들은 놀라면서 고개를 저었다. 그리고 그들은 전략공군사령부가 있기는 하지만, 미국이 F-100을 갖고 있는 한 공산주의자들이 미국을 공격하기 전에 한 번 더 생각하게 될 것임을 알았다.

당시 전략공군사령부는 전성기를 누리고 있었다. B-47 스트래토제트Stratojet는 전략공군사령부의 자랑이었다. 이 기종은 주날개가 36도 후퇴익으로 되어 있었고 거의 600mph의 속도로 비행할 수 있었다. 커티스 르메이는 어떤 전투기도 자신의 폭격기를 잡을 만큼 충분히 높이 상승하고 빠르게 비행할 수 없다고 여러 차례 자랑한 바 있었다. 어느 날 B-47 조종사가 조종석 너머로 밖을 보다가 어느 F-100 조종사가 자신의 B-47 폭격기 주위에서 배럴 롤을 하는 것을 목격했다.

F-100은 하늘을 지배했다.

그리고 존 보이드는 미국 최고의 F-100 조종사였다.

보이드는 이미 초등비행 훈련에서 항공기를 두려워하지 않는다는 것을 입증해 보였다. 그는 힘으로 지배해 항공기를 완전하게 통제하고 있음을 보여주었다. 위험한 F-100도 예외가 아니었다. 대부분의 전투기 조종사들은 "손이 거칠다"라는 표현을 조종사의 기량에 대한 비판적인 평가로 간주한다. 이는 비행기에 대한 감각이 전혀 없는 조종사를 묘사하는 "똥손ham-fisted"과 아주 비슷하다. 하지만 보이드는 다른 의미에서 손이 거칠었다. 그는 힘으로 F-100을 성능 한계까지 밀고 나아가는 것을 무서워하지 않았다. 그는 이 기종을 공개된 성능 한계까지 밀어붙이고 그것을 넘어섰다. 그는 책에서 말한 것이 아니라 실제로 그 비행기가 무엇을 할 수 있는지 알아내야 했다.

노스 아메리칸은 치명적인 역요 문제에 대한 해결법을 찾아내지 못했다. 그래서 에드워즈 공군기지에는 F-100을 길들이려다 죽은 금손들의 이름을 딴 거리들이 생겼다. 그 문제가 너무 심각해서 비행 전 브리핑 말미에 F-100 조종사들에게 "DBYA"—"엉덩이가 부서질 정도로 애쓰지 말라Don't Bust Your Ass"—고 주의를 주는 것이 일반화되었다.

F-100 조종사들은 F-100의 가장 안전한 비행 방법은 고속 비행이라고 믿었다. 하지만 F-100의 많은 특이점 중 하나는 보이드의 말에 따르면 "다른 어떤 비행기보다 더 빠르게 느려진다는 것"이었다. 빨리 감속될 뿐만 아니라, 심지어 속도계가 0이 될 때도 계속해서 날고 있었다. 속도가 급격하게 떨어지더라도 조종술이 뛰어난 조종사라면 러더를 조작하여 F-100를 제어할 것이다.

보이드는 비행기의 성능 한계를 벗어나 위험한 최저속도대에서 비행하기를 좋아한 F-100 조종사라고 알려진 유일한 사람이었다. 그리고 그것이 그가 역요 문제를 해결한 방법이었다. 그는 전투기무기학교 학생조종사들에게 전술을 교육하면서 자신이 개발한 기동에서 해결책을 찾아냈다.

보이드는 《파이터 웨폰스 뉴스레터》에 기고한 기사에서 학생조종사들에게 가장 먼저 가르쳐야 하는 것 중 하나는 교관의 6시 위치로 가서 교관이 비행사들에게 알려진 모든 회피 기동을 하는 동안 그 위치를 유지하게 하는 것이라고 설파했다. 이것이 그가 신입 학생조종사들과 공대공 훈련을 시작한 방법이었다. 그는 대부분의 학생조종사들에 대해서는 인내심을 발휘해 훈련을 천천히 진행하면서 그들의 기량과 자신감이 어느 정도인지 파악했다. 학생조종사들이 배우기를 원한다면 자신이 아는 모든 것을 가르쳐주었다. 하지만 때로는 보이드가 "철벽"이라고 부른 학생조종사도 있었는데, "철벽"이란 자신이 훌륭한 조종사여서 교육이 필요 없다고 생각하는 학생조종사를 말했다. 이런 학생조종사는 그를 가르치는 사람의 천재성을 완전히 알게 해서 철벽을 무너뜨릴 필요가 있었다.

보이드는 "전투기 조종사의 주의를 끄는 유일한 방법은 그의 엉덩이를 찰싹 때려주는 것뿐"이라고 말했다.

철벽을 친 학생조종사가 보이드의 6시에 위치하면 보이드는 그 학생조종사가 스스로를 과신하도록 유도하는 기동을 한두 차례 한 다음 갑자기 전혀 예상치 못한 기동을 한 차례 실시하여 그가 왜 공군에서 최고의 F-100 조종사인지를 보여주었다. 그는 스틱을 두 손으로 움켜잡고 뒤로 끝까지 잡아당겨 그 상태를 유지하곤 했다. 그는 이 기동을 "플랫 플레이팅flat-plating [90]"이라고 불렀다. 이 기동을 하면 항공기 밑부분, 주날개, 꼬리날개의 밑부분이 거대한 스피드 브레이크speed brake [91]가 되어 F-100의 속도가 몇 초 만에 400노트에서 150노트로 줄었다. 이는 마치 맨홀 뚜껑이 하늘을 날다가 갑자기 기류에 90도 각도로 뒤집히는 것과 같았다. 보이드가 계속 스틱을 끝까지 뒤로 당긴 채 좌우 어느 방향으로든 1인치도 움직이지 않으면서 러더를 세게 차자, 항공기가 격렬하게 좁게 회전하면서 나선형으로 움직였다. 이 기동을 하면 학생조종사가 보이드의 앞으로 튀어나가게 되고 보이드가 학생조종사의 6시 위치로 가게 된다. 그는 덫에 걸려들었고 더 이상 도망할 곳이 없었다.

이 일은 너무 빨리 벌어져서 학생조종사들은 무슨 일이 일어났는지 전혀 몰랐다. 1분 전만 해도 그들은 보이드의 꼬리에 딱 붙어 완벽한 격추 위치에서 보이드의 비행기를 피퍼 안에 넣고 무전기로 "건스! 건스! 건스!Guns! Guns! Guns! [92]"를 외치기 직전이었다. 격추 판정을 받기 위해 그들에게 필요한 것은 건카메라 필름 16장, 즉 0.5초 분량뿐이었다. 하지만 한 학생조종사가 기억하는 바에 따르면 이랬다. "그가 갑자기 쥐꼬리를 두 번 보여주고 착시현상을 한 번 일으키자 저는 영화배우가 되어 있었습니다. 그의 건카메라에 제가 잡힌 거죠." 보이드는 학생조종사의 뒤에서 "건스! 건스! 건스!"를 외쳤다. 그리고 요란하게 웃더니 "내가 널 갈겼네"라

---

90 플랫 플레이팅: 항공기 받음각을 순간적으로 높여서 비행 방향에서 봤을 때 항공기를 넓게 펼친 것 같은 자세를 만든다는 표현이다.

91 스피드 브레이크: 항공기의 감속 장치로, 여기서는 항공기 전체의 공기저항을 크게 만들어 속도를 빠르게 줄인다는 의미로 쓰였다.

92 모의 공중전에서 상대에게 가상의 기총 사격을 한다고 신호하는 무선 교신.

고 말했다.

만일 학생조종사가 그것을 요행이라고 생각하고 다시 하기를 원하면 보이드는 그렇게 해주었다. 그러나 결과는 항상 같았다. 그의 학생조종사 출신 중 한 사람은 "보이드는 학생조종사들이 돼지처럼 꽥꽥거릴 때까지 데리고 놀고, 기지로 데려가서 그들을 놀렸습니다"라고 말했다. 학생조종사가 교전을 계속해도 그에게 굴욕만 더 당할 것을 깨달으면 이제 충분하다고 신호를 보냈다. 착륙한 다음 보이드는 학생조종사에게 가서 "아직도 자네가 훌륭한 조종사라고 생각하나?"라고 물었다.

"아닙니다"라고 학생조종사는 분명하게 대답했다.

아주 심한 저속 기동은 후속 기동을 위해 속도를 유지하라는 보이드의 경고와 일치하지 않는다. 그는 학생조종사들이 아무리 자신들이 뛰어나다고 생각하더라도 항상 배워야 한다는 것을 입증하기 위해 그 방법을 썼다. 그리고 그는 그 기동을 모든 전투기 조종사가 기총탄을 뒤집어쓰기 직전에 다른 선택지가 없을 때를 위해 반드시 알아야 하는 "필사적 기동"이라고 가르쳤다. 그는 좌우 수평 비행 상태일 때나 선회 중에 모두 그 기동을 수행했다. 그는 상승의 정점에서, 그리고 하강의 바닥에서 그 기동을 수행했다. 이 기동을 통해 보이드는 F-100이 높은 받음각과 낮은 속도일 때 기체를 제어하는 유일한 방법이 러더를 쓰는 것임을 알았다. 스틱을 중앙에 고정하고 러더만으로 롤과 선회를 제어하면 F-100은 역요에 빠지지 않았다. 그렇지만 대부분의 학생조종사, 심지어 가장 경험 많은 간부 교관도 그것을 시도하는 것을 두려워했다. 이 기동은 F-100의 또 다른 "JC 기동"—조종사가 이 기동을 하면서 무의식중에 무전기에 대고 "지저스 크라이스트^{Jesus Christ}"라는 소리를 저절로 지르게 된다고 해서 붙여진 이름—이었다. 그 기동을 정확히 수행하지 못한다면 리벳이 튀어나오고 주날개가 휠 수도 있었다. 그리고 F-100이 조종성을 상실하고 회복 불가능한 스핀에 빠지게 될 수도 있었다. 보이드는 그 기동을 하는 비결이 조종석 양쪽을 팔꿈치로 버텨서 에일러론이 움직이지 못하게 한 다음 러더를 차는 것이라고 가르쳤다.

보이드는 에드워즈 기지에 역요 문제를 해결했다고 보고했다. 금손들이 젊은 대위의 무모함을 비웃자, 그는 F-100을 타고 에드워즈 상공에서 직접 비행을 했고, 그 후로 그들 중에서 그의 말을 믿는 사람이 생기게 되었다. 그 다음에는 기체 제작사인 노스 아메리칸에도 보고했는데, 그들도 역시 그의 말을 믿지 않으며 비웃었다. 겨우 대위에 불과한 전투기 조종사 한 명이 그 비행기를 설계한 공학자 수십 명도 할 수 없었던 일을 해냈다고? 노스 아메리칸의 선임 시험비행조종사가 넬리스에 왔고 보이드는 그를 F-100F의 전방석에 앉히고 하늘로 올라가서 자신의 주장을 입증했다. 그 후 이 내용이 비행 교범에 추가되었고, 공군의 모든 교관 조종사들에게 교육되었다. F-100이 고받음각과 저속 상태일 때는 조종간을 옆으로 움직이지 마라. 롤과 선회 모두를 위해 러더를 주 조종장치로 사용하라. 그 후 조종사가 F-100으로 비행 후 착륙할 때마다 조종간을 중앙에 놓고 러더를 조작했다. 이는 조종사가 비행 훈련과 공대공 전투 비행에서 배운 모든 것과 상반되었지만 효과가 있었고, F-100 조종사들의 삶의 방식이 되었다. 거의 하룻밤 사이에 F-100의 추락 횟수가 감소했다.

공중전 챔피언 보이드, "교황 존"으로 불리다

이 빠르고 격한 기동과 함께 "20초 보이드"라는 전설이 시작되었다. F-100 조종사로서 자신의 비행 능력을 확신하게 된 보이드는 전투기무기학교를 거치는 모든 학급 인원들에게 상시 제안을 했다. "그린 스팟 3만 피트 상공에서 만나자. 뒤따라와라. 500피트 정도로 가까이 붙어. 내가 20초 만에 위치를 뒤바꾸지 못하면 20달러를 주겠다."

보이드가 이런 주장을 했을 때 젊은 전투기 조종사들은 머릿속으로 복잡한 계산을 하기 시작했다. '내가 그의 6시 위치에서 바짝 붙어 가고 그가 우측으로 롤을 한다. 나는 가까이 붙어 있는다. 5초. 그가 높은 G를 당긴다. 나는 그의 뒤에 머문다. 10초. 그가 G를 더 당겨서 나를 사격 위치에서 떼어낸다 해도 15초가 걸린다. 그는 아직 내 뒤를 따라잡아야 한다. 나는 급히 달아나 그를 떼어낸다. 이제 그는 그것을 할 수 없다. 어떤 방법으로도 그가 20초 만에 위치를 뒤바꾼다는 것은 불가능하다.'

보이드는 그 조종사들을 이겼다. 하지만 20초 만에 그렇게 할 수 있다고 한 보이드의 말은 다른 조종사들에게는 터무니없는 말로 들렸다. 시간은 방어 위치에 있는 조종사의 편이었다. 그가 시간을 더 끌수록 공격기 조종사를 앞으로 내보낼 기회가 많아졌다. 보이드는 곧 자신의 도박을 40초와 40달러로 수정했다. 하지만 "40초 보이드"는 여전히 약 20초 만에 모든 도전들을 물리쳤는데, 이는 지금도 다른 전투기 조종사들을 놀라게 할 만큼 아주 대단한 위업이다.

보이드가 사용한 기동에 대한 유일한 대응은 반대 방향에서 똑같이 하는 것이었다. 하지만 몇 분의 1초의 망설임도 없이 직관적으로 즉시 해야 했다. 그리고 보이드가 한 것만큼 격하게 해야 했다. 조종사들이 보이드가 무엇을 할 것인지 알았다 하더라도 F-100의 악평 때문에 그들은 그것을 해내지 못했다. 그 누구도 보이드가 한 것처럼 F-100을 거칠게 다룰 수 없었을 것이다.

보이드가 전투기무기학교에 오는 모든 젊은 조종사들을 이겼다는 것은 의심의 여지가 없다. 설사 학생조종사들이 공군 최고의 젊은 조종사들이라 해도 전혀 놀랍지 않았다. 그들은 자신의 대대에서는 훌륭할지 모르지만 공대공 전투 훈련은 거의 받지 못했다. 설령 그랬다 해도, 누구도 전투기무기학교의 교관들처럼 성능 한계 이상으로 밀어붙이지는 못했다. 보이드는 학생조종사들을 당연히 이겨야 했을 것이다. 하지만 존 보이드의 전설에 따르면, 그는 간부 조종사, 해군 조종사, 해병대 조종사, 그리고 1950년대 후반부터는 넬리스로 오는 외국군 교환조종사도 물리쳤다고 한다. 그는 모든 도전을 받아들였다.

보이드의 파란만장한 긴 경력에서 무적의 40초 보이드에 관한 이야기를 들을 때만큼 옛날 전투기 조종사들이 격한 반응을 보이는 것은 없다. 그 이야기를 들으면 그들은 이를 간다. 그들은 최고가 된다는 이 모든 일이 애들 놀이이고, "세계 최고의 전투기 조종사"는 없으며, 정말 최고 조종사라 해도 운수가 나쁜 날이 있을 수 있다고 말한다. 그들은 "탈 수 없는 말이란 결코 없었고 말이 떨어뜨릴 수 없는 카우보이도 결코 없었다"라는 속담을 인용한다. 하지만 그들이 1950년대 중후반에 넬리스에 갔다면 더 나은 누군가가 있음을 알았을 것이다. 이것은 여전히 그들을 약 오르게 만든다.

대부분의 전투기 조종사들은 기존의 기술 수준에서 비행을 한다. 그들은 자신의 기술 수준을 결코 향상시키지 않으며 결코 자신의 전문성에 어떤 것도 추가하지 않는다. 그러나 보이드는 둘 다 했다. 이것은 그들을 더 약오르게 만든다.

보이드 시대의 일부 전투기 조종사들은 이제 와서 보이드가 격추되기 직전 마지막 상황에서 쓰는 그와 같은 멍청한 필사적 기동만 잘했을 뿐이라고 하면서 만약 그가 전투에서 그 기동을 했다면 죽었을 것이라고 말한다. 일부 사람들은 그가 예측 가능했기 때문에 이기기 쉬운 상대였다고 말한다. 하지만 아무도 보이드를 이긴 조종사의 이름을 대지 못했다.

보이드의 지속적인 제안은 전투기 조종사들의 가장 중요한 부분을 건드렸다. 그는 자신의 뛰어난 능력으로 자꾸 약을 올렸다. 그 제안은 자신이 전투기 조종사라고 생각한 모든 사람에게는 개인적인 모욕과도 같았다. 아무도 보이드만큼 잘할 수 없었을 것이다. 전투기 조종사들은 그가 패하는 것을 보고 싶어 못 견딜 지경이었다. 40초 보이드를 물리친 전투기 조종사가 있었다면 그 소문이 며칠 안에 공군에 퍼졌을 것이다. 정말 그랬다면 전투기 조종사가 모이는 곳이면 어디서든 교전의 세부사항, 모든 선회, 모든 기동, 최후 결말, 의기양양하게 "건스! 건스! 건스!"를 외친 사실에 대해 이야기하고 또 이야기했을 것이다. 존 보이드를 물리친 조종사가 있었다면 기억되었을 것이다.

보이드를 거의 이길 뻔한 유일한 사람은 보이드와 접전을 벌인 해병대 조종사 할 빈센트Hal Vincent였다. 빈센트는 보이드에게 매우 깊은 인상을 받아 전투기무기학교에 입교한 최초의 해병으로, 해병대의 방식대로 자기 반에서 수석으로 수료했다.

보이드는 1950년대 중후반에 무수히 많은 공중전을 치렀다. 그는 패한 적이 결코 없었다. 그는 챔피언이었고, 타이틀 보유자였다. 일부 사람들은 그를 "교황 존Pope John"이라고 불렀다. 다른 사람들은 그가 미 공군에서 최고의 전투기 조종사라고 말했다. 그리고 그들이 옳았다.

CHAPTER 7

쥐 꼬리 잡기

라스베이거스의 인종차별 철폐에 앞장선 보이드

1950년대 중반의 시민평등권^{civil rights}[93] 시대에 네바다주는 서부의 미시시피주[94]로 알려졌다. 식당과 호텔, 카지노에는 유색인종 거래 금지^{NO COLORED TRADE SOLICITED}라는 표지가 걸렸다. 네바다주 의원들은 연방 정부가 급성장하는 도박 산업에 개입할지 모른다고 걱정했으며, 남부 주의 의원들이 그랬듯이 주의 권리를 열심히 옹호했다.

라스베이거스의 흑인들은 도시의 서쪽에 살았고, 1954년에 최초의 대형 다인종 호텔/카지노인 물랭루주^{Moulin Rouge}가 문을 연 곳이 라스베이거스의 서쪽이었다. 이곳은 불과 6개월 뒤 폐업했고 1960년 초에는 흑백통합 연예산업이 종지부를 찍었다. 새미 데이비스 주니어^{Sammy Davis Jr.}는 물랭루주에서 공연을 했다. 그를 비롯해서 펄 베일리^{Pearl Bailey}, 냇

---

93 시민평등권: 성별 인종 종교에 상관없이 모든 사회 구성원들에게 평등하게 부여되는 권리.

94 미시시피주: 미국 남동부의 주로, 워싱턴 D. C.를 제외한 미국의 주 중에서 흑인이 가장 많으며 인종차별이 늦게까지 남아 있었다.

킹 콜Nat King Cole, 루이 암스트롱Louis Armstrong, 해리 벨라폰테Harry Belafonte, 어사 키트Eartha Kitt와 같은 흑인 연예인들도 라스베이거스 스트립Las Vegas Strip[95]의 유명 호텔에서 공연을 했지만 그 호텔에서 머물 수도, 식당에서 식사를 할 수도 없었다. 그들은 서쪽에 있는 아파치 호텔Apache Hotel이나 셋방에서 지냈다.

1960년 초, 라스베이거스의 전미유색인종지위향상협회National Association for the Advancement of Colored People, NAACP는 라스베이거스 시장에게 30일 이내로 스트립 지역에서 인종차별을 철폐하지 않으면 남부식의 가두행진을 시작할 것이라고 말했다. 당시 라스베이거스 카지노를 많이 소유하고 운영하던 마피아 두목들은 흑인들이 자신들의 몫 중 일부를 노리고 있다고 생각했다. 치과의사이자 라스베이거스의 시민평등권 운동의 지도자였던 제임스 맥밀런James McMillan 박사는 어느 카지노 주인이 전미유색인종지위향상협회에 전화를 걸어 마피아 두목들의 말을 전했다고 회상했다. 그는 평소 마피아 두목들이 하던 대로 그만두지 않으면 미드 호수Lake Mead에 엎드린 채 둥둥 떠다니는 신세가 될 것이라는 막말을 했다.

맥밀런 박사는 카지노 사업에 끼어들려는 것이 아니라고 대답했다. 그가 원한 것은 라스베이거스를 좀 더 국제적으로 만들려는 것뿐이었다. 새로운 시장인 흑인들에게 카지노와 식당을 개방하면 카지노 주인들이 더 많은 돈을 벌 수 있을 것이다. 인종차별 철폐는 사업에 도움이 될 것이다.

마피아는 이 말을 이해했다. 며칠 뒤 그 카지노 주인은 맥밀런 박사에게 다시 전화했다. "좋소. 이 도시를 흑백통합 도시로 만들겠소."

미국 전역의 언론이 이 이야기를 보도했다. 라스베이거스는 공공시설에서 더 이상 인종차별을 하지 않을 것이다. 흑인들은 스트립 지역의 호텔에 머물며 그곳의 식당에서 식사를 할 수 있었다. 스트립 지역에 있는 모든 호텔/카지노의 공식 인종차별 철폐 협약이 1960년 3월에 체결되었

---

95 라스베이거스 스트립: 네바다주 클라크 카운티에 있는 대로로, 라스베이거스의 중심가다.

고, 일반적으로는 이때가 라스베이거스의 호텔과 레스토랑들이 공식적으로 인종차별을 철폐한 시점이라고 여겨진다.

그러나 3년 전에 이미 존 보이드는 라스베이거스에 인종차별 철폐를 강요했다.

사건은 이렇게 일어났다.

보이드는 수학과 공중 전술에 점점 더 흥미를 느끼고 있었다. 그는 자신의 참모들이 떠들썩한 금요일 오후에 기지 내 장교 클럽 뒤에 있는 남성 전용 바인 스태그 바Stag Bar[96]에 가서 타락하는 것을 원치 않았다. 그래서 그와 스프래드는 참모들을 사하라 호텔Sahara Hotel에서 열리는 금요일 브런치에 초대하기 시작했다. 보이드는 지금도 유명한 라스베이거스 호텔들의 대형 뷔페에 가서 항상 맨 먼저 줄을 섰다. 그는 음식을 삽으로 퍼담듯이 먹은 후, 식탁에서 의자를 확 밀어내고는 가슴 주머니에 있는 더치 마스터 시가를 꺼내 셀로판지를 찢고 끝부분을 물어뜯은 다음 성냥을 그었다. 시가를 몇 번 깊이 뻐끔거린 후 그는 대부분 이제 겨우 식사를 시작한 그의 참모들에게 미소를 지으며 공중 전투의 본질, 그리고 만일 폭격기 장군들이 그를 파멸시키지 않는다면 그가 어떻게 전투기 항공 전술을 바꿀 생각인지 상세히 설명하기 시작했다.

보이드가 이 브런치에 허용한 시간은 최대 2시간이었다. 미국 정부의 별명인 "엉클 샘Uncle Sam"을 줄여서 "엉클Uncle"이라고 부르던 그는 엉클에게 꼬박 하루치 일당을 빚지고 있다고 생각했다. 금요일 오후, 다른 전투기 조종사들은 스태그 바에 모였겠지만, 보이드를 따르던 조종사들은 기지 사무실로 돌아가서 오후 4시 30분까지 머물곤 했다.

1957년 어느 날 새 교관이 전투기무기학교로 왔다. 오스카 T. 브룩스 Oscar T. Brooks 중위였다. 그는 흑인이었다.

다음 주 금요일이 되자 아침나절에 보이드의 참모들은 라스베이거스

---

96 스태그 바: 남성들만을 위한 바.

중심가인 라스베이거스 블러바드Las Vegas Boulevard[97]를 지나 사하라 호텔로 드라이브를 떠날 준비를 하고 있었다. 스프래들링은 보이드 옆으로 가서 방에 서 있는 브룩스 중위를 보고 고개를 까딱하고는 이렇게 말했다.

"존, 좋은 생각 있나?"

"어떤 좋은 생각요?"

"오스카를 사하라 호텔로 데려가는 거 말이야. 오스카가 간다면 호텔 직원이 우리를 쫓아낼 거야. 그러면 그가 난처해하겠지."

보이드는 스프래들링을 향해 몸을 돌리고는 낮은 목소리로 절박하고 격렬하게 말했다.

"스프래드, 젠장, 그는 갈 거예요. 우리와 단체로 갈 거니까 만약 그들이 우리를 쫓아낸다면 기지 전체를 쫓아내야 할 겁니다. 빌어먹을, 미 공군을 쫓아내야 할 거예요."

"하지만 존, 난 단지….”

"스프래드, 그들이 오스카를 거절하다면 우리 모두를 거절해야 해요. 공군은 통합이 됐습니다. 몇 년 전부터 그랬어요. 우리는 문제가 없습니다. 이건 빌어먹을 그들의 문제예요."

전투기 조종사는 전투기 조종사일 뿐이다. F-100을 조종할 줄 안다면 피부색이 어떻든 상관 없다.

그들은 단체로 갔다.

스프래들링은 불안해했다. 그는 사복을 입었지만 보이드와 다른 조종사 6명은 A급 하계복을 입었기 때문에 큰 식당에 있는 100여 명의 손님 사이에서 눈에 잘 띄었다. 스프래들링은 웨이터들이 그들을 접대하기를 거절할지, 아니면 매니저가 그들에게 나가라고 할지 궁금했다. 그는 브룩스 중위가 어떻게 반응할지 궁금했다. 무엇보다도 보이드가 어떤 반응을 보일지 궁금했다.

---

97 라스베이거스 블러바드: 라스베이거스 스트립이 포함된, 라스베이거스 시를 관통하는 도로.

일행은 뷔페 줄을 지나 접시를 식탁으로 가져갔다. 웨이터들이 음료를 가지고 왔다. 매니저가 근처에서 맴돌았다. 그러나 만약 누군가 일행에게 나가달라고 요청할 생각을 했다 해도, 보이드의 언짢은 듯한 얼굴을 보고 멈칫했을 것이다. 보이드는 어머니에게서 배운 군은 표정을 짓고 있었다. 그것은 조금의 의견 충돌도 용납하지 않겠다는 단호하고 불길한 느낌의 얼굴이었다. 그는 호텔의 어느 누구든 소란을 피우고 싶으면 피워보라는 태도를 보였다. 그는 싸우기를 갈망했다.

그러나 아무 일도 일어나지 않았다. 모두가 빠르고 정중한 접대를 받았으며, 매니저는 모든 것이 원활히 이루어지는지 확인하기 위해 근처에서 맴돌았다.

보이드와 동료 전투기 조종사들은 1957년의 그 금요일에 라스베이거스의 인종차별을 철폐했다. 그것은 일회성 행사가 아니었다. 그들은 보이드가 1960년 여름에 전출될 때까지 거의 매주 금요일마다 그곳에 갔다.

보이드 일행의 방문 이전까지 라스베이거스 시는 자신들의 인종차별 선례를 따랐었다.

교관으로서도 공군의 전설이 된 보이드

보이드는 비행 능력뿐만이 아니라 교관으로서 가르치는 능력 때문에 공군의 전설이 되었다. 그의 일반적인 강의 일과는 다음과 같았다.

오전 8시경, 존 보이드 대위는 전투기무기학교의 학술부가 있는 제2차 세계대전 당시 지어진 낡은 건물의 강의실로 힘차게 걸어 들어갔다. 그는 교단 위로 올라간 뒤 교탁으로 걸어가더니 작대기가 달린 F-100 모형 2개를 들었다. 그러고는 돌아서서 등받이가 있는 나무 의자에 앉은 10~12명의 젊은이들에게 이렇게 말했다. "좋은 아침이네, 제군들."

"좋은 아침입니다." 그들은 대답했다.

그들은 그토록 오랫동안 소문으로만 들어왔던 보이드의 모습을 뚫어지게 바라보았다. 그는 전투기 조종사로서는 키가 컸고 머리 색이 짙었으며, 얼굴이 각지고, 코는 매부리코였다. 그는 팔다리가 길고 행동이 절제되지 않아서 군 장교라기보다는 운동선수 같았다. 제복은 깔끔했고 셔츠의 양쪽 줄은 바지의 날카로운 주름과 일직선을 이루었다. 그는 F-100 모형들을 손에 들고 서 있으면서 잔뜩 긴장한 채 발을 톡톡 굴렀다.

보이드는 학급을 연구했다. 학생들은 일본의 이타즈케板付, 뉴멕시코주 클로비스Clovis, 오키나와沖繩현의 가데나嘉手納, 독일의 비트부르크Bitburg, 영국의 웨더스필드Wethersfield, 캘리포니아주의 조지George 등 전 세계의 미 공군기지들에서 왔다. 그들은 배경이 각기 달랐다. 대다수가 키가 좀 작은 편이었고, 대부분이 20대 중후반의 독신이었다. 각자 자신의 대대에서 최고 전투기 조종사였고, 자신이 반에서 최고 전투기 조종사라고 믿었다. 그리고 그린 스팟 상공에서 40초 보이드를 만나고 싶어 안달이었다.

보이드는 학생조종사 각자가 다음과 같은 생각을 하고 있다는 것을 알고 있었다. '이 사람은 점점 늙어가고 있어. 그의 눈은 예전만큼 좋지 못해. 그는 나만큼 높은 G를 당기지 못해. 내가 그를 그린 스팟 상공에서 만난다면, G를 엄청 당겨서 그의 눈이 뒤집히게 만든 다음 그를 갈겨버려야지. 아마 10초면 될 거야. 이 정도는 껌이지.'

보이드는 미소 지었다. 그들에게는 기회가 있을 것이다. 그러나 그들은 그를 상대로 비행하기 전에 그에게 수업을 들어야 했다. 그가 강의하는 교단은 1피트 높이였고 강의실 전면을 가로질러 벽에서 벽까지 뻗어 있었다. 그는 우리에 갇힌 동물처럼 교단을 이리저리 오가면서 공군에서 누구보다 잘 아는 주제인 공중전에서 전투기를 조종하는 방법을 가르치기 시작했다. 처음에 그의 목소리는 마치 비밀을 공유하는 것처럼 부드럽고 설득력이 있었다. 그는 교단 끝에 멈춰서더니 마치 수영장 가장자리에 서서 다이빙을 하려는 사람이 발가락을 밑으로 말듯이 신발 끝을 구부리면서 학생조종사들 쪽으로 몸을 기울였다. 그러고는 뒤로 물러서서 몸을 돌려 칠판에 양력과 항력과 벡터에 관한 길고 복잡한 방정식들을 쓰기 시작했다. 대부분의 전투기 조종사에게 수학은 먼 나라 이야기였다. 그들은 수학에는 관심이 없었다. 대체 누가 2만 5,000피트 상공에서 높은 G 선회를 하며 어느 지점에서 롤아웃$^{roll\ out}$[98]하려고 할 때 이런 것들을 기억할 수 있을까? 그들 모두는 그저 보이드의 6시로 가서 그를 갈기는 것만을 원했다.

보이드는 한 손으로 판서를 하고 다른 손으로는 지우면서 이따금 어깨 너머를 흘긋 보며 "무슨 말인지 알겠나?"라고 물었다.

"네!" 그들은 일제히 대답했다.

이 낡은 건물에는 에어컨이 없었기 때문에 그는 몇 분 만에 허리까지 땀으로 젖었다. 그는 강의를 멈추고 더치 마스터에 불을 붙이고 강의실을 둘러보았다. "알아듣고 있나?" 그는 큰 소리로 되물었다.

"네!"

시가를 피우는 동안 스프래들링이 그에게 한 말이 떠올랐다.

"강도를 낮추게, 존. 학생들에게 너무 심해. 느긋해지게. 긴장 풀고."

보이드는 심호흡을 하고 스프래들링이 말한 대로 하려고 노력했지만, 몇 초 후 또 다른 방정식을 쓰거나 또 다른 공중 기동을 보여주면서 그 충고를 잊고 말았다. 이 내용은 너무 중요해서 학생조종사들이 반드시 이해해야 했다. 보이드는 그들이 한 번도 들어본 적이 없는 공중 기동들을 가르쳤다. 그것은 그들 중 가장 대담한 학생조종사조차 한 번도 생각해본 적이 없는 공중 기동들이었다. 그는 F-100 모형을 가지고 몸을 비틀고 팔을 뒤틀며 기동과 대응기동을 보여주었다. 그중 한 기동은 전투기 조종사들에게 너무 생소하고 놀라운 개념이어서 보이드가 이를 시연할 때 학생조종사들은 믿을 수 없다는 듯 얼굴을 찌푸렸다. 그는 F-100 모형 2개를 나란히 놓고 한 대를 다른 한 대 뒤에 바짝 붙였다. 전투 시에 방어기 조종사는 높은 G를 당겨 공격기 조종사가 사격 제원을 획득하지 못하게 할 것이다. 그에 대해 공격기는 조종간을 더욱 세게 당기면서 기총을

---

98 롤아웃: 기울어진 기체를 수평 비행으로 되돌리는 것.

발사하기에 더 좋은 각도를 찾는 것이 일반적인 전술이었다. 그러나 보이드는 공격기 조종사가 어떻게 선회 방향으로 기울어 있는 기체를 수평이 되게끔 롤을 하고, 조종간을 당겨 상승한 다음, 방어기가 회피기동을 하는 반대 방향으로 롤을 할 수 있는지를 보여주었다.[99] 이 동작은 아주 순식간에 이루어지는 데다가 전혀 예기치 못한 기동이라서 방어기가 대응할 시간이 없다. 공격기가 롤을 마치면 그는 방어기 꼬리에 완벽하게 위치하게 된다.

보이드는 이빨을 드러내 보이며 포효했다. "그런 다음 그 자식을 갈기는 거야."

이 기동은 너무 직관에 어긋나서 이해하려면 시간이 다소 필요했다. 학생조종사들이 곰곰이 생각하자, 보이드는 F-100 모형을 교탁에 놓은 뒤 뒤돌아서 학생조종사들을 향해 말했다. "세상은 갈기는 자와 갈김을 당하는 자로 나뉜다. 전투기 조종사로서 여러분이 할 일은 갈기는 자가 되는 것이다." 그의 얼굴에 잔인한 미소가 어렸다. 그는 학생조종사들을 향해 몸을 기울이며 덧붙였다. "물론 나는 최고의 갈기는 자야."

그때서야 그 기동의 순수하고 우아한 아름다움에 빠져든 학생조종사들은 그의 말을 이해하고 경탄해 마지 않았다.

학생조종사 중에는 에버렛 라즈베리Everett Raspberry라는 중위가 있었다. 그는 "라즈Razz"라고 불리었고 공군에서 가장 유망한 젊은 조종사 중 한 명으로 여겨졌다. 라즈는 반에서 "우수 수료생Distinguished Graduate"으로 교육을 수료했다. 그는 교관으로 돌아와서 보이드의 친한 친구가 된다. 그리고 나중에 베트남으로 가서 "트리플 니켈Triple Nickel"이라는 이름으로 유명한 제555전투비행대대에서 F-4를 조종하면서 보이드가 그에게 가르쳐준 기동을 다른 조종사들에게 가르치게 된다. 언젠가 트리플 니켈은 북베트남 공군과 맞서게 되고, 전투기 조종사들이 그들의 공적을 두고두고

---

99 이 기동을 디스플레이스먼트 롤(Displacement Roll) 혹은 래그 롤(Lag Roll)이라고 한다.

이야기할 정도로 오래 기억될 만한 영광의 날을 기록하게 된다.

라즈는 반의 다른 학생조종사들과 마찬가지로 보이드의 전설이 사실에 근거했음을 빠르게 깨달았다. 보이드는 분명히 공군 최고의 공중 전술가였다. 그는 전투기무기학교에 관한 모든 것을 상징하는 화신이 되었다. 첫날이 끝날 때, 모든 학생조종사들은 보이드가 가르치려는 모든 것을 배우고 싶어졌다.

그날 오후 보이드는 자신의 책임 하에 비행을 실시했다. 그가 강의실에서 가르친 것을 실습하는 시간이었다. 학생조종사들은 녹색 조종복을 입고, 더 큰 G를 견딜 수 있도록 하는 내중력복인 "챕스chaps" 지퍼를 올리고, 조종사 선글라스를 착용하고, 은빛의 F-100을 향해 비행대기선을 가로질러 성큼성큼 걸었다. 뜨거운 열로 인해 활주로에서 아지랑이가 피어올랐다. 멀리 떨어진 쉽 훈련장Sheep Range이 오늘 그들이 싸울 곳이었다. F-100의 열린 캐노피로 다가가면서 그들은 조종복 소매는 꽉 채웠는지, 조종장갑은 꽉 끼었는지 점검했다. 조종석 안의 햇빛에 노출된 금속은 온도가 60도에 달했다. 천천히 조심스럽게 조종석에 앉아서 엔진에 시동을 걸고 1만 1,000피트 길이의 활주로 끝으로 천천히 이동했다. 그런 다음 온실 같은 캐노피를 닫자, 조종석 안 온도는 더욱 올라갔다. F-100의 에어컨은 엔진이 거의 최대 추력에 이를 때까지 작동하지 않았기 때문에 조종사들은 열에 익었고 관제탑에서 이륙 허가를 기다리는 동안 헬멧에서 땀이 흘러 눈으로, 등줄기로, 그리고 엉덩이 사이로 흘러내려 허벅지 아래로 고이는 것이 느껴졌다. 이륙 허가가 나면 추력을 높였고, 스로틀이 75에서 80퍼센트를 지나면 엔진이 몇 초 동안 칙칙거리는 느낌이 왔다. 추력을 100퍼센트 이상으로 가속하고 애프터버너afterburner[100]를 점화하면 배기관 후미의 "눈꺼풀eyelids" 모양의 배기구nozzle 부위가 벌어지면서 천둥 같은 소리가 기지 전체를 뒤흔들었다. F-100이 이륙 활주를 시

---

100 애프터버너: 배기구에 연료를 분사해서 직접 연소시켜 추가적인 추력을 얻는 장치.

작하자, 꼬리에서 불길이 치솟았다. 학생조종사들은 보이드 뒤에 바짝 붙어 근접 대형을 유지하며 비행장 지역을 벗어나 상승한 뒤 북서쪽 훈련장으로 향했다.

조종사들은 에어컨 조절장치를 만지며 너무 세지도 약하지도 않은 중간 세기로 조절하려 했다. 에어컨이 약하면 계속 땀이 났다. 너무 세면 작은 얼음조각들이 송풍구에서 튀어나왔고 조종석 유리에 서리가 끼었다. 3만 피트에 도달하여 그린 스팟 상공을 선회할 때 즈음에는 모두 준비를 마쳤다.

강의실에서 보이드의 위협적인 존재감 때문에 줄어든 용기가 다시 샘솟았다. 40초 보이드를 격추하는 사람은 공군에서 가장 유명한 전투기 조종사가 될 것이기 때문에, 그들은 자신이 그것을 시도해보기를 간절히 원했다.

그들은 엉덩이 잡기를 했다. 그들은 쥐 꼬리 잡기를 했다. 그들은 털뭉치 만들기를 했다. 보이드는 그들에게 기회를 주었고, 그들을 하나씩 갈겼으며, 그런 다음 그들을 다독이고 F-100을 조종하는 시범을 보였다.

하루가 끝날 무렵 조종사들은 넬리스로 귀환해 주기장으로 들어온 후 F-100에서 내렸다. 그들은 땀에 흠뻑 젖어서 조종복이 소금기로 얼룩져 있었다. 짧은 머리는 헬멧 때문에 꽉 눌려 있었다. 격렬한 높은 G 기동을 하느라 몸무게가 1~2킬로그램 빠졌을 수도 있었다. 목이 너무 말라서 차가운 맥주가 간절했다.

하지만 먼저 비행대기선에서 택시 역할을 하는 트럭을 잡아타야 했다. 그들은 임무의 가장 중요한 부분인 디브리핑debriefing을 위해 운항실로 향했다. 전투기 조종사가 디브리핑을 얼마나 잘 수행하는지는 교관이 될 수 있는지를 평가하는 가장 중요한 기준 중 하나였다. 디브리핑 후 조종사들은 스태그 바로 달려갔다.

스태그 바는 장교 클럽 뒤에 있었고 독신장교숙소Bachelor Officer Quarters, BOQ로 바뀐 제2차 세계대전 당시의 병영에 둘러싸여 있었다. 그곳은 조종사가 제복을 갈아입지 않아도 술을 마실 수 있는 곳이었다. 스태그 바는 격식을 따지는 장교 클럽과는 거리가 멀었다. 란제리 쇼가 유명했고 때로는 여성들이 나체로 클럽을 돌았는데, 조종사들은 "성기 3개짜리 숫염소보다 거기가 더 단단해졌다"고 말했다. 이 여성들 중 일부는 누드 모델 외에 또 다른 훨씬 오래된 직업인 매춘으로 전투기 조종사들로부터 상당한 돈을 벌었다는 소문이 돌기도 했다.

금요일 밤 스태그 바는 장교 클럽의 관습뿐만 아니라 문명사회의 관습과는 거리가 멀었다. 젊은이들은 테이블과 벽에 이름을 새기고, 허풍을 떨고, 자신이 빌어먹을 세계 최고의 전투기 조종사라고 떠벌렸다. 담배 연기가 너무 자욱해서 거의 아무것도 보이지 않았다. 그들의 말투는 거칠고 사나웠다. 그리고 전투기 조종사들은 때때로 장난삼아 그곳에 불을 지르려 하기도 했다.

조종사들은 종종 노래를 불렀는데, 그 노래는 응접실에서 들을 수 있는 고상한 노래가 아니라 엄청난 초음속으로 날 수 있는 F-100 조종사들의 노래로, 가사가 외설적이었다. 하지만 그들은 젊은 전사의 정신으로 노래를 크게 불렀다. 첫곡은 "죽은 창녀Dead Whore"라는 멋들어진 제목을 가진 노래였는데, 조종사들은 이 곡을 "내 사랑 보니My Bonnie Lies over the Ocean[101]"라는 노래의 멜로디에 맞춰 불렀다.

길가에서 죽은 창녀와 잤네,I fucked a dead whore by the roadside,

그녀가 죽은 줄 바로 알았지. 그녀는 죽었지.I knew right away she was dead. She was dead.

배에서 피부가 다 벗겨지고,The skin was all gone from her belly,

머리에선 머리칼이 다 빠졌지. 그녀의 머리에서.And the hair was all gone from her head. Her head.

---

101 내 사랑 보니: 원곡은 동요로 불리던 스코틀랜드 전통 민요다.

보이드는 관심을 한 몸에 받으며 격추의 명수들로 가득한 바에서 격추왕이자 대사제 중의 대사제라는 찬사를 학생조종사들로부터 받으며 바에 앉아 있었다. 그는 그곳에 거의 1시간 이상 머물지 않았다. 그는 먹는 건 빨랐지만 술은 천천히 마셨다. 어느 누구도 그가 맥주 한 잔 이상을 마시는 걸 본 적이 없었다.

보이드는 젊은 조종사들과 함께 보내는 이 늦은 오후의 모임을 즐겼다. 그들의 찬사는 그를 계속 나아가게 하는 원동력이었다. 그는 바에 앉아 각종 공중 기동과 그가 알고 있는 모든 공중 전투를 되풀이해서 설명했고 학생조종사들이 F-100에 대해 알고 싶어하는 모든 것을 말해주었다. 그는 그들에게 미그 앨리에 대해서도 이야기해주었다. 그리고 모든 전투기 조종사들이 사랑하는 노래를 즐겨 들었다.

오, 내 이름은 새미 스몰. 엿먹이자 모두를. 엿먹이자 모두를.Oh, my name is Sammy Small. Fuck 'em all. Fuck 'em all.

오, 내이름은 새미 스몰. 엿먹이자 모두를. 엿먹이자 모두를.Oh, my name is Sammy Small. Fuck 'em all. Fuck 'em all.

오 내이름은 새미 스몰, 불알은 하나뿐이라도,Oh, my name is Sammy Small, and I've only got one ball,

없는 것 보단 낫다오. 엿먹이자 모두를. 엿먹이자 모두를.But it's better than none at all. Fuck 'em all. Fuck 'em all.[102]

요란한 웃음. 건배. 한 잔 더. 그때쯤 보이드는 더치 마스터에 불을 붙여 지휘봉처럼 흔들면서 전투기무기학교를 폐지하려는 공군을 비난했다. 전술공군사령부Tactical Air Command, TAC를 넘겨받을 새 전략공군사령부

---

102 한국에서는 "우리 모두 다같이 손뼉을" 동요로 알려진 옛 민요 멜로디에 얹어서 부르는 조종사 음주곡이다. 가사는 적어도 베트남전 시기부터 이런 내용으로 통용되었다고 한다.

^{SAC} 장군이 공대공 훈련을 싹 다 없애고 전투기 조종사들이 핵폭탄 투하만 하게 만들고 싶어 한다는 이야기가 항간에 퍼져 있었다.

한 조종사가 다른 조종사를 돌아보며 말했다. "너 며칠 전에 훈련장에서 푸시 에러^{pussy error}를 저질렀지."

학생조종사가 폭탄이나 로켓을 투하할 때 저지를 수 있는 실수에는 두 가지가 있었다. "푸시 에러^{pussy error}"와 "타이거 에러^{tiger error}"였다. 푸시 에러란 전투기가 지상 공격에 진입할 때 고도가 너무 높거나, 강하 각도가 너무 얕거나, 속도가 너무 느려서 목표를 빗맞히는 경우를 말한다. 이러한 실수는 지상 공격 시 조종사가 머뭇거리면 발생한다. 타이거 에러란 반대로 지상 공격에 진입하는 고도가 너무 낮거나, 강하 각도가 너무 깊거나, 속도가 너무 빨라서 목표를 빗맞히는 경우를 말한다. 이러한 실수는 조종사가 지나치게 공격적이면 발생한다. 그래서 누구도 푸시 에러를 범한 조종사로 알려지기를 원하지 않았다.

두 조종사는 보이드가 그들을 진정시킬 때까지 서로에게 "푸시"와 "타이거"라고 몇 분간 소리쳤다. 그때 장교 클럽의 식당에서 한 장교가 와서 불만을 표했다. 그와 그의 동료 장교들과 그들의 배우자들이 그런 노래와 그런 언어를 들어야 하는 것은 부적절하다는 이야기였다. 보이드는 고개를 끄덕이며 아무 말도 하지 않았다.

장교가 문 쪽으로 걸어가자 전투기 조종사들은 무반주 남성 4중창단 같은 소리를 냈다. ㅇㅇㅇㅇㅇㅇ음. ㅇㅇㅇㅇㅇㅇ음. 장교가 문에 다가가자 그 소리는 더 커졌다. ㅇㅇㅇㅇㅇㅇ음. 불만을 표한 장교가 문을 지나자, 조종사들은 외쳤다. "픽^{FUUUUCK} ㅇㅇㅇㅇㅇㅇ음!"

그들은 유리잔을 하늘로 던지며 더 많이 웃고 술을 더 많이 마셨다.

오, 지옥에는 전투기 조종사가 없네.^{Oh, there are no fighter pilots down in hell.}
오, 지옥에는 전투기 조종사가 없네.^{Oh, there are no fighter pilots down in hell.}
그 빌어먹을 곳은 전부 게이, 항법사, 폭격수로 가득 찼네. 오, 지옥에는 전투기 조종사가 없네.The whole damn place is full of queers, navigators, and bombardiers.

오, 지옥에는 전투기 조종사가 없네.Oh, there are no fighter pilots down in hell. **103**

스태그 바는 온통 조종사들의 무언극 무대가 되었다. 조종사들은 손을 흔들고 손가락을 꽉 쥐고 앞뒤로 서서 몸을 구부리고 팔을 비틀며 그들이 어떻게 40초 보이드를 거의 잡을 뻔했는지를 보여주었다. 정말 아슬아슬했다. 다음번엔. 다음번엔.

보이드는 웃으며 시가를 뻐끔거렸다. 그는 곧 사라졌다. 문이 닫히면서 그는 전투기 조종사들이 "잔을 들어라"고 외치는 소리를 들었다. 보이드는 별을 바라보았다. 별들은 네바다의 짙은 검은 하늘에서 거의 부자연스러울 정도로 밝게 반짝였고, 그는 지구상에 넬리스보다 더 마음에 드는 곳은 없다는 것을 잘 알고 있었다. 그는 자신의 차에 도착해 잠시 멈춰서서 어깨 너머로 뒤를 쳐다보며 귀를 기울였다. 전투기 조종사의 마음 가장 깊은 곳에서 우러나오는 노래의 경쾌한 리듬이 차가운 밤공기에 실려 왔다. 경쾌한 리듬은 전투기 조종사의 마음 가장 깊은 곳에서 우러나오는 노래였다.

우리는 보랏빛 황혼 속에서 루프를 한다.We loop in the purple twilight.
우리는 은빛 여명 속에서 스핀을 한다.We spin in the silvery dawn.
비행운飛行雲을 뒤에 남기면서With a trail of smoke behind us
우리 동료들이 어디로 갔는지 보여준다.To show where our comrades have gone. **104**

---

103 앞의 "새미 스몰" 노래와 같은 멜로디에 맞춰 부르는 음주곡이다.
104 제1차 세계대전 당시부터 조종사들이 부르던 노래라고 한다.

공군에 남아 경력을 쌓기로 결정하다

1958년에 보이드는 공군에서 경력을 쌓기로 하고 공군에 남겠다는 입장을 정식으로 밝혔다. 메리는 소도시에서 코치의 아내가 되어 복잡하지 않고 소박한 삶을 살고 싶다는 자신의 꿈이 완전히 날아갔다는 것을 깨닫게 되었다.

메리는 또 한 번의 힘든 출산 끝에 11월 2일에 세 번째 아이를 낳았다. 보이드는 아들의 이름을 존 스캇John Scott이라고 짓고 "스캇Scott"이라고 부르기로 했다. 스캇은 미숙아로 태어났다. 메리는 조산을 한 이유가 임신 중에 독소 섭취로 인한 혈액 장애인 독소혈증[105]으로 몇 주 동안 아팠기 때문이라고 믿었다. 스캇을 낳은 후 의사는 그녀에게 임신을 한 번 더 하면 그녀의 건강이 위험할 것이고 죽을지도 모른다고 말했다. 하지만 메리는 곧바로 다시 임신을 했다. 의사가 그녀에게 아이를 더 갖지 말라고 금지했음에도 불구하고 실제로는 오히려 다음 아이를 어느 때보다도 더 빨리 가져서 스캇을 낳고 약 10개월 후인 1950년 9월 4일에 제프리Jeffrey를 낳았다. 메리는 또다시 힘든 임신 기간을 보내고 아이를 낳았고, 제프리가 마지막 아이가 되기를 기도했다.

하지만 보이드에게는 자신만의 계획이 있었다.

---

105 독소혈증: 일반적으로 혈액에 독이 있거나 임신중 태반의 상피에서 생성되는 화학물질이 혈액 속에 들어가 축적되어 그것이 독소로 작용하기 때문에 일어나는 중독증을 말한다.:

CHAPTER 8

40초 보이드의 전술 교범

AFIT 프로그램에 지원해 조지아 공과대학에 가게 되다

1959년 당시 넬리스는 세계에서 가장 큰 공군기지였다. 네바다주의 10분의 1이 넘는 공역, 300만 에이커가 넘는 기총 사격·폭격·공대공 훈련장이 공군 전용 공간이었다.

보이드는 넬리스에 5년 반 동안 있었는데, 일반적으로 한 기지에서의 근무 기간이 2, 3년인 것을 감안하면 이례적으로 오래 있었다고 할 수 있었다. 그는 자신의 경력에서 넬리스에 있을 때가 절정기였다고 믿었고, 종종 스프래들링에게 그곳에서 자신이 누린 자유와 그곳에서 발견한 것들을 항상 기억할 것이라고 말했다. 그중에서도 특히 그곳에서 실시한 비행을 잊지 못할 것이다. 16년 후 전역했을 때 그의 비행 시간은 약 3,000간이었는데, 그중 대부분은 넬리스에서 근무하는 동안 쌓은 것이었다.

그러나 그는 앞으로 나아갈 준비가 되어 있었다. 보이드는 상급자가 그의 경력을 지지해줄 때 떠나기로 했다. 그의 근무평정들은 이를 잘 보여준다. 한 근무평정은 이렇게 시작했다. "보이드 대위는 본인이 함께 근무했던 장교들 중에서 가장 유능하고 헌신적인 젊은 장교에 속함." 그리고 이 근무평정에는 그가 "전투기 전술의 권위자로서 세계적인 명성을 얻었음"이라고 기록되어 있었다. 한 준장은 근무평정에 배서하면서 보이드가 "본인이 아는 모든 대위 중 상위 10퍼센트에 속하며 본인이 아는 가장 훌륭한 장교 중 한 명"이라고 썼다. 이 근무평정에는 공군이 보이드에게 그의 공중전투기동^ACM 연구에 대한 공로 기장을 수여했다고 되어 있는데, 이는 대위에게는 굉장한 명예였다. 또 다른 근무평정에는 이렇게 기록되었다. "보이드 대위는 사실상 현재 미합중국 공군과 많은 해군 부대들에서 사용 중인 전투기 전술에 관한 모든 자료들을 처음으로 작성했음." 이로써 보이드는 전체 전투기 조종사들 세계에 그의 존재감을 각인시켰고, 이는 젊은 대위가 이룩한 보기 드문 대단한 일이었다.

보이드의 전속에는 여느 때처럼 갈등과 긴박한 상황이 뒤따랐다. 보이드는 플로리다주 파나마 시티^Panama City 인근의 틴달^Tyndal 공군기지에서 F-104를 비행하기를 원했다. 그는 구술 역사 인터뷰에서 "발령이 날 예정이었는데 그 뒤에 모든 게 허사가 됐습니다"라고 말했다. "어떤 부정행위가 이루어졌는지 모르지만, 저는 분명히 어느 곳으로도 가지 못하고 있었습니다." 그래서 보이드는 대학으로 돌아가기로 결정했지만, 그가 여전히 경멸하던 아이오와 대학교로는 아니었다. 그는 전투기 전술을 연구하면서 수학에 점점 더 깊이 빠져들었다. 그리고 자신의 연구를 뒷받침할 공학 학위가 있으면 그 연구가 더 높은 신뢰를 받아 훨씬 더 좋은 평가를 받을 수 있다는 것을 깨달았다. 그래서 이번에는 공대에 가기로 했다.

1950년대 후반에 대학으로 돌아가기를 원하는 공군 장교에게는 두 가지 선택권이 있었다. 공군의 장학금 프로그램인 공군공과대학^Air Force Institute of Technology, AFIT 프로그램에 지원하거나, 야간 대학교에 가는 것이었다. AFIT 과정으로 간다면 정부가 대학교를 주선해주고 수업료를 지원했다. 하지만 AFIT는 규칙이 까다로웠다. 한 장교가 학교를 마치면 거의 항상 공군의 작전 계통보다는 군수 계통에 "배속"되었다. 이는 전투기 조종사가 대학과 다음 번 배치 기간 동안 전투기를 타지 못한다는 뜻이었다. 그렇게 경력이 단절된 뒤에는 조종석으로 돌아갈 기회가 줄어들었다. 대학으로 돌아가는 전투기 조종사들은 그 이유 때문만으로도 대부분 야간 대학교를 선택하고 수업료를 자비로 부담했다.

넬리스의 전투기 조종사들은 보이드가 AFIT를 선택한 것을 보고는 놀랐다. 하지만 곧 그의 상황을 생각해보았다. 그는 대위 봉급으로 아내와 자녀 4명을 부양하고 있었고 아이 한 명은 큰 병에 걸려서 수업료를 부담할 돈이 없었다. 하지만 또 다른 이유도 있었을 수 있다. 체스의 명인과 같이 앞을 내다보는 능력, 그리고 AFIT 프로그램과 그의 후속 배치가 어떻게 되었는지를 감안하면 보이드는 정말로 공군을 포함한 모든 사람보다 한 수 앞을 내다봤을 가능성이 있다.

보이드가 직면한 첫 번째 문제는 AFIT 프로그램이 프로그램에 참여하는 장교에게 그의 학부 전공과 동일한 분야의 석사학위를 취득하도록 지원한다는 의도를 명백히 규정하고 있다는 것이었다. 보이드는 학부로 가기를 원했고 공학 학위를 원했다. 따라서 AFIT는 그의 신청을 거부했다. 그러나 그들은 한 달 정도 뒤에 그에게 연락했다. AFIT 프로그램이 할당량을 채우지 못했고, 더 중요한 이유는 소련이 1957년에 스푸트니크 Sputnik 위성[106]을 발사하면서 기술적으로 앞서나간 상황이 대통령 선거에서 주요 문제로 부각되면서 공군이 공학과 과학 분야의 고급 학위를 원하는 장교들을 간절히 원했기 때문이다. AFIT는 규정을 완화해서 보이드가 학부에서 공학을 전공할 수 있도록 지원하되, 전기공학을 전공해야 한다고 말했다.

"헛소리"라고 그는 말했다. "제가 하게 될 일은 발전기와 모터와 씨름하는 일이었습니다. 전 그따위 것들에는 관심이 없었어요." 그 대신 보이드는 산업공학을 지망했는데, 이 전공은 몇 가지 학과목을 아우르는 폭넓은 과정이었다. 이 문제를 두고 그는 자신의 방식대로 하거나, 아니면 말

---

106 스푸트니크: 1957년 10월 4일 소련에서 발사한 세계 최초의 인공위성이다.

라는 태도를 취했다. 오랜 편지 교환과 전화 통화 끝에 공군이 항복했다. 1960년 가을부터 보이드는 산업공학 학부 과정을 밟을 수 있었다. 그리고 미국에서 어떤 공대도 선택할 수 있었다. 그는 틴달 공군기지로 가기를 원한 것과 같은 이유로 애틀랜타에 있는 조지아 공과대학^{Georgia Institute of Technology}을 선택했다. 웜스프링스^{Warm Springs}와 가까웠기 때문이다.

전투기무기학교를 떠나기 전 공중 전술 교범을 만들기 위한 노력

전투기무기학교의 학생조종사들은 보이드가 떠난다는 소식을 듣자 공중 전술 과정 운영이 어려움에 처할 것이라고 생각했다. 그래서 그는 떠나기 전에 전술 교범을 작성해야 한다는 것을 깨달았다. 그러나 교범 집필은 복잡하고 시간이 많이 걸리는 일이었고, 보이드는 넬리스에 있을 수 있는 시간이 1년도 채 남지 않았다. 보이드는 스프래들링에게 전술 교범이 완성될 때까지 비행과 교육 임무에서 빠져야 하겠다고 말했다. 스프래들링은 보이드와 함께 전투기무기학교 학교장 랠프 뉴먼^{Ralph Newman} 대령의 사무실에 갔다. 스프래들링은 보이드가 앉아서 시가에 불을 붙이고 대령에게 무엇을 하고 싶은지, 그리고 시간이 얼마나 걸릴지에 대해 말하는 동안 그 자리에 있었다. 뉴먼 대령은 보이드가 교범을 작성해야 할 의무는 없으며, 그의 일은 교육이라고 말했다. "교육에서 자네를 제외시킬수는 없네." 대령은 말했다. "교범을 쓰고 싶으면 그건 괜찮아. 하지만 자네 개인 시간에 하게." 보이드는 화가 나서 얼굴이 굳어졌다. 그는 의자를 박차고 일어나 방을 성큼성큼 걸어갔다. 뉴먼 대령과 얼굴을 맞댄 그는 대령의 가슴을 툭툭 찌르면서 지난 5년 반 동안 자신이 전투기무기학교에 얼마나 이바지했는지 큰 소리로 말하기 시작했다. 그는 대령의 가슴을 너무 세게 찔러서 대령의 제복 앞으로 시가의 재가 폭포처럼 떨어졌다. 스프래들링은 경악했다. 대위는 대령에게 언성을 높여서는 안 된다. 대위는 대령의 가슴을 찔러서는 안 된다. 대위는 대령의 제복에 시가 재를 묻혀서는 안 된다.

"존." 그가 간청했다.

보이드는 그를 무시했다. 그는 자신의 교범이 전투기무기학교와 전투기 항공병과와 공군을 위해 하게 될 모든 것들, 그리고 그가 왜 교범을 완성할 때까지 근무를 열외받아야 하는지를 턱으로 침을 줄줄 흘려가며 열거했다. 그가 말을 마치자 그와 대령은 잠시 서로를 응시했다. 보이드는 대령의 가슴을 마지막으로 치면서 말했다. "그럼, 젠장, 제가 알아서 하겠습니다."

스프래들링은 보이드의 팔을 잡고 방에서 끌고 나갔다. "감사합니다, 대령님." 스프래들링이 말했다.

복도로 나가서 스프래들링이 말했다, "존, 대령에게 그런 식으로 말하지 마. 그냥 그렇게 하지 말라고. 자네가 더 잘 알잖아."

"스프래드, 이 젠장할 교범은 중요합니다. 전투기 조종사를 도와줄 수 있어요. 공군을 바꿀 수 있어요."

"알아, 존, 하지만…." 스프래들링은 고개를 저었다. "뉴먼 대령이 이해심 많고 괜찮은 사람이라는 걸 고마워해. 그는 자네가 한 짓 때문에 자네 목을 매달 수도 있었어."

"아아, 그 사람 개자식이에요."

보이드는 비행과 교육을 계속하면서 교범을 집필할 수가 없었다. 시간이 넉넉지 않았다. 게다가 책상에 앉아서 긴 문서를 집필하는 데 수백 시간을 쓴다고 생각하면 공포 비슷한 걸 느꼈다. 그는 글을 쓰는 것보다는 말하는 것에 더 익숙한 사람이었다. 그가 말을 할 때는 생각이 중구난방이기는 했지만 강의를 하면서 자신의 생각에서 핵심을 정리해나갔다. 그러나 글쓰기는 정확성을 의미했다. 일단 종이에 기록되고 나면 그 생각들은 수정할 수 없었다. 그때 그는 일생의 역작을 만들어야 한다는 압박감과 불안감이 너무 커져서 형 빌처럼 자신도 처음으로 한순간에 무너질 것 같은 생각에 사로잡혀 있었다. 인생 말년에 그는 가까운 친구에게 앉아서 글을 쓰는 부담에 직면했을 때 "노이로제에 걸려 통제력을 잃을 것" 같다는 걱정이 들었다고 털어놓았다.

스프래들링이 해결책을 제시했다. "존, 일을 너무 키우지 마. 좋은 녹음기가 몇 개 있어. 이 젠장할 일을 구술하는 건 어때?"

보이드는 가만히 서서 생각했다.

"자네가 구술을 하면 내가 비서에게 받아쓰라고 할게." 스프래들링은 말했다. "그러면 내가 편집하겠네."

보이드는 한 달 동안 개요를 만들었다. 그는 매주 2, 3일씩 독신장교숙소에 가서 깊은 밤까지 작업했다. 그는 2~3시간 자고, 아침에는 교육하고, 오후에는 비행하고, 거의 새벽까지 개요를 만드는 작업을 했다. 그러던 어느 날 새벽 3시, 스프래들링의 전화가 울렸다.

"스프래들링 관사입니다."

"스프래드, 존입니다."

"어, 존. 무슨 일인가?"

"스프래드, 이제 그 괴물 기계를 작동할 때가 됐습니다."

"무슨 괴물 기계?"

"그 망할 녹음기요."

몇 시간 뒤인 1959년 9월의 어느 아침, 보이드는 구술을 시작했다.

캐튼 중위의 장래성을 알아보고 역경에 처한 그를 도와준 보이드

콜벳Corvette[107]은 1950년대에 전투기 조종사들이 선망하는 차였다. 이 차는 초음속까지는 아니지만 그에 버금가는 빠른 속도를 충분히 낼 수 있어서, 이 차가 그렇게 빠른 속도로 달린다면 전투기 조종사가 운전하고 있는 것이 분명했다. 크림색 패널이 달린 빨간색 콜벳 한 대가 시속 145

---

107 콜벳: 쉐보레(Chevrolet)사의 스포츠카.

킬로미터의 속도를 유지하면서 라디오를 쿵쿵 울리며 뉴멕시코의 사막을 가로질러 애리조나로 향하고 있었다. 운전자는 쿠어스^{Coors} 맥주를 꿀꺽꿀꺽 마시며 절반쯤 취해 있었다. 맥주 한 캔을 다 마시면 밑으로 손을 넣어서 발치에 있는 6개들이 세트에서 다른 맥주를 꺼냈다. 그는 운전석에 앉아 한껏 으스댔다. 운전석에 앉아 그렇게 으스댈 수 있는 것은 전투기 조종사뿐이다. 그는 마지막 맥주로 손을 뻗으면서 맥주를 더 살 곳을 찾기 시작했다. 그는 잠시 멈췄다가, 또 다른 6개들이 세트를 발 옆에 꽂아 넣고, 기어를 올리며 계속 서쪽을 향해 달렸다.

그 콜벳 운전자는 금발머리에 햇볕에 그을린 얼굴을 한 호리호리한 남자였다. 그의 이름은 로널드 캐튼$^{Ronald\ Catton}$ 중위로, 캐넌^{Cannon} 공군기지의 제474전술전투비행단 소속 F-100 조종사였다. 그는 전투기 조종사일 뿐만 아니라 스스로 공군에서 최고라고 자부했다. 그는 전투기무기학교에 입교하기 위해 뉴멕시코의 클로비스^{Clovis}에서 넬리스로 가고 있었는데, 그의 마음속에는 두 가지 목표가 불타고 있었다. 하나는 그가 40초 보이드라고 들었던 존 보이드라는 이름의 사나이를 완패시키는 것이었고, 다른 하나는 몇 달 동안 강의실과 공중 모두에서 아주 뛰어난 성적을 거두어서 수료 후에 전투기무기학교로부터 교관 초청을 받는 것이었다. 그는 그 패치를 착용하고 나서 검정색과 금색으로 된 체크 무늬 스카프를 두르고 전투기 항공 병과 신전神殿에서 대사제 중 한 사람이 될 작정이었다.

빨간색 콜벳은 계속 길을 달리다가 라스베이거스를 향해 약간 북쪽으로 방향을 틀었다. 캐튼 중위는 만족하며 웃었다. 그는 자기 확신에 차 있었다.

그러나 보이드와 처음 아침을 보낸 후, 캐튼은 자신이 제트 전투기 비행에 대해 알아야 할 모든 것을 알고 있는 한 남자와 함께 우리 안에 있다는 것을 깨달았다. 보이드의 전술 개요 및 F-100 모형들로 시연한 몇몇 기동들을 보고 캐튼은 물러서서 자신의 본분으로 돌아갔다. 보이드는 캐튼 중위가 만났던 다른 모든 전투기 조종사들과는 차원이 달랐다. 다른 교관들조차도 보이드를 따랐다. 캐튼은 보이드가 매우 열정적이고, 동료 교관들에게는 다정하며, 학생조종사들에게는 다소 쌀쌀맞다고 생각했다. 캐튼은 보이드가 한 교관을 "타이거"라고 부르는 것을 들었는데, 그의 눈이 빛나는 것을 보고 이 칭찬이 보이드가 가볍게 한 것이 아니라는 것을 깨달았다. 에버릿 라즈베리Everett Raspberry도 그랬다시피, 캐튼은 반에서 보이드를 하늘에서 물리치려고 기다리는 입장에서 보이드가 가르치려는 모든 것을 배우기를 원하는 입장으로 바뀌었다. 위대한 전투기 조종사들에게는 영웅이 거의 없지만, 캐튼은 숭배할 만한 영웅이 한 명 생겼다.

캐넌 공군기지에 주둔하는 캐튼의 소속 대대는 캐튼이 전투기무기학교에 도착한 무렵 훈련을 위해 넬리스로 순환 배치되었다. 그는 기지에 온 지 불과 2, 3일 만에 대대원 몇 명을 스태그 바에서 만나 맥주 몇 잔을 들이켰다. 그 뒤, 모두가 라스베이거스로 차를 몰고 가서 밤새 바 호핑bar hopping[108]과 댄서 구경을 하기로 했다. 캐튼은 담배에 불을 붙이고는 자신의 빨간색 콜벳에 올라탄 후 정문을 빠르게 통과했다. 초병은 경례를 하지 않았는데, 아마도 콜벳이 지나갈 때 운전자가 어렴풋이 보였기 때문일 것이다. 캐튼이 급브레이크를 밟고 미끄러지면서 멈춰 섰다가 빠른 속도로 후진하자 바닥에서 자갈이 튀었다. 그는 초병을 호되게 꾸짖고는 다시 떠났다. 그가 라스베이거스 대로를 향해 좌회전을 하면서 가속하자 콜벳의 후미가 옆으로 미끄러지면서 뒤꽁무니를 빼듯 사라졌다. 노스 라스베이거스로 질주하면서 캐튼은 시가를 입에서 빼내려고 손을 뻗었다. 하지만 시가가 입술에 붙어서 손가락이 앞으로 미끄러지면서 담뱃불에 거의 닿는 바람에 손에 화상을 입고 사랑하는 콜벳 전체에 불씨가 흩날렸다. 그는 도로의 차들을 가로질러 휴게소로 빠진 뒤 불씨를 찾으려고 몸을 숙였다. 그가 올려다보았을 때 한 경찰이 차 옆에 서 있었다. 이 경찰

---

108 바 호핑: 하룻밤에 여러 개의 술집을 순례하며 술을 마시는 방법.

은 대담하게도 캐튼에게 술을 마셨는지 물었다. 캐튼은 분개했다. 그렇지만 경찰관은 캐튼을 경찰서로 불렀다. 거기서도 캐튼은 계속 항의했지만 바닥에 구토하면서 신뢰를 완전히 잃고 말았다.

경찰은 넬리스의 당직 장교에게 전화했고, 캐튼은 기지로 다시 끌려갔다. 다음 날 아침 캐튼은 흐트러지고 숙취에 찌든 모습으로 뉴먼 대령 앞에 서서 온갖 "꾸지람"을 듣는 신세가 되었다. 두 가지가 그에게 불리하게 작용하고 있었다. 공군은 당시 만취 운전 혐의가 있는 사람을 단속하고 있었고, 노스 라스베이거스 시에서는 술에 취한 전투기 조종사들이 라스베이거스 대로를 질주하면서 지역 시민들을 위험에 빠뜨리고 있다고 불평하고 있었다. 공군은 몇 명의 조종사를 시범 케이스로 삼으라는 압력을 받고 있었다. 뉴먼 대령은 캐튼이 자기 자신과 소속 대대, 전투기무기학교, 그리고 미 공군을 어떻게 난처하게 만들었는지에 대해 장시간 설교한 후, 서랍에서 서류 한 뭉치를 꺼내 책상 위에 던졌다. 파랗고 북극 얼음처럼 찬 그의 눈이 캐튼을 응시했다.

"이게 뭔지 아나, 중위?"

"모르겠습니다."

"군법회의 서류야."

캐튼은 숨이 멎었다. 군법회의에 선다면 비행과 공군 경력은 끝장날 것이었다.

교장은 영원처럼 느껴질 만큼 긴 시간 동안 캐튼을 응시했다. 그러고는 캐튼의 비행대대장이 제2차 세계대전에서 자신의 목숨을 구해준 절친한 친구라고 말했다. "내 옛 친구를 망신시키고 싶지 않네." 그는 말했다. 그는 군법회의에 넘겨지지는 않을 것이었다. 아직은 말이다. 그는 캐튼에게 빨간색 콜벳 자동차 키를 달라고 했다. 캐튼은 키를 건네주었다.

"중위, 이제부터 어디든 걸어 다녀야 한다." 교장은 말했다. "그리 길지 않을지도 모르지만, 이 기지에 파견된 나머지 기간 동안 자네는 운전을 하지 않고, 누구의 차도 타지 않는다. 롤러스케이트도 신어서는 안 돼.

F-100 말고는 바퀴 달린 건 아무것도 타지 않는 거야. 한 번만 더 실수하면, 중위, 단 한 번이면….” 그는 군법회의 서류를 두드렸다.

캐튼은 겁을 먹은 채 교장실을 나왔다.

그는 밖으로 나와 밝은 네바다 하늘을 올려다보았고, 그의 경력이 어떻게 그렇게 짧은 시간에 그렇게 위험한 전환점을 맞을 수 있었는지 생각해보았다.

그날 저녁, 전투기무기학교의 모두가 그의 잘못된 모험을 알게 되었고, 그가 경찰서에서 토한 일을 두고 웃고 있었다. 그는 상처를 입었고, 상처 입은 자는 전투기무기학교에서 거의 기회가 없다. 경쟁은 잔인하다. 그는 앞으로 닥칠 일을 알았다. 학생조종사와 교관 모두 그를 따돌릴 것이다. 그의 동료 학생들은 아무 도움도 주지 않을 것이고, 교관들은 그가 도망치도록 하기 위해 특히 애쓸 것이다. 그가 패치를 착용할 가능성은 거의 없었고, 검은색과 금색 체크무늬 스카프를 두를 가능성은 말할 것도 없었다. 그가 무엇을 할 수 있었을까? 누가 그를 도울 수 있었을까? 한 사람뿐이었다. 캐튼은 뜨거운 태양을 저주하고 전날 밤 마신 모든 맥주를 저주하며 거리를 비틀거리며 걸었다. 시간이 필요했다. 그는 학술부 건물로 들어가 보이드 방의 문을 두드렸다.

“들어와.”

캐튼은 안으로 들어가 경례를 했다.

“중위 로널드 캐튼은 대위님과의 면담을 요청합니다.”

보이드는 끄덕였다.

“대위님, 저에게 문제가 있습니다.” 캐튼이 이야기를 시작했다.

“그렇다고 들었네.”

캐튼은 보이드에게 자신의 꿈을 말하고 그 꿈을 이루기 위해 무엇을 할 수 있는지 물었다. 한동안 보이드는 아무 말도 하지 않았다. 그는 의자를 돌린 뒤 연필을 들고 조준경을 통해 들여다보듯이 그 끝을 응시했다. 그러고는 빙글 돌아서 캐튼을 보았다. “이론 수업 성적을 만점 받고 졸업한 사람은 없었지. 자네가 그 정도로 똑똑한지 모르겠네, 캐튼. 하지만 만약 그렇게 한다면 그들의 관심을 받을 거야. 못 한다면 꿈을 포기해." 그는 잠시 말을 멈춘 뒤 "이 학교를 만점으로 통과한 사람은 아무도 없어"라고 되풀이했다.

캐튼은 침을 꿀꺽 삼켰다. 누구도 그랜드 캐니언^{Grand Canyon}을 건너뛴 적이 없다. 그리고 보이드가 그에게 물어본 것은 그에 상응하는 일이었다. 전투기무기학교 탈락률은 그곳이 공군에서 가장 힘든 과정임을 보여주었다. 조종사들은 똑똑했다. 그들은 F-100을 비행하는 것과 관련된 과목들을 마스터해야 했다. 하지만 그들 대부분은 전투기무기학교를 수료하는 것이 행운이라고 여겼다. 이 학교에서는 대졸자 수십 명도 겸손을 배울 정도였으니 대학을 2년만 다닌 항공사관후보생 캐튼은 말할 것도 없었다.

보이드는 손가락을 흔들었다. "그들이 자네를 지켜보고 있을 거야."

캐튼은 자리를 떠나면서 보이드가 자신에게 정해준 임무를 어떻게 완수할 수 있을지 곰곰이 생각했다. 그는 이론 과목 커리큘럼 전체를 미리 생각하지는 않을 것이다. 그는 공대지, 폭탄과 신관, 기총 조준기 연산, 혹은 미사일과 로켓 관련 과목을 미리 생각하지 않을 것이다. 그는 그중 어떤 것도, 특히 두려운 최종 과목인 핵무기 과목을 미리 생각하지 않을 것이다. 그는 한 번에 한 과목만을 생각할 것이다. 현재 그는 보이드가 가르치는 공중 전술 과목인 공중전투기동을 공부하고 있었다. 이 과목은 타이거를 제외한 모든 학생을 탈락시킬 게 분명한 가장 힘든 과목 중 하나였다. 학생조종사는 보이드의 수업을 1시간 들을 때마다 최소 2시간을 공부해야 했다. 캐튼은 그것에 적응했다. 그는 대대 동료들을 잊었다. 스태그 바를 잊었다. 새벽 2시 30분에 일어나서 아침식사를 할 때까지 공부했다. 아침 식사와 수업시간 사이에도 공부했다. 그는 오후에 비행하고, 이른 저녁을 먹고, 늦게까지 공부하고, 다시 2시 30분에 일어나 모든 것을 다시 시작했다. 무엇에 홀린 사람 같았다.

캐튼은 보이드와 비행할 때 보이드가 F-100을 어떻게 다루는지 보면서 놀라움을 금치 못했고, 특히 F-100을 조종할 때 가장 어려운 상황인 저속 고받음각 비행low-speed, high-angle-of attack flying을 수행하는 모습에 충격을 받았다. 하지만 캐튼은 배웠다. 잘 배웠다.

보이드의 말대로 다른 사람들은 캐튼 중위를 지켜봤다. 캐튼은 매일 다른 이들의 눈길을 의식했고 다른 학생조종사와 교관들이 그를 망할 놈으로 여긴다는 것을 알고 있었다. 물론 그는 좋은 조종사였지만, 좋은 조종사는 넬리스에 흔했다. 캐튼이 하늘로 올라갈 때마다 그는 전에 했던 것보다 더 잘 비행해야 했다. 단 한 번의 판단 실수로도 그는 끝날 수 있었다. 그는 이미 한 번의 판단 실수로 인해 지금과 같은 궁지에 몰려 있었다. 하지만 교관, 즉 다른 조종사에게 핵무기를 투하하는 법을 가르치는 사람이 되기 위해서는 올바른 판단의 상징과도 같은 존재가 되어야 했다. 그리고 그는 교관들이 그가 패치를 달 자격이 있다고 믿지 않는다는 것을 알았다. 그들은 한 번의 실수를 계속 기다리고 있었다. 로널드 캐튼 중위에게는 외로운 시간이었다.

그는 공중전투기동 시험을 봤다. 보이드는 캐튼에게 시험 결과를 건네면서 미소 지었다. 캐튼은 반에서 유일하게 만점을 받았다.

지금까지는 아주 좋았다. 이제 캐튼은 다른 사람들이 반신반의하는 모습을 보았다. "그 망할 캐튼이 보이드 수업에서 100점을 받았대. 믿어져?"

그는 공대지 과정을 마쳤다. 또 100점이었다. 그러자 비행 담당 교관들의 태도는 조금 누그러졌다. 하지만 캐튼은 여전히 바보였다. 단지 모두가 생각했던 것보다는 조금 더 똑똑한 바보였다.

그가 폭탄과 신관에 관한 수업을 들을 무렵 콜벳에서 취해 경찰서에서 토하고 군법회의에 넘겨질 위험에 처했던 그가 두 과목에서 100점을 받았다는 소식이 전투기무기학교에 퍼졌다. 뉴먼 대령이 캐튼의 교관을 불러 "캐튼은 시험을 잘 봤나?"라고 물었을 때 캐튼은 여전히 시험과 씨름하고 있었다.

얼마 후 또다시 교장에게 불려간 교관은 "교장님, 캐튼이 100점을 받았습니다"라고 말했다.

캐튼과 보이드는 복도에서 자주 마주쳤는데, 그럴 때마다 보이드는 웃으며 고개를 끄덕였다. 두 사람에게는 비밀이 있었다. 넬리스에서 캐튼이 무엇을 시도하고 있는지는 그 두 사람만 알고 있었다. 그리고 캐튼은 몰랐지만, 보이드는 개인적으로 다른 교관들에게 그를 변호하고 있었다. 그는 "캐튼은 나쁜 녀석이 아니야"라고 여러 차례 말했다. "자네가 잘못 봤어. 두고 보라고."

보이드는 자신의 삶에서 대부분 약자 신세였기 때문에 약자에 대해 엄청난 연민의 마음을 갖고 있었다. 그래서 전투기무기학교의 교관과 학생 조종사들이 캐튼에게 적대적인 입장이었을 때 그는 그 젊은 장교를 변호할 수밖에 없었다. 그는 프랭크 페티나토가 그에게서 장래성을 보았던 것처럼 캐튼에게서 장래성을 보았고, 불가능한 역경에 맞서 싸우는 사람을 좋아했다. 그리고 그는 아트 웨이블과 프랭크 페티나토가 심어준 열심히 노력하면 모든 장애를 극복할 수 있다는 구식 신념을 가지고 있었다.

캐튼은 선도각 계산 기총 조준기[lead-computing gun sight][109] 과목에서 100점을 받았고, 이어 미사일 및 로켓 과목에서도 100점을 받았다. 캐튼이 모든 과목에서 100점을 받고 있다는 소문이 전투기무기학교에 자자하게 퍼졌다. 이제 교관과 학생조종사들은 그를 배척하기보다는 격려하고 있었다. 누구도 그렇게 뒤에서부터 출발한 사람은 없었다. 누구도 전투기무기학교에서 그렇게 많은 만점을 받은 사람은 없었다. 캐튼은 불가능한 일을 해내고 있었다.

그러나 아직 마지막 시험이 남아 있었다. 그 시험은 학생조종사들의 학업 평균 점수를 크게 낮출 정도로 가장 어려운 시험이었다. 이 무시무시한 핵무기 과목에서 학생들은 단순히 전술 핵무기를 투하하는 방법뿐만 아니라 핵무기를 무장[arm]하고 해제[disarm]하는 방법도 배워야 했다. 이 과

---

109 선도각 계산 기총 조준기: 컴퓨터로 기총의 예상 탄착점을 계산해서 표시하는 조준장치.

목에서는 물리학과 전자공학, 그리고 핵무기 작동 원리를 다뤘다. 학생 조종사가 핵무기 과목을 마치면 원자폭탄을 거의 만들 수도 있을 정도가 되었다.

캐튼은 그 어느 때보다 더 열심히 공부했다. 그는 수업을 듣거나 비행을 하지 않을 때면 물리학과 전자공학과 폭발물에 관한 자료들을 열심히 공부했다. 그리고 시험을 볼 때가 되었다. 학생조종사들은 시험을 마치고 교관인 마크 쿡Mark Cook 대위가 시험지를 채점하는 동안 기다렸다. 몇몇 학생조종사들은 자신들이 생각만큼 똑똑하지 않다는 것을 깨닫고는 얼굴을 찡그렸다. 학생조종사들은 점수를 받은 후 강의실 뒤, 그리고 복도에 서서 캐튼을 주시했다. 교관들은 문에 머리를 댄 채 눈썹을 치켜 올리며 강의실 안을 들여다보면서 그에 관해 물었다. 그들은 "그는 아직 못 끝냈습니다"라는 대답만 들을 수 있었다.

교장은 세 번이나 전화를 걸어 캐튼이 시험을 어떻게 치렀는지 물었다. 그는 대부분의 사람은 캐튼 중위가 직면한 것과 같은 어려움이 닥친다면 일찌감치 포기했을 거라는 것을 알고 있었다. 그들은 도망쳤을 것이고 그러면 경력이 끝장났을 것이다. 하지만 그는 또한 소수의 최고인 사람들만이 불 속에 던져졌을 때 성장해서 꽃을 피우고 잠재력을 실현할 수 있다는 것도 알고 있었다. 그러한 사람들은 전투기무기학교가 학생조종사들에게 주입하고자 하는 최고의 자질의 표본이 된다. 그들은 패치를 달 자격이 있을 뿐만 아니라 패치를 명예롭게 한다.

캐튼은 시험을 마치고 쿡 대위에게 시험지를 건넸다. 다른 학생조종사들은 앞으로 몰려갔고 교관들은 강의실로 몰려들었다. 캐튼의 교관이 천천히 정답을 체크했다. 학생조종사들은 웃으며 서로를 팔꿈치로 밀기 시작했다. 교관들은 놀라면서 서로를 바라보았다.

보이드는 복도 안쪽 자신의 사무실에 앉아 서류를 뒤적이면서 웅성거리는 대화 소리에 귀를 기울였다. 그는 기다렸다.

쿡 대위가 마지막 문제의 정답을 체크하고는 얼어붙었다. 답이 틀렸다.

침묵이 방을 뒤덮었다.

쿡은 캐튼에게 마지막 문제의 답을 왜 그렇게 썼는지 설명해보라고 했다. 캐튼은 복좌형 F-100F 항공기를 기반으로 핵무기 투발을 위한 폭탄 투하 자이로gyro[110] 설정을 계산한 반면, 쿡은 무게중심이 달라서 자이로 설정도 다른 단좌형 F-100D을 기반으로 한 답을 원했다. 하지만 시험지에는 항공기 기종을 명시하지 않았고 그저 F-100이라고만 되어 있었다.

쿡은 고개를 끄덕이고는 그가 질문한 내용을 다시 읽고 캐튼의 답을 다시 확인했다. F-100F라면 답이 맞았다. 쿡은 강의실에 몰려든 모든 사람들을 보고도 못 본 체하며 일어난 일을 상세하게 이야기했다. 누구도 말하지 않았다. 누구도 움직이지 않았다. 강의실 안에 있는 모든 사람들은 기다렸다. 쿡은 실수한 것이 자신이라고 판단했다. 그는 시험지에 채점하고 캐튼에게 시험지를 건넸다. "100점 주겠네."

학생조종사들은 환호하며 캐튼 주위에 모여 그에게 축하 인사를 건네고 그의 등을 두드렸다. 교관들은 웃으면서 고개를 끄덕였다. 그들은 아무도 보지 못할 것으로 생각한 일대 사건의 현장에 있었다. 캐튼은 사람들을 헤치고 복도로 나가 보이드의 사무실로 향했다. 그리고 문을 두드렸다.

"들어오세요."

두 사람은 서로를 응시했다.

"들었네." 보이드가 말했다. 그는 웃었다. "싹쓸이했다고."

캐튼은 입술을 깨물며 고개를 끄덕였다. 그는 입을 뗄 수 없었다.

"잘했어, 타이거."

캐튼은 돌아섰다. 전투기 조종사는 울지 않는다. 전투기무기학교에서 역사상 처음으로 모든 학과목에서 만점을 받은 전투기 조종사가 되었다고 해서 울어서는 더더욱 안 된다.

캐튼은 수료에 성공했고 그의 반에서 최고 이론 성적을 거둬 트로피를

---

110 자이로: 항공기, 선박 등의 평형 상태를 측정하는 데 사용하는 기구.

받았다. 그는 패치를 받았다. 그리고 빨간색 콜벳을 몰고 사막을 다시 가
로질러 뉴멕시코 클로비스에 있는 캐넌 공군기지로 돌아갔다.

몇 달 뒤 그는 호출을 받았다.

전투기무기학교의 공식 전술 교범이 된 보이드의 "공중전 연구"

1960년 초에 보이드는 구술을 마쳤다. 스프래들링이 세심하게 문서를
편집했다. 하지만 보이드는 마음에 들지 않아서 추가 편집·수정·재편집
을 하는 데 몇 주를 보냈다. 모든 문장은 정확해야 했다. 모든 기동은 적
절한 순서대로 이루어져야 했다. 그는 단어 하나에도 몇 시간을 고민했
다. 그는 끝없이 교정을 봤다. 스프래들링이 문서를 인쇄소로 보낸 뒤에
도 보이드는 계속 수정을 했다. 낱장 수정사항 수십 페이지를 인쇄소로
보냈다. 보이드가 마침내 마지못해 작업을 마쳤을 때 기본 간격으로 편집
된 150페이지 교범이 완성되었다. 보이드는 표지에 제목은 "공중전 연구
Aerial Attack Study", 저자는 "대위 존 보이드"라고 적어두었다.

"표지에 그렇게 쓸 건가?" 스프래들링은 물었다. "'미 공군 공중전 연구
United States Air Force Aerial Attack Study'라고 하는 건 어때?"

"지옥에나 가라고 하세요." 보이드는 말했다. "이걸 할 시간을 주지도
않았어요. 제가 혼자 밤을 새워서 하게 했다고요."

보이드는 화가 났지만, 교범을 뉴먼 대령에게 전달했을 때 "…빌어먹을
새 아버지처럼 자랑스러웠다"고 표현했다.

뉴먼 대령은 고개를 끄덕이고는 교범을 한쪽으로 던져놓고 말했다. "학
교에선 이걸 쓰지 않을 거네."

"왜입니까?" 보이드는 물었다.

뉴먼 대령은 보이드의 교범보다 훨씬 작은 문서를 보여주었다. 보이드
가 보기에는 10~15페이지 분량인 것 같았는데 아마 그보다는 더 두꺼웠
을 것이다. 뉴먼 대령은 전투기무기학교의 훈련연구개발부Training Research

and Development, TR&D가 이것을 준비했고, 학교에서 전술을 가르칠 때 이것을 사용할 것이라고 말했다.

훈련연구개발부 부서원들은 교범을 준비할 의무가 있었다. 보이드는 그렇지 않았다. 지난 몇 달 동안 오랜 시간에 걸쳐 집중적으로 준비한 그의 작업은 헛수고가 되었다. 설상가상으로 그의 교범은 "기밀"로 분류되어 유통이 엄격하게 제한되었다. 보이드는 등급 분류에 맞서 싸웠지만, 그의 교범에는 미 공군이 전쟁 시 사용할 전술과 미사일을 피하는 방법에 대한 구체적인 세부사항이 모두 담겨 있어 기밀 분류가 유지되었다.

그러자 보이드는 자신의 경력을 끝장낼 수도 있을 행동을 취했다. 그는 뉴먼 대령을 뛰어넘어 훈련연구개발부 교범과 자신의 교범 모두를 전술공군사령부 본부에 있는 친구에게 보냈는데, 그는 전술 교육에 훈련연구개발부 교범을 사용하기로 한 뉴먼의 결정을 뒤엎을 수 있는 사람이었다. 그의 친구는 보이드의 교범을 더 선호했지만 편파적이라는 인상을 피하기 위해 두 교범을 모두 독립검토위원회에 제출할 것이라고 말했다.

전술공군사령부에서 뉴먼 대령에게 각 교범을 5부씩 보내라는 요구가 내려왔는데, 이는 보이드가 지휘계통을 뛰어넘었다는 명백한 증거가 되었다. 화가 난 대령은 보이드를 만나 자신이 이미 훈련연구개발부 교범을 지지했는데 보이드가 왜 자신의 윗선과 연락했는지 알려달라고 요구했다. 하지만 전술공군사령부에서 보이드의 훈련 교범을 전투기무기학교의 공식 훈련 교범으로 사용할 것이라는 전갈이 내려왔다.

구술 역사 인터뷰에서 보이드는 뉴먼에게 이렇게 말했다고 회고한다. "기뻐하셔야 합니다. 이렇게 해서 결국 더 좋은 교범을 사용하게 되셨으니까요. 그게 지휘관으로서 더 나은 모습입니다. 왜 자기 숙제도 못 하는 한 무리의 뭣 같은 루저놈들을 보호하십니까? 그놈들이 저만큼 일을 잘하지 못했다는 걸 아시면서요. 그들은 루저놈들입니다."

"나가." 뉴먼 대령은 명령했다.

그러나 다음 날 뉴먼 대령은 보이드를 자신의 사무실로 불렀다. "사과하고 싶네." 보이드는 그가 그렇게 말했다고 한다. "실은 지난밤에야 자네의 교범을 읽었네. 자네의 것이 훈련연구개발부의 것보다 정말 훨씬 더 낫네." 보이드는 뉴먼 대령이 그런 다음 훈련연구개발부에 전화해서 그런 허접한 작업을 한 데 대해 "똥줄이 타들어가게" 꾸짖었다고 말했다.

몇 주 뒤 론 캐튼은 비행운항실을 지나가다가 보이드와 비행단장인 존 위뱅크John Ewbank 장군이 벽에 기대어 서 있는 것을 보았다. 보이드는 시가를 피우며 팔을 흔들면서 화난 태도로 큰 소리로 장군에게 말하고 있었다. 캐튼은 무엇에 관한 대화였는지는 기억하지 못하며, 다만 그는 보이드 대위가 위뱅크 준장에게 공개적으로 장광설을 늘어놓는 모습을 보고는 깜짝 놀랐다. 그런 다음 보이드는 시가를 든 손으로 위뱅크의 가슴을 쿡쿡 찔러서 장군의 조종복 앞으로 재가 떨어졌다.

"위뱅크 장군은 이런 존의 행동에도 참 많이 참아주었습니다." 캐튼은 말했다. "만약 제가 준장인데 보이드 대위가 저에게 공개적으로 그렇게 했다면 군법회의에 넘겼을 겁니다."

"공중전 연구"를 저술한 공으로 공로훈장을 받다

1960년에 "공중전 연구"가 전투기를 위한 공식 전술 교범이 되었다. 이로써 전투기 항공술은 더 이상 한 세대에서 다음 세대로 전해 내려오는 비결 보따리가 아니게 되었다. 처음으로 공중전이라는 생사의 게임이 문서로 기록되고, 체계적으로 정리되고, 그림으로 설명되었다. 다른 모든 전투기 조종사들이 손을 이용할 때, 보이드는 수학을 이용했다.

보이드를 폄하하는 사람들(그 수가 점점 증가하고 있었다)은 "공중전 연구"를 두고 그가 일차원적인 장교이고, 전투기의 주 임무가 "미니 전략공군사령부"의 그것처럼 핵무기 투하가 된 시대에 그가 관심 가진 것이 고작 공대공 전투가 전부라는 것을 보여주는 증거로 여겼다. 그들은 보이드가 공대공 전투 이외에는 공대지 핵무기 투하나 고고도 요격 혹은 새로운 미사일 홍보나 그 밖의 어떤 것에도 관심이 없다고 주장했다. 수십 년이 지난 후에도 공군 고위 장성들은 여전히 보이드를 단지 공군이 공대공 임무를 넘어섰다는 사실을 전혀 이해하지 못한 사람으로 묘사하곤 했다.

그러나 그들은 마음을 닫고 보이드의 놀라운 업적을 외면했다. 보이드가 교범을 발표하기 이전에 전투기 조종사들은 공대공 전투라는 게임이 완전히 이해하기에는 너무 복잡한 일이라고 생각했다. 그들은 공중전이라는 사생결단의 죽음의 춤이 너무 유동적이어서 통달하기 어렵다고 믿었다. "공중전 연구"는 그것이 사실이 아님을 보여주었다. 전투기 조종사가 공중 전투에 나설 때는 머릿속에 3차원으로 전투 그림을 그려야 한다. 그는 "상황 인식situational awareness"을 가져야 한다. 즉, 자신과 동료기들의 위치뿐만 아니라 적기의 위치도 알아야 한다. 4만 피트 상공에서부터 지면에 이르는 넓은 공역에서 벌어지는 제트 전투기의 현기증 나는 난전에서 이는 거의 불가능해 보인다. 그러나 상황인식은 두 가지로 요약된다. 첫째, 조종사는 적의 위치를 알아야 하고, 둘째로 적의 속도를 알아야 한다. (보이드는 나중에 "속도"를 "에너지 상태"라는 표현으로 바꾼다.) 적기의 속도나 에너지의 양을 보면 적기가 무엇을 할 수 있는지, 어떤 기동을 할 수 있는지 알 수 있다. 보이드는 공중전의 인지적 측면을 처음으로 이해한 사람으로서, 전투기 조종사가 수행할 수 있는 모든 기동뿐만 아니라 그 기동에 대한 대응과 대응에 대한 대응까지도 분류할 수 있었다. 이는 전투기 조종사가 적 조종사를 후려칠 때 고도와 비행 속도와 공격 방향에 따라서 적 조종사가 이용할 수 있는 모든 선택 방안을 알 수 있다는 뜻이었다. 그리고 그는 적기의 각 선택 방안에 대한 대응 방법도 알고 있었다. 그리고 만일 적 조종사가 그를 후려친다면, 그는 상방이든 하방이든 헤드온 공격head-on attack[111]이든 사용할 수 있는 모든 대응 기동과 그의

---

111 헤드온 공격: 전투기가 마주보며 서로를 공격하는 것을 말한다.

대응 기동에 대한 모든 대응 기동을 알았다.

전투기 조종사가 알아야 할 모든 것이 "공중전 연구"에 담겨 있었다. 가장 선견지명이 있는 부분은 "기동하는 표적에 대한 AIM-9[112]의 기본적인 한계Basic Limitation of AIM-9 Against Maneuvering Targets"라는 부분이었다. 공군이 미사일의 전능함에 관해 흔들리지 않는 믿음을 가졌음에도 불구하고 보이드는 기동하는 표적, 즉 다른 전투기가 미사일을 기동으로 회피할 수 있음을 처음으로 입증한 사람이었다. 그가 미사일을 기동으로 회피할 수 있는 이유를 이 교범에 구체적으로 제시했기 때문에 "공중전 연구"는 기밀로 분류되었다. 미사일을 회피할 수 있다는 사실은 매우 중요했는데, 이는 전략공군사령부 장군들이 믿었던 것처럼 근접 공중전이 사라지지 않았다는 뜻이었다.

조종사들은 이 교범을 보자마자 그들이 항상 원해왔던 것임을 알았다. 초판 600부가 거의 하룻밤 사이에 동이 났다. "기밀"로 분류되었지만 조종사들은 이 교범을 집으로 가져가서 숨겨두고 연구하면서 언젠가 전쟁이 일어나서 공중 기총 교전을 반드시 하게 될 날을 준비했다.

"공중전 연구"를 저술한 공으로 보이드는 일반적으로 고위 장교들에게 수여되는 공로훈장Legion of Merit을 받았다. 공적조서功績調書는 "공중전 연구"가 전투기 항공 병과 역사상 최초로 전술을 객관적인 형태로 체계화해 정리한 사례라고 언급하면서 보이드가 "공중전 분야에서 이론의 여지가 없는 달인"임을 보여주는 기동들을 시연해 보였다고 덧붙였다. 그리고 마지막으로, 보이드가 자신의 기본 임무를 "훌륭하게" 수행하면서 "필적할 수 없는 열의"를 가지고 교범을 작성했다고 말했다.

이 교범의 수요가 매우 많아서 몇 년 뒤 공군은 미사일에 관한 내용을 삭제하고 몇 개 부분의 표현을 바꾼 일반 버전을 인쇄했다. 넬리스에 순환 배치되는 공군 대대들은 모기지home base로 사본들을 가져갔고, 복사에

---

112 AIM-9: 미국산 열추적 단거리 공대공 미사일의 이름.

복사를 거듭해서 누더기가 될 때까지 돌려보았다.

　모의 공중전에서 보이드와 맹렬히 싸운 해병대의 할 빈센트는 이 교범을 이용해서 해군과 해병대 조종사들을 교육했다. 상호방위원조조약 Mutual Defense Assistance Pact의 일환으로 넬리스에서 교육을 받는 외국 조종사들은 사본을 자신들의 나라로 가져가서 이를 성서처럼 연구했다. 그들은 겨우 대위가 이런 문서를 쓸 수 있다면 미 공군은 참으로 놀라운 조직이라고 한결같이 말했다. 10년도 안 되어 "공중전 연구"는 전 세계 공군의 전술 교범이 되었다. 이 교범은 그들이 비행하고 싸우는 방법을 바꿔 놓았다. 저술된 지 40년이 지난 뒤, 베트남전과 걸프전을 거치면서도 크게 추가된 것은 없었다.

　보이드는 불과 서른세 살의 대위일 때 이만한 교범을 썼으면서도 여전히 만족해하지 않았다.

　보이드는 "공중전 연구"를 다른 식으로 명확하게 서술할 수 있을 것이라고 믿었다. 그러기 위해서는 그 내용을 표현하는 더 나은 방법을 찾아야 했다. 그는 기동-대응 기동 전략과 수학 공식을 넘어서 전투 비행의 핵심이자 진정한 본질에 이르는 무언가가 있어야 한다고 믿었다.

　"언젠가 그 돌파구를 마련할 겁니다." 그는 스프래들링에게 말했다.

공군을 상대로 F-100의 설계 결함을 입증해 보인 보이드

대부분의 사람들은 보이드가 훌륭한 조종사라고 생각했지만, 그의 비행 능력을 확인한 조종사 중 최소한 한 명을 포함한 다른 사람들은 그가 너무 손이 거칠어서 자신과 다른 사람들에게 위험하다고 생각했다.

　해롤드 버크Harold Burke는 선임 준위로, 1960년에 전투기무기학교의 항공기 정비 책임자였다. 그는 어느 날 넬리스를 방문한 VIP들을 위한 화력 시범 중 F-100의 뒷좌석에 탑승했다. 보이드는 F-100 2번기로 분대장의 우익 쪽에서 비행하고 있었다. 두 항공기 모두 폭탄과 로켓을 탑재했다.

2대의 항공기가 공대지 사격장^{bombing range}으로 비행할 때 분대장은 보이드가 좌익 쪽으로 가기를 원했다. 보이드는 추력을 줄여서 뒤로 빠진 다음 반대편으로 위치를 옮기는 대신, 단순한 방법으로 리더기인 F-100의 위쪽을 가로지르는 배면 롤을 해서 좌익의 위치로 넘어갔다. 버크는 캐노피를 통해 약 20피트 거리에 있는 보이드의 머리를 올려다봤다. 분대장은 남부 네바다에 큰 구멍을 낼 수 있을 정도로 많은 폭탄과 로켓을 탑재하고 빠르게 움직이는 비행기 2대가 이렇게 근접한 것에 화가 났다. 이것은 그가 본 조종사가 한 일 중에 가장 어리석고 위험한 일이었다.

"제길, 보이드. 장난하지 마." 그는 화내면서 무전을 했다. "1G는 1G입니다." 보이드는 말했다. "제가 어떤 위치에 있는지는 상관없어요."

요점은 그가 롤을 하면서 F-100을 마치 수평비행을 하는 것처럼 부드럽게 조종했다는 것이었다. 이 사건에서 그는 자신의 탁월한 비행 능력을 은연중에 보여주었는데, 이 기동은 고도의 기량을 갖추고 자신감이 넘치는 전투기 조종사만이 수행할 수 있는 기동이었다. 하지만 다른 사람들은 이것이 전투기 조종사가 한 일 중 가장 멍청한 짓 중의 하나라고 생각한다.

1960년 6월 1일에 보이드는 F-100D, 시리얼 넘버 56-2931A인 기체를 타고 넬리스 훈련장의 외딴 지역에서 고도 2만 5,000피트로 비행하고 있었다. 이 항공기는 일련의 비정상적인 기동에 들어갔다. 보이드는 조종간을 끝까지 뒤로 확 잡아채서 "조종석 쓸기^{wiping out the cockpit}[113]"라는 기동을 했다. 그는 조종간을 우측으로 끝까지 움직였다가, 좌측으로 끝까지, 좌후방으로 끝까지, 그리고 우후방으로 끝까지 움직였다. F-100은 속도를 잃고 하늘에서 뒹굴며 휘청거렸다. 보이드는 애프터버너를 켰다. F-100은 압축기 실속에 되풀이해서 걸리면서 흔들렸다. 배기구에서 화염이 나왔고 속도가 0을 가리켰지만 계속 비행하고 있었다. 보이드는 조종간을 끝까지 앞으로 민 채로 고정시키고 기수를 밑으로 떨궜다. 이 극

---

113 조종석 쓸기: 조종석에서 조종간을 모든 방향으로 끝까지 움직이는 모습에서 나온 표현.

단적인 기동을 하는 동안 처음에는 주 비행제어시스템, 그 다음에는 보조 비행제어시스템의 압력밀폐장치pressure seal가 떨어져 나갔다. F-100은 더 이상 항공역학적으로 비행하는 물체가 아니라 그저 사막으로 빠르게 떨어지는 무게 14톤짜리 금속과 전자장비 덩어리에 불과했다. 보이드는 선택권이 없었다. 그는 비상탈출을 했다.

그는 F-100에서 설계 결함을 발견했고 그것이 자신이 F-100을 잃게 된 이유라고 사고 보고서를 썼다. 위뱅크 장군은 거의 졸도할 지경이었다. 위뱅크 장군은 불법적이고 위험한 기동을 수행해 항공기 손실을 초래한 보이드를 중대 과실 혐의로 군법회의에 회부할 계획이었다.

보이드는 유압 고장을 재현해서 설계 결함이 있음을 증명할 수 있다고 말했다. 그가 그와 같은 설계 결함을 알아냈으니 F-100은 더 안전한 항공기가 될 게 틀림없었다. 보이드는 자신이 군법회의에 회부되는 것이 아니라 오히려 훈장을 받아야 한다고 생각했다.

스프래들링은 보이드가 듣지 못한 다른 사람들의 이야기를 들어 알고 있었다. 그들은 긴 칼을 뽑고 있었다.

"스프래드, 걱정마세요." 보이드는 말했다. "그들은 저를 못 건드려요. 철저히 준비하겠습니다."

조사위원회가 소집되었다. 만일 조사위원회에서 항공기 손실이 보이드의 잘못이라고 한다면 그의 경력은 끝장날 것이다.

위뱅크 장군은 보이드가 경험한 상황을 재현할 정적 테스트static test[114]를 명령했다. 위뱅크 장군은 비행대기선으로 가서 시험할 F-100D를 직접 선택했다. 보이드에게 항공기를 선택하게 하면 보이드가 압력밀폐장치의 봉인이 약해진 기체를 고를 것이라고 생각했던 것이다.

해롤드 버크가 정적 테스트를 준비했다. F-100을 잭jack[115]에 올리고 유

---

114 정적 테스트: 항공기를 지상의 시험대에 설치한 채로 실시하는 테스트.

115 잭: 무거운 것을 들어올릴 때 쓰는 기구.

압관hydraulic line을 부착했다. "작동하지는 않지만 유압은 살아 있는 항공기를 만들었습니다." 버크가 말했다. 보이드는 조종석으로 기어올랐다. 전투기무기학교의 여러 간부와 한 무리의 학생조종사들이 램프에서 시험을 지켜봤다. 공군에 대항한 것은 40초 보이드였고, 이번에는 공군 쪽이 유리했다. 버크가 F-100에 유압이 들어갔다고 말하자, 보이드는 조종석 쓸기를 하고 조종간을 끝까지 당긴 다음, 앞으로 힘껏 밀쳤다. F-100의 밑부분에서 유압액이 쏟아져 땅바닥에 고였다.

보이드는 1회전에서 이겼지만, 이제 장군은 유압 고장을 일으킨 기동이 무모하고 부주의했다고 말했다.

보이드는 노스 아메리칸North American의 기술자들이 만든 항공기 매뉴얼을 꺼내서 거기에는 그가 실행한 기동을 금지하는 어떤 내용도 없다는 것을 보여주었다. 그리고 F-100에 관한 공군 기술교범Technical Order을 꺼냈다. 공군의 모든 항공기에는 기술교범이 있다. 조종사들은 이 기술교범을 통해서 항공기로 무엇을 할 수 있고 무엇을 해서는 안 되는지 배운다. 이 기술교범에는 그 기동을 금지하는 어떤 내용도 없었다. 대대나 비행단의 금지사항도 없었다. 보이드가 이겼다. 공군은 결국 그가 F-100에서 설계 결함을 발견했다고 판정했다.

1960년 7월 22일자 보이드의 넬리스에서의 마지막 근무평정은 이렇게 시작했다. "보이드 대위는 미 공군 전투기무기학교의 학술부장으로서 탁월하게 업무를 수행했음." "공중전 연구"에 관해서 그의 평가 장교는 이렇게 썼다. "이 교범은 최초로 제작된 공중전 교범임. 전술공군사령부가 교범의 전체 내용을 승인했으며, 전술공군사령부 예하 F-100 전투기를 운용하는 모든 부대에 공식 교범으로 배부할 것임." 그는 이렇게 말하며 끝맺었다. "동기들보다 먼저 그를 임시 소령 계급으로 진급시킬 것을 권고함."

이 마지막 근무평정에서 놀라운 점은 위뱅크 장군이 배서했다는 것이다. 위뱅크 장군은 보이드가 "전술 항공 분야의 전문성을 인정받아 명성이 높음. 본인은 보이드 대위가 공군에서 보기 드물게 큰 잠재력을 갖고 있으며, 장차 위업을 달성할 인물이라고 여김. 본인은 그가 진급할 만한 충분한 자격을 갖추었음을 알고 있기에 차상위 계급으로 조기 진급할 수 있도록 배려하기를 권고함"이라고 썼다.

이는 특히 조급하고 남의 기분은 신경쓰지 않고 거침 없이 말하는 직설적인 성격을 가진 보이드에게는 보기 드문 일이었다.

이제는 그의 경력의 다음 단계, 즉 전사에서 전사-공학자로 변신할 시간이었다. 8월 초에 그는 스테이션 왜건에 짐을 실었고 그와 메리, 그리고 네 아이는 애틀랜타와 조지아 공대로 가는 긴 여행을 준비했다. 메리는 다시 임신했고, 다음 해 초에 다섯 번째 아이를 출산할 예정이었다. 스테이션 왜건의 지붕에는 애틀랜타에 가재도구들이 도착할 때까지 가족이 사용할 옷과 개인 물품들이 묶여 있었다. 날은 뜨거웠고 사막의 바람이 거세게 불었다. 스프래들링은 보이드가 너무 많은 짐이 실린 스테이션 왜건의 맨 위에 마지막 물건들을 묶는 것을 돕고 모든 것이 안전한지 확인했다.

"스프래드, 돌파구가 생기면 전화하겠습니다." 보이드가 말했다.

"언제든지, 존."

F-100 한 편대가 이륙했다. 보이드는 비행기들이 세상에서 가장 애정어린 이곳을 박차고 오르며 서로 바짝 붙어 어느 시인이 "오랫동안 황홀하게 타오르는 푸른 창공"이라고 말한 3만 피트 상공으로 날아올라 그린 스팟 위에서 꼬리잡기 한 판을 하러 가는 모습을 지켜보았다. 그들이 사용하는 기동은 보이드가 가르친 기동일 것이다. 그들은 그의 교범을 읽었다. 전투기무기학교에서 훈련을 받은 전투기 조종사는 얼마 되지 않았지만, 만일 전쟁이 발발한다면 그들은 준비가 되어 있었다.

보이드는 스프래들링과 악수를 하고 스파르타식 기지의 먼지투성이 대지를 둘러보며 고개를 저었다.

"다시는 이렇게 좋은 시절이 없을 것 같군요."

PART 2

공학자
ENGINEER

CHAPTER 9

열역학, 엔트로피, 돌파구

조지아 공대의 욕 잘하는 거친 만학도

1960년 9월 14일, 보이드는 조지아 공과대학교에서 학업을 시작했다. 그는 서른네 살을 앞두고 있었고, 4명의 자녀와 임신한 아내가 있었으며, 두 번의 전쟁에 참전했고, 지난 5년 동안 조종사들에게 하늘의 암살법을 가르치며 보냈다. 이러한 그의 배경은 대체로 전형적인 학부생과는 거리가 멀었다.

그러나 보이드는 조지아 공대의 여러 학생들과 공통점이 상당히 많았다. 그러한 공통점을 이해하려면 우선 1960년에 이 학교가 어땠는지를 알아야 한다. 당시 조지아 공대에 등록한 학생 수는 6,488명이었다. 조지아 공대는 남학생들이 주중에는 열심히 공부하고 주말에는 열심히 노는 남자 학교로 여겨졌다. 대부분의 학생은 티셔츠와 반바지, 슬리퍼 차림으로 수업을 들었고, 특히 SAE, ATO, 카파 시그스^{Kappa Sigs}와 같은 몇몇 사교 클럽 남학생들은 아이비리그^{Ivy League} 대학[116]의 학생 스타일로 옷을 차

116　아이비리그 대학: 미 북동부의 명문 8개 대학.

려입고 다녔다. 그들은 그랜트필드Grant Field에서 열리는 토요일 풋볼 경기를 응원하러 갈 때면 위준Weejun 로퍼를 신고 간트Gant 셔츠와 스리버튼 정장을 착용했다.

공대 학생의 약 절반이 조지아주 출신이었고, 나머지는 전 세계에서 왔다. (피그만The Bay of Pigs 침공[117] 실패 이전까지 가장 많은 외국인 유학생은 쿠바 출신이었다.) 1952년에 최초로 여학생 2명이 조지아 공대에 입학했다. 이후 1953년에도 여학생 2명이 더 등록했다. 1960년에는 조지아 공대에 여학생이 20명이었다.

남학생은 4년간 조지아 공대를 다니면서 여학생과 수업을 한 번도 같이 듣지 않고 졸업할 수도 있었다. 조지아 공대 동문, 즉 램블링 렉Rambling Wreck[118]들은 여학생을 "희귀종co-odd" 또는 "공대녀co-tech"라고 불렀다.

조지아 공대는 미국의 최고 주립 공과대학 중 하나로, 당시 경쟁률은 8 대 1이었다. 교육 과정은 마치 제트기 고등훈련처럼 어려워서 낙제율이 훨씬 더 높았다. 신입생 오리엔테이션에서 학생들은 양옆의 사람들과 악수하면서 "잘가"라는 말을 들었는데, 참석자 중 절반이 첫해에 성적 불량으로 퇴학당하기 때문이었다. 교수들은 "자네는 조지아 공대를 졸업하기에는 너무 멍청해"라는 말을 입에 달고 살았다. 4년간 살아남은 학생들은 졸업이 아니라 "탈출getting out"이라고 말했다.

1960년대는 미국 전역의 대학 캠퍼스에서 항의와 시위가 잦은 시대였다. 하지만 조지아 공대는 그렇지 않았다. 1961년에 공대 총장은 규정에 따라 총학생회를 소집하여 최초의 흑인 학생들이 입학했으니 모든 학생들은 그들을 진심으로 반갑게 맞아주고, 그렇지 않은 행동을 하는 학생은 퇴학시킬 것이며, 이의제기는 받아들이지 않을 것이라고 발표했다. 따라

---

117 피그만 침공: 쿠바의 카스트로 정권 수립 이후 1961년 4월에 미 CIA의 지원 아래 쿠바 망명인들로 구성된 부대로 쿠바의 피그만에 상륙을 시도했으나 대실패한 작전.

118 램블링 렉: 조지아 공대의 공식 마스코트인 1930년형 포드 모델 A 스포츠 쿠페 차량의 별명이기도 하다.

서 조지아 공대는 남부에서 최초로 법원의 명령에 따라서가 아니라 평화적으로 인종차별을 철폐한 최초의 주요 주립대학교가 되었다. 조지아 공대와 그 학생들은 학업에 너무 진지해서 그런 문제들로 인해 곁길로 새지 않았다. 1960년대에 조지아 공대에서 가장 전위적인 행동은 한 영어 교수가 이따금 스프링 스트리트Spring Street에 있는 해리스 스테이크 하우스Harry's Steak House라는 스테이크 식당에서 수업을 진행한 것이었다. 이 교수의 "자유주의liberalism"는 캠퍼스 내에서 화제였다.

조지아 공대는 대체로 수준 높은 대학이었고, 진지한 학생들이 최고의 공학 교육을 받을 수 있는 곳이었으며, 1975년경까지도 1960년대 문화가 아직 도래하지 않은 곳이었다. 그곳은 경쟁이 치열했고 헌신적이고 열성적인 사람만이 살아남는 곳이었다. 보이드와 마찬가지로 조지아 공대도 나태한 자나 2류에게는 너그럽지 못했다.

보이드는 수업시간에 사복을 입었기 때문에 아무도 그가 공군 장교라는 것을 몰랐다. 그는 그저 나이 든 학생일 뿐 같은 수업을 듣는 경쟁상대였다. 보이드와 다른 학생들 사이의 가장 큰 차이점은 태도였다. 많은 공대 학생들은 그들이 공대 입학 허가를 받았다는 사실에 감격했다. 조지아 공대는 학사 관리 규정이 엄격해서 공부하지 않는 학생들은 언제든 퇴학시켜버렸기 때문에 학생들은 캠퍼스를 마치 신성한 땅처럼 여기며 걸어 다녔다.

그러나 보이드는 그러지 않았다. 그는 캠퍼스의 주인인 것처럼 걸어 다녔다. 그의 목소리는 한 블록 밖에서도 들을 수 있었고 그의 말씨는 낡은 건물들의 페인트를 벗겨낼 수 있을 정도로 거칠었다. 보이드와 열역학 수업을 들은 한 학생은 이렇게 말했다. "그는 남동생이나 아빠에게는 소개해주고 싶은 사람이었지만 엄마에게는 아니었어요. 제가 만난 사람 중에서 제일 욕 잘하는 사람이었거든요."

놀라운 집중력으로 조기에 학위를 받다

새해가 되자 이후 보이드의 경력과 개인의 삶에 엄청난 영향을 미칠 일
련의 사건이 벌어졌다.

존 F. 케네디$^{John F. Kennedy}$가 1961년 1월 20일에 대통령에 취임한 것
이다. 국방장관 로버트 맥나마라$^{Robert McNamara}$는 취임하자마자 해군과
공군에 새 전술기 제작 계획에 협조하라고 명령했다. 커티스 르메이^{Curtis}
^{LeMay} 장군이 1961년에 공군참모총장이 되면서 전략공군사령부가 사실
상 공군을 장악하게 되자, 전술공군사령부는 더 큰 피해를 입게 되었다.
그리고 역사의 한 사건이 기이하게 전개되면서 보이드의 가장 위대한 업
적 중 하나를 위한 토대가 만들어지기도 했다.

보이드의 사생활 측면을 보면, 1961년 2월 12일에 피치트리 로드
$^{Peachtree Road}$에 있는 피드몬트 병원$^{Piedmont Hospital}$에서 딸 메리 엘렌^{Mary}
^{Ellen}이 태어났다. 엘렌은 보이드의 다섯째이자 막내였다. 보이드와 가까
웠던 사람들은 나중에 보이드와 메리가 똑같이 3남 2녀 집안 출신인데
보이드도 3남 2녀로 5명의 아이를 갖고 더 이상 아이를 갖지 않은 것은
정말 우연의 일치가 아닐 수 없다고 했다. 그들은 그가 그런 얘기를 한 번
도 한 적이 없으며, 그가 5명의 자녀를 낳을 계획을 세우기에는 너무 바
쁘고 일에 집착했을 뿐만 아니라 가족애가 너무 없었다고 말한다.

그럼에도 불구하고 그는 의사가 그의 아내에게 아이를 더 가지면 건강
이 위험할 것이라고 경고한 후로도 아내를 두 번 더 임신시켰다. 메리 엘
렌이 태어난 후로 그는 더 이상 아이를 낳지 않겠다고 각오했음을 보여
주는 두 가지 일을 했다. 하나는 정관절제술을 받은 것이고, 다른 하나는
집을 사려고 알아보기 시작한 것이었다. 2달 후인 1961년 4월에 그는
조지아 공대에서 차로 약 30분 거리에 있는 애틀랜타 북동부에서 중하위
층이 사는 교외 공업지역인 도라빌^{Doraville}에 있는 집을 샀다. 매클레이브
드라이브$^{McClave Drive}$ 2860번지에 있는 방 3개짜리 이 단층집은 집값이 1

만 6,400달러였으며, 대출금을 월 105.67달러씩 분할 상환이 가능했다. 그 집은 그의 아버지가 35년 전에 링컨가 집을 샀을 때보다 100달러가 쌌다.

메리는 자기 집을 갖는 것이 좋았다. 그러나 보이드가 1년 남짓 후에 새로운 임무를 맡게 될 텐데 왜 집을 샀는지 이해하지 못했다. 보이드는 그 집이 좋은 투자라고 대답했다.

매클레이브 드라이브 집에서의 일상은 보이드가 자란 집에서의 일상과 비슷했다. 나무 그늘이 드리워진 한적한 거리에 있는 이 단층집은 너무 작고 아이들로 가득 차 있어서 늘 붐벼 보였다. 메리와 보이드가 방 하나를 썼고, 두 소녀가 다른 방을, 그리고 세 소년이 나머지 방을 같이 썼다. 식탁은 스티븐의 운동 테이블로 쓰였다.

스티븐은 그해 1학년에 입학했다. 그는 척추가 너무 휘어 하루 종일 앉아 있기가 너무 고통스러웠다. 그런 그를 위해 학교 측은 그에게 긴 의자를 제공해주었다. 그는 수업을 따라가기가 힘들었다. 학습장애가 있는 것 같았다. 선생님은 스티븐이 칠판 글씨를 잘 못 본다는 것을 알게 되었다. 스티븐은 소아마비에 더해서 거의 장님과 같았다. 안경으로 시력은 바로 개선되었지만 수업은 그렇지 않았다. 스티븐은 1학년때 웜스프링스에 있는 병원에 있었기 때문에 수업에 많이 빠졌다. 그는 따뜻한 물에서 수영하고, 교정기를 착용하고, 몸을 당겼다가 늘리는 운동을 하고, 의사들에게 진찰을 받았다. 하지만 호전되지 않았다. 그러자 성격상 자신이 내린 결정도 확신하지 못하는 메리는 다른 곳에서 치료를 받았어야 하지 않았을까라는 후회가 들기 시작했다.

보이드는 애틀랜타에서 대학에 다녔고 공부 외에는 어떤 것도 거의 하지 않았기 때문에 메리는 혼자서 웜스프링스을 오가며 모든 것을 처리했다. 메리 엘렌이 태어났을 때 보이드는 병원에 있었지만 복도에서 몸을 굽힌 채 책만 들여다보고 있었다. 그는 수영을 하지 않았고 헬스도 그만뒀다. 조지아 공대 졸업앨범에는 보이드가 있던 2년 동안 찍은 그의 학급

사진도, 졸업 사진도 없었다. 조지아 공대 연감인《블루프린트^{Blueprint}》에 보이드가 언급된 것은 1962년 졸업생 명단에 루비 활자^{agate type}[119]로 씌어진 그의 이름뿐이었다.

보이드는 학업 외에도 기존의 "공중전 연구"를 좀 더 보강하고 싶다는 마음을 늘 품고 있었다. 그러려면 150페이지의 설명문을 하나의 수학 공식으로 압축해 나타낼 수 있는 방법이 필요했다. 보이드는 종종 스프래들링이나 캐튼에게 전화해서 자신이 찾기를 바란 돌파구에 관해 마음속에 가득 찬 생각들을 이야기했다. 스프래들링과 캐튼은 몇 시간씩 경청했다. 보이드는 통화를 할 때마다 희미하고 먼 목표에 한 걸음씩 더 다가가는 것 같았다. 스프래들링과 캐튼은 한밤중이라도 보이드가 전화를 했다는 것에 뿌듯해했다.

스프래들링은 보이드가 위험한 외줄타기를 하고 있다는 것을 알고 있었다. 보이드는 "공중전 연구"를 더 높은 수준으로 끌어올리는 데 집착했지만, 그의 최우선 과제는 높은 성적을 유지하는 것이어야 했다. 공군은 납세자의 돈으로 대학에 다니면서 성적이 좋지 않은 장교를 좋게 볼 리가 없었다.

스프래들링의 걱정이 옳았다. 보이드의 조지아 공대 성적증명서를 보면, 그의 성적은 A에서 D까지로 불규칙했고, 몇몇 과목은 수강을 취소한 것으로 되어 있었다. 하지만 이후의 쿼터^{quarter}[120]들에서는 "공중전 연구" 작업과 학업 두 가지를 다 잘해서 결국 예상보다 한 쿼터 일찍 학위를 받았다. 근무평정에 해당하는 그의 공군교육보고서^{Air Force Training Report}를 보면 그의 학업 성적은 "평균 이상"이었으며 "그는 공군공과대학원^{AFIT} 프로그램의 지침을 신속히 준수했음"이라고 되어 있다.

성적증명서에는 1962년 겨울 동안 보이드가 항공 분야에 길이 남을

---

119 루비 활자: 알파벳 활자의 크기를 나타내는 호칭.

120 쿼터: 한 학년에 4개 학기로 이루어지는 제도에서 한 학기.

심오한 공헌을 했다는 내용은 나와 있지 않다. 어떤 의미에서 보이드의 인생에서 이 시점까지 일어난 모든 일들은 기초를 다지는 것들이라고 할 수 있었다. 보이드의 인생에서 진짜 이야기는 이제 막 시작되려 하고 있었다. 그는 항공 분야를 영원히 변화시킬 과정을 시작하는 떨리는 첫걸음을 내디딜 참이었다. 그가 어느 늦은 밤 한 오래된 건물의 2층 강의실에서 생각해낸 것은 물리학 분야에서 뉴턴^{Newton}이 그랬던 것처럼 오늘날 항공 분야에서 근본적이고 중요한 개념이 되었다.

열역학과 씨름하다

기계공학과 관련된 여러 과목 중 하나가 열역학^{thermodynamics} 과목이다. 조지아 공대에서 흔히 써모^{Thermo}라고 부르는 이 과목은 1962년에도 그랬고 지금도 캠퍼스에서 가장 어려운 수업 중 하나다. 열역학은 일부 사람들이 에너지 연구라고 정의하는 물리학의 한 분야다. 열역학은 뉴턴 역학을 포함하지만 그 범위를 넘어선다. 물질로 들어가는 에너지의 양과 그 물질의 특성의 결과적인 변화 사이의 수학적 관계가 열역학에서 큰 부분을 차지한다.

열역학에는 몇 가지 법칙이 있는데, 그 법칙들은 각 단계별로 드러난 새로운 내용들을 담고 있다. 열역학 제1법칙은 대개 물리학에서 연구하며 에너지 보존과 관련이 있다.[121] 이를 가장 쉽게 설명하자면 수표책을 예로 들 수 있다. 일정 금액의 돈을 은행계좌에 입금한 뒤 그중에서 일부 돈을 출금하면 입금한 돈에서 출금한 돈을 뺀 잔액이 남아야 한다. 에너지는 돈과 마찬가지로 총량은 사라지지 않는다. 따라서 반드시 그 입출금 내역이 설명되어야 한다.

---

121 열역학 제1법칙을 에너지 보존의 법칙이라 한다. 에너지가 다른 에너지로 전환될 때, 에너지의 형태는 바뀌지만 전환 전후의 에너지 총량은 항상 일정하게 보존된다는 법칙이다.

제2법칙은 열역학 고유 법칙으로, 에너지 보존 시 물리적으로 일어날 수 있는 현상에 제약이 있다는 법칙이다. 이를 "엔트로피entropy 법칙"[122]이라고 하며, 모든 계system에 적용되지만 주로 닫힌 계closed system, 즉 외부의 힘이 작용하지 않는 계에서 그 영향을 가장 쉽게 접할 수 있다. 제2법칙은 은행 계좌와 마찬가지로 에너지 소비에 변동이 없다고 가정한다. 이 법칙에서는 닫힌 계에서의 열 전달이 높은 온도에서 낮은 온도로 한 방향으로만 진행된다고 말한다. 한 가지 좋은 예는 밀폐된 통 안에 사각 얼음과 약간의 물이 들어 있는 경우다. 주변의 물에서 얼음으로 열이 전달되면서 얼음이 녹고 결국 통 안의 모든 물이 같은 온도가 된다. 그러면 에너지 이동이 끝난다. 이 계는 폐쇄되어 있고, 안정적이고, 균질하고, 균일하다. 그러나 얼음이 녹기 전보다 더 큰 무질서 상태에 있다고 간주된다.

열역학 제1법칙은 단순명료해 보이지만, 실제로는 극도로 복잡하고 열역학에서 이해하기가 더 어려운 부분 중 하나다. 열역학 제2법칙은 물리학에서 최초의 비가역적 법칙nonreversible law으로, 거의 과학의 영역을 벗어난 것이었다. 이 법칙은 우주가 질서 상태에서 무질서 상태로 변한다고 말한다. 따뜻한 물체와 차가운 물체가 분리되어 있다면 아주 질서정연한 상태임을 나타낸다. 따뜻한 물체가 차가운 물체의 온도를 높여서 평형 온도equilibrium temperature가 되면 무질서도無秩序度가 증가한 것이다. 이는 많은 사람들이 이해하기 어려운 개념이다.

열역학 제2법칙은 모든 과학에서 가장 특이한 법칙 중 하나다. 열역학 제2법칙을 해석하고 정의하고 그 함의를 다루는 일은 답이 없는 끝없는 학문 연구 중 하나가 될 수 있다. 예를 들어, 만일 열역학 제2법칙에서 말하는 질서에서 무질서로의 일방적인 비가역성을 현실에서 시간에 적용

---

122 엔트로피 법칙: 모든 물질과 에너지는 오직 한 방향으로만 바뀌며, 질서 상태에서 무질서 상태로 변한다는 열역학 제2법칙.

해 시간의 화살arrow of time[123]이라고 한다면? 이는 우리가 실재한다고 생각하는 세계가 실제로는 무질서한 상태라는 뜻이다.

어떤 사람들은 심지어 신의 존재를 증명하기 위해 열역학 제2법칙을 이용하기도 한다. 그들의 주장은 신이 질서를 확립했고(낮은 엔트로피), 그 이후 우주가 발전하면서 계속 무질서해졌다(높은 엔트로피)는 것이다. 이러한 변화는 일방적으로 이루어져왔기 때문에 우선 질서를 확립하기 위해서는 신이 있어야 한다. 그렇지 않으면 무질서 상태로 쇠퇴할 무언가가 애당초 없었을 것이라는 게 그들의 주장이다.

1962년 겨울에 보이드는 열역학과 씨름했다.

"공중전 연구"를 더 높은 수준으로 끌어올릴 돌파구를 찾다

찰스 E. 쿠퍼Charles E. Cooper는 항공공학을 전공하는 19세 3학년 학생이었는데, 항공과 관련된 모든 것에 매료되어 완전히 심취했다. 애틀랜타 남서부 출신인 그는 남부인답게 군에 관한 모든 것에 관심이 있었다. 열역학은 그에게 쉬운 과목이었고 그저 정말 대단한 항공공학 관련 수업들 중 한 과목에 불과했다. 그는 항공공학 관련 수업들을 통해 양력lift과 항력계수drag coefficients, 구조, 추진장치propulsion, 비행제어시스템flight control systems을 공부할 수 있었고, 제도대에서 군용기를 설계하는 데 많은 시간을 보냈다. 그는 언젠가 방위산업체에서 비행사들과 함께 일하게 될지도 몰랐다. 모든 미국인이 소련과의 "우주경쟁"을 이야기하고 있었고, 달에 간다는 이야기도 있었다. 항공공학 학위를 따서 조지아 공대를 졸업하기만 하면 미국이 추진하는 어떤 일에도 참여가 가능할 것이다.

기계공학과 건물 2층 강의실에서 그의 옆에 앉아 있던 학생은 캠퍼스

---

123 시간의 화살: 과거에서 미래로만 향하는 시간의 비가역적인 방향성을 화살에 비유하여 표현한 말로, 영국의 물리학자 아서 에딩턴(Arthur Eddington)이 제창했다.

를 제집처럼 돌아다니며 마치 뉴올리언스의 창녀촌에서 영어를 배운 것처럼 말하는 나이 든 남자였다. 이 나이 든 남자는 자신을 존 보이드라고 소개했다. 보이드는 전반적으로 열역학, 특히 열역학 제2법칙을 어려워했는데, 그중에서도 유난히 이해하기 힘든 엔트로피와 무효 에너지 unavailable energy라는 개념 때문에 혼란스러웠다. 대체 어떻게 무효 에너지라는 것이 있을 수 있단 말인가? 쿠퍼와 보이드는 대화를 나누었고 쿠퍼는 열역학 제2법칙이 무슨 뜻인지, 그리고 그것이 어떤 의미가 있는지 설명했다.

몇 주 동안 두 사람은 수업이 끝난 후 대화를 했고, 쿠퍼가 개인교습을 해준 덕분에 보이드는 학업에 뒤처지지 않았다. 어느 날 오후, 두 남자는 헴필 스트리트Hemphill Street를 지나 조지아 공대의 마스코트 이름을 딴 작은 식당인 옐로 재킷Yellow Jacket으로 걸어갔다. 그 식당은 조지아 공대 학생들이 햄버거와 핫도그를 사 먹을 수 있는 간이식당이었다. 둘은 탄산음료 두 잔을 시켜 마시며 이야기를 나누었다. 마침내 쿠퍼는 보이드를 처음 만난 이후 줄곧 마음에 두고 있던 화제를 꺼냈다.

"다른 학생들보다 나이가 있으신데요. 왜 이리 늦게 대학에 진학하시게 되었나요?"

보이드는 자신이 이미 아이오와 대학에서 학위를 받았고 공학 학위를 받으려고 이곳에 온 공군 장교라고 말했다.

"공군에서 어떤 일을 하세요?"

보이드는 쿠퍼를 보고 웃으며 "빌어먹을 전투기 조종사야"라고 말했다.

그의 말투로 보아 세상에서 이보다 더 나은 것은 없고, 그 이상 열망하는 것도 없음이 분명해 보였다. 마침 쿠퍼도 그런 생각을 갖고 있었다. 40년이 지난 지금도 그는 여전히 대화의 요지를 기억하고 있었다.

"어떤 비행기를 조종하세요?"

"전부 다. 지난 몇 년은 F-100을 조종했어. 한국에선 죽이는 F-86을 몰았고. 망할 미그 앨리에 있었지. 압록강으로 날아가면 공산당 개자식들이 우리는 올라갈 수 없는 4만 5,000이나 5만 피트로 올라가곤 했는데, 그래도 그놈들이 내려오면 엉덩이를 걷어차 줬어."

19세의 대학생 쿠퍼는 미그 앨리를 위풍당당하게 누빈 적이 있는 34세의 공군 전투기 조종사와 대화하고 있었다. 쿠퍼는 조지아 공대에서 이런 일을 겪으리라고는 전혀 생각하지 못했다. 그는 탄산음료를 내려놓고 응시했다. 이 상황은 우주선 설계보다 더 흥미로웠다. 그는 전쟁영웅과 대화하고 있었던 것이다.

보이드는 쿠퍼의 경외심을 틀림없이 느꼈을 것이다. 왜냐하면 갑자기 말이 술술 나왔기 때문이다. 그는 말하는 것을 좋아하는 데다가 이제는 자신을 인정해주고 심지어 숭배까지 하면서 자신의 말을 들어주는 사람을 만났다. 게다가 식당 안의 다른 사람들이 전부 듣는 것도 나쁘지 않았다.

"한국의 K-13이라는 곳에 내렸어. 한 무리의 중위들과 망할 C-54를 타고 거기 갔는데, F-86 조종사 모두가 전투에 투입될 예정이었지. 우리가 내린 뒤 사이렌 소리가 울렸는데, 공군 헌병대 차가 어느 비행기를 따라 달리는 걸 보고 대체 무슨 일인가 하고 놀랐어. 그러더니 문이 열리고 대령 한 명이 주기장에 나타나더라. 헌병들이 그의 앞뒤에 서서 호위를 했고 그가 망할 비행기에 타는 걸 확인했지. 그들은 그를 집으로 보내고 있었던 거야. 알고 보니 그는 압록강을 건너서 만주의 절반을 박살낸 거였어. 그는 편대에 "망할 무전기 꺼라"라고 말하고 강을 건너서 박살을 냈어. 며칠 뒤에 다른 대령이 또 그랬어. 그리고 또 다른 대령이 또다시 그러고. 3일 만에 대령 3명이 떠나는 걸 봤어. 그들은 압록강을 넘어가서 공산당놈들을 멋지게 갈겨버렸던 거야."

쿠퍼는 놀라며 고개를 저었다. 그리고 식당 안의 다른 학생들도 들으면서 고개를 끄덕였는데, 분명히 한국에서 일어난 진실을 알게 된 것을 기쁘게 생각하고, 우리 젊은이들이 공산당의 위협에 맞서 싸우면서 해야 할 일을 했다는 것을 알고는 기뻐했을 것이다.

조종사들이 압록강을 몰래 넘어가서 만주 보호지역의 공산군 비행장에 타격을 입힌 것은 사실이다. 그리고 그 일이 발각되면 본국으로 송환된 것도 사실이다. 하지만 대령들은 그 일을 하지 않았다. 한 기지에서 3일 만에 대령 3명이 그런 일을 했다는 것은 물론 사실이 아니었다. 그 전쟁 이야기는 보이드가 민간인에게 말할 때 심한 과장을 한 사례였다. 하지만 그렇다고 해서 많은 사람들이 생각하듯 그것을 거짓말이라는 단어로 딱 잘라 표현하기는 힘들다. 쿠퍼는 남부인으로서 그것을 이해했다. 남부인과 전투기 조종사는 사실보다 이야기가 더 중요하다는 것을 알고 있다. 만일 어떤 이야기가 진실이 아니더라도 그 이야기를 말하는 것은 진심일 수 있다. 따라서 쿠퍼가 보이드가 전쟁 이야기를 꾸며서 하고 있음을 알았다 해도 그것은 중요하지 않았을 것이다. 쿠퍼는 나중에 방산업계에서 계속 일하면서 보이드가 유명해지자 3인의 대령 이야기를 수백 번 반복하기까지 했다.

보이드와 쿠퍼는 햄버거를 주문했다. 보이드는 몇 입 베어 물고 계속 말하며 넬리스 시절의 이야기를 들려주었다. 크고 요란한 그의 웃음소리가 의기양양하게 식당 안에 울려 퍼졌다. 그는 쿠퍼에게 자신이 넬리스에서 "공중전 연구"를 쓸 때 처음 떠오른 아이디어에 대해 연구하고 있다고 말했다. 그것은 제트 전투기의 성능과 관련이 있었는데, 고속도로를 달리면서 앞차를 추월할지 여부를 결정하는 것과 같았다. 어떤 속도에서 운전자는 앞차 옆으로 빠져서 추월할 정도의 출력이 있다는 것을 안다. 다른 속도에서는 앞차를 추월하기가 훨씬 더 힘들다. 같은 아이디어를 전투 중인 항공기에도 적용할 수 있다. 가장 빠른 속도나 가장 높은 추력을 낼 수 있는 조종사는 적의 6시 방향으로 들어가서 위치를 유지하고 근접 공중전에서 이길 수 있을 것이다. 속도나 추력을 낼 수 없다면, 기동으로 적을 압도하려고 시도하지 않는 것이 좋다.

마침내 공부하러 돌아갈 시간이 되어 둘은 존 세일러 쿤 빌딩^{John Saylor} Coon Building으로 돌아왔다. 그들은 2층에서 빈 강의실을 발견했고, 그곳에서 강의실 폭과 거의 비슷한 긴 책상 중 하나에 열역학 교과서인 존스

Jones와 호킨스Hawkins의 『공업열역학Engineering Thermodynamics』책을 펼쳤다. 이 책은 비교적 작은 책이었지만, 거기 담긴 방정식들은 몇몇 영리한 젊은이들에게는 도움이 되었다. 쿠퍼는 열역학 제2법칙에 관해 말하기 시작하면서 엔트로피라고 하는 무효 에너지가 있기 때문에 유효 에너지usable energy는 계system에 들어가는 것보다 나오는 것이 항상 더 적다고 설명했다. 보이드는 고개를 끄덕였다. 잠시 후 그는 일어나서 서성거리기 시작했다. 쿠퍼는 몇 시간을 계속했지만, 보이드는 집중할 수가 없었다. 무언가가 그의 머릿속을 맴돌면서 의식의 한계를 확장시키고 있었다. 이게 대체 뭘까? 보이드는 계속 서성였다. 그는 괴로운 듯 얼굴을 찡그렸다.

쿠퍼는 엔트로피가 존재한다는 것은 어떤 계도 100퍼센트 효과적이지는 않다는 의미라고 말했다. 만일 그런 것이 있다면 영구운동 기계가 만들어졌을 것이다. 교수들은 무효 에너지와 에너지 상태 및 계의 상태 같은 말들로 너무 복잡하게 이야기한다.

거의 자정이 되어서 보이드는 화가 나서 두 손을 크게 벌리고는 "젠장, 나는 비행기에 관해서는 이해하는데, 왜 이건 모르겠지?"라고 말했다.

"그러면 비행기의 관점에서 생각해보세요" 쿠퍼는 말했다. "똑같은 거예요. 엔트로피는 무효 에너지예요. 에너지는 증가하거나 감소할 수 있어요. 10이라는 에너지를 계에 투입하고 그중 8만 작업에 사용할 수 있다면 결과적으로 엔트로피가 증가한 겁니다."

쿠퍼는 계속 말했다. 그는 열역학에 관해 이야기하기를 좋아했다. 하지만 보이드는 경청하지 않았다. 그에게는 다른 소리가 들리고 있었다. 구술 인터뷰에서 그는 갑자기 자신이 아주 오랫동안 탐구했던 것을 깨달아 머리카락이 곤두서고 소름이 돋았다고 말했다. 여러 해 동안 씨름해왔던 모든 것이 갑자기 이해가 되었다. 간단명료하며 장엄하기까지 한 생각이 그를 거의 압도했다. 에너지 보존과 손실에 관한 열역학 법칙은 공대공 전투에서의 전술적 타협tactical give-and-take과 같았다. 근접 공중전에서 조종사가 적을 능가할 수 있도록 해주는 것은 추력이나 속도가 아니다. 에너지다.

에너지!

만일 3만 피트 고도에서 200노트로 비행한다면, 그는 운동에너지^{kinetic} ^{energy}는 작지만 엄청난 양의 위치에너지^{potential energy}를 가진 것이다. 만일 2만 피트 상공에 있는 적 전투기를 보고 교전하기 위해 강하한다면 속도가 증가하는데, 이는 위치에너지를 운동에너지로 바꿨기 때문이다. 그는 P-38에 탄 리처드 봉처럼 속도를 높여 적 대형을 번개처럼 지나친 다음 적이 무슨 일이 벌어지는지 알기도 전에 기총 사거리를 벗어난다. 그 후 그는 강하해서 얻은 운동에너지(또는 속도)를 사용하여 높은 고도로 다시 올라갈 수 있다. 하지만 상승하면서 속도를 잃고 운동에너지가 다시 위치에너지로 전환된다. 속도를 회복하는 유일한 방법은 직선 수평비행을 하거나 다시 강하하는 것과 같이 적에게 취약해질 수도 있는 기동을 하는 것이다.

에너지를 가졌어도 일시적으로 사용할 수 없을 수도 있다.

보이드는 책들 사이를 미친 듯이 뒤지더니 노란색 리갈 패드^{legal pad}¹²⁴를 찾아내고는 간단한 메모와 자신의 생각, 방정식, 이론, 질문들을 휘갈겨 쓰기 시작했다. 공대공 전투를 에너지의 측면에서 바라볼 수 있다면, 항공기의 성능을 위한 방정식을 고안할 수 있을 것이다.

시험은 잊었다. 보이드는 쓰고, 중얼거리고, 고개를 끄덕이고, 오랜 침묵에 빠졌다. 쿠퍼는 몇 차례 보이드와 대화를 하려 했지만 이 나이 든 사람은 다른 세상에 있는 것이 분명했다. 쿠퍼는 집으로 돌아갔다. 보이드는 새벽 1시까지 여는 도서관으로 가서 계속 방정식들을 연구했다. 그는 다음에 무엇을 해야 하는지, 어떤 방정식들을 작성하고 풀어야 하는지, 어떤 이론을 따르고 발전시켜야 하는지에 대한 목록을 작성했다. 그는 노란색 리갈 패드를 한 장 한 장 채웠다.

---

124 리갈 패드: 줄이 처진 노란색 용지 묶음.

도서관의 문이 닫히자, 그는 뷰퍼드 하이웨이Buford Highway를 타고 매클레이브 드라이브로 방향을 틀어 집에 들어가 작업을 계속했다. 그런 다음 스프래들링에게 전화했다. 애틀랜타는 오전 4시경으로, 라스베이거스보다 3시간이 빨랐다.

전화가 울렸을 때 스프래들링은 보이드 아니면 가족의 비상 상황이라는 것을 알았다.

"스프래들링 관사입니다."

"스프래드, 존입니다."

"어, 존. 지금 몇 시지?"

"스프래드, 돌파구를 찾았습니다."

"무슨 돌파구?"

"여기 온 뒤로 계속 찾던 그거요. 오늘 밤에 찾았어요, 스프래드."

보이드는 1시간 이상 이야기했다. 그는 몇 시간을 잔 다음 조지아 공대로 다시 차를 몰았고 열역학 시험을 봤다. (그 과목에서 B를 받았으니 시험을 잘 본 게 틀림없었다.) 수업이 끝난 후 그는 집으로 달려와서 리갈 패드를 꺼내 자신이 한 "모든 것이 헛소리인지 아니면 말이 되는지 살폈다."

여전히 말이 되어 보였다.

그는 더 많은 메모, 더 많은 생각, 더 많은 방정식을 추가했다. 그러다가 그것을 제쳐두고 그가 자신의 "침체기"라고 부른 기간에 들어가서 '오이런, 누가 이미 이것을 해놓았다면 어쩌지'라고 생각했다. 만일 그가 발견한 작업을 이미 다른 누군가가 했다면 더 이상 시간을 낭비하고 싶지 않았다. 그가 생각해낸 것은 너무나 간단하고 너무나 명백해서 누군가 이전에 그것을 발견했을 수도 있었다. 그는 쿠퍼와 공대의 다른 학생들에게 에너지에 관한 자신의 생각을 가볍게 언급했다. 그는 그들이 비슷한 연구를 들어본 적이 있는지 궁금했다. 그들은 들어본 적이 없었다. 그의 열역학 교수는 이 분야에서 그런 연구는 들어본 적이 없다고 했다. 보이드는 자신이 연구하는 것과 같은 연구를 도서관에서 발견할 수 없었다. 그리고는 만일 누가 그가 도달한 것과 같은 결론에 도달한 적이 있고 이를 전술에 적용했다면 넬리스에 있을 때 그가 이미 그것에 관해 알았을 것이라는 것을 깨달았다. 전투기 전술에 관한 모든 것의 종착지가 넬리스였다. 그리고 그는 전투기무기학교의 학술부장이었으므로 그 자료를 보았을 것이다. 하지만 그는 어떤 평론, 어떤 연구, 어떤 보고서도 보지 못했다.

이 연구는 이전에 이루어진 적이 없었다.

그는 다시 한 번 흥분했다. 그가 연구하는 과정에 있던 엄청난 문제는 항공 분야를 영원히 변화시킬 것이다. 그는 그걸 알고 있었다.

하지만 졸업하려면 공대에서 한 쿼터를 더 보내야 했다. 그리고 공부를 잘해야 했다. 그는 공부에 집중해야 했다. 그런데도 그는 항상 리갈 패드를 가지고 다니면서 새 아이디어를 메모했다. 그는 이미 다음 근무 명령을 받은 상태였다. 플로리다 반도에 있는 에글린^{Eglin} 공군기지로 가기로 되어 있었다. 에글린에서는 잉여 에너지^{excess energy}에 관한 아이디어들에 전념할 수 있었다. 하지만 이를 어떻게 적용할 것인가? 그가 그것으로 무엇을 할 수 있을까? 공군이 관심을 가질까?

보이드는 1962년 여름 쿼터를 마치고 조지아 공대를 졸업했다. 그리고 그 직후 소령으로 진급했다. 그의 모든 진급은 정기 혹은 특차 진급이었다. 즉, 제때 혹은 더 빠르게 진급했던 것이다. 그는 많은 동기들보다 앞서 있었다.

공군에 있는 것이 흥분되는 시기였다. 미국인들은 달에 사람을 보낼 것이라고 선언한 새 대통령에게 매혹되었다. 우주경쟁이 치열해지고 있었고, 공군은 공학자들을 위한 원대한 계획을 세우고 있었다. 커티스 르메이의 참모로 있던 월터 캠벨 스위니^{Walter Campbell Sweeney} 대장이 전술공군사령부를 맡는데, 그는 전투기무기학교를 해체할지도 모르는 진짜 폭격기 장군이었다.

보이드는 매클레이브 드라이브의 집을 내놓았지만 1963년 2월에야 매입자가 나타났다. 매입자는 집값을 직접 지불하지 않고 대출금만을 떠안았다. 이는 보이드가 22개월치 주택대출금을 분할상환하고 나서 투자 수익 없이 집을 넘겼다는 뜻이다.

메리는 아이오와 대학교에서 경제학 학위를 받고 조지아 공과대학교에서 산업공학 학위를 받은 남편을 보면서 설명을 요구했다. "집이 좋은 투자라면서요." 그녀는 따졌다.

보이드는 어깨를 으쓱하며 말했다. "월세를 안 내고 그 집에 살았잖아."

그 집은 보이드가 소유했던 유일한 집이었다.

CHAPTER 10

에너지-기동성 이론

에글린 공군기지의 미친 소령

넬리스가 미국에서 가장 외지고 고립된 공군기지였다면, 에글린은 근소한 차이로 2위를 차지한 공군기지였다. 그러나 에글린 주변에는 활기 넘치고 역동적인 라스베이거스와 같은 도시가 없었다. 에글린 인근에는 발프^{Val-P}라고 부르는 한적한 마을인 발프레이조^{Valparaiso}가 있었고, 포트 월튼 비치^{Fort Walton Beach}, 샬리마^{Shalimar}, 그리고 이름도 멋있는 나이스빌^{Niceville}과 같은 작은 마을들이 근처에 있었다. 에글린은 흰꼬리사슴이 기지의 주도로 근처에서 풀을 뜯을 정도로 목가적이었다. 에글린을 바깥세상과 연결하는 주된 연결 수단은 서던 항공^{Southern Airways}이었고, DC-3 2대가 매일 오칼루사 카운티 공항^{Okaloosa County Airport}으로 운항했다. 민간공항과 에글린은 활주로를 공유했다.

에글린 공군기지 북쪽과 서쪽에는 소나무가 가득한 수십만 에이커의 벌판이 있으며 남쪽에는 멕시코만이 있다. 기지는 외진 곳에 있어서 기총, 폭탄, 로켓을 시험하기에 완벽했다. 미군에서 가장 비밀스러운 몇몇 임무들이 에글린과 소나무숲 안에 있는 작은 비밀 보조 기지들에서 수행되었다. 제2차 세계대전 당시 지미 둘리틀Jimmy Doolittle[125]이 이곳에 와서 도쿄東京 공습을 위해 B-25 승무원을 훈련시켰다. 독일 로켓 시설을 파괴하는 전술도 이곳에서 개발되었다. 몇 년 후에는 베트남전 전쟁포로를 구출하는 임무를 이곳에서 연습했다.

에글린을 무장을 시험하고 그 무장을 투하하는 전술을 개발하고 극비임무 실행을 연습하기에 이상적인 장소로 만드는 바로 이러한 특징들로 인해 에글린 공군기지에 온 공군의 배우자와 자녀들은 이곳을 끔찍한 곳으로 여긴다. 동쪽에 있는 가장 가까운 도시는 탤러해시Tallahassee다. 북쪽에는 앨라배마주 몽고메리Montgomery가 있다. 뉴올리언스는 서쪽으로 약 200마일 떨어져 있다. 1962년 여름 당시 플로리다 반도의 서쪽 끝은 사실상 외부세계의 손길이 닿지 않고 남부 태양의 가차 없는 열기 이외에는 거의 아무것에도 영향을 받지 않는 미국의 조용한 벽지였다.

보이드가 에글린에 도착했을 때, 전술 항공 병과는 심각한 곤경에 처해 있었다. 르메이 대장의 바짓가랑이에 빌붙은 폭격기 장군들이 권력의 정점에 있었다. 그들은 가장 크고 빠르고 가장 높이 나는 장거리 폭격기를 가지고 있음을 자랑했다. 그들은 점점 더 전략에 대해 독단적이 되어 항공기 한 대와 무기 한 발만 있으면 적 하나를 제거할 수 있다고 호언장담했다. 1962년의 공군 지휘부는 1947년의 공군 지휘부와 기본적으로 같은 지휘 철학을 갖고 있었다. 공군은 불과 창설 15년 만에 경직된 것이었다.

하지만 상황이 바뀌려 하고 있었다. 존 F. 케네디 대통령은 맥스웰 테일러Maxwell Taylor의 저서 『불확실한 나팔소리The Uncertain Trumpet』에 깊은 영향을 받았는데, 이 책에서 테일러는 전쟁에서 대량보복Massive Retaliation을 한다는 아이젠하워 독트린Eisenhower Doctrine이 실제로는 재래전conventional warfare의 가능성을 높였다고 주장했다. 테일러는 미국이 재래전 능력이

---

125 지미 둘리틀: 제2차 세계대전 당시 일본의 진주만 공습에 대한 복수로 일본 본토에 대한 대담한 공습, 일명 둘리틀 공습을 지휘하여 명예훈장을 받은 미국의 장군이자 항공의 선구자.

부족하기 때문에 사소한 문제에도 핵전쟁 위험을 감수해야 하므로 극히 조심하게 될 것이라고 말했다. 이 책은 케네디에게 큰 영향을 미쳐서, 케네디는 미국이 전쟁에 대해 좀 더 균형 잡힌 접근법을 가져야 한다고 결정했다. 미국은 대안이 필요했고, 이로 인해 재래전이 미래 계획의 큰 부분을 차지하게 되었다. 대량보복 교리가 유연 대응Flexible Response[126]으로 대체되면서 폭격기 장군들과 케네디 행정부가 대립하게 되었다. 이미 맥나마라 국방장관과 그 측근인 엘리트 자문 그룹, 일명 위즈 키즈Whiz Kids[127]는 F-105 프로그램을 취소함으로써 더 이상 저고도 고속 폭격기를 제작하지 않기로 했다. 맥나마라는 공군에게 F-4 팬텀Phantom을 구매하라고 명령했다. 그러나 F-4 팬텀은 원래 해군용으로 제작된 요격기로, 항공모함에서 이륙해서 해군 함정들을 위협할 수 있는 모든 것을 격추하도록 설계되어 있었다. 공군 조종사들은 F-4 팬텀을 "누더기Band-Aid 항공기"라고 불렀다. 설계 결함들이 발견될 때마다 주날개와 꼬리날개의 형상을 변경해서 땜질식으로 보완했기 때문이다(이것은 사실이었다). F-4는 쌍발 엔진 복좌기로 너무 육중했다. 그리고 그 형상은… 맙소사, 굽은 주날개와 경사진 꼬리날개를 가진 크고 뚱뚱한 동체라니! 공군 조종사들은 F-4가 어떤 물체라도 충분한 추력만 있으면 날 수 있다는 것과, 공중에서 옆으로 밀려도 항력 계수가 일반 비행과 다르지 않다는 것을 증명했다고 말했다.

해군 항공기, 일명 "짠물 비행기saltwater airplane"를 구매하라는 명령은 공군 역사상 가장 굴욕적인 일이었다. 그래서 공군은 공군의 임무에 적합하도록 공군이 직접 설계한 새 전투기를 보유해야 한다고 결정했다. 장군들은 뒷방에서 F-X라는 새 전투기를 계획하기 시작했다.

---

126 유연 대응: 적의 침략에 대해 대량보복을 하지 않고 유연하게 대응하는 전략.

127 위즈 키즈: 1960년대에 맥나마라가 측근으로 두며 전략 자문을 받은 20명 가량의 전문가 그룹을 일컫는 별명.

공군이 곤경에 처했다면, 보이드도 마찬가지였다. 구술 역사 인터뷰에서 보이드는 조지아 공대를 마치고 나서 넬리스로 돌아가기를 원했지만 에글린으로 가라고 주장하는 한 장군과 "진흙탕 싸움"에 빠졌다는 것을 알게 되었다고 회고했다. 장군은 그에게 전화를 걸어 이렇게 말했다. "그 뭣 같은 짓을 멈추지 않으면 군법회의에 회부될 것이네. …자네가 하고 있는 다른 망할 바보짓을 전부 멈춰." 장군은 결국 보이드와의 논쟁에 지쳐서 보이드에게 원하는 기지를 선택할 수 있게 해준다면 "지금 저지르고 있는 뭣 같은 짓을 전부 멈추겠나?"라고 물었다. 보이드는 그래서 그냥 에글린으로 가겠다고 했다고 한다.

이 이야기는 보이드가 사실을 어떻게 윤색했는지 보여주는 또 다른 사례다. 첫째, 보이드는 AFIT 프로그램의 조건이 공군체계사령부Air Force Systems Command, AFSC[128] 기지에 후속 배속 명령을 받는 것임을 알고 있었다. 둘째, 장군은 대위와 배속에 관해 협상하지 않는다. 셋째, 메리는 보이드가 조지아 공대를 마치기 몇 달 전에 둘이서 그의 다음 배속에 관해 상의한 끝에 에글린을 첫 희망지로 선택했다고 말했다. 그 이유는 웜스프링스가 불과 차로 6시간 거리에 있다는 순전히 개인적인 이유 때문이었다.

보이드는 에글린에 부임한 이후 여러 보직을 전전했는데, 표준화 및 훈련 담당부터 작전 참모, 귀빈 브리핑 담당에 이르기까지 다양했다. 한동안 그는 관사 배정을 담당하는 기지 배정관 역할도 했다. 하지만 그의 최우선 관심사는 조지아 공대에서 시작했던 이론을 발전시키는 것이었다. 그에게 관사를 배정받으러 온 모든 장교가 그의 연구에 관해 들었다. 귀빈에게 브리핑을 할 때도 그는 제트 전투기 기동 방법에 관한 자신의 생각들을 쏟아냈다. 그는 말을 할 때 팔을 너무 힘차게 흔들어서 제복 셔츠가 바지 밖으로 빠져 나올 정도였다. 그가 여러 보직을 전전한 것은 그다지

---

128 공군체계사령부: 1951년 4월에 창설되어 공군물자사령부에서 분리되었다. 공군체계사령부의 임무는 새로운 무기 시스템을 위한 연구개발이었다.

놀랍지 않다. 각 부서장은 보이드를 골칫덩이라고 생각해서 다른 누군가에게 보내고 싶어했다. 그는 결국 전투기 조종사들이 청소부보다 한 단계 위라고 생각하는 정비 부서로 가게 되자, 이에 대해 이렇게 반응했다.

"젠장, 4년 동안 정비나 하려고 이곳에 온 게 아닌데."

그는 자신의 상관인 대령에게 지시받은 임무든 아니든, 근무평정이 나쁘든 말든, 정비 보직에서 제발로 벗어나 6개월 안에 다른 보직을 갖게 될 것이라고 말했다.

이 무렵 최초의 복사기가 에글린에 도착했다. 그 전까지는 문서를 여러 부 복사하려면 비서들이 스텐실stencil[129]을 잘라서 등사기를 통해 돌렸다. 이제는 문서를 새 기계에 놓고 버튼을 누르면 수많은 사본이 나왔다. 새 기계를 처음 본 보이드는 그것을 응시하면서 잠시 생각에 잠기더니 이렇게 말했다. "이 기계를 뭐라고 부릅니까?" 복사기라는 답이 돌아왔다. 그는 고개를 저으며 말했다. "아니에요, 이거 보안철폐기antisecurity machine네요." 보이드는 문서 사본을 만들기 위해 스텐실을 자르는 수고를 하지 않으려는 사람들이 이제는 사본, 보이드의 표현대로라면 "분신들little brothers and sisters"을 쉽게 만들 수 있게 되었다는 것을 바로 알아차렸다. 그리고 그가 옳았다. 결국 복사기는 미국의 정보자유법Freedom of Information Act[130]보다도 정부를 개방시키는 데 더 많은 역할을 했다.

주어진 보직이 무엇이든, 그는 하루를 마친 후 집으로 돌아가 늦은 밤까지 노란색 리갈 패드에 메모하면서 방정식을 개발하고, 질문을 던지고, 스스로 "잉여 추력excess power"이라 부른 이론을 다듬었다. 점심시간과 주말에는 리갈 패드에 이론을 좀 더 간단한 형태로 정리해 압축하는 데 엄청난 시간을 쏟았다. 그는 리갈 패드 수십 권을 썼다. 에글린에서 그는 정

---

129 스텐실: 얇은 금속의 판, 종이, 가죽 등에 도려낸 인쇄용의 형. 문자나 모양 등을 인쇄하기 위한 것.

130 정보자유법: 미국 국민 누구나 정부의 정보를 요구할 권리가 있으며, 그에 대해 정부는 예외 사항을 제외한 모든 정보를 공개할 의무가 있다고 규정한 법이다.

신이 좀 이상한 사람이라는 평판을 얻고 있었다.

스프래들링과 캐튼은 일주일에 몇 번씩 항상 이른 새벽에 보이드로부터 걸려온 전화로 최근 진행 상황을 들었다. 넬리스와 전술공군사령부의 모든 전투기 조종사들은 종종 무기를 시험하기 위해 에글린 공군기지로 왔다. 보이드는 그들을 붙잡고 항공기들이 어떻게 서로를 상대로 기동할 수 있을지, 그리고 자신이 항공기의 성능을 어떻게 정량화하려 하는지를 몇 시간씩 떠들었다. 대화 도중에 그는 갑자기 멈춰 서서 종이쪽지를 꺼내어 방정식이나 메모를 휘갈기곤 했다. 그는 말을 할수록 자신이 하려는 것을 더 잘 이해하게 되었다. 각각의 독백은 그가 가는 목적지를 향해 내딛는 한 걸음이었다.

보이드는 40초 보이드에서 "미친 소령Mad Major"으로 탈바꿈하고 있었다. 그는 자신의 연구에 허점이 상당히 많다는 것을 알았고, 자신이 그것들을 해결하기에는 역부족임을 직시하게 되었다. 그는 몇 주 동안 한 방정식을 시험해보다가 결국 그것이 틀렸다는 것을 알게 되었다. 이런 속도라면 연구를 다듬고 구체화하는 데 몇 년이 걸릴 것이다. 그는 종착지를 바라볼 수는 있었지만 거기에 닿을 수는 없었다. 그에게 필요한 것은 수치를 계산해서 이론을 빠르게 시험할 수 있는 컴퓨터였다. 컴퓨터가 있어야 그 수치가 이론에 맞지 않으면 새 수치를 생각해내고 다시 처리해볼 수 있었다. 그러나 공군은 이제 막 컴퓨터를 사용하기 시작한 단계여서 이용에 제한이 있었다. 보이드는 컴퓨터를 관리하는 민간인에게 가서 컴퓨터를 이용할 수 있게 해달라고 요청했다. 수백 시간 어쩌면 그 이상의 시간이 필요할지도 몰랐다. 그 민간인은 준장에 상응하는 직급이었다. 그는 믿을 수 없다는 표정으로 보이드를 응시했다. "보이드 소령, 여기 에글린에서 보직이 뭡니까?" 그는 물었다.

보이드는 활짝 웃으며 시가를 흔들면서 실제로 이렇게 말했다. "아, 여기 온 뒤로 몇 가지 보직을 거쳤습니다. 지금은 정비장교고요. 다른 임무도 몇 가지 있습니다. 하지만 어느 보직도 그렇게 오래 할 생각은 없어요.

공군이 제가 하는 일을 이해하고 나면 저한테 제 이론을 개발하는 데 시간을 전부 쓰라고 말할 겁니다. 나는 사람들이 항공 분야에 대해 알고 있다고 생각하는 모든 걸 바꿀 겁니다."

그 민간인은 보이드를 사무실에서 쫓아냈다.

따분하고 사소한 업무들은 그에게 굴욕감을 안겨주었다. 그는 조지아 공대에서 공학 학위를 받았고 공군은 우주경쟁에서 경쟁하기 위해 더 많은 공학자가 필요했지만, 그는 망할 정비 장교로 쓰이고 있었다. 노란색 리갈 패드에 메모를 하면서 밤을 새운 것이 모두 허사가 되었다. 그의 이론은 완전히 태어나기도 전에 죽을지도 몰랐다.

그때 보이드는 "사기꾼Finagler"이라는 별명으로 불리는 사람을 만났다.

첫 번째 추종자 "사기꾼" 크리스티와의 만남

보이드는 일생 동안 6명의 남자들과 친한 친구가 되었다. 그들은 그의 추종자였다. 여러 면에서 이 6명은 꽤 달랐다. 이들의 공통점은 매우 밝고, 자신이 살고 있는 세상에 기여하고자 하는 거의 메시아적인 열망을 가지고 있으며, 정직하고 청렴하며, 매우 독립적이면서도 보이드를 헌신적으로 따르는 추종자라는 것이었다. 이들을 중요하게 언급하는 이유는, 이들이 보이드와 아주 가까워서 많은 경우 그들의 작업을 보이드의 작업과 구분할 수 없기 때문이다. 보이드의 삶의 이야기는 곧 그들의 삶의 이야기이기도 하다.

이들 중 첫 번째 인물이자 어떤 면에서는 가장 중요한 사람이 토머스 필립 크리스티Thomas Philip Christie다. 크리스티는 1935년 5월 28일에 5남매 중 맏이로 태어났다. 그는 힘들게 자랐다. 그의 아버지는 도박꾼에 술고래이고 상습적인 바람둥이였으며, 술에 취하면 부인을 때렸다. 크리스티가 어머니를 지키려 하면 그 역시 매를 맞았다. 그의 가족은 부끄러울 정도로 가난했고, 닭을 키우며 근근이 살았다. 크리스티는 성장 과정에서 통과의례라 할 수 있는 데이트나 파티 같은 것을 해보지 못했다. 크리스티는 폭력적인 알코올 중독자 아버지의 아들로서 일찍부터 생존 기술을 배웠고, 그에게 해를 끼칠 수 있는 사람들의 눈에 띄지 않는 법을 배웠다. 어린 시절 어려운 환경에도 불구하고 그는 교실과 야구장에서 두각을 나타냈고, 결국 펜사콜라Pensacola를 탈출해서 앨라배마주 모바일Mobile에 있는 작은 예수회 학교인 스프링 힐 칼리지Spring Hill College에서 장학금을 받으면서 수학을 공부했다. 1955년에 우등생으로 학교를 졸업했고, 곧 에글린 공군기지의 민간 일자리에 지원해서 GS-5 직급[131]으로 바로 채용되어 연봉 4,000달러를 받았다.

그는 에글린에서 일하기 시작할 때부터 수학과 통계학 대학원 과정을 수강하기 시작했다. 공군은 장교들이 더 높은 학위를 추구하도록 장려하는 AFIT 프로그램을 운영했지만, 민간인 직원에게는 거의 기회가 제공되지 않았다. 1961년 크리스티는 공군이 대학원에 진학하도록 선발한 몇명 안 되는 민간인 군무원에 포함되었다. 공군은 그에게 어느 학교든 선택하라면서 공군에서 학비를 댈 것이라고 말했다. 크리스티는 뉴욕 대학교New York University를 선택했고 응용수학으로 석사학위를 받았다. 1962년에 에글린으로 돌아와서 그는 공군무장센터Air Force Armament Center 탄도학처Ballistics Division에 배치되었는데, 그곳에서 그의 첫 보직은 공군이 육군으로부터 마지막으로 벗어날 수 있도록 하는 일이었다.

공군은 아직 자기 자리를 찾고 자리를 잡으려 노력하는 중이었다. 육군과의 관련성은 하나씩 끊어졌지만, 공군은 여전히 옛 육군항공단 시절에 쓰던 폭격표를 사용했다. 이 폭격표는 바람, 속도, 기온을 변수로 하는 방정식을 이용해서 다양한 고도에서 투하하는 폭탄의 탄도를 수학적으로 계산한 것이었다. 이 복잡한 공식은 폭격수가 사용할 수 있도록 표로 정

---

131 GS-5 직급: 미 군무원 직급은 1978년도 이전의 체계 기준으로 맨 아래 GS-1급부터 맨 위 GS-18급까지 있었으며, GS-5급은 의전 기준으로 하급 부사관 정도에 해당한다.

리되었다. 크리스티의 업무는 공군용 폭격표를 개발해서 기존의 육군항공단 폭격표를 쓰레기통에 던져버리고 공군이 마침내 가장 창피한 육군의 구속으로부터 벗어날 수 있게 하는 것이었다.

처음에 크리스티는 초급장교 한 명과 민간인 한 명을 그의 밑에 두고 있었다. 그러나 상황이 바뀌어 그를 중심으로 조직이 커지게 되었다. 그는 젊었고 관료적 방식에는 비교적 경험이 적었지만 이미 관료제에 통달해 있었다. 그는 그것을 거의 직관적으로 알고 있었다. 그는 알코올 중독자인 아버지 밑에서 자라 애어른이나 다름없었고, 그의 계획을 박살낼 수 있는 자들의 레이더망 아래에서 어떻게 일해야 하는지를 알고 있었다. 나이든 고위 공군 장교들이 자신들의 실패에 화가 나서 씩씩대고 있을 때, 크리스티는 조용히 자신의 목표를 달성했다. 그는 목소리가 아주 부드러웠고 자신을 거의 드러내지 않아서 그를 잠재적 경쟁자로 보는 사람이 거의 없었다. 그는 관료제라는 늪을 능수능란하게 헤쳐나갈 수 있는 놀라운 항해사와도 같았기 때문에 "사기꾼Finagler"이라는 별명이 붙었다. 그는 무엇이든 얻어낼 수 있었다. 그리고 그는 화내거나 질투하는 사람이 거의 없을 정도로 자신의 일을 점잖고 조용한 방식으로 처리할 줄 알았다.

크리스티는 펜사콜라 출신의 가톨릭교도 아가씨와 약혼을 하여 곧 결혼을 앞두고 있었다. 그의 삶은 순조로웠다. 하지만 그는 가만히 못 있었다. 그는 강철폭탄을 땅에 꽂는 일에 관해 알아야 할 모든 것을 알고 있었다. 결국 그는 폭격표를 만들어냈다. 하지만 그 폭격표는 육군항공단이 오래전에 만든 것의 개정판에 불과했다. 그는 누구도 전에 한 적이 없는 일을 하고 싶었다. 그는 순수수학에서 벗어나 새로운 것을 개발하고 싶었다. 그는 자신의 능력을 최대한 발휘하고 과학, 공군, 그리고 조국에 이바지할 수 있는 일을 원했다.

기회는 거의 항상 그렇듯 예기치 못한 원인과 예기치 못한 방법으로 찾아왔다. 어느 금요일 밤 크리스티는 그의 참모들과 함께 매주 가는 장교 클럽에 가서 즐기고 있었는데, 그때 바에 있던 한 무리의 사람들에게 관심이 쏠렸다. 그들은 사복 차림이었지만 전투기 조종사가 틀림없었다. 일반 사람들은 전투기 조종사들이 하는 식으로 손을 사용하지 않는다. 그리고 그들은 그 바를 마치 전세 낸 것처럼 행동했다. 그들 중 30대 중반으로 보이는 키 크고 마른 외모에 시가를 흔들며 클럽 전체에 들릴 정도로 큰 목소리로 비속어를 뱉던 한 사람에게 시선이 집중되었다. 전투기 조종사들은 보통 어떤 사람에게도 존경심을 보이지 않지만, 그 사람 주변에 있던 젊은 조종사들의 표정은 마치 우상을 숭배하는 듯한 표정이었다.

크리스티는 자신이 아는 한 장교에게 가서 조용히 물었다.

"바에 있는 저 장교가 누구죠?"

질문을 받은 장교는 크리스티가 묻는 게 누구인지 물어보지도 않고 바로 알아들었다.

"존 보이드."

그는 이 이름이면 모든 것이 설명된다는 듯이 말했다.

크리스티는 흥미롭다는 듯이 눈썹을 치켜 올렸다.

"들어본 적이 있네요. 넬리스에서 꽤 훌륭한 일을 했다면서요."

그 장교는 "그가 지금 무얼 하고 있는지 들어보세요"라고 제안하면서 보이드를 데려오겠다고 했다.

잠시 후 보이드는 크리스티의 테이블에 합석해서 그와 코가 맞닿을 정도로 몸을 숙이고는 크리스티가 마치 비행대기선 건너편에 있는 것처럼 소리치며 말하기 시작했다. 그는 더치 마스터 시가를 허공에 휘저으며 크리스티에게 운동에너지와 위치에너지의 전환에 관한 자신의 생각과 이 "잉여 추력" 이론을 통해 어떻게 새 전술이 개발될 수 있다고 생각하는지를 말했다.

크리스티는 공감하며 고개를 끄덕였다. "말 되네요." 그는 말했다.

보이드는 자신이 개발 중인 방정식들에 관해 말했다. 이 방정식들은 그의 이론을 정량화하고, 다양한 고도와 다양한 G 하중에서 제트기의 성능을 정의하며, 전체 성능 한계를 한 세트의 그래프로 정리할 수 있게 해줄 것이다.

"당신이 옳다고 봅니다." 크리스티는 말했다.

보이드는 모든 사람이 그의 연구가 새로운 것이 없고, 전에 누군가 한 것이거나 아니면 대수롭지 않은 것이라고 했다고 말했다. 그러나 젠장, 그는 그것이 새롭고 혁신적이라는 것임을 알았다. "어느 누구도 여기에 동의하지 않더군요." 그는 말했다. "이 기지의 모든 곳에서 근무했는데 그들은 제가 미쳤다고 생각해요."

크리스티는 맥주를 홀짝이면서 안주를 조금씩 썰어 먹었다. 그는 부드러운 목소리로 말했다. "전에는 그런 걸 들어본 적이 없어요."

보이드는 놀랐다. 그는 자신이 하려고 하는 일을 이해할 뿐만 아니라 그 중요성에 동의한 사람을 발견한 것이었다. 그는 크리스티에게 몸을 기울이면서 물었다. "그런데 여기 에글린에서 어떤 일을 해요?"

크리스티는 자신이 폭격표를 만들기 위해 어떻게 전술항공기 성능 데이터를 연구했는지, 그리고 조종사들이 핵폭탄을 투하하고 폭발에서 빠져나오는 기동들을 어떻게 개발했는지를 설명했다. 그는 탄도학처에서 일하면서 탄환과 폭탄을 연구하고 있었다. 그는 보이드에게 자신이 수집한 항공기 추력 데이터, 받음각 데이터, 연료와 고도와 속도 계산, 그리고 다른 모든 항공기 성능 변수들에 관해 말했다. 그는 공군의 어느 곳보다도 그러한 정보를 가장 잘 수집하고 있었다.

보이드는 고개를 끄덕였다. "떨어지는 폭탄과 날아가는 탄환. 기본적으로 비행 중의 항공기와 큰 차이가 없지 않나요?" 크리스티는 동의했다. 폭탄, 탄환, 항공기는 두 종류의 에너지만을 갖는다. 속도와 움직임으로 인한 운동에너지, 그리고 고도로 인한 위치에너지다. "그것들은 꽤 비슷합니다." 크리스티는 말했다.

보이드의 눈이 커졌다. "젠장." 그는 말했다.

그리고 나서 크리스티는 그가 어떻게 컴퓨터를 사용해서 훨씬 더 복잡한 항공기 성능 데이터를 개발하고 있는지를 말했다. 그는 항공기에 대해 모르는 게 없었다. 궁금한 것은 전부 컴퓨터로 알아보면 되었기 때문이다.

"젠장." 보이드가 다시 말했다.

보이드가 훗날 기억한 바에 따르면, "식탁보를 깨끗이 치우고 거기에다 전부 쓰기 시작했습니다. 마치 영화의 한 장면처럼 그 일이 벌어졌죠. 저는 이 망할 방정식들을 쓰기 시작했습니다." 그는 공식과 도표와 차트를 칵테일 냅킨에 적어서 크리스티에게 억지로 주면서 그것들을 갖고 있으라고 했다.

크리스티는 주의 깊게 들었다. 그는 공대공 기동에 대해서는 전혀 몰랐다. 이것이 그가 찾던 도전이 될 수도 있었다. 어려움을 극복하기 어려웠지만, 그래서 이 모든 것이 더 흥미로웠다. 그리고 이 존 보이드 소령이 무언가를 알고 있을지도 몰랐다. 그는 거친 사람처럼 보였다. 그에 대한 평판은 마치 항공기 앞에서 일어나는 충격파처럼 사람들에게 미리 전해져서, 사람들은 그를 만나보기도 전에 그에 대한 선입견을 가졌다. 그 충격파에 휘말리는 사람들은 혼란스러워하고 때로는 화를 냈다. 보이드의 방식은 크리스티가 일하는 방식과는 정반대였다. 그렇지만… 그에게는 무언가가 있었다. 보이드는 무엇에 홀린 사람이었다. 그는 자신보다 더 큰 생각을 가지고 있는 사람이었다. 대의명분 말이다. 그리고 그것이 크리스티가 원한 것이었다. 대의명분.

"내가 월요일 아침에 당신 사무실에 들르는 게 어떻겠소?" 보이드는 말했다. "우리가 무얼 할 수 있는지 의논해봅시다."

"오세요."

보이드는 일어나서 크리스티를 손가락으로 가리켰다. 그는 고개를 끄덕였고 얼굴에 웃음이 번졌다. "타이거, 우리 둘이 뭔가 끝내주는 일을 해봅시다."

에너지-기동성 이론 연구에 몰두한 보이드

"미친 소령"이 "사기꾼"을 만났을 때처럼 창의적인 사고가 그렇게 생산적이고 장기적으로 폭발적인 시너지 효과를 낸 사례는 공군에서는 거의 없었다. 공군은 결코 이전과 같지 않을 것이다. 선하고 의미 있는 일을 하려는 포부와 열망 이외에도 이 두 사람을 하나로 묶은 측면이 있었다. 두 사람 모두 개인사나 가족 문제를 말하지는 않았지만, 어린 시절이 어느 정도 비슷했다고 느꼈을 것이다. 부끄러운 가난, 장애가 있는 가족, 운동 실력, 일어나 밖으로 나가서 무언가가 되고자 하는 강한 열망이 둘 모두에게 있었다. 크리스티는 보이드보다 여덟 살 어렸지만, 오히려 너그러운 삼촌과도 같았다.

전투기 조종사였던 보이드는 일을 할 때 전투기 조종사의 특유의 열정과 공격성, 그리고 전투욕이 발동했다. 그래서 사회적인 교류를 할 때는 대부분 대립했다. 그는 아직 교묘함과 관료적 기술을 습득하지 못했다. 그는 공군식으로 말하자면 누군가 상공을 날며 엄호하는 보호자가 필요했다. 크리스티가 바로 그 사람이었다. 그날 밤 장교 클럽에서 시작된 우정은 보이드가 죽는 날까지 이어졌다.

그들이 하려던 일, 즉 결국 보이드가 예측한 대로 항공에 대한 사람들의 근본적인 이해를 바꾸게 되는 일에 두 사람이 각각 어느 정도씩 기여했는지를 구분하기는 불가능하다. 아이디어는 보이드의 것이었다. 그러나 관료주의를 다루는 기술과 함께 고등 수학 실력과 컴퓨터 기술을 가진 크리스티 덕분에 보이드가 항공 분야에 길이 남을 위대한 공헌을 할 수 있게 되었다. 쉽게 말해 보이드는 크리스티가 그때 그 자리에 없었더라면 그 일을 할 수 없었을 것이다.

처음에 그들은 추적 곡선pursuit curve[132]에 관해 이야기했다. 조종사가 적기를 쏘기 위해 정확한 각도를 얻으려면 얼마나 많은 G를 당겨야 하고, 그 G를 당기면 항공기 성능이 얼마나 저하되는가? 크리스티는 보이드

---

132 추적 곡선: 여기서는 회피 기동을 하는 방어기가 만드는 곡선 궤적과 공격기의 상대적인 위치 관계라는 의미로 쓰였다.

의 말을 경청하고, 질문하고, 새 방정식을 개발하기 시작했다. 보이드는 수학을 꽤 잘했지만 크리스티는 그보다도 한 차원 위에 있었다. 그렇지만 보이드는 모든 방정식을 이해하기를 원했다. "이해가 안 되는데." 그는 말했다. "다시 설명해줘. 나는 멍청이야." 크리스티는 끈기 있게 방정식을 다시 자세히 설명했다. "다시." 보이드는 말했다. 크리스티는 거의 미칠 지경이 되었다. 그는 자신의 사무실에 있는 작은 왕Wang 컴퓨터[133]에 방정식을 입력하고, 방정식이 어떤 결과를 내는지 확인하고, 새로운 방정식을 개발하고, 항상 앞으로 나아가야만 시간을 더 잘 쓸 수 있다고 믿었다. 그러나 보이드는 수학을 복습하고, 각 방정식을 분석하고, 크리스티만큼 그것에 익숙해질 때까지 전 범위의 모든 정리定理[134]를 연구하기를 원했다. 크리스티는 몇 시간이고 보이드와 칠판에 서서 그에게 방정식을 자세히 설명했다.

보이드의 생각은 매일 바뀌었다. "이것 좀 보게." 그는 이렇게 말하곤 했다. 아니면 "이렇게 해보지." 그는 만족할 줄을 몰랐다. 몇 달 동안 두 사람이 하는 작업에는 이름조차 없었다. 그러던 어느 날 보이드가 들어와 크리스티에게 "나는 이것을 '에너지-기동성 이론Energy-Maneuverability Theory' 이라고 불러"라고 말했다.

크리스티는 고개를 끄덕였다. 그는 보이드가 앞으로 나아가기만 한다면 그걸 뭐라고 부르든 상관하지 않았다. 크리스티는 손에 쥘 수 있도록 문서화해서 공군에 제출할 수 있는 팸플릿이나 보고서, 혹은 책을 원했다. 하지만 보이드는 완벽주의자라서 아무것도 글로 쓰려 하지 않았다. 5분 뒤에 내용이 바뀔 것이라면 글로 쓰는 게 무슨 소용이냐는 입장이었다.

그들은 계속해서 밤낮으로, 심지어 토요일과 일요일에도 컴퓨터에 데

---

133 왕 컴퓨터: 1951년에 설립된 왕 래브라토리즈(Wang Laboratories)에서 제작한 초창기 퍼스널 컴퓨터의 한 종류.

134 정리(定理): 수학적으로 참인 명제.

이터를 집어넣었고, 결국 크리스티의 왕 컴퓨터로는 그들의 작업량을 감당할 수가 없어 더 큰 컴퓨터가 필요한 지경에 이르렀다. 작업량을 감당할 수 없게 된 것은 왕 컴퓨터뿐만이 아니었다. 크리스티도 마찬가지였다. 에너지-기동성 이론이 보이드의 보직 업무와 무관했기 때문에 모든 작업은 저녁과 주말에 해야 했다. 크리스티는 펜사콜라에서 65킬로미터 떨어진 곳에 살았고 카풀을 해서 일터에 왔다. 그가 직접 운전하는 경우에는 펜사콜라에 갔다가 에글린으로 돌아와 저녁 늦게까지 야근을 해야 했다. 심지어 집에 돌아가서도 새벽 2시에 전화가 울릴 때도 있었다. 그시간에 전화를 거는 사람은 항상 보이드였다.

크리스티는 사실상 투잡을 하고 있었다. 본업과 보이드의 일이었다. 토요일과 일요일은 보이드와 함께 자신의 사무실에서 보냈다. 그의 약혼녀는 이러한 시간 외 근무를 탐탁지 않아 했다.

기지에서 가장 큰 컴퓨터는 IBM 704[135]였다. 그것을 이용하려면 컴퓨터 관리소에 가서 요청을 해야 했다. 컴퓨터 사용 시간을 허가받을 수 있는 적법한 방법은 공군의 규칙에 따르는 것밖에 없었다. 우선 컴퓨터 사용 기준을 모두 충족하는 프로젝트가 있어야 했다. 프로젝트 담당자가 자기 사무실의 실무자를 시켜서 데이터를 컴퓨터실로 가지고 가서 제출하면, 컴퓨터실 담당자는 데이터를 처리할 프로그램을 만들고 천공 카드[136]에 정보를 기입해서 컴퓨터에 입력했다. 그런 다음 컴퓨터에 입력한 결과를 출력해서 요청자에게 주었다. 보이드는 자신의 에너지-기동성 데이터 시험 허가를 요청하는 편지를 쓰고 또 썼다. 담당자인 민간인은 요청을 매번 거부했다. 보이드는 다시 이 민간인을 보러 갔다. "제가 하고 있는 이 일은 공군에 유익할 겁니다." 그는 말했다. "전투기 조종사들이 새

---

135 IBM 704: 1954년에 도입된 당시의 슈퍼컴퓨터로, 세계 최초로 대량생산된 컴퓨터다.
136 천공 카드: 정보의 검색, 분류, 집계 등을 위해 일정한 자리에 몇 개의 구멍을 내어 그 짝 맞춤으로 숫자, 글자, 기호를 나타내는 카드.

전술을 창안할 수 있게 해줄 겁니다. 미국이 공중전을 지배할 수 있게 해
줄 겁니다."

그 민간인은 보이드에게 그가 일개 소령일 뿐이고 여러 보직을 전전
하고 있는 데다가 현재의 보직이 컴퓨터와는 상관없다는 것을 상기시켰
다. 컴퓨터는 터무니없는 발상 따위에 시간을 낭비하기에는 너무나 귀
중했다. 게다가 에글린은 무기 시험 기지였다. 에너지-기동성 이론, 혹
은 보이드의 생각이 대체 뭐라고 불렸든, 그런 일은 라이트-패터슨^{Wright-}
^{Patterson} 공군기지에서 할 일이었다.

보이드는 또다시 난관에 부딪혔다.

"제게 생각이 있어요." 크리스티가 말했다. "해결할 수 있는지 제가 알
아볼게요."

IBM 704를 사용한 컴퓨터 작업의 거의 절반은 크리스티가 요청한 것
이었다. 그는 자신의 상사에게 가서 몇 가지 아이디어가 있어서 기지 컴
퓨터를 쓰고 싶다고 말했다. 그는 이 아이디어들에 대해 애매모호하게 둘
러댔지만, 그의 상사는 캐묻지 않았다. 크리스티가 원하는 것은 무엇이든
오케이였다. 그의 작업은 중요했고 공군 장성들의 관심을 받고 있었다.
만일 그가 컴퓨터를 통해 몇 가지 아이디어를 시험해보고 싶은 거라면,
언제든 괜찮았다.

크리스티와 보이드는 긴 방정식의 목록을 작성했고 크리스티가 이 방
정식들을 컴퓨터 관리소로 가져갔다. "입력할 겁니다." 그는 말했다. "결
과가 어떤지 보고 싶습니다." 그는 승인 코드를 요청받았다. 그의 사무실
에서는 프로젝트당 하나씩 해서 수십 개의 승인 코드를 가지고 있었다,
그는 그중 한 승인 코드를 골랐다. 컴퓨터 기술자는 승인된 프로젝트 코
드의 긴 목록을 살펴본 후 "예, 여기 있네요"라고 답했다. 컴퓨터 기술자
는 방정식을 컴퓨터로 돌렸고, 크리스티는 다음날 30센티미터 정도 두께
의 출력물을 받아 들었는데, 모든 페이지가 수많은 데이터와 숫자로만 가
득 차 있었다. (하나의 에너지-기동성^{E-M} 차트는 어느 한 조건에서 주어진 순

간의 항공기 상태를 한눈에 보여준다.)

보이드는 이것들을 보자 마치 십계명을 받은 것처럼 반응했다. 그는 앉아서 경건하게 페이지들을 넘겼다. 크리스티는 보이드가 숫자로 된 페이지들을 보고 그 의미를 시각화하는 능력이 있음을 깨달았다. 그는 대부분의 사람들이 불가사의한 수학 뭉치라고 여기며 골치아파할 자료들을 읽을 줄 알았고, 항공기에서 고도, 속도, 기온, 받음각, G하중이 달라지면 항공기의 기동성이 어떻게 달라지는지를 그 자료들을 보고 이해할 수 있었다. 보이드는 테이블에 앉아서 숫자들을 읽으며 머릿속으로 비행을 하면서 머리를 움직이고, 어깨를 기울이고, 조종간을 잡은 것처럼 주먹을 당기면서 중얼거렸다. 그는 크리스티에게 말했다. "차트가 노래를 하네. 그걸 읽으면 선율이 들려."

보이드는 헬스장에서 운동을 다시 시작했고 손에 있는 굳은살을 물어뜯는 습관이 되살아났다. 크리스티의 사무실에 있는 사람들은 이런 보이드의 모습을 보고 진저리 쳤다. 그들은 주어진 크기의 폭탄에 의해 어떤 종류의 폭발이 발생하는지, 폭탄 파편이 주어진 표적에 어떤 종류의 피해를 입힐 수 있는지, 예를 들어 교량을 파괴하려면 주어진 무게의 폭탄을 얼마나 많이 투하해야 하는지를 연구하고 있었는데, 한쪽 구석에서 보이드 소령이 사무실 전체를 곤경에 빠뜨릴 수도 있는 무허가 프로젝트를 진행하면서 혼자 중얼거리고 손을 물어뜯으며 사무실 전체에 살점을 뱉어내고 있었다.

보이드는 숫자로 가득 찬 페이지들을 살펴보면서 숫자 하나도 놓치지 않았다. 컴퓨터 기사가 잘못 입력해 출력물에 숫자 하나가 잘못되기라도 하면 보이드는 화가 폭발했다. 그는 500페이지 분량의 출력물 중에서 아주 미세한 이상한 부분, 아주 작은 잘못된 부분이 하나 있더라도 즉시 잡아냈다. "젠장, 크리스티, 컴퓨터 관리소에서 그놈들이 망쳐놨네." 그는 외쳤다. "내가 가서 그 민간인의 엉덩이를 걷어차야겠어."

"잠깐요, 존." 크리스티는 부드럽게 달래듯 말했다. "제가 처리할게요."

무엇보다도 크리스티는 보이드가 컴퓨터 관리소에 들어가지 못하도록 해야 했다. 매번 새 데이터를 수집할 때마다 더 많은 버전의 자료가 나와서 이를 이전의 작업과 통합해서 컴퓨터 관리소로 다시 보냈다. 이제 보이드는 앞으로 나아가고 있었다.

기본적인 내용들로 축약된 보이드의 연구는 전적으로 추력과 항력의 비율에 달려 있었다. 항공기는 주어진 고도, 주어진 G, 주어진 속도에서 일정한 크기의 항력이 발생한다. 엔진은 해당 고도와 기온에서 최대 잠재 추력을 갖는다. 엔진이 항력과 일치할 정도로 충분한 에너지를 생산한다면 항공기의 에너지 총량은 변하지 않으며 에너지율은 0이다. 이때는 모든 것이 균형을 이룬 상태다. 하지만 보이드는 조종사가 스로틀을 끝까지 밀어 추력을 최대로 높였을 때 에너지를 얼마나 빠르게 얻을 수 있는지 알고 싶었다. 주어진 고도와 속도에서 주어진 G를 당기면 얼마나 많은 에너지가 비축될까? 그가 구한 답을 항공기 무게와는 상관없이 모든 항공기에서 동일한 관점으로 나타낼 수 있도록 일반화해야 했다. 그래서 보이드는 전투기가 총 에너지가 아닌 비에너지specific energy[137]를 얼마나 빠르게 얻거나 잃는지를 보기로 한 것이었다.

같은 속도와 같은 고도로 비행하는 B-52와 파이퍼 컵Piper Cub[138]은 동일한 비에너지를 갖는다. 비에너지란 총 에너지를 비행기 무게로 나눈 값을 말한다. 항공기가 비에너지를 얼마나 빠르게 얻거나 잃는지는 엔진의 가용 추력과 비행기의 항력 차이에 따라 달라진다. 예를 들면, 수평비행을 하는 항공기는 1G를 당기고 있는 것이다. 이 항공기의 항력이 2,000파운드라고 해보자. 만일 조종사가 항공기를 높은 경사각으로 눕히고 조종간을 세게 당겨서 6G를 당긴다고 해보자. 그러면 항공기에는 1만 2,000 파운드의 항력이 발생한다. G하중이 높아질수록 항력은 추력보다 훨씬

---

137 비에너지: 어떤 물질에 있어서 단위중량당 내부 에너지.
138 파이퍼 컵: 파이퍼사의 경비행기.

더 커지고, 속도는 급격히 감소한다. 전술적으로 볼 때 신속하게 속도를 줄이는 능력은 신속하게 속도를 높이는 능력만큼이나 중요하다.

에너지-기동성 이론은 간단히 말해, 항공기의 비에너지율을 알 수 있는 한 가지 방법이다. 이것은 모든 전투기 조종사가 알고 싶어하는 것이다. 만일 고도 3만 피트, 속도 450노트에서 6G를 당긴다면 에너지를 얼마나 빠르게 얻거나 잃을 것인가? 적기는 나보다 더 빠르게 에너지를 얻거나 잃을 수 있을 것인가? 이를 나타낸 방정식에서 비에너지율은 "P_S(피서브 에스라고 읽는다)"라고 표기하는데, 어떤 비행 조건에서든 어떤 항공기의 상태를 보이드의 간단한 방정식 $P_S = \left[\dfrac{T-D}{W}\right] V$로 정의할 수 있다. 즉, 비에너지율은 추력(T) 빼기 항력(D) 나누기 중량(W) 곱하기 속도(V)다. 이것이 에너지-기동성 이론의 핵심이다.

이 방정식의 가장 중요한 특징 중 하나는 간결하다는 것이다. 방정식이 더 짧고 단순해질수록 더 명쾌해진다. 두말할 것도 없이 $E=mc^2$이 가장 좋은 예다. 보이드의 이론은 명쾌할 뿐 아니라 단순하고, 아름답고, 혁명적이다. 그리고 아주 확실하다. 사람들은 그걸 볼 때면 언제나 두 가지 반응 중 하나를 보였다. 손으로 이마를 탁 치면서 "내가 왜 이걸 생각 못 했지?"라고 하거나, 아니면 원래 있던 것 아니냐라고 말했다. 그렇게 단순한 것이 그렇게 오랫동안 발견되지 않았었다는 것이 믿기지 않았을 테니까 말이다.

보이드는 이제 자신이 상상하고 믿는 것보다 더 많은 것을 할 수 있게 되었다. 그는 실제로 그의 연구의 잠재적 영향을 볼 수 있었다. 처음에 그의 이론의 전반적인 취지는 미국 항공기의 모든 성능 한계를 이해하는 것이었고, 공중전을 위한 새 전술을 개발하는 것이 그 목표였다. 그러던 중 그는 만일 에너지-기동성 이론으로 미국 항공기의 성능을 정량화할 수 있다면, "위협 항공기", 즉 소련이 운용하는 미그기와 수호이Sukhoi[139]기

---

139 수호이: 소련의 항공기 제작사.

에 대해서도 같은 작업을 할 수 있을 것이라고 깨달았다. 마지막으로, 만일 에너지-기동성 이론으로 항공기 성능을 정량화할 수 있다면, 그 이론을 역으로 전투기를 설계하는 데 이용하지 못할 이유가 없지 않은가?

　에너지-기동성 이론에 관한 보이드의 초기 연구를 알게 된 사람들은 자연히 그에게 "목표로 하는 P_S" 혹은 "이상적이라고 여기는 P_S"가 있는지 물었다. 이 질문은 틀렸을 뿐만 아니라 무의미했다. 전투기에서는 P_S값이 더 클수록 좋지만, "목표" 또는 "이상적"이라는 말은 최적화optimization라는 인상을 풍겼고 보이드는 최적화라는 개념을 경멸했다. 그는 에너지-기동성 이론으로 전체 비행 성능 한계에 걸쳐 가능성을 탐구하기를 원했다. 그리고 설계를 수정하고, 작은 변형을 가하고, 그것들을 비교해보고, 항상 계속 개량하면서 성능을 저하시키는 입력값은 버렸다. 그는 시행착오를 거듭하면서 그의 방식대로 설계를 바꾸었다. 그는 자신이 무엇을 찾고 있는지 미리 알고 있었던 것은 아니었다. 그는 추가적인 변형과 실험을 위해 입력값들을 변화시켰는데, 이러한 다윈의 진화론적인 방식은 본질적으로 보이드를 예측할 수 없는 길로 몰아넣었다. 입력값을 바꿔서 더 나은 결과가 나오지 않게 되면 가장 좋은 결과를 내는 수치를 최종적으로 채택했다. 그렇게 얻은 결과는 단순히 '최고 성능'을 의미하는 최적화가 아니라 예술적 균형과 절충의 산물이었다.

　보이드의 에너지-기동성 연구는 그에게 예기치 않은 결과를 낳았다. 그는 더 이상 넬리스 시절의 때 빼고 광낸 장교가 아니었다. 구겨진 셔츠와 바지에 날 선 군인다운 모습은 사라지고 없었다. 조지아 공대에서 2년 동안 사복을 입던 습관이 여기에 일조했을지도 모르며, 그의 온 에너지를 연구에만 쏟아부어 외모에 신경 쓸 틈이 없었을 것이다. 보이드는 구겨지고 단정하지 못한 옷을 아무거나 조합해서 입었지만, 자신이 여전히 넬리스에 있는 것으로 착각했다. 그와 크리스티가 한 사무실에서 다른 사무실로 걸어갈 때 그는 때때로 복장이 불량한 병사들을 호되게 꾸짖었다. 그는 그 자리에 서서 자신의 셔츠 자락은 벨트 위에 걸려 있고 바지는 구겨진 채로 병사들에게 제복 존중과 공군으로서 좋은 모습을 보이는 것의 중요성에 대해 설교했다. 크리스티는 놀라면서 고개를 절레절레 저었다.

보이드는 에글린에서 별난 평판을 얻고 있었다. 에너지-기동성 연구와 지저분한 외모에 더해 그의 식사 습관에 대한 이야기가 그의 뒤를 늘 따라다녔다. 계란 2개, 햄 한 조각, 토스트 두 조각, 커피 한 잔을 22초 만에 먹어 치운 기록을 세우자, 기네스북에 그의 이름을 올리자는 얘기까지 나왔다. 그리고 그 정도로 언행이 거친 남자치고는 역설적이게도 청교도적인 구석이 있었다. 그는 총각파티에 참석한 적이 한 번 있는데, 선정적인 언어, 장난 선물, 여성 누드 댄서의 춤에 너무 당황해서 자리를 떴다.

보이드는 자신의 연구에 너무 집중했기 때문에 일상적인 사건들은 거의 기록에 남은 게 없다. 하지만 영화 〈엘 시드El Cid[140]〉를 보고 나서는 마지막 장면을 몇 주 동안 이야기했다. 엘 시드는 중상을 입었지만 스페인을 구하려면 무어인과의 싸움에서 군대를 이끌어야 한다. 엘 시드가 어느 날 저녁 죽자, 다음날 아침 그의 아내는 그가 살아 있는 것처럼 갑옷을 입힌 그의 시신을 말에 묶어 그의 군대 앞에 세운다. 그 모습을 본 무어들은 공포에 질려 도망을 친다.

이 영화에는 틀림없이 보이드가 공감했을 두 가지 주제가 있었다. 엘 시드는 굽히지 않는 원칙과 애국심을 가진 사람이며, 의무를 가족보다 더 중요하게 여긴다. 보이드는 그와 같은 생각으로 살았다. 그러나 보이드가 알지 못했던 것은 그가 죽고 난 후 그의 친구들이 그가 이 영화를 많이 좋아했다는 것을 기억하고 그가 죽은 이후에도 마치 엘 시드처럼 적에게 어떻게 혼란을 불러일으켰는지 이야기했다는 것이다.

보이드는 여전히 공군에서 에너지-기동성 이론을 연구할 의무가 없었다. 그렇지만 그는 자신의 연구를 승인받기로 결심했다. 하지만 두 가지

---

140 엘 시드: 이슬람 세력에 맞선 스페인의 구국 영웅으로 신화화된 11세기의 용병 장군으로, 본문에 언급된 영화는 찰턴 헤스턴(Charlton Heston)이 주연을 맡은 1961년 작품이다.

큰 문제가 있었다. 우선 그는 모든 전투기의 중량, 추력, 양력계수, 양항 곡선drag polar[141]을 갖고 있어야 했다. 그는 공학자들이 "수치numbers"라고 부르는 것을 갖고 있어야 했다. 두 번째로, 그는 여러 페이지의 복잡한 수학을 유익하고 설득력 있고 흥미로운 무언가, 즉 그가 계속 말했듯이 "빌어먹을 장군도 이해할 수 있을" 무언가로 바꿀 방법을 찾아야 했다.

그 수치들을 얻는 것은 거의 극복할 수 없는 장애물이었다. 비행기의 중량이 한 좋은 예다. 중량 수치를 얻는 것은 간단해 보인다. 하지만 어떤 중량 말일까? 램프 중량(항공기가 램프, 즉 주기장에 있을 때의 중량)이 가장 흔한 수치 중 하나다. 그러나 램프 중량은 연료량이나 외부 장착대와 무기에 따라서 수천 파운드까지 달라질 수 있다. 미그기와 싸울 때의 항공기의 연료 상태는? 미사일을 탑재했는지? 항공기 중량에 영향을 미치는 변수는 끝이 없다. 제작사와 공군은 항상 오해의 소지가 있는, 가장 기본적인 것만 남긴 항공기 자체 중량만을 제공하는데, 그 이유는 항공기 중량이 가벼울수록 성능이 더 우수하다고 생각하고 성능이 실제보다 더 좋아 보이기를 원하기 때문이다. 하지만 에너지-기동성 이론은 정확한 수치가 기본이다. 그럴 듯하지만 정확하지 않은 데이터를 이용하면 조종사가 위험에 처할 것이다. 보이드는 정확한 수치를 확보해야 했으며, 그 수치들은 오하이오주 데이턴Dayton에 있는 라이트-패터슨Wright-Patterson 공군기지의 비행역학연구소Flight Dynamics Laboratory에 있었다.

당시 공군은 크게 작전 공군, 보급 공군, 획득 공군, 이 세 가지 부문으로 나뉘어 있었다. 라이트-패터슨은 획득 공군의 중심이었다. 라이트-패터슨 공군기지는 실제로는 라이트 필드Wright Field 비행장과 패터슨Patterson 공군기지, 이렇게 2개의 기지로 되어 있었다. 하지만 보통은 이런 구분을 하지 않고 그냥 줄여서 라이트-팻Wright-Pat이라고 부른다. 라이트-팻은 공군기지 중에서 보배와도 같았는데, 공군은 이곳을 "선망의 기지

---

141 양항 곡선:양력계수와 항력계수를 보여주는 그래프.

heartthrob base"라고 불렀다. 라이트 형제의 이름을 딴 이곳은 공군에서 가장 오래된 기지 중 하나로, 공군 박물관Air Force Museum이 있는 공군의 지적 중심지이며 추진체연구소Propulsion Laboratory 및 공군이 항공기와 엔진에 대한 기초적인 연구를 하는 비행역학연구소의 근거지이기도 하다. 라이트-팻은 공군의 다른 어떤 기지보다 고학력자의 비율이 높고 병사 및 부사관 대비 장교 비율이 높다. 라이트-팻과 에글린은 모두 공군체계사령부AFSC 예하였다. 하지만 두 기지는 아이비리그 대학교와 직업학교만큼 차이가 났다. 라이트-팻 기지의 사람들은 에글린 기지를 멀리 플로리다주 북서부에서 조종사들이 항공기를 조종하고 폭탄을 투하하고 기총을 시험하는 일종의 놀이동산 정도로 얕잡아 보았다. 힘들고 중요한 일은 라이트-팻의 격리된 외딴 구역에서 이루어졌다.

라이트-팻의 근무자들은 항상 자부심이 대단하지만, 그렇다고 해서 다른 사람들도 이런 생각에 동조하는 것은 아니다. 미국의 군사시설을 방문하러 왔다가 라이트-팻에 들른 일단의 전직 독일 고위 장교들이 그곳에서 느낀 이야기가 전해진다. 독일 장교들은 실험실들을 둘러보고 학자인 체하는 장교들과 이야기를 나누면서 라이트-팻 기지 사람들이 거만하고 진부하다는 느낌을 받았다. 그 독일 장교들 중 한 명이 돌아서며 인솔자에게 조용히 말했다.

"이제 우리가 왜 전쟁에서 졌는지 알겠소."

라이트-팻의 인솔자는 웃으면서 잠시 기다렸다.

"우리는 이런 기지가 2개나 있었거든요."

보이드가 찾아간 곳이 바로 이런 분위기였다. 그는 비행기로 라이트-팻에 간 다음 비행역학연구소로 차를 몰고 가서 무엇을 원하는지 설명했다. 보이드와 이야기를 나눈 장교는 항공기 성능에 관한 대단한 혁명적인 아이디어를 개발하고 있다고 믿는 에글린에서 온 이 열정적인 소령 때문에 틀림없이 어안이 벙벙했을 것이다. 마치 초등학교 1학년이 아버지에게 가서 패밀리카의 기술 데이터를 요청한 것과 같았다. 그러나 이 장교는 데이터를 제공하라는 지시를 이미 받은 상태였다. 게다가 에글린에서 온 이 소령에게 데이터를 준다고 해서 손해 볼 것도 없었다. 그가 얼마나 많이 알고 있는지 그냥 지켜보는 것도 재미있을 것 같았다. 그래 봐야 그는 전투기 조종사일 뿐이었다.

그런 다음 보이드는 흔히 포린 테크$^{Foreign Tech}$라고 불리는 해외정보처 $^{Foreign\ Intelligence\ Division}$에 가서 극비인 소련 항공기의 성능 데이터를 보여 달라고 요청했는데, MiG-15가 얼마나 높이 날 수 있는지, 수호이기는 얼마나 빨리 날 수 있는지와 같은 단순한 자료가 아니라 미국 항공기에 관해 요청한 것과 같은 중량, 추력, 양력, 항력계수, 양항 곡선을 요청했다. 이 데이터는 보이드가 단순히 T-33 훈련기의 후방석에 던져넣고 에글린에 싣고 가기에는 너무 민감한 자료였기 때문에 특송 서비스를 이용해 배송하기로 했다.

보이드는 다음날 아침 데이턴에서 이륙하면서 마냥 행복했다. 그는 플로리다를 향해 남쪽으로 비행하지 않고 북동쪽으로 비행해서 비행기로 1시간도 안 되는 약 560킬로미터 거리에 있는 이리에 착륙했다.

보이드는 어머니와 잠시 대화를 나눈 후 누이 매리언에게 전화해서 아버지 묘지에서 만나자고 했다. 그는 마을에 있을 때 웨스트 레이크 가$^{West\ Lake\ Avenue}$에 있는 공동묘지에 가는 것을 좋아했다. 두 사람은 만나서 한동안 말없이 묘지 근처에 서 있었다. 매리언은 때로 동생 보이드가 왜 아버지에 관한 그녀의 기억을 한 번도 물어보지 않는지 궁금해했다. 그러나 그는 매리언이 "존, 아버지에 대해 알고 싶지 않아?"라고 물어볼 수 있는 그런 사람이 아니었다. 그래서 그들은 다른 이야기들을 나누었는데, 주로 보이드가 에글린에서 하고 있는 연구에 관한 이야기였다.

그런 다음 보이드는 낡은 수영복 한 벌을 집어 들고 반도로 차를 몰았다. 그와 프랭크 페티나토는 해변을 걸었고, 그는 페티나토에게 자신이 연구 중인 에너지-기동성 이론과 공군이 그가 하려는 것을 얼마나 이해하지 못하고 있는지, 그리고 그의 연구를 중지시키려고 하는 모든 고위직 사람들에 관해 말했다. 프랭크 페티나토 주니어도 아버지 밑에서 구조대원으로 그곳에서 일하고 있었는데, 그는 보이드가 이리 호수에 뛰어들어 수백 야드 헤엄쳐 앞바다로 나간 뒤 되돌아와서 해변을 따라 몇 마일을 아무렇지 않게 헤엄치면서 그의 긴 팔로 물속을 깊이 가르고 지칠 줄 모르고 발차기를 했던 모습을 여전히 기억한다. 이제 30대 중반인 보이드는 프랭크 주니어의 눈에는 늙은 남자로 보였지만 수영 속도만큼은 변함이 없었다.

보이드는 프랭크 페티나토와 더 많은 이야기를 나눈 후 그곳을 떠났다. 그리고 30분쯤 뒤에 작은 은색 제트기가 만 상공의 해안에서 불과 몇 미터 거리의 낮은 고도에 나타났다. 그 비행기는 페티나토의 인명구조 타워 앞을 지나며 굉음을 냈고, 그런 다음 급상승했다가 윙오버wingover[142] 기동을 해서 다시 돌아와서 이번에는 더 낮은 고도로 이리 호수의 표면을 스치듯 날았다. 이것을 본 사람들은 제트기 고도가 너무 낮아서 난류로 인해 파도가 일었다고 말했다. 제트기는 남쪽을 향해 상승했다.

작은 직선익을 가진 흔한 T-33은 낡고 추력이 부족한 제트 훈련기였다. 대부분의 T-33은 많은 장교들이 비행 자격을 유지하기 위해 사용했다. 하지만 이리 사람들은 그것을 제트 전투기로 생각했다. 게다가 반도에서 구조대원으로 일하다가 한국전쟁에 전투기 조종사로 참전한 이리 사람이 조종하고 있었다. 프랭크 주니어는 아버지가 몹시 흥분하며 자기 쪽으로 와서 팔을 잡고 제트기를 가리키며 이렇게 말했다고 회상했다. "저 전투기 보이니? 저게 존이야. 저게 존 보이드라고."

해변을 시끌벅적하게 만든 후, 보이드는 고고도로 상승해서 스로틀과 트림trim[143]을 조정하고 에글린으로 돌아가기 위해 기체를 안정시켰다. 그

---

142 윙오버: 급상승 자세를 취했다가 한쪽 날개 쪽으로 비행기를 기울이면서 방향을 바꿔 하강하는 기동.

143 트림: 조종간의 작동을 미세하게 보정하는 장치.

는 틀림없이 아주 행복했을 것이다. 라이트-팻에서 얻은 자료가 곧 도착할 것이다. 프랭크 페티나토는 보이드가 자랑스러웠다. 페티나토는 이리 사람들이 보이드가 반도의 해변에서 붕붕거리며 비행한 일을 두고 이야기하고 있다는 것을 알았다. 누더기를 입은 불쌍한 소년, 아버지가 없는 소년은 자라서 대단한 사람이 되었다. 그는 영업사원 그 이상이었다.

에글린에서는 메리가 벤스 레인^{Bens Lane} 11번지의 한구석에 있는 소박한 집에서 기다렸다. 그들이 에글린에 처음 도착했을 때, 보이드는 그녀에게 "여기서는 넬리스에 있을 때보다 더 사교적이 되도록 노력하고 그렇게 되어줬으면 좋겠어"라고 말한 적이 있었다. 그리고 그녀는 약속했었다. "바꿀게요." 그녀는 말했다. "당신과 클럽의 파티에 가고 당신 친구들을 만날게요."

그리고 그녀는 노력했다. 그녀는 클럽의 파티에 몇 번 갔다. 그녀는 거의 보이드의 뒤에 숨은 채 그의 뒤를 따라다녔다. 그녀는 매우 수줍어했고 장로교 교리 때문에 큰 부담을 느꼈다. 보이드는 그녀를 소개하면서 "제 아내 메리예요. 아이오와 옥수수밭에서 찾아냈어요"라고 말했다. 모두가 웃었지만, 메리는 아니었다. 한번은 그녀가 돌아서서 눈물을 흘리자, 보이드가 화를 내며 말했다.

"메리, 큰 아기가 돼서는 안 돼. 강해져야 해. 상황을 받아들여야 해. 그렇게 하기 싫으면 집에 남아서 자책이나 하지 그래?"

오텀와 출신인 메리는 종종 커다란 눈으로 보이드를 바라보면서 그에게 어린 시절과 아버지 없이 가난했을 때 어땠는지를 물었다. 그녀는 그에게 아이오와 대학에서 여러 심리학 과목을 수강해서 이런 것들을 알고 있다고 말했다.

"당신은 항상 내 약점을 알아내려고 애쓰는구나." 그는 말했다.

"약점을 찾는 게 아니에요. 당신처럼 자란 아이들은 거의 항상 상처가 있어요. 그런데 당신은 안 그래요. 그게 너무 이상해 보여요."

"메리, 당신은 내 아내고 나는 당신이 내 편이었으면 좋겠어. 나한테 맞서는 게 아니라."

그러나 에글린에 있으면서 보이드와 메리는 서로 멀어지기 시작했다. 보이드에게는 연구가 가족보다 더 중요해졌다. 마치 보이드가 다섯 아이를 낳은 이후로는 가족에 대한 의무가 끝났다고 믿은 것 같았다. 메리의 역할은 그가 필생의 연구를 하는 동안 아이들을 키우는 것이었다.

메리는 일주일에 2, 3일은 베이비파우더처럼 고운 모래로 유명한 플로리다 북서부 해변에서 보내기 시작했다. 스티븐은 해변을 좋아했다. 그는 휠체어에서 내려와 잔잔한 파도 속에서 몸을 맡긴 채 자유를 느꼈다. 그는 자주 햇볕에 탔지만, 너무 재미있어했기 때문에 메리는 별로 신경쓰지 않았다.

CHAPTER 11

사탕요정의 복음 전파

F-111 개발자 해리 힐레이커를 만나다

1962년 후반에 해리 힐레이커$^{Harry\ Hillaker}$는 방산업계에서 가장 중요한 사람 중 한 명이었다. 그는 제너럴 다이내믹스$^{General\ Dynamics}$에서 일했고, 맥나마라 국방장관이 해군과 공군의 공용 항공기로 만들기로 결정한 F-111 기종의 프로젝트 엔지니어로 일했다. 이론상 다목적 항공기는 맥나마라가 좋아한 비용 효율성$^{cost\ effectiveness}$의 표본이었다. 이 항공기는 근접항공지원, 공대공 전투, 공대지 및 핵 공격 임무를 수행할 수 있는 항공기로 과대포장되었다. 농약 살포를 제외한 무엇이든 할 수 있었다.

전투기는 설계, 항전장비^{Avionics}[144], 엔진을 조합해 만든 독특한 결합체다. 신중한 설계자들은 보통 새 항공기를 설계할 때 이 세 가지 부문 중 한 가지 부문에서만 큰 기술적 발전을 이룬다. 하지만 F-111은 두 가지 부문에서 대담한 혁신을 이룬 첨단기술의 총아였는데, 이 두 가지 혁신은 훗날 엄청난 문제를 야기하게 된다. 첫 번째 혁신은 F-111이 전투기로서

---

144 항전장비: 항공기에 탑재되어 비행과 임무 수행을 돕는 전자장비.

는 최초로 애프터버너 기능이 있는 터보팬^{turbofan} 엔진을 탑재했다는 것이다. 이전의 전투기들은 터보제트^{turbojet} 엔진을 탑재했다. 터보제트 엔진은 엔진으로 들어가는 모든 공기가 엔진 코어^{core}를 통과한다. 반면, 터보팬 엔진은 엔진으로 들어가는 공기 흐름이 엔진 코어와 덕트로 갈라지고, 그중 덕트를 지나는 공기 흐름은 엔진을 우회해서 애프터버너로 직행한다는 것이 두 엔진의 차이점이다. 공기 흐름이 분리된다는 것은 애프터버너에서 생기는 역압력이 엔진 앞부분에 있는 압축기에 영향을 미친다는 뜻이다. 터보팬은 공기 흐름의 변화에 매우 민감하다.

두 번째 혁신은 주날개였다. F-111은 일반적으로 "스윙 윙^{swing wing}"이라고 불리는 가변익¹⁴⁵을 가진 최초의 전투기였다. 작고 좁은 주날개는 이륙 및 저속 비행 시에는 직선으로 펴지고, 고속 비행 중에는 뒤로 접힌다.

해리 힐레이커가 낳은 F-111은 공군의 자랑이었다. 제너럴 다이내믹스 직원 5,000명 이상이 이 비행기를 제작하는 데 참여했고, 공군에서는 200명 이상이 개발과 제작을 관리했다. 따라서 힐레이커가 에글린의 장교 클럽에 방문한 날 밤에 꽤 허풍을 떨었더라도 용서받을 만했다. 그와 한 공군 장교는 테이블에서 조용히 술을 마시면서 F-111의 놀라운 점, 영국이 어떻게 대량 주문을 했는지, 해군이 어떻게 항모 갑판을 이 항공기로 뒤덮을 것인지, 그리고 F-111이 어떻게 세계가 부러워하는 공군 역사상 가장 위대한 항공기가 되고 있는지를 말하고 있었다. 힐레이커는 바가 소란스러워 계속 주의가 산만해졌다. 일단의 젊은 전투기 조종사들이 재미있는 이야기를 하는 어느 나이 든 사람 주위에 모여 있었는데, 그는 바 전체에 다 들릴 만한 큰 목소리로 말하면서 시가를 휘두르며 여러 가지 전투기 기동을 묘사했다. 젊은 조종사들은 이야기 사이사이 배꼽을 잡으며 웃음을 터뜨렸다.

힐레이커는 바 쪽으로 머리를 기울이며 말했다.

---

145 가변익: 비행 효율을 최적화하도록 후퇴각을 조정할 수 있는 날개.

"저기 저 사람은 자기가 세상에서 제일 위대한 전투기 조종사라고 생각하는 것 같군."

힐레이커와 함께 온 공군 장교는 바 쪽을 보고는 다시 힐레이커를 향해 돌아앉으며 웃었다.

"아마 그럴 겁니다. 저 사람이 존 보이드입니다."

힐레이커는 어깨를 으쓱했다.

"처음 들어봅니다."

"제가 소개해드리겠습니다."

"아니 괜찮소. 떠버리는 좋아하지 않소."

하지만 그 장교는 이미 바 쪽으로 가서 보이드에게 이 VIP에 대해 말하면서 보이드에게 그를 만나보라고 요청했다. 그는 보이드를 데리고 테이블로 돌아왔다. 힐레이커는 한숨을 쉬고서 인사가 끝나면 보이드가 자신의 친구들에게 돌아가기를 바랐다. 힐레이커가 말을 꺼내기도 전에 보이드가 정면 공격을 가했다. 그의 입에서 나온 첫 마디는 "제 이름은 보이드이고 전투기 조종사이며 선생이 F-111 개발자라고 알고 있는데, 제가 알고 싶은 건 왜 당신들이 무게가 빌어먹을 8만 5,000파운드나 나가는 항공기를 만들고서 전투기라고 부르냐 하는 것입니다."

"전투폭격기요." 힐레이커가 다소 놀라면서 대답했다.

보이드는 힐레이커의 가슴을 서너 차례 쿡쿡 찌르고는 시가를 뻐끔거리며 말했다. "예, 지난번에 그걸 봤는데요. 항공기 이름 앞에 F자가 있으니 전투기라는 뜻이죠.[146] 그놈 참 똥덩어리예요. 전투기로는 너무 크고 주날개는 뭣같고, 선회를 하려면 2개 주state의 면적은 필요할 겁니다. 한 가지 더 말해드리죠. 조종사는 뒤를 볼 수도 없고 오른쪽 창밖도 못 봐요. 부조종사한테 밖에 뭐가 있는지 말해달라고 해야 한다고요."

---

146 미국의 군용기는 임무 형태에 따라 전투기(Fighter)는 F, 폭격기(Bomber)는 B, 수송기(Cargo)는 C 등으로 제식 명칭을 붙인다.

힐레이커는 이를 악물었다. 이 F-111 프로젝트 매니저는 떠버리 전투기 조종사에게서 이런 얘기를 들을 필요가 없었다. 그가 대답도 하기 전에 보이드는 다시 말했다.

"뭣같이 크고, 뭣같이 비싸고, 추력이 뭣같이 약해요. 빌어먹을 가치 따위는 눈곱만큼도 없어요." 그는 힐레이커에게 더 가까이 다가가면서 언성을 높였다. "항공기에 그 스윙 윙을 다느라고 무게가 얼마나 더 늘어난 거요? 20퍼센트?"

보이드는 대답을 기다리지 않았다. 그는 힐레이커의 가슴을 또 쿡쿡 찔렀다. "주날개 전체 무게가 회전축에 걸리는데, 당신은 그걸 전부 큰 글러브glove [147] 안에 전부 감췄죠. 500시간도 안 돼서 피로균열fatigue crack [148]과 응력균열stress crack [149]이 생길 겁니다. 그리고 당신이 제시한 항력의 크기는 공기역학적으로 볼 때 말도 안 되는 거짓말이요. 그 회전축이 무게를 늘리고 성능은 저하되고, 게다가 전투 중에 성능 차이를 만들 정도로 빠르게 주날개를 뒤로 접지도 못해요. 저속 성능은 엉망이고, 고속 성능은 더 엉망이고, 이 염병할 물건은 기동을 하지도 못해요."

힐레이커는 보이드를 빤히 쳐다보았다. 전투기 조종사는 보통 비행기를 비판할 때 일반적인 것들에 대해 얘기한다. 그들은 항공기가 "돼지"라고 하거나 이륙을 하려면 활주로가 5마일이 더 필요하다고 말하지만, 설계 세부사항에 대해 연구할 만큼 그것을 충분히 알지는 못한다. 전투기 조종사로부터 확실한 정보를 얻으려는 공학자는 불가능한 일을 하려고 시도하는 자와 같다. 그래서 힐레이커는 제너럴 다이내믹스의 뒷방에서 이제 겨우 귓속말로 나누기 시작한 문제들을 이 떠버리 조종사가 따지는

---

[147] 글러브: F-111의 가변익 주날개와 동체가 연결되는 부위를 덮는 외피 부분.

[148] 피로균열: 재료에 외부 힘이 반복적으로 가해질 때 생기는 균열.

[149] 응력균열: 재료의 강도보다 더 약한 외부 힘을 받았음에도 그 밖의 환경조건 때문에 발생하는 균열.

것을 듣고는 적지 않은 충격을 받았다.

힐레이커는 자신보다 F-111의 능력을 더 잘 아는 유일한 사람을 보고 있다는 것을 인식하지 못했다. 보이드는 F-111의 에너지-기동성에 대한 예비 계산을 몇 가지 해본 후 공군이 치명적인 실수를 저지르고 있음을 알아냈다. 보이드는 관료 집단에게 일을 맡기고 방치하면 항상 F-111과 같은 항공기를 만들어낸다는 것을 알고 있었다. 공군은 임무보다 기술을 고려했다. 설사 임무를 고려했다 하더라도 그것은 항상 그 당시에 유행하는 임무였다.

힐레이커는 의자를 당겼다. "앉으시오, 존."

힐레이커는 미국 역사상 가장 수치스런 항공기 중 하나가 될 사업의 제작을 감독하고 있었다. 보이드는 몇 년 안에 모두가 알게 될 것을 가장 먼저 공개적으로 말한 사람이었다. 공군은 결과적으로 2세대 항공기들을 망칠 가변익 기술의 유혹에 빠졌다. (추력이 부족한 해군의 F-14 톰캣 Tomcat은 가변익이었고 성능이 너무 떨어져서 조종사들이 "톰 터키Tom Turkey[150]"라고 불렀다. 공군 항공기 중 문제가 가장 많았던 기종 중 하나인 B-1 폭격기도 가변익이었다. 그리고 보이드와 그의 친구들이 가까스로 취소시킨 초음속기인 SST[151]의 미국 버전도 가변익으로 만들 예정이었다.)

몇 분간 매우 기술적이고 공학적인 논의를 한 후 보이드와 힐레이커는 테이블 위를 깨끗이 치우고 칵테일 냅킨에 무언가를 쓰면서 주고받기 시작했다. 냅킨은 공학적 데이터, 공식, 양항 곡선, 양력계수 등으로 뒤덮였다. 그들은 전투기, 각자가 궁극의 전투기라고 여긴 항공기, 세계가 본 적이 없는 민첩한 작은 전투기, 만일 아무런 제약을 받지 않는다면 제작하고 싶은 항공기에 관해 의견을 나눴다. 힐레이커는 회사의 방침을 따를

---

150 톰 터키: 터키(Turkey)는 칠면조처럼 쉬운 표적이라는 뜻의 관용적 표현이다.

151 SST: Supersonic Transport를 의미하는 약자로, 지금은 퇴역한 초음속 여객기인 콩코드기 개발 당시의 사업 명칭이다.

수밖에 없는 일개 직원이었다. 하지만 그렇다고 자신만의 꿈이 없는 것은 아니었다. 몇 년 뒤 힐레이커와 보이드는 이상적인 전투기를 제작할 기회를 갖게 된다. 그들은 힘을 합쳐 미 공군에 대항해 여지껏 이루어진 적이 없었던 가장 대담한 음모를 꾸미게 된다.

에글린 기지의 회계처장과 그의 친구들을 적으로 만들다

라이트-팻에서 보낸 공학적 데이터가 에글린에 조금씩 도착했다. 보이드는 그 수치들을 신뢰하지 않았지만 최소한 무언가 연구할 자료를 갖게 되었다. 이제 에너지-기동성 이론을 발전시켜나가는 데 있어서 그 다음 문제, 즉 이것을 어떻게 공군 고위층에게 제출할 것인가가 무엇보다 중요한 문제가 되었다.

　매일 오후 4시 30분경 그는 크리스티의 사무실에 가서 의자에 앉아 몸을 뒤로 젖혔다. 그는 연필을 엄지와 검지 사이에 끼운 다음 팔을 뻗고 연필 끝에 달린 지우개를 바라보았다. 그는 지우개를 바라보면서 그것을 조준점으로 삼았다. 그는 마치 적 전투기에 대한 추적 위치를 점하려 기동하는 것처럼 의자를 돌렸다. 그러던 어느 날 그는 의자 돌리기를 멈추고 연필을 책상에 던졌다. 답을 찾았다. 라이트-팻에서 온 많은 차트와 공식과 공학적 데이터들을 단순한 형식으로 변환하는 방법을 찾아낸 것이다. 그는 각 미국 전투기의 에너지율$^{energy\ rate}$과 소련 전투기의 에너지율 간의 차이를 보여주는 그래프를 만들 작정이었다. 그래프에서 미국 전투기가 유리한 영역은 파란색으로, 소련 전투기가 유리한 영역은 빨간색으로 나타냈다.

　파란색은 좋다.

　빨간색은 나쁘다.

　뭣같은 장군이라도 이건 이해할 수 있다.

　에글린에서 보이드가 전전한 보직 중 하나가 그래픽 제작소 감독관이었다는 것은 재미있는 역설이 아닐 수 없다. 그래픽 제작소의 목적은 브리핑 차트나 사진 슬라이드에 문자를 넣거나 그래프를 화려하게 꾸미는 데 어려움을 겪는 모든 장교에게 서비스를 제공하는 것이었다. 그래픽 제작소 관리는 어느 조종사도 원하지 않는 하찮고 수치스러운 보직 중 하나였지만, 보이드에게는 도움이 되었을 것이다.

보이드는 직원 2명에게 에너지-기동성 이론 브리핑 차트를 전담하게 했다. 그를 완벽주의자라고 하는 것은 많은 뒷얘기들을 너무 단순화시킨 표현이다. 그는 밤이 깊도록 모든 슬라이드의 모든 세부사항을 자세히 살폈다. 모든 철자가 정확하게 맞아야 했다. 망사 모양 성능 차트의 모든 선은 정확하게 채색되어 있어야 했다. 각 슬라이드는 아주 정확하게 절단되어 있어야 했다. 그리고 새벽 1시나 2시쯤에 다른 사람은 아무도 간파하지 못할 사소한 결함을 발견한다면 기술자 중 한 명을 불러서 슬라이드를 즉시 수정했다. 나중에 정상 근무시간이 아닌, 지금 당장 말이다.

그러한 철야 근무를 한 번 한 뒤, 그는 한 여성 기술자에게 근무시간 기록부의 초과 근무 시간에 대한 야근 수당 지급을 승인해주겠다고 말했다. 하지만 기지의 회계처장인 대령은 야근 수당 지급을 거부했을 뿐만 아니라, 그 젊은 여직원을 동료들이 보는 앞에서 꾸짖으면서 그녀에게 보이드 소령이 무슨 작업을 하고 있든 간에 미인가 업무이고, 공군은 미인가 프로젝트를 위한 초과 근무에 지급할 돈이 없다고 말했다.

젊은 여직원이 그러한 수모를 당했다고 보이드에게 보고하자, 그는 성을 내며 기지 사령관의 사무실로 갔다. 기지 사령관은 회계처장의 상관이었을 뿐만 아니라, 아무도 몰랐지만 넬리스 시절부터 보이드의 친구였다. 보이드는 기지 사령관에게 무슨 일이 벌어졌는지 말하고 이렇게 얘기했다. "이 일이 잘 처리됐으면 합니다."

기지 사령관은 회계처장을 불렀다. "계좌에 돈이 없다면 어떡해서든 마련하게. 자네 돈으로라도 지급해야 하네"라고 명령했다. 그리고 회계처장에게 기술직원을 비난했던 당시에 그 자리에 있었던 사람들 앞에서 그녀에게 사과하라고 명령했다.

"그 개자식을 갈겨버렸어." 보이드는 크리스티에게 자랑스럽게 말했다.

하지만 그는 승리의 대가를 크게 치르게 된다. 보이드는 회계처장뿐만 아니라 회계처장의 친구들을 적으로 만들었다. 그리고 이후 심판의 날을 맞게 된다.

라이트-팻 기지의 대령을 또 다른 적으로 만들다

공군이 한 장교의 잠재력을 충분히 믿고서 AFIT 프로그램에 들어가도록 허락할 정도라면, 그 장교가 군에서 경력을 쌓으려 한다는 점과 그 장교가 꽤 특별하다는 점을 모두 인정해주는 것이다. AFIT 이후 그 장교의 첫 근무평정에는 이 점이 반영되어야 한다. 하지만 에글린에서 보이드가 받은 첫 근무평정은 평범했다. 그는 너무 많은 보직을 전전했다. 보이드의 에너지-기동성 연구는 근무평정에서 그런 이름으로 불리지도 않았고 애매하게 언급되었다. 평가 장교는 보이드가 "에너지 고려사항을 전투기 전술에 효과적으로 적용할 수 있는 정성적·정량적 분석을 개발했다"면서 "…처음으로 적 전투기에 대한 전술을 만드는 데 유용한 근거가 될 것임"이라고 말했다. 장군들은 소령의 근무평정에는 잘 개입하지 않는다. 하지만 보이드에게는 운이 좋게도 A. T. 컬버트슨Culbertson 준장이 그저그런 평가에 반하는 배서를 추가했다. 컬버트슨은 보이드가 "이 사령부와 공군에 매우 절실한 생산적이고 창의적인 사상가 유형에 해당함. 본인은 그가 진정 뛰어나며 빠른 진급을 할 가치가 있다고 평가함"이라고 말했다. 보이드의 경력에서 늘 그랬듯이 그의 직속상관은 나쁘거나 그저그런 평가를 했는데, 이는 공군에서 나갈 때라는 신호였지만, 이번에도 어느 장군이 그를 구했다.

보이드가 에글린에서 첫 근무평정을 받던 1963년 여름에 에너지-기동성 차트가 나오기 시작했다. 그와 동시에 공군은 에너지-기동성 이론에 관한 브리핑을 넘어서 그 이론에 관해 모든 것을 말해주는 종합적인 보고서를 제출하라고 압박하고 있었다. 크리스티는 보이드가 보고서를 준비하기를 원했지만 보이드는 브리핑을 시작하기를 원했다.

보이드의 브리핑 차트는 아름다웠고, 하나의 예술작품 같았으며, 깨끗하고 명쾌하며 단순했다. 차트는 정보를 제공하는 충분한 데이터를 담았지만 과도하지 않았고, 창의적으로 보이지만 제공되는 정보에 대한 사람들의 관심을 분산시킬 정도로 지나치게 창의적이지도 않았다. 보이드는 차트를 개선하고 다듬으면서 무언가 잘못되었음을 깨달았다. 라이트-팻에 있는 사람들이 그에게 정확한 데이터를 제공하지 않았던 것이다.

보이드는 초과 근무 문제를 해결하는 데 도움을 주었던 장군에게 다시 가서 라이트-팻으로 가서 그 문제를 해결하겠다고 말했다. "전화를 받게 되실지도 모릅니다." 그는 말했다.

장군은 보이드를 보고 고개를 저었다. "외교적 수완을 발휘해보게, 존."

하지만 보이드는 그렇지 못했다. 라이트-팻에 간 그는 회의석상에서 팔을 흔들고 비속한 표현을 쓰면서 라이트-팻 기지 근무자들의 무능함을 비난하는 바람에 회의는 일찍 중단되어버렸다. 회의를 주재한 대령은 화가 나서 에글린에 있는 보이드의 상관들에게 전화하기 위해 슬그머니 자리를 떴다.

에글린에 있는 보이드 상관은 그 대령에게 동조해주지 않았다. 보이드의 상급자인 장군은 보이드에게 정확한 데이터를 주라고 하면서 그렇지 않으면 자신이 비행역학연구소를 지휘하는 장군에게 전화해서 보이드가 왜 아무런 협조도 못 받고 있는 것인지 물어보겠다고 말했다. 어쨌든 그들은 모두 같은 공군이었다.

대령은 에글린 기지의 장군이 라이트-팻 기지의 비행역학연구소를 지휘하는 장군에게 전화를 걸어서 불만을 제기할 빌미를 제공해서는 안 된다는 것을 깨달았다. 장군들의 우애는 강하고 끈끈하다. 진급을 원하는 대령은 감히 장군에게 함부로 맞설 입장이 아니다.

보이드는 이번에는 정확한 데이터를 얻었다. 하지만 이번에도 라이트-팻 기지의 대령을 또 다른 적으로 만들었다.

B-52를 상대로 한 작은 에어쇼로 비행을 정지당한 보이드

보이드는 자신의 T-33을 타고 에글린으로 돌아왔다. 그는 착륙접근을 하면서 어느 B-52[152] 조종사가 관제탑과 교신하는 소리를 들었다. 전투기 조종사들은 B-52를 크고 못생기고 뚱뚱한 놈big ugly fat fucker이라는 뜻의 "버프BUFF"라고 불렀다. 보이드는 버프 조종사들이 긴 임무를 마치고 돌아오는 중이고 승무원들이 틀림없이 지쳐 있을 것이라고 생각했다. 그는 B-52 조종사에게 실전에서 예상되는 일을 보여주기로 결심했다. 그는 조종간을 좌우로 크게 움직인 다음 다시 앞에 놓으면서 헛간 문짝만큼 거대한 폭격기의 비행 방향과 자신의 항공기의 방향을 일치시키고, 그런 다음 스로틀을 앞으로 밀어 추력을 높였다.

B-52 조종사는 관제탑에 최종 접근 허가를 받았다. 그는 자신의 항공기가 몇 킬로미터 밖에서도 보일 것이라고 생각하면서 착륙한 뒤 여유있게 디브리핑을 하고 맛있는 음식을 먹은 다음 10~12시간 단잠을 잘 생각을 하고 있었을 것이다. 그 순간 그가 직면한 것은 창문에 가득 차게 보이는 T-33과 무전기에서 들리는 "건스! 건스! 건스!Guns, guns, guns![153]"라고 외치는 사악한 목소리, 그리고 배면 롤을 하면서 동체 밑부분의 리벳의 갯수를 셀 수 있을 정도로 가까이 그의 밑으로 지나가는 T-33의 흐릿한 모습이었다. 그 뒤 무전기에서 요란하게 킬킬거리는 소리가 들리더니 의기양양한 목소리로 이런 말이 들려왔다. "내가 그쪽을 갈겼소."

---

152 B-52: 미국이 다른 대륙의 적국에 전략폭격을 하기 위해 만든 대형 장거리 폭격기로, 1952년에 처음 생산되어 지금까지 쓰이고 있다.

153 공대공 훈련 시, 전투기 조종사가 적기에 기총을 발사한다는 의미로 사용하는 교신 용어.

대도시 몇 개를 충분히 파괴할 수 있는 핵폭탄을 탑재한 B-52의 조종사는 어떤 상황에서도 당황하지 않고 침착해야만 한다. 하지만 B-52 조종사는 정면 교차^{head-on pass}가 얼마나 위험한지 잘 알고 있다. 한 치의 오차도 허용되지 않는다. 조금이라도 잘못 판단하면 충돌하여 두 항공기의 잔해와 승무원들의 시신이 들판에 넓게 흩어져 나뒹구는 결말을 초래하게 된다. 버프 승무원들은 거의 공황상태에 빠졌고 조종사가 무전기를 잡고 관제탑에 항의했다. 그런 다음 보이드에게 소리치면서 이 안전규정 위반을 보고할 것이라고 말했다.

보이드가 약 1킬로미터 떨어진 곳에서 주변을 선회하며 B-52의 10시 방향에 위치하는 동안 B-52 조종사는 계속 고함을 치면서 항의와 위협을 했다. 보이드는 이 전략공군사령부 조종사가 융통성 없는 꽉 막힌 사람이라고 생각했다. 그는 단지 공군 최고 전투기 조종사와의 싸움에서 졌을 뿐이고 이것이 사고가 아니라는 것을 깨달을 필요가 있었다. 보이드는 오른쪽 러더를 차고 조종간을 끝까지 세게 당겨서 급기동을 하면서 B-52 쪽으로 가차없이 높은 G로 급선회했다. "건스! 건스! 건스!" 그는 조종석을 지나쳐 줌상승을 하면서 무전기에 대고 시끄럽게 외쳤다. B-52 승무원이 무의식적으로 몸을 수그리자, 낄낄거리는 신경에 거슬리는 웃음소리가 들렸다.

B-52 조종사는 착륙했을 때 너무 화가 솟구쳐서 피곤함도 잊었다. 그는 T-33 조종사에 대한 이의를 제출했고, 관제탑 요원들이 증인이 되어주었다. 관제탑 요원들은 오히려 그 작은 에어쇼를 좋아했지만, 자신들이 본 것을 보고해야 했다.

보이드는 비행을 정지당했다.

그러나 그는 버프 조종사가 전투기 조종사에 의해 지옥을 경험하고 죽음과 파괴를 당할 수 있다는 사실을 완전히 새로운 차원에서 이해하게 되었으리라 생각했다. 그런 점에서 이것은 그럴 만한 가치가 있었다.

항공기 설계를 바꿔놓은 보이드의 에너지-기동성 이론

군사 브리핑은 느리고, 구식이며, 매우 비효율적인 정보 제공 방법이다. 그럼에도 불구하고 브리핑을 어떤 식으로 하느냐에 따라 장교의 경력이 오르락내리락할 수 있다. 군대에서 쓰는 말로 "훌륭한 브리핑" 능력 덕분에 진급한 사람들이 많다. 훌륭한 브리핑 장교는 차밍 스쿨charm school[154]에서 배운 것 같은 태도를 갖추고 있다. 브리핑을 하는 사람은 거의 항상 브리핑을 받는 사람보다 계급이 낮지만, 그렇다고 계급이 너무 차이가 나지는 않는다. 예를 들면 장군들은 보통 자신보다 계급이 낮은 장군이나 대령에게 브리핑을 받는다. 브리핑 장교는 브리핑 시 지켜야 할 여러 가지 불문율이 있다. 브리핑 장교는 지시봉을 가지고 있기는 하지만, 너무 자주 사용해서는 안 된다. 단상에서 너무 많이 움직여서는 안 된다. 연단에 기대서는 안 된다. 슬라이드나 차트를 사용하지만 그것이 나타내는 것보다 훨씬 더 많은 내용을 알고 있어야 한다. 브리핑 장교는 자신보다 계급이 더 높은 장교들에게 자신이 무엇을 말할 것인지 브리핑 개요를 말한 다음, 브리핑을 시작한다. 그런 다음 자신이 지금까지 그들에게 무엇을 말했는지 정리한 뒤 마지막으로 자신을 힐뜯는 적대적인 질문이 없으면 브리핑을 마친다. 불문율 중 가장 엄격한 사항 중 하나는 브리핑 장교가 모든 질문에 빠르고 자신 있게 답변할 준비가 되어 있어야 한다는 것이다. 상급 장교의 질문에 답하지 못하는 사람은 경력을 망쳤다는 생각에 사로잡히게 된다. 일반적으로는 겉만 먼지르르한 쇼를 보면서 무언가를 배우기보다는 정보를 읽고 이해하는 것이 더 빠른 정보 습득 방법이다. 하지만 미국의 군대 문화는 구술 문화이고 그 문화의 기반은 브리핑이다. 아주 똑똑한 많은 장교들이 그들이 아는 것들의 대부분을 브리핑을 통해 배운다. 그러나 브리핑의 종류와 관계없이, 브리핑 장교는 브리핑을

---

154 차밍 스쿨: 젊은 여성들에게 사회적 교양을 가르치는 곳.

받는 사람의 신념이나 입장에 반하는 정보는 거의 제공하지 않는다.

보이드는 라이트-팻의 새로운 데이터와 그의 명쾌한 브리핑 차트를 가지고 두 가지 에너지-기동성 이론 브리핑을 준비했는데, 하나는 공군 장교용이고, 다른 하나는 방위산업체용이었다. 브리핑 자료들은 눈부시다는 말로밖에는 표현할 길이 없었다. 보이드는 전투기무기학교에 교관으로 근무하면서 연사로서 남다른 자신감이 생겼다. 톰 크리스티를 제외하고 그는 다른 누구보다 브리핑 내용을 잘 알고 있었다. 그의 에너지-기동성 이론 브리핑은 마치 복음을 전파하는 것과 같았다. 그의 목소리는 아주 낮고 조심스러웠으며, 그의 눈은 브리핑을 듣는 모든 사람들을 훑었다. 그는 마치 배우처럼 청중의 관심을 사로잡는 능력이 있었고, 일단 관심을 끌면 그의 연설 재능을 총동원했다. 그의 어조는 대화체부터 과장된 말투까지 다양했다. 요점을 지적할 때는 턱을 내밀고 잠시 멈춘 채 사람들을 응시했다. 친구들 사이에서는 상스럽고 거친 그가 브리핑을 할 때는 공군의 여느 장교처럼 부드럽고 전문가다웠다. 그는 열변을 토하며 말했다. 심지어 브리핑을 듣는 사람들이 미처 이해하지 못하는 말을 하기도 했다. 하지만 그는 새롭고 흥미로운 주제에 관해 아주 폭넓은 지식을 가지고 있었기 때문에 청중에게 적대감을 불러일으키지 않으면서 그렇게 할 수 있었다. 그는 진지한 질문에는 진지하게 응대했다. 사실 아무도 에너지-기동성 이론에 대해서 보이드와 정면으로 맞설만큼 많이 알지 못했지만, 군대의 속성상 누군가는 그것을 시도한다. 보이드는 적대적 질문을 즐겼다. 그는 적대적 질문을 마치 그린 스팟 상공에서 그를 공격한 조종사들처럼 여겼다. 그는 40초 보이드로 되돌아가서 점수 올리기를 시작했다. 나중에 그는 크리스티에게 조심스레 다가가서 이렇게 말했다. "봤나, 타이거? 내가 그놈에게 혼구녕을 내줬다니까."

크리스티는 딱 한 가지를 제외하고 보이드의 브리핑 기술에 상당히 감탄했다. 보이드는 열변을 토하면서 단상을 누비며 발끝을 팅기고 팔을 흔들었는데, 크리스티의 눈에는 이런 보이드의 모습이 발레 무용수처럼 보였다. "가만히 있어요, 존." 그는 몇 번이고 말했다. 하지만 보이드는 그럴 수가 없었다. 크리스티는 그를 "사탕요정Sugarplum Fairy[155]"이라는 별명으로 부르기 시작했는데, 그냥 짧게 줄여서 "플럼Plum"이라고 불렀다. 그 이후부터 보이드는 에글린 기지의 동료들에게 그 별명으로 불렸다.

에글린에는 임시 보직을 수행하기 위해 공군의 여러 곳에서 조종사들이 모여들곤 했다. 보이드는 그들을 찾아다니며 설득해서 브리핑실에 모아놓고 브리핑을 했다. 그는 넬리스에 가서도 브리핑을 했다. 그는 척 예거Chuck Yeager[156]에게도 브리핑을 했다.

더 많은 사람이 브리핑을 듣게 되면서 점점 더 많은 사람이 보이드의 에너지-기동성 이론이 새로운 사고방식을 바탕으로 만들어진 항공 이론이라고 느끼기 시작했다. 과거에 조종사들이 기동을 생각할 때는 전적으로 속도의 측면에서만 생각했다. 훌륭한 조종사는 직감적으로 에너지를 막연하게 이해하기는 했지만, 그것을 명확하게 설명하지는 못했다. 예를 들면 제2차 세계대전 당시 조종사들은 일본의 제로기와 절대로 선회전turning fight에 들어가서는 안 된다는 것을 알았고, 한국에서는 미그기와 절대로 선회전을 해서는 안 된다는 것을 알았다. 이제는 에너지-기동성 이론 덕분에 차트를 보고 어느 고도에서 가장 잘 싸울 수 있는지 알 수 있었다. 그들은 주어진 고도에서 얼마나 많은 G를 당길 수 있는지, 그러면서 속도가 아닌 잉여 에너지를 유지할 수 있는지 알 수 있었다. 그들은 보이드가 옳다면 그가 항공 분야를 바꿀 이론을 개발한 것이라고 생각했다.

이 새로운 에너지-기동성 이론에 대한 소문이 계속 퍼지면서, 보이드의 브리핑을 듣고 싶어하는 사람들의 계급이 높아졌다. 이제는 영관급 장교들이 브리핑을 요청했다. 상급 장교가 보이드의 브리핑을 치하할 때 보

---

155 사탕요정: 차이콥스키의 발레 작품 〈호두까기 인형〉에 등장하는 캐릭터.

156 척 예거: 제2차 세계대전 당시 적기를 10.5대 격추한 에이스로, 1947년에는 시험비행조종사로서 세계 최초로 음속을 돌파했다. 1923년생으로 존 보이드보다 네 살 많다.

이드의 반응은 항상 같았다. "철저히 준비했습니다."

보이드는 비행 자격을 회복했고 T-33을 타고 넬리스에 자주 갔는데, 그곳에서는 그의 옛 학생인 에버렛 라즈베리가 캐노피끼리 마주보는 canopy-to-canopy 버티컬 롤링 시저스vertical rolling scissors로 승리를 거두기 위한 새 기동을 개발했다. "라즈베리 롤Raspberry Roll [157]"이라고 불린 이 기동은 보이드가 항공기의 저속 제어에 관해 가르친 내용을 이용한 것이었다. 라즈베리는 보이드를 위해 에너지-기동성 데이터 검증 비행을 시작하면서 에너지-기동성 차트가 다양한 항공기의 성능을 말해준다는 것을 하늘에서 증명했으며, 에너지-기동성 이론 브리핑에서 프로젝터를 조작하고 보이드가 단상을 돌아다니는 동안 차트를 넘겨주는 등 보이드를 자주 도와주었다.

보이드와 크리스티는 방산업체에서 브리핑을 하기 위해 전국을 여행하기 시작했다. 이전까지의 전투기는 일단의 장군들이 모여서 그들이 원하는 항공기의 성능을 이를테면 3만 피트 고도에서 400노트의 속도를 내고 전투반경 500마일로 하자고 결정하면 그 기준에 맞춰 설계되었다. 에너지-기동성 이론은 이것을 바꿔놓았다. 보이드는 방산업체에 이렇게 말했다. "머지않아 공군이 와서 이 항공기로 2만 피트 고도에서 4G를 당길 때 이만큼의 잉여 에너지율을 원한다고 말할 겁니다. 그렇지 않으면 공군은 최대 3만 5,000피트 고도에서 5G 지속 선회 능력을 갖기를 원한다고 말할 겁니다. 아니면 1만 피트 고도에서 마하 0.9로 비행할 때 초당 500피트로 상승하기에 충분한 잉여 추력을 원한다고 할 겁니다."

이는 진화적이 아니라 혁명적인 항공기 설계 방법이었다. 하지만 방산업체들, 특히 공군이 제작을 논의하던 신형 전투기인 F-X에 관심이 있던

---

157 라즈베리 롤: 제7장에서 보이드가 설명한 적기 반대쪽으로 수행하는 배럴롤 기동을 말하는데, 적기가 같은 방법으로 대응한다면 버티컬 롤링 시저스로 발전하게 된다. 이 기동이 라즈베리 롤이라고 불리게 된 것은 라즈베리가 실전에서 이 기동을 이용해서 적기를 격추했기 때문이며, 그 사건은 이 책의 후반부에 나온다.

방산업체들은 에너지-기동성 이론의 단순성을 보았고 보이드가 말한 것이 진실임을 깨달았다. 그들이 그러한 결론에 도달하는 데 도움을 주기 위해서 보이드와 크리스티는 방산업체 경영진들이 에너지-기동성 이론을 설계 과정에 반영하도록 하기 위해 그들이 개발한 컴퓨터 프로그램에 관해 말했고, 심지어 그들에게 프로그램의 복사본을 주기까지 했다. 방산업체 경영진들은 에글린에 와서 그곳의 컴퓨터를 사용할 수도 있었다. 그리고 수정사항이 추가되면 해당 수정사항도 얻을 수 있었다. 방산업체들은 에너지-기동성 이론에 아주 빠르게 적응했고, 그들은 끊임없이 에글린으로 몰려왔다.

혁신적인 이론을 만들고 발전시킨 최초의 미 공군 장교

첨단기술을 절대적인 신인 양 숭배하는 공군 장성들은 미국 조종사가 레이더에 나타난 적기를 의미하는 신호를 보면 버튼을 눌러 미사일을 발사하기만 하면 그 신호가 사라질 것이라고 믿었다. 펑! 간단했다. 발사 버튼 전쟁은 미래적인 일이고, 명중률Probability of Kill, PK은 거의 100퍼센트나 다름없다고 장성들은 믿었다. 그러나 보이드와 크리스티는 에너지-기동성 데이터를 이용해서 컴퓨터 시뮬레이션을 돌려보고 현실은 매우 다르다는 것을 발견했다. 미국 미사일의 성능은 광고된 수준과는 거리가 멀었고, 보이드와 크리스티는 방산업계에서 미사일의 한계를 이야기한 최초의 두 사람이 되었다. 보이드는 전투기 조종사들에게 적의 미사일을 물리치고 미국 미사일의 명중률을 올리는 기술을 가르쳤다. 그리고 조종사들에게 지대공 미사일을 물리치는 최선의 방법도 말해주었다.

보이드는 미국 항공기와 소련 항공기를 좀 더 깊이 비교하면서 투명 차트chart overay[158]들에 나타나는 충격적인 경향에 주목하기 시작했다. 파란

---

158 투명 차트: 겹쳐서 비교해볼 수 있도록 투명 용지에 제작된 차트.

색은 좋은 것, 붉은색은 나쁜 것이었는데, 많은 차트에서 붉은색이 너무 많았다. 이는 항공기 성능 영역의 대부분에서 소련 항공기가 미국 항공기보다 우세하다는 뜻이었다. 그럴 리가 없었다. 미국 전투기가 세계에서 최고였다. 보이드가 이 점, 예를 들면 F-4 팬텀이 MiG-21을 고고도에서 선회전으로 이기기에는 너무 무겁고 주날개가 충분히 크지 않다는 것을 보여주는 브리핑을 했는데 그게 틀린 내용이라면 에너지-기동성 이론은 끝장이었다. 만일 그가 에너지-기동성 차트가 보여주는 바와 같이 F-4가 MiG-21과 성공적으로 싸우는 유일한 방법이 저고도에서 고속으로 싸우는 것이라고 말했다면, 그가 옳아야 했다. 그리고 F-111의 차트는 그것을 본 모든 장군들의 속을 아주 쓰리게 만들 정도로 온통 붉은색이었다. 그것은 소련 항공기가 어떤 고도, 어떤 속도, 어떤 비행 성능 기준에서도 F-111을 능가할 수 있다는 것을 의미했다.

보이드와 크리스티는 몇 번이고 계산을 점검했는데 똑같은 결괏값이 나왔다. 해외정보처의 데이터가 잘못된 것일 수도 있었다. 그렇지 않다면 미국 항공기가 그렇게 많은 영역에서 소련 항공기보다 뒤질 수는 없었다. 보이드는 라이트-팻으로 돌아가서 정보 전문가들과 데이터를 점검했다. 몇 가지 수정이 이루어졌지만, 소련 항공기가 여전히 우세했다.

"만일 내가 이것을 브리핑하고 누군가가 당신에게 확인을 요청하면 이 데이터를 고수할 겁니까?"

보이드는 물었다.

"물론입니다." 그 장교는 말했다.

보이드와 크리스티는 에글린에서 컴퓨터 프로그램을 다시 작성하고 데이터를 다시 계산했다. 여전히 소련 항공기가 우세했다. 그들은 에너지-기동성 이론과는 관계가 없는 외부인인 수학자 한 명을 불러와서 말했다. "저희가 어디서 실수했는지 찾아주십시오." 이 외부인 수학자는 수치들을 세세하게 검토하고, 이들을 확인하고, 다시 세세하게 검토해봐도 어떠한 실수도 발견하지 못했다고 발표했다.

이제 에너지-기동성 이론은 종교와도 같은 영향력을 갖게 되었다.

보이드는 브리핑 내용을 세세하게 수정하느라 너무 바빠서 공군이 원한 공식 에너지-기동성 이론 보고서는 거의 크리스티가 작성했다. 보이드는 크리스티에게 그가 연구에 사용한 세 가지 기사를 참고문헌으로 확실히 언급해달라고 요청했다. 첫 번째는 E. S. 루토프스키Rutowski가 1954년에 쓴 "일반적인 항공기 성능 문제에 대한 에너지 측면의 접근Energy Approach to the General Aircraft Performance Problem"이라는 제목의 글이었다. 이 글은 항공기가 주어진 고도로 상승하는 가장 빠른 방법에 대한 최적화 이론을 자세히 설명한 것이었다. 이 글은 항공기의 기동성, 전투 비행, 항공기 설계와는 아무런 관련이 없었다. 두 번째 글은 H. J. 켈리Kelley가 《미국 로켓 소사이어티 저널Journal of the American Rocket Society》 1960년 10월호에 게재한 "최적 비행 경로의 변화도 이론Gradient Theory of Optimal Flight Paths"이라는 제목의 기사였다. 이 글은 기본적으로 가장 효과적인 비행 경로를 수학적으로 찾는 방법을 설명한 것이었다. 세 번째 글은 A. E. 브라이슨Bryson과 W. F. 덴햄Denham이 레이시온Raytheon[159] 사의 위탁을 받아 수행한 연구로, 그 제목은 "최대상승법Steepest Ascent Method[160]"이었다. 이 글은 항공기 성능을 최적화하는 방법을 설명한 것이었다. "기밀"인 에너지-기동성 이론 보고서는 1964년 5월에 발간되었는데, 이 보고서에는 이 세 글이 모두 인용되어 있다.

1964년 9월 7일 에글린에서 보이드가 받은 두 번째 근무평정은 경이로움 그 자체였다. 혁신적인 이론을 만들고 나서 자신의 업무가 그 이론을 발전시키는 것이라는 말을 들은 장교는 공군 역사상 거의 찾아볼 수 없으며, 어쩌면 그가 최초였을 수도 있다. "개선 권장 사항" 부분에서 평가 장교는 그에게 "인간관계 매너와 기술 개선"을 요구한다. "그는 때로

---

159 레이시온: 미사일 제작사로 유명한 미국의 방산업체.

160 최대상승법: 최대 경사 방향을 탐색하여 이동해가면서 최대치에 도찰하는 방법.

자신이 전문성을 인정하지 않는 상대를 노골적으로 업신여김." 하지만 평가 장교는 보이드에 관해 이렇게 말하면서 끝을 맺는다. "그는 본인이 알고 있는 가장 헌신적인 장교임."

보이드는 더 이상 정비 장교가 아니었다. 그는 그가 말한 대로 했다. 그는 에너지-기동성 이론 개발 이외의 모든 일에서 제 발로 벗어났다.

1965년 초, 미 공군이 역사상 가장 긴 폭격 전역bombing campaign[161]을 시작하기 직전에 보이드는 베트남에 가서 F-105 조종사들에게 브리핑을 하면서 만일 미그기에게 꼬리를 잡혔는데 미그기보다 더 빠르게 비행해서 그에게서 벗어날 수 없다면 플랫 플레이팅flat-plating 기동을 해서 즉시 에너지를 버려야 한다고 말했다. F-105 조종사들은 매우 회의적이었다. 조종사들이 서드Thud라고 부르는 F-105는 그러한 기동을 잘할 수 있는 비행기가 아니었다.

보이드는 유럽의 여러 기지를 다니며 여러 비행단 단장들에게 에너지-기동성 이론 브리핑을 했다. 보이드는 유럽 기지 비행단들의 우수한 안전 기록이 이들이 충분히 강하게 훈련하지 않고 있으며, 그들이 조종사들에게 전투 준비를 시키지 않고 있음을 보여준다고 말했다.

그러나 안전은 공군에서 가장 중요한 부분이 되고 있었다. 어느 지휘관은 전투기 조종사들의 공대공 기량을 향상시키기보다는 우수한 안전 기록을 유지하는 것에 더 신경을 썼다. 쥐 꼬리 잡기에 경력을 걸기를 원하는 지휘관들은 거의 없었다. 근접 공중전은 공군에서 신비롭고 거의 잃어버린 기술이 되었다.

---

161 베트남 전쟁 당시 미국 공군과 남베트남 공군이 1965년 3월 2일부터 1968년 11월 2일까지 북베트남에 실시한 지속적인 융단폭격 작전인 롤링 선더 작전(Operation Rolling Thunder)을 말한다.

유효성 시험 비행을 통해 입증된 에너지-기동성 이론

보이드는 최고 장성들에게 에너지-기동성 이론을 브리핑하기 시작하기 전에 마지막 단계로 유효성 시험 비행을 실시했다. 유효성 시험 비행은 일단의 젊은 조종사들이 수행했는데, 그들 중 몇 명은 이후 승승장구했다. 그중 주요 조종사였던 톰 매키너니Tom McInerney는 결국 3성 장군이 되었다. 그와 함께 에너지-기동성을 검증하는 임무 형상Mission Profile 시험 비행을 한 더글러스 "피트" 피터슨Douglas "Pete" Peterson은 훗날 베트남에서 격추당한 후 주베트남 미국 대사가 되었다. 그중에서 아마 가장 파란만장했던 조종사는 한국계인 바비 간Bobby Kan으로, 그는 "WGOFP", 즉 세계 최고 동양인 전투기 조종사World's Greatest Oriental Fighter Pilot로 기록된 사람이었다. 간은 베트남에서 격추되었는데, 구조헬기가 그를 태우러 왔을 때 승무원이 그의 동양인 외모를 보고 북베트남 사람이 헬기에 타려는 줄 알고 서둘러 이륙했다. 간이 무전기로 온갖 창의적인 욕설을 퍼붓자, 헬기 승무원들은 땅에 있는 사람이 미국인이 틀림없음을 깨닫고는 다시 돌아와 그를 실어 갔다.

매키너니는 에글린에 도착했을 때 보이드에 관해 많은 이야기를 들었다. 보이드는 매키너니를 자신의 사무실로 데려와서 산더미 같은 수학 계산들을 보여주고, 차트들을 준비하기 위해 수백 시간의 컴퓨터 사용 시간을 훔쳤다고 웃으면서 말했다. 그러고는 매키너니에게 시험 비행이 어떻게 진행될 것인지 아주 자세하게 말했다. 각 비행의 목적은 보이드의 이론적 계산을 확인하고, 항공기가 에너지-기동성 차트에 나온 대로 비행하는지 알아보는 것이었다.

매일 오전 6:00시에 조종사 중 한 명이 에글린에서 F-100, F-105, F-4를 타고 이륙해서 멕시코만 상공의 "스타트 박스start box"로 비행했다. 컴퓨터 한 대가 후방석에 장착되었다. 각 임무는 상세한 임무 형상이 있었다. 만일 조종사가 F-4를 타고 비행한다면, 약 3만 피트 고도(정확한 고도는 기온에 따라 달라짐)로 상승해서 애프터버너를 점화하고, 일정한 피치 각도(보통 5도 정도)로 기수를 아래로 향하고, 속도가 600노트가 될 때까지 하강한다. 보통 2만 6,000피트에서 그 정도 속도가 되었다. 그러면 기수를 15도로 들어서 마하 2가 될 때까지 그 자세를 유지한다.

보이드는 이 얕은 강하 이후의 상승을 "딥시 두들$^{\text{dipsy doodle}}$", 즉 급전환이라고 불렀다. 이 기동은 보이드와 크리스티가 컴퓨터로 최적화한 비행 경로를 바탕으로 만든 것으로, F-4가 마하 2에 도달하는 가장 빠른 방법이었다. 항공기가 마하 2에 도달하면 애프터버너를 끄고, 연료 무게를 기록하고, 딥시 두들을 다시 했다. 또 다른 임무는 360도 선회를 유지하는 데 필요한 최적 속도와 G 하중을 확인하는 것이었다. 모든 기동, 모든 변화가 상세한 임무 형상에 제시되었다. 보이드는 이 작업을 몇 년 동안 해서 무엇을 해야 하는지 정확히 알고 있었다.

조종사들이 착륙하자, 보이드가 기다리고 있었다. 비행대기선의 택시 역할을 하는 밴 한 대가 인근에서 시동을 건 채 대기하고 있었다. 보이드는 컴퓨터에서 데이터를 뽑아서 비행대기선의 택시를 타고 기지를 질주한 뒤 그 정보를 에너지-기동성 차트와 비교했다. 라이트-팻의 부정확한 성능 데이터, 그리고 항공기 성능 차이로 인한 작은 오차를 제외하면 모든 임무는 에너지-기동성 차트가 예측한 사항들을 거의 정확하게 증명했다. (몇 년 뒤 더글러스 피터슨이 주베트남 미국 대사가 되었을 때 말한 바에 따르면, 보이드를 위해 에너지-기동성을 검증하는 임무 형상 시험 비행을 한 조종사들은 처음부터 이 일이 공군의 또 다른 잡무가 아님을 알았다고 한다. 그는 참여 인원 모두가 "이 일이 궁극적으로 항공기 설계에 영향을 미치고, 우리가 당장 보았다시피 공중전 전술에 영향을 미칠 돌파구가 될 작업이라고 느꼈습니다"라고 말했다.)

라이트-팻의 비행역학연구소 사람들은 보이드의 연구에 관해 전해 듣고 에너지-기동성 이론이 틀렸음을 입증하기 위해 밤낮으로 연구했다. 라이트-팻에서 개발했어야 할 이론을 에글린의 전투기 조종사가 개발한다는 것은 아주 창피한 일이었다. 에글린의 회계처장은 조용히 기다리는 중이었다. 그는 조만간 보이드가 장군이 보호해줄 수 없는 실수를 저지를 것이라고 생각했다. 하지만 공군에서는 에너지-기동성 이론 보고서를 돌려 보고 있었고 그 이론이 비행 시험을 통해 입증된 이상 보이드를 막을 수는 없었다. 미친 소령은 미국 공군을 상대할 준비가 되어 있었다.

CHAPTER 12

"저라면 F-111에서 날개를 떼고 노란색을 칠해서 고속 택시로 만들겠습니다"

전술공군사령부를 경악하게 만든 보이드의 브리핑

1964년의 후반기와 1965년 전반기는 보이드에게 영광스러운 시기였다. 그 시기는 보이드가 전술공군사령부에서 온 일단의 조종사들에게 브리핑을 하면서 시작되었다. 보이드는 그들이 전술공군사령부에서 온 전투기 조종사였기 때문에 소련 항공기가 더 우수하다는 것을 보여주는 데이터를 처음으로 브리핑에 포함시켰다. 조종사들은 경악했다. 그들은 당연히 보이드에게 그것이 확실한지 물었다. 보이드는 그들에게 해외정보처로 돌아가서 모든 입력값을 재확인하고, 컴퓨터를 다시 프로그래밍하고, 외부 수학자가 모든 사항을 재확인했다고 말해주었다. 그는 "이게 잘못됐다 해도 저로서는 어디서 틀렸는지 찾지 못하겠습니다"라고 말했다.

전술공군사령부 조종사들은 경악하며 머리를 저었다. "스위니Sweeney가 이걸 들을 때까지 기다려요"라고 누군가 말했다. "그가 엄청 화를 내겠네요." 스위니는 전술공군사령부 사령관 월터 캠벨 스위니 주니어Walter Campbell Sweeney Jr. 대장을 말하는 것이었다.

1964년 가을 어느 목요일, 보이드는 스위니의 참모부에서 근무하는 어느 대령의 전화를 받았다. "장군님이 자네의 브리핑에 관해 들으셨네." 대령은 말했다. "자네가 그걸 에너지-기동성 이론이라고 한다던데. 장군님이 랭글리Langley에 있는 장군님 사무실에서 월요일 08:00 정각에 브리핑을 받고 싶어하시네."

"예, 알겠습니다." 보이드는 말했다.

대령은 보이드가 가장 궁금한 사항인 "브리핑 시간을 얼마나 가질 수 있는지"를 묻기도 전에 전화를 끊어버렸다. 에너지-기동성 이론 브리핑은 얼마나 많은 질문이 나오는지에 따라서 서너 시간이 걸릴 수도 있었다. 스위니가 그렇게 많은 시간을 낼 수 있을까? 그 방에 다른 누가 또 있을까? 스위니는 단순히 정보를 원하는 걸까, 아니면 결정을 내리기 위해 브리핑을 원하는 것일까?

답이 무엇이든 보이드는 신이 났다. 스위니는 전술공군사령부의 모든 전투기를 "책임"졌다. 보이드가 스위니에게 미국 전투기 성능이 소련 항공기와 비교해서 어떤지를 보여줄 수 있다면, 그리고 스위니가 그 브리핑을 받아들인다면, 에너지-기동성 이론이 공군 교리의 일부가 될 뿐만 아니라 공군이 의회에 신형 전투기를 도입할 자금을 지원해달라고 설득하기 위한 강력한 근거가 될 것이었다.

4성 장군이 소령같이 군대 생태계의 밑바닥에 있는 누군가로부터 브리핑을 받는 일은 흔치 않다. 소령이 그렇게 많은 화제를 불러온 급진적인 새로운 이론을 내놓은 것만도 충분히 주제넘은 일이었지만, 이제 그는 공군에서 가장 영향력 있는 장군 중 한 명의 사무실로 들어서고 있었다. 보이드는 인생에서 가장 중요한 브리핑을 이제 막 앞두고 있었다. 스위니는 똑똑한 수행원들과 함께 브리핑을 들을 것이고, 그들 대부분은 새로운 에너지-기동성 이론이 틀렸음을 증명하는 것이 자신들의 본분이라고 여길 게 틀림없었다.

보이드는 한 가지가 마음에 걸렸다. 에글린에서 공군체계사령부 사령관인 버나드 슈리버Bernard Schriever 대장이 그의 직속상관이었는데, 그는 아직 에너지-기동성 이론에 대해 보고를 받지 못했다. 자신의 소속 사령부를 지휘하는 4성 장군에게 브리핑하기 전에 다른 사령부를 지휘하는 4성 장군에게 브리핑하는 것은 군대 의전에 심각하게 어긋나는 일이었다. 그뿐만 아니라 스위니는 슈리버에게 전화를 해서 대체 왜 그가 전술공군사령부에 성능이 떨어지는 항공기를 주는지 따질 게 틀림없었다.

불행히도 슈리버는 해외 출장 중이었다. 하지만 보이드의 요청에 따라 그의 부사령관이 스위니에게 전화를 해서 보이드의 브리핑을 연기했다. 그 후 보이드는 슈리버의 최고 간부들에게 브리핑을 했는데, 그들은 모두 점검과 확인을 위한 정보를 요구했다. 보이드가 지금까지 자신이 겪은 고된 과정을 말해주었는데도 그들 중 한 명은 브리핑 자리를 벗어나 해외 정보처에 전화를 걸었고 보이드의 데이터가 정확하다는 말을 들었다. 브리핑 분위기가 갑자기 험악해졌고, 보이드는 표적이 되었다.

"자네는 우리가 무얼 하고 있는지 모른다고 말하려는 건가?" 화가 난 한 대령은 이렇게 말했다. "공군 최고의 인재들이 여기 모여있는데, 자네는 우리가 잘못된 항공기를 구입하고 있다고 말하고 있는 건가!" 브리핑실 건너편에서는 한 장군이 에글린의 연구 프로젝트들을 수록한 책을 뒤지고 있었다. "여기에 있지 않은데"라고 장군이 말했다. "대체 에너지-기동성 프로젝트는 어디 있나? 여기 다른 이름으로 등재했나?"

"거기엔 없습니다"라고 보이드는 말했다.

"이 일을 진행하기 위해 자원을 사용한 것에 관해 자네가 말한 걸 방금 들었네. 정식 프로젝트가 아니면 컴퓨터에서 데이터를 얻을 수 있는 방법은 없어."

"저는 이 사령부의 어떤 컴퓨터도 몰래 사용할 수 있는 능력이 있는데 장군님은 그걸 전혀 모를 겁니다." 보이드는 말했다.

"지금 컴퓨터를 몰래 사용했다고 말하는 건가?"

"솔직하게 말씀드리는 겁니다."

장군은 보이드에게 눈을 부라리며 소리질렀다. "보이드만 빼고 다 나가!"

장군은 보이드에게 말했다. "만일 자네가 틀렸다면, 군법회의에 회부하겠네." 결국 어느 누구도 보이드의 브리핑에서 잘못된 점을 발견할 수 없었고, 그는 스위니 대장에게 브리핑하도록 허락을 받았다.

이제 전술공군사령부의 자원들은 명령에 따라 그의 것이 되었다. 그는 넬리스로 날아가서 더 많은 정보를 모으고 브리핑을 위한 추가 슬라이드를 뽑았다. 스위니 대장을 위해서는 최선을 다해야만 했다.

"자네가 나랑 함께 갔으면 하네." 보이드는 라즈베리에게 말했다. "내가 브리핑할 동안 자네가 차트를 넘기고 슬라이드를 돌려줘." 두 사람은 라즈베리가 보기에 높이가 30센티미터가 넘는 슬라이드 더미를 분류하고 재배열했다. 보이드는 슬라이드와 그래프를 더 잘 만들었어야 했는데라며 준비한 모든 것들에 대해 걱정했다. 마침내 두 사람은 모든 브리핑 도구를 모아 2인승 항공기인 F-100F에 올라타고 미국 본토를 가로질러 버지니아주 랭글리 공군기지로 날아갔다. 그들은 오후 늦게 도착했다.

스위니 대장의 부관인 젊은 소령이 램프에서 그들을 맞았다. 부관은 "스위니 대장님과 참모들 앞에서 할 정식 브리핑^{full brief}을 준비하기 바랍니다"라고 말했다.

엄밀히 말하면 브리핑은 브리핑이다. 브리핑과 정식 브리핑에는 차이가 없다. 그렇지만 "정식 브리핑"이라는 표현은 멈칫하게 만든다. 이는 보다 엄격한 형식상의 절차, 각 지휘관이 특별히 지켜야 할 암묵적 브리핑 규칙, 그리고 무엇보다도 무제한의 질문 세례를 수반하는 보다 진지한 브리핑을 의미한다. 정식 브리핑은 혹독할 수 있다. 브리핑이 잘못된다면 경력을 망칠 수 있기 때문이다.

"얼마나 브리핑 시간이 얼마나 주어집니까?" 보이드가 물었다.

"20분입니다."

보이드는 얼굴을 찡그렸다. "20분이요? 충분하지 않은데…"

"20분입니다." 부관은 자동차키 뭉치를 보이드에게 넘겨주면서 오후의 햇빛에 빛나는 파란색 캐딜락 쿠페 드빌^{Coupe deVille}을 가리켰다. "제 차입니다. 오늘 밤에 쓰세요. 나가서 맛있는 음식 좀 드시고요. 내일 오전 08 시 정각에 뵙겠습니다."

보이드와 라즈베리에게는 "맛있는 음식"이 마치 "마지막 음식"처럼 들렸다. 그들은 방문장교숙소에 체크인하고 빠르게 식사를 마치고 돌아와 늦은 밤까지 브리핑을 연습했다. 라즈베리는 보이드에게 스위니의 참모들이 물어볼 가능성이 높은 질문들을 던졌다.

4시간짜리 브리핑을 20분으로 줄이라는 말을 듣는다면 대부분의 장교는 단순히 브리핑을 압축할 것이다. 그러나 보이드는 그러지 않았다. 그는 일단 필요한 시간이 전부 주어진 것처럼 시작할 작정이었다. 다음날 아침 7시가 조금 넘었을 때 보이드와 라즈베리는 전술공군사령관의 집무실 앞 복도 끝에 있에 있는 브리핑실에 있었다. 보이드는 프로젝터를 테스트하고, 화면을 조정하고, 손을 깨물고, 슬라이드와 차트가 순서대로 되어 있는지 확인하고, 연단을 몇 밀리미터 정도 옮기고, 지시봉을 거치대 아래로 1센티미터만큼 내린 다음, 손을 좀 더 깨물었다. 그는 머릿속으로 브리핑을 연습하면서 서성거렸다.

오전 07시 45분쯤에는 스위니 대장의 참모진 대부분이 자리에 앉았다. 한 대령은 보이드가 연단 위에 놓인 옷깃 마이크를 착용하지 않은 것을 보았다.

"소령, 거기 있는 마이크를 착용하게." 그는 말했다.

"마이크는 필요 없습니다." 보이드는 말했다.

"브리핑 장교가 마이크를 착용하는 게 우리의 규칙이야."

"예, 알겠습니다." 보이드는 옷깃 마이크를 착용했다.

정확히 오전 08시 정각에 장군과 부관이 들어왔다.

"시작하게, 보이드 소령." 장군이 말했다.

보이드는 브리핑을 시작했다. 그는 부드럽고, 편안하고, 자신감 있고, 능숙하게 브리핑을 진행했다. 그는 마이크 볼륨을 몇 차례 줄여야 했다. 스위니는 경청했다. 하지만 브리핑 내용을 듣고 화가 난 게 틀림없었다.

그는 격앙된 채 의자에 앉아 안절부절못하며 인상을 썼다.

08시 20분에 라즈베리는 보이드에게 신호를 보냈다. 보이드는 브리핑을 멈추고 말했다. "감사합니다, 대장님. "질문이 없으시다면 이상입니다."

"어디 갈 데 있나?" 스위니가 물었다.

"장군님, 부관이 20분을 준다고 했습니다. 그 시간을 다 썼습니다."

"브리핑을 계속하게."

"예, 알겠습니다."

스위니는 부관을 돌아보았다. "오늘 약속 전부 취소하게." 그는 보이드를 쏘아보았다. "자네 말이 맞을 리가 없네."

"저는 정확하다고 믿습니다."

"또 누가 이 브리핑을 들었나? 반응은 어땠나?"

보이드는 스위니에게 누가 브리핑을 받았는지 말했고, 그 반응이 "장군님과 같았습니다"라고 말했다.

스위니는 참모들 중의 한 명을 돌아보며 말했다. "정보 담당자 불러오게. 그리고 해외정보처 사람들을 불러서 이 수치들이 맞는지 확인해봐."

몇 분 뒤 스위니의 정보 담당자가 돌아와서 말했다. "그들이 보이드 소령의 브리핑 사본을 갖고 있습니다. 그들은 그의 데이터가 정확하다고 합니다."

"얼마나 많은 항공기를 이것에 적용해봤나?" 스위니는 물었다.

"전부입니다. 지금까지는 장군님께서 관심 있어 하실 만한 것만 보여드렸습니다. 하지만 전부를 보여드린다면 영광이겠습니다."

"계속하게."

보이드는 계속했다. 보이드는 그날 하루 종일 스위니에게 브리핑을 했다. 보이드는 속삭였고, 회유했고, 털어놓았다. 4성 장군에게 브리핑하면서 시가를 피울 수는 없었지만 단상을 돌아다니면서 팔을 휘두르고 목소리를 높일 수는 있었다. 그리고 시간이 흐를수록 자신만만해졌다. 그것은 공군을 변화시킬 브리핑이었다. 보이드는 최선을 다할 때는 공군에서 최고의 브리핑 장교 중 한 명이었다. 그리고 그날은 컨디션도 최고였다. 보이드는 완전히 물 만난 고기와도 같았다.

쉬는 시간에 부관이 분주히 드나들었고 장군은 명령을 내렸다. 그리고 브리핑이 재개되었다. 질문은 점점 더 많이 쏟아지고 거칠어졌지만, 보이드는 모든 질문에 정중하고, 완벽하고, 자신 있게 답했다. 스위니 대장은 각각의 질문과 답변을 듣고는 때로 고개를 끄덕였다.

4성 장군의 사무실은 고위층 간의 모함과 음모, 지원을 받기 위한 끊임없는 다툼이 난무하는 옛 군주의 궁전과 다르지 않다. 장군은 참모들의 경력과 삶을 지배한다. 일부 참모들은 외부인이 장군의 시간을 하루 종일 빼앗고 장군의 관심을 독차지하는 상황을 자신들에 대한 위협으로 느꼈다. 스위니의 참모 중 몇 명은 보이드를 난처하게 만들고, 그의 흐름을 끊고, 그의 새 이론이 얼마나 피상적인지를 드러내기 위한 질문을 하기 시작했다.

보이드는 괜찮았다. 그는 그 질문들을 마치 공대공 교전 중에 발사된 탄환처럼 여겼다. 누군가가 몇 마디 하기도 전에 그는 그 질문의 의도가 무엇인지 알았고 어떻게 대응할지도 알았다. 그는 전투에 뛰어든 여느 전투기 조종사처럼 모든 질문에 정면으로 맞섰다. 그리고 그 내용들을 브리핑실에 있는 누구보다 잘 알았기 때문에 아무도 그를 건드릴 수 없었다.

스위니는 모든 일을 냉정하게 지켜보았다. 그러한 상황에서 장군들은 부하들을 검투장 안의 검투사들처럼 생각한다. 검투사들은 싸우라는 격려를 받는다. 마지막에 남는 사람, 검투장의 가장자리로 기어가서 승리를 알리는 사람이 장군의 총애를 받는다. 스위니는 틀림없이 자신의 참모 중 누군가가 보이드를 검투장에서 쓰러뜨리기를 바랐을 것이다. 그는 자신의 전투기들의 성능이 소련 전투기보다 뒤떨어진다는 사실을 인정하고 싶지 않았다. 보이드에 대한 적대감은 오후 늦게 왼쪽 가슴 주머니에 은빛 조종 윙을 달지 않았고 어깨의 독수리[162]를 별로 바꿔 달고 싶어 안달이 난 대령

---

162 대령 계급장을 뜻한다.

한 명이 가장 적대적인 태도로 갑자기 보이드의 말을 가로막으며 다음과 같이 말하면서 극에 달했다. "이 연구의 모든 내용, 이른바 자네의 이론이라고 하는 것은 전에 이루어진 적이 있어." 그는 말을 잠시 멈췄다. 브리핑실에 있던 모든 사람이 그를 돌아보았다. "그리고 전부 틀렸다고 증명됐던 거야."

스위니는 고개를 끄덕였다. 그의 최고 검투사가 검투장에 나타났다.

보이드는 조종 특기 장교도 아닌 참모놈들이 이런 식으로 나오리라고 예상했고, 그에 대비가 되어 있었다. 그는 미소지었다. "대령님, 전에 이 작업이 이루어졌다고 말씀하시는 근거 문서를 알려주십시오."

보이드는 대령이 검투사가 아니라 성난 황소로 보였다. 대령에게 근거 문서를 밝히라고 요구한 행동은 보이드가 "망토 흔들기"라고 부르는 것으로서, 대령이 그의 증거를 가지고 달려들도록 유도하는 방법이었다. 보이드는 똑같은 비판을 몇 달 동안 받아왔기 때문에, 이 대령이 제시할 가능성이 있는 문서가 단 하나뿐임을 알고 있었다.

"에드워즈에서 연구했었으나 틀렸다고 입증되었네." 대령은 아주 권위적인 태도로 말했다.

보이드는 다시 대령을 향해 망토를 흔들었다. "대령님, 그 근거 문서를 알고 계십니까?"

순간 방이 조용해졌다. 스위니는 그의 근처에 앉은 2성 장군을 보았는데, 그는 에드워즈에서 오래 근무하고 최근 그의 참모부로 전속된 사람이었다. 그 장군은 바지 주름을 펴면서 말했다. "장군님, 에드워즈에서 그걸 했다면 제가 알았을 겁니다."

그는 스위니를 보았다. "이 작업은 처음 보는 겁니다."

대령은 상처를 입었고, 다른 사람들도 그걸 느꼈다. 그 순간 한 사람이 그에게 손을 내밀었다. "에드워즈에서 그 작업을 한 사람의 이름을 알고 계십니까?"

보이드는 망토를 휙 돌렸다. "아마 누군가 했다면 말입니다. 제게 그 사람 이름을 알려주시고 그가 한 작업을 보여주시면 오늘로 이 프로젝트를 그만두겠습니다."

보이드는 에너지-기동성 연구를 그만두겠다는 그 이상의 말을 하고 있었던 것이다. 그는 분명히 자신의 경력을 걸고 있었다. 만일 대령이 이름을 제시한다면, 스위니는 전화 한 통만으로 보이드를 공군에서 쫓아낼 수 있었다.

"루토프스키^{Rutowski}네." 대령은 말했다.

"흠…"이라고 하면서 보이는 마치 깊은 생각을 하는 것처럼 머리를 숙였다. "제 브리핑 색인에 1954년에 E. S. 루토프스키가 쓴 '일반 항공기 성능 문제에 대한 에너지 측면의 접근'을 참고문헌으로 넣었습니다. 그 루토프스키 말씀입니까?"

대령은 달려들었다. "그래."

"그는 우리가 알고 있는 '루토프스키 곡선'을 개발했는데, 제가 이해하기로는 그건 정해진 고도에 가장 빠르게 도달하는 방법을 최적화하는 이론입니다. 항공사들에게는 그 정보가 유용하다고 생각하지만, 저는 그것이 G를 당기고 적에 대항해서 기동하는 전투기와 어떤 관계가 있다고 생각하지는 않습니다." 보이드는 잠시 멈췄다. "제가 무언가를 간과했다면 대령님, 그걸 알려주시면 감사하겠습니다."

대령은 벼랑을 향해 돌진했다가 뚝 떨어지는 신세가 되었다. 많은 고위 장교들이 앞으로 몇 년 동안 같은 일을 겪게 된다.

그 후에는 질문들이 좀 더 부드러워졌다. 보이드는 계급에 겁먹지 않고 자신이 다루는 주제를 알고 있음을 증명했다. 누구도 그 대령과 같은 운명을 맞이하기를 원하지 않았다. 질문의 흐름이 바뀌어 이제는 이해나 설명을 위한 질문 일색이었다. 오후 늦게 스위니는 자리에서 일어나 브리핑이 끝났다는 신호를 보냈다. 그는 보이드를 바라보았다. "소령, 내일 08시 정각에 여기로 다시 왔으면 하네."

"예, 알겠습니다."

보이드의 연구가 전에 이루어진 적이 있다고 말한 대령은 다음날 아침 브리핑실에 없었다. 다른 장교들은 거의 화기애애했다. 보이드는 장군의 얼굴을 보고 자신이 승리했음을 알았다. 그는 전술공군사령부의 대장을 자기 편으로 만들었다.

브리핑은 끝나가고 있었지만, 스위니는 한 가지 질문을 더 했다. "소령, 어제 자네는 모든 미국 항공기의 수치를 적용해봤다고 했는데, F-111은 어디에서도 언급하지 않았네. 조사할 때 그 항공기를 다뤘나? 그렇다면 어떤 결론이 나왔나?"

보이드는 슬라이드 프로젝터를 클릭했다. 그의 마지막 슬라이드는 F-111의 에너지-기동성$^{E-M}$ 도표였다. 보이드는 아무 말도 하지 않았다. 장군과 그의 참모들은 지난 이틀 동안 에너지-기동성 도표들을 많이 봐서 F-111 슬라이드의 의미를 충분히 파악할 수 있을 정도가 되었다. 그럼에도 불구하고 그들은 붉은색으로 가득 찬 슬라이드를 보고는 믿을 수 없다는 표정으로 보이드를 바라보았다.

보이드는 그들에게 어떤 고도, 속도, G하중, 그리고 비행 성능 영역의 기준에서도 F-111이 소련 전투기보다 얼마나 열세한지를 보여주는 수치를 제시했다. 만약 F-111이 미그기를 만난다면 격추당할 것이다. 끝. 이게 다였다. F-111은 전투기 조종사들의 전통적인 표현으로 개 같은 항공기였다.

장군은 잠시 생각했다. 아마 차트에 나타나지 않은 무언가가 있을 것이고, 그가 건질 수 있는 무언가가 있을 것이라고 생각하는 것 같았다. "소령, 귀관의 폭넓은 연구를 기초로 이 항공기에 관해 권고할 것이 있나?"

보이드는 주저하지 않았다. "장군님, 저라면 날개를 떼고 폭탄창에 좌석을 달고 그 뭣같은 물건에 노란색을 칠해서 비행대기선의 고속 택시로 만들겠습니다."

대통령 과학자문위원회의 과학자 한 명을 갈겨버리다

스위니가 보이드의 브리핑을 받아들였다는 것은 에너지-기동성 이론이 공군 고위 지휘부의 인가를 받았다는 뜻이었다. 그 이후로 몇 개월 동안 보이드는 여러 명의 4성 장군, 미 공군 과학자문위원회USAF Scientific Advisory Board, 공군장관에게 브리핑을 했다. 그는 수십 명의 공군 최고 브리핑 장교들이 참석하고 거의 1주일 동안 진행된 미 공군 과학기술 심포지엄 Science and Engineering Symposium에서 브리핑을 한 후 최우수 프레젠테이션상을 받았다. 보이드는 미국에서 가장 존경받고 가장 영향력 있는 과학자 집단인 대통령 과학자문위원회에서도 브리핑을 했다. 이는 누가 했더라도 특별히 연속적으로 이루어진 고위급 브리핑이었으며, 소령으로서는 특히 전례 없는 일이었다.

보이드는 이 브리핑들을 하는 동안 예의범절의 모범을 보였다. 공군 참모총장은 모든 브리핑에 F-111 슬라이드를 포함시키지 말고 특히 F-111을 비행대기선 택시로 바꾸자는 언급을 삼가라는 지시를 내렸다. 보이드는 이를 따랐고, 크리스티가 보이드의 마음을 진정시켜준 덕분에 브리핑은 좀 더 점잖아졌다.

대통령 과학자문위원회에 대한 브리핑은 몇 가지 측면에서 주목할 만한데, 가장 분명한 것은 대통령 과학자문위원회가 보이드가 브리핑을 한 집단 중에서 최고위급 집단이라는 점이었다. 그럼에도 불구하고 보이드는 내면의 깊은 불안을 드러내 보일 때 늘 그렇듯이 이 사건을 과장해서 이야기했다. 그는 사람들이 그가 미국의 걸출한 과학자들 중 한 명을 갈겨버렸다고 생각하기를 원했던 것이다.

이 사건은 대통령 과학자문위원회의 과학자 한 명이 기본 에너지-기동성 도표를 오랫동안 살펴보다가 비정상처럼 보이는 부분을 발견하면서 시작되었다. 어느 표준적인 날에는 해수면 고도의 기온이 화씨 59도(섭씨 15도)이고 음속은 초당 1,117피트다. 고도가 1,000피트 높아질 때마

다 기온이 화씨 3.5도 내려가고 음속은 고도 3만 6,000피트인 대류권 계
면[163]에 도달할 때까지 초당 약 4피트씩 감소한다. 그 고도에서는 기온이
화씨 마이너스 68도(섭씨 마이너스 56도)가 되고 음속은 초당 971피트가
된다. 대류권 계면보다 위로 올라가면 이 값들은 고도 약 12만 3,000피
트가 될 때까지 일정하게 유지된다. 값들의 변화가 멈추고 일정해지는 시
점에서 에너지-기동성 도표의 단차^{bump}가 생긴다. 이 단차를 "대류권 계
면 불연속성$^{tropospheric\ discontinuity}$"이라고 하며, 이는 과학자들에게는 잘 알
려져 있다.

하지만 보이드가 이 도표를 제시했을 때, 대통령 과학자문위원회 과학
자 한 명이 "잡았다"는 태도를 보이면서 보이드에게 그 단차에 대해 질문
했다. 그 과학자는 거들먹거리면서 이러한 근본적인 결점이 눈앞에 분명
히 드러나 있는데 이 건방진 전투기 조종사의 말을 어떻게 믿을 수 있느
냐는 태도를 취했다.

그 자리에 함께 있었던 크리스티에 따르면, 보이드는 미국의 최고 과
학자 중 한 명이 그런 질문을 던질 정도로 대기물리학에 무지하다는 사
실에 깜짝 놀랐다. 그럼에도 불구하고 보이드는 공손하고 정중했다. 그는
이것이 에너지-기동성 이론의 대의를 발전시킬 엄청난 기회임을 알았
다. 나중에 보이드는 이 이야기를 언급하면서 당시 자신이 이렇게 답했다
고 말했다. "선생님, 대류권이 여기 있고 그것으로 이 불연속성이 설명된
다는 것은 누구나 다 압니다." 그리고 크리스티와 함께 브리핑실에서 나
오면서 크리스티를 뒤돌아보며 "내가 그 멍청한 자식을 한 방 갈긴 것 같
아"라고 말했다고 덧붙였다.

---

163 대류권 계면: 대류권과 성충권 사이의 경계면.

에글린 기지 컴퓨터 관리소장을 갈겨버리다

1965년 4월 4일에 F-105 48대가 북베트남의 탄호아 철교Thanh Hoa Bridge
를 폭격했다. 그들은 4기 편대로 폭격을 실시했다. 1개 편대는 철교의 남
쪽 10마일 거리에 있는 이니셜 포인트initial point[164] 상공에서 체공하던 중
미그기 4대에게 일격을 당했다. F-105들은 도주했다. 한 조종사는 미그
기의 추적을 떨칠 수가 없었고 필사적인 심정으로 플랫 플레이트 기동을
실시해 기체의 속도를 급격히 떨어뜨려서 그를 추적하는 적기가 오버슛
overshoot, 즉 앞으로 지나쳐 나가도록 만들었다. 나중에 그 조종사는 디브
리핑 장교에게 전에는 이 기동을 전혀 해본 적이 없었다고 말했다.

다른 2대의 F-105는 기관포에 격추되었다.

미그기 4대가 F-105 4대를 공격했고, 스코어는 2 대 0으로 미그기가
승리했다. 펜타곤의 최고위 관료들은 대체 무슨 일이 벌어지고 있는지 알
고 싶어했다. 어떻게 미 공군이 미그기와의 공대공 교전에서 그렇게 철저
하게 패할 수 있는가? 조종사, 항공기, 전술 중 무엇이 문제였나?

몇 달 뒤에는 지대공 미사일SAM 기지에 대한 한 차례 공격에서 F-105
4대를 잃었다.

보이드와 크리스티는 펜타곤으로 호출되었다.

어느 토요일 아침 그들은 E-링E-Ring[165]의 긴 복도를 따라 존 포스터John
Foster 박사의 사무실로 갔다. 그는 미 국방부 서열 3위 인사로, 신무기 연
구 및 기술, 그리고 개발 및 시험 총책임자였다.

보이드는 포스터에게 베트남에서 미 공군 주력 항공기인 F-105와
F-4가 그들이 수행하고 있는 임무에 어떻게, 왜 맞지 않는 항공기인지를

---

164 이니셜 포인트: 폭격 경로를 시작하기로 정해진 지점.
165 E-링: 펜타곤 청사의 동심원 모양 라인들 중 가장 바깥 라인으로, 고위급 장교와 기획 참
모들이 근무한다.

보여주었다. F-105는 공대지 항공기로 쓰이고 있었다. F-4C는 크고 무거운 쌍발기로서, 배기 연기를 몇 마일 밖에서도 볼 수 있었다. 이 기종은 기총이 없었지만 공대공 전투에 투입되고 있었다. 미사일은 급격한 선회 전투에서는 사실상 쓸모가 없었다. 쉽게 말해 F-4C는 미그기를 당해낼 수 없었다. 그리고 대부분의 고도와 속도에서 F-105도 마찬가지였다.

보이드와 크리스티는 정규 에너지-기동성 이론 브리핑을 확대해서 미국의 공대공 미사일인 스패로Sparrow[166]와 사이드와인더Sidewinder[167]의 성능이 얼마나 형편없는지를 보여주었다. 사이드와인더는 너무 자주 표적을 빗나가서 땅에 처박혔기 때문에 조종사들은 "샌드와인더Sandwinder"라고 불렀다. 그리고 스패로는 단순한 회피기동으로도 피할 수 있었다.

포스터는 브리핑을 듣고 충격을 받았다. 미국은 분명히 새 전투기를 필요로 했다.

보이드에게는 흥분되는 날들이 계속되었다. 그는 전투기 조종사로서뿐만 아니라 사상가, 이론가, 급진적인 새 이론을 개발한 사람으로 공군 전체에 알려지고 있었다. 심지어 해군에서도 에너지-기동성 이론을 사용하고 있었다. 해군은 그의 이름을 빼고 그것을 에너지-기동성 이론이라고 부르지도 않았지만 그것은 어디까지나 보이드의 이론이었다.

에너지-기동성 이론이 성공하면서 보이드는 공군이 제작하기를 원하는 새 전투기의 설계를 개발하는 일을 맡은 그룹의 일원으로 초빙되었다. 하지만 이 그룹에는 보이드가 에너지-기동성 연구를 할 당시 크게 망신당한 라이트-팻 기지의 사람들이 압도적으로 많아서 보이드가 영향력을 행사하지 못하도록 했다. 이것은 보이드에게 아무런 문제가 되지 않았다. 만약 공군이 정말로 진지하게 새 전투기를 만들 생각이라면 어떤 일이 일어날지 그는 알았다. 그는 기다릴 생각이었다.

---

166 스패로: 제식명 AIM-7인 중거리 레이더 유도 미사일.

167 사이드와인더: 제식명 AIM-9인 단거리 열추적 미사일.

보이드는 업적으로 인정받은 것 이외에 공군에서 잘 지내기 어려운 사람으로 널리 알려져 있었다. 때때로 그는 제멋대로 행동하려 애쓰는 것처럼 보였다. 그는 대부분의 사람은 대수롭지 않게 넘길 일에도 굽히지 않곤 했다. 한 예로 공군이 무결점 캠페인Zero Defects Campaign을 시작했을 때 에글린 기지 사령관은 기지의 모든 사람이 다음 한 해 동안 실수를 하지 않겠다는 서약서에 서명하기를 원했다. 에글린의 대부분의 조직은 이미 100퍼센트 무결점100% FOR ZERO DEFECTS이라고 쓰인 깃발을 내걸었다. 하지만 보이드는 이 서약서에 서명한 거의 모든 사람이 그랬던 것처럼 자신도, 다른 누구도 때로 실수를 한다는 것을 알았다. 그는 무결점이 바보 같은 발상이라고 생각해서 서명을 거부했다. 크리스티를 위해 일하는 일단의 소위들과 중위들은 보이드를 따랐을 뿐만 아니라 무결점 반대 100퍼센트100% AGAINST ZERO DEFECTS라고 당당하게 선언하는 깃발을 올렸다. 상부에서는 이들을 보직 해임하겠다고 암시하는가 하면, 군법회의에 회부하겠다고 위협했다. 보이드는 만일 어떠한 보복이라도 있으면, 그의 표현을 그대로 빌리면, "개판을 만들어놓겠다"고 전했다. 그러자 기지 사령관은 에글린에 독불장군이 몇 명쯤은 있어도 괜찮겠다면서 이들의 반항을 불문에 부쳤다.

그러던 어느 날 보이드와 크리스티가 에글린 기지의 커피숍에서 두 사람의 미래를 확신하며 담소를 나누고 있을 때 컴퓨터 관리소를 책임지고 있는 민간인이 커피숍 안으로 들어왔다. 순간 보이드의 얼굴은 웃음기가 싹 가시면서 굳어지더니 화난 표정으로 바뀌었다. 그는 시가를 입에 물고 일어서서 그 민간인을 따라갔다. 크리스티는 위험을 감지했지만 보이드를 막기에는 너무 늦었다.

보이드는 시가를 입에서 빼내고는 말했다. "내가 스위니에게 브리핑했다는 걸 들었을 거요."

"그렇소." 그 민간인은 말했다.

"그리고 슈리버, 공군장관, 대통령 과학자문위원회, 조니 포스터 박사에게 했다는 것도요?" 사람과 단체의 이름을 나열할 때마다 보이드의 언성이 높아졌다. 그 민간인은 고개를 끄덕였다. 커피숍 안의 사람들이 쳐다보며 듣고 있었다.

보이드는 그 민간인의 가슴을 쳤다. 그것도 세게 말이다. "댁은 내 연구가 당신의 빌어먹을 컴퓨터를 쓸 만큼 충분히 중요하다고 생각하지 않았고, 이제 나는 4성 장군들로부터 브리핑 요청을 받는 사람이 되었군." 쿡. "공군의 모두가 에너지-기동성 이론을 들어봤소." 쿡. 쿡. "당신은." 쿡. "모른단." 쿡. "말이요." 쿡. "젠장." 쿡.

그 민간인은 굳은 미소를 지으며 보이드의 옆을 비켜가려고 했다.

보이드는 시가로 그 민간인의 넥타이를 눌렀다. 동그란 구멍이 나더니 연기가 피어올랐다. 커피숍 안의 사람들은 충격으로 말문이 막힌 채 바라보았다. 그 민간인은 연기가 나는 넥타이를 탁탁 치면서 앙심이 가득한 눈빛으로 보이드를 쏘아보고는 커피숍을 뛰쳐나갔다. 보이드는 그의 뒤에서 계속 쏘아댔다. "패배자 양반. 망할 패배자. 얼른 여기서 꺼지쇼. 빨리." 보이드는 그의 뒷모습을 보며 크게 웃었다. 그 민간인이 앞문을 열자, 보이드는 멈춰서 건물 전체가 들릴 만한 목소리로 외쳤다. "뭣같은 패배자 자식!"

보이드는 그 민간인이 주차장을 가로질러 걸어가는 것을 응시했다. 그 민간인은 보이드가 아직도 쫓아오는 것이 두려운 듯 어깨너머로 두 번 뒤를 돌아보았다. 보이드는 웃으며 시가를 뻐끔거렸다.

그는 또 다른 한 명을 갈겨버렸다.

보이드는 다른 사람과 일부러 충돌하려는 태도에 내재된 위험을 생각하지 못했다. 그는 그 민간인에게 부당한 취급을 받았다는 생각을 품고 있었다. 그가 공군과 정부의 고위층에게 브리핑을 했다는 사실은 그가 옳았고 그 민간인이 틀렸다는 것을 입증하는 것이었다. 하지만 옳은 것만으로는 충분하지 않았다. 그는 부당한 것을 바로잡아야 했고, 자신에게 부당한 취급을 한 사람을 공개적으로 망신을 주어야 했다. 그는 최후의 승자가 되어야 했다. "어렸을 때 사람들이 내게 그렇게 했어." 그는 메리에게 그렇게 말한 적이 있다. "그들은 우리가 가난해서 그렇게 했지. 하지만 이제는 그러지 못할 거야."

하지만 보이드가 그 민간인을 갈겨버렸을 때, 그는 또 다른 적을 만든 것이었다. 그냥 적이 아니라 강력한 적이었다. 그리고 보복의 시간이 빠르게 다가오고 있었다. 공군은 파벌 집단으로 이루어져 있으며, 1965년 후반에는 에글린, 라이트-팻, 그리고 공군에 산재한 여러 집단들이 강력한 반보이드 연대 세력을 형성했다.

감찰관으로부터 불법적 컴퓨터 사용을 조사받은 보이드

어느 날 공군체계사령부 감찰관Inspector General, IG이 보이드의 불법적 컴퓨터 사용을 조사하기 위해 에글린에 온다는 소식이 전해졌다. 누구도 조사의 진원지를 몰랐지만 회계처장이나 기지 컴퓨터 관리 민간인 혹은 라이트-팻의 누군가에 의해 시작되었을 가능성이 있었다. 이들은 모두 보이드가 수많은 시간 동안 컴퓨터를 사용하지 않았다면 에너지-기동성 이론을 개발할 수 없었을 것임을 알고 있었다. 또한 보이드는 윙크를 하고 팔꿈치로 가슴을 쿡쿡 치면서 컴퓨터 이용 권한을 훔친 얘기를 수십 명의 사람에게 말했었다. 그 진원지가 어디든, 감찰관은 준비를 잘 했다. 그는 보이드가 컴퓨터를 불법으로 사용하면서 약 100만 달러의 정부 자금을 사적으로 이용했다는 혐의를 조사하고 있다고 말했다. 감찰관은 조사에서 크리스티를 언급하지 않았는데, 그는 별도의 지휘계통에 있는 민간인이기 때문이었다. 보이드가 유일한 표적이었다.

조사 결과 보이드가 적절한 권한 없이 정부 컴퓨터를 미인가 프로젝트에 사용했다는 결론이 나는 경우, 공군이 중범죄에 해당하는 혐의로 그를 기소해서 군법회의가 뒤따를 것이다. 여기서 유죄로 판결이 난다면 보이드는 징역형을 선고받고, 100만 달러를 배상하고, 모든 혜택과 수당을 박탈당하고 공군에서 쫓겨날 수도 있었다.

보이드는 걱정하지 않았다. "철저히 준비했습니다." 그는 조사에 관해 물어본 몇 사람에게 이렇게 말했다. 감찰팀의 조사를 받은 후, 그와 크리스티는 에글린을 떠나 서부 해안을 돌며 여행하면서 방위산업체들에게 에너지-기동성 이론에 관해 브리핑했다. 보이드가 돌아왔을 때 조사는 끝났고, 감찰팀은 종료 브리핑을 원했다. 조사 배후 인물들의 높은 계급과 영향력을 고려하면 결과는 거의 용두사미에 가까웠다. 조사 책임자인 대령은 보이드와 함께 앉아서 실제로 이렇게 말했다. "소령, 자네가 에너지-기동성 이론을 개발하기 위해 컴퓨터를 수천 시간 동안 사용했음을 알고 있네. 하지만 컴퓨를 악용한 증거는 발견할 수 없었네. 모든 것이 소명됐네."

보이드는 미소 지었다.

"불기소 의견으로 보고하겠네."

보이드는 고개를 끄덕였다. 대령은 마치 나올 수밖에 없는 결론으로 천천히 다가간 별로 똑똑하지는 않은 아이처럼 보였다.

"하지만 소령, 어떻게 그렇게 했는지는 알고 싶네."

"기소는 안 하실 겁니까?"

"그래."

"좋습니다. 하지만 먼저 보여드릴 게 있습니다." 보이드는 에글린에서 컴퓨터를 담당하는 민간인에게뿐만 아니라 라이트-팻에 있는 사람들에게 그의 이론이 공군에 가져다줄 모든 이익을 말하면서 컴퓨터 사용 허가를 요청한 수십 통의 편지를 책상에서 꺼냈다. 그는 컴퓨터 사용을 거부한 편지들도 보여주었다. 그리고 그 민간인이 그를 어떻게 두 번이나 그의 사무실에서 쫓아냈는지도 말했다.

"대령님, 제 목표는 사적인 것이 아니었습니다." 제 연구는 우리나라의 최선의 이익을 위한 것이었습니다. 저는 공군의 방식대로 하려고 했으나 매번 거부당했습니다."

대령은 고개를 끄덕였다.

"그래서 제 방식대로 했습니다."

보이드는 대령에게 컴퓨터 이용 권한을 얻을 때 쓴 속임수에 대해 말했다. 그리고 자신이 에너지-기동성 이론에 관해 브리핑한 사람들, 그리고 그 때문에 공군에서 이루어지고 있는 모든 변화에 대해 말했다. 보이드가 답변을 마치자, 대령은 아무 말 하지 않았다. 그는 보이드가 쓴 편지 뭉치들을 다시 보았다. "고맙네, 소령."

몇 주 뒤 감찰관은 보고서를 발표했다. 사본이 에글린에 보내졌다. 보고서는 보이드가 무죄임을 밝혀주었다. 보고서는 그의 독창적이고 창조적인 연구가 국방에 매우 중요하고 에너지-기동성 이론의 혜택이 공군 전체에 퍼졌으며 앞으로 여러 해 동안 큰 영향을 미칠 것이라고 했다. 하지만 감찰 보고서는 기소는 하지 않더라도 문제의 발단이 된 원흉은 밝혀야 했다. 보고서는 보이드의 컴퓨터 사용을 거부한 민간인을 맹비난했다.

보이드는 크게 기뻐했다. 하지만 몇 달 후 심판의 날이 오리라는 생각은 하지 못했다. 그리고 이번에는 빠져나가지 못하게 된다.

훌륭한 업적에도 불구하고 조기진급자 명단에서 제외되다

1965년까지 보이드는 공군에서 14년간 복무했다. 그는 아직 중령으로 진급하지 못했다. 하지만 해마다 공군은 각 계급에서 전도유망한 장교 몇 명을 선발해서 "특차 진급"을 시킨다. 즉, 정상적인 진급대상자 자격이 되기 전에 조기진급을 시키는 것이다. 이는 공군이 재능 있는 젊은 장교들을 인정하고 그들의 장래가 촉망된다는 것을 보여주는 최선의 방법이다. 보이드는 넬리스에서의 성취, "공중전 연구"를 저술한 일, 공학 학위를 받은 일, 그의 에너지-기동성 이론이 공군 전체에 미치는 영향 등을 되새겨보면서 만일 누군가가 조기진급을 할 자격이 있다면 바로 자신이라고 생각했다. 공군은 그를 뒤늦게 인정한 빚을 졌고 그런 그를 인정하는 가장 좋은 방법은 그를 진급시키는 것이다. 그는 곧 중령 계급장인 은색 떡갈잎을 달게 되리라고 확신했다. 하지만 보이드의 이름은 조기진급자 명단에 없었다. 보이드에게는 그 자체만으로도 낙담하고 화가 날 일이었다. 그러나 그를 벼랑 끝까지 몰아넣은 것은 조기진급자 명단이었다. 그는 믿기지 않는다는 듯 명단을 읽어 내려갔다. 조기진급자 중 상당수가 장군들의 "마부", 즉 부관들이었다.

다른 사람들은 설사 공군에 기여를 했다손 치더라도 보이드가 잘 알지 못하는 별 볼 일 없는 사람들이었다. 조기진급자 명단에는 보이드만큼 공군과 국방에 기여한 사람은 단 한 명도 없었다.

보이드는 큰 충격을 받았다. 이 일은 개인적으로 그에게 깨달음을 주었을 뿐 아니라 그의 경력에서 아주 중요한 사건이었다. 흔히 젊고 이상주의적일 때는 열심히 일하고 옳은 일을 한다면 성공이 뒤따를 것이라고 믿는다. 보이드의 어머니와 어린 시절의 멘토들도 그렇게 말했었다. 하지만 성공이 계급으로 정의되는 군대에서는 노력과 성공이 항상 같이 가지는 않으며, 더 높은 계급으로 올라가려면 군의 가치체계에 순응해야 한다. 그것에 순응하지 않는 사람은 옳은 일을 하는 길을 가더라도 성공의 길과는 멀어진다는 것을 언젠가는 깨닫게 되며, 그러면 남은 인생에서 어떤 길을 가야 할지 결정해야 한다. 그는 자신이 그렇게 많은 일들을 했음에도 불구하고 중령으로 조기진급하지 못한다면 결코 높은 계급에 오르지 못하리라는 것을 거의 확실히 깨달았다. 그리고 이후 몇 년 동안 젊은 장교들에게 한 그 유명한 "되느냐, 하느냐To Be or to Do" 일장연설에 비추어 볼 때, 그는 자신이 큰일을 하더라도 공군에서 최고의 위치에는 결코 오르지 못하리라는 것을 깨달았던 것 같다.

보이드의 친구들은 어떻게 된 일인지 가히 짐작할 수 있었다. 보이드가 깔보고 비하한 사람들이 퍼뜨린 말이 반보이드 정서를 공유하는 여러 집단에 퍼져 진급심사위원회에까지 전해졌던 것이다. 물론 보이드가 공군을 위해 몇 가지 좋은 일을 했지만, 그가 전문가답지 못하고 기본적인 군대 예절이 부족하고 조기진급에 부적합하다는 것이었다. 이 사람들은 보이드와의 전투에는 졌지만 전쟁에서 이겼다. 그들은 보이드의 경력과 삶에 아주 큰 상처를 입혔다.

자신에 대한 심한 무시로 여긴 일에 대해 보이드가 공개적으로 보인 반응은 평소 그의 성격과는 완전히 거리가 멀었다. 그는 장교 클럽에 가서 떠들썩하게 마시면서 무릎으로 걷고 변기와 포옹할 정도로 만취했다. 그는 바에 혼자 앉아서 사람들을 즐겁게 해주지도, 전투기 전술이나 에너지-기동성 이론에 관해 말하지도 않으면서 그저 벽만 응시한 채 시가를 피우고 술을 마셨다. 그는 술을 마시고 또 마셨다. 그가 술에 취한 것으로 알려진 것은 이때가 유일했다.

몇 달 뒤 보이드는 공군체계사령부가 수여하는 최고 과학상인 과학공로상Scientific Achievement Award을 수상했다. 그 후 그는 공군이 장교에게 주는 최고 과학상인 항공공학연구개발상Research and Development Award for Aeronautical Engineering을 받았다. 그리고 그의 전년도 업무를 다룬 1965년 9월 7일자 근무평정에서 그는 거의 모든 부문에서 가장 높은 등급을 받았다. 이 근무평정에는 "이 우수한 장교는 독창적인 사상가"라고 기록되어 있었다. "그의 성과물은 10퍼센트의 영감과 그의 동료들은 따라잡을 수 없을 정도로 감당하기 힘든 90퍼센트의 빠른 일처리 속도에서 나왔음." "그는 특히 비효율성과 그의 연구를 방해하려는 사람들을 용납하지 않음." 그리고는 근무평정은 이렇게 끝을 맺었다. "보이드 소령은 1차 특차 진급 대상자 중에서 가장 먼저 중령으로 진급시켜야 함."

F-X 설계 문제 해결사로 펜타곤의 호출을 받다

1966년 봄 보이드의 간절한 소망이 이루어졌다. 그는 F-4 조종사로서 태국에 가라는 명령을 받았다. 마침내 그는 전투에 나가게 되었고, 이번에는 전투가 가장 격렬할 때 참전하게 되었다. 이제 때가 되었다. 그는 제2차 세계대전을 놓쳤고 한국에도 늦게 도착했지만, 이번에는 맹세코 베트남에서 팬텀 조종사가 될 작정이었다. 베트남의 항공전은 최고조에 달했다. F-105는 북쪽의 하노이 주변 "루트 팩 6$^{\text{Ruote Pack VI}}$"[168]로 불리는 지역을 자주 비행했는데, 그곳에서 수십 대가 격추되었다. 그 이전 해에 미국은 북베트남에서 항공기 171대를 잃었다. 그해에는 그 수가 318대로 늘었다. 공군은 F-105가 단독으로 임무 비행을 할 정도로 충분히 빠르고 치명적이라서 전투기 지원이 필요 없다고 말했었다. 하지만 방침이 바뀌어서 지금은 팬텀이 미그기로부터 서드, 즉 F-105를 보호하기 위해 엄호 비행을 했다. F-4C는 날렵하고 작은 미그기와 선회전을 하기에는 너무 크고 무거웠기 때문에, 팬텀 조종사가 미그기를 갈기려면 낮은 고도에서 전투를 하도록 유도하고 높은 속도를 유지해야 했다. 팬텀은 기총이 없었고 장착되어 있는 미사일은 많은 공중전 상황에서 사실상 쓸모가 없었다. 발사 조건 범위가 너무 좁았기 때문에 조종사가 적기를 미사일로 격추하려면 매우 어려운 조작을 해야 했다. 보이드는 걱정하지 않았다. 그는 만나는 모든 사람에게 처음으로 자신의 눈에 띄는 적기 5대가 자신을 에이스로 만들어주는 역사의 일부가 될 것이라고 말했다. 40초 보이드는 공산당 몇 놈에게 똥침을 놓아줄 작정이었다.

보이드는 짐을 싸고, 예방주사를 맞고, 메리와 아이들이 아이오와로 갈 수 있도록 준비하고, 조종사가 전투배치를 받기 전에 견뎌야 하는 수많은 잡일을 처리하던 중 태국 배치 명령이 취소되었다는 말을 들었다.

새 전투기인 F-X에 문제가 생겼던 것이다.

초창기부터 공군을 괴롭혔던 더 크게-더 높이-더 빠르게-더 멀리 Bigger-Higher-Faster-Farther 신드롬 때문에 F-X 설계는 F-111의 많은 부분을

---

168 루트 팩 6: 북베트남 지역을 몇 개의 작전 공역으로 구분한 것으로, 루트 팩 1~5, 그리고 6A와 6B까지 7개의 구역이 있었다.

연상시키는 결과가 되었다. 제안된 새 전투기는 무게가 약 7만 파운드인 가변익 형태였다. 공군은 공개적으로 F-111을 칭찬했지만, 보이드가 말한 것처럼 F-111이 형편없다는 사실을 숨기기가 점점 더 어렵다는 것을 깨닫고 있었다. 펜타곤은 F-X의 설계를 면밀히 살펴보고 그것이 그저 또 다른 골칫거리로 전락하리라는 것을 깨달았다. 공군은 이 전투기를 잃게 될 것이고 그러면 의회가 다른 짠물 비행기를 도입하라고 강요할 것이 틀림없었다.

보이드는 펜타곤으로 오라는 명령을 받았다.

이리로 떠난 여름 여행과 어머니의 문전박대

1966년 여름 워싱턴으로 전속되기 전, 보이드는 미사용 휴가 중 일부를 써서 이리에서 잠시 시간을 보냈다. 이리로 가는 이 여름 여행은 그의 남은 인생 동안 관행이 되었다. 하지만 이번에는 처음으로 메리와 다섯 아이를 전부 데리고 본가에 갔다. 당연히 그는 모두가 링컨가의 집에 머물기를 기대했다. 하지만 차를 몰고 어머니의 집으로 갔을 때 아이들이 밖으로 나가서 마당을 가로질러 뛰기 시작하자, 무서운 어머니는 아들에게 집에 머물 수 없다고 말했다. 그녀는 "다섯 아이에게 방해를 받고 싶지 않구나"라고 말했다. "애들이 너무 시끄러워서 신경 쓰인다."

이제까지 살면서 처음 있는 일이라 보이드는 할 말이 없었다. 그는 어머니를 바라보았다. 여기는 그가 자란 집이었다. 그리고 그는 문전박대를 당했다.

"매일 애들을 데리고 와도 되지만 너무 오래 머물지는 말았으면 좋겠구나." 어머니가 말했다.

"어머니, 저희가 어디에서 머물었으면 좋겠어요?" 보이드는 애처롭게 물었다.

"모텔에."

보이드는 무너졌다. 이리에 있는 동안 그는 거의 매일 메리에게 믿어지지 않는다고 말했다. 그가 인생에서 가장 중요한 사람이라고 자주 말했던 사랑하는 어머니가 문전박대를 했다.

이 일로 그는 어머니가 얼마나 강인하고 굽힘이 없는지 새삼 느꼈다. 보이드는 그러한 교훈을 깊이 깨닫고 이후 몇 년 동안 그런 태도를 견지하게 된다.

진급을 방해하는 또 다른 요소로 작용한 보이드의 본성과 태도

1966년 9월 7일자 에글린에서의 보이드의 마지막 근무평정은 좋기도 하고 나쁘기도 했으며, 그의 공헌에도 불구하고 보이드가 좋은 조직원은 아님을 다시 한 번 시사했다. 이 근무평정은 보이드의 독창적인 에너지-기동성 연구에 찬사를 보내면서도 이렇게 덧붙였다. "그는 엄격한 관리감독에 잘 따르지 않을 정도로 극단적이고 참을성이 없음. …그는 매우 신경질적임."

설상가상으로 이 근무평정에 배서한 대령은 진급 잠재성을 낮게 평가했는데, 이는 그가 평가 장교의 의견에 동의하지 않는다는 것을 보여주는 것이었다. 이는 이례적이었다. 더욱 이례적인 점은 두 번째 대령이 등급 하향에 동의한다는 추가 배서에 서명했다는 점이다.

보이드의 삶에는 하나의 패턴이 생겼는데, 그가 공군이나 국방에 어떤 기여를 했든 간에—그리고 상당한 공헌을 더 하게 되지만— 그의 거침없이 말하는 본성, 상관을 거리낌 없이 비난하는 태도, 그리고 다른 사람들과의 충돌을 즐기는 점이 그의 군 경력 내내 진급을 방해하는 요소로 작용했다는 것이었다.

펜타곤 관료들을 상대해야 하는 전사 보이드

보이드와 크리스티는 보이드가 에글린에서 워싱턴으로 가기 직전에 임시 근무를 위해 워싱턴으로 함께 갔다. 그들은 일련의 방위산업체들을 만나 에너지-기동성 이론에 관해 말했다. 크리스티는 보이드에게 펜타곤에 관해 말하고 예상되는 일에 대해 주의를 주었다. 라이트-팻의 사람들은 여전히 화가 나 있었고 그를 진급에서 탈락시키기 위해 안간힘을 다할 것이다. 에글린의 반보이드 세력도 그가 컴퓨터 이용 권한을 훔치고 이후 담당 민간인에게 굴욕을 준 것에 화가 나 있었다. 가변익 제작을 선호하는 방위산업체들은 그에게 상상할 수도 없는 압력을 가할 것이다. 그리고 아직 드러나지는 않았지만, 관료적 내분과 홍보에 훨씬 능숙한 해군 고위 장교들은 그린 스팟 상공에서의 쥐 꼬리 잡기보다 훨씬 더 치명적인 싸움으로 보이드를 끌어들일 것이다. 일단 F-X 계약이 허락되면 수억 달러의 돈과 수천 명의 경력이 그 사업에 좌우될 것이다.

크리스티는 관료주의적 책략의 대가였고, 에글린에서 보이드에게 보호막이 되어주었다. 하지만 이제 보이드는 혼자였고, 크리스티는 그가 살아남을 수 있을지 궁금했다.

어느 날 밤 보이드와 크리스티와 방산업체 관계자가 저녁을 먹고 나서 영화를 보러 갔다. 보이드는 항공 영화와 액션 영화를 좋아했기 때문에 새로 개봉한 〈블루 맥스Blue Max〉를 골랐는데, 제1차 세계대전의 독일 전투기 조종사들의 이야기였다. 이 영화에는 공중전 장면이 많이 나오는데 그중 한 장면에서 보이드는 중얼거리기 시작했다. "갈겨버려. 갈겨버려."

크리스티와 방산업체 관계자는 웃었다. 보이드는 보이드다워지고 있었다. 그러나 그 후 보이드의 목소리가 점점 더 커졌다. "갈겨버려!" 근처에 앉은 사람들이 돌아보았다. 크리스티는 보이드를 팔꿈치로 찔렀다. 그는 충고했다. "존, 이건 그냥 영화일 뿐이에요."

보이드는 잠시 조용해졌다. 하지만 다음 공중전에서 독일 전투기가 영국 전투기와 치명적인 엉덩이 잡기를 하자 보이드는 그 전술을 못마땅해 했다.

"브레이크 레프트Break left!¹⁶⁹ 브레이크 레프트!" 그는 소리쳤다.

이제 주변 몇 줄에 앉아 있는 사람들이 돌아보았다. "존." 크리스티는 보이드를 불렀다. 그는 너무 창피해서 거의 다른 좌석으로 옮길 뻔했다. 보이드는 공대공 전투를 평가하는 데 너무 진지해져서 자신이 극장에 있다는 것도 잊었다. 마침내 그는 더 이상 참을 수 없었다. 그는 일어나서 두 팔을 흔들며 한 손은 스크린을 향해 잽을 날리면서 목청껏 소리쳤다. "젠장, 사격이 빗나갔잖아! 갈겨버려, 이 멍청한 자식아!"

크리스티는 당황하며 고개를 저었다. 보이드에게가 아니라, 펜타곤 사람들을 떠올리면서 말이다. 그들은 노회한 관료들이었다. 그에 반해 보이드는 순수한 전사였다.

---

169 브레이크(Break): 뒤에서 오는 공격을 피하기 위해 한 쪽으로 급선회하는 조작, 브레이크 레프트는 적기의 공격을 피하기 위해 왼쪽으로 급선회하라는 뜻이다.

CHAPTER 13

"저는 전투기를
설계해본 적이 없습니다"

펜타곤은 출세주의자들을 위한 최고의 보직

펜타곤에는 한 대령에 관한 이야기가 전해 내려온다. 그 대령은 4성 장군 사무실 밖 대기실에 대기 중이다. 대령의 얼굴은 괴로움으로 일그러져 있다. 그는 자신의 시계를 보고, 복도를 내다보고, 어깨너머로 장군실의 문을 바라본다. 대령의 이러한 모습은 그가 지금 격한 감정에 가슴이 뒤틀리고 찢어지고 있음을 보여준다.

조금 전에 한 부하가 달려와 대령에게 그의 부인이 집에 불이 났다고 전화했다고 전했다. 그녀의 전화는 갑자기 끊겼는데 아마 화재 때문인 것 같았다. 대령은 아내가 안전한지, 아이들이 안전한지, 집이 완전히 잿더미가 되었는지 알 수 없었다. 남편으로서, 아버지로서 그의 온 마음과 영혼은 만사를 제치고 가족에게 달려가야 한다고 말하고 있었다. 그러나 그는 이곳에서 계속 기다렸다. 4성 장군과 일대일로 만날 수 있는 기회, 경력을 쌓을 수 있는 기회가 더 중요하다.

그것이 펜타곤에 있는 많은 사람이 살아가는 방식이다.

에글린 공군기지와 펜타곤은 거리가 꽤 먼데, 실제 거리보다도 생활방식과 일의 속도와 분위기 면에서 더 거리감이 느껴졌다. 이 거리감은 보이드에게 특히 더 크게 느껴졌다. 그는 에글린에서 군대 내 정치, 인간 본성, 그리고 세상사 이치에는 무신경한 모습을 보인 39세의 소령이었다. 그는 가슴에 두 전쟁의 약장과 훈장을 달았고, 젊은 소령으로서는 보기 드문 공로기장commendation ribbon을 달았다. 또한 그는 공군의 누구와도 견줄 수 없는 조종사이자 사상가라는 명성이 있었다. 그리고 신체적으로 한창때였다. 규칙적으로 헬스를 해서 어깨가 넓고 가슴이 두터웠다. 대부분의 경우 그가 말할 때는 생각나는 대로 거침 없이 말하는 것처럼 보였다. 그는 펜타곤을 겁내지 않았다. 그는 여전히 베트남에 가지 못해 화가 나 있었다. 그 분노는 곧 장군들을 저격하는 데서 재미를 느끼면서 누그러지게 된다.

펜타곤은 권모술수가 판치는 믿을 수 없는 곳인 동시에 엄청난 보상을 얻을 수 있는 곳이기도 하다. 이곳은 군에서 가장 선망의 대상이면서 혐오의 대상이기도 하며, 장교의 진급을 위해 필수적인 보직이다. 공군의 출세주의자, 즉 "블루 수터Blue Suiter(청색 정복을 입은 사람)"[170]는 그 보직에 가기 위해서라면 운동화를 신고 어머니의 등이라도 밟고 올라설 것이다. 장교가 빠르게 진급하려 한다면 그 길을 터줄 보호자, 후견인, 지도자가 필요하다. 해군에서는 이를 "씨 대디sea daddy"라고 부른다. 어깨에 별을 단 사람보다 더 나은 보호자는 없다. 장군이 젊은 장교에게 그와 같은 은혜를 베풀면 그 장교는 더 높은 고위직에 오르는 데 필요한 보직을 얻게 된다. 장군의 후원은 자동적으로 한 장교의 경력을 빠른 길로 인도한다. 장군들과 대면하는 시간을 갈망하는 블루 수터들에게 펜타곤은 최고의 보직이다.

출세주의자들에게 펜타곤이 그렇게 소중한 곳이 되게 만드는 모든 이

---

170 이 책에서는 공군의 출세주의자들을 블루 수터라고 표현하는데, 야전 조종사가 아닌 후방 근무자가 입는 정복의 색상이 청색인 데서 비롯된 표현이다.

유들은 반대로 전사들이 펜타곤을 몹시 싫어하고 혐오하게 하는 이유가 된다. 자기 홍보와 아첨과 배신은 모두 전사들이 혐오하는 일이다. 전사는 자신의 나라가 전쟁에 대비하고, 모든 적에 맞서 싸워 승리하고, 어떤 대가를 치르더라도 승리하기를 원한다. 의무와 애국심과 명예는 전사에게는 유행어가 아니라 신조다. 전사는 장군과 의회 의원에게 진실을 말한다. 진급은 전사의 최고 우선순위가 아니다. 따라서 전사는 펜타곤에서 잘 지내지 못한다.

하지만 당시 공군에는 진정한 전사가 거의 없었다.

그러나 국방부에서 목격하는 일들을 끔찍하게 여기는, 대단한 애국심을 가진 장교들이 있다. 그들은 스스로에게 말한다. "일단은 계속 해나가자. 하지만 대령만 되면 이것들을 바꿔야지." 하지만 그들이 미처 깨닫지 못한 점은 상급자들이 자신의 하급자들 중에서 그러한 변화를 시도하지 않을 것이라 생각하는 장교들만을 대령으로 진급시킨다는 것이다. 수많은 연구에 따르면, 군 장교가 계급이 높아질수록 변화를 만들어낼 가능성이 낮아진다. 펜타곤에서 이상이 무너진 애국자를 보는 것은 정말 슬픈 일이다. 하지만 더 슬픈 것은 단순히 비켜서서 아무런 말도, 행동도 하지 않으면서 영혼을 판 사람들이 마음대로 하도록 내버려두는 사람들이다.

심각한 문제가 있는 F-X 프로젝트를 맡다

펜타곤에서 일하는 사람들은 그곳을 "청사Building"라고 부르는데, 이 청사는 대지 11만 7,000제곱미터에 건평 60만 4,000제곱미터인 건축물로서, 2만 명 이상의 직원이 있고, 전 세계에 배치되어 무서운 살상무기를 운용하는 미 공군, 육군, 해군, 해병대 조직들을 위한 관료적 신경중추다. 펜타곤에는 옷가게, 서점, 빵집, 쇼핑몰이 있다. 심지어 "화이트 왜건white wagon"이라고 하는 배터리 구동 구급차도 있다. 펜타곤 내에 전염병처럼 만연한 군종 간 경쟁을 감안한다면 구급차의 필요성은 놀랍지 않다. 민간인들은 이 경쟁의 깊이를 이해하기 힘들다. 펜타곤에 근무해본 적이 없는 공군 장교라도 그곳에 도착해서 자신의 주요 임무가 자신이 속한 공군이 다른 군종보다 더 많은 돈을 책정받게 하는 것임을 알게 되면 놀란다. 그는 미국이 직면하고 있는 진짜 위협이 독재적인 외세나 불량 테러 집단이 아니라는 것을 깨닫는다. 진짜 위협은 의회가 해군이나 육군이나 해병대에 더 많은 돈을 주도록 하는 거래를 성사시키려는 각 군종 소속 장교다.

펜타곤에는 모든 계급의 장교가 보이지만 대다수가 중령 이상이다. 이 청사를 쥐어짤 수 있다면 모든 사무실에서 장군들이 튀어나올 것이다. 이처럼 장군이 아주 많아서 대령은 종종 거의 심부름꾼이나 커피 당번 정도에 불과하다. 고위 장성은 헬기나 잘 정비된 제트기를 이용할 수 있고, 군 기지를 방문할 때면 왕족처럼 대접받는다. 그들은 장군이 가는 길이 편하게 포장된 꽃길인지 확인하는 일을 맡은 마부와 같은 수행원들을 데리고 있다. 장군은 못마땅한 장교의 존재를 사라지게 만들고 그의 경력을 망칠 수 있는 군주다. 장군은 자신의 권력을 사용하는 데 거리낌이 없다. 블루 수터들과 전사 모두 이 청사가 지도에 안 나오는 지뢰밭보다 더 위험하다는 것을 깨닫는다. 발을 조금만 헛디뎌도 경력을 망칠 수 있다.

보이드가 청사에 들어갔을 때 그는 먹이사슬의 거의 밑바닥에 있었다. 하지만 그는 한 사람이 어떻게 이 청사의 관료주의를 장악하고 그의 나이와 계급에 비해 훨씬 깊은 영향을 미칠 수 있는지를 보여주려 하고 있었다. 그 영향력은 지금도 여전히 느껴진다.

또한 보이드는 공군 내에서 그를 못마땅해하는 장군들이 얼마나 많은지도 보여주게 된다.

보이드는 공군 역사상 중요한 시기에 청사에 왔다. 제2차 세계대전이라는 영웅담에서 공군을 이끈 장군들은 대거 퇴역하고 새로운 유형의 장교인 공군사관학교 졸업생들로 대체되고 있었다. 이들은 연구개발 지식으로 무장한 채 자신의 입장을 고수할 줄 알았고, 방산업체를 상대할 때 훨씬 더 능수능란했지만, 공군을 위해 가급적 많은 예산을 끌어오려는 열정은 여전했다. 역설적이게도 공군 지휘부의 유형이 바뀌는 동안에도 더 크게-더 높이-더 빠르게-더 멀리라는 신조는 그 어느 때보다 확고했다. 그 가장 좋은 예는 심각한 문제가 있는 F-X 프로젝트였다.

공군의 문제 중 상당 부분은 해군이 야기하고 있었다. 앞서 해군 제독들은 해군이 선호하는 제트엔진인 TF30, 그리고 해군이 선호하는 폭격기 요격용 미사일인 피닉스Phoenix[171]의 개발을 계속할 수 있다면 공군의 F-111을 해군용으로 받아들이겠다고 말함으로써 맥나마라 장관을 속인 적이 있었다. 맥나마라는 이에 동의했다. 해군의 계획은 기막힌 관료주의적 속임수로, F-111이 항공모함 운용이 가능한지 여부를 놓고 1년 정도 더 꾸물거리다가 F-111를 거부한 다음, 의회에 가서 "저희는 좋은 엔진이 있습니다. 좋은 미사일도 있습니다. 저희가 F-111을 위해 받기로 한 돈을 주신다면 그 돈으로 정말 뛰어난 해군기를 만들겠습니다"라고 말하는 것이었다. 그 해군기는 F-14였다. 이제는 해군이 F-14 또는 F-14 후속 기종을 공군에게 강요하는 아주 위험한 상황이 되었다.

공군은 의회가 F-111처럼 생긴 신형 항공기에 자금을 지원하지는 않을 것임을 알았는데, F-X는 사실상 그 복사판이었다. F-X의 분명한 설계 문제 및 다가오는 해군과의 싸움 이외에 베트남에서는 항공전이 치열해지고 있었다. 공군 지휘부는 크고, 비싸고, 복잡한 F-4와 F-105가 그 전쟁에 부적합한 항공기임을 깨닫고는 망연자실했다. 그뿐만 아니라 개발 중에 보이드가 예견하고 공군 전술가들은 무시했던, 건파이터gunfighter(기총을 장착한 전투기) 시대를 끝낼 것이라고 지나치게 과대평가된 미사일들은 아주 신뢰할 수 없는 것으로 판명되었다. 조종사가 미사일 10발을 발사

---

171 피닉스: 레이더 유도 방식 장거리 미사일.

해서 그중 1발이 명중하면 그나마 다행이었다. 공군은 기동성을 항공기가 아니라 미사일에 담아야 한다는 생각을 오랫동안 지지해왔는데, 이제 그 결과로 인해 피해를 입고 있었다. 만일 기총을 장착한 적기가 아군 전투기의 6시 방향에 자리를 잡으면, 아군 전투기 조종사는 교전을 중지하고 적기로부터 벗어날 수 있다. 그는 강하하면서 적기보다 빠르게 도망칠 수 있다. 그러나 제트기는 미사일보다 빠를 수는 없다. 베트남에서 입증된 바에 따르면, 조종사가 하늘을 가르며 그를 쫓아오는 미사일을 피하려면 급선회, 즉 턴앤번을 해야 한다. 사실상 미사일의 등장으로 전투기는 과거보다 더 기동성이 좋아야 했다.

공군이 수많은 문제에 직면해 있었기 때문에 보이드가 F-X 프로젝트를 맡게 되었다. 그의 프로젝트 인수는 공식적인 차원이 아닌 비공식적인 차원에서 이루어졌는데, 그가 설계 및 획득 결정을 한 사람들, 그리고 조직표 상으로 F-X 프로그램을 이끈 사람들에 비해 계급이 훨씬 낮았기 때문이다. 나중에 일부 고위 장교들이 F-X 개발에서 보이드가 맡은 역할의 중요성에 대해 이의를 제기하곤 했다. 그 주장을 입증하기 위해 그들은 "그는 소령에 불과했소"라고 말하곤 했다.

그러나 보이드가 프로젝트에 미친 기여도는 그가 한 일을 어떤 잣대로 보는지에 따라 달라진다. 만일 누군가 F-X 프로젝트를 펜타곤의 잣대로 본다면, 결정권자는 전술공군사령부와 공군체계사령부를 지휘한 4성 장군들이었고, F-X의 직접적인 책임자는 2성 장군이었으며, 그 밑에 별 하나, 수많은 대령, 그리고 맨 밑 어딘가에 보이드가 있었다. 이 장교들은 각각 F-X에 관해 말할 때 서로 다른 관점에서 말한다. 하지만 더 엄격한 잣대로 F-X에 관한 어떤 결정이 중요했는지, 그리고 누가 그런 결정을 내렸는지 본다면 보이드가 F-X를 배달해줄 열차를 운전하고 있었음을 알게 된다. 그는 전투기 전술과 훌륭한 전투기를 만드는 요소에 관해 공군의 어느 누구보다 더 잘 알고 있었다. 정부, 업계, 학계는 이제 최적의 항공기 기동을 위해 에너지-기동성 기술을 개발하고 이를 전투기 설계에 응용하기 시작했다. 변분법calculus of variations[172], 최적제어이론optimal control theory[173], 동적 프로그래밍dynamic programming[174], 미분게임이론differential game theory[175], 그리고 최급강하steepest descent 기술들이 라이트-팻에 있는 공군 비행역학연구소와 공군사관학교를 오가며 개최되는 연구 모임들에서 논의되었다. 보이드는 대부분의 회의에 참석했고, 라이트-팻에는 아주 많은 적이 있었음에도 불구하고 에너지-기동성 연구 덕분에 그가 모든 회의의 중심이 되었다.

게다가 보이드는 최고 지휘부의 지지를 받았는데, 이는 관료제에서 매우 중요했다. 청사 안에서 공군참모총장 존 매코널John McConnell이 보이드의 팬이라는 것을 아는 사람은 드물었다. 보이드의 베트남 근무를 취소시키고 펜타곤으로 불러들인 사람이 매코널 대장이었다. 그는 보이드가 전투기 조종사이자 에너지-기동성 이론을 창시한 전설적인 장교임을 알고 있었다. 하지만 그는 이단아로서의 보이드, 즉 자신의 경력보다는 일에 더 신경을 쓰는 반항적이고 독립적인 장교가 필요했다. 그런 사람만이 F-X가 취소되는 것을 막을 수 있었고 공군이 해군과의 싸움에서 지는 것을 막을 수 있었다. 그러한 사람만이 공군을 그 자신으로부터 구할 수 있었다.

"제가 발로 만들어도 저것보다 더 잘 만들 수 있습니다"

보이드는 펜타곤으로 걸어 들어가는 순간부터 갈등에 휘말렸다.

공군 역사실의 한 논문에 따르면, 보이드의 업무상 상관인 대령이 F-X

---

172 변분법: 미적분학의 하위 분야의 하나로, 주어진 조건을 만족하는 함수 공간에서 정의된 범함수의 함숫값이 최대 또는 최소가 되는 함수를 구하는 일반적 방법.

173 최적제어이론: 어떤 기준값에 가장 근접한 출력을 얻을 수 있는 적절한 입력값을 구하는 제어 이론.

174 동적 프로그래밍: 최적의 의사결정을 하기 위한 수학적 기법.

175 미분게임이론: 게임 이론의 한 종류로, 순차게임 이론을 연속적 사례로 확장시키는 이론.

설계도 사본을 주면서 보이드의 의견을 묻자, 보이드가 "그 자리에서 이를 거절했다"고 한다.

실제 벌어진 일은 훨씬 더 심각했다. 보이드의 상관은 공군이 또 다른 짠물 비행기를 떠맡게 만든 자로 알려지게 될 처지에 놓여 있었다. 이 때문에 불안해하던 대령은 F-X를 구하라며 펜타곤에 불려온 이 유명한 젊은 소령을 호기심 어린 눈으로 바라보았다. 그는 방대한 양의 설계 연구 자료를 가리켰다.

"여기서 자네의 첫 임무는 F-X의 요구사항과 설계 패키지를 검토하는 거네." 대령은 실제로 이렇게 말했다. "의회에서 승인을 받는 데 어려움을 겪고 있어. 2주를 줄 테니 권고안을 담은 보고서를 올리게."

대령은 보이드도 펜타곤의 부하들이 큰 프로젝트를 맡았을 때 일하던 방식대로 하리라고 예상했다. 그들은 자신이 얼마나 똑똑하고 부지런한지를 증명하기 위해 장황한 브리핑 자료를 작성하거나, 오래된 보고서에 약간의 분칠을 해서 새 것처럼 꾸민다.

보이드는 "예, 알겠습니다"라고 말하고 서류를 모아서 자신의 사무실로 가져갔다. 그는 밤낮으로 그 자료들을 살피면서 공군 연구개발^{R&D} 관료주의의 비협조적이고 완고한 속성에 대해 점점 더 혐오감을 느꼈다. 이 전투기는 중량을 약 6만 2,500파운드까지 줄였지만 여전히 중량 초과였고, 날개는 작았으며, 너무 복잡하고, 너무 비쌌다. 게다가 다목적항공기였기 때문에 보이드는 이것이 어떤 임무도 제대로 수행할 수 없다는 것을 알고 있었다. 전투기는 한 가지 방식으로 설계되며, 저고도 핵폭격기는 다른 방식으로, 그리고 전천후 차단 폭격기는 또 다른 방식으로 설계된다. 이 모든 요구사항을 한 가지 항공기의 외피에 집어넣으면 문제만 생긴다. 흙도 싣고 가족을 데리고 전국 일주도 해야 하는 고성능 스포츠카를 설계한다고 상상하면 이해가 갈 것이다.

보이드의 첫 번째 목표는 F-X의 중량을 줄이는 것이었다. 그러면 비용도 줄고 기동성도 향상될 것이다. "항공기 값을 지불하는 것은 감자 값을 지불하는 것과 비슷합니다." 그는 말했다. "무거울수록 더 비쌉니다." 보이드는 F-X 계획을 더 많이 연구할수록 공군이 했던 모든 것을 버려야 한다는 것을 깨달았다. 라이트-팻의 장군들과 관료들이 준비한 모든 것, 전술공군사령부와 공군체계사령부의 장군들과 관료들이 준비한 모든 것을 버려야만 했다. 공군은 계속 잘못된 길을 가고 있었던 것이다. 나중에 보이드는 이렇게 설명했다. "모든 가정에 의문을 가져야 합니다. 그렇지 않으면 첫째 날의 가설이 그 후로 영원히 정설이 됩니다."

보이드는 훨씬 더 작은 항공기를 원했는데, 아마도 엔진이 하나이고, 세상에서 가장 순수한 공대공 항공기가 될 수 있는 높은 추력중량비thrust-to-weight ratio[176]를 가진 고성능 고출력 항공기, 지금까지 알려진 어떤 항공기보다 에너지를 빠르게 버리고 회복할 수 있는 항공기, 우아하지는 않지만 제대로 묘사한 보이드의 표현을 그대로 인용하면 "자신의 엉덩이를 보면서 비행"할 수 있는 기동성이 뛰어난 전투기를 원했다. 보이드는 더 크게-더 높이-더 빠르게-더 멀리는 신경 쓰지 않았다. 그는 오직 한 가지만 원했다. 그것은 바로 수십 년 동안 하늘을 지배할 전투기였다.

대령의 사무실로 돌아왔을 때 그는 흥분해서 손가락으로 책상을 톡톡 두드리고 있었다. 그는 보고서와 설계 연구서들을 책상에 가지런히 쌓았다. 그는 새 보고서도, 브리핑 차트를 거는 받침대도, 슬라이드도, 프로젝터도, 서류 더미도 가져가지 않았다. 그는 자신이 받은 것을 그냥 다시 가져왔고 명령받은 대로 보고하고 있다고 말했다.

"보고서는 어디 있나?" 대령이 물었다.

보이드는 웃으면서 긴 검지로 관자놀이를 톡톡 쳤다.

대령은 눈을 치켜떴다. 공군의 가장 중대한 획득 프로젝트가 위태로운 상태였다. 그는 F-X를 구할 방법에 관해 무언가 새롭고 깜짝 놀랄 만한

---

176 추력중량비: 항공기의 엔진 추력을 그 항공기의 무게로 나눈 값. 이 값이 클수록 가속 성능이 좋다.

것을 보고 싶었다. 그런데 에글런에서 온 이 애송이 마법사는 거기 서서 활짝 웃으며 자신의 관자놀이를 톡톡 두드리고 있었다.

"브리핑은 안 하나?"

"대령님, 저에게 설계 패키지를 재검토하고 보고하라고 하셨습니다. 준비됐습니다."

"브리핑이나 보고서가 없으면 준비가 안 된 거네."

"그렇지 않습니다. 보고할 게 있습니다. 세심한 보고입니다."

대령은 보이드를 오랫동안 매섭게 노려보았다. 그리고 의자 등받이에 등을 기댔다. "해보게, 소령."

보이드는 그를 충격에 빠뜨렸다. 그는 대령의 눈을 똑바로 보았다. 그리고 가장 성실하고 진심 어린 말투로 말했다. "대령님, 저는 전투기를 설계해본 적은 없습니다." 그리고 잠시 멈췄다가 테이블에 쌓인 설계 연구서들을 턱으로 가리켰다. "하지만 제가 발로 만들어도 저것보다 더 잘 만들 수 있습니다."

보이드처럼 거침없이 말하고 대립적인 장교가 청사에서 오래 버티는 경우는 드물다. 사실일 수도 있고 아닐 수도 있지만, 나중에 보이드가 즐겨 한 이야기 중 하나는 그가 펜타곤에 간 직후 어떻게 보직해임되었는지였다. 군대에서 해임된다는 것은 그 장교가 단순히 한 보직에서 다른 보직으로 전속된다는 의미일 수 있다. 하지만 그것은 그 장교의 경력이 끝났다는 뜻이기도 하다.

일생 동안 보이드는 그 대령이 어떻게 그를 해임하고 그것도 6명의 사람 앞에서 해임함으로써 그를 모욕했는지 두고두고 이야기했다. 보이드는 알려지지 않은 임무를 수행하기 위해 다른 사무실로 추방되었다. 그는 F-X와 공군이 해군에게 위협당하는 동안 유배 생활을 했다. 그러던 중 참모총장이 그의 해임 소식을 듣고는 F-X 프로젝트에서 보이드를 다른 사람으로 대체할 수 없다고 말하면서 대령에게 보이드를 다시 데려오라고 명령했다. 보이드는 대령이 그에게 이전의 업무를 제안했지만, 그가 해임될 때 그 자리에 있었던 사람들 앞에서 대령이 공개적으로 그를 재임명하지 않으면 그 제안을 거부했다고 말했다. 보이드는 항상 웃으면서 "그 빚을 가혹하게 받아냈죠"라고 말하면서 이야기를 마쳤다.

보이드의 근무평정에는 보직을 바꾼 기록이 없다. 크리스티도 보이드를 해임했다는 대령의 이름을 기억하지 못한다. 그리고 보이드가 F-X를 구하기 위해 펜타곤으로 보내진 특별 대우 인물이었다는 점을 감안하면, 그가 해임당했을 것 같지는 않아 보인다. 특히 그가 얼마나 잘 하는지에 따라 자신의 업무가 일부 좌우되는 대령이 그랬을 리는 없어 보인다.

이 모든 것은 중요하지 않다. 왜냐하면 설사 일본에서 격납고를 허물어 버린 이야기처럼 이 이야기가 사실이 아니라 하더라도 이 이야기를 통해 보이드가 이런 이야기를 지어낸 속내를 짐작할 수 있기 때문이다.

피어 스프레이를 무력화하려는 공군

보이드는 청사에서 근무한 지 몇 달이 되었을 때, 공군 측에 눈엣가시가 된 피어 스프레이Pierre Sprey라는 백발의 "위즈 키즈" 멤버를 침묵시키라는 요청을 받았다. 국방장관실Office of the Secretary of Defense, OSD 직속인 체계분석실Systems Analysis에서 근무하는 이 뛰어난 청년은 국방장관과 대통령을 위해 유럽에서 전쟁을 수행하기 위한 공군 구조와 예산에 관한 보고서를 1년에 걸쳐 준비했다. 공군 구조는 소련군이 유럽을 유린하지 못하도록 막기 위해 교량, 철도, 고속도로, 산업, 기반시설을 폭격한다는 "차단 폭격interdiction bombing"이라는 제2차 세계대전의 교리에 기반하고 있었다. 이 민간인의 이단적인 보고서는 차단 임무에 결함이 있고, 공군이 항공기를 지금보다 최대 3배 더 많이 갖는다 해도 유럽으로 물밀 듯 밀려오는 소련군에 대응할 수 없을 것이라고 보았다. 그리고 유럽에서의 전술공군의 역할이 지상군 지원, 즉 근접항공지원Close Air Combat, CAS, 그리고 근접항공지원 항공기가 방해를 받지 않고 임무를 수행할 수 있도록 하는 공중우세를 유지하는 것, 이 두 가지가 되어야 한다고 보았다. 차단 폭격 작전을 추구한다 해도 그것은 부차적인 임무가 되어야 했다.[177]

피어 스프레이는 맥나마라의 위즈 키즈, 즉 군과 군 예산 모두에 관해 합리적인 사고를 도입하라는 지시를 받고 청사에 불려온 고등교육을 받은 특히 총명한 젊은이들 중에서도 특히 눈에 띄었다. 일부 위즈 키즈 멤버는 그들의 평판 덕에 출장을 왔다. 스프레이는 그렇지 않았다. 그는 15세에 예일 대학교Yale University에 입학했고 4년 후에 프랑스 문학과 기계공학이라는 특이한 복수 전공으로 졸업했다. 그 후 코넬 대학교Cornell University로 가서 수리통계학과 경영과학을 공부했다. 22세에는 항공기 제작사인 그루먼 에이비에이션Grumman Aviation에서 통계 자문 부서의 책임자가 되었다. 그는 항공기를 설계하고 싶었지만 그루먼 에이비에이션이 그에게 그럴 자유를 주기까지는 수년이 걸리리라는 것을 깨닫고는 위즈 키즈 중에서 가장 잘 알려진 위즈 키즈의 리더 알랜 엔토벤Alain Enthoven과 함께 일하기로 했다.

스프레이는 신체가 건장한 편은 아니었다. 그는 키가 5피트 8인치(173센티미터) 정도였고 마른 체형이었다. 백발 머리는 벗겨진 이마 뒤로 쓸어 넘겼다. 말은 느리고 신중했다. 그리고 프랑스어와 독일어를 유창하게 구사했다. 여자들은 그가 멋지고 한량 같다고 느꼈다. 남자들은 종종 그가 위압적이라고 느꼈다. 그는 극지방의 얼음처럼 투명하고 냉정한 지성을 가졌다. 만일 스프레이의 친구 중 한 명에게 그를 묘사해달라고 요청한다면 응답자는 첫 마디로 스프레이가 얼마나 똑똑한지 말할 것이다. 몇몇 아주 똑똑한 사람들은 머리가 컴퓨터처럼 돌아간다는 말을 듣는다. 스프레이는 아주 정확한 원자시계와 같았고, 대상이나 사람의 본질을 꿰뚫

---

177 근접항공지원은 전선에서 아군 지상군과 직접 맞서고 있는 적 지상군을 공습하는 작전이고, 차단 폭격 작전은 그보다 적 후방 쪽에 있는 지상군이나 기타 표적을 공격하는 작전이라는 차이가 있다.

고 드러내는 능력은 전적으로 믿을 만했다. 그는 매사에 완벽주의자다. 스프레이의 위트는 신랄하면서도 박식하다. 그는 그가 읽은 거의 모든 것을 즉시 기억해낸다. 그는 전술항공과 전쟁의 역사를 공군의 어느 누구보다도 더 많이 안다. 허풍 떨고 잘난 척하는 장군들이 스프레이와 한번 대화를 나눈 후 말문이 막힌 경우가 한두 번이 아니다. 그는 공군의 영역에서 공군을 상대해서 이길 수 있는 보기 드문 민간인이다. 펜타곤에서 일하는 많은 민간인과는 달리, 스프레이는 계급을 겁내지 않았다. 사실 그는 어떤 사람의 어깨에 있는 별의 수와 그의 지능은 반비례 관계에 있다고 생각했다.

날카로운 지적 능력과 굽히지 않는 강직한 성품을 가진 스프레이는 맥나마라 시대가 한창일 때 청사에 부임했다. 그는 청사에서 근무하는 다른 사람들의 피를 말리는 존재였다. 그가 어떤 문제를 제기하든 군은 그것을 진지하게 받아들여야 했다. 왜냐하면 체계분석실이 제기한 다른 문제들과 마찬가지로 그 문제들이 맥나마라와 존슨Johnson 대통령에게 제출될 대통령각서초안Draft Presidential Memo으로 문서화되었기 때문이다. 각 군은 체계분석실을 싫어하고 두려워했으며, 특히 피어 스프레이를 두려워했다. 그는 청사에서 가장 무시무시한 사람 중 한 명이었다.

공군 장성들이 스프레이의 보고서를 읽으면 거의 기절할 지경이었다. 차단 폭격은 성스러운 교리였다. 그 교리는 지난 1947년에 공군을 육군에서 분리하는 근거였다. 그때 이후로 근접항공지원은 한때 공군의 주목적이 지상군을 지원하는 것이었음을 상기시키는 임무였기 때문에 공군은 그것을 아주 싫어했다. 근접항공지원에는 거친 창공wild blue yonder[178] 따위는 없었고, 전투기 조종사의 하얀 머플러도, 영광도 없었다.

스프레이의 보고서는 F-X에 할당된 80억 달러를 포함해서 공군 예산의 3분의 2를 위태롭게 했다. 따라서 그 보고서는 신성한 교리를 침해할

---

178 미 공군 군가 제목으로 쓰인 표현이기도 하다.

뿐만 아니라, 심지어 공군의 예산과 최고 전투기 프로젝트를 위협하기도 했다. 그의 보고서가 틀렸음을 밝히는 것이 공군 지휘부의 최우선 과제가 되었다.

하지만 두 가지 큰 문제가 있었다. 첫 번째 문제는 스프레이가 합동참모본부가 만든 표적 정보targeting information를 이용했다는 것이었다. 이 연구의 표적 선정 부분을 공격하는 것은 합동참모본부를 공격하는 것이 되므로, 그것은 그야말로 불가능했다. 두 번째 문제는 주어진 표적을 파괴하는 데 필요한 폭탄의 수에 관한 데이터가 톰 크리스티가 에글린에서 계산한 합동무기효과편람Joint Munitions Effectiveness Manuals, JMEM에서 나왔다는 것이었다. 부분적으로 에너지-기동성 연구에 기여한 역할 덕분에 크리스티는 공군에서 떠오르는 민간인이었고, 그의 연구가 너무 치밀해서 4개 군종이 모두 4성 장군 수준에서 합동무기효과편람에 서명했다.

그럼에도 불구하고 한 대령은 상급 장교들로부터 보고서와 그 보고서를 쓴 민간인에게 선전포고하라는 명령을 받았다. 성공하기 위해 최선을 다하라. 세부적인 사항은 알고 싶지 않다. 그 일을 끝내기 위해 필요하다면 무엇이든 하라. 그 민간인 개자식을 무력화하라.

그 대령은 스프레이에게 가서 실제로 이렇게 말했다. "이 보고서는 나쁘지 않소. 하지만 엄청나게 많은 수작업 계산이 포함되어 있소. 컴퓨터 계산 프로그램을 만들어서 당신의 수작업 계산들이 맞는지 검증하는 데 동의해주시오."

그러나 스프레이는 청사가 일하는 방식을 알고 있었다. 그는 대령이 많은 참모를 거느리고 있고 자신이 원하는 결과를 도출하도록 컴퓨터를 프로그래밍할 수 있다는 것을 알았다. "제가 같은 계산을 수작업으로 할 수 없다면 동의할 수 없습니다." 그는 말했다. 그의 대응은 현명했다. 그 대령 밑에서 일하던 젊은 대위와 소령들이 양심의 가책을 느끼고 밤중에 그를 찾아오기 시작했다. 그들은 보고서의 신뢰성을 떨어뜨리기 위해 잘못된 결과를 내도록 컴퓨터를 프로그래밍하라는 명령을 받았다고 말했다. 스프레이는 대령과의 만남을 요구했다. 대령이 수치를 어떻게 조작했는지 구구절절 말하는 그의 목소리에는 혐오감이 역력했다. "당신의 수치는 조작된 것입니다." 그는 붐비는 회의실 앞에서 대령에게 말했다.

대령은 건방진 애송이, 특히 민간인 분석가에게 창피를 당한 것에 몹시 화가 났다. 그는 대부분의 군인처럼 대응했다. 그는 공격했다. 그는 지휘계통을 따라 맥나마라 장관에게까지 가서 스프레이가 그의 존엄성을 모욕했다고 말했다. 그는 사과를 요구했다. 대령과 스프레이에게 불화를 해소하라는 전언이 내려왔다. 스프레이는 사과를 거부했을 뿐만 아니라, 대령은 "거짓을 퍼뜨리는" "비열한 놈"이라면서 공격의 강도를 높였다.

스프레이는 비조종 특기자였다. 다시 말해 조종사가 아니었다. 그리고 그는 군대의 일원이 되어본 적이 없었다. 따라서 격분한 대령은 그가 전투기 전술과 공군 교리에 대해 아무것도 모른다고 가정하고 그에 따라 공격 방법을 바꿨다. 펜타곤에 새로 온 존 보이드 소령이 전투기 전술에 관한 한 공군 내 전문가라는 사실을 떠올린 그 대령은 작전 경험과 지적 성취를 드물게 겸비한 보이드가 이 귀찮은 민간인을 무너뜨릴 수 있으리라고 판단했다.

두 번째 추종자 스프레이와의 만남

보이드와 스프레이의 만남을 주선한 대령은 헤비급 복싱 챔피언 2명을 한 방에 가둔 다음 뒤로 물러서서 둘이 싸우는 소리를 엿듣는 염탐꾼 같았을 것이다. 그는 그들의 소리를 엿들으면서 스릴을 느끼며 첫 포성을 듣고 바닥에 흥건한 피를 보고 싶었을 것이다.

만일 그랬다면 그는 몹시 실망했을 것이다. 그는 보이드와 스프레이 모두를 일차원적으로만 이해하고 있었다. 보이드는 다른 사람들의 판단에 영향을 받지 않았다. 단순히 공군 예산을 위협한다는 이유로 한 사람의 지적 성취를 공격하라는 말을 듣는 것 자체가 우스웠다. 그날 보이드는 전혀 적대적이지 않았다.

그리고 대령은 스프레이가 통제 불능의 투견이라는 판단에 너무 얽매여 있어서 스프레이의 가장 중요한 특성 두 가지를 알지 못했다. 첫째, 스프레이는 그가 만나는 장교가 진실한 사람이라고 여기면 그를 매우 존중했다. 둘째, 스프레이는 호기심이 많았다. 스프레이는 보이드의 명성을 알고 있었고, 보이드가 정말로 공중전의 내적 작용을 아는지 아니면 그저 공군의 노선을 따라하는 앵무새인지 궁금했다.

둘의 만남은 대령이 기대한 대로 흘러가지 않았다.

스프레이는 차단 폭격 연구를 위한 배경 지식으로 제2차 세계대전과 한국전쟁의 전투 역사를 폭넓게 읽었다. 그는 공대지 전투와 공대공 전투에 관해 몇 시간 동안 이야기할 수 있었다. 그래서 두 사람은 빠르게 공통의 관심사를 발견했다. 스프레이가 여러 전투기 에이스들의 전투 기록에 관해 말하자, 보이드는 자신이 소중히 여기는 분야에 대한 스프레이의 관심과 지식에 놀라 눈을 반짝이며 몸을 앞으로 기울였다. 스프레이가 리처드 봉을 제2차 세계대전 미국 최고의 에이스라고 언급하자, 보이드는 고개를 끄덕이면서 동의를 표한 뒤, 스프레이에게 훈계하듯 손가락을 들고는 봉이 한 가지만 잘한 사람이었다고 말했다. 스프레이가 공군에 근접항공지원 비행을 하는 항공기를 보호하기 위한 공중우세 전투기가 필요하다고 말하자, 보이드는 동의했다. 하지만 그런 다음 이렇게 덧붙였다. "우리는 예측 가능한 방법으로 공중우세 임무를 수행할 수는 없습니다. 일정에 맞춰서 올라가는 택시처럼 될 수는 없어요. 우리는 예기치 못하게 행동해야 합니다."

대화는 몇 시간 동안 계속되었다. 스프레이가 아이디어를 내놓으면 보이드가 살을 붙이고 자신의 관점을 더해 말했다. 보이드는 스프레이에게 F-X에 관해, 그리고 자신이 그것을 어떻게 바꾸자고 제안했는지 말했다. 두 사람은 아이디어를 주고받으면서 서로의 아이디어를 고치거나 새 의견을 내놓았고, 나중에는 두 사람 모두 편히 앉은 채 얼굴에 미소를 띠고 존경 어린 눈빛으로 서로를 바라보았다. 보이드는 수학과 통계에 대한 스프레이의 지식에 매료되었다. 스프레이는 보이드가 에너지-기동성 이론을 더 연마해서 세상에 나온 적이 없는 최고 전투기를 만드는 도구로 만드는 데 도움을 줄 수 있었다. 그리고 스프레이는 전투기 전투에 대한 보이드의 심오한 생각, 그리고 그의 지성과 정직함에 매료되었다. 그는 마침내 열정과 신념을 가진 공군 장교를 만났다. 스프레이는 다른 사람을 추종하는 유형의 사람이 아니었지만, 보이드는 추종할 만한 사람이었다.

보이드는 두 번째 추종자를 만난 것이었다.

많은 사람은 자신이 보이드의 에너지-기동성 이론을 이해한다고 생각한다. 그러나 단순해 보이는 그 이론의 내용을 제대로 이해하는 사람은 드물다. 보이드와 크리스티처럼 스프레이도 에너지-기동성 이론과 그것을 잘 사용하는 방법을 이해하게 된다.

펜타곤에서 보이드와 스프레이의 만남은 어떤 면에서는 에글린에서 보이드와 크리스티의 만남과 아주 비슷했다. 하지만 크리스티가 너그러운 삼촌과도 같은 존재라면, 스프레이는 형제와도 같은 존재가 되었다.

크리스티와 스프레이 모두 보이드에게서 천진함과 순수함을 느꼈다. 그들은 보이드가 엄청난 공헌을 할 사람일 뿐만 아니라 때로는 보호가 필요한 사람이라고 생각했다. 몇몇 장군들도 그 점을 알고 있었다. 하지만 장군들은 보통 위기의 순간에 나타난 반면, 보이드는 거의 매일 스프레이와 크리스티에게 의지했다.

보이드를 데려온 대령이 스프레이와의 만남이 어떻게 끝났는지 묻자, 보이드는 웃으면서 얼버무리며 그 민간인과 함께 돌아가서 일을 끝내겠다고 대답했다. 대령은 기뻐하며 떠났다.

F-X는 이제 보이드의 삶의 일부가 된 것처럼 스프레이에게도 삶의 일부가 되었다. 대부분의 사람이 청사를 떠난 후에도 보이드와 스프레이는 여전히 자리에 남아 있었다. 저녁 7시나 8시경에 보이드는 스프레이의 사무실로 내려갔다. 처음에 둘은 일주일에 한 번, 그리고 두 번, 그리고

서너 번 밤에 만났다. 두 사람은 자정이 훌쩍 넘은 시각까지 F-X의 에너지-기동성 차트, 새 설계, 그리고 난해한 공학적 데이터들을 살폈다.

그러고 나서 보이드는 그의 브리핑 자료들을 스프레이에게 보여주며 의견을 묻기 시작했다. 스프레이는 종종 그 브리핑 자료들을 조목조목 비판했다. 그는 아주 침착하게 반박할 수 없는 이유와 논리들을 하나하나 열거하며 비판했다. 보이드는 스프레이의 비판을 "피어 스프레이 전기톱 Pierre Sprey buzz saw"이라고 표현했다. 하지만 그는 스프레이가 그의 브리핑 자료들을 더 철저하게 준비해서 반박의 여지가 없게 만들려고 한다는 것을 알고 있었다. "철저하게 준비해야 해, 타이거." 보이드는 스프레이에게 자주 이렇게 말했다. "하나만 까딱 잘못해도 그들이 그걸 지랄같이 이용할 거야."

보이드가 스프레이에게 오전 4시에 전화를 해서 에너지-기동성 이론의 새로운 버전 및 새 아이디어를 어떻게 설계 과정에 이용할지에 관한 생각을 전달하기 시작한 것은 그를 받아들였음을 보여주는 하나의 증거였다. 스프레이는 전에 크리스티가 그랬던 것처럼 보이드의 친구가 된다는 것은 보이드의 대의에 자신의 삶을 바친다는 뜻임을 깨달았다. 보이드로부터 힘을 합치자는 제안을 받은 사람은 극소수였다. 그 제안을 받은 누구도 그것을 거절하지 않았다. 그들은 각자 보이드가 진귀한 선물을 제안했음을 직감적으로 느꼈다. 그들은 보이드와의 우정을 위해 끔찍한 대가를 치르게 된다. 그들은 아마 더 많은 대가를 치르더라도 마다하지 않았을 것이다.

나머지 추종자들이 보이드를 만나기까지는 7년이 더 걸렸다. 그들 역시 스프레이가 곧 겪게 될 대중의 맹비난을 받게 된다. 차단 폭격 작전 연구 때문에 스프레이가 받은 중상모략은 보이드 때문에 앞으로 자신이 겪게 될 일에 비하면 아무것도 아니었다. 블루 수터들은 보이드와 스프레이의 관계를 악마들 간의 우정이라고 여기게 되었다. 그리고 그들은 전능해 보이는 청사의 관료제의 힘을 빌려 두 사람에게 대항하게 된다. 이로 인해 많은 사람들의 경력이 바뀌게 된다. 심지어 펜타곤조차도 바뀌게 된다.

보이드와 스프레이는 몇 년 뒤 결성되는 청사 내에서 가장 유명하고, 가장 미움을 받고, 마지못해 존경받는 사조직의 핵심 인물이었는데, 이 사조직은 역사에 "전투기 마피아Fighter Mafia"라고 알려지게 된다.

CHAPTER 14

더 크게-더 높이-더 빠르게-더 멀리

전술 영역을 넘어 항공기 설계 영역으로 나아가다

보이드는 말 그대로 진퇴양난에 처했다.

한편에는 에너지-기동성 이론이 역사상 가장 뛰어난 전투기를 만들어 낼 수 있을 것이라고 믿는 보이드가 있었고, 다른 한편에는 인간에게 알려진 모든 첨단 장치를 F-X에 탑재해 항공기를 더 크고 무겁게, 그리고 더 비싸게 만들려는 더 크게-더 높이-더 빠르게-더 멀리를 완강하고 끈질기게 주장하는 집단이 있었다.

보이드는 무엇에 홀린 사람 같았다. 그는 사람, 아이디어, 오래된 믿음들을 물리치면서 불도저처럼 앞으로 밀고 나아갔다. 그는 말과 행동에 너무 거침이 없어서 많은 사람이 그를 통제 불능인 사람으로 여겼다. 그는 여전히 중령으로 특차 진급을 못 해서 화나고 자존심 상해 있었다. "저는 그저 소령일 뿐입니다." 그는 이 말을 되풀이했다. 보이드에게 있어 F-X는 공군에 자신의 연구의 실질적 가치를 보여주는 것은 물론, 진급 기간 내에 중령으로 확실히 진급할 수 있는 수단으로 삼을 절호의 기회였다.

보이드는 목표를 달성하기 위해 많은 제도적 장애물을 극복해야 했다.

먼저, 그는 라이트-팻의 기술적 무능을 극복해야 했는데, 라이트-팻의 공학자들은 F-X를 위한 단순한 개념 설계조차 만들어낼 수 없음이 입증되었다. 이와 동시에 그는 라이트-팻이 공군에서 항공기의 기본적인 공학적 데이터를 얻을 수 있는 유일한 공식 출처였기 때문에 그곳을 무시해서는 안 되었다. 그는 많은 데이터들이 부정확하다고 의심했지만 그것을 사용할 수밖에 없었다. 둘째로, 그는 사람들에게 에너지-기동성 이론이 항공기의 공대공 성능을 측정하는 최고의 방법일 뿐만 아니라 유일한 방법이라는 것을 이해시켜야 했다. 공군과 업계 모두가 에너지-기동성 이론에 매료되기는 했지만, 모든 사람이 그것으로 달성할 수 있는 모든 범위를 아직 완전히 파악하지는 못했다. 그것은 새롭고 특이했다. 그리고 관료제는 새롭고 특이한 것을 두려워한다. 마지막으로, 보이드는 전술 영역에 적용되고 있던 에너지-기동성 이론을 업그레이드해서 항공기 설계 영역으로 더 확실히 나아가야 했다.

보이드는 에너지-기동성 이론의 복음을 지속적으로 전파했으며, 그 과정에서 아무도 가본 적 없는 항공공학의 영역을 더 깊이 파고들어 새로 발견한 것들을 반영하고 내용을 수정하면서 이론을 다듬어나갔다. 톰 크리스티가 에글린에 없었다면 이 일은 불가능했을 것이다. 크리스티의 직원 중에는 에너지-기동성 컴퓨터 작업만 전담한 공군 중위가 한 명 있었다. 보이드는 펜타곤에서 매일 서너 번씩 중위에게 전화를 걸어 에너지-기동성 컴퓨터 프로그램 및 에너지-기동성 차트의 개정과 업그레이드에 관해 이야기했다. 어느 날 밤 전화가 울리자, 크리스티는 그것이 보이드의 전화임을 알았다. 크리스티는 시계를 보았다. 늦은 시각이었고, 보이드가 너무 열정적이라서 그 전화를 받는다면 몇 시간 동안 전화를 붙들고 있어야 한다는 것을 알았기 때문에 크리스티는 그 전화를 받지 않았다. 그와 아내 캐시Kathy는 앉아서 대화를 나누고 책을 읽었고, 32분 동안이나 전화벨이 울린 후에야 마침내 보이드가 전화를 포기하는 것을 보고는 감탄하며 고개를 저었다.

크리스티는 자신의 작업물을 가지고 거의 주 단위로 펜타곤에 갔는데, 그의 서류가방은 새 에너지-기동성 차트로 가득 차 있었다. 어느 월요일에 보이드가 스프레이에게 크리스티가 대식가라서 그의 별명이 "와일드 호그Wild Hog"(멧돼지)라고 말하자, 스프레이는 월요일 밤이 되면 안심 스테이크를 정해진 금액으로 자유롭게 먹을 수 있는 셜링턴Shirlington에 있는 식당 돈키호테Don Quixote에 가자고 제안했다. 교양 있는 사람인 스프레이는 작은 스테이크 2개를 먹었다. 그날 밤 보이드는 경쟁심이 극에 달해 크리스티가 스테이크를 5개 먹을 때까지 같은 속도로 따라서 먹었다. 그러고 나서 크리스티는 한숨을 쉬며 뒤로 물러나 앉았다. 보이드는 만족스러운 듯 활짝 웃으며 배를 문질렀다. 그는 와일드 호그만큼 많이 먹었고 자신이 승리했다고 생각했다. 하지만 크리스티는 더 많은 음식을 먹기 위해 먹은 음식을 소화시키면서 잠시 쉬고 있을 뿐이었다. 잠시 쉰 뒤 그는 다시 스테이크를 입에 밀어넣었다. 보이드는 크리스티가 스테이크를 4개 더 먹는 모습을 놀란 눈으로 지켜보았다. 세 사람이 문으로 걸어갈 때 보이드는 평소 같지 않게 조용했다. 크리스티는 그가 저녁 내내 삐져 있을 거라는 걸 알았다. 그것은 단지 저녁 식사에 불과했지만, 보이드는 대부분의 일들을 그렇게 여겼듯이 그것을 하나의 경쟁으로 보았다. 세 사람은 문 앞에 서서 차를 찾기 위해 주차장을 건너다보았다. 크리스티는 웃으면서 보이드를 돌아보며 말했다.

"일하러 돌아가기 전에 피자 좀 먹으러 가는 건 어때요?"

항공기 설계 및 항공 역사에서 하나의 전환점이 된
보이드의 설계 타협

크리스티의 사무실은 계속 새로운 에너지-기동성 차트를 준비했으며, 각각의 차트에서는 새로운 통찰력, 새로운 접근법, 그리고 정보를 표시하는 새로운 방법이 나왔다. 보이드가 에너지-기동성 이론을 항공기 설계에 적용하기 위해 더 깊이 파고들면 들수록 민첩성이나 지속성과 같은 항공기의 새로운 성능 분야를 더 많이 실험하거나 분석해야 했다. 믿기 힘들어 보이지만 F-X는 미국 역사상 최초로 에너지-기동성 이론은 물론이고 일정한 기동성 요구사항에 맞춰 설계된 전투기였다. 즉, F-X는 미국에서 처음으로 근접 공중전을 염두에 두고 설계된 항공기였다. (항공 마니아들은 종종 제2차 세계대전 당시의 P-51과 한국전쟁 당시의 F-86이 순수한 전투기라고 말한다. 하지만 P-51은 기동이 아닌 항속거리와 속도 위주로 설계되었다. P-51은 영국이 라이트-팻 관료주의자들의 격렬한 반대를 무릅쓰고 작고 약한 엔진을 대형 롤스로이스 엔진으로 교체한 덕분에 제2차 세계대전 최고의 전투기가 되었다. F-86은 고고도 요격기로 설계되었다. 높은 고도에 도달하려면 주날개가 커야 했는데, 그 덕분에 우연히 기동성이 뛰어난 전투기가 되었다.)

보이드가 그의 연구를 계속해나갔던 것은 한 가지 단순한 신조 때문이었다. 그는 조종사들에게 어떤 적기보다 기동성이 우수한 전투기를 제공하고 싶었다. 그는 기술이나 "한 가지" 수치 해법에만 집착하지 않았다. 예를 들어, 그는 F-X가 특정한 최고 속도나 특정한 선회 능력을 가져야 한다고 말하지 않았다. 그는 목이 꺾일 정도로 가속을 하려면 추력중량비가 높아야 한다는 것을 알았다. 그리고 사격 가능 범위로 빠르게 기동해 들어가려면 주날개가 커야 한다는 것을 알았다. 교전을 중지하고 적기로부터 멀리 떨어진 다음 유리한 상태에서 다시 전투에 복귀하려면, 에너지를 가져야 했다. 적의 영공 깊숙이 침투해서 오랫동안 선회전을 지속할 수 있는 연료가 있어야 했다. 하지만 이러한 모든 기준들은 애매모호했다. 보이드가 특정한 기술적 해결책을 가장 명확하게 밝힌 경우는 항공기가 3만 피트 고도에서 "빌어먹을 양말이 흘러내릴"[179] 정도로 G를 당겨야

---

179 전투기동을 할 때는 주로 관성력이 조종사의 머리에서 발 쪽을 향해 작용하기 때문에 양말이 흘러내릴 정도의 힘이라고 비유한 것이다. 높은 관성력이 작용한다는 것, 즉 높은 G를 당긴다는 것은 그만큼 급격한 기동을 할 수 있다는 의미다.

한다고 말한 것이었다.

보이드는 모든 단계에서 반대에 부딪혔다. 그는 중량을 줄이기 위해 계속 항공기에서 무언가를 없앴다. 구체적인 수치를 정하지는 않았지만, 그는 F-X의 중량이 3만 5,000파운드 이하가 되기를 원했다. 보이드가 매일같이 F-X에서 무언가를 없애기 위해 일한 반면, 공군의 다른 모든 사람, 즉 화기관제장치[180] 담당, 미사일 담당, 전자전 담당은 무언가를 추가하기를 원하는 것처럼 보였다. 정비 담당은 심지어 F-X에 정비 사다리를 내장해야 한다고 주장했다. F-X가 정비 사다리가 없는 전방 지역에서 운용될지도 모른다는 것이 그 이유였다.

"그들에게 빌어먹을 과일상자를 가져다 놓고 밟고 올라가라고 하세요." 보이드는 성장 인자growth factor[181]라는 용어로 그것을 설명하는 데 애를 먹자, 화를 내며 이렇게 내뱉었다. 항공기에 무게가 20파운드인 정비 사다리를 다는 경우, 20파운드 늘어나는 것만으로 끝나지 않고 그 무게로 인해 성능이 저하된다. 따라서 성능을 동일하게 유지하기 위해서 수십 가지 세세한 장치를 더 추가해야 해서 결국 중량이 20파운드가 아니라 200파운드까지 늘어날 수도 있다.

보이드는 F-X에 소형 레이더를 탑재하기를 원했다. 그러나 전자장비 담당자들은 40노티컬마일(74킬로미터) 거리에서 미그기를 포착하고 추적할 수 있는 레이더를 원했는데, 이는 곧 항공기에 거대한 레이더 안테나 접시를 탑재해야 한다는 뜻이었다. 레이더 안테나 접시의 크기는 동체의 크기를 좌우하고 F-X의 크기를 좌우했다. 또한 라이트-팻의 구조 공학자들은 주날개를 더 강하게 만들기를 원했는데, 이는 중량 증가를 의미했다. 전술공군사령부는 더 많은 연료와 마하 3의 최고 속력을 요구하고

---

180 화기관제장치: 무기를 발사하기 위해 조준점 등의 사격 제원을 계산하고 표시해주는 기능을 하는 장치.

181 여기서는 작은 구성요소 하나만 추가해도 부수적인 설계 변경이 필요해서 그 여파가 배가된다는 의미로 쓰였다.

있었다. 공군이 착함용 테일 후크tail hook[182]를 달고 있는 해군의 F-4를 운용하고 있었기 때문에, F-X가 놀라운 단거리 착륙 성능을 가지더라도 테일 후크는 있어야 한다고 결정되었다. 보이드는 F-X에 기총을 내장해야 한다고 주장한 반면, 라이트-팻의 전자장비 전문가들은 미사일만을 원했다. 보이드의 초기 설계 연구는 가변익 항공기가 어느 정도 항공역학적 이점은 있지만 가변익 설계에서는 중량과 항력 증가가 불가피하기 때문에 얻는 것보다 잃는 것이 더 많다는 것을 보여주었다. 하지만 공군은 여전히 무거운 가변익 설계를 고집했다.

보이드는 1,000마리의 오리에게 쪼여서 죽을 지경이었다. 그는 그가 "스마트 주스smart juice"라고 부른 블랙커피를 하루에 열 잔 정도 마셨다. 더치 마스터 시가는 10개비 이상 피웠다. 그는 매일 몇 번씩 중앙 홀로 성큼성큼 내려가 초코바를 수십 개 샀다. 그는 오전 11시나 정오경에 대개 군인답지 않게 단정치 못한 모습으로 출근했다. 그의 상관은 몇 번 이렇게 말했다. "존, 머리를 자르지 않으려면 내 앞에서 꺼지게." 한번은 그가 이렇게 덧붙였다. "하는 김에 구두도 닦고 옷도 다려." 그는 보이드에게 정규 근무시간에 근무하라고 말할 생각도 했지만, 보이드가 새벽 3시나 4시까지 자기 자리에 남아 있다는 것을 알고 있었다. 그는 일주일에 몇 번씩 밤에 보이드가 전화를 걸어서 자신이 도출한 새로운 방정식에 대해 얘기하며 기뻐하거나 그가 해결한 설계 문제에 관해 큰 소리로 말했기 때문에 이를 잘 알고 있었다.

당시 보이드를 알고 지내던 한 사람은 그가 마치 수신은 안 되고 송신만 할 수 있도록 버튼이 고정된 무전기 같았다고 말했다. "오늘 보이드는 송신 중"이라는 멘트는 그를 찾아온 방문객들에게 경고 문구가 되었다.

방산업계는 몇 년 동안 공군의 신형 항공기에 관한 예비 설계 작업에

---

182 테일 후크: 항공모함 갑판에 있는 케이블에 걸어서 착함하는 항공기를 멈추게 하는 갈고리 장치.

참여해왔다. 이제는 설계 과정의 속도가 빨라졌고 공군이 큰돈을 좌우할 결정에 다가가고 있음을 방산업계가 깨달으면서, 미국의 가장 큰 방위산 업체 대표들이 보이드의 사무실로 모이기 시작했다.

F-111 프로젝트 책임자이며 에글린에서 보이드를 만난 적이 있는 해 리 힐레이커가 처음 온 사람 중 하나였다. 힐레이커와 보이드는 연락을 취해왔고 전투기에 대한 그들의 믿음에 공통점이 많다는 것을 발견했다. 두 사람은 같이 일하기를 원했다. 제너럴 다이내믹스 직원인 힐레이커로 서는 회사가 F-111에 관한 나쁜 보도로 휘청거리면서 그것을 만회할 방 법을 찾는 중이라는 상황이 새 항공기 프로젝트에 참여할 또 다른 동기 가 되었다. 하지만 제너럴 다이내믹스는 민첩하고 재빠르게 대응하지 못 했고, 설계에 충분한 투자를 하지 않았기 때문에 곧 경쟁에서 밀려났다. 결국 그들은 또 다른 기회를 얻게 된다.

방산업체 사람들은 펜타곤과 친밀한 관계였다. 그들은 하원과 상원 의 원, 내각과 행정부의 관료, 고위급 장성들과 친분이 있었다. 하지만 군의 특성상 방산업체 사람들이 어떤 일을 성사시키려면 보통 중령이나 대령 계급인 젊은 프로젝트 담당 장교들을 거쳐야 했다. 방산업체 사람들은 워 싱턴의 비싼 식당에 그들을 데리고 가서 랍스터, 스테이크, 와인을 주문 하고 계산을 하면서 그들의 환심을 사는 데 선수였다. 방산업체 사람들은 힘이 있었다. 그리고 그들은 이번에는 젊은 소령 존 보이드에게 쉽게 영 향력을 행사할 수 있으리라 생각했다.

방산업체 사람들이 보이드의 브리핑룸에 들어왔을 때, 그는 스마트 주 스를 잔뜩 마시고 더치 마스터 시가를 피우고 있었다. 그는 작은 단상에 서서 그들을 바라보며 에너지-기동성 이론이라는 새로운 복음을 전파했 다. 그들이 그것을 이해하고 약속의 땅에 대한 비전을 갖게 된다면 고음 의 나팔 소리와 같은 보이드의 웃음소리를 복도 저 멀리에서도 들을 수 있었다. 그러나 그들이 그것을 이해하지 못하거나, 더 나쁜 경우 그의 비 전을 무시하고 주제넘게 그에게 이상적인 전투기는 어때야 한다(보통 자기들 회사의 기존 항공기 중 하나를 개조한 형태를 제시하면서)고 말한다면, 그는 꽉 쥔 주먹을 허공에서 위아래로 흔들고 고개를 저으며 경멸조로 말했다. "자위행위를 하고 있네. 아주 그냥 자위행위를 하고 있어요."

방산업체 사람들이 보이드의 기술적 요구사항 일부를 충족할 수 없거나 그 전투기가 보이드가 원하는 것을 할 수 없을 것이라고 말하면 그는 그 말을 들으며 손을 물어뜯으면서 눈도 깜짝하지 않고 그들을 응시했다. 그렇게 방산업체 사람들의 말을 충분히 듣고 난 다음 그는 손 물어뜯기를 멈추고 피부조각을 뱉고는 방산업체 사람들의 가슴에 주먹을 뻗으면서 분노를 표출했다. 그는 "당신은 신이 만드신 것 중 가장 멍청한 개자식이요"라거나 "당신은 대체 자신이 빌어먹을 무슨 말을 하고 있는지도 모르네"라거나 "멍청한 자식. 결코 그렇게는 절대로 안 돼"라고 했다.

방산업체 사람들은 이런 식의 말을 듣는 데 익숙하지 않다. 종종 그들은 충격을 받아 잠시 어안이 벙벙한 얼굴로 그곳에 앉아 있었다. 보이드는 더 가까이 다가가서 더 크게 "내 말 알겠소?"라거나 "내 말 듣고 있소?"라고 소리쳤다.

방산업체 사람들이 사무실을 떠날 때마다 거의 매번 보이드는 돌아서서 모든 사람에게 들리도록, 때로는 방산업체 사람들이 문을 나가기도 전에 "방산업체 사람들에게서 늘 기대할 수 있는 한 가지는 그들이 당신에게 똥덩어리를 넘겨줄 거라는 거지"라고 말했다. 만일 방산업체 사람들이 자신을 속이려 한다는 의심을 들면, 그는 증거를 모았다. 그리고 대결을 준비했다. 증거를 찾으면 그는 흔히 말하는 스모킹건smoking gun[183]을 발견했다고 말하지 않았다. 그 대신 그는 자기 사무실로 걸어 들어가 팔을 크게 휘두르며 자랑스럽게 알렸다. "질질 싸는 거시기를 찾았어I have found the dripping cock."

비서들은 보이드의 말을 듣고는 울음을 터뜨렸다. 몇몇은 그만두겠다

---

183 결정적 증거라는 의미로 쓰이는 관용적 표현.

고 위협했다. 장군들이 보이드의 말투에 불만을 표하자, 그는 무례하게 말할 의도는 아니라고 말했다. "전 그저 멍청한 전투기 조종사입니다. 철이 덜 들었습니다. 고등학교 때 IQ 검사를 했는데 90이라고 나왔습니다." 몇 달 동안 보이드는 장군과 의회 의원들에게 브리핑하는 것이 금지되었다. 하지만 공군은 F-X를 가져야 했고 다른 누구도 보이드만큼 설득력 있게 복음을 전파할 수 없었다. 그래서 그는 곧 돌아와서 VIP들에게 브리핑을 했다. 그러나 그의 말투는 그대로였다.

보이드는 인내심이 부족해서 빨리 설계가 확정되고 항공기가 생산되어 하늘을 나는 모습을 보기를 원했다. 그는 불필요한 요구 조건과 무의미한 질문들 모두가 라이트-팻이 그의 항공기를 망치려는 음모의 일부라고 보았다. 그의 중령 진급을 막았던 것과 같은 음모 말이다.

라이트-팻은 보이드에게 지속적인 장애물이었다. F-X 설계 초기부터 지속적으로 문제가 되어온 걸림돌은 양항 곡선이었다. 양향비 곡선이라고도 하는 양항 곡선은 항공기의 받음각, 즉 기류에 상대적인 기수 각도의 함수로서 항공기의 총 항력 추산치를 나타낸다. 정확한 양항 곡선은 설계 과정에서 중요한 부분으로, 에너지-기동성 계산에 필수적이다. 항공기 설계 시 항공기가 계약업체가 말한 추력을 내지 못하고, 계약업체가 예측한 것보다 항력이 항상 큰 것은 거의 기정사실이나 다름없다. 라이트-팻은 보이드에게 새 설계를 위한 양항 곡선 모음을 보냈는데, 그것은 믿기지 않을 만큼 너무 좋아 보였다. 보이드는 라이트-팻의 공학자들에게 전화를 걸어 그들의 추산에 의문을 제기하기 시작했는데, 전화할 때마다 그들은 점점 더 보이드를 깔봤다. 그들은 여러 해 동안 모든 종류의 항공기의 양항 곡선을 추산해왔으나 아무도 불만을 제기하지 않았다. 그들은 보이드를 단지 양항 곡선을 이해하지 못하는 펜타곤의 일개 사무직원으로 여겼다.

결국 보이드는 회의를 요구했다. 그는 T-33 한 대를 빌려서 데이턴으로 날아갔다. 보이드가 회의실로 들어갔을 때 비행역학연구소의 회의 탁자 주위에는 일단의 중령과 대령들이 몇몇 고위급 민간인과 함께 앉아 있었다. 그는 곧장 요점을 말했다. 그는 자신이 받은 데이터가 틀렸고 이 번에는 정확한 데이터를 원한다고 말했다. 그는 한 구절 한 구절을 인용 했다. 그는 서류가방에서 라이트-팻에서 만든 양항 곡선을 꺼냈다. 그들 의 양항 곡선에는 날개가 더 작을수록 양력이 더 크다고 되어 있었다. 보 이드는 이건 말도 안 된다고 말했다. 비행역학연구소의 사람들은 실수하 지 않도록 주의를 기울여야 한다.

한 선임 대령이 보이드를 쏘아보더니 비행역학연구소의 데이터는 공 군의 복음서라는 것을 확실히 짚고 넘어갔다. 소령이 이해할 수 없더라도 비행역학연구소는 잘못이 없다는 것이었다. 악감정의 수위가 높아졌다. 중령이 싸움에 끼어들었고 그 다음엔 민간인이 나섰다.

마침내 격분한 보이드가 그의 바지 뒷주머니에서 지갑을 휙 끄집어내 더니 회의 탁자 한가운데로 던졌다. 그 지갑은 미끄러져 나가 대령 앞에 서 멈췄다. 대화가 중단되고 모두가 보이드를 바라보았다. 그는 탁자 주위 를 둘러보면서 한 사람 한 사람의 눈을 응시했다. 그러고 나서 지갑을 가 리켰다. "저기 있는 모든 게 네놈들이 거짓말쟁이 새끼들이라고 말하고 있군."

보이드가 펜타곤에 돌아오자, 한 대령이 기다리고 있었다. 그는 상 급 장교를 모욕했다고 보이드를 호되게 꾸짖었다. 그는 공군연구개발처 Research and Development for the Air Force를 맡은 장군이 매우 화가 나서 보이드 를 알래스카로 보내려고 한다고 말했다. 두 사람은 복도를 지나 장군의 사무실을 향해 급히 걸어갔다. 그는 라이트-팻에 가져갔던 서류가방을 아직 들고 있었다.

"보이드 소령, 하나만 묻겠네." 장군은 말했다. "라이트-팻의 대령에게 거짓말쟁이 새끼라고 했나?"

"예, 그렇습니다. 제가 그랬습니다."

"여기서 쫓아내겠네. 자네는 전출될 거네." 장군은 상급 장교에 대한 불손한 태도와 불복종에 관해 꾸짖기 시작했고 보이드에게 전출로 끝난다는 것이 얼마나 다행인지 말했다. 그가 말을 잠시 멈췄을 때, 보이드는 말했다. "장군님, 제가 왜 그랬는지 알고 싶으십니까?"

"아니."

"알고 싶으실 거라 생각합니다. 1분만 주십시오." 그는 서류가방을 열었다.

장군은 마지못해 양항 곡선을 보았다. "볼 줄 아십니까 장군님?"

"그래."

장군은 손가락으로 양항 곡선을 가리켰다. "여기서 말하는 건…."

"예, 거기에는 주날개가 작을수록 양력이 커진다고 되어 있습니다."

"그 뜻은….."

"그렇습니다. 주날개가 아예 없으면 양력이 가장 커진다는 뜻입니다."

장군은 전화기를 들고 라이트–팻을 호출했다. 그리고 보이드의 말에 따르면, 장군이 전화기를 들고는 "거짓말쟁이 새끼들이네"라고 중얼거렸다고 한다.

다시 한 번 보이드는 너그러운 장군의 보호를 받았다. 그리고 적의 수가 더 늘어났다.

스프레이조차도 보이드가 좀 대립적인 것 같다는 자신의 생각을 넌지시 내비쳤다. "타이거, 나는 정확한 정보를 얻어야 해." 보이드는 대답했다. "정보에 관한 한 너무 신중하다는 건 있을 수 없어. 나는 옥석을 가리기 위해 올바른 정보가 필요해. 옥석을 가릴 수 없는 정보는 소용이 없어."

설계 타협trade-off[184]은 항공기 설계의 핵심이자 생명이다. 만일 어느 공학자가 더 긴 항속거리를 원한다면, 그는 가속력이 감소하리라는 것을 알 것이다. 만일 더 빠른 속력을 원한다면 주날개가 더 작아져야 하고, 그러면 선회력이 감소할 것이다. 만일 작은 항공기를 원한다면 엔진, 주날개,

---

[184] 설계 타협: 효과가 서로 상충되는 설계 요소들을 절충해서 전체적인 균형을 잡는 것.

항속거리가 줄어들 것이다. 모든 것들을 하나의 항공기 외피 안에 넣어야 하기 때문에 설계 절제가 핵심이다. 공학자는 이것을 명심해야 한다.

보이드는 에너지-기동성 이론과 더욱 정교한 컴퓨터를 이용해서 사실상 무한대의 변수를 검토할 수 있었다. 그의 설계 타협은 이전에 이루어진 것들보다 수십 배 복잡했다. 그는 수천 가지의 설계를 검토하고 있었다. 한 가지 성능 영역을 약간만 바꿔도 설계 범위 전체에 영향을 미쳤다.

에너지-기동성 이론과 컴퓨터를 이용한 보이드의 설계 타협은 항공기 설계 및 항공 역사에서 하나의 전환점이 되었다. 그는 제안된 전투기의 전체 기동성 범위를 연구했는데, 그러한 작업은 이전에는 결코 이루어진 적이 없었다. 스프레이는 그 모든 단계에 참여했다. 그는 곧 보이드에게 배운 모든 것을 실행에 옮길 기회를 얻게 된다.

온갖 장애물을 뚫고 중령으로 진급하다

보이드의 첫 펜타곤 근무평정은 1966년 9월 8일부터 1967년 6월 9일까지의 기간을 다뤘다. 검토 장교와 배서 장교 사이에 이 정도로 의견이 일치하지 않는 근무평정은 드물었다. 앞면에 근무평정을 쓴 대령은 보이드에게 4개 부문에서 최고 등급 미만의 평점을 주었다. 이 대령은 보이드 소령이 F-X 프로그램의 과학 및 연구에 기여한 바를 언급하면서 "만약 보이드 소령의 기술적 능력만을 평가한다면 최고 등급일 것임"이라고 말했다. 이 말은 칭찬처럼 들린다. 하지만 진급 검토 대상인 소령의 근무평정은 기술적 능력을 언급해서는 안 된다. 그보다는 부하들을 이끌고 그들로부터 최대한의 업무 성과를 이끌어내고, 더 높은 계급과 더 큰 책임을 맡을 수 있는 잠재력을 보여주는 능력을 언급해야 한다. 소령의 기술적 능력을 이야기하는 것은 진급심사위원회에 이 장교가 더는 승진할 자격이 없다고 알리는 것이나 다름없다. 배서를 한 대령은 이렇게 말하면서 끝마쳤다. "보이드 소령은 매우 독선적이고 때로 논쟁적인 경향이 있음."

이는 보이드의 경력을 끝장낼 수도 있는 비판적인 근무평정이다. 하지만 또다시 상급자가 보이드를 구원해주러 왔다. 이 장교는 추가 배서를 통해 보이드가 독선적이고 논쟁적인 것이 아니라 새로운 첨단 전투기를 옹호하고 있고, 많은 설계와 시스템들이 있는데 보이드가 원하는 것은 대체로 옳다고 언급했다. "그는 이 분야의 권위자로 스스로 자리매김했고, 이 분야에서 그의 평가 장교들보다 더 박식하고 정통함." 소장의 또 다른 추가 배서가 대령의 추가 배서에 무게를 더 실어주었다. 그 소장은 보이드가 "촉망되는 장교이고, 아주 의욕적이며, 어떤 임무에도 최선의 노력을 하는 사람"이라고 하면서 덧붙여 보이드를 "…중령으로 즉시 진급시켜야 함"이라고 말했다.

보이드는 중령으로 특차 진급을 못 한 것에 여전히 기분이 상해 있었다. 그는 때때로 대화 중에 특이한 방식으로 그 주제를 꺼냈다. 1967년 여름에 그는 유럽과 태평양으로 가서 최고 사령관들에게 F-X에 관해 브리핑을 했다. 유럽에서 보이드가 어느 4성 장군에게 한 차례 브리핑하는 동안 그 장군은 이 새로운 항공기에 적응하기 위해 얼마나 철저한 조종사 훈련이 필요할지 골똘히 생각했다. 그 후 장군은 자신이 지휘하는 전투기 조종사들의 안전 기록을 자랑하며 몇 년 동안 어떻게 훈련 중 사고가 나지 않았는지 말했다.

"장군님, 사고가 없다면 장군님의 훈련 프로그램은 제대로 된 게 아닙니다"라고 보이드는 말했다. 그는 장군에게 넬리스에 관해, 그리고 훈련이 얼마나 실전처럼 실시되었는지, 그리고 그 결과 어떻게 한국에서 10 대 1의 격추교환비를 얻었는지 말했다. "젠장, 장군님, 사고를 더 많이 겪으셔야 합니다." 그는 말했다. "조종사들이 좀 죽어야 됩니다."

장군은 훈련 사고가 그의 경력에 어떤 영향을 미칠지 섬뜩해하면서 보이드를 노려보았다. 장군은 보이드가 반항적으로 덤비고 있을 뿐만 아니라 위험하고 무책임한 발상을 하고 있다고 분명히 언급하며 보이드에게 징계 처분을 시사했다.

"무엇을 하실 수 있다는 건지 모르겠습니다, 장군님," 보이드는 말했다. "저는 그저 장군님 말씀에 대답했을 뿐입니다."

"진급심사위원회에 영향을 미칠 수 있어." 장군은 말했다. "저는 이미 진급 누락되었습니다." 보이드는 말했다.

하지만 그는 그 직후 중령으로 진급했다.

볼로 작전을 성공으로 이끈 보이드의 아웃사이드 롤 기동

베트남에서 전쟁 중인 미 공군에게 최악의 해였던 1967년은 큰 전환점이 된 해이기도 했다. 당시 가장 강경한 공군 장군조차도 결국 공산군이 미국이 하늘에 띄운 어떤 전투기보다 더 우수한 전투기를 만들 수 있다는 것을 알게 되었다. 보이드가 여러 해 동안 말한 바와 같이 공군에 진정한 공대공 전투기가 없다는 것을 실감하게 되었던 것이다. 흔히들 실전이 전투기에 대한 궁극적이고 가장 잔인한 평가의 시간이라고 말한다. 베트남전이 그랬다.

오랫동안 자랑해온 한국에서의 10 대 1 격추교환비는 북베트남에서는 거의 동등한 수준으로 떨어졌고, 한때는 북베트남이 더 우세하기도 했다. 마침내 전쟁이 끝났을 때 미 공군 조종사 중에서는 에이스가 한 명뿐이었고, 북베트남에서는 에이스가 16명이었다.

미 공군에게 1967년은 아주 암울한 해였지만, 넬리스의 전투기무기학교에서 보이드의 학생이었던 두 사람이 미국이 우수한 항공기는 보유하고 있지 않을지 몰라도 우수한 조종사는 보유하고 있음을 입증한 해이기도 했다.

나이 든 전투기 조종사들이 모여 그들의 영광스러운 시절의 이야기를 들려줄 때면 그들은 가끔 누가 기계적인 결함을 알리고 임무를 중단시켰는지, 누가 그 대단한 임무를 이끌었는지 기억하지 못하는가 하면, 실제로 윙맨이었던 자신을 건파이터로 둔갑시키기도 한다. 하지만 모든 전쟁에는 대부분의 사람이 다른 분야에서 달성할 수 있는 정도를 훨씬 뛰어넘는 큰 공적을 세우는 인물들이 있다. 대부분의 조종사에게는 그런 사람들과 함께 비행하는 것만으로도 아주 큰 영광이다. 이 사람들이 맡은 특정 임무에서 수행한 모든 기동과 세부사항은 널리 회자되고, 신참 조종사들에게 교육되고, 전투기 조종사가 달성할 수 있는 최고봉으로 계속 기억된다.

전투기무기학교에서 보이드의 학생이었던 두 사람, 에버렛 "라즈" 라즈베리와 론 캐튼은 1967년의 공중전 역사에 자신의 이름을 크게 새겼다. 두 사람은 서로 다른 이유로 전투기 조종사들 사이에서 전설이 되었다. 옛날 전투기 조종사들이 창공에서 전투를 벌이기 위해 제트 전투기를 타던 옛날 이야기를 말하고 또 말하기 위해 모이는 한, 그들은 라즈와 캐튼이 그해에 한 일을 이야기할 것이다.

전투기 조종사들이 일반적으로 그렇듯 라즈와 캐튼은 1967년에 일어난 일들을 거의 이야기하지 않는다. 그들이 아주 드물게 그때 일을 말할 때면 항상 보이드가 그때 일어난 일에 어떤 영향을 미쳤는지 이야기한다. 라즈가 먼저 업적을 세웠다. 그는 베트남전에서 미 공군의 가장 기념비적인 작전인 볼로 작전Operation Bolo이 실시된 1967년 1월 2일을 영광의 날로 만드는 데 일조했다.

당시 북베트남 공군은 F-105 조종사 대열을 산산조각 내고 있었다. 너무 많은 F-105가 하노이Hanoi 인근의 한 산맥을 따라 격추되어서 조종사들은 그곳을 "서드 릿지Thud Ridge"라고 불렀다. 북베트남 공군은 서드Thud들이 비행하는 공중 급유 회랑, 전자 신호, 무선 주파수, 서드 조종사 특유의 교신 표현을 알고 있었다. 그들은 무엇보다도 서드가 무장을 잔뜩 싣고 표적에 다가갈 때 얼마나 취약한지 잘 알고 있었다. 그러나 서드들은 반복해서 폭탄을 실은 채 둔하고 느리게 북베트남 상공으로 날아오른 뒤에야 그곳에서 미그기가 그들을 기다리고 있다는 것을 알아차렸다.

태국 우본Ubon에 주둔하고 있던 제8전술전투비행단 "울프팩Wolfpack"의 지휘관인 전설적인 로빈 올즈Robin Olds는 F-105의 손실률에 점점 지쳐서 볼로 작전 계획을 내놓았다. 볼로 작전 계획은 대부분의 훌륭한 전투 계획과 마찬가지로 아주 단순했다. 그의 F-4들이 F-105인 것처럼 위장하는 것이었다. 그들의 목표는 북베트남의 푹옌Phuc Yen 공군기지였다. 푹옌 공군기지로 가려면 방공포Anti Aircraft Artillery, AAA, 미사일, 적 전투기가 세계에서 가장 치명적으로 밀집되어 있는 악명 높은 루트 팩 VIRoute Pack VI 작전 공역을 거쳐야만 했다. 그들은 서드가 비행한 것과 같은 공중 급유 경로를 비행하고, 서드 조종사의 무선 주파수, 자동차 이름을 사용한 호출 부호, 그리고 서드 조종사들만의 특수 용어를 사용할 예정이었다. 그들은 F-4 팬텀에 전자방해책 포드electronic countermeasure pods를 장착해서 서드와 같은 전자 신호를 발산할 수 있도록 했다. 그리고 만일 전쟁의 신이 그들에게 미소 짓는다면 미그기 조종사들이 기다리고 있을 것이다. 하지만 미그기 조종사들은 탈출을 시도하려고 버둥거리는 F-105를 발견하는 대신 보복을 갈망하는 팬텀 조종사들과 맞부딪치게 될 것이다.

이는 대담한 계획이었다. 그리고 위험하기도 했다. 기습 요소를 제외하면 대부분의 이점이 미그기 쪽에 있는 것처럼 보였는데, 미그기는 매우 민첩해서 선회전에서 F-4를 점심거리로 해치울 수 있었다. 미그기 조종사들은 여러 해 동안 싸워 경험이 풍부했으며, 순환 근무를 하는 미 공군 조종사들처럼 100회 임무를 마친다고 해서 귀향하지 않았다. 게다가 베트남에 배치된 미 공군 조종사 대부분은 적 폭격기를 요격하고 핵무기를 투하하는 전략공군사령부의 교리에 따라 훈련을 받았다. 그들의 쥐 꼬리 잡기 기술은 부족한 점이 많았다. 설상가상으로, 수송기 조종사와 전략공군사령부 조종사들이 100회 임무를 비행해서 참전용사 칭호를 얻고 금의환향하기 위해 베트남에 배치되고 있었다. 심지어 전투기 비행 시간도 얼마 되지 않는 조종사들이 베트남에 오는 경우가 많았다.

라즈는 제555전투비행대대 "트리플 니켈Triple Nickel" 소속이었다. 그는 전투기무기학교를 수료했기 때문에 비행단 전체 조종사들에게 전술을 가르치고 훈련시키는 역할을 맡았다. F-4C에는 기총이 없었고 미사일은 사실상 쓸모가 없었다. 실제로 베트남에서 쓰인 모든 전술무기 중에서 공대공 미사일이 가장 실망스러운 무기 중 하나였다. 스패로 미사일은 성능이 너무 떨어졌기 때문에 항공기 중량을 늘리는 것 외에 별다른 의미가 없다고 여겨졌다. 그래서 조종사가 모기지를 떠나자마자 스패로 미사일을 허공에 쏴서 날려버리는 일이 한두 번이 아니었다. 그리고 AIM-9은 미사일 발사 가능 범위가 플러스 2G에서 마이너스 1G 이내로 좁았기 때문에 선회전에서 쓸모가 없었다.

라즈에게 중책이 부여되었다. 볼로 작전의 성공은 대부분 그에게 달려 있었다. 당시 그는 존 보이드가 전투기무기학교에서 가르친 기동을 기억하고 있었다. 그가 보이드에게서 배울 당시 너무 단순해서 놀란 적이 있던 그 기동은 전술적으로 유리한 위치를 차지하기 위해 바깥쪽으로 롤을 하는 것이었다. 이는 전투기 조종사들이 일반적으로 공중전에 관해 알고 있는 모든 지식과 달랐지만, 조종사가 좁은 미사일 발사 가능 범위 안에서 적기의 6시 방향에 딱 맞게 위치할 수 있는 기동이었다. 라즈는 비행단의 조종사 60명 이상에게 미리 이 기동을 자세하게 설명했다. 그리고 그는 조종사들에게 북쪽으로 가는 모든 임무가 끝난 후 우본으로 돌아오는 길에 그 기동을 연습하라고 했다. 그들은 몇 번이고 연습했다.

그리고 1월 2일이 왔다.

라즈가 포드Ford 편대를 이끌 예정이었다. 하지만 전날 밤에 비행단 부단장 채피 제임스Chappie James가 그에게 와서 말했다. "라즈, 좋은 소식도 있고 나쁜 소식도 있네. 나쁜 소식은 내가 포드 편대 지휘를 넘겨받는다는 거야. 좋은 소식은 자네가 내 윙맨으로 비행할 거라는 거고."

"아, 젠장." 라즈는 생각했다.

라즈는 북베트남 상공에서 여러 번 비행을 했었다. 하지만 비행단 부단장 채피 제임스는 루트 팩 VI 작전 공역으로 갈 때마다 기계적인 문제 때문인지 기지로 되돌아오곤 했었다.

라즈는 이륙해서 항공기에 탑재된 미사일 8발을 확인했다. 7발에 고장 표시가 들어왔다. 1발만이 작동해서 그것을 쏘기로 했다. 포드 편대는 F-105가 비행하던 1만 7,000피트 고도에서 루트 팩 VI에 진입했는데, 공교롭게도 이 고도에서 F-4는 에너지가 높았다. 편대가 흑강^{Black River} 상공을 날자, 편대장은 무전기로 "녹색 켜^{Green 'em up}"라고 말했다. 이는 서드 편대장이 편대원들에게 스위치를 폭탄 투하 위치로 놓으라는 명령이었다.

북베트남 레이더 운용사들은 그들을 관측하고 무전 내용을 들었다. 미그기들은 푹옌으로 향하는 모든 항공기의 6시 방향으로 향하라는 지시를 받았다. 채피 제임스는 호출 부호가 포드 1이었고, 라즈는 포드 2였다. 포드 3과 포드 4는 오른쪽으로 꽤 멀리 몇 마일 밖에 있었다. 라즈가 제임스를 공격하기 위해 기동하는 미그기를 발견했을 때는 라즈와 채피 제임스 둘 뿐이었다.

"포드 리드^{Ford lead}, 브레이크 라이트^{break right}.¹⁸⁵" 라즈는 무전을 보냈다. 채피 제임스는 계속 그대로 비행했다.

미그기가 거의 위치를 잡았다.

채피 제임스는 자신의 호출 부호를 잊은 것 같았다. "채피, 브레이크 라이트!"

채피 제임스는 날개를 수평으로 한 채 계속 그대로 비행했다.

라즈는 윙맨들이 훈련받은 대로 그의 리더를 보호했다. 그는 제임스와 미그기 사이로 들어가서 교전 허가를 받기 위해 날개끝을 흔들고 교전에 들어갔다. 미그기 조종사도 똑같이 교전에 들어갔다. 라즈와 미그기 조종사는 서로 캐노피를 맞댄 채 높은 G를 당기고, 나선 강하^{spiraling down}를 하고, 다시 올라오고, 상대의 6시 방향에 위치하기 위해 기동했다. 미그기 조종사는 훌륭했지만, 라즈베리 롤을 고안한 사람과 쥐 꼬리 잡기를 하고 있었고, 결코 기회를 잡지 못했다. 라즈는 우위를 점했다. 미그기 조종사는 라즈에게서 벗어나려고 높은 G를 당겼다. 라즈는 바깥쪽으로 롤을 해

---

185 브레이크 라이트: 오른쪽으로 급선회해서 회피기동을 하라는 의미.

서 미그기의 6시 방향으로 내려왔다. 미그기는 선회 방향을 반대로 바꿨는데, 그것은 치명적인 실수였다. 라즈는 G를 낮추고 미사일의 강한 음향 신호[186]를 확인하고, 발사 버튼을 눌렀다. 미사일이 장착 레일을 떠날 때 햇빛이 미그기의 조종석에서 반짝였고 미사일은 그 빛을 향해 똑바로 나아갔다. 미사일은 미그기 조종석에 명중해 폭발했고 이것이 라즈의 첫 미그기 격추였다.

울프팩 비행단 조종사들은 그날 미그기를 7대 격추했고, 추정 격추도 2대 있었다. (미그기는 구름 속으로 사라졌으나 미사일은 확실하고 정확하게 미그기를 따라갔다.) 1967년 1월 2일은 베트남전에서 미 공군 최고의 날이었다. 볼로 작전은 역사의 한 페이지를 장식했다. 하지만 라즈가 기억하고 있는 것은 그날 격추된 미그기 7대 중 6대가 교전의 어느 시점에 미 공군 조종사들이 보이드가 가르친 대로 아웃사이드 롤^{outside roll} 기동대로 바깥쪽으로 롤을 해서 거둔 쾌거였다는 것이다. 라즈는 보이드가 마치 그 임무를 직접 이끌기라도 한 것처럼 보이드가 위대한 승리의 아버지라고 말한다.

한편 펜타곤 사무실에서 베트남에서 벌어지고 있는 공중전들을 예의 주시하고 있던 보이드는 크게 기뻐했다. 청사 내의 전투기 조종사들은 교전의 세부사항을 빠르게 전해 듣고는 아웃사이드 롤 기동에 대해 놀랐다. 보이드는 복도를 어슬렁거리면서 모든 사람에게 이렇게 말했다. "라즈는 뛰어난 전투기 조종사예요. 전투기무기학교에서 제 최고 학생 중 하나였죠. 저하고 에너지-기동성 이론 브리핑을 같이하곤 했습니다."

몇 달 뒤 라즈는 서드 릿지 부근에서 놀라울 정도의 저고도 추격전을 벌이면서 한 미그기의 6시 위치를 확실히 점유했다. 미그기는 300피트

---

186 단거리 열추적 미사일인 사이드와인더는 미사일이 표적을 탐색 중일 때는 낮은 톤의 윙윙하는 소리가 조종사에게 들리다가, 유도를 위한 조준 고정이 되면 윙윙 소리가 더 높은 톤으로 바뀐다. 조종사는 이 소리를 듣고 미사일이 제대로 조준되었는지를 알 수 있다.

고도에 있었고 라즈는 미그기보다 밑에서 AIM-7을 발사해 배기구에 명중시켜 미그기를 격추했다. 이 격추로 라즈는 북베트남에서 벌어진 오랜 항공전에서 가장 낮은 고도에서 미사일을 쏴 적기를 격추한 공군 조종사로 기록되었다.

보이드는 에이스가 되는 꿈을 포기해서인지 과거 자신의 학생조종사들의 공적에 대리만족을 느꼈다. "그래, 라즈는 중국 국경에서 멀지 않은 곳까지 갔어." 그는 자신의 사무실의 사람들에게 말했다. "한국에서 우리가 그랬던 것처럼 우리 애들도 국경을 몰래 넘나들고 있는 게 틀림없어." 보이드는 자랑스러워하며 활짝 웃었다. "만일 그 미그기가 겨우 300피트 고도에 있었다면, 라즈는 그보다 훨씬 더 낮은 고도에서 잡초들을 스치면서 미사일을 발사했을 거야." 그는 잠시 멈췄다. "망할 F-4는 해군 항공기야. 전투기가 아니라고. 걔들이 똥덩어리를 던져줬는데도 우리는 어떻게 해서든 이겨."

한 번의 실수로 펜타곤으로 가게 된 론 캐튼

론 캐튼은 볼로 작전 몇 주 뒤에 우본에 왔다. 그는 제433전술전투비행대대 "사탄스 엔젤스Satan's Angels"의 편대장이었다. 그는 곧 루트 팩 VI에서 55회 임무 비행 기록을 세웠는데, 당시 한 순환근무지에서 다른 어떤 공군 조종사들보다 많은 횟수를 비행한 것이었다. 통상 한 조종사가 일단 90회를 비행하면 다른 순환근무지로 배속되기 전 마지막 10회는 루트 패키지Route Package 남쪽의 비교적 안전한 곳에서 비행한다. 하지만 캐튼은 비행하고 싸우러 이곳에 왔다.

한번은 캐튼이 라오스에서 일상적인 폭격 임무를 맡은 F-4 4기 편대를 이끌고 비행하고 있었다. 한 전방항공통제관[187]이 거대한 적 부대 훈련

---

187 전방항공통제관: 폭격을 맡은 항공기를 표적으로 유도해주는 역할을 한다.

장으로 보이는 곳을 발견했다는 무전을 보냈다. 캐튼의 편대는 임무를 전환해서 그곳을 폭격하러 갔다. 캐튼이 목표 상공에 도착하자 57mm 대공포의 장막이 하늘을 사실상 뒤덮다시피 했는데, 이는 라오스에서는 보기 드문 일로, 전방항공통제관이 자신이 발견한 것을 정확하게 평가했다는 의미였다.

미 공군은 북베트남과 라오스의 강력한 방어 지역에 대한 조종사의 대처 방법에 관해 명확한 방침을 갖고 있었다. 그들은 7,500피트 이하로 강하해서 한 차례 폭탄을 떨어뜨린 후 재빨리 그곳을 떠나야 했다. 공군은 이를 "투하 후 신속 이탈shoot and scoot"라고 불렀다. 조종사들은 이를 "한판 뜨고 빨리 뜨기One pass, haul ass"라고 했다. 그날 캐튼은 이 방침을 바꿨다. 그는 여러 차례의 저고도 공격을 명령했다. 그의 편대는 너무 낮게 날아서 모든 조종사가 대공포뿐만 아니라 지상화기의 사격을 받았다. 마치 벌집을 쑤셔놓은 것 같았다. 캐튼과 편대원들은 목표 상공에서 왜건 휠wagon wheel[188] 대형으로 체공했다. 각 F-4는 거의 루트 팩 VI에서만큼 맹렬한 방공무기체계를 뚫고 여러 차례 목표 상공을 통과했다. 그리고 각자 폭탄 투하를 위해 750파운드 폭탄 두 발이 떨어지도록 스위치를 세팅한 채 한 대씩 롤 기동을 한 후 폭탄을 투하했다. 캐튼의 편대가 떠날 때 목표에는 연기가 피어오르고 있었다.

다음날 한 특수부대 팀이 전투피해를 평가하기 위해 그곳에 갔다. 그들은 900명 이상의 적병이 죽었다고 추산했다. 몇 년 전 노스 라스베이거스의 경찰서 바닥에 토하고 전투기무기학교에서 거의 쫓겨날 뻔했던 유명한 그 조종사는 진가를 다시 한 번 증명했다. 론 캐튼 소령은 그날의 공적으로 은성훈장Silver Star을 받았다.

캐튼은 공군의 총아 중 한 명이었다. 전투기무기학교 성적과 선더버즈 근무 중 그의 기록은 탁월했다. 게다가 금상첨화로 큰 전투 훈장까지 받

---

[188] 표적 상공에서 원형으로 선회하면서 차례대로 폭격을 실시하는 패턴.

았다. 캐튼은 장군을 향한 성공 가도를 달리고 있었다. 베트남 근무가 끝나갈 때쯤 그는 루트 팩 VI에서 최다 출격 횟수를 기록함으로써 또 한 번 은성훈장 수훈자로 지명되었다. 그는 6회 더 출격하면 전투기무기학교의 교관 조종사로 재배치될 예정이었고, 그의 전투 경험은 학생조종사들에게 매우 유용할 것이다. 94회 출격하던 날 그는 루트 팩 VI에서 한 전투기 부대를 이끌었다. 그의 역할은 서드들을 보호하는 것이었다. 미그기들이 여러 지점에서 올라와서 공격편대군strike package[189]을 위협했다. 속임수임을 인지한 캐튼은 서드들에게서 벗어나 적기를 쫓아가고픈 유혹을 물리쳤다. 그는 적의 실제 공격 목표를 인지하고 그의 F-4들을 그쪽으로 전개시켰다. 전투의 대가大家가 조종사와 항공기를 노련하게 지휘한 것이었다. 그날 모든 서드가 표적에 폭탄을 투하했다. 그리고 모든 서드가 기지로 무사히 귀환했다. 캐튼과 그의 대원들에게 위대하고 영예로운 날이었다. 기지로 귀환한 캐튼은 편대 빅토리 롤victory roll[190]로 이를 축하하기로 했다. 그러던 중 F-4 2대가 충돌했고, 승무원들은 비상탈출했다.

일반적으로 전투 지휘관이 항공기를 그런 식으로 잃으면 군법회의에 회부된다. 이 일이 있기 전 캐튼은 며칠 동안 출격을 하지 않았는데, 그 사이에 지휘관이 빅토리 롤을 금지하는 새 규정을 발표했다. 그런데 부대 주임원사가 그 새 규정을 캐튼의 대대 게시판에 게시하지 않았고, 그 사실이 밝혀져 캐튼은 군법회의에 회부되지 않았다. 하지만 공군은 캐튼의 두 번째 은성훈장을 취소했고, 소중한 넬리스 배치도 취소했다. F-4 2대를 잃은 기록은 학생조종사들에게 나쁜 선례였다. 캐튼은 펜타곤으로 가라는 명령을 받았는데, 그곳에서는 냉정하고 책임감 있는 고위 장교들이 그를 예의 주시할 게 틀림없었다.

---

189 공격편대군: 하나의 공격 임무를 위해 여러 개의 비행편대가 모여 더 큰 집단을 이룬 것.

190 빅토리 롤: 기지로 귀환해서 활주로 상공에서 성공적인 임무를 축하하는 의미로 롤 기동을 하는 것을 말함.

그는 1967년 12월에 전입 신고를 했다. 그가 인사처로 들어섰을 때, 그곳에서 수십 년간 일한 나이 든 민간인 여성이 그에게 미소 지으며 말했다. "당신이 론 캐튼 소령인가요? 무척 만나고 싶었어요." 캐튼은 어리둥절해하며 그녀를 쳐다보았다.

"제가 여기 있는 동안 관심인원명부control roster에 오른 장교가 전입하는 걸 본 적이 없어요."

"관심인원명부"는 군이 문제가 있는 장병을 관리하는 한 가지 방법이었다. 이는 캐튼이 다음 해 진급대상자가 될 수 없고 근무평정을 더 자주 받게 되리라는 것을 의미했다. 누군가가 항상 그를 뒤에서 지켜보고 있을 것이다. 그는 보이드에게 전화했고 두 사람은 어느 카페에서 만났다. 보이드는 몇 주 전에 마침내 중령으로 진급했기 때문에 특히 자랑스러워하고 있었다. 반짝이는 은색 떡갈잎 중령 계급장이 그의 옷깃에 달려 있었다.

캐튼은 보이드의 진급을 축하한 뒤 이렇게 말했다. "중령님, 저한테 문제가 있습니다."

보이드는 캐튼의 어깨를 두드리며 미소지었다. "그렇다고 하더군. 걱정마, 타이거. 전에도 그랬었잖아. 거기서 빠져나올 거야."

이번에도 캐튼에 대한 보이드의 평가가 옳았다.

"MIG-21을 격추하려면 기총을 장착한 전투기가 필요하다"

1967년 여름, 소련은 새로운 두 가변익 전투기 MiG-23과 MiG-25를 도입했다. 미국 전투기 조종사들은 MiG-23을 비웃으면서 F-111의 유일한 좋은 점은 소련이 F-111을 모방해서 최소한 한 세대의 항공기를 나쁜 기술로 망치게 만들었다는 것이라고 말했다. 하지만 미 공군은 MiG-25가 심각한 위협이라고 부풀렸다. MiG-25는 최고속력이 마하 2.8이고 F-X의 상승한도보다 훨씬 높은 고도에 도달할 수 있다는 말이 새어나왔다. 공군은 MiG-25가 최고속력 마하 2.8에 도달한다면 연료가 소진되기 때문에 즉시 착륙해야 하고 엔진을 교체해야 한다는 사실은 밝히지 않았다. 그럼에도 불구하고 MiG-25의 "위협"으로 인해 F-X는 갑자기 훨씬 더 높은 우선순위를 차지하게 되었다.

그러나 F-X에 관한 근본적인 한 가지 결정이 아직 해결되지 않았다. 보이드는 F-X가 미사일은 물론 기총으로도 무장해야 한다고 주장했지만, 공군은 이제는 미사일의 시대이며 기총은 한물간 퇴물이니 F-X는 미사일로만 무장해야 한다고 말했다.

기총 대 미사일 논쟁은 공군에서 가장 감정적인 논쟁 중 하나다. 조종사가 아닌 사람들은 이를 전혀 이해하지 못할 것이다. 그들 대부분은 아마 미사일이 전투기의 최고 무기라고 생각할 것이다. 베트남에서의 교전규칙은 성능이 떨어지는 미사일 문제와 함께 전투기에 기총이 없으면 어떤 일이 일어나는지를 보여주었다. 교전규칙에는 미국 조종사가 미사일을 발사하기 전에 적기를 육안으로 식별하도록 규정되어 있었다. 그러나 미사일의 최소 발사 거리는 항공기를 피아식별할 수 있는 거리보다 훨씬 멀었다. 이는 조종사가 상대에게 가까이 다가가서 적기임을 확인한 다음 다시 미사일을 발사할 수 있을 정도로 충분히 멀리 물러나야 한다는 뜻이었다. 미사일은 가장 단순한 대응책으로도 회피할 수 있었다. 그러나 기총에는 대응책이 없었다. 펜타곤의 벽에 이런 표지판이 보이기 시작했다. "MIG-21을 격추하려면 기총을 장착한 전투기가 필요하다."

그럼에도 불구하고 공군의 고위 장교들은 모든 논리를 거스르면서 역사의 교훈을 무시했다. 제2차 세계대전 이후 공군은 근접 공중전이 과거의 일이 되었다고 말했다. 1950년대에 공군 장성들은 한국이 건파이터의 마지막 무대라고 말했다. 이후 베트남전이 발발하자, 사람들은 이 전쟁이 근접 공중전을 구시대의 유물로 만드는 발사 버튼 전쟁이 될 것으로 예상했다. 하지만 베트남전에서는 새 미사일들이 심각한 결함이 있다고 지적한 보이드가 옳았음이 증명되었다. 미국은 기총을 장착한 전투기가 필요했다.

그리고 1967년 가을에 이스라엘 공군Israeli Air Force, IAF 총사령관 모르드카이 호드Mordecai Hod가 청사에 왔다. F-4 팬텀을 구매하기 위해서였다. 그는 전투기 조종사들의 우상으로서 그에 걸맞은 아우라를 풍기고 있었다. 이스라엘 공군은 그의 지휘 아래 미 공군의 주목을 끈 세 가지 일을 해냈다. 우선, 6월의 6일 전쟁Six Day War에서 이스라엘 공군은 아랍 제트기를 60대 격추하면서 전투기를 불과 10대만 잃음으로써 격추교환비 6 대 1을 기록했다. 두 번째로, 이스라엘의 모든 격추 전과는 기총 격추였다. 그리고 세 번째로, 이스라엘은 전쟁의 이름이 시사하듯 한 번에 빠르고 결정적이고 철저하게 움직였다. 그에 반해 당시 미국은 베트남에서 몇 년 동안 전쟁을 치르고 있었고 그 전쟁은 끝이 보이지 않는 채 격화되고 있었다.

아직 언급되지 않은 또 다른 아주 큰 문제가 있었다. 이 문제의 이면에는 두 가지 전제가 있었다. 우선, 아랍인 조종사와 북베트남 조종사가 거의 같은 기량을 가지고 작전했다는 것이다. 두 번째로, 미국과 이스라엘 조종사가 거의 같은 기술 수준으로 작전했다는 것이다. 그렇다면 미 공군이 북베트남 공군과 거의 대등한 수준으로 작전을 하는 동안 이스라엘 공군은 어떻게 아랍 조종사를 상대로 6 대 1의 격추교환비를 달성할 수 있었을까?

수년간 전투를 치르면서 북베트남 조종사들이 아랍 조종사들보다 훨씬 더 뛰어난 조종사가 되었기 때문에 이러한 전제에는 결함이 있었다. 그럼에도 불구하고 미 공군은 스스로 믿고 싶었던 것만큼 우수하지 못했거나, 이스라엘 공군은 미 공군이 믿고 싶었던 것보다 훨씬 더 우수했다. 미 공군 고위 장교들이 소집되어서 6일 전쟁에 관해 호드가 실시한 기밀 브리핑을 들었다. 그가 브리핑을 마쳤을 때 한 전투기 조종사가 일어나서 어떻게 이스라엘 공군이 60회의 기총 격추를 했는지 물었다.

호드는 잠시 멈추고는 어깨를 으쓱한 다음 말했다. "왜 아랍인에게 미사일을 낭비합니까?"

호드는 미사일이 효과가 없었기 때문에 이스라엘 조종사들이 기총을 사용했다는 말을 피하기 위해 유머를 사용해 외교적 대응을 했던 것이다. 그는 전투기를 구매하려면 미국에 의존할 수밖에 없었고, 미 공군이 미사일에 푹 빠져 있다는 것을 알았다. 그의 익살스러운 대답은 폭소를 자아냈다. 하지만 그 폭소의 뒤에는 피할 수 없는 사실이 있었다. 건파이터의 시대는 저물지 않았다는 것이었다.

CHAPTER 15

F-15 구하기

가족과의 불화

메리 보이드는 남편이 펜타곤에 간 뒤로 더 열정적이고, 덜 사교적이고, 항상 방어적으로 변했다고 말한다. 보이드는 자신이 출세주의와 부패라고 여긴 일들에 대해서 끊임없이 분노했고, 그 분노를 안고 집으로 돌아오곤 했다.

보이드가 워싱턴에 갔을 때 그는 F-X 싸움에 뛰어들기를 너무 열망했기 때문에 살 집을 찾을 시간이 없었다. 메리도 아이 다섯을 키우느라 집을 구하러 다닐 시간이 없었다. 보이드 가족은 버지니아주 페어팩스Fairfax에 있는 브리즈웨이 모텔Breezeway Motel의 싱글룸에 한 달 넘게 살았다. 그러던 어느 날 보이드가 나타나서 메리에게 말했다. "우리가 살 곳을 찾았어. 알렉산드리아Alexandria에 있어."

"그래요?" 메리는 대답했다. 그녀는 워싱턴에서는 그 어떤 것에 대해서도 흥미를 느낄 수가 없었다. 그녀는 사실상 텅 빈 넓은 해변이 근처에 있고 스티븐이 파도에 몸을 맡긴 채 자유롭게 떠다니며 그의 인생에서 몇 안 되는 기쁨 중 하나를 발견한 에글린에서 이사하고 싶지 않았다. 그녀는 보이드가 자신의 차 코베어^{Corvair}를 타고 먼저 가는 동안 다섯 아이를 데리고 스테이션 왜건을 운전해 그곳에 가고 싶지 않았다. 그녀는 아파트에서 살고 싶지 않았다.

보이드는 그녀와 아이들을 브라이튼 스퀘어^{Brighton Square}라고 불리는 4930 보르가드가^{Beauregard Street}의 새 아파트로 데려갔다. 펜타곤에서 불과 몇 분 거리였다. 그는 아파트 1층 T-3호 문을 가리키면서 말했다. "당신 마음에 들 거야." 이 아파트는 젊은 커플과 아이들로 들끓었다. 근처에는 숲과 탁 트인 공간이 있어 아이들이 자유롭게 뛰어놀 수 있었다. 이 아파트에는 방이 3개 있었는데, 하나는 보이드와 메리, 하나는 캐시와 메리 엘렌, 하나는 스캇과 제프의 방이었다. 서재는 이제 열두 살이 된 스티븐의 방으로 개조했다. 커다란 미닫이 유리문이 침실의 한쪽 벽을 차지했는데 스티븐은 이 문으로 드나들 수 있었다. 독립을 원하지만 영원히 휠체어에 묶인 소년에게 이렇게 작게나마 자유를 주는 조치는 중요했다.

이 아파트에는 보행자를 위한 인도人道가 따로 없어서 스티븐은 여름에 거의 깎지 않아 무성한 잔디밭을 휠체어를 타고 가야 했다. 겨울에는 때때로 눈을 뚫고 가야 했다. "아빠는 왜 우리에게 더 좋은 집을 사주지 않는 거죠?" 그는 어머니에게 몇 번이고 이렇게 물었다.

메리는 아들에게 미소 지으며 말했다. "아빠한테 얘기해볼게."

보이드는 이것을 받아들이려 하지 않았다. "집을 샀다가 그 집을 억지로 떠맡아야 한다면 어떻겠어?" 그는 말했다. "떠날 때 그 집을 팔지 못한다면 어떻게 해? 애틀랜타에서 그랬잖아. 집은 언제나 비싸. 하지만 그냥 집세만 내면 번거로울 게 없어. 그리고 우리는 여기에 몇 년만 있을 거야." 메리가 내 집 마련에 대해 계속 묻자, 보이드는 상투적인 반응으로 무마했다. 그는 고개를 끄덕이며 "그래, 그럴 거야"라고 말하고는 화제를 바꾸었다.

보르가드가의 아파트는 보이드가 일에 전념하느라 그의 가족이 얼마나 고통받았는지를 보여주는 상징이 되었다. 이사 후 몇 년 동안 보이드의 가정생활은 엉망이 되었고 이러한 상태는 이후에도 결코 회복되지 못했다. 스티븐은 텔레비전과 스테레오, 그리고 다양한 전자제품을 수리하기 시작했다. 그는 장애를 가졌다는 슬픔으로 인해 내성적이고 아주 독립적이 되었다. 캐시의 조용하고 온순한 성격은 서서히 임상우울증clinical depression으로 변했다. 수줍음이 많고 온순한 제프는 아버지와 말다툼을 벌였다. 그는 거미와 독사를 수집하며 그 취미를 도피처로 삼았다. 존 스캇과 보이드는 떠들썩하게 논쟁을 벌이면서 옥신각신했는데, 그것이 최소한 한 번은 싸움으로 번졌다. 메리 엘렌은 누구보다 아버지를 더 닮았다. 보이드는 메리 엘렌을 "내 새끼"라고 부르며 예뻐해서 그녀가 마약 문화drug culture에 빠지자 가슴 아파했다. 그들은 여러 해 동안 대화하지 않았다. 훗날 보이드의 자녀들은 하나같이 아버지에 대한 분노가 작은 아파트에서 살려는 아버지의 고집에서 비롯되었다고 말한다.

보이드와 스프레이가 여느 때와 달리 펜타곤에서 일찍 퇴근해 집에 온 날 밤 10시 30분에 메리는 처음으로 스프레이를 만났다. 보이드는 스프레이와 메리가 아직 식사를 하는 동안 식탁에서 일어나 전화를 하기 시작했다. 메리는 스프레이에게 사람들이 그녀에게 가족을 위해 더 많은 돈을 벌기 위해 직업을 구할 생각을 해본 적이 있느냐고 물어봤다고 털어놓았다. "사람들은 제가 일을 하면 이 주변에서 일어나는 일들을 더 잘 알게 될 거라고 말하더군요." 그녀는 말했다. 그녀는 어깨를 으쓱했다. 그녀는 그 말이 사실이 아니라는 것을 알고 있었다. "다섯 아이를 돌보면서 일을 할 수는 없어요. 전 그렇게 능력이 뛰어나지 않아요." 그녀는 펜타곤의 몇몇 사람들이 보이드에게 왜 아파트에 사는지 물었다고 말했다. 어쨌든 1960년대 중반은 워싱턴 부동산에 투자하기 좋은 시기였다. 보이드는 가치가 오를 만한 집을 살 수 있었다. 그러나 그는 "잔디 깎는 것을 좋아하지 않아서요."라는 말로 그러한 질문들을 모두 무시했다.

메리는 지금까지 자신에게 일어난 모든 일로 인해 혼란스러워하는 것 같았다. 그녀는 크리스티와 스프레이에게 그녀가 아이오와에서 보이드를 만났을 때는 코치가 될 운동선수와 결혼해서 아이오와주의 작은 마을에 살면서 컨트리클럽에 가입하고 작은 집을 사서 조용하고 평범하게 살 생각이었다고 말했다. 그녀는 조용한 회전목마라고 생각하며 올라탔는데 격렬한 롤러코스터임을 깨달은 것 같았다.

그녀는 남편을 향해 고개를 끄덕이며 슬픈 미소를 짓고는 "내가 가진 것을 좀 봐요"라고 말했다.

보이드와 그의 가족은 앞으로 22년 동안 보르가드가에서 살게 된다.

은밀한 비공식 채널을 통해 공군 참모총장과 의사소통하다

대부분의 전투기 조종사는 신체검사를 통과하기에 나이가 너무 들거나 지상 근무 보직으로 진급할 때까지 비행한다. 일부는 심지어 비행을 그만 두어야 하는 진급을 거부하기도 한다. 비행 자격을 잃고 나면 그들의 나머지 삶은 허무해진다. 그들은 종종 공항 근처에 살면서 하늘을 올려다보며 지나가는 모든 제트기들을 향수에 젖어 바라본다.

보이드는 그렇지 않았다. 그처럼 전투기 항공 분야의 모든 측면에 깊이 관여한 조종사는 거의 없었다. 그러나 그는 1968년에 비행에 대한 흥미를 잃었다. 그는 펜타곤 참모 장교로서 전투기 비행이 허용되지 않아서 조종사들이 아주 업신여기던 유서 깊은 T-33만을 타고 비행할 수 있었다. 그는 비행 자격을 유지할 만큼 항상 충분히 비행하지 않아서, 두 번이나 그의 상급자가 그가 비행 자격을 다시 획득해서 비행 수당을 계속 받을 수 있게 해주려고 그를 T-33에 태우고 비행을 했다. 하지만 결국 그는 비행 자격을 상실했고 다시 획득하지 않았다. 그의 배경을 아는 동료 조종사들은 어리둥절해했다. "왜?" 그들은 물었다. 그는 어깨를 으쓱하면서 말했다. "탈 만큼 탔어."

그는 전투기 조종사를 넘어 나아갔을 뿐만 아니라, 자신의 인생에서 더 복잡하고 더 중요한 다른 영역으로 더 멀리, 더 깊이 들어가려면 그와 관런 없는 모든 문제에 대해서는 마음을 비워야 한다고 깨달은 것 같았다.

그는 거의 매일 스프레이에게 새로운 에너지-기동성 그래프나 새로운 슬라이드 또는 새로운 브리핑의 개요를 가지고 왔다. "이봐, 타이거, 이게 내가 정리한 거야. 어떻게 생각해?"

스프레이는 그 그래프와 슬라이드와 브리핑 자료들을 받아서 연구했다. 얼마 지나지 않아 스프레이가 부드러운 목소리로 "존, 이 슬라이드는 좋지 않아요. 이걸 보여줄 더 좋은 방법이 있나요?"라고 말하면, 그때부터 싸움이 시작된다. 스프레이는 왜 그 슬라이드가 좋지 않은지를 설명하고 보이드는 그것이 완벽하다고 소리친다. 그에 대한 스프레이의 대답은 반박이 불가능해서 보이드를 화나게 만든다. 보이드는 할 수 있는 모든 것을 다 한 후에 구부정한 자세로 사무실로 간다. 새벽 4시경에 전화벨이 울려 스프레이가 받으면 "여보세요"라는 말이 끝나기 무섭게 보이드가 "그 슬라이드가 좋지 않다고 한 게 무슨 뜻이야?"라고 소리친다.

스프레이는 침착하게 그 이유를 나열한다. 보이드는 주장하고 소리치고 마침내 툴툴거리며 대화를 끝내고 전화기를 집어 던지곤 했다. 그는 결코 "자네가 옳아"라고 말하지 않았다. 하지만 슬라이드를 고치고서 나중에 그의 브리핑이 얼마나 강력한지를 스프레이에게 자랑하곤 했다.

그는 매번 브리핑을 마치고 의기양양하게 돌아왔다. 한번은 그가 스프레이의 사무실에 들이닥치더니 그가 최근에 한 모든 망토 흔들기 언쟁들을 들려주었다. "젠장, 타이거, 자네가 거기 있었어야 했다니까. 내가 그 개자식들을 갈겨버렸어. 그 망할 장군들을 장작더미처럼 쌓아버렸다고."

스프레이는 즐거워했다. "시체 세기를 좋아하시는 것 같아요."

보이드는 스프레이를 바라보며 그 장면을 떠올리고는 입이 찢어지게 웃었다.

보이드는 브리핑과 같은 공개적이고 다소 대중적인 장소뿐만 아니라, 권모술수가 난무하고 서로 죽이는 정치가 횡행하는 펜타곤의 복도와 사무실들에서도 승리를 거뒀다. 여기서 그의 가장 큰 무기 중 하나는 공군 참모총장과 의사소통할 수 있는 비밀 비공식 채널이 있었다는 것이었다. 공군 참모총장은 주로 프랭클린 루스벨트Franklin Roosevelt의 관리 이론을 따랐고, 아첨하는 장군들은 피하고 그에게 진실을 말할 비교적 젊은 장교들을 물색했다. 공군 참모총장은 청사의 문화를 알았고, 여러 면에서 그가 공군에서 가장 무지한 사람이라는 것을 알고 있었다. 수십 명의 고위급 장교가 공군 참모총장에게 말을 하기 전에 분위기를 파악했다. 그러고 나서 그들은 공군 참모총장이 듣고 싶어 한다고 생각하는 것을 그에게 말했다. 보이드와 아마도 극소수의 다른 장교들만이 그가 알아야 할 내용을 말해주었다. 가끔 총장실에서 근무하는 대령 한 명이 보이드의 사무실에에 들러 이렇게 말했다. "내가 커피 한 잔 사지." 두 사람이 카페 한 구석에 앉자, 대령이 말했다. "총장님이 알고 싶으신 게 있는데…" 보이드가 그에게 솔직하게 대답했기 때문에 공군 참모총장은 계속해서 그를 보이드에게 보냈다.

보이드는 이 은밀한 만남을 이용해서 F-X에 관한 그의 생각을 제시했다. 공군 참모총장은 보이드의 진실성을 충분히 믿었고 항공기 중량을 줄여야 한다는 보이드의 의견에 동의했다. 공군 참모총장은 보이드가 요청한 대로 F-X의 최대 중량을 4만 파운드로 줄이라는 명령을 하달했다.

F-X의 중량이 처음에 6만 2,500파운드로 제시되었고 많은 장군들이 클수록 좋다고 믿었기 때문에 이제 장군들은 F-X를 거의 장난감 같은 경량 전투기로 생각했다. 하지만 보이드는 여전히 만족스럽지 않았다. 그는 F-X의 중량이 3만 5,000 파운드 미만이 되기를 원했다.

스프레이는 보이드와 함께 덜레스 공항Dulles Airport에 나가서 작지만 아주 빠른 경주용 비행기인 파일런 레이서pylon racer[191]를 비행하기 전까지는

---

191 파일런 레이서: 풍선으로 된 기둥을 세워놓고 그 기둥들을 통과하는 코스를 비행하며 순위를 겨루는 비행기 경주를 파일런 레이싱(pylon racing)이라 하며, 그 경주에 쓰이는 경주용 비행기들을 파일런 레이서라고 한다.

작은 항공기에 대해 전투기 조종사가 실제로 느끼는 감정을 전혀 이해하지 못했다. 많은 파일런 레이서 조종사들은 경마 기수처럼 체구가 작았다. 보이드가 조종석에 구둣주걱으로 발을 밀어넣듯 몸을 집어넣는 데만도 몇 분이 걸렸다. 그의 어깨는 움츠러들었고 무릎이 목에 닿을 정도였다. 그는 캐노피를 닫기 위해서 몸을 앞으로 굽혀야 했다. 스프레이는 보이드가 틀림없이 짜증이 났을 거라고 생각했다. 그런데 보이드가 스프레이를 올려다보았을 때, 그의 얼굴은 완전히 신난 표정이었다. "정말 좋네! 정말 좋아!" 그는 캐노피 밖에까지 들릴 정도로 크게 외쳤다. 스프레이는 진정한 전투기 조종사에게 너무 작은 전투기란 없다는 것을 깨달았다.

1968년까지 청사에 있는 사람들은 보이드가 천재인지 그저 언행이 거친 사람인지 알지 못했다. 청사 사람들이 그의 품행을 보고 내린 가장 좋은 평가는 그가 전형적인 출세지향적인 중령은 아니라는 것이었다. 보이드의 태도는 거친 수준을 넘어서 대화 중 침을 튀기고, 팔을 흔들며 큰 소리로 떠들었고, 긴 머리에 단정치 못한 차림새였으며, 밤에 일하는 습관을 가지고 있었다. 만일 상급자가 보이드에게 어떤 명령을 내렸는데 그 명령이 F-X에 해로운 영향을 미친다고 생각하면, 그는 미소를 지으며 이렇게 말했다. "예, 기꺼이 그 명령을 따르겠습니다. 하지만 문서로 작성해주십시오." 장군들은 구두 명령을 내리기를 좋아한다. 만일 결과가 장군의 예상과 다를 경우 장군은 언제든지 자신이 그 명령을 내렸다는 것을 부인할 수 있다. 보이드는 당연히 서면 명령을 요청할 권리가 있었지만, 장군은 서면 명령을 요청하는 보이드의 태도에 불같이 화를 냈다. 보이드는 이를 통해 장군이 잘못하고 있다는 것을 분명히 보여주려는 속셈이었다.

한번은 그가 복도에서 한 장군에게 다가가 말을 걸며 F-X의 중량을 줄이는 문제에 관해 격하게 이야기하기 시작했다. 보이드는 시가를 피우며 팔을 흔들면서 손가락으로 쿡쿡 찔렀다. 장군이 지루해져서 뒤돌아서 가려고 하자 보이드가 한 가지 점을 강조하기 위해 장군을 잡으려고 손을 뻗었다. 시가의 재가 장군의 넥타이에 떨어져 구멍이 났다. 그 순간 지나가던 사람들은 장군이 놀라면서 넥타이의 구멍을 내려다보는 모습을 바라보면서 얼어붙었다. 구멍 가장자리가 타들어가면서 구멍은 점점 더 커졌고, 연기가 장군의 얼굴 주위로 피어올랐다. 장군은 넥타이의 불씨를 툭툭 털어내고는 몸을 돌려서 가버렸다. 보이드는 누군가가 "맙소사, 존, 방금 자네가 장군의 넥타이를 태워먹었어"라고 말할 때까지 장군이 갑자기 떠난 이유를 알지 못했다.

보이드는 복도를 따라 걸어가는 장군의 뒷모습을 쳐다보았다. "그래요?" 그는 껄껄거렸다. "이런 일은 처음 당해봤을걸요."

그는 간혹 무아지경에 빠지기도 했다. 보이드는 격한 대화를 나누는 도중에 갑자기 눈이 게슴츠레해지면서 말을 멈추고 천장이나 벽, 혹은 창밖을 응시하곤 했다. 그는 마치 머리를 세게 한 대 얻어맞은 것 같았다. 그는 어떠한 질문에도 반응하지 않았다. 그가 제정신으로 돌아와서 대화를 다시 시작하는 데는 2~3분이 걸리곤 했다.

"대체 무슨 일이에요?" 가끔 누군가가 이렇게 물었다. "뭐 하고 계세요?"

그러면 그는 "새로운 에너지-기동성 버전을 생각했습니다" 또는 "방금 무슨 생각이 떠올라서요" 또는 "몇 주 동안 연구한 것의 해답을 찾았어요"라고 대답했다.

마지막으로, 그는 누군가를 공격 목표로 삼기도 했다. 한동안 그가 무엇을 하고 있는지 아무도 몰랐다. 그러던 어느 날 한 비서가 더 이상 긴장감을 견딜 수 없어 물었다. "중령님, 괜찮으세요?"

보이드는 행복한 미소를 지으며 말했다. "내 피퍼로 개자식을 잡았어."

하루 이틀 뒤에 핫 플래터와 망토 흔들기가 난무했고, 보이드는 또 다른 싸움에 이겼으며, 그의 승리의 웃음소리가 복도에 울려퍼졌다.

그 뒤에 보이드가 발을 책상 위에 올리고 연필을 굴리며 지우개를 쳐다보면 누군가 이렇게 말하곤 했다. "이런, 누군가 그의 피퍼에 들어왔네." 그들은 또다시 지옥문이 열릴 것임을 알았다.

F-X를 구하기 위한 보이드의 마지막 노력

전술공군사령부는 항상 속도를 공대공 전투에서 필수적인 부분이라고 보고 F-X가 마하 3의 최고 속도를 갖기를 원했다. 전투가 항상 아음속 순항 속도에서 시작되고 초음속 속도에는 거의 도달하지 않는다는 점은 신경 쓰지 않았다. 항공기가 그러한 속도에 도달하도록 하기 위해 설계 타협을 하면 근접 공중전 성능이 크게 떨어진다는 것도 신경쓰지 않았다. 또한 지나치게 긴 항속거리를 요구하는 것은 전투기의 성능을 빠르게 저하시키는 지름길이다.

중량에 대한 공군의 생각은 회의 중에 전술공군사령부 소속 전투기 소요 담당 대령이 일어나서 이렇게 말하면서 드러났다. "나는 항공기 중량에 대해서는 신경 안 쓰네. 자네한테 준 사양은 완벽하게 검증된 전술공군사령부의 요구조건들이네. 우리는 이 요구조건들을 충족시켜야 해. 중량은 상관 없어. 그리고 훌륭한 큰 항공기가 훌륭한 작은 항공기보다 더 좋다는 건 모두가 알아."

이는 보이드가 에너지-기동성 이론으로 밝혀낸 것과는 정반대였다.

1968년 늦은 봄, 공군은 여전히 F-111에 영향을 받아 무겁고 비싼 가변익에 사로잡혀 F-X를 가변익으로 설계할지 고정익으로 설계할지 기본적인 설계 방향조차 결정하지 못하고 있었다.

그때까지 보이드는 중요한 설계 싸움에서 지고 있었다. 공군은 속도가 마하 2를 넘어야 한다고 주장했다. 공군은 크기 36인치(91센티미터) 돔이 달린 레이더를 요구했는데, 이 요구조건을 맞추려면 보이드가 원한 것보다 동체가 훨씬 더 커야 했다. 공군 참모총장의 명령에도 불구하고 F-X는 이제 중량이 약 4만 2,500파운드로 추산되었고(실제로 이보다 훨씬 더 무거웠다), 성능은 전례 없는 수준이기는 했지만 불필요하게 늘어난 중량으로 인해 이론상 가능한 최고 성능에는 한참 못 미치게 되었다.

스프레이는 이 무겁고 비싼 추가물들을 "금칠"이라고 불렀다. 그는 앞바퀴 조향장치nose wheel steering부터 탑승 사다리boarding ladder와 테일 후크tail hook에 이르기까지 다른 항공기를 격추하는 것과 아무 관련이 없는 무거운 품목들을 너무 많이 추가하기를 원하는 사람들에게 화가 나 참을 수가 없었다. "다른 항공기를 격추하는 데 필요 없는 모든 비격추장비 똥덩어리들nonkill horseshit을 없애버리면 성능이 얼마나 향상되는지 믿을 수 없을 겁니다."

보이드와 스프레이는 필사적이었다. 그들은 F-X를 구하기 위해 한 가지 마지막 노력을 하기로 결정했다. 그들은 이상적인 항공기로 되돌아가기로 했다. 그들은 몇 날 밤을 새워 펜타곤에서 일하면서 F-X에서 불필요한 것들을 덜어내서 중량을 3만 3,000파운드로 만든 버전인 "레드 버드Red Bird"라는 항공기의 계획을 만들었다. 보이드는 펜타곤의 공군 참모들에게 이를 브리핑했다. 1968년 7월 18일에 스프레이는 공군체계사령부의 사령관 제임스 퍼거슨James Ferguson 대장에게 서신을 보냈다. 이 서신은 유명해져서 펜타곤에서 회람되었는데, 몇몇 젊은 장교들은 이 서신이 공군이 어떻게 틀렸는지를 보여주는 훌륭한 정밀분석이라고 보았다. 그들은 이 서신을 쓴 사람의 탁월함에 감탄하면서 자신이 그런 일을 할 용기가 있는지 자문해보았다. 다른 사람들은 그 서신을 악명 높은 보이드와 스프레이가 힘을 합쳐서 한 격렬한 비난으로 보았다. "기밀"로 분류된 이 서신에는 공군이 F-X를 설계하는 데 있어 절제를 하지 않고 미그기 격추에 직접적인 상관이 없는, 단지 중량만 늘릴 뿐인 품목들을 포기할 의사가 없다고 씌어 있었다. 스프레이는 테일 후크, 앞바퀴 조향장치, 그리고 정비 사다리와 같은 품목들을 상세히 나열하고 공군이 F-X에 금칠을 하는 데 너무 혈안이 되어 있어서 항공기의 가격이 계속 오르는 상황을 무시하고 있다고 말했다. 이 서신에는 F-X의 군살을 빼기 위한 23페이지에 달하는 기술 권고사항 목록이 첨부되어 있었다.

그후 보이드와 스프레이는 F-X에 대한 최종 결정자인 퍼거슨 대장에게 브리핑했다. 장군은 보이드와 스프레이가 말한 모든 것에 동의했다.

그는 레드 버드 계획이 마음에 들었고 그것이 분명히 F-X보다 우수하다고 말했다.

그런 다음 장군은 마무리를 했다. 그는 자신을 위해 일한 3명의 장군이 전부 더 크고 무거운 F-X를 권고했고 그들의 권고에 반대할 수 없다고 말했다. 그는 F-X가 역사상 최고의 기동성을 가진 전투기가 될 것이라면서 보이드와 스프레이를 위로하려 했다. 장군은 그들이 F-X를 완벽한 항공기로 만들려고 하면서 왜 사소한 일에 집착하느냐고 말했다.

이번에도 더 크게-더 높이-더 빠르게-더 멀리 집단이 이겼다. 공군은 보이드와 싸우느라 너무 바빠서 해군이 하는 일을 파악하는 데 소홀했다. 퍼거슨과의 회의가 있은 지 몇 주 후, 해군은 F-111의 파생형인 F-111B가 항모와 호환되지 않는 것으로 판명되어 이를 인수하지 않을 것이라고 발표했다. 해군은 제너럴 다이내믹스에 F-111 주문을 취소한다고 말했다. 그 후 영국도 이 항공기 주문을 취소했다. 이는 공군이 남들이 버린 값비싼 F-111 사업을 홀로 떠안게 되었다는 뜻이었다. (공군은 이 항공기를 좋아했고 1970년대 중반까지 계속 구매했다.) 하지만 그뿐만이 아니었다. 해군 제독들은 의회에서 해군이 F-111B를 인수할 수 없다고 한 것이 해군이 국가 방위에서 중요한 역할을 계속할 수 없다는 뜻은 아니라고 증언했다. 실제로 해군은 F-14 톰캣Tomcat이라는 항공기를 비밀리에 개발해오고 있었고, F-111B에 이미 배정된 돈을 해군에게 준다면 사업을 진행해서 F-14를 만들 수 있다고 발표했다.

군종 간 정치에 관한 해군의 지론持論은 일단 적이 쓰러지면 그의 목을 베고, 시신을 태우고, 재를 묻은 다음, 재가 묻힌 땅에 소금을 뿌리는 것이었다. 따라서 해군이 의회에 F-X에 근본적인 결함이 있고 그 결함이 너무 심각해서 개발을 중단해야 한다고 말한 것은 그리 놀라운 일이 아니다. F-X는 MiG-25만큼 높은 속도나 고도에 도달할 수 없으므로 소련 항공기 중 가장 심각한 위협이 되는 항공기를 격추할 수 없었다. 하지만 미국은 걱정할 필요가 없었다. 공군이 소련 위협에 맞설 수 있는 항공기를 설계할 수 없다면 해군이 기꺼이 도울 것이었다. 해군이 개발 중인 환상적인 항공기인 F-14는 모든 것을 할 수 있고 F-X가 하기로 되어 있는 것보다 더 많은 일을 할 수 있을 것이다. 해군은 F-14를 기꺼이 공군에게 팔 것이다.

공군은 마하 2.5에 달하는 F-X의 "폭발적인 속도", 그리고 스패로 미사일이 추가로 장착되었다는 사실은 F-X가 MIG-25를 상대할 수 있다는 뜻이라고 말하면서 해군의 첫 공격을 반박했다. 하지만 해군은 강력한 친구가 있었다. 의회에 있는 일부 친구들이 F-X에 관해 심각한 의문을 제기했다. F-14를 공군에 팔겠다는 해군의 제안이 빠르게 동의를 얻었다.

한 공군 장성이 F-X에 관한 증언을 위해 하원 군사위원회 산하의 임시 전술항공소위원회에 소환되었다. 보이드는 F-X 전문가였기 때문에 그 장군과 동행했다. 사우스캐롤라이나 지역구 하원의원 멘델 리버스Mendel Rivers가 하원 군사위원회 의장을 맡고 있었는데, 그의 지역구는 해군 기지들이 많이 배치되어 있어 그 무게로 인해 대서양으로 가라앉기 일보직전이었다. 그의 존재는 전술항공소위원회를 지배했다. 보이드와 장군은 F-14가 F-X보다 우수하다고 공공연하게 믿는 집단 앞에서 증언했다. 그리고 리버스 의장은 언제나 해군 편이었다.

장군이 잇단 질문에 답변을 하는 동안, 보이드는 질문이 어떤 방향으로 흐르고 있는지 깨달았다. F-X의 생존은 한 가지 문제에 달려 있었다. 가변익 설계 여부였다. 전술항공소위원회와 하원 군사위원회, 그리고 리버스 하원의원은 해군이 가변익 항공기를 만들고 있고 생산에 더 다가가 있다면 F-X의 가변익 설계를 승인하지 않을 것이었다.

전술항공소위원회의 한 위원은 머리를 긁적이며 우물쭈물하면서 작은 목소리로 장군에게 공군이 주날개 설계를 결정했는지 물었다.

장군은 멈칫했다. 보이드는 비핵 공군 전력의 미래가 풍전등화에 처했음을 깨달았다. 순간 정적이 흐르는 가운데 그가 그동안 F-X와 관련해서 해온 모든 일들에 대한 그의 생각이 확고해졌다. 보이드는 중간에 끼어들었다. "예, 그렇습니다. 결정했습니다. 공군은 가변익이 답이라고 보지 않습니다. 실제로 저희는 고정익이 더 우수한 설계라고 믿습니다. F-X는 고정익기가 될 것입니다."

장군과 전술항공소위원회 위원들 중에서 누가 가장 놀랐는지는 알기 힘들다. 장군은 믿을 수 없다는 표정으로 보이드를 응시했다. 주날개 설계에 대한 어떠한 결정도 이루어지지 않았다. 그런데 지금 중령 한 명이 4성 장군에게 특권이 있는 결정을 자기 마음대로 내렸다.

"장군, 이 말이 맞습니까?" 전술항공소위원회의 한 위원이 물었다.

보이드는 장군에게 무슨 일이 일어나고 있는지 귀엣말을 했다. 장군은 순간 생각하더니 그 의원을 보고 마른 침을 삼키며 말했다. "예, 맞습니다. 공군은 자군의 항공기를 고정익기로 설계하기로 결정했습니다."

보이드는 펜타곤으로 돌아오자마자 공군 참모총장실의 대령에게 전화를 걸어서 자신이 왜 그런 결정을 내렸는지 설명했다. "저에게는 최종 수치가 없습니다." 그는 말했다. "제가 필요로 하는 데이터는 라이트-팻이 움켜쥔 채 주지 않고 있습니다. 하지만 저는 가변익의 무게로 인한 불이익이 항공역학적 이익을 상쇄하고도 남는다고 생각합니다. 저는 고정익이 더 낫다고 봅니다. 만일 다른 답변을 했다면, 전술항공소위원회가 저희에게 F-14를 도입하도록 강요했을 겁니다." 공군 참모총장은 이에 동의했다.

그렇게 해서 F-X는 고정익기가 되었다.

그리고 그렇게 해서 존 보이드는 또 다른 짠물 비행기를 떠안아야 할 처지에 놓인 공군을 구했다.

상원 군사위원회나 하원 군사위원회의 속기록에는 F-X가 언제 고정익기가 되었는지 나와 있지 않다. 두 군사위원회의 속기록에 따르면, 공군이 1968년 후반까지는 가변익을 원한 것이 분명하다. (임시 위원회는 속기록을 보관하지 않는다.) 톰 크리스티와 피어 스프레이 모두 청문회 직후 보이드와 애기를 나눴고, 둘 다 보이드가 설명한 대로 사건이 진행되었다고 확신한다. 그리고 청문회가 있던 날부터 공군은 더 이상 F-X가 가변익 항공기가 될 것이라고 말하지 않았다.

보이드가 고정익 설계를 선택한 것이 옳았음이 역사에서 입증되었다. 가변익은 20세기 항공공학의 큰 실수 중 하나였다. 할리우드와 영화 〈탑건Top Gun〉에도 불구하고 F-14 톰캣은 둔중하고 성능이 떨어지는 하늘의 트럭이다. F-14 톰캣의 중량은 약 5만 4,000파운드에 달한다. 외부연료 탱크와 미사일을 장착하면 중량이 약 7만 파운드가 된다. 전투기 조종사들은 이 기종을 "포도grape"라고 부른다. 포도를 짜듯이 에너지를 짜내어 두어 차례 급선회를 하고 나면 모든 에너지를 잃고 말기 때문이다. 이렇게 잃은 에너지는 빠르게 회복할 수 없고, 그러면 이 항공기는 손쉬운 표적이 된다.

해군 제독들은 F-14와 공군의 최신형 전투기들과의 모의 전투를 강하게 막는다. 하지만 이러한 교전이 가끔 이루어진다. 이 경우, 조종사의 능력이 대등하다면 F-14는 항상 진다.

공군이 F-X를 고정익 설계로 확정한 후 "X"라는 명칭이 빠지고 그 자리를 숫자가 대신했는데, 해군이 F-14를 가졌기 때문에 F-X는 F-15가 되었다.

보이드는 역겨웠다. 순수한 전투기를 향한 자신의 꿈이 사라진 것이나 진배없었다. 그가 중량을 어느 정도 줄인 것도 사실이고, 가변익이 되지 못하게 막은 것도 사실이다. 하지만 그가 너무 많은 것을 위해 싸우고 싸우고 또 싸우면서 자신의 거의 모든 것을 잃었다는 것은 명백한 사실이었다. 그는 공군이 앞으로 꾸준히 F-15에 더 많은 금칠을 하고 더 많은 임무를 부여해서 언젠가는 F-15의 원래 모습을 거의 알아볼 수 없을 정도가 되리라는 것을 알고 있었다. 1968년 10월 24일, 보이드는 다음 해에 전역하겠다는 전역지원서를 제출했다.

CHAPTER 16

발키리의 기행

근접항공지원 전용기를 위한 A-X 프로젝트를 맡은 스프레이

1969년은 미국으로서는 특이하고 종잡을 수 없는 해였다. 그해 닐 암스트롱^{Neil Armstrong}이 달에 발을 디뎠고, 우드스탁^{Woodstock} 페스티벌[192]이 열렸으며, 〈세서미 스트리트^{Sesame Street}〉[193]가 공중파 텔레비전에 첫 선을 보였다. 그해는 반전 집회의 해이자 미라이^{My Lai} 학살 사건[194]이 벌어진 해이기도 했다. 그리고 굴욕을 당한 린든 존슨^{Lyndon Johnson}[195]이 워싱턴을 떠나고 의기양양한 리처드 닉슨^{Richard Nixon}이 대통령직을 승계해서 베트남에서 철군을 시작한다고 발표한 해이기도 했다.

　1969년은 피어 스프레이가 보이드의 추종자들이 어떤 유형의 사람인

192　우드스탁 페스티벌: 1969년 8월에 뉴욕주의 한 농장에서 열린 전설적인 락 페스티벌.

193　〈세서미 스트리트〉: 미 공영방송 PBS에서 제작한 어린이 프로그램으로, 현재까지도 HBO 채널을 통해 방영 중이다.

194　미라이 학살 사건: 1968년 3월에 베트남 미라이 마을에서 미군 1개 중대가 양민을 학살한 사건.

195　린든 존슨: 존 F. 케네디 대통령 암살 당시 부통령이었다가 대통령직을 승계하여 2년가량 직무를 수행했고, 베트남전으로 인한 여론 악화 등으로 인해 차기 대선은 포기하고 퇴임했다.

지를 보여준 해이기도 했는데, 이들은 보이드 주위에 모여서 그의 목표와 이상을 향해 자신의 삶을 바치기 시작했다. 스프레이는 F-15에 일어난 일에 대해 보이드보다 훨씬 더 분개했다. 그는 오직 비대해진 국방 예산에 영향을 미치고 육군과 공군 장병을 위해 더 나은 무기를 획득하는 업무를 하길 원해서 방산업체에서 펜타곤으로 자리를 옮겼다. 높은 이상주의와 큰 희망을 가지고 탄생시킨 그의 첫 번째 노력의 결과물인 F-15는 블루 수터들이 금칠을 하는 바람에 실제로 가능했던 수준보다 훨씬 뒤떨어지는 물건으로 전락했다. F-15는 그에게 훨씬 더 힘든 과업을 위한 교훈이 되는 경험이었다. 스프레이는 또 다른 항공기, 즉 공군이 원하지 않은 항공기를 개발하는 데 상당한 재능을 발휘하게 된다.

스프레이가 한 일을 제대로 인식하기 위해서는 지상군을 지원하는 폭격 임무인 근접항공지원Close Air Support, CAS이 공군의 최우선 임무였던 적이 없음을 유념해야 한다. 그럼에도 불구하고 공군은 공식적으로 근접항공지원 임무를 유지했다. 어떤 군종도 임무가 사라지는 것을 원하지 않는다. 왜냐하면 임무가 사라진다는 것은 돈이 사라진다는 뜻이기 때문이다. 공군은 육군이 근접항공지원 임무를 가져가지 못하도록 막을 수 있을 정도의 노력만을 기울이면서 근접항공지원 임무에는 립서비스 정도만을 제공했다. 공군이 근접항공지원을 어떻게 여겼는지를 가장 잘 보여주는 것은 제2차 세계대전에서도, 한국에서도, 1969년에도 근접항공지원 전용 항공기를 결코 가진 적이 없다는 사실이다. 공군에서는 보유 기종 중 최악의 항공기 중 하나를 근접항공지원기로 지정하는 것이 관행이었다. 한국에 투입된 F-84가 한 예다.

베트남에서 공군은 해군이 쓰던 낡은 프로펠러기인 A-1 기종을 근접항공지원기로 사용했는데, 맥나마라 국방장관이 공군에 그렇게 하라고 강요했기 때문이다. 공군은 A-1을 받는 것을 수치스러워했으며, 그 기종이 그 당시까지 전투에서 쓰인 최고의 근접항공지원 항공기 중 하나로 판명된 것에는 개의치 않았다. 하지만 1969년에 공군은 육군이 "샤이엔

Cheyenne[196]"이라는 새 헬기를 개발하고 싶어한다는 것을 알게 되었다. 샤이엔의 가장 놀라운 점은 F-4보다 더 비쌀 정도로 기술적으로 복잡했다는 것이다. 공군은 그에 깜짝 놀랐다. 이는 육군이 근접항공지원 임무와 근접항공지원 예산을 가져가기 위해 서두를 것이라는 뜻이었다.

근접항공지원 임무를 빼앗긴 공군 참모총장이라는 오명을 쓰지 않기 위해서 공군 참모총장은 근접항공지원 전용기를 개발해야 했고, 그것은 샤이엔보다 더 저렴해야 했다. 근접항공지원 전용기라는 발상은 공군 참모총장 휘하의 모든 공군 고위 장교들에게 강한 반감을 불러일으켰다. 블루 수터들은 공군 참모총장과 인정사정없이 싸울 작정이었지만, 그렇다고 드러내놓고 싸울 생각은 없었다. 공군 참모총장은 부하들이 지지를 맹세할 것으로 알았으나, 당시 출세주의자들의 피난처인 관료주의가 판치는 펜타곤에서는 그 프로젝트를 방해하기 위해 은밀한 전쟁이 벌어지게 된다.

따라서 근접항공지원 프로그램을 지시받는 사람이 누구든 장군들에게 대항할 만큼 아주 강해야 했다. 그는 현명하고 집중력이 아주 뛰어나야 하고, 해적과도 같은 자신감과 공룡과도 같은 갑옷이 필요했다. 공군 참모총장은 자신이 그런 사람을 알고 있다고 생각했다. 그는 피어 스프레이에게 특사를 보내서 물었다. "차단 작전 연구에서 근접항공지원의 필요성에 대해 썼던데, 그게 진심입니까?"

스프레이는 그 질문에 기분이 언짢았다. 그는 진심이 아니라면 1년여 동안 휴일도 없이 일하지 않았을 것이다. "물론입니다."

"그렇다면 관련 일을 해볼 의향이 있다면 맡기고 싶은데요."

큰 문제는 스프레이가 공개적으로 그 일에 참여할 수 없다는 것이었다. 그는 여전히 공군의 공공의 적 1호였다. 경력에 신경을 쓰는 사람들은 남

---

196 샤이엔: 제식명 AH-56. 세계 최초의 본격 공격헬기로서 개발되었으나 결국 너무 복잡하고 비싸져서 개발이 취소되었다.

이 보는 앞에서 그의 사무실에 들락거리기를 꺼렸다. 복도에서 그에게 말을 거는 사람은 거의 없었다. 만약 근접항공지원 프로젝트에서 그의 역할이 공개된다면 공군에서 긴 칼을 들고 달려들 게 분명했다. 그런 일이 있어서는 안 되니 피어 스프레이는 뒷전에 머물러 있어야 했다.

그래서 스프레이는 새 업무를 밤시간에 해야 했다. 그는 낮에는 국방장관을 위해 체계분석실에서 일했고, 오후 5시가 되면 A-X라고 명명된 공군 항공기에 대한 비공식 업무를 시작했다. 그는 제2차 세계대전 당시 슈바인푸르트Schweinfurt 공습에서 폭격기를 이끈 공군 영웅인 에이버리 케이Avery Kay 대령 직속 기술설계팀을 이끌었다. 스프레이는 A-X의 사양을 작성했다. A-X는 그가 책임지고 만들어야 하는 그의 항공기였다.

A-X는 오로지 관료주의적인 이유만으로 개발되었다는 점에서 공군 역사상 가장 특이한 획득 프로젝트 중 하나였다. 공군은 보통 자군의 새 항공기에 대해 심한 애착을 보인다. 그리고 새 항공기가 동종 기종 중 최고이며 미 공군이 어떻게 세계 최고의 공군인지 보여주는 또 다른 사례라고 홍보한다. 하지만 A-X는 공군 항공기 중에서 가장 인기가 없었다. A-X가 인기가 없었기 때문에 전술공군사령부와 라이트-팻, 공군체계사령부, 그리고 F-15에 금칠을 했던 사람들은 거기에 지문을 남기고 싶어 하지 않았다. A-X는 버림받은 사람이 주도한 기피 대상 프로젝트였다.

일반적으로 항공기 설계 프로그램에는 비용 제약이 없다. 그래서 정치적으로 많은 이유를 들어 비용을 가급적 최대한 높인다. 그런데 공군 역사상 A-X는 유일한 예외였다. A-X는 저렴해야 했다. 샤이엔보다 가격이 저렴해야 했기 때문이다.

스프레이만큼 체계적인 사람은 드물었다. 그는 근접항공지원 항공기에 어떤 기능이 필요한지 알고 싶었다. 이를 파악하기 위해 그는 베트남에서 근접항공지원 임무를 수행한 A-1 조종사들을 찾아다녔다. 이 젊은 조종사들은 공군에서 처음으로 근접항공지원 전용기로 지정된 항공기 설계에 자신의 최근 전투 경험을 반영할 수 있는 좋은 기회라고 생각하고 열의를 보였다. 이 젊은 조종사들에게 "한판 뜨고 빨리 뜨기" 같은 것은 있을 수 없었다. 그들은 지상군을 보호하기 위해서 표적 상공에서 오랜 시간 체공해야 했다. 그들은 그러려면 다리가 긴 항공기가 필요하다고 말했다. 대부분의 체공 시간 동안 전장이 연기와 연무로 뒤덮여 표적을 보기 힘들다는 것은 근접항공지원 조종사가 낮고 느리고 급격하게 기동해야 한다는 뜻이기 때문에 그들은 저속 기동성이 좋은 항공기를 원했다. 그들은 아군 지상군이 끔찍한 상황에 처했을 때 적에게 지옥과 죽음을 맛보게 하고 적을 파괴할 수 있는 항공기, 바로 눈앞에서 적군에게 오줌을 지리게 만들 치명적인 무기, 특히 기관포를 장착한 항공기를 원했다. 훌륭한 근접항공지원 조종사가 낮고 급격하게 비행해야 한다는 것은 "바보들 gomers"이 그에게 소총부터 방공포에 이르는 모든 대공 무기로 사격할 것이라는 뜻이기 때문에 그들은 피탄을 당하고도 조종사가 안전하게 귀환할 수 있는 생존성이 높은 항공기를 원했다.

특히 생존성 문제는 스프레이도 공감했다. 그는 차단 작전 연구를 위한 조사를 하면서 제2차 세계대전과 한국전쟁에서 발생한 모든 항공기 손실의 85퍼센트 이상이 화재나 조종불능 때문이라고 읽은 적이 있었다. 적당한 위치에 탄환 몇 발만 맞아도 중요한 항공기 시스템에 화재가 발생하거나 파괴되었다. 항공기가 손상되거나 불이 나면 항공기에서 빠져 나오는 것은 거의 불가능했다. 수천 명의 훌륭한 젊은 조종사들이 나쁜 설계 때문에 죽었다. 스프레이는 A-X에서는 그런 일이 일어나지 않도록 하겠다고 다짐했다.

스프레이는 여전히 역사상 가장 위대한 근접항공지원 조종사로 인정받는 제2차 세계대전의 전설적인 전차 킬러 독일 조종사 한스 루델Hans Rudel에게 매료되었다. 스프레이는 A-X 프로젝트에 참여한 모든 사람에게 루델이 어떻게 2,530회의 임무를 수행했는지와 어떻게 전차 511대를 격파했는지가 담겨 있는 그의 전쟁 전기인 『슈투카 파일럿Stuka Pilot』을 읽으라고 주장했다.

근접항공지원에서는 기동성이 매우 중요하기 때문에 스프레이는 보이드의 에너지-기동성 이론 및 설계 타협에 관한 아이디어를 이용했다. 이번에는 스프레이가 시도 때도 없이 보이드에게 차트와 도표를 가지고 가서 "이봐요, 존, 이걸 좀 봐줘요"라고 말하는 처지가 되었다. 보이드는 근접항공지원의 중요성을 이해하는 입장이기는 했지만 대부분의 전투기 조종사와 마찬가지로 개인적으로 그 임무에 대해 관심이 거의 없었다. 그는 서류를 힐끗 보고는 스프레이의 등을 때리며 말했다. "잘했어, 타이거. 계속해."

보이드의 상관인 대령은 A-X에 대한 모든 것을 혐오해서 그 프로젝트를 공개적으로 비판했다. 전투기 소요 책임자로서 그는 발언권이 컸다. 그러던 어느 날 공군 참모총장실의 대령이 보이드의 사무실로 내려와 커피 한잔하자고 그에게 말했다. 두 사람이 카페 한구석에 앉자, 대령은 이렇게 말했다. "A-X에 대한 자네 상관의 발언과 그가 A-X 프로젝트에 반대한다는 이야기가 참모총장에게 전해졌네. 자네 상관에게 그 비판을 그만두라고 하게. A-X 프로젝트는 공군의 임무를 살리기 위한 거야."

보이드는 그의 상관에게 가서 문을 닫고서 이렇게 말했다. "펜타곤의 고위급 장교들이 대령님이 A-X를 내버려두기를 원합니다. 상급 지휘부가 그 배후에 있습니다." 그는 "고위급"과 "상급 지휘부"를 강조했다. 대령은 이 메시지를 무시하고 A-X에 대한 맹비난을 계속했다. 몇 주 뒤 그는 즉석에서 해임되었고 책상을 비울 시간이 24시간 주어졌다.

스프레이는 이제까지 있었던 모든 공군 프로젝트에서 볼 수 없었던 가장 절제된 설계 원칙을 A-X에 적용했다. 스프레이는 공군 세력들의 이해관계가 묘하게 얽힌 환경에서 일했다. 스프레이는 무엇이 뛰어난 근접항공지원 항공기를 만드는지에 대한 강철같은 의지와 열정적인 믿음을 가지고 있었고, 항공기에 금칠을 할 수 있는 공군 결정권자들은 모두 그 프로젝트와 거리를 유지하려는 생각이 강했다. 전술공군사령부와 라이트-팻은 A-X 회의에 참석하지도 않았다. 스프레이는 자신이 원하는 거의 모든 것을 반영한 소박한 설계를 밀어붙였다.

그는 두 번의 큰 싸움에서 졌다. 그는 단발기를 원했지만 공군은 쌍발기를 주장했다. 그리고 그는 기동성이 있는 작은 항공기를 원했지만 공군은 훨씬 더 큰 항공기를 원했다. 결국 A-X는 필요 이상으로 커졌고, 많은 폭탄을 탑재해야 한다는 주장으로 인해 기동성이 저하되었다.

A-X 콘셉트 공식 패키지가 완성되자, 공군장관과 국방장관이 설계를 승인했다. 의회는 초기 연구개발 자금을 책정했고, 제안요청서Request For Proposal, RFP가 발송되었다. 스프레이는 제안요청서에서 방산업체들에게 평소 하듯 60센티미터 높이의 서류 더미를 제출해서는 안 된다고 언급했다. 제출 서류는 30페이지로 제한하고, 교묘한 속임수 없이 순전히 설계만 제시한 것이어야 했다. 더욱 전례가 없는 점은 두 방산업체의 항공기를 골라서 공군의 감독 하에 두 시제기의 비교 평가를 위한 경쟁 비행을 실시할 것이라는 점이었다. 사양서는 연료 탱크와 엔진이 항공기의 다른 부분에 있어야 한다고 요구했다. 연료 탱크는 폭발 방지 기능이 있어야 했다. 이를 확인하기 위해 주날개와 동체의 부위들을 소련제 무기로 사격하기로 했다. 물론, 이 사격 시험은 사격 대상인 시제기 위로 기류가 흐르는 모의 비행 조건에서 이루어져야 했다. 라이트-팻 측은 이러한 시험을 위한 시설이 없는 데가가 그 결과로 발생하는 폭발이 너무 위험할 수 있다고 말했다. 스프레이는 그들에게 제2차 세계대전 당시의 B-50에서 프로펠러와 엔진을 떼어내어 견고한 지지대에 단단히 부착한 뒤 엔진을 가동해서 프로펠러 후류가 동체와 주날개로 흐르게 하라고 말했다. 그들은 그렇게 했고, 몇 년 후에 그들이 명명한 세계 최초의 탄도 풍동을 만든 공로를 당당히 인정받았다.

A-X에는 비행 조종면[197]을 제어하기 위해 불이 잘 붙고 취약한 유압 제

---

197 조종면: 날개에서 항공기의 자세를 제어하기 위해 가동되는 부분.

어장치가 아닌 기계식 케이블과 푸시 로드push rod[198]―별도의 이중 케이블―을 설치하기로 했다. 스프레이는 A-X가 조종면의 반이 피격되어도 비행할 수 있어야 한다고 주장했다. 주무장으로는 바나나만한 열화우라늄 탄환[199]을 발사하는 혁신적인 신형 기관포를 장착하기로 했다. 조종사를 보호하기 위해 조종석에는 티타늄으로 된 욕조 모양의 방탄판을 둘렀다.

공군은 곧 A-10으로 알려질 A-X에 대한 모든 것을 혐오했다. A-X가 너무 느려서 항공기가 새와 충돌하는 버드 스트라이크bird strike가 항공기 후미에서 발생하고, 조종석에 시계 대신 달력을 달고 다녀야 한다는 농담까지 들렸다. 이 항공기는 너무 못생겨서 "워트호그Warthog(혹멧돼지)"라고 불렸다. 공군의 많은 사람은 어떤 항공기도 이 항공기가 수행할 예정인 전투를 수행하거나 거기에서 살아남을 수 없을 것이라고 말했다. A-10을 깎아내리는 사람들이 얼마나 틀렸는지 증명할 기회를 얻기까지는 거의 20년이 걸렸다.

경량 전투기를 부활시킨 전투기 마피아의 탄생과 대부 리치오니

보이드가 관료주의자들을 상대로 가장 크게 승리하는 데 중요한 초석을 놓은 것은 1969년이었다.

승리에 결정적인 역할을 한 두 선수인 멜빈 레어드Melvin Laird 국방장관과 데이비드 패커드David Packard 국방부 부장관이 그해 초 무대 위에 올랐다. 하지만 이 드라마는 아직 상연 준비가 되어 있지 않았다. 한 사람이 빠져 있었다.

그는 시험비행 조종사이자 전투기 조종사인 에베레스트 리치오니 Everest Riccioni 대령으로, 쾌활한 데다가 좋은 인상을 주려고 불필요한 말이

---

198 푸시 로드: 축 방향으로 왕복운동을 하는 봉 형태의 부품.
199 열화우라늄 탄환: 질량이 커서 두꺼운 장갑을 더 잘 뚫도록 고안된 탄환이다.

나 행동을 하곤 했다. 리치오니는 1969년 초에 보이드가 근무한 부서의 개발계획실Development Planning Office 책임자로 근무했다. 당시 보이드와 스프레이는 리치오니에게 F-X의 초기 작업을 브리핑하면서 그가 F-X에 대한 자신들의 생각에 동조한다는 것을 알게 되었다. 리치오니는 몇 가지 측면에서 보이드와 스프레이가 원했던 것과 비슷한 추력중량비가 높은 경량 전투기를 개발해야 한다는 생각을 오랫동안 지지해왔다.

리치오니는 호기심이 많은 동료다. 그는 항상 눈물과 웃음이 전부 얼굴에 어려 있는 전형적인 이탈리아인이다. 그는 너무 예민해서 매섭게 쏘아보기만 해도 기분 나빠했고, 인정받고 싶은 욕구가 컸다. 리치오니는 제2차 세계대전에서 P-38과 P-51을 조종했고, 그 뒤 항공공학 학사, 응용수학 석사 학위를 받은 뒤 매사추세츠 공과대학교MIT에 진학해 우주공학 박사 학위 과정을 밟았다. (그는 수료는 했지만 학위 논문을 쓰지 않고 중퇴했다.) 그는 공군사관학교 교관이었고 그곳에서 우주항행학 551 과목을 가르쳤는데, 이 과목은 공간운동에 대한 수리물리학을 다루는 과정으로 아마 공군사관학교에서 가장 고급 과정이었을 것이다. 그는 공군사관학교 교관일 때 『타이거 날다Tigers Airborne』라는 책을 썼는데, 그는 이 책에 공중전술에 관한 탁월한 식견과 너무 순진할 정도로 솔직한 자신의 생각을 담았다. 이 책에서 리치오니는 공군의 전술이 어리석을 뿐만 아니라 전투 중에 조종사를 죽음에 이르게 할 수도 있다고 말했다. 그가 너무 신랄하고 솔직하게 썼기 때문에 공군은 이에 대응해야만 했다. 그의 원고는 출간이 허락되지 않았고, 그의 상급자들이 몰래 그 원고를 보이드에게 보내 의견을 구했다. 보이드는 당시 에글린에 있었고 리치오니를 몰랐지만, 공군이 리치오니의 경력을 끝장낼 이유를 찾고 있다고 느꼈다. 그리고 "공중전 연구"의 저자이며 공군이 최고 공중전술가라고 인정한 자신이 이 원고를 비판한다면 리치오니의 경력이 끝장날 것이라는 걸 알았다. 그는 원고를 읽었고, 리치오니의 결론에는 동의하지 않지만 공중 전술에 대한 다양한 생각을 접해야만 미국 전투기 조종사들이 세계에서 가장 잘 훈련된 조종사로 남을 수 있을 것이라고 말했다. 보이드는 원고를 혹평하기를 거부하고 그 저자를 해임하지 말라고 강력하게 권고함으로써 리치오니의 경력이 끝장나지 않게 그를 지켜주었다.

기이한 운명의 장난으로, 리치오니는 이제 보이드가 F-15가 차지할 수도 있었을 최고의 공중전 전투기라는 영광을 부활시킬 수 있도록 돕는 주도적 역할을 하는 중심 인물이 되었다. 리치오니는 연구 조사를 위한 계약을 담당하는 펜타곤의 연구개발 보직에 있었다. 보이드와 스프레이는 리치오니에게 그들의 이상적인 경량 전투기가 어떻게 금칠이 되었으며 날이 갈수록 무거워지고 있는지 말했다. 보이드는 F-15가 예상한 성능을 내지 못할 것이고, 탑재되는 첨단 장비 중의 다수가 광고된 성능을 내지 못할 것이라고 확신한다고 말했다. 그리고 그렇게 된다면 공군은 계속 증가하는 비용을 정당화할 수 없을 것이고, F-15는 다시 위험에 처하게 될 것이다. 해군은 다시 한 번 의회에 가서 F-15를 무산시키고 공군에 F-14 도입을 강요하려고 할 것이다.

보이드는 공군에 F-15 프로젝트가 실패할 때를 대비해 예비 항공기가 필요하다고 말했다. 리치오니는 작은 항공기에 F-15 엔진을 달면 뛰어난 전투기를 만들 수 있다고 생각했다. 스프레이는 F-15 엔진을 사용하는 것에 대해 비관적이었다. 그것만으로는 뛰어난 전투기가 되기에 충분하지 않다고 생각했기 때문이다. 보이드도 낙관적이지는 않았지만, 리치오니가 이것을 진행한다 해도 밑져야 본전이라고 생각했다.

새로운 경량 전투기는 미래의 전투기가 될 것이고, 작고 기동성이 뛰어나고 치명적인 작은 말벌과 같은 전투기가 될 것이다. 공군은 예비 항공기가 필요하다는 것을 알지 못했으므로 보이드의 계획은 비밀로 해야 했다. 그렇지 않으면 공군은 예비 항공기를 F-15에 대한 위협으로 여길 게 틀림없었다. 그리고 의회는 F-15가 생산 중일 때 다른 전투기에 결코 자금을 대주지 않을 것이다.

그래서 보이드는 앞을 내다보고 다음 수와 그 다음 수를 계획하는 비상한 능력을 가지고 있었기 때문에 또 다른 생각을 하게 되었다. 만일 첨단 장비가 F-15에서 작동하지 않고, 성능 기준을 충족하지 못한다면, 해군의 F-14도 같은 문제에 직면할 가능성이 있지 않을까? 만일 그렇다면, 해군이 F-14의 대안을 생각하고 있지 않을까?

리치오니는 연구개발을 담당하는 장군에게 보내는 메모의 초안을 작성하면서 소형 고성능 해군기의 위협에 대해 언급했다. 해군에게 6시를 물렸다는 말을 듣는 것만큼 공군 장성을 깜짝 놀라게 만드는 것은 없다. 장군은 리치오니에게 계속 추진하라고 말했다.

보이드는 웃었다. "우리는 소련이 무엇을 하고 있는지에는 전혀 관심이 없어요. 그저 해군이 무엇을 하고 있는지에만 관심이 있네요."

보이드는 장군의 반응을 예상했었다. 리치오니는 에너지-기동성 데이터와 설계 타협 연구가 첨단 전투기 설계를 위한 도구가 될 수 있는지 파악하기 위한 것이라는 명목상의 목적을 내세운 연구제안서를 신청하기를 원했다. 이 연구제안서는 이것이 단지 조사 프로젝트에 불과하다는 인상을 줄 게 틀림없었다. 하지만 진짜 목적은 엄청나게 우수하고 엄청나게 작은 전투기를 설계하는 것이었다. 보이드는 리치오니에게 어떻게 에너지-기동성 설계 타협으로 이를 해낼 수 있는지를 보여주었다. 보이드와 리치오니와 스프레이는 "첨단 에너지-기동성 이론과 설계 타협 분석의 통합 검증 연구Study to Validate the Integration of Advanced Energy-Maneuverability Theory with Trade-Off Analysis"라는 길고 복잡하고 졸음을 유발하는 제목의 연구계획안을 만들었다. 신비롭고, 학술적이고, 심오한 것이라면 해가 될 리 없었다. 공군은 리치오니에게 그 연구를 위해 14만 9,000달러의 자금을 제공했다.

보이드와 스프레이가 경량 전투기를 부활시킨 데 대해 리치오니에게 감사를 표하자, 리치오니는 세 사람이 서로를 파트너라고 여기자고 제안했다. "우리 세 사람을 전투기 마피아Fighter Mafia라고 부르기로 하세." 리치오니가 말했다. 이 모두가 리치오니의 아이디어였고 그가 이탈리아인이었기 때문에 그가 대부godfather가 되었다. 보이드는 그건 누가 되든 상관 없었다. 보이드가 관심을 가진 것은 오로지 그와 스프레이가 경량 전투기 개발을 재개할 수 있게 해줄 14만 9,000달러뿐이었다. 게다가 비록 리치오니가 대령이고 스스로를 대부라고 불렀지만 그 그룹을 이끈 사람은 보이드였다. 리치오니가 전투기 마피아에서 자신이 한 역할에 관해 말하기를 좋아했지만, 보이드는 청사의 방식을 잘 알고 있어서 자신들이 지하게릴라 운동 방식을 써야 한다고 생각했다. 일단 전투기 마피아의 진짜 목적이 드러난다면 공군은 전투기 마피아를 F-15의 적으로 간주할 것이고, 결국에는 미국의 적으로 간주할 것이다.

그 무렵 스프레이의 추천을 받은 국방장관실은 톰 크리스티가 에글린의 소나무숲에 내버려두기에는 너무 아까운 귀한 존재임을 인정하게 되었다. 폭탄의 효과에 관한 그의 연구는 공군뿐만 아니라 육·해군 및 해병대가 전부 채택했다. 그리고 그는 사람들을 관리하는 마법사였다. 공군이 문제아를 크리스티에게 떠맡길 때마다 그는 그 사람을 창의적이고 생산적인 일꾼으로 만들었다. 1969년에 크리스티는 국방장관의 지시를 받는 위즈 키즈의 오래된 사무실인 전술항공국TacAir을 운영하는 보직을 제의받았다. 하지만 그는 신중한 사람이었고 자신이 워싱턴으로 가고 싶은지 확신하지 못했다. 하나의 절충안으로서 그는 4개월 동안 한 달에 3주씩 전술항공국에서 지냈다. 그 후 크리스티가 제의받았던 보직의 책임자가 해임되었다. 크리스티는 에글린으로 돌아갔다. 그는 그로부터 4년이 지난 뒤에야 펜타곤으로 가서 전술항공국을 맡게 된다.

크리스티가 에글린으로 돌아온 지 얼마 지나지 않아 보이드가 임시 보직으로 왔다. 보이드가 크리스티의 집에 방문했을 때, 크리스티는 아내 캐시와 함께 집에 커튼을 달고 있었다. 보이드는 새 항공기를 만들 수 있는 좋은 기회를 맞아 너무 들뜬 나머지 쉬지 않고 떠들어댔다. 보이드가 바그너를 좋아한다는 것을 알고 있던 크리스티는 〈발키리의 기행Ride of the Valkyries〉을 틀었다. 그 순간 보이드는 말을 멈추고 눈이 휘둥그레지면서 갑자기 무아지경에 빠졌다. 그는 오케스트라를 지휘하듯 팔을 흔들면서 방에서 춤을 추기 시작했다. 보이드는 몇 시간 동안 혼자 방에 머물면서 음악을 들었다. 그 후 보이드가 방문할 때면 크리스티는 바그너 레코드를 근처에 두었다.

리치오니는 한동안 보이드와 친하게 지냈지만, 보이드의 추종자는 결코 아니었다. 둘의 관계는 곧 아주 안 좋아진다. 리치오니가 책상 앞에 앉아 있으면 보이드가 큰 손으로 그의 어깨를 때리면서 큰 목소리로 "타이거, 중앙홀을 싹쓸이하러 가죠"라고 말하곤 했다. 두 사람은 중앙홀에 있는 상점으로 가서 가방에 초코 캔디를 가득 담고 사무실로 돌아와 비서들에게 나눠주었다. 비서들은 초코 캔디를 책상 서랍 속에 넣어두었다. 그리고 저녁에 비서들이 집에 간 뒤, 보이드는 이 책상 저 책상으로 다니며 그 초코 캔디들을 회수했다.

어느 날 보이드가 라이트-팻으로부터 더 많은 양항 곡선을 얻는 문제를 걱정하며 복도를 왔다 갔다 할 때 리치오니가 지나갔다. 그는 보이드에게 말을 걸고는 가던 길을 갔다. 그러나 보이드 내부의 레이더가 갑자기 표적에 록온lock on[200]되었다. 보이드는 돌아서서 리치오니를 따라가면서 양항 곡선에 관해 열심히 말했다. 보이드는 리치오니의 팔꿈치를 잡아당겨 리치오니를 멈추게 한 다음, 리치오니의 가슴을 두드리면서 자신이 양항 곡선을 얻어내야 하고 라이트-팻에 있는 개자식들이 자신을 막고 있다고 외쳤다. "존, 화장실에 가야 해." 리치오니가 말했다. "나중에 얘기하면 안 될까?" 보이드는 계속 말했다. 보이드는 리치오니를 화장실까지 따라갔다. 리치오니는 소변기 앞에 섰고, 보이드는 그의 어깨 뒤에서 계속 양항 곡선과 라이트-팻의 개자식들에 관해 이야기했다. 리치오니는 돌아서서 대변기실로 들어갔다. 보이드는 그가 문을 잠그기 전에 끼어들어가서 계속 말했다. "젠장, 존, 나 혼자 볼일 좀 보세." 리치오니는 말했

---

200 록온(lock on): 레이더가 특정한 표적에 전파 추적을 고정하는 것.

다. 리치오니는 대변기실 안에서 보이드를 밀어냈다. 리치오니는 문을 쾅 닫으면서 보이드의 얼굴을 흘긋 봤는데, 보이드는 무슨 일이 벌어졌는지 깨닫지 못한 얼굴이었다. 그의 머릿속에는 온통 라이트-팻과 양항 곡선과 수치와 데이터와 차트뿐이었다.

며칠 뒤 두 사람이 워싱턴 외곽의 앤드루스^Andrews 공군기지로 차를 타고 가고 있을 때 보이드는 무아지경에 빠졌다. 그는 말을 멈추고 창밖을 응시했다. 몇 분 뒤 그는 정신을 차리고 리치오니를 돌아보며 말했다. "타이거, 방금 내가 에너지-기동성 데이터 차트를 그리고 있었는데, 그걸 미분하는 방법을 알고 싶어…."

"에너지-기동성 데이터 차트를 그리고 있었다고?" 리치오니가 말을 가로막았다. "자네 머릿속에?" MIT의 수학 박사 과정에서 리치오니는 보이드가 들어본 적도 없는 과목과 학파와 정리들을 연구했다. 그러나 리치오니는 머릿속에 에너지-기동성 데이터 차트를 그릴 수 없었다. 그는 차트를 상상할 수 없었다. 그는 그 데이터가 만들어내는 선율을 들을 수 없었다.

리치오니는 보이드에게 그가 찾는 것이 무엇이든 간에 미분값을 얻는 방법을 말해주었고, 보이드는 다시 공상에 빠졌다. 그는 전투기 마피아의 비밀 프로젝트를 통해 세계에 알려진 것 중 가장 순수한 제트 전투기를 개발할 수 있는 또 다른 기회를 얻었다.

그에게는 할 일이 아주 많았다.

CHAPTER 17

전투기 마피아, 주님의 일을 행하다

"어젯밤에 주님의 일을 했습니다"

보이드가 1969년 5월에 이례적으로 우수한 근무평정을 받은 가운데 전역 일자가 한 발 앞으로 다가오고 있었다. 상관인 로버트 타이터스Robert Titus 대령은 근무평정 앞면의 평점에 "방화벽"을 만들어주었다. 두 번째 페이지에서 그는 보이드의 에너지-기동성 연구가 "F-15 첨단 전술 전투기 획득을 가능하게 만드는 가장 중요한 유일한 연결고리였음"이라고 말했다. 그는 보이드의 "무한한 열정"에 대해 언급하면서 보이드가 "필적할 자가 없는 전술 및 기술 혁신가"이며, 보이드의 적극적인 탐구 정신은 "훨씬 더 광범위하고 원대한 연구 분야를 찾으면 쉬지 않고 계속될 것으로 보임"이라고 말했다. 그는 보이드가 "재능이 있고, 지략이 있고, 노련한" 장교로서 대령으로 특차 진급을 해야 한다고 말하면서 끝을 맺었다.

배서 장교는 보이드가 "공군 F-15 프로그램에 엄청난 기여를 했음"이라고 말했다. 한 소장은 역시 또 하나의 배서를 하면서 보이드가 "군과 방산업계로부터 이 분야의 뛰어난 권위자로 인정받았음"이라고 말하면서 그가 최근 전투기 전술을 선구적으로 발전시켜 명예표창장Citation of Honor

을 받았다고 말했다. 이 장군은 보이드를 대령으로 특차 진급시키라고 촉구하면서 배서를 마쳤으며, 보이드가 "…본인이 아는 중령 중 최고의 특차 진급 후보 2명 중 한 명"이라고 말했다.

보이드의 전역 일자는 10월에서 12월로 연기되었다. 그리고 7월에 보이드는 1970년 2월 1일로 전역을 다시 연기해달라고 요청했다. 보통은 장교가 전역지원서를 내면 군에서 빨리 나가고 싶다는 뜻이다. 그런데 보이드는 그렇지 않았다. 그는 1년 앞서 전역지원서를 제출하고, 그 후 복무 기간을 더 연장했다. 보이드에 대해 비판적인 사람은 보이드가 전역을 대령으로 진급하기 위한 지렛대로 사용해 위협했다는 자신의 생각이 옳다고 주장할 테지만, 보이드의 추종자들은 그 생각을 강하게 부정한다. 그들은 보이드가 계급에는 신경 쓰지 않았다고 말한다. 그러나 이는 나중에 알게 된 사실이나 보이드가 나중에 계급에 관해 언급한 말로부터 그들이 추정한 것일 뿐이다. 당시에는 추종자들 중 누구도 그가 전역지원서를 제출했고 전역 일자를 연기했다는 사실을 몰랐다.

8월에 보이드는 펜타곤에서 앤드루스 공군기지에 있는 공군체계사령부 본부 사무실로 전속되어 라이트-팻에 있는 F-15 프로그램 매니저의 업무를 모니터링하는 보직을 맡았다. 그는 그 보직을 수치스러워했다. 펜타곤에서 그는 비공식 채널을 통해 공군 참모총장과 연락하는 사이였고, 의회 의원들도 자주 상대했었다. 앤드루스 공군기지에서 그는 사실상 무보직이었다. 또한 공군은 F-15의 근본적인 특성을 변경했다. 보이드는 아직 첫 번째 항공기가 조립 라인에서 출고되지 않았음에도 불구하고 그 항공기를 개조된 항공기라고 여기기 시작했고, 기술을 쓸데없이 오용한 사례라고 생각했다. 반면, 그가 비밀리에 개발하던 경량 전투기는 업데이트된 그의 에너지-기동성 이론의 모든 개념을 담은 날렵한 칼이었다. 이 경량 전투기는 단순하고 작고, 항력이 작고, 가볍고, 눈에 덜 띄고, F-15보다 성능이 훨씬 뛰어나며, 레이더조차 없는 주간 전투기day fighter였다. 심지어 폭탄 장착대도 없는 순수한 전투기였다. 이 경량 전투기의 중량은

F-15의 절반인 2만 파운드가 될 예정이었다. 실제로 이 경량 전투기는 F-15가 될 뻔했다. 보이드가 정한 설계 요구조건을 보면 방산업체들이 설계를 구체화하기도 전에 그들이 어떤 설계를 할지 그가 미리 예견하고 있었던 것 같다. 그는 선회력, 모든 고도에서의 구체적인 에너지율, 상승률, 그리고 항속거리를 알고 있었다. 그리고 무엇보다도 그 항공기는 매우 저렴해서 공군이 미래의 전장을 가득 채울 수 있을 정도로 수천 대 만들 수 있을 것이었다. 이것은 그가 그의 "대전략Grand Strategy"이라고 부른 것이었다. 이 대전략의 기본을 요약하면, 미 공군에 맞서 새로운 경량 전투기를 비밀리에 개발하고, 시제기를 만든 다음, 공군이 이 경량 전투기를 채택하게 만드는 것이었다.

그것은 한 군종에 맞서 계획된 가장 대담한 음모 중 하나였다. 만일 무슨 일이 일어나는지 조금이라도 안다면 이를 즉시 중단시킬 뿐만 아니라 보이드를 지구 반대편으로 전출시키라는 명령을 내릴 사람들의 코앞에서 이런 일이 이루어지고 있었다. 보이드는 이것을 잘 알고 있었다. 그는 스프레이와 리치오니에게 전화나 사적인 대화에서도 절대로 그들이 설계하는 전투기를 언급해서는 안 된다고 말했다. 그래서 이 경량 전투기와 관련된 모든 것을 "주님의 일"이라고 부르기로 약속했다.

신형 전투기를 개발하기까지는 길고 지루한 과정을 거쳐야 한다. F-15 프로젝트는 하드웨어 계약이 체결되기까지 6년이 걸렸다. 이 점을 감안하면 세 사람이 새로운 경량 전투기를 몰래 설계할 수 있다고 생각한 것은 말도 안 된다. 그들이 공군이 바라는 것과는 다른 항공기의 생산을 밀어붙일 수 있다고 생각하는 것은 순전히 미친 짓이다. 역사상 이때만큼 그런 음모가 성공할 가능성이 희박했던 적은 없었다. 하지만 보이드는 행운이란 진정 용감한 사람의 편이라는 말을 증명할 참이었다.

리치오니가 획득한 14만 9,000달러의 연구보조금은 노스럽Northrop과 제너럴 다이내믹스에게 분배되었다. 이것은 아마도 불법이었을 텐데, 다른 업체들이 참여할 기회를 얻지 못한 데다가 노스럽과 제너럴 다이내믹스가 계약을 따낼 것이라고 기대하고 자기들의 돈을 쓰고 있었기 때문이다. 이 두 업체는 만일 공군이 계약의 실체를 알게 된다면 계약이 파기될 것임을 알았다. 그래서 그들은 둘 중 한 회사가 결국 수백만 달러의 계약을 따낼 것이라고 생각하며 침묵을 지켰다.

노스럽은 YF-17이라는 새 전투기를 설계하기 위해 엔지니어들을 투입하려면 10만 달러가 필요하다고 말했다. 제너럴 다이내믹스는 YF-16이라는 기체를 설계하기 위해 4만 9,000달러를 받았다. 제너럴 다이내믹스는 사업에 참여할 수 있게 되어 더할 나위 없이 기뻤는데, F-111의 대실패, 그리고 너무 적은 것을 가지고 너무 늦게 F-15 프로젝트에 참여한 것을 만회할 수 있는 기회였기 때문이다. 1962년의 에글린까지 거슬러 올라가는 해리 힐레이커와 보이드의 친분이 결실을 보고 있었다.

부연하면, 명칭에 "Y"를 붙인 것은 연구 프로젝트의 실체를 공군에 비밀로 하기 위한 또 다른 술책이었다. 이 항공기가 생산에 들어가면 명칭에 "F"만 붙인다. "Y"는 단 한 대만 제작되는 시제품을 의미했다.

보이드는 제너럴 다이내믹스의 힐레이커와 노스럽의 엔지니어 몇 명에게 일주일에 적어도 한 번, 때로는 더 자주 전화해서 워싱턴으로 오라고 요청하곤 했다. 보이드는 힐레이커에게 워싱턴으로 오라고 전화한 날이면 스프레이와 리치오니에게 전화를 걸어 "우리의 서쪽 친구가 마을로 오고 있습니다. 오늘 밤에는 주님의 일을 하겠습니다"라고 말했다. 보이드가 전화로 진지하게 주님의 일을 한다고 말하는 것을 듣고 무슨 뜻인지 몰라 어리둥절해하는 비서가 한두 명이 아니었다.

힐레이커는 보이드의 전화를 받으면 포트워스Fort Worth에 있는 제너럴 다이내믹스에서 이른 오후까지 일한 뒤 비행기를 타고 워싱턴으로 가서 보이드와 스프레이와 리치오니를 호텔 방에서 만나곤 했다. 그들은 YF-16 계획을 밤새워 작업하면서 에너지-기동성 차트와 초기 설계를 검토했다. 스프레이는 기수 하부에 흡기구를 배치하되 가급적 뒤로 멀리 보내기를 원했다. 보통 단발기의 흡기구는 기수 끝부분이나 양 측면에 있다.

스프레이의 이러한 혁신적인 설계 덕분에 중량이 줄고 기동 중의 엔진 기류가 개선되었으며, 항공기가 위협적이고 사나운 외형을 갖게 되었다.

힐레이커는 밤새워 일한 뒤 워싱턴 내셔널 공항Washington National Airport에서 댈러스Dallas로 가는 첫 비행기를 타곤 했다. 캘리포니아에 있던 노스럽 담당자도 이와 같은 일을 하고 있었다. 이 두 회사는 경쟁이 치열했기 때문에 각자 이 연구를 비밀로 했다.

보이드의 사무실 사람들은 그가 무엇을 하고 있는지 궁금해했다. 그는 몇 달 동안 일주일에 며칠씩 거의 정오가 다 되어서야 출근했다. 그는 하품을 하고 스마트 주스를 벌컥벌컥 들이키며 졸음을 쫓으려고 애썼다. 그의 상관이 왜 늦었는지 물을 때마다 그는 이렇게 말했다. "어젯밤에 주님의 일을 했습니다." 그런 다음 커피를 한 잔 들이킨 뒤 더치 마스터 시가에 불을 붙이고는 주위를 둘러보며 말했다. "정말 끝내줬습니다."

전역을 앞두고 어렵게 대령으로 진급하다

1970년 2월 로버트 드라반트Robert Drabant라는 젊은 중위가 에글린에 있는 톰 크리스티의 사무실에 전입 신고를 했다. "제가 할 일이 무엇입니까?" 그가 물었다.

크리스티는 웃었다. "자네는 에너지-기동성E-M 관련 작업 담당이네. 자네가 할 유일한 일은 펜타곤에 있는 존 보이드로부터 전화를 받고, 그의 말을 듣고, 그의 컴퓨터 요구사항을 처리하는 거야." 보이드는 몇 분 후에 전화를 걸어 드라반트와 직접 통화하면서 말했다. "타이거, 우리는 뭔가 멋진 일을 할 거라네." 그 뒤 2년간 보이드는 매일 전화했다. 전화했다 하면 두세 시간은 기본이었다. 드라반트는 전투기 마피아를 위해 에너지-기동성 도표를 1,500개 이상 만들었다. 보이드는 만족하는 법이 없었다. 그는 가능한 모든 경우의 수를 확인하기를 원했다. 그는 기본 에너지-기동성 이론에서 출발해서 그가 "확장된 에너지-기동성 개념Expanded Energy-

Maneuverability Concept"이라고 부른 것을 개발했다.

1970년 1월 6일에 보이드는 전역 일자를 7월 1일로 연기해달라고 또한 번 요청했다. 그는 "확장된 에너지-기동성 개념의 최종 공식화 및 저술을 완료하기 위해서"라는 이유를 제시했는데, 그는 이 개념이 "새로운 전투기 전술 개발과 새로운 전투기 개발에 큰 영향을 미칠 것"이라고 말했다.

그가 확장된 에너지-기동성 개념을 연구하고 있었던 것은 사실이나, 그것은 주로 경량 전투기에 관한 그의 연구를 감추기 위한 명목상의 구실 역할을 했다. 그는 F-15를 모니터링하는 자신의 공식 업무를 무보직이나 다름없다고 생각했다. 그가 전역 일자를 연기한 것이 추종자들의 주장처럼 그가 이 경량 전투기 연구에 흥미를 느꼈기 때문일까? 아니면 대령 진급에 활용하려는 하나의 시도였을까? 만일 후자라면, 얼핏 보기에도 그의 그런 엄포가 결코 통하지 않았을 것으로 보인다. 왜냐하면 공군은 보이드가 전역 일자를 연기하지 않았다면 보이드를 전역시켰을 것이기 때문이다. 하지만 나중에 일어난 일에 비추어보면 아마도 그의 엄포가 먹혔던 것 같다.

공군 장교단에서 중령과 대령 사이의 격차보다 더 큰 격차는 아마 없을 것이다. 중령과 대령 사이의 격차는 여러 면에서 대령과 준장 사이의 격차보다 크다. 만일 누가 중령으로 전역한다면 그의 동료들은 그를 집단에서 특출하지 않은 사람으로 여길지도 모른다. 그러나 대령은 지휘관이자 지휘부의 일원으로서, 더 이상 "중령light colonel"이 아니라 장군이 되기까지 한 걸음밖에 안 남은 "큰 새full bird"다.[201]

---

201 미군에서 대령의 정식 영어 표기는 Colonel, 중령은 Lieutenant Colonel이다. 구어체로 일컬을 때는 대령 계급장이 날개를 편 독수리 모양이기 때문에 full bird colonel이라고 속칭하기도 한다. 그리고 중령은 Lieutenant의 약자 표기인 LT와 발음이 비슷한 light를 써서 light colonel이라고 부르기도 하고, 대령을 일컫는 full bird colonel과 대조시켜서 light bird colonel이라고 하기도 한다.

공군에는 한 장교가 다른 기지로 전속된 후에는 전역하기 전에 일정 기간을 복무해야 한다는 규칙이 있다. 이 규칙은 정부가 장교를 전속시키는 데 드는 비용을 정당화하기 위한 것이다. 보이드는 펜타곤에서 앤드루스 공군기지로 전속되었다. 앤드루스 공군기지가 도시 반대편에 있고, 보이드가 이사를 가지 않고 일주일에 며칠씩 펜타곤에서 보냈다는 사실은 전혀 중요하지 않았다. 규칙은 규칙이고, 보이드는 앤드루스 기지에서 규정된 기간을 채울 만큼 오래 근무하지 않았다. 5월 초에 보이드는 전역 요청이 거부되었다는 서류를 받았다. 그 서류가 오리라는 것을 그는 미리 알고 있었던 게 틀림없다. 전역 요청이 거부되기 며칠 전에 그가 전역 요청 거부를 철회해달라는 추가 서류를 제출했기 때문이다. "공군에 폭넓은 분석 기술을 가진 연구개발 장교가 부족하니 현역으로 남기를 희망합니다." 그는 추가 서류에 이렇게 썼다. "또한 저는 이 능력으로 민간 업계에서 할 수 있는 것보다 공군과 국가에 더 많은 기여를 할 수 있다고 생각합니다."

보이드는 이미 진급심사위원회가 소집되었고 그를 대령으로 진급시키기로 결정했음을 알았을지도 모른다. 진급심사위원회의 활동은 비밀이기 때문에 이것은 어디까지나 추측일 뿐이지만, 대령 진급 심사 대상자로 논란의 여지가 있는 이름—보이드의 이름은 분명히 논란의 여지가 있었다—이 진급심사위원회에 제출되면 위원들이 여러 장군들에게 연락해 이 장교를 진급시키는 데 문제가 없는지 물어보는 것으로 알려져 있었다. 이로 인해 논란의 여지가 있는 그 진급 대상자의 이름은 종종 새어나가곤 했다.

장교들은 일반적으로 현재 계급에 진급한 순서대로 그 다음 계급으로 진급한다. 즉, 선임 중령은 늦게 중령으로 진급한 사람보다 먼저 진급한다. 특차 진급을 한 장교들은 가장 후임이므로 가장 마지막에 진급하게 된다. 이 장교들은 자신의 진급 결정을 12개월이나 15개월 정도 앞서서 알게 되기도 한다.

전역 요청이 기각되고 며칠 후, 보이드는 진급의 토대가 된 이례적으로 대단한 근무평정을 받았다. 그의 근무평정에서 검토 장교는 공군 역사상 보이드와 같은 영향을 미친 공군 중령은 거의 없다는 의견을 분명히 피력했다. 그 전해에 보이드는 "그와 같은 계급과 경력을 가진 장교로서는 이례적으로" 공군의 명예를 드높여 상을 2개나 받았다. 그는 1970년에 전국의 후보 중에서 "항공우주 기술에 탁월한 기여"를 한 공로로 호이트 S. 반덴버그 상Hoyt S. Vandenberg Award을 수상했다. 근무평정에는 보이드가 "공군에서 최고 지성 중 한 명임"이라고 기록되어 있었다. 그는 진보된 에너지-기동성 이론으로 떡갈잎 장식 공로훈장Legion of Merit with Oak Leaf cluster[202]을 수상했는데, 검토 장교는 "현재까지 알려진 전투기 분석을 위한 가장 강력한 평가 도구를 만들고 항공공학 역사상 만들어진 것 중에서 가장 효과적인 도구 중 하나를 업계에 제공했음"이라고 썼다. 그리고 보이드에 대한 평가를 이렇게 끝맺었다. "반드시 대령으로 특차 진급시켜야 함. 당장."

보이드가 대령으로 진급하도록 활동에 나선 사람은 톰 크리스티였다. 크리스티와 한 공군 대령은 제임스 퍼거슨 장군에게 보내는 8페이지 분량의 메모를 썼다. 퍼거슨은 3성 장군 당시 연구개발 담당 참모부장을 지냈고 보이드의 공헌을 잘 알고 있었다. 퍼거슨이 네 번째 별을 달고 공군 체계사령부를 맡았을 때 F-15의 진행 상황을 모니터링하기 위해 보이드를 펜타곤에서 앤드루스 기지로 전속시킨 사람이 바로 그였다.

크리스티는 메모에서 보이드가 전역하려 하고 있으며, 공군은 공군에 많은 공헌을 했고 앞으로도 더 많은 공헌을 할 장교를 잃어도 될 정도의 여유가 없다고 말했다. 퍼거슨은 이에 동의했고, 보이드를 대령으로 진급시키라고 권고하는 서신에 서명해서 진급심사위원회에 보내면 되겠냐고 물었다. 크리스티는 그것에 고마워했다.

---

202 떡갈잎 장식은 같은 훈장을 또다시 받았다는 표시다.

그러나 이 시점에 보이드의 진급 문제는 더욱더 불투명해진다. 첫째로, 진급심사위원회는 이론상으로는 지휘부의 압력으로부터 자유롭다. 하지만 실제로 어떤 사람들은 지휘부의 압력을 암시하는 것만으로도 한 장교의 진급을 막기에 충분하다고 말한다. 둘째로, 4성 장군은 진급심사위원회에 권고 서신을 거의 보내지 않는다. 만일 그렇게 한다면 그 서신은 성서처럼 받아들여진다.

겉으로는 사기꾼 크리스티가 가장 어려운 보이드의 진급 문제를 성공시킨 것처럼 보였을 것이다. 그는 여전히 보이드를 보호하고 있었고, 여전히 싸움의 한가운데 있는 사람들의 시야 밖에서 움직이고 있었다. 그는 보이드가 진급 문제에 자신이 개입했다는 것을 전혀 모르고 있었다고 생각한다. 그로부터 1년 뒤 보이드는 대령 계급장인 은빛 독수리를 어깨에 달게 된다. 하지만 보이드는 자신이 진급대상자 명단에 있다는 것을 알고 있었다. 아이러니한 점은 보이드를 대령으로 진급시킴으로써 공군체계사령부가 자신들이 가장 아끼는 전투기 프로젝트를 그가 뒤엎을 수 있게 만들었다는 것이다.

경량 전투기 프로젝트를 위해 방산업체들을 상대하다

1970년 12월에 리치오니는 전투기 마피아의 자칭 대부로서 많은 주목을 받고 있었다. 펜타곤의 일부 대령들은 지휘봉을 휘두르고 다녔지만, 리치오니는 사냥용 화살을 팔에 끼운 채 복도를 활보했다. 그는 회의 때 그 화살을 지시봉으로 사용하면서 휘둘렀다.

"왜 리치오니 대령이 저 화살을 가지고 다닙니까?" 누가 보이드에게 물었다.

"글쎄, 몰라요. 그에게 물어봐요."

"나는 전사니까." 리치오니는 말했다. "이건 내가 진정한 전사라는 걸 잊지 않게 해줘."

리치오니는 주목받기를 좋아했다. 그는 자신을 3인칭으로 표현했다. "리치오니가 어제 몇몇 장군들에게 전투기 마피아를 조심해야 한다고 말했다." 이런 식이었다. 하지만 리치오니는 전투기 마피아라는 바로 그 표현이 블루 수터들을 격분시킨다는 것을 이해하지 못했다. 출세주의자들은 전투기 마피아를 반란군, 음모자, 엘리트주의자들의 무리라고 보았다. 리치오니는 내면의 인정받고 싶어하는 욕구와 순진함이 위험하게 조합되어가고 있었다. 그는 상급 장교들에게 분노를 유발하는 메모들을 쓰기 시작했고, 그 내용 때문에 전투기 마피아가 너무 많은 주목을 받게 되었다. 한번은 그가 F-14를 지독히 열등한 항공기라고 맹비난하고 해군이 경량 전투기 구매를 고려해야 한다는 내용을 담은 서신을 썼다. 그는 이 서신의 사본을 최고위급 제독들에게 보냈다. 리치오니는 그러한 비판이 담긴 글에서 스스로를 전투기 마피아의 창시자라고 지칭했고 심지어 그가 자금을 지원받은 연구의 진정한 목적을 암시하기도 했다. 언젠가 F-15를 격파함으로써 공군을 난처하게 만들 항공기를 은근슬쩍 언급하기도 했다.

보이드와 스프레이는 당혹스러웠다. 리치오니는 한편으로는 주목받기를 즐기는 사람처럼 보였고, 다른 한편으로는 너무 순진하고 정말로 상냥해서 그에게 화를 낼 수가 없었다. 어느 날 보이드는 그에게 가서 이렇게 말했다. "대령님이 하는 일에 대한 공로를 인정받겠다고 고집한다면 인생에서 성공하지 못할 겁니다. 공을 인정받겠다는 생각에 사로잡혀 잘못된 판단을 하지 마세요."

리치오니는 동의했다. 하지만 그는 선동적인 메모를 계속 썼다.

몹시 화가 난 보이드는 리치오니의 사무실로 쳐들어가서 말했다. "특별한 프로젝트가 있어서 대령님의 연필이 전부 필요합니다."

리치오니는 책상 위에 있는 연필들을 보이드에게 건넸다. "더 필요한가?"

"갖고 계신 것 전부요." 리치오니는 책상을 뒤져서 연필을 더 꺼냈다. "셔츠 주머니에도 2개 있네요. 그것도 주세요."

보이드는 연필들을 가져다가 반으로 부러뜨린 다음 그 조각들을 쓰레기통에 던졌다. 놀란 리치오니가 그를 바라보았다.

"리치, 저한테 신세 지셨어요. 대령님을 구해드린 게 한두 번이 아닙니다. 이젠 갚으실 때예요."

당시 리치오니는 보이드가 자신의 경력을 구제해주었다는 사실을 알고 있었다.

그는 보이드에게 신세를 졌다는 데 동의하면서 말했다. "뭘 원하나?"

"그 망할 메모를 더 이상 쓰지 마세요. 누구에게도 아무것도 쓰지 마셨으면 합니다."

리치오니는 본성을 바꿀 수 없었다. 그는 막후에서 조용히 일을 할 수 없었다. 그는 점차 경량 전투기의 장점을 공공연하게 말하고 다녔고 F-15가 불필요하게 복잡하고 터무니없이 비싸다고 비판했다. 어느 크리스마스 파티에서 당시 참모차장이던 존 마이어$^{John\ Myer}$ 대장이 리치오니에게 질문을 했다. 전투기 마피아의 대부 리치오니는 F-15에서 잘못된 부분을 모두 열거하고 그 대안으로 미국에는 작고 저렴한 고성능의 항공기가 필요하다고 말했다.

"지금 나한테 우리가 잘못된 항공기를 갖고 있다고 말하는 건가?" 장군은 물었다.

펜타곤의 다른 대령들은 거의 대부분 일개 대령이 참모차장에게 공군에서 가장 권위 있는 획득 프로젝트가 잘못됐다고 말해서는 안 된다는 것을 알았을 것이다. 리치오니는 말했다. "3분의 1 가격의 더 좋은 항공기를 보여드릴 수 있습니다." 장군은 돌아서서 가버렸다.

며칠 뒤 대부 리치오니는 한국으로 전속된다는 소식을 들었다.

스프레이도 떠나게 되었다. 그는 국방부와 더 크게-더 높이-더 빠르게-더 멀리 주의가 항상 승리하는 것 같은 현실에 환멸을 느꼈다. 그는 공기와 수질을 연구하고 환경 동향을 분석하는 스타트업 기업에 입사하기로 했다. 그는 A-10의 자문위원으로 남아 여전히 보이드와 긴밀히 협력했고, 업체 인원들과 모텔 방에서 밤을 새우며 여전히 주님의 일을 행했다. 청사에는 보이드만 남게 되고, 그도 이후에는 방문객 신분이 된다.

방산업체의 배타적 세계에는 비밀로 남아 있는 것이 거의 없다. 연구 계약에 대한 소문이 나돌았고, 다른 업체들이 참여하기를 원했다. 록히드, LTV, 보잉은 노스럽과 제너럴 다이내믹스가 체결한 연구 계약을 진지하게 받아들이기 시작했다. 이 경량 전투기는 수억 달러 가치의 계약으로 바뀔 수 있었다.

1971년 5월, 의회는 F-14와 F-15에 대해 매우 비판적인 보고서를 발표했고, 그 대안으로 5,000만 달러를 투입해 경량 전투기 개발을 시작하라고 권고했다. 펜타곤 장군들은 화가 나서 씩씩거렸다. 그 보고서에는 공군과 해군의 기밀 정보가 담겨 있었다. 펜타곤 내부에서 흘러나온 것이 틀림없었다.

이 경량 전투기에 대한 이야기는 국방부 상공에 적 폭격기가 갑자기 나타나는 것보다 더 장군들을 놀라게 만들었다. 그것은 출세주의자들이 두려워할 만한 것이었다. 그것은 변화를 의미했다. 그것은 공군이 신성시한 모든 것에 반하는 것이었다. 그들은 새롭고, 비싸고, 금칠이 된 F-15가 세계 최고이고 동경의 대상인 항공기라고 여겼다. 그리고 지금 전투기 마피아는 더 우수하고, 끔찍하게도 더 저렴한 항공기가 있다고 말하고 있었다.

방산업체들은 F-15와 F-14에 대한 의회의 비판을 이 경량 전투기를 추진할 가치가 있을 것이라는 추가적인 신호로 받아들였다. 보이드는 그의 사무실 사람들에게 방산업체 사람들이 항상 점심과 저녁을 사고 싶어 하니 방심하면 쉽게 타락할 수 있다고 경고했다. 경량 전투기 프로젝트에 참여하려는 한 방위산업체는 보이드를 만나기 위해 최고위급 임원 대표들을 보내겠다고 발표하고는 그에 앞서 분석해야 할 산더미 같은 자료를 보이드에게 보냈다. 그 자료에는 항공기 성능에 관한 낙관적인 결론이 담겨 있었고 보이드는 이것이 거짓임을 알았다. 그 후 부사장들과 최고 기술자들이 보이드의 사무실에 들이닥쳤는데, 마치 왕족들의 방문 같았다. 깔끔하게 손질된 머리에 맞춤 양복을 입고 반짝이는 구두를 신은 경영진은 이 항공기 프로젝트의 핵심 인물인 꾀죄죄한 몰골에 지저분한 구두를 신은 이 대령에게 잘난 척하지 않으려 애쓰고 있었다. 보이드는 그들의 제안서 중 한 부분을 골라 지적했는데, 그가 엄청난 날개 끝 와류^{vortex}를 유발한다고 알고 있던 주날개 설계였다. 그 제안서에는 와류에 대한 언급이 전혀 없었다.

보이는 차분하고 약간 호기심 어린 목소리로 물었다. "이 주날개 설계 데이터를 어떻게 얻었습니까?"

부사장이 낭떠러지로 달려들었다. "풍동 실험으로요." 그가 말했다.

"염병할 풍동." 보이드는 소리쳤다. 그는 위를 가리켰다. "세계에서 제일 큰 풍동이 저 위에 있소. 그게 진짜죠. 이건 진짜가 아니고."

보이드는 잠시 말을 멈췄다. 부사장들과 엔지니어들은 서로를 바라봤다. 그 임원이 다시 말을 하려 할 때 보이드는 말했다. "NASA를 통해 당신네 자료를 확인했어요. 그들은 여러분의 성능 주장을 재현할 수 없었습니다."

이 말은 그들의 성능 주장이 거짓이라고 말하는 것과 같다. 그 임원은 몸을 일으키며 말했다. "대령님, 수십 명의 기술자가 몇 달 동안 이 일을 맡아 실험했습니다." 그는 손으로 책상을 두드렸다. "이건 정확합니다. NASA에 다시 가서서⋯."

보이드는 일어나서 문을 가리켰다. "당신들 나한테 거짓말하고 있소. 내 방에서 썩 꺼지쇼."

"대령님⋯."

"꺼지쇼, 젠장!"

사무실의 장교들과 비서들은 경악했다. 누구도 방산업체 사람들에게 이렇게 말한 적이 없었다. 보이드는 문 앞에 서서 눈을 부릅뜨고 방위산업체 경영진 중 누구라도 그에게 저항해보라는 듯 서 있었다. 그들은 가

죽 서류가방과 모든 자료들을 챙기고는 복도를 성큼성큼 걸어갔다. 보이드는 주먹을 꽉 쥐고 위아래로 흔들었다. "자위행위를 하고들 있어요. 당신들 그냥 자위행위를 해요. 제대로 할 거면 그때 다시 오시오."

보이드는 미국을 위해 일했다. 그는 미국 정부의 사업을 맡고 있었고, 설익은 아이디어로 실패한 방산업체들을 상대할 시간이 없었다. 납세자들의 돈 수십억 달러가 위태로웠고 그에게는 그 돈이 현명하게 쓰이도록 할 수탁 책임이 있었다.

몇 주 후 대표단을 책임지는 부사장이 전화를 걸어와서 다른 장교에게 보이드가 옳다며 기술자들이 주날개 설계에 실수를 저질렀다고 말했다. 그는 그것이 고의가 아니라 단지 실수였다고 말했다. 그는 보이드에게 이 말을 하면 어떤 반응을 보일지 두려웠다. 그는 장교에게 실수를 바로잡았다는 말을 보이드에게 전해달라고 부탁했다.

또 다른 방산업체는 이 새로운 전투기 사업에 입찰하기 위해 회사 최고의 기술자를 보냈는데, 그는 미국 정부에 탁월한 항공기 시리즈를 판매한 바 있는 세계적으로 유명한 설계자였다. 이 기술자는 근거 자료 없이 일반화된 일련의 계획을 제시했다. 항공역학적 추정치는 광범위하고 모호했다. 양항비 곡선은 대체로 낙관적이었다. 보이드는 그 설계가 새로운 항공기를 위한 것이 아니라 단순히 기존 항공기를 업그레이드한 것임을 깨달았다. 그 설계자는 보이드가 원하는 것이 아니라 자신이 공군에게 필요하다고 생각하는 것을 보이드에게 제시하고 있었던 것이다. 그 방산업체는 보이드가 그 유명한 설계자에게 경외심을 느끼리라고 생각한 것이 틀림없었다.

보이드는 당시 어떤 일이 일어났는지 이야기하는 것을 좋아했다. 그는 항력 곡선drag curve을 바라보고는 확실히 감탄하며 고개를 저었다. "이건 놀랍네요." 그는 말했다. "믿을 수 없을 정도입니다."

설계자는 미소 지었다. 그와 함께 온 기술자들도 미소 지었다. 에너지-기동성 이론으로 명성을 얻은 유명한 존 보이드는 여전히 전투기 조종사였다. 그리고 전투기 조종사는 조종석 밖으로 나오면 속이기 쉽다.

보이드는 양력 및 항력 차트^{lift and drag chart} 위로 몸을 기울였고 그의 손가락은 차트 가장자리를 넘어 왼쪽으로 움직였다. 그는 눈을 크게 뜨고 올려다보았다. "이 차트 밖으로 주익의 양력이 제로가 되는 지점을 외삽 extrapolate[203]해서 추정해볼 수 있는데요. 와, 이 항공기는 너무 뛰어나서 양력이 제로가 될 뿐만 아니라 항력이 마이너스까지 되네요."

설계자는 더 이상 미소 짓지 않았다. 그는 아마도 보이드 대령을 과소평가했었을 것이다. 그는 설계에 더 많은 시간을 쏟았어야 했다. 보이드는 이제 막 주제를 거론하기 시작했을 뿐이었다. "만일 이 물체의 항력이 마이너스라면, 엔진을 켜지 않고도 추력을 갖는다는 뜻이죠." 그는 마치 깊은 생각에 잠긴 듯 잠시 말을 멈췄다.

"그건 이 항공기가 추력을 이대로 가지고 비행장의 램프에 있으면 엔진이 꺼져 있더라도 이 미친 것을 묶어놓지 않으면 저절로 이륙할 거란 뜻이고요."

설계자는 보이드를 노려보았다. 누가 그 곡선의 0이 되는 지점을 외삽해서 추정하고, 방산업체의 자체 데이터를 이용해서 엔진이 시동도 안 걸었는데 추력을 가졌다는 것을 보이리라고 생각이나 했겠는가?

보이드는 그 서류들을 책상 너머로 떠밀었다. "이 미친 항공기는 외계 물질로 만들었군요." 보이드에 따르면, 그 설계자는 다음날 전화를 걸어 그를 점심 식사에 초대하면서 거짓 설계에 대해 자신의 상급자들에게 말하지 말아달라고 부탁했다고 한다. "말해야겠소." 보이드는 말했다. 그러자 그 설계자는 우회적인 표현과 우아한 언어는 집어치우고 보이드에게 침묵의 대가로 뇌물을 주겠다고 제안했다. "받지 않겠소." 보이드는 대답했다. 그러자 그 설계자는 국방부에 그의 회사의 상당한 영향력을 행사해

---

203 외삽: 이용 가능한 자료의 범위가 한정되어 있을 때, 알려진 자료들을 이용해서 자료의 범위 바깥의 데이터를 추정하는 것.

보이드를 해임하게 만들겠다고 공개적으로 위협했다. "최선을 다해봐라, 개자식아." 보이드는 말했다.

　일주일 후 그 유명한 설계자와 그 방산업체는 그들의 설계를 검토 대상에서 철회했다.

너무 많은 장군들을 쏘아 떨어뜨려 장군이 되지 못한 보이드

일단 어느 장교가 대령으로 진급하면 그는 자동으로 장군 진급 대상자가 되어 진급심사위원회에서 진급 심사를 받게 된다. 장군 진급 심사는 대령으로 진급하고 나서 몇 달 뒤나 혹은 1년 후쯤에 받게 될 수도 있다. 첫 진급 심사에서 진급에 누락되는 것은 별로 중요하지 않다. 하지만 두 번째로 누락되면, 그는 의심하기 시작한다. 세 번째로 누락되면 진급 기회는 사라진 것이다. 따라서 대령이 된 후 첫 번째 근무평정이 중요하다. 이를 통해 대령은 장군들이 그를 장군 클럽에 가입시키기를 원하는지 아닌지에 대한 첫 번째 암시를 받게 된다.

　1971년 10월 13일에 보이드는 대령으로 임명된 후 첫 번째 근무평정을 받았는데, 그 내용은 대단히 충격적이었다. 그는 첫 페이지 3개 평가 항목에서 기대치에 못 미치는 점수를 받았다. 검토 장교의 다음과 같은 평가는 특별한 지식이 없는 사람들의 눈에는 타의 추종을 불허하는 탁월한 근무평정의 모범적인 예처럼 보인다. "보이드 대령은 항공기 설계 특성을 최적화하기 위한 공군의 분석적 접근 방식에 계속해서 탁월하고 중요한 기여를 해왔음." 여기서 검토 장교는 보이드가 오랫동안 연구해온 것을 칭찬한다. 그리고 "탁월하고 중요한 기여"라는 표현은 그의 연구의 혁신적이고 획기적인 측면이나 그의 리더십에 대한 이전의 평가만큼 강렬하지 않다. 검토 장교는 보이드에게 학교로 돌아가서 박사 학위를 받은 다음 공군사관학교에서 교수가 되기를 권고한다. 이것은 장교의 잠재력에 대한 믿음을 나타내는 것처럼 보인다. 그러나 20년간 복무한 대령에게는 모욕적이다. 보이드는 학사 학위만 갖고 있었다. 박사 학위를 따려면 3년이나 4년이 걸릴 것이다. 대령이 순환근무에서 4년 동안 빠진다면 그것은 경력에 종지부를 찍는 것과 같다. 게다가 장군은 사관학교에서 생도들을 가르치지 않고 사관학교를 지휘한다. 마지막으로, 만일 상급 장교들이 대령이 언젠가 어깨에 별을 달 것이라고 생각한다면 그의 근무평정에서 그의 리더십에 대해 말하고 정치적 능력과 경륜을 암시한다. 그리고 장군이 될 자격이 있는 그에게 그에 맞는 보직을 추천한다. 보이드의 근무평정은 그중 어느 것도 아니었다. 보이드의 운명은 단순히 "검토 장교와 배서 장교의 평가와 권고에 동의함"이라는 한 소장의 추가 배서로 확정되었다.

존 보이드는 미 공군 역사상 어떤 사람보다도 전투기 전술, 항공공학, 과학, 공군, 그리고 미국에 많은 공헌을 했다. 그는 그리 많지 않은 공군의 독창적인 사상가 명단의 첫머리에 오르게 된다. 하지만 그의 적들이 이겼다. 그는 지금까지 너무 많은 장군들을 쏘아 떨어뜨려서 장군이 되지 못했다. 이 시기가 보이드에게는 틀림없이 절망의 시기였을 것이다. 그러나 언제나처럼 그는 자신의 일에서 위안을 찾았다. 이때 그는 경이롭고 지대한 영향을 미칠 또 다른 깨달음을 얻게 된다.

경량 전투기를 뛰어난 전투기로 만드는 두 요소

이 경량 전투기를 위한 발전된 개념 설계 작업을 수행하면서 보이드는 한국전쟁 시기까지 거슬러 올라가는 그의 모든 지난 노트들을 살펴보았다. 그는 초기에 에너지-기동성 이론을 연구하고 F-86을 위한 정확한 에너지-기동성 차트를 준비할 때 힘들었던 기억이 떠올랐다. 그리고 F-86으로 미그기와 치른 수많은 전투도 떠올랐다. 서류상으로 미그기가 거의 모든 면에서 우수했다는 것도 떠올랐다. 하지만 F-86은 미그기를 상대로 10 대 1의 격추교환비를 거뒀다. 왜일까?

보이드는 노트들을 살피고 또 살폈다. 무언가 다른 것, 어떤 다른 요소, 아마도 에너지-기동성 연구에서 다루지 않은 요소에 그 해답이 있지 않을까? 보이드는 미그기와 F-86의 특성 목록을 만들었다. 며칠 동안 그는 해답을 찾다가 자주 무아지경에 빠졌다. 마침내 그는 미그기와 달리 F-86이 가지고 있는 중요한 2가지 이점을 찾아냈다. 우선, F-86은 360도 시야를 제공하는 물방울형 캐노피를 가진 반면, 미그기 조종사의 시야는 뒤쪽이 막혀 있었다. 따라서 F-86 조종사는 적이 그를 관측하는 것에 비해 훨씬 더 쉽게 적을 관측할 수 있었다. 두 번째로, F-86은 완전한 유압조종장치hydraulic control를 가지고 있는 반면, 미그기는 그렇지 않았다. 이는 F-86 조종사는 한 손가락으로도 조종할 수 있는 반면, 미그기 조종사는 그에 비해 항공기를 조종하기 위해 더 강한 힘을 써야만 했다는 뜻이다. 이 때문에 미그기 조종사들은 대부분 비행을 하지 않을 때는 힘을 키우기 위해 근력운동을 했다.

미그기의 조종장치는 유압식이 아니어서 근육의 힘만으로 조종해야 했다는 것은 미그기 조종사가 F-86 조종사보다 더 빨리 지쳤다는 뜻이지만, 이보다 더 중요한 점은 F-86 조종사가 미그기 조종사에 비해 한 기동에서 다른 기동으로 더 빠르게 움직일 수 있다는 것이다. 현실적인 의미에서 이는 F-86 조종사가 그의 적보다 더 빠르게 일련의 공격 혹은 방어 기동을 수행할 수 있다는 뜻이었다. 그리고 한 기동을 수행할 때마다 적보다 0.5초나 1초를 더 빠르게 움직인다면, 결국 불리할 때 교전에서 벗어나거나 적기를 격추할 수 있는 위치를 얻을 수 있을 것이다. 가속이나 선회 속도 면에서는 미그기가 더 빨랐지만, 기동 변화 시에는 F-86이 더 재빨랐다. 그런데 실제 전투에서는 기동 변화 시 더 재빠른 것이 중요하다.

이 두 이점, 즉 더 나은 관측성과 더 우수한 민첩성은 틀림없이 경량 전투기를 훨씬 더 뛰어난 항공기로 만들 것이다. 이 민첩성이라는 개념은 그 후 몇 년 뒤 보이드의 업적들 중에서 가장 유명해지는 이론의 바탕이 된다.

CHAPTER 18

다리 짧은 새

F-15보다 항속거리가 긴 경량 전투기를 만들기 위한 노력

미국의 최신형 전투기는 계속 공격을 받았다. 뉴스 매체는 F-15의 엄청난 가격과 F-14의 최악의 성능에 관한 이야기를 쓰고 또 썼다. 군의 골칫거리였던 윌리엄 프록스마이어^{William Proxmire} 상원의원은 두 항공기를 맹비난하는 보고서를 발표했다. 그는 그 돈을 경량 전투기를 개발하는 데 써야 한다는 견해에 공감했다. 프록스마이어 보고서에는 F-15와 F-14에 관한 비밀 정보가 담겼기 때문에 펜타곤은 프록스마이어의 정보 출처가 전투기 마피아라고 의심했지만 이를 입증할 수는 없었다. 경량 전투기에 대한 허튼소리는 전투기 마피아 이외에 다른 어디서도 나올 수 없었다. 두 항공기에 대한 비난이 극에 달하자, 닉슨 행정부는 멜빈 레어드^{Melvin Laird} 국방장관에게 군 구매 체계를 정상화하라고 지시했다. 레어드 국방장관은 부장관인 데이비드 패커드에게 그 일을 맡겼다.

당시 피츠휴 위원회^{Fitzhugh Commission}의 조사 결과가 패커드의 마음속에 깊이 남아 있었음이 틀림없다. 피츠휴 위원회는 1969년에 국방부 관리 및 획득 절차를 면밀히 살피기 위해 임명되었다. 피츠휴 위원회는 새로운 무기체계를 만들 때 국방부가 그 무기체계의 생산을 시작하기 전에 시제 품을 개발해 시험해야 한다고 권고하는 보고서를 발표했다. 이는 방산업 체가 대부분의 경우에 자사 제품이 싸고 우수한 것처럼 보이기 위해 비 용은 줄이고 성능은 부풀려서 제시했기 때문이다. 이런 관행이 너무 흔해 서 그러한 관행에 "프런트 로딩front-loading"이라는 이름이 붙을 정도였다. 시제품을 제작해보면 설계 결함이 있는지, 성능이 예상보다 뒤떨어지는 지, 그리고 실제 비용이 얼마인지를 알 수 있다.

이것은 새로운 아이디어가 아니었다. 제2차 세계대전 전에도 신형 전 투기를 개발할 때는 거의 대부분 먼저 시제기부터 만들었다. 설계를 시험 하고, 좋은지 나쁜지를 파악하고, 수정하고, 재설계한 다음 생산하는 것이 합리적이었기 때문이다. 하지만 그 후 제트엔진과 후퇴익, 그리고 더욱 새 로운 항전장비가 등장하면서 이 모든 것으로 인해 공군과 방산업체의 관 료조직은 더욱 커졌다. 100여 명 되던 항공기 개발 인력은 1,000명 이상 으로 늘었다. 방산업체들은 시제품을 만들기에는 사업이 너무 복잡하고 비용이 너무 많이 든다고 말했다. 공군 관료들은 이에 동의했다. 시험 결 과가 나쁘면 프로젝트가 취소될 위험이 있었기 때문에 그들은 아예 시험 을 하지 않고 바로 생산에 들어가는 방식을 원했다. 맥나마라는 "토털 패 키지 조달 개념Total Package Procurement Concept"이라는 것을 펜타곤에 도입하 면서 그들의 손아귀에 놀아났다. 그는 모든 분석과 정량화를 서류를 통해 할 수 있다고 생각했다. 설계팀은 2,000명으로 늘더니 이후 3,000명으로 증가했다. 그리고 새 전투기의 개발비는 약 10억 달러로 증가했다.

1971년 여름, 패커드는 모든 군종의 시제품에 2억 달러의 예산을 지출 하겠다고 발표했다. 공군은 2억 달러 중 가급적 많은 금액을 확보할 의도 로 시제품을 제작할 프로젝트를 선정하기 위해 조직을 하나 만들었다. 라 일 캐머런Lyle Cameron 대령이 이 조직을 맡았다. 그는 국방장관실OSD 출신 으로, 위즈 키즈의 존경을 받은 몇 안 되는 직업 장교 중 한 명이었다. 캐머런은 그 대단한 집단의 존경을 받았을 뿐만 아니라, 피어 스프레이도 그의 가장 가까운 친구 중 한 명이었다. 그는 공군의 연구개발 연구소들을 샅샅이 뒤져 2,000가지 이상의 후보 프로젝트들을 찾아냈다. 공군은 캐머런에게 서두르라고 말했다. 8월에 캐머런은 단거리수직이착륙Short TakeOff and Landing, STOVL 수송기와 경량 전투기를 추천했다. 그가 이 두 가지를 선택한 이유는 설계 과정이 충분히 진행되어 계약 발표를 할 수 있는 상태였기 때문이었다. 패커드는 두 가지를 모두 승인했고, 12월에 공군은 경량 전투기 시제기 프로그램을 시작했다.

장군들은 웃으면서 만일 이 경량 전투기가 다른 모든 소형 항공기처럼 항속거리가 아주 짧다면 에어쇼에서 5분간 비행 시연을 하기에만 좋을 것이라고 비아냥댔다. 시제기를 만들게 놔두자. 그 작은 장난감 전투기는 결코 생산에 들어가지 못할 테니 그것으로 끝일 것이다. 전투기 마피아가 시제기를 몇 번 날릴 수도 있다. 그 흥분이 사라지면, 장군들은 공군 박물관에 그 물건들을 세워두고 미국의 사업을 계속해나갈 작정이었다.

큰 프로젝트를 진행 중인 방산업체들은 시제기 제작 단계로 되돌아가야 한다는 사실에 앓는 소리를 냈다. 하지만 큰 프로젝트가 없는 방산업체들은 이를 반겼다. 보이드와 스프레이는 자신들이 20년이 넘게 활동하면서 항공산업에서 가장 흥미진진한 시기를 맞고 있다고 생각했다. 이제 전투기 마피아가 모든 것을 간소화하고 관료주의를 대부분 없앨 순간이었다. 보이드는 스프레이가 A-10에 적용한 많은 아이디어를 차용했다. 예를 들면, 제안요청서는 일반적인 300페이지 정도가 아니라 50페이지로 제한하고, 방산업체의 응신은 50페이지로 제한했다. 그는 F-15보다 뛰어난 항공기를 개발할 뿐만 아니라, 펜타곤에 경량 전투기 그 자체만큼이나 효율적이고 성공적이 될 생산 과정을 보여줄 작정이었다. 그는 공군 역사상 처음으로 이전 기종보다 비용이 적게 드는 항공기를 개발하려고 했다.

A-X에서 했던 것처럼 시제기들끼리 비행 평가를 하는 것은 스프레이

의 아이디어였기 때문에 보이드는 스프레이가 자유롭게 엄격하고 현실적인 시나리오를 만들 수 있도록 해주었다. 모의 근접 공중전도 할 예정이었다. 각 시제기는 넬리스 인근의 비밀 기지에 보관해둔 미그기를 상대로 모의 근접 공중전을 치를 것이다. 그리고 F-4를 상대로도 비행할 예정이었다. 스프레이는 시제기 시험비행조종사로 에드워즈 기지의 조종사들을 원하지 않았다. 그는 허벅지에 묶은 클립보드를 걱정하지 않고 조종간을 전후좌우로 휘두를 진짜 전투기 조종사, 모든 수치를 기록지에 적는 것을 걱정하지 않고 항공기의 꼬리를 세우고 하늘에서 춤을 출 수 있는 자, 어떻게 턴앤번을 하라고 무전기로 지시해줄 지상의 기술자 샌님들이 필요없는 자들을 원했다. 일단 시험비행조종사가 YF-16을 비행하고 나면 YF-17로 갈아타고 비행할 예정이었다. 같은 사람이 두 비행기를 모두 조종하면 조종사의 편향 가능성이 없어진다.

에드워즈의 조종사들은 처음에는 자신들에게 근접 공중전 시험비행이 허락되지 않은 것에, 그 다음에는 조종사가 두 항공기를 번갈아 탄다는 아이디어에 투덜거렸다. 그들은 한 조종사가 한 신형 항공기의 조종석에서 나와 다른 신형 항공기의 조종석으로 옮겨 비행하는 것은 너무 위험하다고 말한다. 보이드는 웃었다. 그는 아마 에드워즈 놈들은 그러지 못하겠지만, 전투기 조종사들은 그렇게 할 수 있다고 말했다.

비행 평가가 끝나고 두 가지 신형 전투기 중 한 대가 더 우수한 항공기임이 드러나면 승자가 모든 걸 독식하게 될 것이다. 그렇게 되면 가장 좋은 점은 해군도 승리한 신형 전투기의 설계를 채택해야 할지도 모른다는 것이었다. 해군은 이제 곧 공군의 항공기를 떠안게 될 것이다.

존 보이드는 원래 그렇게 할 생각이었다.

설계 연구들은 경량 전투기가 성능 면에서 F-15보다 더 우수하다는 것을 보여주었지만, 이는 비밀로 해야 했다. 공군은 시제기조차 F-15를 능가하는 것을 허용하지 않을 것이다. 그러나 가장 큰 비밀이자 이 설계의 가장 혁신적이고 놀라운 한 가지 측면은 이 신형 전투기가 F-15보다 항속거리가 더 길다는 점이었다. 스프레이와 보이드는 이 부분을 두고 몇 달 동안 싸웠다. 변함없는 순수주의자인 스프레이는 연료를 덜 넣기를 원했다. 연료를 덜 넣는다는 것은 중량이 덜 나간다는 뜻이고 중량이 덜 나간다는 것은 성능이 더 좋다는 뜻이다. 보이드는 언제나 그렇듯 첫 수와 그 다음 수를 계획했고, 항속거리 면에서 F-15를 능가할 충분한 연료를 탑재할 방법을 알고 있었다. 이는 보이드에게 큰 힘이 되었다. 관료조직 안의 어떤 사람이 큰 힘을 갖고 있다면 이 힘을 사용하는 것이 일반적이다. 하지만 보이드는 그것을 숨기기로 했다. 일, 이년 후쯤 이 힘을 더 큰 이익을 위해 사용할 때가 오리라는 것을 그는 알고 있었다.

연료분율fuel fraction은 항공기의 전투 중량 중에서 연료 무게가 차지하는 비율을 말한다. 연료분율을 이해하는 데 있어 중요한 점은, 연료의 절대적인 양이 아니라 상대적인 양에 따라 비행기가 얼마나 멀리 비행하는지가 결정된다는 것이다. 즉, 항공기의 중량에서 연료가 차지하는 비율이 탑재하는 연료의 절대량보다 더 중요하다. 보이드는 이 경량 전투기의 연료분율이 30퍼센트 미만으로 내려가서는 안 된다는 의견을 강하게 고집했다. F-15의 연료분율이 25퍼센트였고 보이드가 경량 전투기가 더 우수하기를 원했기 때문에 그 수치는 결코 어겨서는 안 되는 신성한 수치였다. 새 전투기는 6,500파운드 정도의 연료를 탑재할 것이고, 연료분율은 31.5퍼센트였다.

놀랍게 들릴지 모르지만, 공군은 탑재하는 연료의 총량만을 생각했고 연료분율은 전혀 고려하지 않았다. 더 크게-더 높이-더 빠르게-더 멀리를 주장하는 사람들에게는 큰 항공기가 작은 항공기보다 항속거리가 더 길다는 생각이 거의 유전자나 다름없을 정도로 확고하게 각인되어 있었다. MiG-21은 소형 항공기이고 항속거리, 즉 다리가 짧기로 악명 높았다. 또 다른 소형 전투기인 F-5도 마찬가지였다. 만일 블루 수터들이 항공기가 아닌 새를 생각했다면 더 나은 사례를 발견했을지 모른다. 벌새는 멕시코만Gulf of Mexico을 횡단할 수 있는 반면, 그보다 몇 배 더 큰 새들은 겨우 몇 마일밖에 날지 못한다. 벌새는 연료분율이 높은 것이다.

보이드는 스프레이에게 말했다. "타이거, 그들은 항속거리가 짧다는 점을 이용해서 이 항공기를 죽이려 할 거야. 그렇게 하게 놔둬. 그것이 그들의 주된 초점이 되도록 놔둬. 적당한 시점에 그들에게 그렇지 않다는 것을 얘기하면 그들은 할 말이 없을 거야. 그렇게 그들을 갈기는 거야."

보이드가 옳았다. 공군 장군들과 의회의 비판자, 그리고 펜타곤과 친한 기자들은 경량 전투기가 탑재하는 연료의 양을 보고 이륙한 비행장, 즉 "모기지"만을 방어할 수 있는 항속거리가 제한적인 "다리가 짧은" 항공기라고 비난하기 시작했다. 경량 전투기에 대한 비난의 중점은 예상대로 제한적인 항속거리가 되었다. 한번은 보이드가 그 경량 전투기에 대해 브리핑을 한 적이 있는데, 그 후 한 장군이 주위를 둘러보고 미소 지으며 이렇게 말했다. "그건 다리가 짧은 작은 개자식이지, 그렇지 않나, 대령?"

"장군님, 그렇게 보입니다." 보이드는 방에 있는 사람들의 조롱하는 웃음소리를 무시하며 말했다.

해군은 공군과 마찬가지로 스프레이를 혐오했고, 상원 군사위원회 위원들에게 그와 싸우는 방법을 코치한 적이 있었다. 스프레이는 의회에서 군이 민간 항공기 시장에서는 군의 조달 가격보다 10분의 1 가격이면 살 수 있는 부품들로 어떻게 F-14와 F-15에 금칠을 했는지 증언했을 때 격렬한 공격을 받았다. 그는 공군이 시제기를 제작하고 있는 경량 전투기가 군을 위한 옳은 방향이라고 말했다. 어느 해군 장교는 "스프레이의 연구는 잘못된 가정, 절반의 진실, 왜곡, 잘못된 추정으로 가득 차 있습니다"라고 말했다. 해군은 이 경량 전투기의 제안된 성능에 의문을 제기하고, 스프레이가 설명한 정도의 추력중량비를 갖는 항공기라면 중량이 적어도 5만 파운드는 되어야 할 것이라고 말했다. 그들은 그렇게 장난감 같은 전투기로는 스프레이가 주장한 성능을 결코 낼 수 없을 것이라고 생각했다.

그로부터 몇 년이 지나서야 공군은 이 경량 전투기가 F-15보다 항속거리가 더 길 뿐만 아니라 공군의 다른 어떤 전투기보다 항속거리가 더 길다는 것을 깨닫게 된다. 10명이 넘는 장성들은 이 사실을 알고는 노발대발했다. 경량 전투기의 항속거리를 비밀로 한 것은 보이드의 가장 훌륭한 망토 흔들기 중 하나였다.

공군 역사상 어떠한 공군 전투기 설계도 이처럼 철저하게 경계의 눈으로 감독된 적은 없었다. 이는 달리 말하면, 방산업체들이 어떠한 설계 변경을 제안하더라도 보이드의 요구사항에서 벗어난다는 뜻이었다. 크리스티가 묘사한 바에 따르면, 설계 변경이 제안될 때마다 보이드는 "폭발"했다. 보이드는 한 가지 중요한 설계 싸움에 졌다. 그는 경쟁 기종들이 전부 엔진이 하나 있는 단발 전투기이기를 원했다. 하지만 라이트-팻의 한 3성 장군은 단발 전투기는 상상조차 할 수 없다고 생각했다. 그래서 제너럴 다이내믹스의 설계에서 YF-16은 엔진이 하나인 단발 전투기로 유지된 반면, 노스럽의 YF-17은 엔진이 2개인 쌍발 전투기가 된다.

보이드가 순수한 경량 전투기의 설계를 유지하겠다고 결심한 것과 관련해서 한 가지 재미난 사건이 있었다. 항공기를 평가할 컴퓨터 모델 준비를 담당하는 대령은 분명히 노스럽의 설계를 선호했다. 그는 YF-17이 더 나은 항공기라는 것을 보여주는 모델을 개발했고, 이 컴퓨터 모델이 최종 후보 선정 과정에 쓰이도록 하려고 시도했는데, 이는 매우 부적절한 행위였다. 어느 날 스프레이가 이 대령의 사무실에 있을 때 전화벨이 울렸다. 스프레이는 전화기 너머에 있는 사람이 대령에게 그의 컴퓨터 모델을 선정 과정에서 뺀다고 말하고 있다는 것을 눈치챘다. 대령은 언쟁을 하면서 점점 더 흥분하더니 침을 튀기고 입에 게거품을 물었다. 그는 얼굴이 하얗게 질리더니 의자에서 떨어져 바닥에 주저앉았다. 스프레이는 그를 부축하기 위해 책상으로 달려갔다. 잠시 후 대령은 몸을 떨며 스프레이에게 사무실에서 나가라고 손짓했다. 몇 분 뒤 스프레이는 보이드에게 달려가 말했다. "엄청 놀라운 일이 방금 일어났어요. 제가…." 그는 대령의 이름을 말했다. "… 그때 그가 전화를 받았습니다. 그러더니 그가 갑자기 의자에서 떨어져서 입에 거품을 물기 시작했습니다. 그가 죽는 줄 알았어요."

보이드는 스프레이를 보며 말했다. "그와 통화한 게 나야. 왜 전화가 끊어졌는지 궁금했네."

그 후 이 사건은 "공대깔개air-to-rug 기동"이라고 유명해졌고, 추종자들은 보이드가 전화만으로도 블루 수터를 의자에서 떨어뜨릴 수 있다는 사실에 놀라며 고개를 저었다. 공대깔개 기동 이야기는 특히 그 대령이 4성 장군에 이어 공군 참모총장이 된 이후로 초저녁 술자리에서 안주 삼아 즐겨 하는 이야기가 되었다.

나콘파놈 태국 왕립 공군기지로 파견되다

보이드는 제2차 세계대전에 늦게 도착했고, 한국전쟁에도, 베트남 전쟁에도 늦게 도착했다. 그는 1971년 말이 되어서야 태국 파견 명령을 받고 동남아에서 가장 은밀한 비밀 군사기지 중 한 곳으로 가게 되었다. 이곳에서 그는 한 프로젝트를 진행하게 되었는데, 이 프로젝트는 기밀이어서 반드시 그것에 대해 알아야 하는, "일급 비밀" 이상의 비밀 정보 취급 인가, 이른바 음어code-word 사용 인가를 받은 소수의 사람하고만 그것에 대해 의논할 수 있었다.

전쟁에 나가는 사람은 자신의 뿌리를 방문하고 싶어 한다. 그래서 보이드는 1972년 2월에 고향 이리를 방문했다. 그를 맞이한 것은 이리 겨울의 얼음과 눈과 긴 밤이었다. 보이드는 어머니 엘시를 방문했지만, 그녀가 보이드와 메리와 아이들이 그녀의 집에 머물도록 허락하지 않아서 모텔에서 지내야만 했던 지난번 방문 이후로 그들의 관계는 불편해졌고 거의 형식적이었다.

항상 그랬듯 보이드는 프랭크 페티나토를 찾았고, 두세 명의 친한 친구들을 찾아다녔다. 그는 그들에게 F-15와 경량 전투기, 그가 싸워야 했던 모든 장군, 그리고 역사상 가장 뛰어난 전투기를 생산하기 위한 끊임없는 싸움에 관해 말했다. 그는 그 싸움 한복판에 있었고, 그 일이 확실히 잘 되게끔 하는 역할을 맡고 있었다. 그는 결국 이길 것이다. 그리고 그렇게 되리라는 것을 알고 있었다. 페티나토는 보이드가 잘 해낼 것이라는 의미로 고개를 끄덕이면서 미소지었다. 이 이야기의 대부분은 페티나토가 이해하기에는 너무 복잡했다. 그러나 그에게 보이드는 아들과 같았고 그는 보이드의 말을 믿었다. 반면, 보이드의 친구들은 대부분 그렇지 않았다. 그들은 그래, 그래, 그래라고 말하면서 이리 출신의 누군가가 그런 일을 할 수 있다는 것을 믿지 못하겠다는 태도를 애써 감추려 하지 않았다. 멋진 이야기야, 존. 그리고 그들은 서로를 바라보며 활짝 웃었다. 순전히 헛소리야. 그들의 표정은 그렇게 말했다. 아, 그런데 존, 조종사들이 전쟁에 나갈 때는 제트 전투기를 타던데, 자넨 거기서 무얼 탈 거야? 아, 이건 비행 보직이 아니야. 그는 말했다. 나는 작전을 이끌고 있어. 그 작전이 뭔데? 그건 말할 수 없어. 그들은 웃었다. 그렇게 중요한 건 아니겠네. 그들은 말했다. 만일 그렇다면 장군이 이끌 텐데, 너는 장군이 아니잖아. 보이드는 잠시 침묵하다가 대화의 주제를 다른 것으로 돌렸다. 그와 친구들은 어린 시절 이리에서 성장하면서 있었던 일들과 소년 시절의 장난, 스틴슨스Stinson's에서 산 밀크쉐이크에 대해 이야기했다.

보이드가 워싱턴으로 돌아왔을 때 그에게는 신체검사를 받고 전투 지역 배치와 관련된 수많은 준비를 할 수 있는 시간이 몇 주밖에 없었다. 이 준비 중에 앤드루스 공군기지에서 근무한 그의 마지막 근무평정이 나왔다. 2성 장군인 검토 장교는 앞면에서 3개 부문에서 기대치에 못 미치는 점수를 주었다. 하지만 한 3성 장군이 앞면의 4개 부문에 대해 보이드를 높이 평가하는 배서를 써서 검토 장교를 박살냈다. 한 장성이 이런 방법으로 다른 장성에게 굴욕을 주는 경우는 드물다. 더 높은 계급의 장군이 또다시 보이드의 근무평정을 구해주었다.

이제 과학 학회에 제출된 학술지나 논문들이 보이드의 에너지-기동성 이론에 주목하기 시작했다.《항공기 저널Journal of Aircraft》1970년 1-2월호에는 보이드를 언급한 "에너지 상승, 에너지 선회 및 점근적 확장Energy Climbs, Energy Turns, and Asymptotic Expansions"이라는 제목의 글이 실렸다. 1972년에는 "차등 선회Differential Turns", "초음속 항공기의 에너지 선회Supersonic Aircraft Energy Turns", 그리고 "차수 감소 근사치에 의한 항공기 기동 최적화Aircraft Maneuver Optimization by Reduced-Order Approximation"와 같은 논문이나 글들이 모두 보이드의 이론을 사용했다. 그리고 보이드가 태국에 있는 동안 다양한 과학 학회 참가자들은 보이드의 이론을 기반으로 한 "공중 전투 분석을 위한 도달 가능 집합 기술의 적용Applications of Reachable Sets Techniques to Air Combat Analysis", "특정한 최종 조건을 최단 시간에 만들기 위한 장거리 에너지 상태 기동Long-Range Energy-State Maneuvers for Minimum Time to Specified Terminal Conditions", "선회 비행을 위한 에너지 관리 규칙Energy Management Rules for Turning Flight"과 같은 주제의 논문들을 들었다.

이는 단지 이론이 아니었다. 존 보이드가 없었더라도 F-15 전투기는 존재했겠지만 완전히 다른 괴물이 되었을 것이다. 아마 기형적인 F-111과 같은 항공기가 되다가 그 과정에서 폐기되고 공군이 해군 항공기를 채택해야만 하는 상황이 될 가능성이 컸을 것이다. 많은 사람이 그를 "F-15의 아버지"라고 부를 정도로 보이드의 에너지-기동성 이론은 F-15 설계에 결정적인 영향을 미쳤다. 그리고 마침내 경량 전투기가 나오게 되었다. 1972년 4월 13일 보이드가 태국으로 떠날 즈음, 레어드 국방장관은 공군이 경량 전투기 프로그램을 위한 시제기를 제작하도록 승인했다. 이것은 제2차 세계대전 이후 처음으로 미 공군이 세 가지 신형 전술항공기—F-15, 경량 전투기, A-10—를 동시에 개발하게 되었다는 뜻이었다. 이 세 가지 신형 전술항공기는 모두 공군이 설계한 것으로, 해군에게 속아서 만든 것이 아니었다. 보이드는 그중 두 전술항공기를 거의 다 책임졌고, 나머지 하나는 스프레이가 책임졌다.

보이드는 태국으로 떠나면서 군 경력에서 처음이자 마지막으로 지휘 보직을 맡았다. 이것이 그의 마지막 전쟁이었기 때문에 그는 모든 것을 최대한 활용해야 했다. 그는 임무를 탁월하게 수행해서 더 이상의 비판적인 근무평정이 없어야 했다. 그가 자리를 비운 동안 경량 전투기의 시제기가 제작될 것이다. 비행 평가는 그가 돌아올 즈음에 이루어질 것이다. 그는 공군이 두 항공기 중 무엇을 구매할지 결정하는 데 직접 참여하기를 원했다.

그러나 그것은 1년 후의 일이었다. 1972년 4월에 메리와 아이들은 차로 보이드를 덜레스로 데려다주고 작별인사를 하고는 그가 군수송사령部Military Airlift Command의 수송기에 탑승하기 전에 떠났다. 언제나 그렇듯 전투기 조종사 가족의 전통에 따라 메리와 아이들은 그가 이륙하는 것을 보지 않았다. 보이드를 태운 수송기는 캘리포니아주 트래비스Travis 공군기지로 날아가 그곳에서 더 많은 군인들을 태우고 알래스카주 앵커리지Anchorage를 경유한 다음 태평양을 건너고 일본을 거쳐 필리핀의 클라크Clark 공군기지에 착륙했다. 그곳에서 보이드는 독신장교숙소에서 하룻밤을 보냈다. 다음날 오전에 그는 방콕으로 날아가 태국 공군기지들을 왕복하는 C-130에 짐을 실었고 마침내 나콘파놈Nakhon Phanom 태국 왕립 공군기지에 내렸다.

CHAPTER 19

유령 기지

태스크포스 알파의 부사령관으로 NKP에 온 보이드

모든 전쟁에는 기지 밖의 사람들이 그 안에서 무슨 일이 벌어지고 있는지 거의 알지 못할 정도로 은밀하게 활동하는 기지들이 있다. 이 기지들은 비밀스럽고, 수상한 사람이 드나드는 기미가 보이고, 더 은밀한 조직들을 감추기 위한 비밀 조직이라는 소문들이 돈다. 베트남 전쟁에서는 그러한 기지가 나콘 파놈Nakhon Phanom 태국 왕립 공군기지였는데, 이 기지는 흔히 NKP 또는 속된 표현으로 벌거벗은 엉덩이Naked Fanny라고 불렸다. NKP에서의 활동은 극비라서 처음 3~4년간은 그 기지가 공식적으로는 존재하지 않았다. 하지만 1972년 4월에 보이드가 그 기지에 도착하던 즈음에는 NKP라는 유령 기지에 관한 소문이 퍼져 있었다.

NKP는 태국 북동부의 메콩강Mekong River 동안에 연해 있고, 나콘 파놈이라는 오래된 상업도시로부터 몇 마일 떨어진 곳에 있다. 그리고 라오스의 항아리 평원Plain of Jars에서 남쪽으로 약 320킬로미터 떨어진 라오스 국경 인근에 있다. 다른 사람들은 거의 알지 못할 정도로 고도로 구분된 많은 다양한 군사작전들이 이곳을 근거지로 삼았다. 기지 안에는 경비가 삼엄한 육군의 시설 단지가 있었는데, 그곳에서 연구 및 관측단^{Studies} ^{and Observation Group, SOP}이라는 특이한 이름을 가진 조직이 이 전쟁에서 가장 대담하고 아직도 기밀로 분류되는 몇몇 군사 작전 수행을 책임졌다. 6개 특수항공전대대가 그곳에 주둔했으며, 이들은 눈이 휘둥그레질 정도로 낡은 여러 프로펠러 추진 항공기들을 타고 비행했기 때문에 조종사들은 NKP를 "플라잉 서커스^{flying circus}[204]"라고 불렀다. 특수작전 부대 헬기들이 덜덜거리며 밤낮없이 오고 갔다. 민첩한 소형 쌍발기 OV-10은 전방항공통제기^{Forward Air Controller, FAC}[205] 임무를 수행했다. 제2차 세계대전 시대의 단발기 A-1 "샌디^{Sandy}"는 강력한 중무장 항공기로서 탐색구조 임무와 특히 특수부대를 위해 근접항공지원^{CAS} 임무를 수행했다(피어 스프레이의 A-10은 부분적으로 A-1을 모델로 했다). 제2차 세계대전의 경폭격기 A-26은 전투 임무를 자주 수행했다. 밤낮으로 이륙하는 볼품없는 프로펠러 추진 수송기 AC-119는 기체 측면을 향해 발사되는 대형 개틀링^{Gatling} 기관포[206]를 장착함으로써 표적을 휘황찬란한 크리스마스 트리처럼 불타게 만들 수 있는 치명적인 건쉽^{gunship}[207]이 되었다. 그리고 공군의 다른 곳에서는 볼 수 없는 둥근 기수와 안테나가 달린 감시용 항공기도 많이 있었다.

F-4나 서드^{Thud}는 그곳에 없었지만 이따금 재급유를 위해 내렸다. 공격적인 북베트남 조종사들이 NKP에서 출발한 헬기 한 대를 격추한 사건 이후로는 가끔 완전무장한 F-4가 미그기가 접근하면 출격하기 위해 활주로에 비상대기하기도 했다. NKP는 동남아에서 가장 바쁜 기지 중 하나였

---

204 플라잉 서커스: 비행기 곡예단을 일컫던 표현이다.

205 전방항공통제기: 항공기가 지상 폭격을 더 정확하게 하도록 표적을 정해주고 유도하는 역할을 한다.

206 개틀링 기관포: 원형으로 묶인 여러 개의 포신들이 회전하면서 탄약이 발사되는 기관포.

207 건쉽: 강력한 지상 공격 무장을 싣고 전장에 머물면서 지상군에게 화력 지원을 하는 항공기를 일컫는 표현.

다. 이 기지에서는 아마 주간보다 야간에 더 많이 항공기들이 이착륙했다.

기지 주변에는 울타리가 쳐진 여러 시설 단지들이 산재해 있었는데, 이곳은 관계자 외에는 출입이 금지되었다. 하지만 기지는 많은 부분이 개방되어 있어서 태국인들이 양복점, 세탁소, 바, 그리고 몇몇 상업 시설을 운영했다. NKP에 대한 더 흥미로운 사실 중 하나는 들개 떼가 이곳을 점령했다는 것이다. 들개들은 어느 정도 받아들여졌다. 우린 태국에 있고 전쟁 중이니까라는 것이 일반적인 분위기였다. 게다가 굶주린 들개들은 초급 장교들의 막사 밑에 사는 큰 쥐들을 잘 잡았다.

이중 보안 철조망 울타리로 둘러싸인 거대한 건물 단지가 기지의 많은 부분을 차지했다. 흙으로 쌓은 경사벽revetment이 이 단지를 구분하는 경계선이 되었다. 헌병이 감시탑을 지키고 울타리를 따라 순찰을 돌았다. 이 단지의 출입은 엄격히 통제되었다. 본관 건물은 1968년에 건설되던 당시 기준으로 동남아시아에서 가장 큰 건물이었다. 그러나 대부분의 시설은 지하에 있었고, 두꺼운 콘크리트벽으로 보호되었으며, 먼지를 막고 여러 대의 컴퓨터를 보호하기 위해 양압 환경positive pressurized atmosphere[208]을 유지한 채 운영되었다. NKP 주변에 이 단지는 단순히 "프로젝트Project"라고 알려졌다. 공식 명칭은 태스크포스 알파Task Force Alpha였다. 이 외에 이글루 화이트Igloo White, 더치 밀Dutch Mill, 머슬 숄스Muscle Shoals 등 다양한 암호명이 이 단지와 관련이 있었다.

태스크포스 알파의 중심은 "침입 감시 센터"였는데, 이 침입 감시 센터의 목적은 적을 관찰하기 위해 호찌민 루트Ho Chi Minh Trail를 따라 설치된 음향 센서, 지진 센서, 소변탐지기, 그리고 다양한 다른 센서들을 모니터링하는 것이었다. 여러 대의 컴퓨터가 센서 데이터를 종합해서 적이 무엇을 하고 있었는지 전반적인 상황을 구성하기 위한 작업을 했다. 트럭으로

---

208 양압 환경: 공기 정화 필터를 거친 깨끗한 외부 공기를 실내로 유입시키면서 실내의 공기압이 바깥보다 높게끔 유지해서 외부의 오염된 공기가 실내로 들어오지 못하도록 하는 실내 환경.

이루어진 호송대열인가, 아니면 수백 명의 사람들이 루트를 따라 행군하고 있는가? 그들은 어디에서 밤을 보낼 것 같은가? 보급창이 그곳에 있는가? 컴퓨터들이 일단 그에 대한 정보를 내놓으면, 표적 전문가들이 적을 상대로 어떤 항공기를 보낼 것인지, 어떤 폭탄 혹은 미사일을 투하할 것인지 결정했다.

호찌민 루트는 남베트남에서 활동하던 북베트남군이 짐자전거와 소형 트럭으로 보급을 하는 주보급로를 이루는 오솔길과 비포장 도로망이었다. 오솔길에 센서를 심는 것은 맥나마라 국방장관의 연구개발R&D 기술관료들의 아이디어였기 때문에 이 프로젝트는 "맥나마라 라인McNamara Line"으로 알려지게 되었다. 25억 달러가 투입된 이 작전은 IBM[209]에 엄청난 횡재였다. 기술관료들은 태스크포스 알파의 한 직원이 말했듯이 만일 "핀볼 기계pinball machine"처럼 루트를 유선으로 연결한다면 보급망을 끊을 수 있고 미국이 전쟁에서 이길 수 있을 것이라고 맥나마라를 설득했다. 이것은 미국 최초의 전자 전장electronic battlefield이었다. 그리고 이것은 베트남전에서 일급비밀 작전 중 하나였다.

존 보이드는 태스크포스 알파의 부사령관으로 NKP에 왔다.

보이드는 전쟁의 광기를 보여주는 무언가가 거의 매일 일어나던 때에 도착했다. 기지에 마약이 너무 만연해 있어서 식당에서 나이프와 포크, 그리고 플라스틱 숟가락이 제공되었다. 금속 숟가락은 마약을 담아 가열하는 그릇 대신 사용하기 위해 모두 훔쳐갔기 때문이다. 일급비밀인 지하실에서 보이드 밑에서 근무한 인원 한 명은 항상 우비를 입고 출근했다. 그는 우비 안에 아무것도 입지 않은 알몸 상태였다. 그의 업무는 베트남 무선 송신을 청취하는 것이었는데, 그는 옷을 입으면 그들의 암호를 해독할 수 없다고 말했다.

보이드는 강한 열정을 가지고 첫 지휘 보직에 뛰어들었다. 적 포병의 위

---

209 IBM: 미국의 컴퓨터·정보기기 제조업체.

치를 파악하는 것이 태스크포스 알파의 역할 중 하나였다. 음향 센서로는 화포의 정확한 위치를 충분히 빠르게 파악할 수 없었다. 공격기가 현장에 도착했을 때 화포는 침묵하거나 재배치된 뒤였다. 보이드는 센서를 심는 격자형 체계grid system를 개발했다. 그 뒤로는 이제 첫 번째 적 포탄이 발사된 지 5분도 되지 않아서 전방항공통제기 조종사들이 위치 표시용 로켓marking rocket을 발사하고, 제트기들이 포병 진지를 포격하기 위해 공격 정렬lining up을 할 수 있게 되었다. 보이드는 그의 새로운 격자형 체계에 매우 흥분해서 몇몇 야간 임무에 승객으로서 비행하기 시작했다. 아마도 전방항공통제기 조종사들이 이용하는 시속 175마일의 소형 프로펠러 추진 항공기인 OV-10을 탔을 것이다. 그러나 보이드는 적진 상공을 비행하기에는 너무 중요한 인물이었기 때문에 상관이 곧 그에게 내려오라고 명령했다.

기회균등교육 장교로서 기지 내의 인종 갈등 문제를 해결하다

보이드는 태스크포스 알파의 책임 외에도 감찰관 및 기회균등교육Equal Opportunity Training, EOT 장교이기도 했는데, 이는 베트남 전쟁이 끝나가는 군 내부의 인종적 혼란을 고려할 때 아주 위험한 역할이었다. 그러나 그는 여전히 짬을 내서 에너지-기동성 이론을 이용해 F-4와 베트남 전구에서 운용 중인 적 전투기의 성능을 비교하는 브리핑을 준비했다. 그는 태국과 베트남 전역의 공군기지에서 브리핑을 했다. 또한 그는 F-111의 몇 차례 추락사고 중 하나를 조사하는 위원회를 주관하라는 명령을 받았다. 그는 그 임무가 그가 여러 해 동안 F-111을 비판해온 것에 대한 처벌이라고 생각했다.

　NKP에 도착하는 다른 모든 장교처럼 보이드도 기지에 있는 태국 양복점에 가서 "파티복[210]"을 주문했다. 파티복은 대체로 파란색이었지만 태

---

210 화려한 색상으로 조종복처럼 생겼고, 원피스 또는 투피스 형태에 비공식 패치들을 부착한 복장이다. 이는 동남아 지역 공군 부대들의 전통이었다.

스크포스 알파의 멤버들은 검은색을 입었다. 그 옷은 조종복처럼 생겼고 앞쪽에 지퍼가 달렸으며 주머니도 많았다. 파티복은 장교 클럽에서 환송 파티나 전투 기지에서 기념하는 다른 축제 행사 때 입었다. 파티복은 부착하는 장신구나 장식물, 휘장, 패치에 어떤 규칙도 없었기 때문에 결국에는 군인이 입는 복장 중에서 가장 화려한 복장 중 하나가 되었다. 보이드는 그의 커다란 전투기무기학교 패치를 가슴에 붙이고 양 어깨에는 부대 패치를 붙였다. 한 패치에는 동남아시아 전쟁 게임 참가자PARTICIPANT IN SOUTHEAST ASIA WAR GAMES라고 쓰여 있었다. 가장 인상적인 부분은 옷의 뒷면으로, 밝은 노란색 정원 호스가 둘둘 말려 있는 그림이 있고 그 밑에는 역시 밝은 노란색으로 "갈기는 자THE HOSER"라고 쓰여 있었다.

NKP에서 장교들이 항상 파티를 즐기는 생활만을 한 것은 아니었다. 1972년 초여름에 NKP에서 인종 문제가 위험한 국면을 맞았다. 기지에 있던 고위 장교 중 한 명은 신앙심이 깊고 매우 보수적이었는데, 전쟁으로 인해 점점 해이해졌다. 그는 미국 술과 태국 여성에게서 위안을 찾았다. 그는 틀림없이 죄책감을 느끼면서 자신의 부대원들을 처벌했을 것이다. 흑인과 백인 병사들 간에 싸움이 벌어지자 그는 흑인 병사들에게 헬기에 타라고 명령했고, 그들은 무장 감시병과 함께 방콕 근처의 육군 교도소로 이송되었다. 재판 전 구금은 군대에서는 흔한 일이 아니며 이사건에 참가한 백인 병사들은 똑같이 구금되지 않았기 때문에 기지는 인종 간 긴장 상태가 고조되었다. 인종 간 감정이 너무 격해져서 백인 조종사들은 흑인 헌병들이 거주하는 병영 근처를 지나가는 것을 두려워했다. 여러 차례 인종 간 싸움이 벌어졌다.

이 지휘관은 이런 주위의 상황을 무시하고 더 많은 술과 더 많은 여자들을 피난처로 삼았다. 이때 보이드가 개입했다. 기회균등교육 장교로서 그는 자신의 책임을 진지하게 받아들였다. 보이드와 그 지휘관 사이에는 여러 층의 지휘 단계가 존재했지만, 보이드는 헬기를 호출했고 기지의 선임 변호사에게 방콕으로 가서 구금된 흑인 병사들을 면담하라고 말했다.

"무슨 일이 일어났는지 알아내시오." 보이드는 실제로 이렇게 말했다. "그들이 개입하지 않았거나 싸움을 먼저 시작하지 않았으면 풀어주시오. 그들이 먼저 시작했다면 그대로 거기 놔두고."

보이드가 방콕으로 가라고 명령한 변호사는 아놀드 퍼스키Arnold Persky로, 당시 법무감실 소령이었다. 퍼스키는 구금된 흑인 병사들을 면담하고 주동자라고 파악된 한 명에게 재판 때까지 계속 구금 상태로 있으라고 명령했다. 나머지는 풀려났을 뿐만 아니라 퍼스키의 헬기를 타고 NKP로 돌아왔다. 그들이 돌아오자 보이드는 기지의 모든 흑인 부대원들과 함께 앉아서 그들에게 이전에 무슨 일이 일어났었는지는 중요하지 않으며, 지금은 자신이 기회균등교육 장교이고 상황은 달라졌다고 말했다. 기지의 인종 간 갈등 상황은 해소되었다. "그 차이는 밤과 낮의 차이와도 같았습니다." 퍼스키는 말했다. "보이드 대령은 상황을 완전히 뒤바꿔놓았습니다."

이것이 보이드의 첫 번째 작전 지휘였기 때문에 그는 도착한 지 두 달 후 상급자들로부터 평가를 받았다. 평가서에는 보이드가 "압박이 가해지는 작전 절차에 효과적으로 대처할 수 있는 무한한 능력과 체력을 가지고 있는 것으로 보임"이라고 쓰여 있었다. 그는 인종 갈등이 격앙된 상황에서 "아주 타당한 판단력을 발휘"해서 "큰 문제 발생 가능성을 방지했음." 그러나 평가서의 내용 중 가장 중요한 부분은 "그는 지휘관으로서의 자질이 충분함"이라는 부분이었다. 동남아시아의 공군 장성들은 이 평가에 동의했음이 틀림없다. 이 사건을 일으킨 지휘관은 직위해제 되어 본국으로 송환된 반면, 보이드는 태스크포스 알파에서 나와서 제56전투지원단Combat Support Group의 지휘를 맡게 되었으며, 이 보직은 여러 다른 역할과 함께 기지 사령관 직책을 겸하는 자리였기 때문이다.

사고 과정과 이를 삶에 적용할 수 있는 학습 이론을 좇다

8월 10일에 보이드는 메리에게 보내는 편지에서 운동하고, 가볍게 먹고,

몸무게를 170파운드(77킬로그램)로 줄이려고 노력하고 있다고 썼다. 그는 자신이 많은 생각을 해왔고 그가 "사고 과정과 그것을 다른 사람들에게 가르칠 수 있는 방법에 대한 환상적인 돌파구를 눈앞에 두고 있다"고 느낀다고 말했다. 그는 그가 펜타곤에 있는 동안 생각하기 시작한 것의 "확장과 정제expansion and distillation" 과정에 도달했다고 말했다. "이걸 다른 사람들에게 말하지 마. 그들은 평소처럼 나를 미쳤다고 생각할 테니까"라고 그는 말했다.

보이드가 집착한 것—이것은 너무 지나친 말이 아니다—은 창의성의 본질을 이해하는 것이었다. 이러한 집착은 실제로 몇 년 전에 그가 에너지-기동성 이론을 자신이 어떻게 생각해냈는지 궁금해하면서 시작되었다. 에너지-기동성 이론은 본질적으로 아주 단순한 것인데, 왜 아무도 이것을 발견하지 못했을까? 그가 최초로 그것을 발견할 수 있었던 이유는 무엇이었을까? 그는 더 광범위한 학문을 연구했다. 그는 기지 도서관에서 철학, 물리학, 수학, 경제학, 과학, 도교Taoism, 그리고 그 밖의 여섯 가지 분야에 관한 모든 책을 대출받았다. 그는 모든 것을 다 뒤지고 있었지만 자신이 무엇을 찾고 있는지는 잘 몰랐다. 9월 28일자 편지에서 그는 다시 한 번 메리에게 사고 과정과 이를 삶에 어떻게 적용할지에 관한 "환상적인 돌파구를 목전에 두고 있다"고 쓰면서 자신이 무엇을 연구하고 있는지 암시했다.

10월 15일자 편지에서 그는 이렇게 썼다. "나는 솔직히 내 스스로도 놀랄 방향으로 사고 과정을 확장했어." 그는 만일 자신의 이론이 실행 가능하다면 "나는 상당히 다른 학습 이론을 쫓고 있는지 모르며—지금 보기에는— 현재 쓰이는 방법이나 이론보다 더 강력해 보여"라고 말했다. 그는 이 아이디어들이 궁극적으로 어느 방향으로 갈지 확실치 않으며 더 멀리 나아가기 전에 피어 스프레이와 이를 논의하고 싶다고 말했다. 그리고 "내 삶에 새로운 방향"이 생겼다면서 자신의 이론이 맞다면 "그것이 우리를 좀 더 가깝게 하고 과거에는 이룰 수 없었던 풍요로운 삶을 제공할 것이라고 생각해"라고 말했다.

기지 사령관이 되다

보이드가 동남아시아에서 첫 근무평정을 받은 것은 태스크포스 알파를 떠나 제56전투지원단장이 되었을 때였다. 첫 페이지에는 "인간관계 기술"을 항목을 제외하면 방화벽이 쳐졌는데, 이는 의심할 여지 없이 그가 때로는 너무 솔직해서 상관들이 좋아하지 않았다는 뜻이었다. 그럼에도 불구하고 두 번째 페이지의 가장 중요한 첫 문장은 "보이드 대령은 본인이 함께 근무했던 장교 중에서 가장 헌신적인 장교임"이라고 쓰여 있다. 검토 장교는 F-4의 성능을 적기와 비교한 보이드의 브리핑이 "우리 항공기 중 한 대가 격추당하지 않도록 구했을 뿐만 아니라 그 조종사가 승리를 거둔 것"을 개인적으로 알고 있었다고 말한다. 다시 한 번 보이드 외측롤 기동outside-roll maneuver의 효용성이 전투에서 증명되었던 것이다.

그리고 F-111에 대한 보이드의 감정이 어떻든 그는 분명히 추락사고에 대한 조사를 잘 해냈다. 검토 장교는 보이드의 사고 보고서가 "철저하고" "좋은 평가를 받았음"이라고 말한다. 이 근무평정은 보이드가 진정시킨 인종 갈등 사건을 되새기면서 "그때 이후로 이 부대에는 사소한 인종 갈등 사건이 발생한 적이 없음"이라고 말했다. 배서 장교인 소장은 보이드의 실적이 "절대적으로 우수"하고 "보이드 대령이 그가 함께 일하고 감독하는 사람들에게 열정을 불러일으키고 자신감을 심어주는 매우 지적이고 헌신적인 장교"라고 말했다.

보이드가 자신이 살핀 모든 것에 능통하게 되고 문제를 해결하기 위한 그의 창조적인 재능이 꽃피기 시작한 것은 기지 사령관이 되면서부터였다. 보이드는 수송, 보안, 그리고 식당 감독에서부터 모든 사람이 종교 활동을 할 수 있도록 하는 것까지 기지의 모든 시설 프로젝트를 책임졌다. 전임 사령관은 NKP 주변의 시설 관리 활동들을 상당 부분 무시했다.

기지 사령관으로 부임한 보이드는 그가 둘러본 모든 곳에서 즉각적인 조치가 필요한 문제들을 발견했다. 그러나 제7공군은 답신하는 데 몇 시간이 걸리는 서류를 매일 보내왔다. 보이드는 공군 관료주의가 자신이 당면한 일을 방해하고 있다고 생각했다. 그의 해결책은 제7공군이 그에게 요구한 것보다 더 많은 서류작업이 필요한 자료를 추가해서 응신하는 것이었다. "상대도 고통스러워봐야 안다." 그는 말했다. 불과 몇 주 만에 시간이 많이 걸리는 제7공군의 요청들은 거의 없을 정도로 줄었다.

보이드가 대처해야 했던 가장 즉각적이고 심각한 문제 중 하나는 기지에 있는 들개 중 상당수가 광견병에 걸렸다는 것이었다. 보이드의 해결책은 즉각적이고, 효과적이고, 단순했다. 그것은 눈에 보이는 모든 들개를 사살하는 것이었다. 예외는 없었다. 나중에 그는 자신의 명령에 따라 행동한 헌병이 심지어 한 공군 장교의 목줄에 묶인 채 걸어가는 개를 쏘기도 했다고 말했다. 보이드는 개가 광견병 증상을 보이지 않더라도 다른 개에게 물렸을 수도 있고 곧 증상이 나타날지도 모른다고 생각했기 때문에 그러한 조치를 취했다. 공군전투기지는 개를 격리해놓고 감염됐는지 살펴보기 위해 기다릴 여유가 없었다.

보이드는 기지 검열을 하면서 전임 사령관이 남긴 부주의의 흔적을 더 많이 발견했다. 병사들이 사용하는 변소가 온통 외설적인 낙서로 뒤덮여 있었다. 보이드는 기지 내 모든 부대의 선임 부사관들을 불러서 변소에 다시 페인트를 칠하라고 하면서 더 이상의 낙서는 없을 것이라고 말했다. 그들은 변소에 다시 페인트 칠을 한다고 해도 새로운 외설적인 낙서들을 위한 새로운 캔버스가 될 뿐이라고 보이드에게 말했다. 사내자식들이 다 그렇지요 뭐라고 그들은 말했다.

보이드는 엄한 표정을 지으며 부사관들에게 긴 검지를 흔들었다. "자, 이렇게 할 거다." 그는 부사관들에게 말했다. "일단은 변소를 전부 다시 칠한다. 그런 다음 기지 정문 앞에 도랑을 판다. 그 뒤 내가 또다시 변소에서 망할 외설적인 낙서를 보게 되면 기지의 모든 병사 변소를 잠가버리겠다. 낮이든 밤이든 비가 오든 간에 오줌이나 똥을 싸고 싶으면 그 도랑으로 가서 싸야 할 거다. 태국 사람들이 지나가는 앞에서 말이야." 보이드는 부사관들이 자신의 말을 충분히 이해할 때까지 잠시 말을 멈췄다. 그는 부사관들이 무슨 생각을 하고 있는지 잘 알고 있었다. 마을에서 가장 번화한 거리가 곧장 기지로 뻗어 있었다. 정문 앞에 도랑을 파놓으면 수백 명의 사람이 보게 될 것이다. 태국인들은 개인의 청결함과 사생활에 대해서는 까다롭기로 악명 높았다. 도랑에서 용변을 보는 미군 병사들은 경멸의 대상이 될 것이다. 게다가 동남아시아에서는 이때가 심한 우기로 접어드는 시기였다.

부사관들은 놀라지 않았다. 그들은 자신들의 변소가 따로 있었다. 만일 이 미친 대령이 병사들을 위해 도랑을 파기를 원한다 해도 자신들에게는 영향을 미치지 않을 것이다. "자네 부사관들도 포함이다." 보이드는 덧붙였다. "자네들 변소도 잠그겠다. 그러니 자네 부대원들에게 이 지시를 확실히 전달하는 게 좋을 거다. 이제 여기서 나가서 변소를 다시 칠하도록 한다."

들리는 바에 따르면, 1972년 11월부터 기지가 폐쇄될 때까지 NKP는 동남아시아에서 가장 깨끗한 병사용 변소를 가지고 있었다고 한다.

그리고 태국 여성과 바람을 피우고 있던 초급 장교 이야기도 있었다. 이 사실 자체에 특이한 점은 없었다. 태국 여성들은 매우 아름다웠고 많은 미국 장교들이 그들과 가까운 관계를 가졌다. 그러나 특히 이 장교는 기혼자였고 곧 죄책감에 휩싸였다. 그는 관계를 끊었다. 이 문제의 여성은 영향력 있는 마을 관리의 딸로, 그 관리는 딸이 버림받자 그의 가족이 체면을 잃게 되었다고 느꼈다. 그는 그 젊은 장교를 강간죄로 고발하려고 했다.

보이드는 그 젊은 장교를 불러서 거시적 관점에서 얼마나 많은 기지의 활동이 태국 관리들의 호의에 달려 있는지 알려주었다고 말했다. 보이드는 그 젊은 장교에게 죄책감을 느끼든 말든 그 관계를 지속하라고 명령했다. "자네가 여기서 전출 갈 때까지 매일 밤 그녀와 섹스하라고 직접 명령한다." 보이드는 그 장교에게 이렇게 말했다.

"사령관님, 그건 합법적인 명령이라고 생각하지 않습니다." 그 장교는 말했다.

"젠장, 나는 명령했고 그대로 따르는 게 좋을 거다. 우리는 전쟁 중이고 여기엔 자네 죄책감보다 더 큰 게 걸려 있다. 자네의 성기는 자네에게 문제를 초래할 수 있지만, 미국에 문제를 일으키지는 않을 거다. 내 말대로 하지 않으면 자네가 공군에 있는 한 자네 삶을 지옥으로 만들어주겠다."

그리고 보이드는 마을 관리를 불러 젊은 장교가 잘못을 뉘우쳤으며 그 관리의 딸과의 관계가 계속될 것이라고 말했다.

광견병과 변소 벽의 외설적인 낙서와 방황하는 젊은 장교는 대수롭지 않게 보일 수 있다. 그러나 이러한 작은 바늘 코들은 전시 공군기지라는 큰 양탄자를 구성할 뿐만 아니라 보이드의 창의적 문제 해결 방식의 핵심을 보여준다. 이 조치들은 모두 효과적이었고, 미국의 중요한 공군기지의 심각한 사기 문제를 되돌리는 데 기여했다.

보이드는 또한 NKP의 기지 매점B-X, Base Exchange이 불필요하게 사치스럽다고 생각했다. 그는 헤어드라이어부터 텔레비전 세트와 스테레오 오디오까지 모든 것을 파는 상점이 전투기지에 설 자리는 없으며 그런 것들이 미군을 "약하게" 만들었다고 말했다. 퍼스키의 회고에 따르면, 한번은 그가 보이드와 대화하고 있을 때 보이드가 기지 매점을 가리키면서 저 상점의 모든 것들을 C-130에 실어서 북베트남에 낙하산으로 투하해야 한다고 말했다고 한다. "그들이 호화로운 생활에 익숙해지게 내버려둔 다음 우리가 그냥 걸어 들어가서 점령하면 돼"라고 그가 말했다.

보이드는 또한 아주 중요한 상황들도 다뤘다. 그는 맥나마라 라인이 비용이 많이 드는 실패작이며 그것을 자신이 중단시켰다고 말했다. 훗날 보이드는 어느 4성 장군이 보이드를 NKP에 파견한 것은 국방부 장군들이 공군에서 그 바보짓을 막을 배짱이 있는 유일한 사람이 보이드뿐이라는 것을 알았기 때문이라고 자신에게 말해주었다고 주장했다.

고위급 장교인 보이드는 한 트레일러에서 살았다. 모든 사람의 말에 따르면, 그는 하루에 18~20시간씩 일했다. 그는 릴테이프 데크를 샀고, 매일 밤 트레일러에서 서류작업을 하면서 불길한 분위기의 〈발키리의 기행〉이나 장엄한 〈발할라성으로의 입성Entry of the Gods into Valhalla〉[211]을 들었다. 보이드는 밤중에 주로 미국에 있는 스프래드나 크리스티 혹은 스프레이에게 전화했는데, 한번은 메리에게 전화했다. 이 통화들은 마스MARS[212]라고 불리는 햄HAM[213] 무선 네트워크를 통해 이루어졌다. 이 시스템에서는 말을 한 후 반드시 "오버over"라고 말해야 했고, 그 다음 기다리면서 끝없이 긴 침묵을 감수해야 했는데, 메리에게는 이것이 아주 혼란스러웠다. 보이드는 밤에는 "학습 이론"을 오랜 시간 연구했다. 이 연구가 보이드가 쓴 몇 안 되는 글 중 하나인 "파괴와 창조Destruction and Creation"라는 11페이지 분량의 논문으로 완성되기까지는 거의 5년이 걸렸으며, 어떤 사람들은 이 미발간 논문이 그의 가장 중요한 지적 업적이라고 여긴다.

여동생 앤의 죽음

12월에 크리스마스 폭격[214]이 시작되고 공군기지들에 비상이 걸렸을 때 보이드는 형 게리에게서 긴급한 전갈을 받았다. 여동생 앤이 유방암에 걸려 매우 아프다는 것이었다. 죽을지도 몰랐다. 보이드는 뉴욕에 있는 병원으로 가야 했다.

---

211 〈발할라성으로의 입성〉: 오페라 〈니벨룽겐의 반지〉 중 1부의 마지막 곡.

212 마스(MARS): 군용보조무선장비(Military Auxiliary Radio System)의 약자다. 1925년에 처음 프로젝트가 시작되었고 2015년에 종료되었다.

213 햄(HAM): 아마추어 무선.

214 크리스마스 폭격: 미국이 북베트남에 파리평화회담 재개를 압박하기 위해 대대적인 북폭을 시행한 라인배커 2 작전(Operation Linebacker II)을 말한다.

그 소식을 듣고 보이드는 충격을 받았다. 게리는 사라져가는 기억력과 싸우고 있는 어머니를 플로리다로 모셔오자고 이야기했었다. 그리고 이런 일이 생긴 것이다. 그는 청원 휴가를 얻어 미국으로 돌아갔다.

앤은 뉴욕시에서 매리언과 함께 살았다. 그녀는 여전히 모든 개인적인 일은 다른 사람에게 말하지 말라는 어머니의 경고에 영향을 받아 가족 중 누구에게도 자신이 암에 걸렸다는 사실을 알리려 하지 않았다. 그러나 매리언은 죽어가는 여동생을 혼자서 감당할 수는 없었다. 그녀는 앤에게 말했다. "게리가 일 때문에 여기로 온대. 그는 너를 보고 싶어할 거야. 그러니 그를 병원에 데려올 수밖에 없어."

"알았어." 앤은 말했다.

매리언은 좀 더 밀어붙였다. "그리고 존은 여기 뉴욕에 중요한 회의가 있어서 태국에서 돌아온대. 그를 못 오게 할 수는 없어."

"알았어."

그래서 휴버트와 엘시 보이드의 살아 있는 네 남매가 컬럼비아 장로병원Columbia Presbyterian Hospital에 모였다. 며칠 후 앤은 회복되는 것처럼 보였다. 보이드는 12시간의 시차를 가로질러 전쟁터인 태국의 외딴 기지로 긴 비행을 하기 위해 지친 몸을 이끌고 비행기에 올랐다. 하지만 앤의 회복은 잠깐뿐이었다. 보이드는 NKP에 도착한 지 일주일 남짓 후 또 다른 전갈을 받았다. 앤이 죽어가고 있다는 것이었다.

보이드가 도착했을 때 앤은 의식이 오락가락하는 상태에서 많은 약을 투여받고 있었다. 게리와 매리언은 그녀의 침대 옆에 앉았다. 게리는 존과 함께 나가서 앤이 좋아하는 아이스크림을 사주자고 제안했다. 앤이 자고 있어서 매리언은 고개를 끄덕여 동의했다. 게리와 보이드는 겨울 거리를 거의 1시간 동안 힘겹게 걸었다. 그들이 나가 있는 동안 매리언은 앤이 유난히 조용하다는 것을 알아차렸다. 매리언은 앤의 어깨를 거칠게 흔들었는데 아무 반응이 없었다.

"앤, 자니?" 매리언이 물었다. 반응이 없었다.

이제 매리언은 무서워졌다. 그녀는 사람이 죽을 때 청각이 가장 늦게까지 살아 있다는 말을 항상 들었었다. 그녀는 몸을 숙이고 앤의 귀에 대고 소리치기 시작했다. 하지만 앤은 반응이 없었다. 간호사들이 매리언이 외치는 소리를 듣고 방으로 달려왔다. "제 동생이 안 좋아요. 대답을 안 해요." 매리언이 간호사들에게 말했다.

간호사들은 앤을 한 번 쳐다보고는 그녀가 죽었다는 것을 알았다. "이제 저희가 맡을게요." 간호사들은 이렇게 말하며 매리언을 방 밖으로 안내했다.

보이드와 게리가 아이스크림을 사가지고 돌아왔을 때, 그들은 여동생 앤에게 마지막 작별인사를 할 수 있기를 빌면서 복도에 서 있는 매리언을 발견했다.

그 후 게리와 보이드는 이리에 가서 어머니에게 어린 딸이 암으로 죽었다고 전해야만 했다. 엘시는 앤이 아픈지 몰랐기 때문에 그 소식을 듣고 상당히 충격을 받았다. 하지만 평소와 같은 극기심으로 견뎌냈다.

NKP에서의 파견근무를 마치고 다시 펜타곤으로

보이드가 NKP로 돌아왔을 때 그의 파견근무 기간은 3개월 남았다. 그는 3개월 뒤 영원히 본국으로 돌아왔다. 그가 자신의 얼마나 파견근무를 잘 수행했는지는 그의 마지막 근무평정에 잘 드러나 있다. 첫 페이지는 다시 한 번 인간관계에 관한 항목을 제외하고는 방화벽이 쳐졌는데, 인간관계 항목에서는 "탁월outstanding"이 아닌 "평균 이상above average"이라는 평가를 받았다. 설명 부분에서는 그의 "적절하고 효과적인 관리 실무"가 악화되던 인종 갈등 상황을 반전시켰고, 생활·업무·휴게 시설을 개선하여 기지 전체의 사기가 높아졌다고 말했다. 또한 이 근무평정은 보이드가 태국 관리들과의 "높은 수준의 협력"을 통해 태국과 미국의 협력에 의존하는 수많은 프로젝트들의 성공적인 마무리를 가능케 했다고 언급했다. 그리고 보이드의 임무지향적 성격이 "이 비행단의 전투 작전 성공에 현저한 기여"를 했다고 평가했다. 배서에서는 보이드가 연구개발R&D 분야 출신이지만 지휘관 역할을 "우수하게" 수행했다고 평가했다.

NKP는 보이드의 경력에서 하나의 전환점이었다. 그에게 베트남 전쟁은 펜타곤 전쟁으로부터 벗어나 잠시 쉴 수 있는 일종의 휴가나 다름없었다. 그해에 그는 모든 것을 깨끗이 정리할 수 있는 기회를 가질 수 있었다. 그는 열성적인 독서 프로그램과 창의성의 본질에 대한 강박적인 탐구를 시작했는데, 이 두 가지는 곧 그의 삶의 주된 초점이 될 일의 기초가 되었다.

보이드가 동남아시아에서 받은 근무평정은 완벽에 가깝다. 보이드가 전투 환경이라는 가마솥, 다시 말해 사람들이 본성을 그대로 드러내는 전장, 그의 전임 기지 사령관이 보여주었듯이 일부 사람들이 스트레스로 인해 무너지는 모습을 보여준 전장에서 자신의 임무를 완벽하게 수행했음을 주목할 필요가 있다.

하지만 이제 그는 다시 펜타곤, 즉 블루 수터들의 미로로 돌아가고 있었다.

CHAPTER 20

B-1 프로젝트를 조사하라

경량 전투기를 살아남게 한 세 번째 우연한 사건

보이드가 워싱턴으로 가는 장거리 비행을 위해 태국에서 이륙했을 때 그는 미국이 얼마나 곤경에 처해 있는지, 그리고 펜타곤과 공군에서 일어나고 있는 변화가 얼마나 중요한지 거의 알지 못했다. 리처드 닉슨 대통령은 사면초가에 빠졌고, 부통령은 자리에서 쫓겨나려던 참이었으며, 불신과 불확실성의 분위기가 나라에 만연했다. 펜타곤의 지휘조직 전체는 베트남의 쓰라린 교훈을 흡수하려 애썼다. 그리고 공군에서는 오래 이어져온 핵폭격기 장군들의 시대가 끝나가고 있었다. 이 장군들은 여전히 공군을 지휘했지만 대거 전역하고 있었고, 철학까지는 아니더라도 적어도 방향성에서 변화를 가져온 전투기 장군들의 선봉대로 대체되고 있었다.

보이드는 거의 23년 동안 공군에 있었고, 자신이 장군이 될 가능성이 거의 없다는 것을 알고 있었다. 펜타곤은 전역하기 전 그의 마지막 보직이 될 것이다. 이 보직은 공군에 그의 자취를 남길 마지막 좋은 기회였다. 그는 자신의 업적이 경량 전투기가 되리라고 생각하고 그의 모든 희망과 꿈을 경량 전투기 프로젝트에 집중했다.

동시에 보이드는 폭넓게 책을 읽고 앞서서 생각하면서 자신의 "학습 이론"을 이해할 방법을 찾고 있었다. 그가 말하는 학습이란 공부가 아니라 아니라 창조의 과정을 의미했다. 보이드 자신은 당시에는 몰랐지만 그의 학습 이론은 일련의 놀라운 지적 성취의 출발점이 된다. 그는 극히 일부 사람만 이해하는 순수한 지적 영역으로 들어가서 10년 동안 폭풍우 치는 길을 걸을 참이었다. 그는 또한 남은 4명의 추종자 중 3명이 재빨리 연이어 합류할 수 있는 무대로 막 들어서려던 참이었다. 그 무대는 청사였으며, 장막 뒤에서 놀라운 사건들이 벌어지고 있었다.

신임 국방장관 제임스 슐레진저 James Schlesinger 는 대부분의 장관처럼 업적을 남기고 싶어했다. 그는 그 방법을 알아내기 위해 군대에 대한 이해력이 뛰어나서 그가 깊이 존경하는 리처드 핼록 Richard Hallock 에게 자문을 구했다. 핼록 대령은 공수부대원이었고, 많은 훈장을 받은 전쟁영웅이었으며, 존경할 만한 피어 스프레이의 친한 친구이기도 했다. 사실 스프레이가 처음 청사에 왔을 때 핼록이 그의 멘토였다.

핼록은 슐레진저와 함께 앉아서 실제로 이렇게 말했다. "업적을 남기고 싶다면 무엇을 업적으로 만들고 싶은지를 빨리 결정하는 것이 중요하다는 점을 아셔야 합니다. 빨리 결정하지 않으면 업적을 남기지 못할 것입니다. 왜냐하면 몇 달 뒤에는 펜타곤의 일에 휘말려 장군들과 얽히고 일의 범위와 크기에 압도되어서 그렇게 하기에는 너무 늦을 것이기 때문입니다. 몇 가지 프로젝트를 선택하고 거기에 장관실의 전체 무게를 실어주십시오. 프로젝트를 지도하십시오. 그리고 보살피십시오. 처음부터 그것들이 장관님의 업적이 될 것이라는 걸 알고 계십시오. 관료주의를 헤치고 나아가십시오."

슐레진저는 동의했다. 하지만 각 군종에서는 수십 가지, 어쩌면 수백 가지의 프로젝트가 진행 중이었다. 그것들을 분류하는 데만도 몇 달이 걸릴 것이었다. 무엇을 선정해야 할까?

"몇 가지를 추천해드릴 수 있습니다. 가장 중요한 두 가지가 공군에서 진행 중이나, 공군은 그 둘 다 원하지 않습니다. 싸우셔야 할 겁니다."

"그게 무엇입니까?"

"경량 전투기와 A-10입니다."

두 프로젝트에 대한 핼록의 상세한 분석을 읽은 후 슐레진저는 동의했다.

슐레진저의 결정은 경량 전투기를 살아남게 한 세 번째 우연한 사건이었다. 놀랍게도 이 경량 전투기 프로젝트는 다시 한 번 살아남았다. 처음에는 시제기 프로그램을 시작하기로 한 패커드의 결정이 있었다. 패커드의 결정이 없었다면 경량 전투기는 무산되었을 것이다. 두 번째로, 공군 시제품 선정 위원회 의장이자 피어 스프레이의 친구인 라일 캐머런 대령이 시제품 제작을 위한 프로젝트를 찾기 시작했을 때 리치오니의 연구로 위장하고 일하던 전투기 마피아는 준비가 되어 있었고 그에게 경량 전투기의 상세한 사양을 건넸다. 그리고 이제는 핼록이 신임 국방장관의 최우선순위로 이 경량 전투기를 추천했다.

청사 외부의 사람들은 이처럼 막후에서 국방장관이 미는 경량 전투기가 시제기에서 완전 생산으로 진행될 확실한 후보였다고 생각할 것이다. 그러나 그렇지 않았다. 공군은 F-15와 B-1이라는 두 가지 주요 획득 프로젝트를 진행 중이었다. 새 전투기는 이 두 사업에서 돈을 빼앗아갈 뿐만 아니라, F-15와 경쟁할 또 다른 전투기가 될 것이었다. 피어 스프레이의 A-10은 시제기를 제작 중이었지만 공군은 이 프로젝트를 중단하기로 결정했다. 그들은 A-10과 근접항공지원[CAS] 임무 모두를 잊고 싶어했다.

슐레진저 국방장관이 자신의 업적을 남기기 위해 고른 이 두 가지 프로젝트는 아마 공군에서 가장 논란의 대상이 되는 프로젝트였을 것이다.

관료들로 가득 찬 개발계획실의 실장이 되다

청사에서 보이드의 새 보직은 개발계획실Office of Development Plans 실장이었다. 개발계획실은 공군을 위한 장기 계획을 수행한 몇몇 사무실 중 하나였지만, 실제로는 쓰레기 하치장이었다. 공군은 장기 계획을 별로 중요시하지 않았기 때문에 개발계획실은 체계적인 접근방식을 전혀 개발하지 못했다. 보이드가 장군이 되지 못할 것이라는 또 다른 신호로, 공군은 그를 막다른 골목에 숨겨두었다.

하지만 보이드는 그 보직을 펜타곤의 근본을 뒤흔들 발판으로 이용할 참이었다.

개발계획실 사람들은 현상 유지를 원했기 때문에 NKP 근무를 마치고 오는 새 보스가 공군의 슈퍼스타이자 창의력이 풍부하고 통제 불능의 이단아라고 명성이 자자한 고지식한 대령이라는 말을 들었을 때 당연히 많이 겁을 먹었다. 다림질한 A급 제복을 입고, 예절을 지키고, 부드럽게 걸으라는 말이 퍼졌다.

보이드는 그러한 입소문에 부응했다. 우선 그의 외모는 충격적이었다. 절제된 다이어트와 운동으로 그는 몸무게가 170파운드(77킬로그램)밖에 나가지 않았다. 불룩한 이두박근과 건장한 체격을 가졌음에도 불구하고 옷이 몸에 비해 커서 늘어졌다. 움푹 들어간 볼 때문에 매부리코가 더 도드라졌다. 강렬하게 빛나는 눈은 거의 초자연적으로 반짝였다. 그는 위압적이고 탐욕스러워 보였다.

보이드는 개발계획실의 모든 것이 마음에 들지 않았다. 장기 계획은 예산을 고려하지 않고 이루어졌기 때문에 대부분 무의미했다. 보이드는 개발계획실을 "무계획실"이라고 불렀고, 그에게 제출되는 대부분의 서류에 서명하기를 거부했다. 수십 개의 메모와 계획, 연구, 지시사항들이 그의 책상을 거쳐 그대로 던져졌다. 서류들이 처음에는 그의 책상에 쌓여 있다가, 그 다음에는 구석에 있는 상자에 쌓였다. "누군가 나한테 물어보면 서류가 여기 있기는 한데 찾을 수가 없다고 말하지." 그는 말했다. "무계획에는 서명을 안 해." 그는 사무실을 활보하며 부하들을 노려보다가 갑자기 그들에게 다가가서 앙상한 손가락으로 그들의 가슴을 찌르며 이런 식으로 말했다. "만약 상관이 충성을 요구한다면 그에게 진실함을 보여줘. 하지만 진실함을 요구한다면 충성을 바치고."

그들은 서로를 바라보며 어리둥절해했다. 대체 저게 무슨 뜻이람?

보이드는 부임한 지 일주일 만에 부서장들과의 첫 회의를 소집했다. 그는 시가에 불을 붙이고, 스마트 주스를 한 모금 쭉 들이키고는 의자에 등을 기대고 앉았다. "자네들이 하고 있는 모든 것은 무의미하네." 그는 말했다. "이 사무실에서 나오는 건 어떤 망할 것이든 전혀 중요하지 않아." 그들은 불편한 기색으로 자세를 고쳐 앉고는 기다렸다. "하지만 그것이 공군이 원하는 거야. 그러니까 계속 아무것도 하지 마. 헛소리로 날 귀찮게 하지 말고." 그는 그가 특히 비효율적이라고 판단한 장교 한 명을 제외하고 모두 해산시켰다. "내가 자네한테서 아무 말도 듣지 않는다면 자네는 훌륭한 근무평정을 받게 될 거야." 보이드는 말했다. "나한테 말을 걸면 근무평정 평점을 낮추겠네. 실제로 자네 근무평정은 내가 얼마나 자주 자네에게서 말을 듣는지와 반비례하게 될 거야." 그 장교는 할 말을 잃은 채 보이드를 바라보았다. 보이드는 책상 너머로 몸을 구부린 채 손가락질을 했다. "내가 여길 벗어날 것 같진 않아. 이 사무실에서 자네가 자신을 망칠 수 있는 유일한 방법은 나한테 말을 거는 거야." 그러고 나서 그는 손을 흔들면서 그 장교를 돌려보냈다.

몇몇 서류가 보이드의 주의를 끌었다. 신형 B-1 폭격기에 관한 연구와 보고서를 읽었을 때, 그의 안테나가 작동했다. 그가 전투기 조종사였고 단순히 폭격기를 좋아하지 않았기 때문일 수도 있다. B-1이 가변익 항공기였고 그가 가변익 기술을 경멸했기 때문일 수도 있다. B-1이 극단적으로 금칠이 되어서 매우 비쌌기 때문에 B-1을 제작하려면 F-15와 경량 전투기를 만들 돈을 빼앗아와야 했기 때문일 수도 있다. B-1이 너무 복잡해서 문제들이 끝없이 발생할 것이라는 것을 알았기 때문일 수도 있다. 아니면 보이드가 그 프로젝트가 근본적으로 부패했음을 감지했을 수도 있다. 그는 사무실을 둘러보았고, 어떠한 출세주의자도 공군이 그렇게 소중히 여기는 프로젝트를 공격하러 뛰어들려 하지 않을 것임을 깨달았다. 그것은 그에게 달려 있었다.

보이드는 새 보직으로 인해 프로그램 검토 위원회Program Review Committee 의 일원이 되었는데, 프로그램 검토 위원회는 공군이 채택할 프로그램과 공군이 나아갈 방향을 선택하기 위해 수백 가지의 아이디어를 분류하는 권위 있는 대령과 장군들의 집단이었다. 여기서도 모든 것은 예산 제약에 대한 고려 없이 이루어졌다. 보이드는 이들의 회의에서 이루어지는 논의가 쓸모없다고 생각해 참석을 거절했다. 한 장군이 보이드가 참석할 수 없다면 그의 대리자라도 회의에 참석해야 한다는 말을 전하자, 보이드는 사무실을 둘러보다가 한 비서에게 눈에 꽂혔다. 그녀가 타자기에 종이를 넣고 손가락을 움직이기 시작하자, 타자기에서 마치 개틀링 기관총 같은 소리가 났다. 그녀는 펜타곤에서 가장 빠른 타이피스트 중 하나였다. 하지만 종종 타자기의 홈home 키[215]를 누르지 않아서, 타자기에서 종이를 찢어서 서명을 받기 위해 누군가에게 건넸을 때 보면 내용이 횡설수설이었다. 보이드는 그녀를 회의에 보냈다.

보이드는 청사로 돌아온 첫날 전국의 여러 곳에 전화를 걸었다. 그는 넬리스의 스프래드와 에글린의 톰 크리스티에게 전화했다. 그리고 자신이 좋아하는 두 학생인 에버렛 라즈베리와 론 캐튼에게 전화를 걸었다. 라즈는 중령으로 에글린의 시험비행대대에서 작전 장교로 근무 중이었다. 캐튼은 대령으로 비행단장이 되었고 공군대학War College에 진학할 예정이었다. 캐튼은 장군이 되는 빠른 길을 가고 있었지만, 아내가 암 진단

---

215 홈 키: 타자기 커서를 종이의 맨 앞으로 이동시키는 키로, 현대의 컴퓨터 키보드의 홈 키와 기능이 비슷하다.

을 받아서 아내를 돌보기 위해 일찍 전역할 것이라고 보이드에게 말했다. 보이드는 오랜 동지인 피어 스프레이에게 전화해서 그에게 전투 준비를 단단히 하라고 말하기도 했다. "경량 전투기가 곤경에 처했어, 타이거. 우리가 방어벽을 쳐야겠어."

보이드는 오래 가만히 앉아 있지를 못했다. 그는 매일 아침 몇 번씩 중앙홀의 카페나 서점으로 내려갔다. 그리고 초콜릿 바를 사고 《워싱턴 스타Washington Star》[216]를 읽었다. 그는 1년 동안 미국을 떠나 있다가 갑자기 워터게이트Watergate 사건[217]의 일상적 충격에 직면했다. 그리고 사무실로 돌아오면서 복도에서 동료 장교들을 멈춰 세우고는 "그 빌어먹을 닉슨에 대한 최근 기사 읽었어?"라며 말을 걸기 시작했다. 대개 상대는 충격을 받고 말문이 막혔다. 그러면 보이드는 음모를 꾸미듯 상대의 어깨에 팔을 두르고 이렇게 말했다. "내가 말해줄게. 그 개자식을 없애야 해. 그는 사기꾼이야."

현역 장교는 군 통수권자를 공개적으로 비판하는 일이 거의 없다. 보이드는 아마 동료 장교들에게 대통령을 "제거"하기를 촉구하면서 펜타곤 복도를 활보한 최초의 대령이었을 것이다. 보이드가 말을 건 사람은 대부분 돌아서서 재빨리 그 자리를 떴다. 그리고 보이드가 나중에 복도에서 그 사람을 다시 만나면 대개 그를 무시했다. 그러면 보이드는 멈춰서서 소리질렀다. "저 개자식이 내 눈도 안 쳐다보네!"

출세주의에 물들지 않고 이상을 품고 공군에 맞서 싸울 자가 필요하다

보이드의 마음속에는 정치보다 더 중요한 것이 있었다. YF-16과 YF-17

---

216 《워싱턴 스타(Washington Star)》: 1852년부터 1981년까지 발행된 석간지로, 워싱턴 포스트 (The Washington Post)에 매각되면서 문을 닫았다.
217 워터게이트 사건: 닉슨 대통령의 재선을 위해 민주당 측을 도청하려다 발각된 사건. 백악관이 연루된 것이 드러나 결국 닉슨 대통령이 사임했다.

간의 비행 평가 경쟁을 앞두고 있어서 그는 넬리스나 라이트-팻에 자주 갔다. 이 경량 전투기는 보이드의 꿈이었고, 블루 수터들이 숨어서 기다리고 있다는 것을 알았다. 하지만 비행 평가가 끝날 때까지는 그가 할 수 있는 일이 거의 없었다. 그는 B-1을 조사하고 싶었다. 그는 본능적으로 그 프로젝트가 무언가 엄청나게 잘못되었음을 느꼈고, 만일 그가 옳다면 그것은 그가 공군과 진흙탕 싸움을 하게 되리라는 것을 의미했다. 선한 진흙탕 싸움만큼 보이드가 좋아하는 것은 없었다. 그것은 창의력을 계속 자극했다. 보이드는 그런 싸움을 할 때면 전투에 참전했을 때와 같은 흥분을 계속 느낄 수 있었다. 진흙탕 싸움이 없다면 삶이 지루했다. 어느 날 그는 복도를 달리더니 자신의 상관인 장군에게 가서 그의 사무실이 관료들로 가득 찼다고 불평하면서 "진정한 일"을 할 수 있는 누군가를 원한다며 아무나 단 한 명이라도 좋다고 말했다. 그 장군과 보이드는 논쟁을 벌이는 관계였다. 보이드의 큰 목소리와 책상을 쿵쿵 치는 행동, 그리고 그의 말씨는 종종 거의 불복종에 가까워 보였다. 그 장군이 보이드에게 청사로 곧 올 젊은 대위를 데려가도 좋다고 말한 것은 아마도 또 다른 언쟁을 피하기 위해서였을 것이다. 장군이 그 대위가 전기공학 박사 학위를 가지고 있다고 말하자, 보이드는 그 대위를 보지 않고도 데려가겠다고 말했다. "전기공학 박사 학위가 있다면 틀림없이 상당히 똑똑할 겁니다."

보이드는 장군에게 그 젊은 장교를 위한 특별한 프로젝트가 있다는 것을 말하지 않았다. 그는 장군에게 그가 진정으로 원하는 사람은 출세주의에 물들지 않은 사람, 여전히 이상을 품고 있는 사람, 그리고 그가 준비시켜서 공군에 맞선 싸움에 보낼 수 있는 사람이라는 것을 말하지 않았다.

레이몬드 레오폴드 대위와의 만남

그 대위는 6월에 전입 신고를 했다. 그는 경례를 하며 말했다. "대령님, 대위 레이몬드 레오폴드Raymond Leopold 전입을 신고합니다."

보이드는 시가 위로 노려보았다. 그는 키가 크고 호리호리한 장교를 보고 우렁차게 말했다. "보이드네. 브루클린 사투리로 새하고 같지.[218] 알아들었나?"

박사라면 그 정도는 알아들을 수 있다. "예, 알아들었습니다."

보이드는 발을 책상 위에 올려놓고 대위의 서류철을 펼쳤다. 그는 실망하며 고개를 저었다. 레오폴드는 공군사관학교 졸업자, 즉 "주미Zoomie"였다. "자네는 비뚤어진 교육을 받았네. 사관학교는 생도들에게 엘리트주의자가 되라고 가르치고 너무 많은 걸 기대해."

"예, 그렇습니다."

레오폴드는 많은 맏이에게서 볼 수 있는 자신감, 공군사관학교 졸업생들에게 내재된 자아도취, 그리고 스물일곱 살에 가장 어려운 공학 분야 중 한 분야에서 박사 학위를 받았다는 지적 자부심에 차서 보이드 사무실로 들어왔다. 그는 공군에서 가장 재능 있고 잘 교육받은 젊은 장교 중 한 명이었고 스스로도 그것을 알고 있었다. 그는 특히 유망한 장교였다. 모두가 그렇게 생각했다. 단 보이드는 빼고 말이다.

레오폴드는 1946년 1월 6일에 태어났는데, 그는 자신이 "베이비 붐 세대[219] 중에서도 첫 번째 세대"라고 자랑했다. 그는 열두 살 때부터 줄곧 크면 공군사관학교에 가기만을 원했다. 그는 대학입학자격시험College Boards 수학 과목에서 798점을 받았는데, 이는 그가 다닌 시카고 북서 지역 고등학교에서 가장 높은 점수였다. 그의 급우들은 서너 개 대학에 지원했지만 그는 오직 공군사관학교에만 지원했다. 그는 1967년에 졸업했으며, 졸업성적은 524명 중 165등이었다. 이 등수만으로는 그의 실력이 정확히 드러나 보이지 않는데, 왜냐하면 레오폴드는 정치학, 영어, 역사에서는 형편 없었지만 전기공학에서는 거의 천재였기 때문이다. 공군은 그를

---

218 새를 의미하는 bird를 뉴욕 사투리로는 보이드(boid)라고 발음한다고 한다.

219 미국의 베이비 붐 세대는 1940년대 후반~1960년대 초반에 태어난 세대를 일컫는다.

대학원에 보냈고, 그는 스물두 살에 석사 학위를 받았다. 애리조나주 윌리엄스 공군기지에서는 T-38 솔로 비행으로 반에서 2등을 했다. 나중에 한 축하 파티에서 동기들은 그를 수영장에 던지기로 했다. 레오폴드는 그에 저항했고 그 과정에서 밀치락달치락하다가 척추 디스크가 탈출하는 사고를 당했다. 그의 비행 경력은 끝장났다. 그 뒤 3년 반 동안 그는 공군의 지원 없이, 그리고 근무 변경 없이 자신의 힘으로 야간 학교를 다녀 박사 학위를 받았다.

학문에 그의 삶을 바친 20대 남성들에게는 때때로 어린아이 같은 순진함이 있다. 수학을 공부한 사람들이 특히 그런 것 같다. 그리고 특별한 지적 재능과 업적을 가진 많은 젊은이는 심리학자들만이 설명할 수 있는 이유들 때문에 깊은 불안감을 느끼기도 한다. 레오폴드는 심지어 가장 일상적인 질문에도 자신의 순위를 강조하는 반응을 보였다. 베이비 붐 세대 중에서도 첫 번째 세대, 반에서 가장 높은 대학입시 수학 점수, 반에서 솔로 비행 2등과 같이 말이다. 레오폴드는 성취욕 과잉이었는데, 특히 펜타곤에 순환 근무로 오기 1년 전에 그의 아버지가 사망한 뒤로는 그러한 성향이 두드러졌다. 그는 자신의 경력에 집중했고 모든 분야에서 1등이 되고 싶어했다.

하지만 그는 이 거칠고 직설적인 대령 앞에 서 있으면서 자신의 업적이 아무것도 아님을 깨달았다. 사실, 그는 보이드에 비하면 자신은 수습사원 정도라고 느꼈다. 레오폴드는 누군가가 자신을 보이드 사무실에 배치한 것은 큰 실수라고 생각하면서 집으로 돌아갔다.

"되느냐, 하느냐"

다음날 아침 레오폴드는 보이드에게 그의 새로운 휴렛-팩커드^{Hewlett} ^{Packard} 전자계산기를 보여주었다. 전자계산기는 1973년 여름에도 여전히 드물었다. 레오폴드는 그 사무실에서 전자계산기를 처음으로 가진 사람이었다.

"타이거, 자네 계산기로 예산 분석을 해줘." 보이드가 말했다. "전체 공군 예산을 검토해주면 좋겠어. 내 의견이 자네의 조사에 영향을 미치는 것을 원하지는 않지만 특히 B-1과 관련된 것들은 모두 신경 써줘. B-1에서 뭐든 보이면 따로 빼두고." 보이드는 몸을 앞으로 기울인 채 음모를 꾸미듯 속삭이며 이렇게 덧붙였다. "그들이 예산으로 장난질을 치고 있는 것 같아."

그러고 나서 보이드는 일명 "되느냐, 하느냐$^{To\ Be\ or\ to\ Do}$"라는 일장연설을 늘어놓았다. 레오폴드가 보이드의 이 일장연설을 처음 들은 사람이라고 알려져 있는데, 아마 이때 보이드가 여러 해 동안 겪은 경험을 바탕으로 군 내부의 진급 제도에 대한 자신만의 확고한 결론을 내렸기 때문에 그런 일장연설을 한 것으로 보인다.

"타이거, 언젠가 갈림길을 만나게 될 거야." 그는 말했다. "그러면 어떤 방향으로 가고 싶은지 결정해야 해." 그는 손을 들어 가리켰다. "저쪽으로 가면 출세하는 사람이 될 수 있어. 그러려면 타협을 해야만 하고, 친구들에게 등을 돌려야 할 거야. 그 대신 클럽의 일원이 되고 진급을 하고 좋은 보직을 받게 될 거야." 그리고 보이드는 다른 손을 들어 다른 방향을 가리켰다. "아니면 저쪽으로 가서 중요한 일을 할 수도 있어. 나라와 공군을 위해, 그리고 자네 자신을 위해. 만일 중요한 일을 하고 싶다고 결심한다면, 진급하지 못할 수도 있고 좋은 보직을 받지 못할 수도 있고 분명히 윗사람들의 총애를 받지 못할 거야. 하지만 적어도 자신과 타협할 필요는 없어. 친구와 자신에게 진실하게 될 거야. 그리고 자네가 하는 일이 변화를 가져올 수도 있어." 그는 잠시 멈추고 레오폴드의 눈과 마음을 응시했다. "출세하는 사람이 되느냐, 중요한 일을 하느냐$^{To\ be\ somebody\ or\ to\ do}$ $_{something}$. 인생에는 부름을 받을 때가 종종 있어. 그때 결정을 해야 해. 되느냐, 하느냐? 자넨 어느 길로 가겠나?"

레오폴드는 깨닫지 못했지만 보이드는 그를 시험하면서 기본 원칙을 세우고 있었다. 레오폴드가 원한 것은 자기 일을 하고, 좋은 근무평정을 받고, 사다리를 오르는 것이 전부였다. "예, 알겠습니다." 그는 말했다.

B-1 프로젝트가 공군에서 가장 비용이 많이 드는 프로젝트임을 밝히다

레오폴드는 펜타곤 도서관과 의회 도서관에 가서 국방수권법defense authorization[220] 예산 및 국방비 예산과 관련된 문서들을 그 내용이 두둑한 만큼 세세한 부분들까지 주의를 기울여 검토했다. 그는 연간 공군 예산, 연구개발 예산, 그리고 조달 예산을 살펴봤다. 그는 지난 11년 동안의 예산을 살펴보고 그 데이터들을 모아서 예비 분석을 했다. 연구개발 예산과 조달 예산에서 한 가지 프로젝트가 눈에 띄었다. B-1 폭격기 프로젝트였다. 이 프로젝트는 다른 프로젝트에 비해 많은 액수의 돈을 빼가고 있었다.

레오폴드는 돌아와서 보이드에게 갔다. 보이드는 레오폴드에게 예상되는 B-1 비용에 대한 매개변수 분석을 살펴보라고 하면서 엔진 1기당 50만 달러, 항전장비 중량 1파운드(0.45킬로그램)당 2,000달러, 그리고 기체 중량 1파운드당 200달러 이렇게 세 가지 수치를 제시하면서 이 수치들을 우선 사용해보라고 말했다. 이 수치들은 F-15와 경량 전투기에 대한 보이드의 연구에서 나온 것이었다.

레오폴드가 그 수치들을 하나의 그래프에 넣자, 이 수치들은 부인할 수 없는 명백한 경향을 보여주었다. 의회는 B-1이 1기당 2,500만 달러를 넘어서는 안 된다고 규정했었다. 하지만 그래프는 비용이 그 2배 이상임을 보여주었다. B-1 프로젝트는 공군 예산을 불균형하게 너무 많이 가져가고 있을 뿐만 아니라 의회의 규정도 위반하고 있었다.

보이드는 너무 흥분해서 양발을 번갈아 굴렸다. "잘했어, 타이거. 멋진

---

[220] 국방수권법: 미 의회가 매년 그해의 안보 관련 정책 및 예산 운용을 포괄적으로 명시하는 법안.

작품이야. 계속해." 그는 레오폴드에게 "메타뷰^{metaview}"를 가지라고 말했다. 그는 메타^{meta}라는 표현을 수학에서 사용하는 다른 차원이라는 의미, 즉 더 높은 수준이라는 의미로 사용했다.

보이드는 아직 이 수치들을 공군에 가져가고 싶지 않았다. 그는 레오폴드에게 모든 것을 B-1 지지자들에게 가장 유리한 "최선의 값"으로 재계산하라고 명령했다. 레오폴드는 수치를 선택할 때마다 가장 보수적인 값을 사용했다. 이는 정밀 조사를 받는 동안 그 수치가 더 나빠질지언정 더 좋아지지는 않을 것이라는 뜻이었다. 즉, 어떻게 변수를 조정해도 비용이 더 커지는 결과만 나올 것이라는 의미였다. 공군은 실제로 이 연구의 흠을 찾기 위해서 가급적 엄격한 조사를 하게 된다.

보이드는 진행 중인 F-15의 비행시험에 주의를 기울여야 했기 때문에 B-1 조사 감독을 잠시 중단했다. 비록 F-15는 쓰라린 기억을 남겼지만, 보이드는 한 공군 장성이 그에게 새 항공기로 비행하고 싶은지를 묻자 생기를 되찾았다. 보이드는 F-15의 완성된 모습이 마음에 들지 않았지만, 장군의 제안으로 F-15의 아버지라는 자부심과 40초 보이드의 모습이 되살아났다. "당연히 그렇습니다." 보이드는 말했다. 장군은 보이드에게 원래의 보이드로 돌아가겠군이라고 말했다.

한편 다른 사람들과 마찬가지로 레오폴드는 보이드가 시간에 대한 인식이 거의 없다는 것을 알게 되었다. 레오폴드가 자정까지 펜타곤에서 일하고 50km 남쪽에 있는 데일 시티$^{Dale\ City}$에 있는 집으로 피곤에 절어 걸어 들어왔을 때 전화벨이 울렸다. 보이드는 레오폴드가 집에 도착하는 데 걸리는 시간을 분 단위로 계산해두었다. 그리고 B-1 연구를 위한 더 많은 질문과 지시를 하곤 했다.

8월에 레오폴드는 만일 공군이 구매할 예정인 B-1 240대를 구매한다면 1기당 6,800만 달러의 비용이 들 것이라는 기밀 메모를 작성했다. B-1의 비용을 다른 항공기들의 비용을 보여주는 차트 상에 포개놓고 보니 크고 분명한 차이가 났다. B-1 폭격기 프로젝트는 공군에서 가장 비용이 많이 드는 프로젝트였던 것이다.

보이드에게 메모를 준 다음 일주일간 휴가를 얻은 레오폴드는 어머니를 뵈러 시카고의 집으로 차를 몰고 갔다. 그녀는 펜타곤에서 쏟아지는 전화 세례에 안절부절못하면서 문앞까지 나와 그를 맞았다. 레오폴드는 존 보이드 대령에게 즉시 전화를 걸어야 했다. 보이드는 공군 지휘부, 즉 청사의 최고위급 3성 장군, 4성 장군들이 레오폴드의 메모에 담긴 의미에 극도로 충격을 받았다고 말했다.

레오폴드는 휴가 중 보이드와 통화하면서 그의 예산 분석을 설명하고 확장하는 데 많은 시간을 할애했다. 그가 펜타곤으로 돌아오자, 공군 참모총장실 소속 젊은 대령 2명이 와서는 날카로운 질문을 하고 그의 메모를 마구 헐뜯었다. 레오폴드가 그들에게 수치의 출처와 그가 어떻게 결과를 차트로 만들었는지를 보여주자, 그들은 수치를 어떻게 바꾸더라도 B-1을 더 나쁘게 보이게 만들 뿐임을 알게 되었다. 그들은 공군 참모총장에게 레오폴드가 젊은 참모 장교로서 자신의 임무를 수행했을 뿐이며, 가급적 보수적인 방법으로 정보를 제시했고, 특별한 의도는 없었다고 보고했다.

레오폴드는 그 메모를 이용해 공군 고위 당국자들을 위한 기밀 브리핑을 실시했다. 대부분의 젊은 대위들은 만일 3성 장군과 4성 장군들에게 브리핑할 수 있게 허락을 받는다면 장군들이 듣고 싶어하는 것을 말했을 것이다. 레오폴드는 장군들을 존경했지만 장군들이 자신을 아무리 협박해도 자신의 결론을 결코 바꾸지 않았다. 보이드는 그 점에 깊은 인상을 받았고, 그로 인해 레오폴드의 삶은 달라졌다. 그는 대령, 중령, 소령들이 있는 사무실에서 하급자 신세였다. 하지만 보이드의 총애를 받았기 때문에 넘버원이 되었다.

레이몬드 레오폴드, 보이드의 세 번째 추종자가 되다

어느 날 아침 보이드는 오전 10시경 도착해서 레오폴드가 책상에서 자는 모습을 발견했다. 통상, 대령이 근무 중에 자는 대위를 발견하면 그 대위는 대령으로부터 호된 꾸중을 듣기 마련이고 전출되기도 한다. 사무실의 중령과 소령들은 보이드가 어떻게 할지 궁금해하면서 지켜보았다.

그는 손가락을 입술에 대고 사무실을 살금살금 걸어가면서 이렇게 말했다. "쉬이이잇. 모두 조용. 레이Ray는 잠이 필요해." 그리고 잠시 생각하더니 남들이 듣도록 속삭였다. "좋아, 모두 나간다. 중앙홀에 가서 잡지를 읽든 커피를 마시든 걸어 다니든 뭐든 해. 레이는 낮잠을 자야 해."

중령과 소령들은 대위가 잠을 잘 수 있도록 사무실에서 쫓겨나는 것을 달가워하지 않았다. 그러나 보이드는 남들은 모르는 점, 즉 레오폴드가 밤을 새워 일했음을 알고 있었다.

B-1에 관한 논란은 펜타곤 내에서 어느새 사그라들었다. 이제 레오폴드는 다른 프로젝트를 진행했다. 일주일에 두세 번씩, 보이드는 오후 1시쯤에 레오폴드에게 가서 말했다. "레이, 산책하러 가지." 그리고 대령과 대위는 중앙홀로 내려가서 캔디를 한 움큼 사고, 신문을 읽으며 이야기를 나누었다.

레오폴드는 보이드와 6개월 동안 일하고 나서 펜타곤의 다른 사무실로 가기로 되어 있었다. 레오폴드의 사관학교 동기들은 그에게 말했다. "보이드를 위해 6개월 동안 일한 것을 아무도 나쁘게 생각 안 할 거야. 하지만 거기서 나와야 해. 더 있으면 경력에 지장이 있을 거야."

레오폴드의 6개월 시한이 다가오자, 보이드는 레오폴드에게 더 머무르는 것을 고려해달라고 부탁했다. "물론 옮기는 게 자네 경력에 더 좋다고 말해야 하겠지. 하지만 자넨 잘하고 있어, 타이거. 그리고 남아줬으면 좋겠네."

"대령님, 하룻밤 자면서 생각해보겠습니다."

다음날 아침, 레오폴드는 보이드의 사무실에 부임한 이후 처음으로 자신보다 먼저 출근한 보이드를 찾아갔다.

"대령님, 다른 어디를 가더라도 제가 여기서 할 수 있는 것보다 더 많은 일을 할 수 있을 것 같지는 않습니다." 레오폴드는 말했다. "남고 싶습니다."

보이드의 얼굴이 밝아졌다. "레이, 조기 진급이나 특별 표창 같은 것은 장담할 수 없네. 내가 장담할 수 있는 것은 자네가 중요한 일을 하게 되리라는 것뿐이네. 그리고 그건 재미있을 거야."

보이드는 레오폴드에게 수양 아버지 같은 존재가 되었다.

그리고 레오폴드는 보이드의 또 다른 추종자가 되었다.

CHAPTER 21

"이 브리핑은
오직 정보 전달이 목적입니다"

경량 전투기 개발을 위해 공군과 예산 싸움에 돌입한 크리스티

1973년이 되자 에글린에 있는 톰 크리스티의 사무실은 근무자가 약 100명이 될 정도로 규모가 커졌다. 그는 9월에 에글린을 떠나서 펜타곤으로 옮겨 국방장관실의 전술항공 프로그램을 맡았다. 에글린이라는 장난감 가게에서 온 키 크고 머리 짧은 녀석이 청사, 특히 전술항공국의 일을 할 준비가 되었을지에 관해 상당한 추측이 난무했을 것이다.

전술항공국은 위즈 키즈의 본거지인 오래된 체계분석실의 일부였다. 맥나마라 체제에서 전술항공국은 공군과 해군에 맞서 각각의 프로그램이 왜 필요한지를 각 군에게 증명하도록 요구했기 때문에 그 힘이 매우 강력했다. 따라서 제안된 공군 프로그램들에 예산이 편성되는 데 큰 영향을 미쳤다. 군이 체계분석실을 너무나 혐오해서 체계분석실의 이름이 프로그램분석및평가실Program Analysis & Evaluation(PA&E) office로 바뀐 것은 그리 놀랄 만한 일이 아니었다. 체계분석실의 이름이 바뀌면서 전술항공국도 무력화되었다고 여겨졌지만, 전술항공국의 힘은 활동이 중단된 동안에도 여전히 남아 있었다.

그 힘은 두 가지에 달려 있었다. 첫째, 전술항공국을 운영하는 사람이 공군과 맞설 의지가 있는가, 둘째, 그 사람이 국방장관의 신뢰를 받고 있는가였다. 크리스티는 채용되기 전에 슐레진저를 만났는데, 슐레진저는 크리스티에게 그의 주 업무가 공군이 경량 전투기를 수락하게 만드는 것이라고 말했다. 이로 인해 크리스티는 공군과 충돌할 수밖에 없었다. 하지만 그는 국방장관의 후원을 받았다.

공군과의 싸움을 준비하는 데는 몇 주가 걸렸다. 그러는 동안 크리스티는 마음 깊이 품고 있던 중요한 일을 처리했다. 그는 27세의 매니지먼트 인턴인 쳇 리처즈^{Chet Richards}를 불러서 그 중요한 임무를 맡겼다. 그것은 금요일 밤 사무실 파티를 여는 에글린의 전통을 이어갈 수 있는 술집을 찾는 것이었다. 리처즈는 미시시피 대학교^{University of Mississippi}에서 최연소로 수학 박사 학위를 받은 바 있기 때문에 준비가 되어 있었다. 하지만 리처즈가 확인한 술집 모두 크리스티의 사무실 가족의 안식처가 될 만한 분위기는 아닌 것 같았다. 금요일 밤 워싱턴의 술집들은 크리스티가 원하는 분위기가 아니라 사람들로 붐비고 시끌벅적하다. 그 후 리처즈는 인근의 포트 마이어 장교 클럽 지하에 있는 올드 가드 룸^{Old Guard Room}을 발견했다. 그리고 금요일 밤이 아니라 수요일 밤에 이곳에 오기로 했다. 수요일은 조용해서 주중에 이곳에서 휴식을 취할 수 있었다. 그래서 크리스티와 전술항공국 사람들은 보이드와 그의 사무실 사람들과 함께 포트 마이어에 있는 패튼 홀^{Patton Hall}의 올드 가드 룸에서 모임을 갖기 시작했다. 크리스티는 이 모임의 실질적인 후원자였고 거의 아버지와도 같은 존재였지만, 관심의 대상이 된 사람은 보이드였다. 10년이 넘는 세월 동안 이 초저녁 술자리 모임은 보이드의 인생에서 중요한 부분이었다.

크리스티가 자기 사무실에 거의 자리를 잡자마자, 공군은 경량 전투기, 그리고 모든 펜타곤 프로젝트에서 가장 취약한 부분인 예산에 대한 공격을 시작했다. 1973년 말에 공군은 1975년도 예산을 편성하고 있었는데, 경량 전투기는 예산에 포함되지 않았다. 공군은 1974년에 시제기를 비행해보고 그 후 프로그램을 중단할 계획이었다. 공군은 이 경량 전투기를 장기 계획의 일부가 아니라 "기술실증기technology demonstrator[221]"로 여겼다.

크리스티는 항공전 국장 척 마이어스Chuck Myers의 결정적인 도움을 받아 경량 전투기에 대한 연구와 본격적인 개발 명목으로 3,000만 달러를 1975년 예산에 슬그머니 끼워넣었다. 공군은 그 3,000만 달러를 찾아내서 삭제했다. 크리스티와 마이어스는 이를 다시 되돌려놓았다.

크리스티의 직속 상사는 "눈송이snowflakes"라고 불리는 작은 흰 종잇조각에 통렬한 메모를 쓰는 것으로 유명했다. 크리스티가 공군과 예산 싸움을 하자, 크리스티의 직속 상사는 많은 "눈송이"에 메모를 써서 눈보라를 일으켰는데, 그중 하나에는 실제로 이렇게 쓰여 있었다. "공군은 자신들이 경량 전투기를 원하면 그때 경량 전투기 개발을 결정할 것이다. 그러니 공군을 그만 괴롭혀라." 크리스티의 상사나 공군 장성들은 에글린에서 온 새로운 민간인이 슐레진저를 만난다고는 상상조차 하지 못했다. 장군들은 스프레이가 리처드 핼록 대령을 통해서 슐레진저에게 보이드를 소개했고, 그 역시 국방장관을 개인적으로 만난다는 사실을 몰랐다. 장군들은 스프레이가 슐레진저의 특별고문이라는 것을 몰랐다. 그리고 장군들은 슐레진저가 경량 전투기를 그의 업적의 일부로 만들기 위해 전념한다는 것을 몰랐다.

보이드의 네 번째 추종자, 프랭클린 "척" 스피니

슐레진저가 예산에서 그 돈을 없애지 않고 그대로 둘 것이라고 말하자, 공군 장군들은 화가 나서 이를 갈았다. 장군들이 슐레진저를 건너뛰고 이 문제를 의회의 동조자들에게 떠넘길 계획을 세우기 시작할 때, 한 젊은 공군 대위가 보이드 사무실에 전속되었다. 그의 이름은 프랭클린 "척" 스

---

221 기술실증기: 대량생산은 하지 않고 신기술을 시험하기 위해 소량만 제작해보는 기종.

피니였다.

스피니는 공군 가족으로, 공군 대령의 아들이다. 그는 라이트-팻에서 태어났으나 대부분의 군인들이 그렇듯 자주 이사를 했다. 어디서 왔든 그는 메릴랜드 주 세버나 파크Severna Park 출신으로, 열 살 때 그곳으로 이사 가서 열다섯 살 때까지 살았다. 스피니는 수학자였다. 그의 대학입학자격 시험 수학 점수는 우수했지만 영어 점수는 형편없었다. 그는 리하이 대학교Lehigh University에 진학해 1967년에 기계공학과를 졸업했다. 그가 공군에 입대했을 때 그의 아버지가 그의 장교 선서를 받고 임관을 시켰다. 스피니는 라이트-팻에 배치되었고 아버지가 제2차 세계대전 중에 근무했던 건물에서 일했다. 그의 업무는 베트남에서 F-105들을 추락시킨 탄환의 효과를 연구하는 것이었다.

스피니는 공군에 입대했을 때부터 자신만만한 젊은 장교로 여겨졌다. 그는 1968년에 24세의 소위일 때 애버딘 무기시험장Aberdeen Proving Ground에서 크리스티를 우연히 만났는데, 둘 다 50만 달러의 보조금을 받고 있었다. 스피니는 사기꾼 크리스티보다 술책에 더 능했는데, 이는 아주 드문 경우였다. 크리스티는 스피니가 "건방진 소위"라고 생각했지만 그에게 에글린의 보직을 제의했다.

스피니는 자신이 쓴 첫 번째 참모 보고서에서 공군에 국영 기업과의 컨설팅 계약을 취소하라고 권고했다. 그 회사의 CEO는 스피니를 점심 식사에 데리고 가서 이렇게 말했다. "만약 자네가 내 계약을 파기하려고 한다면 자네의 경력을 망쳐놓겠네." 스피니는 자신의 옷깃에 있는 작대기들을 보며 말했다. "제 경력을 망친다고요? 저는 소위입니다. 더 내려갈 데가 없어요."

육군을 위해 일하던 한 고위급 민간인이 누군가를 중요한 실무 그룹의 의장으로 승진시켰을 때, 그 사람이 무능하다고 생각한 스피니는 대담하게도 이렇게 물었다. "도대체 왜 그 자식을 의장직에 앉혔습니까? 그는 아무것도 모릅니다."

스피니의 또 다른 초기 행동은 규정을 참지 못하는 성격과 수탁 책임에 대한 본질적인 열정을 보여주었다. 기록물들을 보관할 장소가 필요했던 그는 라이트-팻에 있는 빈 건물을 사무실로 배정받았다. 보관하려는 기록물 중 상당수가 기밀이라서 금고가 필요했다. 그는 사무실을 짓기 위해 계약을 체결하기보다는 직원들을 시켜서 기지 주변에서 자재를 긁어모아 사무실을 지으면 국민이 세금으로 낸 돈을 절약할 수 있으리라고 생각했다. 사무실은 서류 절차 없이 지을 수 있었지만, 금고에 문을 달 때는 기술적인 이유 때문에 용역 계약서를 써야 했다. 기지의 공병이 금고의 문을 검사하러 와서 주위를 둘러보고는 깜짝 놀랐다. 그는 공식적으로 존재하지 않는 시설에 있었던 것이다. 스피니가 수천 달러를 절약했다는 것은 중요하지 않았다. 스피니는 절차를 건너뛰었고 이는 용납될 수 없는 일이었다. 하지만 고참 대령이던 그 공병을 정말로 화나게 만든 것은 새파랗게 젊은 중위가 책상 뒤에 커다란 깃발이 있는 자신만의 회의실을 가지고 있다는 것이었다. 깃발은 장군에게만 제공되는 특전 중 하나다. 결국 공군은 그 건물을 그대로 두기로 결정했지만, 스피니는 깃발을 포기해야 했다.

공군은 스피니를 대학원에 보냈고, 그곳에서 그는 응용통계에 중점을 둔 경영전문대학원Master of Business Administration, MBA 학위를 취득했다. 그런 다음 그는 펜타곤에 가서 상관들이 그의 교육에 상응한다고 생각하는 업무를 맡게 되었다. 그것은 우편물을 배달하는 것이었다. 그는 종종 레이 레오폴드와 우연히 마주쳤다. 그들은 나이도, 계급도 같았으며, 사무실에서 젊은 사람은 그 두 사람뿐이었다. 그들은 많은 면에서 비슷했다. 두 사람의 큰 차이점은 레오폴드가 스피니보다 재빠른 반면에 스피니는 레오폴드보다 깊이가 있다는 것이었다. 스피니는 보이드가 하는 일을 듣고는 레오폴드에게 "자네랑 같이 일하고 싶어"라고 말했다.

보이드는 스피니를 불러서 면접을 보았다. 보이드는 캔디와 정크푸드를 많이 먹어서 살이 찌고 있어 메트리칼Metrecal이라는 다이어트 보조제를 마시고 있었다. 그는 스피니와 대화하는 30분 동안 캔 2개를 마시고 나서 말했다. "점심 먹으러 가지."

스피니의 눈이 휘둥그레졌다. 일반적으로 대령은 대위를 점심에 초대하지 않는다. 구내식당에서 스피니는 보이드가 접시를 집어 상추, 토마토, 치즈, 후추, 당근, 버섯, 그리고 그가 찾을 수 있는 모든 것을 쌓아올리는 것을 지켜보았다. 보이드는 샐러드를 산더미같이 쌓아올린 후 거의 5분 동안 줄을 서서 접시 구석구석에 작은 빵조각인 크루통crouton을 쑤셔 넣고 접시 가장자리에 빙 둘렀다. 테이블을 향해 천천히 걸었는데도 식탁으로 오는 길에 크루통과 야채들이 땅에 떨어졌다. 식탁에 도착한 그는 앉아서 열심히 먹었다. 스피니는 몇 분 동안 보이드를 지켜보다가 이렇게 말했다. "대령님, 한 가지만 질문 드리겠습니다. 식사 시간이 즐겁지 않으십니까?"

보이드는 음식을 퍼먹는 일을 잠시 멈췄다. 그는 어리둥절해하면서 스피니를 바라보았다. 그러더니 마치 당연하다는 듯이 이렇게 말했다. "그냥 연료일 뿐이야." 그러고는 다시 퍼먹기 시작했다.

점심을 먹은 후 두 사람은 대화를 더 나누었다. 그리고 보이드는 말했다. "좋아, 타이거. 우리 잘 해보지."

네 번째 추종자가 이제 등장했다.

스피니는 다른 사람들이 떠난 뒤에도 남아서 오랫동안 싸운다. 그리고 그는 그들 중 가장 잘 알려진 사람이 된다.

3성 장군들을 대상으로 한 브리핑에서 망토 흔들기에 성공한 보이드

새해에는 보이드의 삶에 여러 중요한 사건들이 일어났다. 경량 전투기를 둘러싼 싸움은 2개 전선에서 격렬하게 벌어졌다. 크리스티는 예산 싸움과 힘의 정치의 변화에 대처했고, 보이드는 두 종류의 항공기에 대한 에너지-기동성 데이터를 계산하고 비행 평가 계획을 세웠다.

경량 전투기의 가장 큰 장애물은 여전히 공군이 이 항공기의 본격적인 개발 승인에 비타협적인 태도를 보인다는 것이었다. 보이드는 일련의 브리핑을 통해 공군의 반대를 극복하려 했는데, 그 요점은 경량 전투기가 필요하고 생산에 들어가야 한다는 것이었다. 그는 먼저 계급이 낮은 장교들에게 폭넓게 브리핑을 한 다음 장군들을 대상으로 한 브리핑을 시작해서 맨 마지막에 공군을 운영하는 거물들인 3성 장군들에 대한 브리핑으로 마무리할 계획이었다. 1974년 초에 보이드는 자신이 위기에 처해 있다는 것을 알게 되었다. 3성 장군들이 그를 노리고 있었던 것이다. 3성 장군들은 보이드가 계획대로 계급 체계를 따라 밑에서 위로 브리핑을 하게 해서 그가 공정한 발언 기회를 부여받았다는 인상을 준 다음 최종적으로 경량 전투기를 무산시킬 작정이었다.

크리스티는 3성 장군들을 피해갈 수 있는 계획을 만드는 일을 도왔다. 공군 참모총장 조지 브라운George Brown 대장은 슐레진저 국방장관과 마찬가지로 재임 중 청사에 업적을 남기고 싶어했다. 공군의 가장 큰 한 가지 바람은 전력 구조, 즉 공군의 비행단 수를 늘리는 것이었다.

크리스티는 만일 공군 참모총장이 경량 전투기와 A-10을 생산하겠다고 한다면 공군의 비행단을 22개에서 26개로 늘릴 수 있게 해달라고 국방장관을 설득했다. 슐레진저 국방장관은 한 가지 조건을 걸었다. 경량 전투기는 오로지 공대공 전투기로만 쓰고 핵무기 투하 장치를 설치해서는 안 된다는 것이었다.

브라운 공군 참모총장은 그것을 바로 받아들였다. 하지만 한 가지 작은 문제가 있었다. 3성 장군들이 반대할 것이라는 것이었다. 경량 전투기를 받아들이는 것만도 아주 불쾌한데, 못생기고 육중한 A-10까지 추가된다면 그건 블루 수터들에게는 너무 쓴 약이었다. 그렇게 되면 그들은 관료주의적인 반란을 일으킬지도 몰랐다. 그들에게 언제 어떻게 이 거래에 관해 말할 것인지가 심각한 정치적 문제가 되었다.

스프레이와 크리스티는 그 거래에 대한 소식을 보이드에게 전했다. 보이드는 기뻐했다. 3성 장군들을 대상으로 한 그의 브리핑이 머지않았다. "내가 그들에게 말해도 될까?" 보이드가 물었다. 스프레이와 크리스티는 안 될 이유가 없다고 보았다. 국방장관은 그들에게 이 합의를 함구하라고 하지는 않았다.

큰 브리핑이 있던 어느 날, 보이드는 넓고 잘 꾸며진 브리핑룸에서 기다렸다. 그는 3성 장군 행렬이 브리핑룸으로 들어오는 것을 보면서 혼자 미소를 지었을 것이 틀림없다. 3성 장군들은 공군에서 일어나는 일들을 좌지우지할 결정권을 가진 사람들이었다. 그들도 미소를 짓고 있었을 것이 틀림없다.

3성 장군 중 한 사람이 고개를 끄덕이며 말했다. "대령, 시작하게."

보이드는 나무 지시봉을 들고 연단 앞으로 성큼성큼 걸어갔다. 그는 가장자리에 서서 발가락을 아래로 구부리고 지시봉을 손바닥에 두드렸다. 그는 일단의 진지한 장군들을 향해 고개를 끄덕이며 이 통쾌한 순간을 잠시 음미한 뒤 말했다. "장군님들, 저는 국방장관님으로부터 이 브리핑이 결정을 위한 브리핑이 아니라는 것을 알려드릴 권한을 부여받았습니다. 이 브리핑은 오직 정보 전달이 목적입니다."

보이드는 잠시 말을 멈추고 장군들이 이 말을 이해할 시간을 주었다. 그들은 서로를 바라본 다음 보이드를 바라보았다. 그는 이어서 말했다. "국방장관님과 공군 참모총장님은 이 경량 전투기를 생산하기로 결정했습니다."

장군들은 브리핑 내내 꼼짝 않고 앉아 있었다. 그들은 질문을 하지 않았다. 보이드가 브리핑을 마쳤을 때, 장군들은 일어나서 줄지어 나갔다. 그들이 떠나면서 한 사람이 중얼거렸다. "저 염병할 보이드."

그리고 다음 주 수요일 밤 올드 가드 룸에서는 보이드가 3성 장군들이 가득한 브리핑룸에서 자신이 어떻게 망토 흔들기를 했는지에 대한 이야기를 하고 또 했다. 그는 마치 망토를 든 것처럼 팔을 펼치고 두 손을 흔들며 말했다. "그들은 낭떠러지로 곧장 돌진했지."

대령 보이드, 2성 장군을 쫓아내다

2주 뒤 공군이 반격을 해왔다. 한 2성 장군이 의회 위원회 증언에 소환되었다. 공군은 이를 군에 호의적인 한 국회의원을 설득해서 이 2성 장군에게 이 경량 전투기의 무용성을 추궁한 뒤 국방장관의 결정을 뒤집을 절호의 기회로 보았다. 이 2성 장군은 분명히 대본에 적힌 질문에 답하면서 의회에 경량 전투기가 필요하지 않으며 이 기종을 어떻게 사용할지 전혀 모르겠다고 말했다. 공군이 원하는 항공기는 F-15였다. 이 2성 장군은 톰 크리스티와 전술항공국이 이 경량 전투기를 공군의 목구멍으로 떠밀어 넣고 있다고 말했다. 의원들은 고개를 끄덕이며 은근히 공군을 협박했다.

크리스티와 스피니와 레오폴드는 곧 그 증언 내용을 들었다. 레오폴드가 보이드에게 전화해서 무슨 일이 일어났는지 말하는 동안, 보이드는 잠자코 듣고 있다고 말을 꺼냈다. 레오폴드의 눈은 점점 더 휘둥그레졌다. 레오폴드는 전화를 끊고 스피니를 돌아보았다. "보이드가 뭐라고 했는지 못 믿을 거야."

"뭐라는데?"

"그 2성 장군을 자기가 쫓아낸 첫 장군이 되게 만들 거래."

두 젊은 대위는 서로를 쳐다보았다. 대령이 2성 장군을 쫓아낸다는 발상은 이해가 되지 않았다. 군에서는 결코 그런 일이 일어날 수 없었다.

하지만 그 후 국방장관이 공군 참모총장을 불러서 그에게 공군을 제대로 책임지고 있는 게 맞냐고 추궁했다. 며칠 뒤 그 2성 장군은 책상을 비우고 펜타곤을 떠나는 데 24시간이 주어졌다. 다른 펜타곤 장성들은 이 2성 장군에게 무슨 일이 일어났는지 똑똑히 보았다. 전투기 마피아가 반격을 했고, 장군들은 이 일을 통해 자신의 미래를 내다볼 수 있었다. 경량 전투기 앞에는 이제 더 이상의 장애물이 있을 수 없었다. 생산에 들어가는 것이 분명해졌다.

그날 초저녁 술자리에서 쳇 리처즈와 일단의 해병대 비행사들이 보이드 주위에 모였다. 크리스티와 스프레이도 거기에 있었다. 보이드는 친구들의 얼굴을 보면서 만족스럽게 고개를 끄덕였다. "아무도 내가 소령보다 높은 계급으로 진급할 거라고는 생각 안 했지." 그는 말했다. "하지만 나는 지금 대령이야." 그는 잠시 멈췄다. "그리고 장군을 쫓아내고 있어."

전투기 마피아의 승리

며칠 후 공군은 경량 전투기를 격추하기 위한 최후의 시도를 했다. 슐레진저 국방장관이 이 경량 전투기 구매를 설득할 때 한 가지 큰 이유가 북대서양조약기구North Atlantic Treaty Organization, NATO 국가들이 이 경량 전투기를 구입하기 위해 줄을 서고 있다는 것이었는데, 이는 특히 의회 의원들에게 설득력이 있었다. 공군은 이 경량 전투기의 항속거리가 너무 제한되어 모기지 방어 이외에는 아무것도 할 수 없다고 말하면서 국제 판매를 막기 위해 움직였다.

마침내 보이드는 경량 전투기의 연료 분율과 항속거리를 발표했다. 그는 이를 F-15와 비교함으로써 상처에 소금까지 뿌렸다. 이 경량 전투기는 F-15보다 항속거리가 길 뿐만 아니라, 공군의 어느 전투기보다도 항속거리가 길었다. 물론 외국의 구매 담당자들은 기뻐했고 공군 장성들은 충격에 휩싸였다.

당황한 한 장군은 보이드에게 전화를 걸어 말했다. "다리가 짧은 비행기라고 생각했네. F-15보다 더 멀리 난다니."

"예, 장군님, 다리가 짧습니다. 다만 F-15의 다리가 더 짧습니다."

이제 공군이 경량 전투기와 A-10을 막기 위해 할 수 있는 일은 더 이상 없었다. 두 기종 모두 생산에 들어갈 것이었다. 전투기 마피아가 이겼다.

잠시 동안 말이다.

보이드의 다섯 번째 추종자, 제임스 버튼

6월에 제임스 버튼 중령이 보이드에게 새 부관으로 신고했다. 버튼은 선택받은 자였다. 공군사관학교를 1등으로 졸업하고 사관학교 출신으로서는 처음으로 공군의 세 가지 전문학교인 초급지휘관 참모과정Squadron Officers School, 공군 지휘참모대학Air Command and Staff College, 군 산업대학Industrial College of the Armed Forces을 수료했다. 그는 경영학 석사 학위를 받았으며 기계공학 석사 과정을 수료했다. 모든 진급이 특차 진급이라서 이제 그는 정상을 향한 경쟁에서 동기들보다 5년 앞서 있었다. 그는 물 위를 걷는 사람이자, 최고의 주미Zoomie였으며, 장군이 되는 유리한 위치에 있고 공군 참모총장감으로도 거론되는 전형적인 블루 수터였다. 스피니는 크게 실망했다. 그는 버튼이 너무 거만하고, 너무 진지하고, 너무 쌀쌀맞고, 출세욕이 너무 강하다고 생각했다. 버튼이 보이드보다 열 살 정도 더 어렸지만, 왠지 더 나이 들어 보였다. 스피니는 보이드에게 가서 말했다.

"대령님, 저 사람은 큰 골칫덩이입니다. 그를 받지 마십시오."

"아니야, 그는 괜찮아." 보이드는 말했다. "내가 알아봤어."

보이드는 스피니와 레오폴드가 놓친 무언가를 보았다.

나중에 사람들은 보이드가 스피니와 레오폴드를 "개종"시켰고 그들의 유망한 경력을 바꿔놓았다고 말하곤 했다. 그러나 사실 그들은 개종되지 않았다. 그들은 단순히 대부분의 젊은 장교들이 흔히 가진 원칙과 이상주의를 결코 잃지 않은 것뿐이었다. 손을 들고 나라에 봉사하겠다고 선서한 뒤로 그들은 결코 흔들리지 않았다. 개종된 것은 그들의 동년배들이었고, 그들은 출세주의자의 신념과 관습을 갖게 되었으며 청사에서 천천히, 그리고 자신도 모르는 사이에 개종되었다. 버튼은 스피니와 레오폴드와는 달랐다. 그는 젊은 이상주의자가 아니었다. 그는 청사 형제단의 명예 회원이었다. 하지만 보이드는 버튼이 굽히지 않는 정신, 타협하지 않는 마음, 그리고 강철 같은 근성을 가지고 있음을 느꼈다. 그는 버튼의 눈을 바라보며 발정난 무스moose[222]와 같은 고집을 가진 남자를 보았다. 그는 블루 수터가 바뀌는 경우는 드물다는 것을 알고 있었다. 하지만 만약 그런 일이 일어난다면, 그리고 만약 짐 버튼이 출세하는 사람이 되는 길로 그렇게 빠르게 나아갈 수 있게 한 그의 모든 장점을 방향을 바꿔 중요한 일을 하는 쪽으로 발휘한다면, 그는 세상을 바꿀 수 있을 것이었다.

버튼은 보이드의 추종자들 중에서 가장 특이했다.

이제 한 명을 제외하고 모두가 모였다. 사기꾼 크리스티, 현인 스프레이, 일등 레오폴드, 자신만만 스피니, 그리고 고집쟁이 버튼이었다. 이후 10년 동안 이들은 보이드를 중심으로 모여 스스로 각자의 지위를 어느 정도 확고히 한 후 청사에서 전례가 없는 가장 강력한 사조직을 결성했다.

버튼은 전향이 느렸지만 마침내 전향이 이루어지자, 그는 공군사관학교 동기들을 놀라게 한 것만큼이나 추종자들을 놀라게 했다. 그는 이후 한 사람이 변화를 만들어낼 수 있다는 것을 보여주게 된다. 그는 청사에 엄청난 변화를 가져올 것이었다.

하지만 우선 그는 가혹한 시험을 통과해야 했다.

버튼의 눈에 비친 보이드와 스피니, 레오폴드의 관계

버튼은 어렸을 때 부모가 이혼해서 할머니 밑에서 자랐다. 그는 그 이후로 아버지를 본 적이 없었다. 그는 어렸을 때부터 무언가를 성취하고픈 욕망이 강했다. 그는 일리노이주 노멀Normal에서 졸업반 반장이었고, 4년 동안 내셔널 아너 소사이어티national honor society[223]의 회원이었다. 그는 뛰어난 운동선수로서 전미 미식축구연맹과 시에서 인정한 최고의 쿼터

---

222 무스: 북미산 큰 사슴.

223 내셔널 아너 소사이어티: 중·고등학교 우등생들만 가입할 수 있는 봉사 및 리더십 함양 단체.

백quarterback[224]이었으며, 야구와 농구 대표로도 활약했다. 그는 프로야구 선수가 되라는 제안을 받았으나, 그 대신 일리노이주에 배정된 공군사관학교 생도 정원 8명 모집에 1만 대 1의 경쟁률을 뚫고 합격하여 공군사관학교 최초 입학생 중 한 명이 되었다. 공군사관학교에서는 야구팀 주장이었고 2학년 때는 대학야구선수권에서 3등을 했다.

커티스 르메이는 버튼이 졸업할 당시 공군 참모총장이었는데, 르메이는 공군사관학교 1기생들이 그들의 경력의 모든 단계에서 특별한 대우를 받는 것을 보았다. 그들은 선택받은 자들이었다.

스피니와 레오폴드가 버튼을 깔봤다면, 버튼은 보이드와 그의 대위들을 훨씬 더 깔봤다. '이 사람 미쳤군.' 버튼은 이렇게 생각했다. 보이드는 보통 출근이 늦었고, 외모가 지저분했으며, 명령에 복종하지 않았다. 그는 장군들을 "향수 냄새 나는 왕자들" 또는 "물렁 거시기"라고 하면서 자신의 목숨을 조국을 위해서가 아니라 오로지 보직을 위해서 걸 자들이라고 말했다. 버튼은 보이드가 파티에서 있었던 일들을 말하면서 그가 한 장군에게 브리핑을 들으러 오라고 초대하자 그 장군이 "사양하겠네. 내가 얼마나 멍청한지 듣고 싶지 않아"라고 답했다고 이야기하는 것을 듣고는 움찔했다.

버튼은 보이드가 한밤중에 펜타곤에 있던 스피니에게 다음날 브리핑에 사용할 투명 차트의 글자 하나를 수정하라고 명령했다는 이야기를 스피니를 통해 듣고는 더욱 놀랐다. 펜타곤의 그래픽실 기술자들은 보이드가 그래픽실 문을 열고 들어오면 질색했다. 그래픽실 기술자들은 보이드가 요구하면 자신이 하던 일을 멈추고 그 일을 처리해줘야 했기 때문이다. 그들이 업무 부담에 대해 불평하자 그는 이렇게 말했다. "내 일보다 우선순위가 더 높으면 기꺼이 기다리겠네. 하지만 이건 슐레진저 국방장관을 위한 일이야." 버튼은 보이드가 슐레진저 국방장관과 소통하는 비밀

---

224 쿼터백: 미식축구에서 공격 팀의 리더 역할을 맡는 포지션.

채널을 가지고 있어서 전화를 받은 뒤 책이나 논문이나 차트를 움켜쥐고서 "슐레진저를 만나러 가야 해"라고 말하는 일이 드물지 않다는 점에 놀랐다.

자신의 상관에게 자신을 맞추는 것이 출세주의자의 본성이다. 그래서 버튼은 적응하기로 했다. 그는 보이드를 이해하려고 노력했고 레오폴드와 스피니를 통역사로 이용하기 시작했다. 그는 "그가 말한 게 무슨 뜻이야?" 아니면 "그가 무엇을 하고 있어?"라는 질문을 자주 하게 되었다.

보이드와 두 젊은 대위와의 관계는 쉽게 가늠할 수 없었다. 군대의 의전 같은 것은 거의 찾아볼 수 없었다. 레오폴드와 스피니는 보이드의 큰목소리, 식탁 예절, 그 밖의 특이사항들에 대해 농담을 주고받았다. 하지만 두 사람 모두 보이드를 존경하고 있는 것은 분명했다. 두 사람은 보이드의 관심과 인정을 받기 위해 경쟁했다.

7월 어느 날 아침에 출근한 버튼은 철야 근무를 막 마친 보이드와 레오폴드, 스피니를 보았다. 이들은 한 장군을 위한 한 페이지 분량의 정책 서한 초안을 작성했다. 그 장군은 보이드가 공군 전체에 새로운 아이디어를 창출하는 지침을 제공하는 정책 서한을 작성해주기를 원했다. 보이드는 좀 더 시간을 달라고 했지만 장군은 "내가 그걸 심하게 원하네"라고 하면서 보이드에게 다음날까지 준비하라고 명령했다. 보이드는 오후 10시까지 일한 후 집에 있는 레오폴드와 스피니에게 전화해서 큰일이 있으니 즉시 출근하라고 말했다. 레오폴드는 "예, 알겠습니다"라고 하고는 그의 차에 뛰어 올라탔다. 하지만 스피니는 불평하며 말했다. "왜 한밤중에 거기에 가야 합니까? 헛소리 마십쇼." 보이드는 받아쳤다. "자네는 망할 대위고 나는 대령이고, 내가 지금 당장 뛰어 오라고 하잖아." 레오폴드와 스피니가 도착하자, 보이드는 서한 초안을 작성하기 전에 긴장을 풀어야 한다고 말했다. 더운 날이었는데 펜타곤의 에어컨은 꺼져 있었다. 보이드가 창문을 연 뒤, 세 남자는 셔츠를 벗었다. 그런 다음 보이드가 이야기하기 시작했다. 그는 이리에서의 성장 과정, 일본에서 격납고를 불태운 일, 40

초 보이드, 조지아 공대, 그리고 어떻게 에글린에서 100만 달러 상당의 컴퓨터 사용 시간을 훔쳤는지, 그리고 나서 감찰관의 조사를 어떻게 모면했는지 말했다. 그는 어떻게 에글린에서 거물급 민간인을 갈겨줬고 한 비서의 초과근무 수당을 지급하지 않는 대령을 해치웠는지 말했다. 그리고 F-15에 대한 자신의 작업과 NKP의 초현실적인 이야기를 그들에게 들려주었다. 그는 그들이 옆구리를 잡고 웃게 만들었다. 몇 시간의 전쟁 이야기 후, 보이드는 모두가 쉬어야 한다고 결정했다. 그들은 오전 5시경까지 책상 위에서 잠을 잤고, 보이드가 부하들을 깨워 세 사람은 서한 초안을 작성했다. 보이드는 그들이 작성한 서한 초안을 검토한 후 마지막 문장을 추가했다. "이러한 조치를 검토한 바, 이것이 승인되지 않기를 정중히 권고합니다."

스피니는 보이드를 바라보았다. "저희가 이거 하느라 밤을 새웠는데 이걸 버리라는 겁니까?"

보이드는 서한에 서명했다. "그가 이걸 심하게 원해서 심하게 돌려드리는 거야."

"부메랑 보이드"

1974년 7월 27일, 보이드는 공군 경력에서 마지막 근무평정을 받았다. 앞면에는 방화벽이 쳐졌고 설명은 "보이드 대령은 매우 독특하고 우수한 장교임"으로 시작되었다. 이 근무평정에는 보이드가 F-15 개발에 "매우 큰 책임"을 맡았으며, 그의 에너지-기동성 이론이 경량 전투기의 바탕이 되었다고 쓰여 있었다. 그리고 보이드가 "아이디어들을 연구·해부·분석하여 이를 미래에 실행할 수 있도록 유용한 형태로 조합하는 능력이 탁월함"이라고 쓰여 있었다. 또한 근무평정은 보이드가 미래의 항공기와 기술 개발의 기초가 될 개발 계획을 어떻게 진행하고 있는지 언급했다. 이 근무평정에는 3성 장군이 배서를 했는데, 그는 보이드가 에너지-기동성 이론으로 공군에 "지대한 공헌"을 했다고 말했다.

8월에 보이드는 6페이지 반 분량의 개발 계획 보고서 초안을 완성했다. 이 보고서는 두 가지 측면에서 중요하다. 첫째, 놀랍게도 이 보고서는 공군이 처음으로 계획 소요와 가용 예산을 일치시키라는 지침을 제시한 사례다. 둘째, 이 보고서는 만일 전투 임무가 계획자에게 유용하려면 필요한 하드웨어는 그 임무와 관련이 있어야 한다고 언급하고 있다는 것이다. 보이드는 전투에서 가장 높은 수준에서부터 가장 낮은 수준에 이르는 모든 지휘 계층에서 각 개인은 상황을 이해하기 위해서 자신이 처한 상황을 판단하고, 행동 방향을 결심하고, 행동을 취한다고 설명한다. 이 세 가지 구성요소, 즉 판단orientation, 결심decision, 행동action은 이후 보이드의 연구에서 다시 나타나게 된다.

라이트-팻의 관료주의가 에너지-기동성 이론의 가치를 희석시키고 있었기 때문에, 보이드는 군인과 민간인 가릴 것 없이 누구에게든 에너지-기동성 이론의 효력과 잠재력을 브리핑할 수 있는 기회를 결코 놓치지 않았다. 그러한 브리핑 중 하나가 미국에서 가장 권위 있는 과학자 집단으로서 국방장관에게 자문하는 국방과학위원회Defense Science Board를 대상으로 한 브리핑이었다. 국방과학위원회의 위원들 대부분은 보이드의 생각에 관심을 보였고 수용적이었다. 그러나 그가 베트남에서 미사일이 보여준 형편없는 실적에 대해 말하고 전투기가 더 기동성이 있어야 한다고 말하자, 한 물리학 교수는 불쾌해했다.

"대령의 브리핑 내용을 들었소." 그 교수는 말했다. "그런데 기동성이 있어야 하는 것은 항공기가 아니라 미사일이오." 보이드는 교수가 주장한 개념이 베트남에서 얼마나 비현실적이었는지 인내심을 가지고 다시 설명했다.

"대령, 뭔가 잘못 알고 계신 것 같은데, 나는 다른 종류의 미사일을 말하고 있는 것이고, 이 미사일의 성능은 발사하는 항공기의 능력과는 상관이 없소."

"아, 그러면 어떤 종류의 미사일 말씀입니까, 교수님?"

"수정체 미사일lenticular missile을 말하는 것이오."

"교수님, 제가 좀 멍청한 전투기 조종사여서 그런데 '수정체 미사일'이 무엇인지 여쭤봐도 될까요?"

"그것은 수정체처럼 접시처럼 생겼소."

교수는 이 머리가 둔한 전투기 조종사를 업신여기고 있는 것이 틀림없었다.

보이드는 고개를 끄덕이며 말했다. "아, 알겠습니다." 그는 잠시 생각에 잠긴 듯하더니 이렇게 말했다. "아시다시피 교수님은 꽤 좋은 아이디어를 갖고 계십니다. 제가 그 아이디어를 수정해서 말씀드려봐도 되겠습니까?"

"물론이오."

"접시 형태 대신에 부메랑 형태는 어떻겠습니까? 그러면 그 젠장할 놈을 날렸다가 빗나가면 돌아와서 다시 날릴 수 있습니다."

국방과학위원회의 위원들이 너무 웃어서 의장이 휴회를 선언해야 했다. 그로부터 몇 달이 지난 뒤 보이드는 최근에 있었던 그의 이 망토 흔들기를 기념하는 의미로 "부메랑 보이드"로 알려지게 되었다. 수정체 미사일에 대한 이야기는 수요일 초저녁 술자리 이외에 다른 곳에서는 다시는 들을 수 없었다.[225]

B-1 죽이기에 성공하다

1974년 10월에 B-1이 다시 전면에 등장하기 시작한 것은 B-1의 1기당 비용이 레오폴드의 초기 추정치인 6,800만 달러보다 훨씬 더 비싼 1

---

225 1950년대 후반에 폭격기 방어용으로 접시 모양 공대공 미사일이 연구된 적이 있었으나 실용화되지는 못했다.

억 달러에 달할 것이라는 소문이 라이트-팻에서 흘러나오면서부터였다. 1기당 비용이 F-15가 약 1,500만 달러, 경량 전투기가 600만 달러, 그리고 마침내 제작에 들어간 A-10이 300만 달러가 들던 당시에 이것은 아주 큰돈이었다. 공군 지휘부는 위기에 처했음을 깨달았다. 레이 레오폴드는 미래의 실제 구매 비용에 대한 그래프를 개발했다. 그가 "자금 조달 충격파procurement bow wave"라고 부른 이 그래프는 자금 조달을 위해 공군이 약속한 금액과 의회가 책정한 금액 사이에 메울 수 없는 심한 차이가 있음을 보여주었다. 이는 해마다 점점 더 많은 미지불 청구서가 미래로 전가되리라는 것을 의미했다. 아무리 미국이라 해도 1기당 1억 달러짜리 B-1 폭격기를 200여 대나 살 여유가 없었다. 그럼에도 불구하고 공군은 B-1을 원했으며, 한 장군은 레오폴드에게 "우리의 업무는 계약업체에 지불해야 하는 돈의 흐름이 중단되지 않는지 확인하는 거야"라고 말할 정도였다.

그래서 공군은 B-1을 구하기 위해 두 가지 조치를 취했다. 우선, 한 장군이 보이드에게 B-1 폭격기를 옹호하는 문서를 쓰라고 지시했다. 만약 에너지-기동성 이론과 F-15의 책임자가 B-1이 훌륭한 항공기라고 생각한다는 문서를 쓴다면 의회에 엄청난 영향을 미칠 게 틀림없었다. 그러나 보이드는 거절했다. 그가 정확히 뭐라고 했는지는 알려지지 않았지만, 무뚝뚝하고 가식을 아주 혐오하는 그의 성향을 감안하면 그는 상당히 직설적인 반응을 보였을 가능성이 크다. 그 후 그 장군은 보이드에게 그 문서를 쓰라고 직접 명령했다.

보이드는 이를 따랐다. 그러고 나서 자기가 왜 자신이 쓴 문서에 동의하지 않는지 자세히 설명하는 별도의 메모를 썼다. 그런 다음 그는 장군에게 자신은 이 두 서류를 한 세트로 생각한다고 말하면서 만약 첫 번째 문서가 공개된다면, 자신이 두 번째 문서를 공개할 것이라고 했다.

장군은 첫 번째 문서를 공개하지 않았다. 그 뒤로도 보이드는 다른 많은 장군들이 똑같이 "저 염병할 보이드"라고 중얼거리는 소리를 자주 들었다.

공군이 두 번째로 취한 조치는 코로나^{Corona} 회의를 소집하는 것이었다. 이 회의는 가장 심각한 문제가 발생했을 경우에만 드물게 소집되는 4성 장군들의 회의였다. 보이드의 상관인 3성 장군이 4성 장군들에게 브리핑할 예정이었다. 보이드는 라이트-팻에 있었기 때문에 버튼과 레오폴드, 스피니에게 브리핑을 준비하는 임무가 떨어졌다. 레오폴드는 휴가차 집에 가려던 참이어서 스피니가 준비를 주도했다.

스피니가 브리핑 준비를 하는 동안, 레오폴드는 전술공군사령부를 책임지는 4성 장군이 그의 이름을 언급하며 그에게 새로운 보직을 요청했다는 전화를 받았다. 대위가 4성 장군에게 "지명 요청^{name requested}"을 받는 것보다 더 영예로운 일은 없다. 레오폴드는 이를 확인해야 했다. 그의 이름은 소령으로의 조기 진급 명단에서 제외된 적이 있었다. 보이드는 당시 그에게 이렇게 말했다. "나 때문에 자네 이름이 명단에서 빠졌어. 그들이 날 잡을 수 없어서 자네를 잡은 거야. 그렇게 낙담하지 마. 자넨 아주 잘하고 있어."

이번에는 레오폴드가 보이드에게 전화를 걸었는데, 보이드는 레오폴드가 1년 전과는 전혀 다른 장교로 변했으며, 그 보직이 출세의 지름길이기는 하지만 그에게 최선책이 아닐지도 모른다는 의견을 넌지시 비치기 시작했다.

레오폴드는 중간에 보이드의 말을 끊으며 말했다. "그 보직을 수락하지 않겠습니다. 그리고 그들이 제게 수락하라고 고집한다면 전역하겠습니다."

레오폴드는 보이드가 흡족해하며 미소 짓고 있는 것을 거의 느낄 수 있었다. 레오폴드는 보이드와 함께 자신의 경력을 위태롭게 만드는 데 1위였다. 레오폴드는 그 순간 자신의 인생이 영원히 바뀌었음을 알았다. 며칠 안에 보이드는 다른 4성 장군으로부터 또 다른 지명 요청을 받을 수 있게 손을 써서, 레오폴드는 공군사관학교 교수가 되었다.

버튼은 2성 장군에게 브리핑을 하려는 참이었는데, 그 장군은 3성 장군에게 브리핑을 할 예정인 사람이었다. 이 2성 장군은 B-1을 지키는 것이 자신의 임무라고 분명히 느꼈고, 내용을 좀 더 낙관적으로 만들기 위해 의회가 앞으로 얼마나 많은 돈을 책정할 것인지에 대한 추정치를 바꾸라고 스피니에게 명령했다. 버튼은 깜짝 놀랐다. 그는 공군에서 14년을 근무했는데 공군의 사업을 구하기 위해 장군이 그에게 브리핑 조작을 명령한 것은 이번이 처음이었다. 그는 거짓말을 하라는 명령을 받았다. 스피니는 2성 장군의 명령을 따르되, 훨씬 덜 낙관적인 새로운 결과치도 포함시킨다는 아이디어를 생각해냈다. 브리핑 중 3성 장군은 차트 상의 혼란스러운 추정치들을 보고 어리둥절해했다. 그는 코로나 회의는 더 단순하고 명확한 방침을 원할 것이라고 말했다. 그는 스피니를 돌아보며 말했다. "자넨 어떤 수치들이 마음에 드는가?"

스피니는 B-1의 실제 비용을 보여주는 수치들을 가리켰다. 2성 장군은 그에 동의하지 않으면서 스피니가 선택한 수치들이 너무 부정적인 방향으로 치우쳐 있고 의회는 B-1, F-15, 경량 전투기, A-10을 위해 충분한 돈을 책정할 것이라고 말했다.

3성 장군은 자기 부관이 스피니를 압박하고 있다고 보았다. 그는 차트들을 모으면서 말했다. "우리는 대위가 선택한 수치로 가겠네."

코로나 회의에서 일어나는 일은 오직 4성 장군들만 알 수 있다. 보이드는 공군이 B-1을 없애야 한다는 것 외에 다른 선택의 여지가 없다는 것을 깨달았을 것이라고 짐작했다. 하지만 공군은 자신의 사업을 공개적으로 죽이지 않는다. 그것은 다른 누군가가 해야 한다. 공군의 공식 입장은 여전히 B-1이 1기당 2,500만 달러라는 것이었다. 1977년 초 지미 카터 Jimmy Carter가 대통령에 취임할 때, 그의 첫 번째 행보 중 하나는 B-1을 죽이는 것이었다. 어떤 공군 장성도 그 계획을 지키기 위해 사직하거나 의회에 항의하거나 게릴라전을 벌이지 않았다.

B-1 사건에서 스피니에게 가장 기억에 남는 일은 보이드가 브리핑에서 무슨 일이 일어났는지 말해달라고 전화한 것이다. 보이드는 3성 장군

이 2성 장군의 강한 반대에도 스피니의 차트를 사용했다는 말을 듣자 기뻐서 어쩔 줄을 몰라했다.

"내 대위가 2성 장군을 엿먹였다고?" 그는 함성을 질렀다. 그리고 소리 내 웃으며 말했다. "잘했어, 타이거."

CHAPTER 22

버튼후크 턴

미 공군, 근접공중전에 완벽한 보이드의 경량 전투기 YF-16을 채택하다

1975년 1월, 공군은 YF-16이 경량 전투기 비행 평가에서 승리했다고 발표했다. YF-16과 YF-17의 차이는 너무 커서 비행 평가는 거의 경쟁이 되지 않았다. 두 항공기를 모두 조종한 조종사들의 만장일치로 YF-16이 선택되었다.

보이드는 그 결과에 혼란스러워졌다. 에너지-기동성 데이터와 컴퓨터 모델링은 훨씬 더 대등한 경쟁을 예측했다. 보이드는 조종사들을 만났고 그들은 기본부터 시작했다. 그들은 손을 이용해서 전투 기동을 시연했고, YF-16을 묘사하기 위해 "죽여줍니다shit hot[226]"와 같은 전투기 조종사들이 흔히 쓰는 은어들을 사용했으며, 의견일치를 보는 데 오래 걸리지 않았다. 그들은 YF-16을 선호했는데, 그들이 "버튼후크 턴buttonhook turn[227]"이

---

226 아주 좋다는 뜻의 조종사 은어로, 말로 표현할 때는 Shit Hot에서 S와 H를 따서 각 문자의 음성 부호인 시에라 호텔(Sierra Hotel)이라고 말하곤 한다.

227 버튼후크 턴: 급선회하는 경로가 갈고리 모양 같다고 해서 붙은 이름이다.

라고 부르는 기동을 할 수 있었기 때문이다. YF-16은 그들이 이제까지 비행한 어떤 항공기보다 더 빠르게 한 기동에서 다른 기동으로 전환할 수 있었다. 그 기종은 선회전, 즉 턴앤번을 위해 태어났다. 세상에서 가장 날렵한 작은 고기동성 항공기였다. 모의 공중전 중에 조종사가 적에게 추격당할 때 한 기동에서 다른 기동으로 빠르게 바꾸는 능력을 통해 오버슛, 즉 적기가 내 앞으로 지나쳐 나가게 만들기가 훨씬 쉬워졌다. 이 기종은 이후 저널리스트 제임스 팰로스James Fallows가 항공기계의 칼싸움꾼 knife fighter라고 묘사한 것처럼 근접공중전에 완벽한 항공기였다.

YF-16이 등장하기 전까지만 해도 에너지 급소모energy dumping, 즉 항공기를 급선회해서 속도와 고도를 빠르게 떨어뜨리는 것은 필사적으로 시도하는 기동이었다. 그것은 조종사가 6시 방향에 있는 적기를 떨쳐낼 수 없을 때 하는 최후의 시도였다. 그러한 경우에 조종사는 에너지를 급소모한 후 적기가 앞으로 지나갈 때 사격할 기회가 오기를 바랐다. 그러나 경량 전투기는 탁월한 추력중량비를 가지고 있어 에너지를 빠르게 회복할 수 있기 때문에 에너지 급소모가 필사적인 수단이 아닌 전술적 선택이 되었다. 조종사는 에너지를 급소모하고dump, 그 다음 조종간을 당겼다 났다pump 하면서 주도권을 다시 회복할 수 있었다. 이를 "덤핑 앤 펌핑 dumping and pumping이라고 불렀다.

이제 비행 평가가 끝났고, YF-16라는 이름에서 시제기를 의미하는 "Y"자가 빠지면서 승리한 항공기의 이름이 F-16이 되었다. 이후에 항공 잡지나 전투기 조종사들이 역사상 가장 위대한 10대 전투기를 선정할 때 F-16은 항상 목록의 최상위권에 있었다. 그러나 초기에 미 공군이 F-16을 그렇게 소중하게 여기기 이전에, 그리고 많은 다른 사람들이 F-16에 대한 공을 차지하려고 하기 이전에, 보이드는 공로를 인정받기보다는 비난을 받았다. 공군 장성들은 돌려 말하지 않고 그 싸구려 꼬마 전투기가 보이드의 비행기, 보이드와 빌어먹을 전투기 마피아의 비행기라고 말했다. 만일 공군이 보이드가 원래 원했던 형태의 F-15나, 아니면 그것을 변형한 레드 버드$^{Red Bird}$라도 받아들였다면 그가 그에 만족하며 경량 전투기를 만들지 않았을지도 모른다고 잠시라도 생각해본 사람은 거의 없었다.

"게토 대령"

이제 보르가드가에 있는 아파트 주변은 숲과 탁 트인 들판이 사라지고 그 자리에 젊은이들과 가난한 사람들로 가득 찬 새로운 싸구려 아파트들이 들어섰다. 어느 날 보이드는 출근해서 스피니에게 말했다. "있잖아, 요즘 신문에 도둑질과 강도 사건이 계속 실리고 있는데 그게 전부 내가 사는 곳 근처에서 발생했더라고. 그런데 우리 아파트 사람들에게는 아무 일도 일어나지 않고 있어. 순간 깨달았지, 도둑과 강도들이 전부 우리 아파트에 살고 있기 때문이라는 걸. 나는 매일 이들을 보는데, 그들은 나에게 목례를 하고 말을 걸고 예의 바르던데."

보이드는 스티븐이 전자제품 수리에 깊은 관심을 가지고 있다고 알고 있었다. 보이드는 그저 스티븐이 자신의 기술을 향상시킬 목적으로 같은 아파트에 사는 사람들의 텔레비전, 테이프 레코더, 레코드 플레이어를 공짜로 수리해준다고 막연하게 생각하고만 있었다. 이 물건들의 상당수는 이 물건들의 주인이 "배송 중 파손"이라고 부르는 상태였다. 보이드와 그의 가족이 도둑과 강도들의 바다 한가운데에 있는 안전한 섬에서 산다는 것은 그리 놀라운 일이 아니었다.

보이드는 자신을 "게토 대령$^{ghetto colonel}$[228]"이라고 부르기 시작했다. 뉴욕에 사는 그의 누나 매리언은 그 호칭을 좋아하지 않았다. 게리도 마찬가지였다. 그의 어머니는 "건망증"이 빠르게 치매로 악화되어서 게리의 아파트에서 요양원으로 옮겨야만 했다. 그래서 그녀는 아들이 스스로를

---

[228] 게토(ghetto)는 본래 유대인 강제 수용 지역을 말하나, 빈민가의 의미로도 쓰인다.

434 | 보이드 BOYD

뭐라고 부르든 상관하지 않았다.

YF-16과는 완전히 다른 항공기가 되어버린 F-16

1974년 8월의 의회 훈령은 해군에게 경량 전투기 비행 평가의 승자를 해군 항공기로 받아들이라고 명령했지만, 공군이 F-16을 수락한 후 해군은 이 항공기를 구매하지 않을 것이라고 발표했다. 그 대신 해군은 경쟁에서 진 YF-17의 이름을 F-18로 바꾸고는 이름이 바뀌었다는 것은 새로운 항공기라는 뜻이라면서 F-18이 해군이 원하는 항공기라고 말했다. 해군은 추가 연료, 항전장비, 그리고 미사일과 폭탄을 부착하는 외부 고정 장치인 하드 포인트hard point를 추가했고, 기체를 재설계해서 F-18을 또 하나의 크고 육중한 항공기로 바꿨다.

보이드는 별로 신경 쓰지 않았다. 그는 버튼후크 턴을 다시 연구했다. 많은 경우 어떤 사람이 과학에 공헌할 때, 최소한 그는 자신의 연구를 신성불가침한 것으로 여겨 그것을 바로잡거나 수정하려는 시도들을 거부한다. 그러나 보이드는 그런 유형의 사람이 아니었다. 에너지-기동성 이론은 버튼후크 턴과 이것이 성능에 미치는 영향을 예상하지 못했다. 그는 버튼후크 턴에 자신이 붙인 이름인 "불균형적 신속 전환asymmetric fast transients"에 초점을 맞춘 "공대공 전투의 새로운 개념New Conception for Air-to-Air Combat"이라는 브리핑을 연구하기 시작했다. 보이드는 F-86을 연구했을 때 "신속성quickness"이나 "민첩성agility"이라는 새로운 변수들에 대해 생각했지만, 이제는 그것을 존 보이드 스타일로, 다시 말해 강박적으로 생각하기 시작했다.

그러나 곧 그는 버튼후크 턴의 퍼즐에서 F-16으로 관심을 다시 되돌려야만 했다. 이제 F-16은 기술 개발engineering development 단계[229]로 접어

---

229 기술 개발 단계: 무기와 관련된 기반 기술들을 개발하는 단계.

들었고, 공군은 F-16을 "임무화missionize"하기 시작했다. 이는 F-16을 폭격기로 만들어서 F-15와 경쟁이 되지 않도록 하려는 필사적인 시도였다. 약 3,000파운드 중량의 항전장비, 대형 지상 매핑 레이더ground-mapping radar[230], 그리고 주날개에는 하드 포인트와 파일런pylon[231]들이 추가되었다. F-16은 후류slipstream 발생 부위에 온갖 종류의 것들이 달려서 "지저분"해지고 있었고, 모든 것이 추가될 때마다 성능이 저하되었다. 그러자 공군은 외장이 추가되면서 생긴 추가 항력과 항속거리 감소를 보충하기 위해 연료를 더 많이 실어야 했다. 연료를 더 싣기 위해 동체 길이가 더 길어졌다. 기수는 큰 레이더를 넣기 위해 뚱뚱해졌다. 이 모든 조치로 인해 항공기의 중량과 익면 하중wing loading[232]이 늘어나자, 원래 설계한 대로 기동성을 다시 회복시키기 위해 주날개 면적을 넓힐 필요가 생겼다.

F-16은 YF-16과는 완전히 다른 항공기가 되었다. 순종 경주마가 짐을 싣는 말이 된 것이었다.

보이드는 모든 변화에 맞서 싸웠다. 그는 크리스티와 스프레이를 불러 공군이 자신의 항공기에 하고 있는 짓을 큰 소리로 불평했다. 레오폴드와 스피니와 버튼에게는 자신의 순수하고 날렵한 작은 전투기가 또 하나의 빌어먹을 금칠이 된 다목적 항공기로 바뀌고 있다고 울부짖었다.

공군이 주날개 면적을 늘리는 데 실패하자, 마침내 보이드는 F-16에 등을 돌리게 되었다. 원래의 F-16 주날개 면적은 280제곱피트였다. 보이드는 주날개 면적이 320제곱피트로 늘어나면 원래 성능의 상당 부분을 유지할 수 있으리라고 생각했다. 하지만 공군이 원한 주날개 면적은 300제곱피트였다. 공군은 F-16이 F-15의 성능을 확실히 능가하지 못

---

230 지상 매핑 레이더: 지상의 지형을 읽고 기록하는 레이더.

231 파일런: 항공기의 무기 장착 위치에 무기를 장착하는 연결 지지대.

232 익면 하중: 항공기 중량을 주날개의 면적으로 나눈 값. 이 값이 작을수록 대체로 기동성이 좋다.

하게 하고 싶었던 것이다. F-16 개발실에는 보이드의 친구인 젊은 장교가 한 명 있었다. 아마도 이 장교가 그의 사무실의 권한을 이용해서 주날개 면적을 320제곱피트로 늘리기 위해 싸울 것이었다. 보이드가 전화를 해서 두 사람은 몇 주 동안 매일 대화를 나눴다. 어느 날 전화 후에 보이드는 스피니를 돌아보면서 전화를 가리키며 말했다. "그가 진급에서 누락됐대." 결국 그 젊은 장교는 상관에게 동조하여 주날개 면적을 300제곱피트로 확정했다. 그는 중요한 일을 하기보다는 출세하는 사람이 되기로 결심했다. 몇 년 뒤 그 젊은 장교가 장군으로 진급해서 그 보상을 받았을 때, 그는 보이드에게 전화를 걸었다. 그는 술에 취해 있었고, F-16의 주날개에 대해 내린 결정을 뉘우치며 사과했다. 그러고는 실제로 모임으로 돌아와 다시 보이드의 친구가 될 수 있게 해달라고 요청했다.

보이드는 전화를 끊어버렸다.

공군이 F-16에 한 짓에 대한 보이드의 분노는 결코 누그러지지 않았다. 그는 공군에 복무하면서 마지막으로 벌인 큰 싸움에서 패했다. 그리고 아마도 그 패배의 아픔은 그가 하드웨어에서 더 지적인 대상을 추구하는 쪽으로 관심을 바꾸게 만드는 마지막 촉매 역할을 했을 것이다.

보이드의 끊임없는 지적 노력

보이드의 학습 이론은 이제 그가 "파괴와 창조"라고 부르는 논문의 형태로 부분적으로나마 모습을 갖춰가고 있었지만, 사무실에서 일어난 사건들 때문에 논문 집필을 잠시 보류해야 했다. 보이드의 추종자 2명이 그들의 조직을 떠나려고 했다. 스피니는 개인적으로나 직업적으로 모두 환멸을 느꼈다. 그의 결혼 생활은 무너지고 있었고, 그러한 경우에 종종 그렇듯 그는 직업의 변화가 필요하다고 느꼈다. 어린 시절부터 품어왔던 공군에 대한 이상은 2성 장군이 B-1 프로젝트를 살리기 위해 B-1의 수치를 조작하라고 말했을 때 산산조각이 났다. 얼마 지나지 않아 한 장군이 스피니를 집무실로 부르더니 문을 닫고는 이렇게 말했다. "내가 대위였을 때 자네가 B-1 예산 문제에서 겪은 일을 똑같이 겪었다면 나는 사직했을 거네." 스피니는 그럴 생각이었다.

레오폴드는 공군사관학교에서 생도들을 가르치면서 보이드를 초빙 강사로 초청하기 시작했다. 보이드는 "파괴와 창조"의 초기 버전 강연을 시작으로 여러 해 동안 공군사관학교에서 생도들을 가르쳤다. 그는 그들의 반응과 레오폴드의 논평에 귀를 기울였고, 펜타곤으로 돌아가서 버튼과 스피니에게도 그들의 생각을 물었다. 그런 다음 그는 논문을 수정했다. 논문의 내용은 수시로 바뀌었다. 스프래드는 보이드가 "공중전 연구"의 집필 작업에 도무지 종지부를 찍지 못하는 것 같은 모습을 목격한 바 있는데, 크리스티도 보이드가 에너지-기동성 이론을 연구하는 모습에서 같은 인상을 받았다. 보이드는 지적 노력을 끝내기를 결코 원치 않았다. 그는 변화를 주었고, 그 변화들로 인해 생긴 또 다른 오류나 정교화가 필요한 부분을 다시 들여다보았으며, 이러한 과정이 전체적으로 되풀이되었다. 이러한 과정은 보이드와 관계된 모든 사람들을 힘들게 만들었지만, "파괴와 창조" 논문과 그 이전의 "개발 계획 연구Development Planning Study"를 저술할 때는 분명히 가치가 있었다.

전형적인 블루 수터 짐 버튼의 개종

보이드는 1974년의 대부분을 짐 버튼에게 청사와 청사 사람들의 진짜 속성을 가르치면서 보냈다. 버튼은 모든 것을 받아들였지만 생각에는 변화가 없는 것 같았다. 스피니와 레오폴드는 버튼이 변함없는 블루 수터가 될 것이고, 그저 근무평정을 잘 받기 위해서 그때를 기다리며 그에 필요한 일을 하고 있을 뿐이며, 중요한 일을 하고 싶어하는 장교이기보다는 출세하는 사람이 되고 싶어하는 장교라고 확신했다.

그러던 어느 날 버튼은 문제를 안고 보이드를 찾아왔다. 그는 공군사관학교 생도 시절 같은 반 친구였던 한 중령과 함께 일하고 있었는데, 그 중령도 장군을 따놓은 당상인 물 위를 걷는 자였다. 이 중령의 업무는 보이드와 버튼이 고안하고 있는 공군 계획 과정의 변경 사항을 접수하고 그대로 이행되고 있는지 확인하는 것이었다. 그 친구는 항상 동의의 뜻으로 고개를 끄덕이며 버튼에게 그대로 따를 것이라고 말했다. 하지만 아무 일도 일어나지 않았다. 버튼은 혼란스러웠다. 무엇보다도 그 친구는 같은 사관학교 출신이었다.

보이드는 믿기지 않는 듯 고개를 저었다. 그는 일어서서 칠판으로 가서 무슨 일이 일어났어야 했는지, 그리고 무슨 일이 일어났는지를 설명했다. 그는 부인할 수 없는 사건들을 도표로 그렸다. 버튼은 훗날 보이드가 그에게 이렇게 말했다고 썼다. "자네의 친구는 친구가 아니네. 그는 자네를 이용했어." 버튼은 보이드가 옳다는 것을 깨달았다.

칠판 위의 모든 내용을 보면서 버튼은 몇 달 전에 보이드, 스피니, 레오폴드를 업신여겼던 자신의 부끄러운 모습을 분명히 깨달았다. 그리고 그 순간부터 버튼은 새로운 원칙을 갖게 되었다. 사람은 그가 무엇을 하겠다고 말하는지가 아니라, 무엇을 하는지로 판단해야 한다는 것이었다. 짐 버튼의 개종이 시작되었다. 하지만 그가 보이드의 진정한 신봉자가 되기까지 또 다른 훨씬 더 충격적인 사건이 벌어지게 된다. 그리고 그가 개종했을 때, 그의 숨겨진 강철 같은 의지는 갑옷이 된다. 스피니와 레오폴드와 스프레이와 크리스티는 모두 그런 그를 보고 놀란다. 보이드만 빼고 말이다. 전형적인 블루 수터가 그가 지금까지 해왔던 모든 것에 등을 돌리고 출세하는 사람이 되기보다는 삶에서 중요한 일을 하고 싶다는 것을 증명하게 된다.

공군 최고 과학상인 해럴드 브라운 상을 수상한 보이드

1975년 6월 25일에 보이드는 공군이 수여하는 최고 과학상인 해럴드 브라운 상Harold Brown Award을 수상했다. 4E-871호실에서 존 맥루카스John McLucas 공군장관이 주재한 행사에서 보이드는 F-15와 F-16의 설계에 에너지-기동성 이론이 어떻게 쓰였는지를 설명하는 표창장을 받았다. 표창장에는 에너지-기동성 이론이 공군에 "앞으로 수십 년 동안 우세한 전투기 전력을 구축"하기 위한 수단을 제공했다고 쓰여 있었다.

그 후 집에서 보이드는 메리를 돌아보며 믿을 수 없다는 듯이 고개를 저었다. 공군이 그에게 그렇게 권위 있는 상을 주어서가 아니라 그가 그 상을 받을 자격이 없고 그의 업적이 그런 찬사를 받을 만한 충분한 가치가 없다는 생각에 부끄러워서였다. 이것은 한 남자가 친구에게 말하는 거짓 겸손이 아니었다. 한 남자가 집에서 아내와 사적으로 대화할 때 진심에서 우러나오는 반응이었다. 그리고 어린 시절의 불안감을 결코 떨쳐버리지 못한 작은 마을 소년의 반응이었다.

그해 여름 보이드는 심란했다. 딸 메리 엘렌은 자신이 골초라는 사실을 숨기려 하지 않았다. 보이드는 "내 새끼"가 입에 담배를 물고 있는 모습을 보는 데 지쳐서 이렇게 말했다. "좋아, 내가 제안할게. 네가 담배를 끊으면 나도 시가를 끊을게. 같이 끊는 거야. 지금부터. 어때?" 메리 엘렌은 동의했고, 보이드는 자신의 전매특허인 시가를 포기했다. 하지만 메리 엘렌은 곧 담배를 다시 피웠다. 사무실에서 보이드는 끊임없이 당근을 갉아 먹었다. 그는 입에 무언가를 물고 있어야 했다. 그는 메트리칼을 마시고, 구내식당에 가서 점심을 많이 먹었다. 그는 추종자 한 명과 저녁 식사를 하러 나가서 엄청난 양의 음식을 먹고 와인을 마셨다. 하지만 다시는 시가를 피우지 않았다.

한편 스피니는 6월에 사직하고 펜타곤을 떠나 한 방산업체의 고문이 되었다. 그는 조지 워싱턴 대학교George Washington University의 야간학교에 입학하여 경영학 및 응용통계 박사 과정을 밟았다. 그는 거의 매일 보이드와 연락했다.

보이드도 공군을 떠난다는 말을 했다. 그는 "파괴와 창조"에 모든 시간을 쏟고 싶었다. 그 논문은 보이드가 쓴 몇 안 되는 저작 중 하나였고, 분명히 가장 길었다. 그의 연구로 가장 유명한 에너지-기동성 이론은 후에 기술 문서로 만들어졌지만, 원래는 말로 하는 브리핑으로 전달되었다. 심지어 "공중전 연구"는 구술을 한 다음 타자수가 글로 옮긴 것이었지, 글로 쓴 것이 아니었다. 보이드가 쓴 유일한 글들은 전투기무기학교 간행물에 실린 기사 몇 건뿐이었다. 하지만 이제 그는 자기 생각을 종이에 기록하기를 원했다.

소련의 "백파이어 폭격기"에 대한 극비 연구

보이드의 막연한 은퇴 이야기는 소련의 "백파이어Backfire 폭격기[233]"에 대한 극비 연구를 수행하라는 요청을 받으면서 연기되었다. 미 중앙정보국CIA과 국방정보국Defense Intelligence Agency, 특히 해군과 공군은 이 신형 가변익 폭격기의 능력이 엄청날 것이라고 예상하고 있었다. 해군은 백파이어가 B-1과 마찬가지로 정확한 종심 타격 능력이 있고 항속거리가 길어서 미국과 유럽 간의 해상교통로에 위협이 되는 전략폭격기라고 말했다. 해군은 백파이어가 무르만스크Murmansk 인근 지역에서 발진해서 그린란드, 아이슬란드, 영국을 가로지르는 선인 GIUK 갭gap[234]을 지나 비행해서 호송선단을 공격할 수 있다고 말했다. 공군은 백파이어의 위협을 이유로 서유럽을 방어하기 위한 더 많은 초계기와 더 많은 F-15를 요청했다.

이 극비 연구를 정확히 누가 의뢰했는지는 알려지지 않았지만, 백파이어 폭격기에 대한 독립적인 평가가 필요하다는 데는 의심의 여지가 없었

233 백파이어 폭격기: 제식명 Tu-22M으로, 1969년에 첫 비행을 한 소련의 중거리 초음속 폭격기.

234 GIUK 갭: 냉전 시대에 소련의 대서양 진출을 막기 위해 그린란드(Greenland), 아이슬란드(Iceland), 그리고 영국(United Kingdom)을 잇는 해상 "목 지점(chokepoint)"의 중요성이 부각되기 시작했다. 미국과 영국은 이 나라들을 잇는 북대서양의 가장 좁은 지점을 이 나라들의 머릿글자를 따서 "GIUK 갭(GIUK gap)"이라 불렀다.

다. 보이드는 슐레진저 국방장관을 위한 브리핑을 준비했고, 헨리 키신저 국무장관이 그 결과를 알고 싶어한다는 이야기가 있었다.

에너지-기동성 비교와 전문 용어를 빼고 이루어진 브리핑에서 보이드는 백파이어 폭격기의 위협이 매우 과장되었다고 말했다. 그는 백파이어 폭격기가 전략폭격기가 아니라 중거리 폭격기라면서 그 성능을 이렇게 요약했다. "백파이어는 똥덩어리고, F-111처럼 과대포장되었습니다."

백파이어 폭격기 조사를 마친 직후, 보이드는 인사과에 가서 말했다.

"전역하고 싶네. 지금 당장."

공군에서 24년간 복무한 후 전역한 보이드

1975년 8월 31일, 존 리처드 보이드는 공군에서 24년간 복무한 후 전역했다. 그의 나이 48세였다. 그는 스피니와 스프레이, 크리스티와 버튼에게 공군장관이 전역하지 말라고 간청했다고 말했다. 그는 공군장관이 그에게 공군에 남으면 장군으로 만들어주겠다고 약속했다고 말했다.

"싫다고 했어. 칵테일 마시고 여자 후리기 하기 싫네."

하지만 이는 자신의 체면을 지키기 위한 말이었다. 보이드는 결코 장군이 될 수 없었을 것이다. 그는 사무실 파티에서 장군들을 갈기는 이야기를 너무 자주 해서 그의 생일 파티 때 선물로 정원 호스를 받기까지 했다. 스피니와 레오폴드는 이제 막 장성으로 진급된 대령들을 위한 세뇌 과정indoctrination course을 보이드가 "차밍 스쿨charm school"이라고 말하는 것을 듣고 웃었다. 보이드가 장군으로 진급할 수 있었다 해도 기껏해야 다른 종류의 장군이었을 것이고, 아마도 끔찍한 장군이었을 가능성이 크다. 그는 타협할 줄 몰랐다. 그는 자신에게 동조하지 않는 사람들에 대해서는 인내심이 거의 없었다. 그리고 NKP에서는 지휘관으로서 훌륭하게 역할을 수행했지만 그곳은 전시 환경이었다. 그는 타고난 리더였으나, 공군이 대령들을 진급시킬 때 그들에게 바라는 그런 종류의 관리 능력은 없었다.

보이드는 전역한 후 가장 먼저 차를 몰고 이리의 집으로 갔다. 그는 혼자 가서 소년 시절 친구들을 여럿 만났다. 그는 그들에게 자신이 전역했고, 자신이 생산에 중요한 역할을 한 항공기인 F-15와 F-16이 생산 중이며, 이제 새로운 일, 즉 "파괴와 창조"라는 논문을 쓰고 있다고 말했다. 그중 몇 명은 그가 전역할 때의 계급을 물었고, 그가 "대령"이라고 대답하자 웃으면서 장군이 되지 못한 것을 두고 그를 힐난했다. 장군이 아닌데 어떻게 두 기종을 책임질 수 있었을까? 그들 모두는 펜타곤에서 중요한 일은 전부 장군들이 한다고 알고 있었던 것이다.

보이드는 이미 가을 기운이 완연한 반도의 해변을 걸었다. 그는 여전히 구조대장이던 프랭크 페티나토와 함께 몇 시간을 보냈다. 페티나토는 보이드의 어린 시절 친구들과는 달랐다. 그는 보이드가 F-15와 F-16에 관해 말한 것을 믿었고, "파괴와 창조"가 매우 중요한 업적이 될 것이라고 믿었다.

전역 후 이리를 방문한 보이드는 틀림없이 심적으로 복잡했을 것이다. 보이드의 가족은 더 이상 이리에 없었다. 그리고 가족을 항상 뭉치게 만든 그의 어머니는 가족 곁에 있기 힘들 정도로 치매가 더 악화되었다.

보이드는 자신의 고향 이리에 프랭크 페티나토가 없었다면 외로웠을 것이다.

보이드는 몇 주 동안 머물면서 해변을 거닐고 그의 새 프로젝트를 생각하며 그것을 어떻게 연구하고 저술할 것인지를 고민했다. 그는 아이디어들이 저절로 떠오르면 그것들을 숙고하고, 여러모로 살피고, 모든 각도에서 검토한 뒤 그 대부분을 버리고 다시 시작했다. 이리 방문을 마칠 무렵 그는 활기를 되찾았다. 반도가 그에게 그러한 힘을 주었다. 그의 머릿속은 읽고 싶은 책과 탐구하고 싶은 아이디어에 관한 생각들로 가득했다.

이리 여행을 마친 뒤 그는 워싱턴으로 돌아왔다. 그가 공군 역사상 그 어떤 대령보다도 공군에 더 많은 영향을 미친 것은 틀림없었지만, 그의 가장 큰 업적은 아직 이루어지지 않았다. 그는 인생에서 가장 생산적이고 가장 중요한 시기에 접어들고 있었다.

1975년 11월, 제럴드 포드^{Gerald Ford} 대통령은 슐레진저 국방장관을 해임했다.

며칠 후 공군은 A-10을 죽이기 위한 노력을 재개했다. 공군참모총장도 F-16에 핵무기 투하 기능을 추가하라고 지시했다.

PART 3

학자
SCHOLAR

CHAPTER 23

파괴와 창조

"전쟁에서 승리할 수 있는 군사이론과 따를 만한 진정한 리더가 필요하다"

1970년대는 미군 역사의 암흑기였다.

베트남전은 미군에게 굴욕을 안겨주었다. 지구상에서 가장 강력한 초강대국인 미국은 수백만 달러에 달하는 항공기부터 레이저 유도 폭탄, 전자식 센서, 특수작전 부대에 이르기까지 거의 모든 수단을 사용했으면서도 소총과 자전거를 이용하고 검은 통바지를 입은 작은 사람들에게 패했다.

그러나 고위 장성들 사이에서는 자기 반성이 거의 없었다. 그들은 전사이기보다는 관리자였다. 그리고 관리자들이 군대를 이끌 때는 책임을 받아들이기보다는 누군가를 비난하는 것이 그들의 본성이다. 전쟁을 추진한 고위 장성들과 그들 휘하의 해바라기 출세주의자들은 실패를 결코 인정하지 않았다. 그들은 공중전과 지상전 모두에서 전투 전략에 결함이 있었음을 결코 인정하지 않았다. 그들은 게릴라전을 치르는 방법을 몰랐음을 결코 인정하지 않았다. 그 대신 그들은 군대 밖에서 희생양을 찾았으며, 정치인들에게 뒤통수를 치거나 언론을 탓했다. 그런 다음 그들은 과거의 전략, 즉 베트남에서 실패한 전략에 새로 분칠을 하고는 그것을 밀고 나아갔다.

1970년대의 군 지휘관들은 군사이론보다는 사업이론에 더 익숙했다. 그들은 경영학 서적을 읽었고 하버드 비즈니스 스쿨Harvard Business School에서는 일을 어떻게 처리하는지를 장황하게 말했다.

하지만 일부는 손자라는 이름을 들어본 적이 없었고 "폰 클라우제비츠von Claulwitz[235]"의 철자를 몰랐다. 그들은 두헤Doubet[236], 조미니Jomini[237], 폰 슐리펜von Schlieffen[238], 풀러Fuller[239], 구데리안Guderian[240], 로렌스Lawrence[241], 발크Balck[242]의 이름은 알았을지 모르지만, 그 사람들이 지지한 이론을 아는 사람은 거의 없었다. 많은 남북전쟁 마니아들이 1970년대 중반의 평균적인 고위 장교들보다 군사 전술을 더 많이 알고 있었다.

모든 장교가 출세주의자는 아니었다. 더 나은 방법이 있다고 믿는 젊은 이들이 있었다. 군 전체에 고위 장교들과 그들의 낡은 교리를 경멸하는 수백 명의 위관 및 영관 장교들이 있었다. 그들은 상급자들과는 달리, 베트남전에 대해 많은 자기 반성을 했다. 그들은 베트남에서 돌아와서 이렇

---

235 칼 폰 클라우제비츠(Carl von Clausewitz): 1780년생. 나폴레옹 전쟁 시대 프로이센의 군인이자 군사사상가. 『전쟁론(Vom Kriege)』의 저자다.

236 줄리오 두헤(Giulio Douhet): 1869년생. 제1·2차 세계대전 전간기 이탈리아의 항공력 사상가로, 『제공권(Command of the Air)』을 저술했다.

237 앙투안 앙리 조미니(Antoine-Henri Jomini): 1779년생. 나폴레옹 시대 프랑스군과 러시아군에서 복무했고 『전쟁술The art of war)』을 저술했다. 당대 클라우제비츠와 양대 군사사상가였다.

238 알프레트 폰 슐리펜(Alfred von Schlieffen): 1833년생. 독일 제국 육군 원수로, 제1차 세계대전의 독일군 계획인 슐리펜 계획의 초안을 만들었다.

239 존 프레더릭 찰스 "보니" 풀러(John Frederick Charles "Boney" Fuller): 1878년생. 영국군 소장으로, 전간기 군사사상가로서 기갑전과 관련된 여러 저서를 저술했다.

240 하인츠 빌헬름 구데리안(Heinz Wilhelm Guderian): 1888년생. 독일군 원수로, 독일군 기갑부대의 아버지라고 일컬어지는 기갑전의 선구자다.

241 토머스 에드워드 로렌스(Thomas Edward Lawrence): 약칭 T. E. 로렌스. 1888년생. 중동 지역에서 오스만에 대항한 아랍 반군을 지원하며 활약한 영국 군인. 영화 〈아라비아의 로렌스(Lawrence of Arabia)〉의 실제 주인공이다.

242 헤르만 발크(Hermann Black): 1893년생. 독일군 대장. 러시아 전선에서 이름을 떨친 야전 기갑사령관이다.

게 말했다. "우리는 아주 혼쭐이 났습니다." 그들은 지휘관들의 무능함 때문에 동료들이 죽는 것을 보았으며, 떠나간 전우들을 위해 힘을 내고 변화를 위해 싸워야 할 의무감을 느꼈다. 그들은 고위 장성들이 진급 이외에는 한 일이 없다고 생각했다. 그들은 고위 장성들이 모든 것을 정치인과 언론 탓으로 돌리는 모습을 보고 부끄러워했다.

주로 육군과 해병대에 근무하는 젊은 장교들은 전략을 자주 이야기했다. 그러나 그 대화들은 중구난방이었고, 모든 것이 애매모호했다. 조직적인 움직임도, 결집한 세력도 없었다. 대부분 서로의 존재를 거의 알지 못하는 작은 집단들이 여기저기 흩어져 있을 뿐이었다.

이 장교들에게는 전쟁에 관한 새로운 아이디어가 필요했다. 그들은 손에 쥐고 밤늦게까지 공부하고 토론하고 논쟁하고 새로운 강력한 지식으로 그들과 예하 부대를 소생시킬 힘이 있는 무언가가 필요했다. 요컨대 그들에게는 전쟁에서 승리할 수 있는 군사이론이 필요했다. 그들에게는 따를 수 있는 깃발을 든 리더도 필요했다. 그 리더는 수치스러운 과거에 더럽혀지지 않은 사람이어야 했다. 그는 현재의 리더들과는 전혀 다른 성격의 사람이어야 하고, 시스템에 의해 부패되지 않고 그것을 정화하기 위해 헌신하는 사람이어야 했다. 그는 자신의 경력보다 미국을 더 사랑해야 했다. 베트남전 이후 시대의 음침한 출세주의자들의 늪에서 벗어난 젊은 장교들은 그러한 사람 이외에는 받아들이지 않을 것이었다.

전역 후 방산업체의 고임금 직장 대신 가난하지만 자유로운 삶을 선택하다

보이드가 24년 동안 복무하고 대령으로 전역했을 때 퇴직금retirement pay은 매달 1,342.44달러였고 여기에 생계비 수당Cost Of Living Allowance, COLA이 더 주어졌다. 1975년에도 이 금액은 아내와 다섯 아이를 부양하기에는 턱없이 적은 액수였다.

보이드는 많은 고위 장교들처럼 방산업체의 고임금 직장을 택해 쉬운 길을 갈 수도 있었다. 그러나 실생활에서 벌어지는 일들을 맞닥뜨리게 되면서 민간 일자리를 받아들이는 것이 위험하다고 느꼈다. 보이드는 자신이 독립적이어야 한다는 것을 알았고 그렇게 할 수 있는 방법은 오직 두가지뿐이라고 생각했다. 즉, 큰 부를 얻거나, 아니면 욕구를 0으로 줄이는 방법이었다. 보이드는 만약 어떤 사람이 욕구를 0으로 줄일 수 있다면 그는 진정으로 자유로울 것이며, 그에게서 빼앗아갈 수 있는 것은 아무것도 없고, 어느 누구도 그를 해칠 수 없다고 말했다.

보이드는 옷을 사지 않았다. 그와 메리가 운전한 차들은 이후 10년 동안 계속 타서 덜컹거리는 고물차가 된다. 그는 심지어 독서용 안경을 넣는 안경집을 사지 않고 그 대신 낡은 양말에 넣어서 가지고 다녔다. 그리고 자녀들의 분노가 커지고 있음에도 불구하고 가족이 보르가드의 지하 아파트에서 계속 살 것이라고 말했다.

추종자들의 지적 리더

보이드는 1년 정도 모습을 드러내지 않았다. 그러나 그가 보이지 않았다 해도 그의 목소리만큼은 분명히 들을 수 있었다. 그는 거의 매일 밤 몇 시간씩 전화를 했다. 스프레이는 이 전화를 "고통"이라고 묘사하면서 보이드와의 우정을 위한 입장료라고 말했다. 어느 주말에 크리스티와 스피니와 버튼이 출장 중이어서 보이드는 금요일과 토요일 밤 대부분을 스프레이와 전화 통화를 하면서 보냈다. 월요일에 스프레이는 크리스티와 스피니와 버튼에게 전화해서 그들이 동시에 출장을 떠난 것에 대해 불평을 늘어놓았다.

보이드의 전화 통화 내용을 보면 그가 퇴직금의 상당 금액을 책 구입에 쓰고 있을 뿐만 아니라 그 책들을 전부 읽고 있음이 분명했다. 크리스티의 전화는 새벽 2시에 울릴 때도 있었는데, 전화를 받으면 보이드는 이렇게 말하곤 했다. "돌파구를 찾았네. 한번 들어봐." 그리고 그는 잠시도

쉬지 않고 헤겔이나 우주론, 양자물리학, 경제학, 수학, 역사, 사회학 또는 교육에 관한 이해하기 힘든 책을 읽기 시작하곤 했다. 크리스티는 보이드가 정신이 나갔다고 생각했다. NKP에서의 1년을 제외하면 보이드는 인생에서 지난 9년간을 상급자들을 갈기는 데 전념했다. 그는 행동하는 사람이었다. 하지만 청사에서 나오자, 그는 관념의 세계로 접어들었다. 달라진 점은 거의 없었다. 어느 날 그는 F-16의 진행 상황을 전화로 확인하고, 다음날 새벽 2시에 사람들에게 전화해서 독일 철학을 읽어주었다. 무엇을 위해서였을까? 그가 계속 말하는 학습 이론이란 무엇이었을까? 그는 NKP에서 그 연구를 시작했지만 아직 보여줄 것이 없다고 말했다. 왜 그는 그것을 그만두지 않았던 걸까?

톰 크리스티는 펜타곤의 슈퍼스타로 나중에 국방부 부차관보로 승진하게 된다. 그는 자신의 업무와 관계없는 일을 거절할 줄 알았고, 이제는 옛 친구에게 점점 짜증을 내고 있었다. "존, 저는 그걸 대학 때 읽었어요" 아니면 "존, 제가 직접 읽을게요"라고 그는 말했다. 보이드는 그의 말을 무시하고 계속 책을 읽었다. 보이드는 20분 동안 책의 한 구절을 읽고는 이렇게 물었다. "자, 이 구절에 대해 어떻게 생각해?" 결국 크리스티는 거절하는 법을 잊고 보이드와 새벽까지 대화를 나눴다.

크리스티가 전화 통화에 지치면, 보이드는 다른 추종자 중 한 명에게 전화해서 같은 과정을 거쳤다. 이들 모두 교육을 잘 받았고 폭넓은 독서를 한 사람들이었다. 그러나 1975년 말, 그리고 분명히 1976년 초에 보이드의 연구는 추종자들이 대학원에서 경험한 것 이상으로 깊어졌다. 보이드는 심오하고 불가사의한 지식의 영역으로 뛰어들고 있었다. 그리고 추종자들은 자존심이 너무 강해서 보이드가 말한 모든 것에 그저 동조만 하지는 않았다. 그들이 대화를 끝까지 하려면 보이드가 읽는 어떤 책이든 사야 했다. 그들은 책을 읽었고 보이드가 전화했을 때 준비가 되어 있었다. 그리고 추종자들은 서로 이에 대해 상의하지 않았지만, 보이드가 행운아이고, 에너지-기동성 이론을 넘어 더 심오한 경지를 탐험하고 있음

을 알았다. 그들은 그가 곧 그의 가장 위대한 작품을 탄생시키려 한다고
느꼈다.

하지만 그들은 그 출산이 그렇게 고통스럽고 오래 걸리지는 않기를 바
랐다.

보이드가 전화를 하면 친구들은 몇 시간씩 전화를 사용할 수 없었다. 버
튼은 아내가 "보이드 전용 전화"로 사용할 별도의 전화선을 설치했을 때
추종자들 사이에서 부러움의 대상이 되었다. 그 전화번호는 보이드만 알
고 있었다.

보이드는 다른 어떤 추종자보다 정규 교육을 덜 받았다. 그러나 그는
그들에게 읽게 한 책의 수와 내용뿐만 아니라 진리를 얻고자 하는 그의
열정과 집착, 그리고 그의 강철 같은 수련법에 있어서 그들의 지적 리더
였다. 추종자들은 보이드와의 관계에서 각기 다른 역할을 했다. 크리스티
는 감독 역할을 했다. 그는 한 부분을 추가하고, 다른 부분을 빼고, 또 다
른 부분에 대해서는 더 많이 연구를 하라고 제안했다. 버튼과 스피니는
아주 영리한 아들과 같았는데, 그들은 때로 보이드의 또 다른 두뇌인 것
처럼 보일 정도로 그의 작업에 많은 이바지를 했다. 보이드와 버튼, 그리
고 보이드와 스피니 사이의 상호 교류의 효과는 대단했다.

스프레이는 이들과는 또 다른 부류였다. 어떤 의미에서 그는 다른 어
떤 추종자보다 보이드와 더 가까웠다. 두 사람은 형제 같았다. 그러나 다
른 사람들은 보이드의 학습 이론에 대한 연구를 권장했지만 스프레이는
전혀 그에 동조하지 않았다. 그는 보이드가 재능을 낭비하고 있다고 말했
다. 스프레이는 보이드도 많은 다른 독학자들과 마찬가지로 그가 "진짜"
학자라고 여기는 사람들로부터 거룩한 존재로 인정받기를 갈망한다는
것을 알았다. 스프레이는 보이드에게 학습 이론이 너무 추상적이고, 아무
것도 약속하지 못하는 또 하나의 "일종의 과학철학"이라고 말했다. 스프
레이는 A-10 개발 작업 이후 지상전에 점점 더 관심을 갖게 되었고, 지
상전이야말로 유일하게 중요한 전쟁이라고 확신했다. 그는 보이드에게

시간낭비를 그만두고 지상전을 연구하라고 권했다. 그러나 보이드는 학습 이론에 집착했다. 그는 스프레이가 추천한 책 중 몇 권을 읽는 데 동의했지만 그것이 다였다. 아니면 당시 스프레이가 그렇다고 생각했었을 수도 있다.

보이드는 스프레이의 비판에 민감했다. 스프레이가 그에게 이의를 제기할 때마다 그는 연구에 더 깊이 빠져들었고 새로운 참고자료들을 파고들었다. 그는 자신의 연구가 피어 스프레이의 전기톱을 통과하면 그 누구도 그것을 비판할 수 없게 될 것임을 알았다.

보이드는 노란 리갈 패드에 학습 이론의 초안을 쓰고 또 썼다. 그는 추종자들에게 전화해서 한 단어의 의미를 몇 시간씩 토론했다. "그 단어를 들으면 어떤 생각이 드나?" 그는 물었다. "어떤 그림이 떠오르지?" 이는 정말 짜증스러운 일이었다. 보이드는 모호함을 좋아했는데, 그것이 새로운 전망을 열고 예기치 못한 방향으로 이끈다고 믿었다. 버튼은 보이드의 적합성 결여를 불편해했다. "대령님은 단어들이 한 가지 이상의 의미를 가질 수 있다는 사실을 이용하고 있습니다." 버튼은 말했다. "단어와 아이디어와 개념들을 보통 사람들이 사용하지 않는 방식으로 사용하고 계십니다."

보이드가 추종자들에게 자신의 연구가 어디로 가고 있는지 모르며 일부러 목표를 설정하지 않았다고 말하자, 이 모든 것들이 점점 더 짜증이 나게 되었다. 그는 단순히 흘러가는 대로 내버려두고 있었다. 추종자들은 보이드가 자신의 연구가 괴델의 증명Gödel's proof, 하이젠베르크의 불확정성 원리Heisenberg's Uncertainty Principle, 열역학 제2법칙과 관련이 있을 것이라고 말하자 머리가 어지러웠다.

괴델의 증명은 어떤 수학 체계에서 어느 수학적 명제가 참이더라도 그 체계 자체 내에서 그것이 참인지 여부를 증명하거나 도출할 수는 없는 경우가 있을 수 있다고 주장한다. 혹은 보이드의 표현대로라면, 체계의 일관성은 그 체계 내에서는 증명될 수 없다. 물리학자 하이젠베르크는 입자의 위치와 속도를 동시에 정확히 측정할 수 없다고 말했다. 보이드가 조지아 공대에서 배운 것처럼, 열역학 세2법칙은 모든 자연적 과정이 엔드로피를 생성한다고 말한다. 즉, 질서에서 무질서로 이동한다. 야콥 브로노프스키^{Jacob Bronowski}[243]와 같은 철학자들은 이처럼 이질적인 요소들 사이의 관계를 간파했지만, 누구도 이 세 요소 모두를 연결해 더 높은 수준으로 끌어올려 새로운 아이디어를 만들어낸 적은 없었다.

보이드는 어느 날 밤 큰 소리로 한 단락을 읽고, 다음날 밤 전화를 걸어 흥분한 목소리로 또 다른 돌파구가 생겼다고 말하기도 했다. 그는 같은 단락을 읽곤 했다. 듣는 사람으로서는 그가 읽는 내용의 차이를 알 수 없었다. 보이드는 괴로워하는 목소리로 단어 하나를 바꿨다고 말하곤 했다. 추종자들은 보이드의 "돌파구"에 대해 그들끼리 농담을 했다. 스프레이는 보이드가 쉼표의 위치를 하나 바꿔도 돌파구라고 여긴다고 말했다.

"무언가를 이해하고 싶다면 극단적으로 생각해보거나 그 반대를 검토해봐." 보이드는 말했다. 그는 자신이 설파한 것을 실천했다. 그는 가능한 모든 관점에서 모든 단어와 아이디어를 검토한 다음 토론을 위해 그 아이디어를 제시하고, 끝없이 논쟁하고, 자신의 논리를 재구성하고, 또다시 토론을 위해 그것을 제시했다. 창조 과정은 보이드뿐만 아니라 6명의 추종자에게도 고통스럽고 힘들고 반복적이고 세부사항에 신경을 써야 하는 과정이었다. 보이드는 토론의 변증법이 필요했다. 그는 종종 모든 일련의 질문들을 포기하고 처음으로 돌아갔다. 버튼과 스피니와 스프레이는 크리스티가 맞는지, 보이드가 매사에 너무 세부사항에 집착하는지, 그의 아이디어가 성과가 없는 영역에 부딪혔는지 궁금해하기 시작했다. "얼마나 오래 걸리겠습니까?" 버튼은 물었다. "언젠가는 끝내야 해요."

"시간이 알려주겠지." 보이드는 말했다. "때가 되면 알게 될 거야. 하지만 아직은 아니네."

---

243 야콥 브로노프스키: 1908년 폴란드 태생으로 영국에서 활동한 수학자.

설상가상으로 보이드는 전투기 조종사들이 실제 비행기를 조종하는 것과는 다른 방법으로 시뮬레이터를 조종하는 이유를 파악하려는 NASA의 연구를 위해 소액의 보조금을 받았다. 그의 결론은 그가 1975년에 연구를 시작한 브리핑인 "공대공 전투의 새로운 개념A New Concept for a Air-to-Air Combat" 작업에 도움이 되었다. 또한 스프레이가 기쁘게도 그는 유사 이래의 지상전들을 연구한 "분쟁의 양상Patterns of Conflict"이라는 브리핑을 위해 작업을 시작했다. 그는 두 가지 새로운 브리핑을 위해 작업하는 동안 계속해서 자신의 학습 이론을 연구하고 초안을 작성했다.

거의 50세에 은퇴를 해서 많은 사람이 편하게 지내기 시작하는 시기에 접어든 사람이라는 점을 고려하면, 이례적으로 창조력이 뒤늦게 폭발한 것이었다.

추종자들은 그 일이 결코 끝나지 않을 것이라고 생각했다.

하지만 끝이 났다. 아니면 적어도 1976년 9월 3일에 보이드가 1972년부터 연구해온 11페이지 분량의 "파괴와 창조" 논문을 발표했을 때 학습 이론에 관한 집중적인 연구가 이루어졌다. 1950년대에 발간된 전투기무기학교의 몇 가지 기사를 제외하면 그 논문은 보이드가 저술한 유일한 글이었다.

"불일치, 파괴, 그리고 창조의 끝없는 순환은 변증법적 엔진의 자연스러운 발현이다"

보이드가 "파괴와 창조"를 마쳤을 때는 에너지-기동성 이론에 뒤따랐던 찬양은 없었다. 사실 논문이 나올 때까지 몇 년 동안 고생한 것을 생각하면 그 끝은 실망스러웠다. 보이드는 몇 부를 복사해서 나눠주었다.

버튼과 스피니는 보이드에게 그 논문을 출간하라고 간청했다. 보이드가 몇몇 군사 잡지 중 하나에 투고하기는 비교적 쉬웠을 것이다. 하지만 그는 결코 원고를 투고하지 않았다. 한 가지 이유는 그가 지적 연구란 결코 끝이 없다고 믿었기 때문이다. 그는 그 이후로 몇 년 동안 "파괴와 창조"를 수정하게 된다. 두 번째로 추측해볼 수 있는 이유는 그가 그 논문을 출간하면 비판을 받을까 두려워했을지 모른다는 것이다.

보이드는 연구와 저술을 하고 나서 그의 연구를 11페이지로 정리하는데 4년 이상을 소모했기 때문에 그 결과물은 고농축 우라늄에 버금갈 정도로 압축되었다. 그러나 그 논문은 경고와 수식어구, 그리고 전에는 그 이론들과 연관이 없어 보이는 난해한 참고문헌들로 인해 두껍고 무거워졌다. "파괴와 창조"를 읽으면 "무거운 눈썰매heavy sledding"라는 말을 완전히 이해하게 된다. "파괴와 창조"에서 가장 중요한 부분은 관찰자와 관찰 대상 사이에 관계가 존재한다는 자신의 생각을 보이드가 상세하게 설명한 부분이다. 이 생각은 독창적인 것은 아니다. 철학에서 가장 오래된 질문 중 하나는 실재reality의 본질에 관한 것이다. 그러나 보이드는 우리가 물리적 실재를 어떻게 인식하는지에 대한 새로운 설명을 제시했다.

여러 명의 사람이 같은 과정이나 같은 사건을 보고 각자 완전히 다른 식으로 그 과정이나 사건을 볼 수 있다. 간단한 예로, 사교 클럽 소년, 텔레비전 카메라맨, 맥주 유통업자, 청원경찰, 그리고 대학 총장은 대학 풋볼 경기장으로 몰려드는 군중을 보고 서로 각자의 관점에서 다르게 보게 된다. 이 통찰력 위에 보이드는 하이젠베르크에게서 가져온 아이디어를 얹었다. 관찰 과정은 관찰 대상을 변화시킨다는 것이다. 앞의 간단한 예를 계속 말해보면, 군중 속의 사람들이 텔레비전 카메라맨에게 관찰되고 있다는 것을 안다면 손을 흔들거나 소리를 치거나 자발적인 시위를 시작할 수도 있을 것이다. 같은 군중이 청원경찰이 보고 있음을 안다면 온순하고 점잖아질 것이다. 혹은 대립적이 될 수도 있다. 만약 우리가 이러한 변화가 일어난다는 것을 인식한다면, 우리는 무엇을 관찰하고 있든 그 대상과의 관계를 재평가하고 재검토한다. 다르게 말하면, 관찰 과정은 관찰 대상의 모습에 영향을 미치고, 그에 대한 피드백으로 관찰자는 자신의 관점을 재수정한다. 텔레비전 카메라맨은 손을 흔들지 않는 사람을 찾는다.

청원경찰은 군중 속의 사람들이 행동을 위장한다는 것을 알기 때문에 더욱 경계한다. 따라서 하나의 주기가 시작된다. 그리고 그 주기는 계속해서 반복된다.

처음으로 돌아가서, 보이드는 관찰을 통해 얻은 정보를 처리하는 방법에는 분석analysis과 합성synthesis이라는 두 가지가 있다고 말했다. 우리는 우리가 관찰하고 있는 어떤 과정이나 사건들을 개별 구성 요소와 상호작용으로 나누어 분석할 수 있다. 그리고 이를 통해 이해를 유도하는 추론을 할 수 있다. 혹은 때로 서로 관련이 없는 다양한 요소들을 모아 합성해서 새로운 완전체를 만들어낼 수 있다.

보이드는 분석은 이해를 도울 수는 있지만, 창의력을 이끌어낼 수는 없다고 생각했다. 극단적으로 말하자면, 그는 분석은 분석을 하는 사람에게만 만족을 주는 자위행위와 같다고 생각했다. 그는 "분석에 의한 마비paralysis by analysis"에 대해 말하면서 워싱턴은 1만 명의 분석가가 있지만 합성가는 없다고 지적했다. 그는 "그들은 아는 것이 점점 적어지다가 결국에는 아무것도 모르게 된다"고 표현했다.

"파괴와 창조"에서 보이드가 좋아한 예시는 창의성의 본질에 대한 그의 해설을 청중에게 들려주는 사고 실험thought experiment이었다. 이 실험은 이런 식으로 이루어졌다. "네 가지 별도의 이미지를 상상하십시오. 이걸 영역domain이라고 부르겠습니다. 각 영역은 그 영역의 구성요소들 및 구성요소들 간의 관계를 보면 쉽게 이해할 수 있습니다."

보이드가 제시한 네 가지 영역은 슬로프 위의 스키 선수, 쾌속정, 자전거, 장난감 전차였다. "스키 선수" 아래에는 리프트, 스키, 사람들, 산, 오두막 등 다양한 구성요소가 있다. 그는 청중들에게 이들이 모두 관계망, 즉 교차선intersecting line들과 같은 관계로 연결되어 있다고 상상해보라고 요청했다. "쾌속정" 아래에는 태양, 보트, 선외 모터outboard motor[244], 수상 스

244　선외 모터: 보트의 뒤쪽에 장착되는 모터.

키어, 물이라는 구성요소가 있었다. 이 역시 교차선들로 연결되었다. "자전거" 아래에는 체인, 안장, 보도, 핸들, 어린이, 바퀴가 있었다. "장난감 전차" 아래에는 포탑, 소년, 전차 궤도, 녹색 도색, 장난감 가게, 대포가 있었다.

이 별도의 구성요소들은 각각의 제목 아래 모아놓으면 이치에 맞는다. 하지만 그 후 보이드는 각 구성요소와 그것이 속한 영역 간의 관계를 깨뜨렸다. 그는 청중들에게 관계망에 있는 구성요소들이 무작위로 흩어졌다고 상상해보라고 요청했다. 그는 이렇게 영역을 분해하는 것을 파괴적 연역법destructive deduction이라고 불렀다. (오늘날 어떤 사람들은 이러한 사고의 비약을 고정관념 탈피라는 의미로 "틀에서 벗어나 생각하기thinking outside the box"라고 부른다. 그러나 보이드는 틀의 존재 자체를 제한요소라고 보았다. 즉, 틀은 만들어지기도 전에 파괴되어야 한다고 생각했다.) 부분과 전체 간의 관계가 파괴되었다는 점에서 이 연역법은 파괴적이었다. 불확실성과 무질서가 의미와 질서를 대신했다. 이처럼 이질적인 요소가 뒤죽박죽된 상태를 보이드는 "무질서의 바다sea of anarchy"라고 불렀다. 그리고 나서 보이드는 청중에게 이렇게 요구했다. "이 엉망인 상태에서 어떻게 질서와 의미를 만들 수 있을까요?"

이제 보이드는 합성이 어떻게 창조력의 기초가 되는지를 보여주었다. 그는 "이 무질서의 바다에 있는 몇 가지 구성요소로부터 우리가 어떻게 공통의 특성을 발견하고 맥락을 연결해서 새롭고 완전히 다른 영역을 합성할 수 있을까요?"라고 물었다. 그것들을 하나로 묶는 새로운 방법을 찾은 사람은 거의 없었다. 보이드는 청중을 달래고 구슬려보았지만 결국에는 핸들, 선외 모터, 전차 궤도, 스키를 강조함으로써 답을 유도했다.

그는 이것들이 소위 "새로운 실재", 즉 스노모빌snowmobile을 만드는 데 필요한 구성요소라고 말했다.

보이드는 새로운 실재가 존재 가능하고 유의미하다는 점을 확실히 하기 위해서는 내적 합치도를 확인하고 그것이 확실히 실재와 일치하도록 해서 새로운 실재를 지속적으로 개선해야 한다고 말했다. 그러나 실재를 확실히 하기 위한 바로 그 과정은 새로운 관찰과 그 관찰에 대한 설명 간에 불일치가 생기는 중요한 원인이다. 바로 여기에서 괴델의 증명과 하이젠베르크의 불확정성 원리, 그리고 열역학 제2법칙이 중요하게 작용한다. 이 불일치는 불가피하며 예상되는 바인데, 보이드의 말에 따르면 그 이유는 "체계 그 자체 안에서는 체계의 특징이나 본질을 판단할 수 없기 때문이다. 또한 그것을 판단하려는 시도는 혼란과 무질서를 초래한다." 이 같은 불일치, 파괴, 그리고 창조의 끝없는 순환은 "변증법적 엔진의 자연스러운 발현이다." 이 "엔진"은 관찰자와 관찰 대상 간의 관계다. 관찰자와 관찰 대상 간에 쌍방향 관계가 존재한다는 생각, 관찰 과정이 관찰 대상을 변화시킨다는 생각, 그리고 이러한 변화에 대한 우리의 인식이 관계를 재구성한다는 생각은 우리 삶의 거의 모든 측면에 미묘하게 존재하며 많은 경우 드러나 보이지 않는다. 이것은 우리가 세상에 대처하는 방법에서 중요한 한 부분을 차지하며, 우리의 결정과 행동을 형성한다. 위험한 점은 만일 우리의 정신적 과정이 우리의 내부 독단적인 신념만 고집하여 끊임없이 역동적으로 펼쳐지는 바깥세상으로부터 고립된다면 우리 정신의 이미지와 실재 사이에 불일치가 생긴다는 점이다. 이는 보이드의 연구를 잘 안다고 주장하는 많은 사람이 보거나 이해하지 못한 위험이다. 그렇게 되면 혼란과 무질서와 불확실성이 결과로 나타날 뿐만 아니라 계속 커진다. 결국 무질서가 증가하면 혼돈을 초래할 수 있다. 보이드는 이것이 왜 자연적인 과정인지, 그리고 왜 유일한 대안이 파괴적 연역법을 수행하고 새로운 실재에 부합하는 정신적 이미지를 다시 만드는 것인지를 보여주었다.

과학철학자 토머스 쿤[Thomas Kuhn][245], 그리고 경제학자 조지프 슘페터

---

245 토머스 쿤: 1922년생. 미국의 과학사학자 겸 철학자.

Joseph Schumpeter[246]는 창조성에 파괴적 측면이 존재한다는 점을 인식했다. 그러나 보이드는 그 과정이 어떻게 괴델과 하이젠베르크, 그리고 엔트로피를 통해 발견된 기초를 바탕으로 하는지 설명했다는 점에서 특별했다.

이 변증법적 엔진은 좀 더 개선되고 강화된 이후 미군 내부의 조직들이 갈망하던 새로운 전쟁 교리의 지적 핵심이 된다.

---

246 조지프 슘페터: 1883년 오스트리아 출신으로 미국에서 활동한 이론 경제학자로 창조적 파괴(creative destruction)라는 개념을 제시했다. '창조적 파괴'란 기술의 발달에 경제가 얼마나 잘 적응해나가는지를 설명하기 위해 제시한 개념으로, 슘페터는 자본주의의 역동성을 가져오는 가장 큰 요인으로 창조적 혁신을 주창했으며, 특히 경제발전 과정에서 기업가의 창조적 파괴 행위를 강조했다.

CHAPTER 24

우다 루프

보이드의 "신속 전환" 브리핑

"파괴와 창조"를 완성한 후 보이드는 무엇에 홀린 사람 같았다. 그는 변화, 다시 말해 전투에서 승리할 수 있게 해줄 공약을 요청하는 군 장교들의 목소리를 부지불식간에 들은 것처럼 보였다. 보이드가 보기에 미국의 국방은 다름 아닌 균형에 달려 있었다. 그는 한 달 안에 두 가지 브리핑을 더 준비했다. 사람들이 자리를 이동하기 시작하면서 사건들이 발생했는데, 그 최종적인 결과는 몇 년이 지난 뒤에야 있을 수 없는 우연한 일들이 조각조각 조합된 모자이크처럼 보이게 된다. 신속 전환fast-transients 브리핑 일자는 1976년 8월 4일이다. 이 브리핑은 "파괴와 창조"를 작전적 문제에 응용한 것이다. 즉. "기동성"을 더 잘, 그리고 더 철저히 정의한 것이다. 항공기의 신속 전환 능력은 방어와 공격 이 두 가지와 관련이 있는데, 이 능력은 방어 시에는 공격기가 유리한 사격 위치에서 떨어져 나가게 해주고, 공격 시에는 추적기 조종사가 유리한 사격 위치를 획득할 수 있게 해준다. 신속 전환을 통해 얻는 이점이 이렇다는 것은, 아군 조종사가 전투에서 승리하려면 적보다 더 빠른 템포로 움직여야 한다는 것을 시사

한다. 그리고 아군 조종사가 적보다 한두 발 앞서야 한다는 것을 암시한다. 이는 곧 적보다 더 빠르게 작전을 수행해야 한다는 의미다.

보이드의 연구를 촉발시킨 것은 YF-17에 대한 YF-16의 우월함이었지만, 브리핑 서두에서 그는 한국전쟁으로 거슬러 올라가 에너지-기동성 측면에서 성능이 더 우수한 MiG-15를 상대로 F-86이 놀라운 격추교환비를 달성했음을 언급했다. 그리고 그는 추가 사례로 1940년 프랑스에 대한 독일의 전격전blitzkrieg[247] 공격과 우간다에 억류된 인질들을 구출하기 위한 이스라엘의 전광석화와 같은 엔테베 공항Entebbe Airport 기습 작전[248]을 제시했다. 이 두 경우 모두 한 기동에서 다른 기동으로의 신속 전환 능력이 승리의 중요한 한 가지 요소였다. 단순히 빠르게 움직이는 것이 아니라 더 빠른 템포로 작전을 수행한다는 생각은 전쟁 수행에 있어서 새로운 개념이었다. 빠르게 변화하는 환경을 조성하는 것—즉, 적의 판단을 흐리게 하고 적의 눈에 불확실하거나 모호해 보이도록 빠르게 기동하는 것—은 적의 적응력을 억제하고 혼란과 무질서를 초래하여 결과적으로 적에게 과잉대응 또는 과소대응을 유발한다. 보이드는 가장 빠른 변화율rate of change을 감당할 수 있는 자가 살아남는다는 메시지를 전하면서 브리핑을 마쳤다.

이 브리핑은 보이드 작업의 핵심 주제인 시간 기반 분쟁 이론time-based theory of conflict이 구체화되기 시작했음을 보여주었다. 그리고 보이드가 브리핑에서 전격전과 엔테베 기습 작전을 언급한 것은 중요한 변화를 의미했다. 그는 지상전에 관심을 갖게 되었던 것이다.

---

247 전격전(blitzkrieg)이란 직역하면 번개전쟁이란 뜻으로, 신속한 기동과 기습으로 적의 저항을 분쇄하여 전쟁을 초기에 끝내기 위한 기동작전이다. 1940년에 독일은 강력한 기갑부대로 프랑스군의 허를 찔러 6주 만에 항복을 받아냈다.

248 엔테베 공항 기습 작전: 1976년에 있었던 사건으로, 이스라엘에서 우간다까지 수송기로 100명의 특공대원을 태워보내 기습공격을 가해서 총 254명의 승객 중 250명을 살려서 구출하는 데 성공했으며, 특공대원 한 명이 전사했다.

보이드의 "분쟁의 양상" 브리핑

신속 전환 브리핑 한 달 후, 보이드는 "분쟁의 양상Patterns of Conflict" 브리핑의 첫 번째 버전을 준비했다. 그는 앞으로 몇 년 동안 이 브리핑을 수백 번 하게 되는데, 너무 많이 해서 "양상Pattern" 또는 간단히 "브리핑"이라고 불리게 되었다. "양상" 브리핑은 10년간의 연구 과정을 거치면서 발전하여 마침내 슬라이드들을 모아 소책자로 만들어졌다. 보이드는 첫 번째 버전을 "워프Warp I"이라고 명명했는데, 그의 아이들이 좋아하던 텔레비전 프로그램인 〈스타 트렉Star Trek〉 나오는 "워프 속도warp speed"를 따서 그 이름을 지었다. 한 워프 안에서의 수정은 "위커wicker"라고 불렀다. (위커란 "엮기" 또는 "땜질하기"라는 뜻의 관료적 용어다.) 보이드는 먼저 각 슬라이드의 내용을 리갈 패드에 쓴 다음 이것을 타이핑했다. 그는 충분한 양이 될 때까지 변경 및 추가 사항을 저장한 다음 전체 브리핑 내용을 다시 타이핑해서 새로운 워프 명칭을 부여했다. 브리핑 내용이 거의 매주 바뀜에 따라 브리핑 버전 이름도 복잡하게 바뀌었다. 12월 8일에 그는 "워프 VI, 위커 2" 버전을 갖고 있었다. 1977년 9월 16일에는 "워프 X" 버전을 갖고 있었다. 1977년 10월에는 제목을 바꿨다. "워프 XI"은 "분쟁의 양상: 정과 기, 그리고 중심Patterns of Conflict: Cheng, Ch'i, and Schwerpunkt"으로 제목이 바뀌었다. "워프 XII"에서는 제목을 다시 "분쟁의 양상"으로 바꿨다.

"워프 XXI" 이후에 그는 "워프"와 "위커"라는 명명법을 더 이상 사용하지 않고 "분쟁의 양상"이라는 이름만 썼다. 각각의 새로운 버전에는 날짜를 쓰고 그의 사인을 굵게 휘갈겨 서명했다. 그는 모든 버전을 보관하지는 않아서 종종 버튼에게 전화를 걸어 "내가 이걸 '워프 6, 위커 3'에서 어떻게 말했지?" 또는 "'워프 9'에서 이 부분의 문구가 무엇이었지?" 하고 물어보았다. 버튼은 거의 모든 버전을 보관했는데, 그렇게 하기로 결정하면 그 일을 할 수 있는 유일한 사람이다. 그 서류 더미는 높이가 약 60센티미터나 되었다. 처음에 보이드는 "양상" 브리핑을 하는 데 1시간이 걸렸다. 10년 후 보이드가 그의 모든 연구를 "승리와 패배에 관한 담론A Discourse on Winning and Losing"이라는 제목의 모음집에 담았을 때는 이를 브리핑하는 데 약 14시간, 즉 이틀이나 걸렸다.

보이드가 민간인이 된 후에는 그의 브리핑의 성격이 근본적으로 바뀌었다. 그는 군더더기 없는 훌륭한 슬라이드들과 멋진 프레젠테이션으로 유명한 공군 최고의 브리핑 장교 중 한 명에서 알쏭달쏭하고 글머리 기호로 가득 찬 장문의 슬라이드들로 유명한 브리퍼가 되었다. 보이드는 여전히 모호함이 예기치 못한 풍요의 기회를 만든다고 믿었기 때문에 그의 브리핑들은 애매모호했다. 어떤 브리핑은 독립적이어서 슬라이드들을 보면 브리핑 전체를 파악할 수 있다. 그러나 보이드의 브리핑은 더 이상 그렇지 않았다. 그의 브리핑은 설명 없이는 사실상 이해할 수 없었다. 또한 보이드는 자신의 브리핑을 전달하는 데 비타협적이 되어서, 일부 사람은 그가 독단적이라고 하거나 심지어 오만하다고 말하기까지 했다. 누군가에게 시간이 얼마나 있는지는 중요하지 않았다. 누군가가 브리핑을 듣고 싶다면 끝까지 들어야 했다. 브리핑이 1시간 정도 길이일 때는 괜찮았다. 하지만 브리핑 시간이 6시간으로 늘면서 보이드는 종종 압축해달라는 요청을 받았다. "정식 브리핑이 아니면 안 합니다"가 그의 대답이었다. 그리고 그는 사람들이 브리핑을 모두 듣기 이전에는 누구도 슬라이드 사본이나 보고용 요약본을 보도록 허락하지 않았다.

보이드는 민간인이었지만 펜타곤의 전술항공국에서 많은 시간을 보냈다. 어느 날 스프레이가 그곳에 있었는데, 보이드가 대화 중 이렇게 말하는 것을 우연히 들었다. "그에게 기꺼이 브리핑을 하겠소. 6시간 걸려요." 반대편 사람은 분명히 훨씬 더 짧은 버전을 원했다. "브리핑은 6시간 걸려요." 보이드는 되풀이해서 말했다. 스프레이는 보이드의 얼굴이 굳어지는 것을 보았고 그 뒤 이렇게 말하는 것을 들었다. "당신 보스가 그렇게 시간에 쫓긴다면 시간을 많이 아낄 수 있는 방법이 있소. 브리핑을 안 하면 어떻겠소?" 그는 수화기를 쾅 내려놓고는 스프레이를 돌아보며 말했다. "해군 참모총장의 참모장이야." 해군 참모총장은 그렇게 해서 보이드의 브리핑을 듣지 못하게 되었다. 육군 참모총장에게도 같은 일이 발생하자, 참모장인 대령이 화가 난 채로 크리스티의 사무실로 쳐들어가서 크리스티에게 보이드로 하여금 육군 참모총장에게 1시간짜리 브리핑을 하라고 명령하기를 요구했다. 대령은 크리스티가 보이드가 민간인이고 그에게 명령할 수 없다고 말하자 당황했다.

몇 가지 사항은 바뀌지 않았다. 보이드의 연구 방법은 항상 그랬던 것처럼 유지되었다. 그는 밤늦게까지 책을 읽고 또 읽으며 밤을 새웠다. "양상"의 최종적인 출처 목록은 323개였다. 그리고 추종자들에 대한 보이드의 전화도 계속되었다. 다루고 있는 주제의 폭과 깊이는 경이롭기 그지없었다. 보이드는 다른 사람은 거의 한 적이 없던 방법으로 전쟁사에 뛰어들었다. 외부인의 눈에는 그의 연구 과정이 두서없고 단절된 것처럼 보였다. 브리핑을 듣기 전까지는 그의 연구가 요점이 없어 보였다.

보이드의 여러 연구가 그렇듯, "양상" 브리핑의 구성 요소는 대부분 잘 알려진 아이디어들이다. 그러나 보이드는 이러한 아이디어들을 합성해서 미군에게 새로운 실재를 만들어냈다. "양상" 브리핑은 지금까지 만들어진 가장 기념비적인 스노모빌snowmobile 중 하나이며, 군사적 사고에서 나온 가장 영향력 큰 브리핑 중 하나다.

또한 "양상" 브리핑은 보이드가 어떻게 유추를 통해 생각했는지 보여주는 하나의 사례이기도 하다. 그 과정에서 실용주의자인 스프레이는 아주 불안해했다. 유추를 통한 추론은 대부분의 사람이 생각하는 방식보다 퇴행적일 뿐만 아니라 위험하기도 하다. 특히 처음 한 걸음을 잘못 디디면 전체 과정이 바보짓이 될 수 있다. 스프레이는 보이드가 자신이 항상 옳다고 여기기 때문에 더욱 불안해했다.

전사와 『손자병법』 연구를 통해 승리의 비결을 찾다

독일군, 특히 나폴레옹Napoleon이 예나-아우어슈테트 전투Battle of Jena-Auerstädt[249]에서 프리드리히Friedrich와 프로이센군을 격파한 시기인 1806년부터 제2차 세계대전까지의 독일군에 대한 연구 없이는 현대 군사사를 연구할 수 없다. 프리드리히가 패배한 후, 5명으로 이루어진 한 집단이 프로이센군을 재건하고 군사적 우수성을 제도화하기 시작했다. 이들은 스스로를 "개혁파Reformers"라고 불렀다. 샤른호르스트Scharnhorst[250]와 폰 클라우제비츠von Clausewitz가 이 집단에서 가장 유명한데, 샤른호르스트는 군사적 탁월함 때문에, 그리고 폰 클라우제비츠는 저서인 『전쟁론Vom Kriege』 때문에 유명하다.

키가 크고 오동통하고 볼이 불그스레한 민간인으로서 역사를 즐겨 인용하고 펜타곤의 대부분의 사람들보다 전쟁에 관해 더 잘 아는 윌리엄 린드William Lind는 "양상" 브리핑을 듣던 당시 게리 하트Gary Hart 상원의원을 위해 일하던 의원 보좌관이었다. 보이드의 지적 모임이 프로이센군 조직가들과 유사하다고 느낀 린드는 보이드와 그의 추종자들을 "개혁파Reformer"라고 불렀다.

보이드는 전격전을 연구하면서 특히 기갑부대 사령관 하인츠 구데리안Heinz Guderian의 전술 관련 저작물과 에리히 폰 만슈타인Erich von Manstein[251]의 『잃어버린 승리Lost Victories』라는 책을 읽을 때 자신이 모르는 역사적 사건들이 책에 인용되어 있는 것을 보았다. 그는 전격전을 제대로 이해하

---

249 예나-아우어슈테트 전투: 1806년에 나폴레옹의 프랑스군 18만 명이 프로이센군 14만 5,000명을 독일의 예나와 아우어슈테트에서 격파한 전투.

250 샤른호르스트(Gerhard Johann David von Scharnhorst): 1755년생 프로이센 군인. 참모본부 제도를 처음 창시했다.

251 폰 만슈타인: 1887년생. 독일군 원수. 프랑스 침공 계획 초안을 만들고 야전 사령관으로 활약한 전략가다.

기 위해 처음부터 시작해야 했기 때문에 그리스와 페르시아의 전투를 기록한 고대 역사서를 시작으로 역사를 공부하기 시작했다. 그의 관심을 끈 네 가지 분야는 전쟁의 일반론, 전격전, 게릴라전, 그리고 위대한 지휘관의 기만책 이용이었다.

중국의 군사이론가인 손자孫子는 기원전 400년경에 『손자병법孫子兵法』을 저술한 것으로 추정된다. 분쟁conflict에 대한 손자의 사상에는 기만, 속도, 행동의 유연성, 기습, 그리고 적을 아는 것이 포함된다. 그리고 손자는 지휘관이 어떻게 두 가지 공격 방식을 사용해서 어느 쪽으로든 목표를 달성할 수 있도록 할 것인지를 말했다. 그러나 아마도 손자에게서 가장 중요한 요소는 정正[252]과 기奇[253]의 개념으로서, 이는 정통과 변칙, 전통과 의외를 뜻한다. 정과 기에 대한 간단한 설명은 제2차 세계대전에서 싸운 조지 패튼George Patton 장군이 말한 바 있는데, 그는 독일군을 공격하기 위한 계획이 "그들의 코를 잡고 엉덩이를 걷어차는 것"이라고 말했다. 코를 잡는 것이 정이고, 엉덩이를 걷어차는 것이 기다.

『손자병법』은 보이드에게 로제타 스톤Rosetta stone[254]이 되었고, 그는 이 책을 반복해서 다시 연구했다. 『손자병법』은 보이드가 근본적인 결함을 찾지 못한 유일한 전쟁이론서다. 그는 각기 다른 번역자가 번역한 『손자병법』 번역본을 7권이나 가지고 있었는데, 각 책에는 많은 구절에 밑줄이 쳐져 있었고 여백에 많은 내용이 필기가 되어 있었다. 그는 처음에는 그리피스Samuel Griffith의 번역본을 좋아했다가 나중에는 토머스 클리어리Thomas Cleary의 번역본을 좋아했다. 그는 추종자들에게 이 책을 읽고 또 읽으라고 주장했다.

---

252 정(正): 본대의 일반적이고 원칙적인 정공법을 말한다.

253 기(奇): 기동부대의 우회나 측면 기습법을 말한다.

254 로제타 스톤: 이집트에서 발견된 고대 비석으로, 세 가지 문자로 된 글이 하나에 표기되어 있어 고대 문자 해독의 실마리가 되었다.

보이드는 손자에서 시작해서 기원전 300년경 알렉산드로스 대왕 Alexandros the Great, 기원전 200년경 한니발Hannibal, 서기 500년경 벨리사리우스Belisarius[255,] 서기 1200년경 칭기즈칸Genghis Khan, 서기 1400년경 티무르Tamerlane[256], 그후 나폴레옹과 폰 클라우제비츠, 그리고 제1차 세계대전과 제2차 세계대전으로 나아갔다. 그는 이러한 위대한 지휘관들, 특히 칭기즈칸과 같은 동양의 지휘관들이 치른 여러 전역campaign이 손자의 사상을 입증해준다고 생각했다. 예를 들면, 보이드는 엄청나게 우수한 로마군이 어떻게 칸나에 전투Battle of Cannae[257]에서 한니발과 카르타고인들에게 패배했는지에 매료되었다.

전사戰史에서 가장 유명한 전투 중 하나인 칸나에 전투에서 한니발은 약 3,000명의 병사를 잃은 반면, 로마군은 약 7만 명을 잃었다. 보이드는 역사에서 그러한 사례를 많이 발견했고, 이처럼 수적으로 열세인 군대가 거둔 승리들에서 공통점을 찾아냈다. 승리한 지휘관들 중 누구도 적군과 정면대결을 펼치지 않았다. 그들은 이른바 "소모전"이라고 알려진 싸움을 하지 않았다. 그 대신 그들은 기만, 속도, 행동의 유연성, 적의 약점을 상대로 나의 강점을 이용했다. 그들은 적을 당황하게 만들어 혼란을 유발하는 전술, 보이드의 말에 따르면 적이 "싸우기 전에 붕괴"하도록 유도하는 전술을 사용했다.

폰 클라우제비츠는 흔히 가장 위대한 군사이론가로 인정받고 있다. 보이드는 폰 클라우제비츠의 책을 그 어느 누구보다 깊이 연구했다. 그는 손자의 책처럼 다양한 번역본을 구입해 많은 주석을 달았다. 몇 달 동안 그는 폰 클라우제비츠가 책 서두에 한 말과 중간과 마지막에 한 말을 비

---

255 벨리사리우스: 동로마 제국 초기의 명장.

256 티무르: 몽골 이후 기병 중심으로 중앙 아시아를 지배한 티무르 제국의 건설자.

257 칸나에 전투: 기원전 216년 이탈리아 중부 칸나에 평원에서 카르타고군과 로마군 사이에 벌어진 전투로, 5만여 명의 카르타고군이 8만여 명의 로마군을 포위해서 섬멸했다.

교했다. 이것은 힘든 작업이었는데, 폰 클라우제비츠가 변증법적 접근법을 썼고 때로는 정반대의 입장을 주장한 것처럼 보였기 때문이다. 보이드는 독서 이상의 일을 하고 있었다. 그는 폰 클라우제비츠와 전투를 하고 있었다. 그의 생각은 폰 클라우제비츠의 생각과 반대였다. 보이드는 어느 날 밤 늦게 스피니에게 전화해서 돌파구를 찾았다고 말했다. 그는 구절들을 읽고 폰 클라우제비츠와 손자 사이의 두 가지 결정적인 차이점을 설명하기 시작했다. 우선 폰 클라우제비츠는 적을 큰 "결전decisive battle[258]"으로 몰고 가기를 원하고, 손자는 적을 싸우기 전에 붕괴시키기를 원한다. 달리 말하면, 폰 클라우제비츠는 전쟁이 전략, 기만, 게릴라식 전술보다는 회전會戰[259]에 의해 결정된다고 보았다. 이는 승리하더라도 피바다가 된다는 뜻이다. 보이드는 폰 클라우제비츠의 두 번째 큰 결점은 지휘관이 "마찰friction[260]", 즉 "전쟁의 안개fog of war"에 항상 나타나는 불확실성이나 우연을 어떻게 최소화해야 하는지 말하는 데 많은 시간을 할애한 것이라고 말했다. 그는 손자가 한 것처럼 적의 마찰을 최대화하는 것은 다루지 않고, 자신의 마찰을 최소화하는 것만을 다룬다. 보이드가 스피니에게 말한 바에 따르면, "손자는 적이 바나나를 밟게 하려고 시도한 반면, 클라우제비츠는 자신이 바나나를 밟지 않으려 했다."

스피니는 졸린 듯 폰 클라우제비츠의 책이 100년 이상 된 데다가 완성작도 아니라는 식으로 중얼거렸다. "그건 문제가 아니야." 보이드는 소리쳤다. "이제 알았어. 그의 약점을 찾아냈다고."

보이드는 제1차 세계대전의 전략과 피바다가 된 전장이 폰 클라우제비츠의 전투 철학과, 19세기 기술에 맞게 전술을 새롭게 바꾸지 못해 기관총과 속사포를 상대로 횡진·대군 대 대군·선형 방어 전술을 사용한

---

258 결전: 승부를 결정짓는 일대 접전.

259 회전: 양쪽 군대의 주력이 한 지역에 모여서 서로 대형을 갖추고 싸우는 대규모 전투.

260 마찰: 실전에서 예기치 못한 변수들이 모여서 계획에 차질이 빚어지는 현상을 말한다.

장군들의 무능함에서 비롯된 자연스러운 결과라고 말했다. 이 교리의 파멸적인 특성은 영국군 사상자가 6만 명이나 발생한 솜 전투Battle of The Somme[261] 첫날에 입증되었다. 이와 같은 대량살상 형태의 전쟁이 3년 이상 계속되자, 독일군은 그들의 의도를 감추는 연막과 가스를 사용한 짧은 포격으로 교전을 시작한 다음, 특별 보병 팀을 보내는 방법을 사용하기 시작했다. 이 소규모 팀은 방어선의 빈틈을 노렸고 여러 경로를 따라 진격했다. 그들은 적의 강한 거점들을 공격하지 않고 우회해 적 후방을 향해 밀어붙이고 항상 전진하면서 자신의 측면은 걱정하지 않았다. 이들은 마치 비탈을 내려가는 물과 같았고, 장애물을 우회하고, 항상 움직이고, 주변을 살피고, 틈새를 발견하면 그곳으로 물밀듯 들어가 더 깊이 파고들었다. (이러한 전술은 독일군 지휘부가 그들을 믿지 못한 데다가 이 전술을 전투의 결정적인 형태로 만들기 위한 통신 및 보급체계가 없었기 때문에 결국 실패했다. 그리고 독일군이 전쟁에서 패했기 때문에 연합군은 새로운 침투전술의 중요성을 이해하는 데 실패했다. 그 후 제1차 세계대전과 제2차 세계대전 사이의 전간기에 새로운 독일군은 이 개념을 엄청나게 확장했다.)

　제2차 세계대전에서 독일군은 동일한 전술을 사용했지만 이번에는 대규모 전차 전력을 동원했다. 언론은 이를 "전격전"이라고 불렀다. 독일군은 마지노선Maginot Line[262]과 같은 적의 강한 거점을 우회하고, 항공기와 무선통신을 이용하고, 최소 저항선path of least resistance[263]을 따라 적의 약점을 뚫고, 적의 후방 깊숙이 파고들고, 병참선을 끊고, 이동을 방해하고, 적의 지휘통제체계를 마비시켰다. 그들이 너무 빨리 움직여서 적은 무슨 일이

261　솜 전투: 1916년 7월 1일부터 시작된 전투로, 전투 첫날 영불 연합군 총 24개 사단이 10여 개 사단이 방어하던 독일군 진지에 정면 돌격을 감행해 막대한 손실을 입었다.

262　마지노선: 제2차 세계대전 전에 프랑스가 독일과의 국경 지역에 대대적으로 건설한 요새화 방어선.

263　최소 저항선: 적이 아군이 공격하지 않으리라고 생각하여 군사적인 대비책을 강구하지 않은 지점 또는 지역.

일어나고 있는지 파악할 수 없었고 크게 당황했다. 히틀러는 폴란드, 노르웨이, 덴마크, 벨기에, 네덜란드, 프랑스를 20만 명의 사상자를 내고 점령했다. 연합군은 약 350만 명의 손실을 입었는데, 그중 약 300만 명이 포로였다.

보이드는 손자의 말을 빌려서, 최고의 지휘관은 싸우지 않고 이기는 사람이라고 말했다. 그 의미는 적에게 혼돈, 무질서, 공포, 혼란을 불러일으켜 적의 응집력을 깨뜨리고 적을 마비시켜 적을 무너뜨리는 것이다. 보이드는 전쟁이란 유기체와 같다고 말했으며, 적의 신경, 근육, 힘줄을 잘라내서 젤리와 같이 약한 상태로 만드는 기술에 비유했다.

보이드가 독일군의 전술을 연구하면서 중심Schwerpunkt[264]이나 손끝 감각Fingerspitzengefühl과 같은 단어들은 일상적인 표현이 되었다. 그 어느 단어도 번역이 쉽지 않다. 중심이란 노력의 주된 초점을 뜻한다. 더 자세히 알아보면, 중심은 다양한 부대들을 하나로 묶는 응집력이 근본적인 목표다. 손끝 감각은 말 그대로 손가락 끝으로 느끼는 감각이다. 더 정확한 의미는 전투 혹은 어떤 분쟁에서 무슨 일이 일어나고 있는지, 어떤 것이 필요한지를 느끼는 지휘관의 본능과 직감을 말한다.

이 모든 작은 바늘땀들과 다른 수백 가지들이 모여서 "분쟁의 양상"이라는 양탄자를 구성했다.

빠른 의사결정 모델로 유명한 우다 루프의 창시자

이 "분쟁의 양상" 브리핑은 보이드의 가장 유명하고 가장 이해되지 못한 업적인 관찰Observe–판단Orient–결심Decide–행동Act 사이클, 즉 우다 루프OODA Loop로 시작된다. 오늘날 누구든 인터넷 브라우저를 열고 "OODA

---

264 중심(Schwerpunkt): 원래는 물리학에서 쓰는 무게중심이란 용어로, 독일 군사사상가들이 이를 비유적인 의미로 차용한 것이다.

Loop"라고 입력하면 수천 개 이상의 검색 결과를 얻을 수 있다. 우다 루프라는 말은 군대에서, 그리고 시간 기반 전략time-based strategy을 설파하는 사업 컨설턴트들 사이에서 유행어가 되었다. 그러나 우다 루프를 그렇게 입심 좋게 말하는 사람 중에서 그것이 무슨 뜻인지, 그리고 그것으로 무엇을 할 수 있는지를 정말로 이해하고 있는 사람은 드물다. (보이드는 "O-O-D-A Loop"라고 쓰기를 좋아했지만, 대부분의 사람들이 쓰는 대로 "OODA"라는 표기를 받아들였다.)

한동안 보이드와 스피니는 우다 루프를 완전하게 설명하기를 꺼렸는데, 너무 위험하기 때문이었다. 만일 누군가가 위협과 불확실성, 불신을 야기하는 방법을 진정으로 이해한다면, 그리고 이들 불안 요소들의 존재를 활용하고 확대하는 방법을 이해한다면 우다 루프는 위험한 것이 될 수 있고, 끔찍한 파괴력을 지닌 것이 될 수 있으며, 공포와 혼란, 그리고 가장 정확한 보이드의 표현대로 "경쟁 구도의 붕괴"를 야기하는 것을 사실상 막을 수 없게 된다. 이는 우다 루프가 전투, 경쟁적 사업 실무, 스포츠 또는 개인관계 어떤 경우에 적용되든 간에 사실이다. 우다 루프의 가장 놀라운 측면은 패배하는 측이 무슨 일이 일어났는지 거의 깨닫지 못한다는 것이다.

우다 루프는 종종 적이 무엇을 하고 있는지 관찰하고, 적의 행동을 판단하고, 결심을 한 다음, 행동을 취하는 단순한 1차원 사이클처럼 보인다. 군에서는 매우 복잡한 개념을 이처럼 "단순화"하여 우다 루프의 명시적인 부분만을 이해하고 있는 것이 아주 일반적이다. 군은 이 사이클에서 속도가 가장 중요한 요소이며 이 사이클을 가장 빠르게 거칠 수 있는 측이 승리한다고 믿는다. 속도가 중요한 것은 사실이지만, 단순히 루프를 순환하는 속도가 중요한 것이 아니다. 이 사이클을 이런 식으로 단순화하면 군대는 컴퓨터 모델을 만들 수 있다. 그러나 컴퓨터 모델은 사이클에서 가장 중요한 부분인 판단 단계, 특히 판단 단계 중에서 암묵적인 부분을 고려하지 않는다.

보이드가 우다 루프 개념을 내놓기 전에 다른 사람들이 우다 루프의 원시적 버전을 제안한 바 있다. 보이드의 우다 루프에서 이해해야 할 핵심은 기계적인 사이클 자체가 아니라, 적의 마음속으로 들어가 결심을 하는 방식으로 사이클을 실행할 필요가 있다는 것이다. 이는 적이 오래되었거나 관련 없는 정보에 대처하게 되기 때문에 혼란과 혼돈이 초래되어 기능을 제대로 발휘할 수 없다는 뜻이다.

우다 루프를 이해하는 것은 어렵다. 우선, "루프"라고 불리지만, 루프가 아니다. 뒤(474쪽)에 나오는 우다 루프 그림를 보면 다양한 구성요소를 연결하는 30개의 화살표가 그려져 있는데, 이는 수백 가지 가능한 "루프"가 파생될 수 있다는 의미다. 우다 루프가 가장 잘 그려진 그림은 보이드의 브리핑을 위해 스피니가 그린 것이었다. 그 그림은 사이클에서 판단 부분이 아주 크게 그려져 있다. 경쟁적 상황을 판단한다는 것은 판단을 수행하는 사람이 자신의 문화적 전통, 유전적 유산, 새로운 정보, 이전의 경험을 이용해 경쟁적 상황을 분석·통합하는 과정을 거친다는 뜻이다. 따라서 경쟁적 상황을 판단한다는 것은 개인마다 서로 다를 수밖에 없는 복잡한 통합 작업인 것이다. 이러한 개인적 차이로 인해 루프는 예측 불가능해진다. 게다가 판단 단계는 비선형 피드백 시스템인데, 이는 본질적으로 판단 단계의 경로를 예측할 수 없다는 뜻이다. 이 예측 불가능성은 우다 루프의 성공에 있어서 아주 중요하다.

우다 루프 그림에서 주된 축을 보면, 관찰 -〉 판단 -〉 결심 -〉 행동 사이클이 3개의 화살표로 연결되어 있는데, 이 주된 축이 사람들이 이 그림을 볼 때 가장 많이 주목하는 부분이다. 그러나 이러한 선형적인 이해와 그 흔한 결과—루프를 기계적으로 이용하려는 시도—는 보이드가 의도한 것이 전혀 아니다.

보이드의 추종자들조차 보이드가 생각한 우다 루프의 의미에 항상 동의하지는 않는다. 우다 루프 그림을 자세히 들여다보면 이를 이해하는 데 도움이 된다(473쪽 그림 참조). 보이드가 "판단"에서 "암묵적 유도 및 통

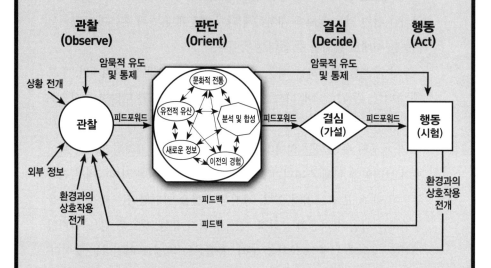

우다 루프
(OODA Loop)

관찰 (Observe) **판단 (Orient)** **결심 (Decide)** **행동 (Act)**

판단이 어떻게 관찰을 유도하고, 결심을 형성하고, 행동하게 만드는지, 그리고 그 피드백 및 우리의 감각이나 관찰을 통해 들어오는 기타 현상들을 통해 판단이 어떻게 형성되는지에 주목한다.

또한 전체 "루프"(판단뿐만 아니라)가 어떻게 예상, 공감, 대조, 배제가 진행되는 다면적이고 암묵적 상호 참조 과정이 되는지에 유의한다.

1992년, 존 R. 보이드

우다 루프는 보이드가 원본을 스케치하고 척 스피니가 더 전문적인 버전으로 만들었다. 마지막으로 쳇 리처즈가 이 모델을 그려서 보이드에게 헌정하는 웹사이트에 사용하도록 했다.

제"를 "관찰"과 "행동"에 연결했음에 유의한다. 이것은 변화하는 상황에 적합한 손끝 감각을 개발하면 템포가 빨라지고, 그러면 루프에서 명시적인 "판단"과 "결심" 부분을 건너뛰고 "관찰"과 "행동"을 거의 동시에 할 수 있음을 그의 방식대로 설명한 것이다. 속도는 급변하는 환경과의 관계를 직관적으로 깊이 이해하는 데서 나와야 한다. 그러면 지휘관이 외견상 루프의 일부를 건너뛸 수 있게 된다. 우다 루프에 놀라운 힘을 부여하는 것은 바로 이러한 적응성이다. 우다 루프를 이해하면 지휘관은 상황 관찰과 행동 사이의 시간을 단축할 수 있다. 지휘관은 신속 전환의 한 형태인 이 템포의 차이를 이용하여 가장 효과적일 것으로 예측되는 행동 대신 가장 예상하기 힘든 행동을 선택할 수 있다. 적도 무엇이 가장 효과적일지 따질 것이기 때문에 예상하기 힘든 행동을 취하면 적은 혼란에 빠지게 된다. 그러면 적은 잠시 멈추고 놀라며 의아해한다. 이는 지휘관이 자신이 우다 루프를 거치는 시간은 단축하고, 적은 그 시간이 더 걸리도록 한다는 뜻이다. 적은 적절한 결심을 하는 데 점점 더 뒤처지게 된다. 그러면 적의 붕괴가 앞당겨진다.

우다 루프 브리핑에는 185개의 슬라이드가 포함되어 있다. 브리핑 앞부분에 나오는 "인상Impression"이라는 제목의 슬라이드는 이후에 나오는 내용의 준거 틀이 된다. 여기서 보이드는 환경을 형성하기 위해서는 다양성, 신속성, 조화, 주도권, 이 네 가지 자질을 지녀야 한다고 말한다. 지휘관은 신속하게 적용할 수 있는 일련의 대응책을 가지고 있어야 하고, 자신의 노력들이 조화를 이루도록 해야 하며, 결코 수동적이 되어서는 안 된다. 이 브리핑을 이해하려면 이 네 가지 자질을 명심해야 한다.

보이드는 역사상 위대한 전투들을 차례대로 살펴본 후 T. E. 로렌스Lawrence에게 잠시 시간을 할애하면서 지휘관이 어떻게 적의 "마음을 조종"해야 하는지에 대해 말한다.

또 다른 중요한 슬라이드는 전격전, 혹은 기동전이 어떻게 우다 루프의 완벽한 전술적 응용인지를 보여준다. 보이드는 질문한다. 지휘관은 어떻게 전격전에서 수많은 개별적인 공격들을 조화시켜 더 큰 응집력을 유지할 수 있을까? 그 답은, 대부분의 사람들이 전격전이라는 용어를 들었을 때 떠올리는 번개 같은 추진력 그 이상이 요구된다는 것이다. 더 정확히 말하면 빠른 작전 템포와 신속한 기회 활용이 관건이다. 전격전 상황에서 지휘관은 부하들에게 자신의 의도, 즉 중심을 확실히 알려주기 때문에 빠른 작전 속도를 유지하고 신속하게 기회를 활용할 수 있다. 부하들은 특정한 고지를 점령하고 확보하라는 식의 세세한 지시 대신 "임무형 명령 mission order[265]"을 받는다. 이는 부하들이 지휘관의 전반적인 의도를 이해하고 그 의도를 충족시키기 위해 필요한 모든 일을 하는 것이 그들의 역할임을 안다는 뜻이다. 지휘관과 부하들은 공통된 전망을 공유한다. 그들은 서로를 신뢰하며, 이 신뢰는 형체가 없는 노력을 함께 묶는 접착제다. 신뢰는 명시적 의사소통보다 암시적 소통을 더 강조한다. 신뢰는 통합의 개념이다. 이것은 부하들에게 큰 행동의 자유를 준다. 신뢰는 보이드가 "유기적인 전체organic whole"라고 부른 그룹의 결속에 도움이 되는 정신 전력moral force의 한 예다.

보이드는 손자나 나폴레옹과 마찬가지로 "사기 싸움moral conflict", 즉 적에게는 위협, 불확실성, 불신을 증가시키면서 우군 부대 내에서는 주도권, 적응성, 조화를 증가시키는 행동을 이용해 공격할 수 있다고 믿었다. 보이드는 사기 싸움이 제대로 이루어진 한 예로 몽골 기병의 예를 들면서 그들이 어떻게 적은 수만 출현해도 적의 저항을 붕괴시키고 혼란과 공포를 유발하기에 충분했는지 말했다. 게릴라 지도자들은 규모가 더 크고 더 많은 자금을 지원받는 정부군과 교전하면서 민간인의 지원을 받기 위해 사기 싸움의 대가가 되어야 했다.

---

265 임무형 명령: 지휘관이 예하 지휘관에게 구체적인 행동의 방법을 명령하는 것이 아니라 전체적인 목표만 제시하고, 그 목표를 달성하기 위한 방법은 예하 지휘관이 재량껏 선택하는 지휘 기법을 말한다.

기동전의 정신적 · 사기적 측면은 대부분의 군인, 특히 관리적 접근을 하는 사람이나 소모전이라는 난타전을 선호하는 사람에게는 잘 맞지 않는다. 그들은 정신적 민첩성, 지적 혁신, 부하에 대한 신뢰를 탐탁지 않게 여긴다. 그들은 빠른 변화와 약점을 탐색하는 자유로운 형태의 전술보다는 선택된 표적에 더 많은 화력을 집중하는 것을 좋아한다. 전통적인 군사사상을 믿는 사람들은 유혈이 낭자한 끔찍한 일들이 벌어지는 전쟁 상황에서 왜 튤립 사이를 까치발을 들고 살금살금 걸으려고 하느냐고 묻는다.

우다 루프와 그 치명적인 힘을 진정으로 이해하는 지휘관은 이러한 질문을 결코 하지 않을 것이다.

보이드는 기동전 전술이 승리를 가져온다는 것을 보여주었다. 상대의 마음을 공격하고, 전투가 시작되기도 전에 상대 지휘관의 마음을 무너뜨리는 것이 현명한 싸움의 본질이다.

그러나 대부분의 현대 지휘관들은 기동전 전술, 더 나아가 우다 루프에 대해 심각한 문제를 안고 있다. 제2차 세계대전에서 조지 패튼 장군의 경험이 좋은 예다. 패튼은 독일인들이 가장 두려워한 미국 장군이었다. 그는 전격전을 유명하게 만든 사람들을 전격전으로 압도했다. 그의 전차는 유럽을 가로질러 독일로 질주했고 며칠이면 베를린까지 쳐들어갈 수도 있었다. 실제로 독일군 최고사령부는 전쟁이 끝났다고 생각했다. 그러나 아이젠하워는 이런 종류의 전투를 이해하지 못했고, 승리를 눈앞에 둔 바로 그 순간에 질투심 많고 보수적인 영국군 장교들이 부추키는 바람에 패튼의 측면과 병참선을 걱정하다가 패튼에게 멈추라고 명령했다. 독일군은 이러한 정지에 놀랐다. 한 군사학 학파는 아이젠하워의 소심함 때문에 전쟁이 6개월을 더 끌었고 100만 명의 생명이 더 희생되었다고 말한다.

"보이드 사이클Boyd Cycle"이라고 알려진 우다 루프에서 중요한 한 가지 부분은 일단 과정이 시작되면 템포가 느려져서는 안 된다는 것이다. 과정은 계속되어야 하고, 가속되어야 한다. 우다 루프를 적절히 이행하는 초보자에게는 성공이 가장 큰 함정이다. 그는 자신이 한 일에 너무 놀라서 잠시 멈추고 주위를 둘러보며 지원군을 기다린다. 하지만 그때가 혼란을 이용해서 계속 밀어붙일 때다. 패튼은 이것을 직관적으로 알았다. 그는 자신의 측면을 무시하고 기갑 선봉대로 적의 심장부를 계속 겨눴다.

브리핑이 중반을 넘어서자 보이드는 스노모빌을 만들기 시작한다. 그는 황제 나폴레옹이 수행한 소모전을 되돌아보고 재연한다. 황제 나폴레옹의 소모전은 그 이전 보나파르트Bonaparte 장군 시절에 수행한 훨씬 더 창조적인 전략과는 대조적이다. 그는 기동전, 그리고 게릴라전의 사기 무기화moral weaponry에 대해 말한다.

여기서부터 브리핑에서 가장 어려운 부분이 시작된다. 이제 보이드는 단순히 같은 점을 다른 방향에서 보기 위해 같은 아이디어를 다른 방향에서 세분하기 시작한다. 이러한 점 때문에 단순히 슬라이드만 봐서는 브리핑을 완전히 이해할 수 없는 것이다.

보이드는 기동 전술의 본질인 "모호성Ambiguity, 기만deception"이라는 두 가지 중요한 단어로 기동전 부분을 시작한다. 이는 패튼 장군이 독일군과 싸운 방식이다. 무함마드 알리Muhammad Ali가 "나비처럼 날아서 벌처럼 쏜다"고 말한 그것이다.

보이드는 모든 이야기를 하나로 모아서 적보다 더 빠른 템포가 어떻게 승리의 열쇠로 작용하는지를 보여주기 위해 브리핑에서 가장 중요한 차트 중 하나를 사용한다. 브리핑은 총 185개의 슬라이드를 보여줄 때까지 계속되지만, 모든 실질적인 내용은 일찌감치 앞의 약 40개 슬라이드로 전부 전달했기 때문에, 그 후 보이드는 전쟁에서 우다 루프를 사용하는 방법에 대해 일련의 반복적인 사례들을 제시하기 시작한다. 이 후반부는 주로 군인과 군사사학자들의 관심사다. 이 부분의 주제는 일관적이다. 적의 상황 판단을 흐리게 만든 다음, 예기치 못한 번개 같은 공격을 하라는 것이다.

보이드의 브리핑은 손자의 사상을 보강하고 지지하는 반면, 폰 클라우제비츠의 사상은 거부하고 있다. 실제로 브리핑을 두 가지 간단한 생각으로 줄일 수 있다면 다음과 같이 될 것이다. (1) 전쟁의 본질은 정과 기이고, (2) 이를 가장 효과적으로 실천하기 위해서 지휘관은 적보다 더 빠르게 우다 루프를 수행해야 한다.

이 브리핑에는 여러 가지 문제가 있다. 그것은 너무 반복적이다. 보이드는 자신이 형식적인 질문을 할 때를 제외하고 청중이 질문을 하지 않는 경우에는 "질문 계속 요망RAISES NAGGING QUESTION"이라고 쓴 슬라이드를 자주 보여주었다. 그는 주기적으로 통찰INSIGHT이라는 슬라이드를 보여주었는데, 이것은 그가 맥락과 무관한 자신의 독무대를 시작하기 위한 발판에 지나지 않았다. 어수선한 슬라이드들은 지루하고 사실상 눈에 안 들어오는 문장들로 가득했다. 학문적 절제는 존재하지 않았다. 보이드는 청중에게 강제로 음식을 떠먹이고 있었는데, 이는 독학자의 또 다른 전매특허로, 이러한 독특한 특징은 "정식 브리핑이 아니면 안 한다"는 그의 고집에서도 잘 드러난다.

그러나 브리핑이 미치는 영향을 고려하면, 이러한 점들은 사소한 결점에 지나지 않는다. 그리고 이 결점들은 브리핑의 내용보다는 보이드의 성격을 더 많이 말해준다. 브리핑의 목적은 "답"을 알려주는 것이 아니라, 현 상태에 안주하는 청중의 신경을 건드려 스스로 생각하게끔 하는 것이었다. 보이드는 청중이 그의 브리핑을 독단적이라고 여길지 모른다는 생각을 혐오했다. 사실 그는 청중이 이를 독단적이라고 여기기도 전에 그들이 브리핑 자료들을 가져다가 불태울 것이라고 자주 말했다.

그 브리핑은 잉크 얼룩 확산 이론ink-blot theory of growth을 따랐다. 처음에는 소수의 사람들, 즉 추종자들이 브리핑을 들었다. 그 후에는 낸시 카세바움Nancy Kassebaum 상원의원을 위해 일한 윈슬로 휠러Winslow Wheeler가 이끄는 의회 보좌관들이 브리핑을 들었다. 수십 명의 기자가 브리핑을 들었다. 펜타곤에 있는 여러 초급장교가 브리핑을 들었다. 천천히, 날마다, 주마다 그 수가 증가했다. 그리고 이 그룹들이 접촉하고 합쳐져서 더 큰 그룹을 이루기 시작했다. 이제 핵심 그룹인 보이드와 추종자들은 "개혁파"

로 널리 알려지게 되었다.

"체제의 일부가 되고 싶은가, 아니면 체제를 뒤흔들고 싶은가"

어느 날 보이드는 자신의 아파트에서 브리핑 업데이트 작업을 하던 중에 전화 한 통을 받았다. 짐 버튼이 대령 진급에서 누락되었을 뿐만 아니라 보직에서 해임되었고 펜타곤을 떠나라는 지시를 받았다. 이는 전혀 예기치 못한 일은 아니었다. 버튼은 청사의 방식에 따를 의사가 없었다. 1975년 11월에 도널드 럼즈펠드^{Donald Rumsfeld}가 국방장관이 되었을 때 버튼은 F-16의 선회력이 F-15보다 좋다는 점을 보여주는 브리핑 차트를 준비했다. 이는 사실이었지만, 공군 지휘부는 받아들이지 않았고, 버튼은 두 항공기가 동등한 선회력을 가진다고 보여주도록 차트를 수정하라는 명령을 받았다. 그는 이를 거부했다. 그리고 버튼은 B-1이 사양에 훨씬 못 미치는 성능을 내고 공군이 그 가격을 감당할 수 없다는 이유로 그 기종의 취소를 지지하기도 했다.

보이드는 이 소식을 듣고 버튼에게 전화를 걸어 물었다. "배를 걷어차인 기분이 어때?"

버튼은 엄청난 충격을 받았다. 그는 경력 내내 골든 보이 중 한 명이었다. 이제 군 경력이 16년차—전역하기에는 너무 이른—인 그는 진급 명단에서 누락되었고, 이는 경력이 끝났다는 분명한 신호였다. 1년 뒤에 한 번 더 진급 기회가 있겠지만, 일단 한 번 진급 누락이 되면 가능성은 희박해진다.

"실망했다는 걸 알아." 보이드는 말했다. 그때 그가 오래전에 레오폴드에게 읊었던 문구가 생각났다. "아직 진급 기회는 있네. 하지만 지금 자네는 인생의 갈림길에 있어. 정말로 진급과 그에 따르는 모든 과시적 요소들을 원하는지 결정해야 해. 정상적인 경력을 쌓으면서 좋은 일을 할 수는 없네."

보이드는 계속해서 버튼에게 "되느냐 하느냐" 일장연설을 한 뒤 이렇게 말하면서 끝맺었다. "체제의 일부가 되고 싶은가, 아니면 체제를 뒤흔들고 싶은가?"

물 위를 걷는 자인 그는 체제를 뒤흔들기로 했다. 그는 앤드루스 공군기지 보직을 두고 언쟁을 벌였고 진급 생각은 집어치웠다. 그는 옳은 일을 한다는 생각만 하기 시작했다. 그리고 대부분의 장교의 삶을 지배한 걱정들에서 해방되면 놀라울 정도로 자유로워진다는 것을 깨닫게 되었다.

버튼이 청사를 떠난 지 얼마 지나지 않아 보이드는 톰 크리스티로부터 한 통의 전화를 받았다. 이제 펜타곤에서 비임명직 최고위급 민간인 중 한 명이 된 사기꾼 크리스티는 보이드에게 전술항공국의 일자리를 제안했다. 낡아빠진 반 론$^{Ban-Lon}$셔츠, 체크 무늬 폴리에스터 바지, 슬리퍼 등 보이드의 행색을 보면 그가 돈이 필요하다는 것이 분명했다. 그러나 그는 크리스티로부터 급여를 받길 거절했다. 보이드는 자신이 정부 연금과 정부 일자리를 모두 가진 사람, 즉 "이중수령자$^{double\ dipper}$"라고 불릴지도 모른다는 사실에 겁이 났던 것이다.

펜타곤에서 보이드는 때로 분석가가 해야 하는 임무를 수행했다. 하지만 무엇보다도 크리스티는 보이드에게 업무 근거지를 주기 위해 그를 고용한 측면이 더 컸다. 보이드는 전화와 복사기를 사용할 필요가 있었다. 그는 무급으로 5년가량을 일했는데, 그 후 펜타곤에는 무급 자문위원을 둘 수 없다는 전언이 내려왔다. 보이드는 투덜대며 항의하면서 가능하면 급여기간당 최저 급여인 1달러를 원한다고 말했다. 하지만 펜타곤 명부에 실릴 수 있는 유급 자문위원의 최소 근무일은 2주당 1일이었다. 그래서 그 이후로 보이드에게는 2주마다 하루의 업무에 대한 급여가 지급되었다.

보이드는 전쟁 연구에 점점 더 깊이 몰두했다. 그는 전쟁은 국가 간에 일어나지만 모든 사람이 어떤 형태로든 전쟁을 경험하며, 분쟁은 인간 본성의 근본적인 부분이라는 것을 깨달았다. 개인적·사업적 관계, 특히 전쟁에서 승리하기 위해서 우리는 어떤 사람의 마음속에서 무슨 일이 일어나는지 이해해야 한다. 분쟁에 관한 연구를 계속하기 위해 펜타곤보다 더 좋은 곳이 어디 있겠는가?

보이드는 믿음직한 누군가가 자신의 옆에서 함께 일하기를 원했다. 크리스티에게 그 말을 하자, 크리스티는 척 스피니를 불렀다. 스피니는 당시 한 싱크탱크에서 일하면서 박사 과정에 있었다. "와서 나 좀 보게." 크리스티는 말했다. 스피니가 도착하자, 크리스티는 이렇게 말했다. "자네 나를 위해 전술항공국에서 일하고 싶나? 보이드와 함께 일하게 될 거야." 스피니는 그 말을 듣는 것으로 충분했다. 보이드와 일한다는 것은 펜타곤과의 싸움을 뜻했고, 스피니는 타고난 싸움꾼이었다. 그는 보이드가 자주 했던 말을 기억했다. "세상에는 부정부패가 너무 많이 판치고 있고, 다른 사람들이 부정부패를 저지르는지 감독하는 것이 바로 자네의 일이야." 스피니는 즉석에서 크리스티에게 "예"라고 대답했다.

전술항공국에는 공석이 없었지만 사기꾼 크리스티에게는 그런 것쯤은 전혀 문제가 되지 않았다. 그는 자리를 만들었고 스피니는 2주 후에 출근했다. 공군이 보기에 전술항공국은 옛 맥나마라 장관 시절의 체계분석실 당시부터 의심의 대상이었다. 이제 미 국방부와 몇몇 공군기지에서 보이드의 새로운 브리핑과 그의 주변인들에 대한 이야기가 돌기 시작했다. 그들은 옛 전투기 마피아 집단의 일원이었고, 빌어먹을 반란군이자 폭도였으며, 모두 민간인이었고, 팀플레이어는 아니었다. 그들은 스스로를 "개혁파"라고 불렀고 "군사개혁 운동"의 일부라고 말했다. 대체 개혁할 게 뭐가 있담? 장교들은 보이드의 개혁 운동에 관해 비난하면서 그에게 그의 생각이 기술을 더 중시하는 군대와 어떻게 어울리는지 물어보고 싶은 유혹을 뿌리칠 수 없었다. 이에 대해 보이드는 이렇게 대답했다. "전쟁은 기계가 하는 것이 아니오. 지형이 하는 것도 아니오. 사람이 하는 것이오. 사람의 마음속에 들어가야 하오. 그곳에서 전투의 승리가 이루어지는 것이오."

장교들은 웃었고 왜 톰 크리스티가 보이드를 펜타곤에 다시 데려왔는지 의아해했다. 그가 보이드의 배경을 몰랐나? 그리고 크리스티는 프랭클린 스피니라는 이름의 새로운 사람을 고용했다. B-1 예산 연구에 참여한 그런 이름의 공군 대위가 있지 않았던가?

공군은 사기꾼 크리스티가 보이드를 위해 공중 엄호를 하고 있고, 공군을 여러 해 동안 궁지에 몰아넣을 연구에 스피니를 참여시킬 참이라는 것을 모르고 있었다. 공군은 자신들의 팀에서 크리스티가 팀플레이어라고 생각했다. 그러나 보이드와 스피니는 전술항공국을 작지만 공포스러운 존재, 개혁 운동의 근거지로 만들려는 참이었다.

보이드와 그의 개혁 운동에 대한 공개적인 전쟁의 전조

보이드는 2주마다 1일분의 급여를 받았기 때문에 원하면 아무 때나 오고 갈 수 있었다. 그는 공군사관학교에 계속 출강했고, 그곳에서 레이 레오폴드의 수업에서 생도들에게 강의했다. 처음에는 "파괴와 창조"에 관한 강의를 브리핑 형식으로 하다가, 이제는 "분쟁의 양상"을 소개하고 있었다.

어느 출강일에 레오폴드는 보이드를 마중하러 콜로라도 스프링스 Colorado Springs에 있는 공항에 갔다. 보이드와 레오폴드가 중앙홀을 걸어갈 때, 보이드는 창밖을 내다보다가 F-16 2대가 이륙하는 것을 보았다. 그는 멈춰서서 그 매끈한 작은 항공기가 콜로라도의 하늘로 올라가는 모습을 넋을 놓고 바라보았다. 그리고 거의 혼잣말처럼 F-16이 비행하는 모습을 처음 본다고 말했다. 그는 다른 비행기를 떠올리며 고개를 저었다. "알고 있겠지만, 펜타곤에 있을 때 그들이 나한테 F-15를 타볼 수 있다고 했어. 하지만 내가 일정을 잡을 때마다 그들이 비행을 취소했지."

레오폴드는 보이드를 태우고 로키 산맥 Rocky Mountains의 동쪽 사면에 둥지를 튼 공군사관학교 캠퍼스로 차를 몰았다. 그들이 차를 타고 유명한 "Bring Me Man(내게 사나이들을 다오)" 아치를 향해 둔덕을 올라갈 때 레오폴드는 백미러를 들여다보더니 말했다. "교장이 저희 뒤에 있습니다."
보이드는 몸을 비틀어 뒤를 보고는 그가 1950년대에 넬리스에서 전투기 조종사로 알고 지냈던 3성 장군 밥 켈리Bob Kelly임을 알아보았다. 그는 창문을 내린 뒤 상반신을 내밀고는 가운뎃손가락만 편 채로 오른팔을 흔들기 시작했다.

레오폴드는 충격을 받았다. 강의실로 행군하던 생도들은 더욱 충격을 받았다. 그들은 교장의 차를 보고 급히 차려 자세를 취하고 빠르게 경례를 했다. 하지만 그들의 시선은 낡은 옷을 입은 민간인이 차창 밖으로 몸을 내밀고는 소리를 지르며 3성 장군에게 손가락욕을 하는 모습에 쏠렸다.

"차 세워, 레이." 보이드가 요구했다.

"존, 그러지 마세요." 레오폴드는 길 한쪽에 차를 대면서 말했다.

생도들은 보이드가 셔츠 자락을 휘날리며 차에서 뛰어내린 뒤 손을 들어서 교장을 멈추게 하는 모습을 바라보았다. "안녕, 밥." 그는 말했다. 그러고 나서 캠퍼스가 울릴 정도로 큰 목소리로 말했다. "쓰리 스타! 젠장. 누구 엉덩이를 빨아줬어?"

두 사람은 악수를 나눴고, 장군은 보이드에게 캠퍼스에서 무엇을 하고 있는지 물었다. 옛날이야기를 몇 분 동안 나눈 뒤 보이드는 차로 돌아왔고, 생도들은 가던 길을 계속 갔다. 레오폴드는 경악했다. "존, 교장에게 손가락욕을 하지 마셨어야죠."

"아." 보이드는 무시하듯 말했다. "그건 전투기 조종사의 경례야."

다음날 레오폴드는 교장실로 불려가서 이런 말을 들었다. "다시는 이 기지에 나에게 사전 통보 없이 군사개혁 운동을 하는 사람을 데려오지 말게."

이는 앞으로 고위 공군 장교들 사이에서 보이드와 개혁 운동에 대한 피해망상이 만연하게 되리라는 것을 암시하는 전조였다. 몇 년 더 지나면 그 피해망상은 공개적인 전쟁으로 바뀌게 된다.

어머니의 죽음

1977년 6월에 보이드는 플로리다 남부의 요양원에 있는 어머니를 방문했다. 어머니는 다섯 아이를 낳고 대공황 시기에 그들을 보살핀 강하고 권위적인 여성의 모습이 더 이상 아니었다. 남편, 한 아들, 한 딸을 가슴에 묻은 어머니는 죽음에 가까이 가고 있었다. 그녀가 세상을 거쳐온 길은 끝없는 고난의 길이었다. 이제 그녀는 노쇠했다.

보이드는 뉴욕에 있는 누나 매리언에게 전화를 걸어 말했다. "엄마가 꽤 안 좋으셔. 아주 힘이 없으셔. 누나가 여기로 와야 할 것 같아."

"아, 어머니는 강한 심장을 가지셨어." 매리언은 말했다.

"정말 여기로 와야 할 것 같아." 보이드가 되풀이했다.

매리언은 항공편을 예약하고 그에게 다시 전화를 걸어 비행기 번호와 도착시각을 알려주겠다고 말했다. 그러나 그녀가 준비를 마치기도 전에 보이드가 다시 전화를 걸어 말했다. "엄마가 돌아가셨어."

어머니는 이리의 로렐 힐 묘지Laurel Hill Cemetery의 앤 옆에 묻혔다. 그녀의 남편은 마을 건너편에 있는 트리니티 묘지Trinity Cemetery에 묻혀 있었다. 아들 빌은 가족의 다른 사람들과 떨어져 이리 묘지Erie Cemetery의 1인 구획에 홀로 묻혔다.

그 후 보이드는 뉴욕에 사는 매리언에게 이리로 더 자주 내려와서 3년 동안 비어 있던 링컨가 집을 다시 꾸며달라고 설득했다. 게리, 매리언, 그리고 보이드, 이렇게 3명의 남은 자녀들은 돈을 모아 집에 새 지붕을 얹었다.

보이드가 펜타곤으로 돌아올 즈음 새로운 대령 진급자 명단이 발표되었다. 버튼은 이번에도 누락되었다. 이제 그가 대령이 될 기회는 통계적으로 3퍼센트 미만이었다. "업 오어 아웃up or out[266]"이라는 공군 정책에 따

---

[266] 업 오어 아웃(up or out): 일정 연한 안에 진급하지 못하면 전역해야 하는 계급정년제를 말한다.

르면, 다음번에 진급 누락이 된다면 마지막일 것이다. 그러면 그는 전역해야 할 것이다.

　보이드는 버튼에게 전화해서 진급을 가로막고 있는 것은 바로 그들의 우정이라고 말했다. 버튼은 동의했지만 그것에 대해서는 화가 나지 않았다. 그는 대부분의 남자들처럼 인생에서 중요한 일을 해서 공적을 세우기를 원했는데 이제 그 기회가 사라진 것처럼 보여서 화가 났다. 그는 진급하지 않으면 공군에서 정년이 1년밖에 남지 않았다.

CHAPTER 25

개혁

"속 빈 군대"를 개혁하기 위한 스피니 보고서

1978년까지 많은 수의 장교와 병사가 군을 떠났다. 그들이 군을 떠난 것은 군 지휘부가 지난 몇 년간 그 이유라고 말해온 급여 때문이 아니라, 진실성이 없는 지휘부에 화가 났기 때문이었다. 그들은 출세주의가 장교단의 전문가 정신을 저해한다고 생각했다. 군의 준비태세에도 문제가 있었다. 비싸고 매우 복잡한 무기체계들이 시험을 완전히 마치기도 전에 배치되었다. 이 무기체계들은 구매 비용뿐만 아니라 유지 비용도 비쌌고, 광고된 대로 성능을 내는 경우가 드물었다. 언론에서는 미국의 "속 빈 군대 hollow military"라는 기사들이 나오기 시작했다.

군은 더 비싸고 더 우수한 첨단 무기를 구매해서 "전자 전장electronic battlefield"에 좀 더 역점을 두겠다고 답했다. 군 내부의 어딘가에서는 시스템이 붕괴되고 있다고 느낀 사람들이 있었을 것이다. 그렇다 해도 아무도 이를 바꾸려고 나서지 않았다.

그러던 어느 날 크리스티는 스피니에게 전화를 걸어 "이런 유지 및 준비 상태 문제를 살펴봐줬으면 하네"라고 말했다. 그 결과는 왜 보이드가 자신의 옆에서 스피니가 일해주기를 바랐는지를 보여준다. 스피니는 젊고, 총명하고, 권위적이지 않고, 말뚝 박는 기계와 같은 집요함이 있었다. 그는 겨우 몇 주 만에 "국방의 현실Defense Facts of Life"이라는 공식 제목을 가진 브리핑의 첫 번째 버전을 발표하기 시작했다. 이 공식 제목을 기억하는 사람은 거의 없었고, 대부분은 이것을 "스피니 보고서"라고 기억한다. 이 브리핑을 들은 사람들은 앞부분만 듣고도 이것이 국방부에 어떤 영향을 미칠지 알 수 있었다.

스피니는 이 브리핑을 듣겠다는 사람이면 누구에게나 브리핑을 했다. 브리핑을 한 후 질문을 받는 과정에서 스피니의 프레젠테이션에 논리적 결함이 있고 빈틈이 있어서 더 많은 데이터가 필요하다는 점이 드러났다. 그는 돌아가서 보이드에게 이것을 말하고 브리핑 자료를 미세하게 수정했다. 프레젠테이션은 갑옷 같아야 했다. 만약 스피니가 한 번이라도 갈김을 당한다면 ―즉, 누군가가 브리핑 중에 일어서서 그가 틀린 부분을 지적한다면― 이제 막 시작된 개혁 운동에 엄청난 타격을 입힐 것이었다. 마침내 그 브리핑은 흠잡을 데가 없고 사실들을 매끄럽게 종합해서 피할 수 없는 결론에 이른 것처럼 보이게 되었다.

그 후 스피니는 스프레이에게 브리핑을 했다. 보이드가 예상한 대로 스프레이는 다른 누구도 발견하지 못한 결함을 수십 가지 찾아냈다. 스피니는 브리핑 자료를 수정하고 이를 다시 시연했다. 이번에는 스프레이가 승인한다는 의미로 고개를 끄덕였다. 만일 피어 스프레이의 전기톱을 견딜 수 있다면 그 브리핑은 천지개벽, 그리고 공군이 집어던질 모든 것에 끄떡없는 난공불락의 완벽한 브리핑임에 틀림없었다.

과거에는 스피니 보고서에 비견할 만한 것이 없었다. 그 이유만으로도 스피니 보고서는 펜타곤에서 생산된 가장 중요한 문서 중 하나다.

스피니의 기본 요지는 주요 무기체계들이 불필요하게 복잡해서 군 예산을 엉망으로 만들고 있다는 것이었다. 그는 공군에서 몇몇 사람만이 알던 내용을 공개했다. 그것은 바로 1970년대 공군 예산의 상당 부분이 전술 전투기와 무기를 조달하는 데 쓰였고, 그로 인해 다른 거의 모든 분야는 어려움을 겪었다는 것이었다. F-15, F-111D와 같이 지나치게 복잡한 무기에 많은 돈이 들어가서 항공기의 운용비와 유지비가 거의 없었다. 조종사를 위한 훈련 비행은 시뮬레이터로 대체되고 있었다. F-15의 비행 상태를 유지하는 데 필요한 정비 기술 수준이 너무 높아서 민간 계약자를 고용해야 했다. 전자장비는 예상보다 고장이 훨씬 잦고 수리 시간이 훨씬 더 오래 걸렸다. 스피니는 F-15를 유지하는 것이 낡은 B-52를 유지하는 것보다 비용이 더 든다는 사실을 분명히 보여주었다. 그는 준비 태세가 사상 최악임을 보여주었고, 전면전에서 공군이 선호하는 탄약의 보급이 며칠분밖에 되지 않을 것이라고 말했다.

하지만 스피니 보고서의 가장 중요한 부분은 준비태세 문제가 자금 부족 때문이 아니라는 점이었다. 그것은 공군 지휘부가 의도적으로 그처럼 비싸고 지나치게 복잡한 무기들을 구매하면서 각 모델을 구매할 수 있는 수량이 점점 더 줄어서 발생한 문제였다. 공군 지휘부가 장려한 방침은 예산을 늘리고 방위사업자에게 더 많은 돈을 쏟아붓도록 강요하는 것이었다. 그들은 그 목표를 달성하는 데 필요한 것은 무엇이든 하라고 말했다. 스피니는 공군이 F-15와 F-111D에 관해 미국인들에게 약속한 사실상 모든 것이 거짓임을 입증했다.

스피니와의 전쟁을 선포한 공군

공군은 스피니와의 전쟁을 선포했다. 1978년에 스피니는 33세였고, 공군 장성들의 표적이 되기에는 어렸다. 그러나 그는 펜타곤에서 보이드 밑에서 일했고 청사와 그 조직에 대해 자신보다 나이가 더 많고 계급이 더 높은 사람들보다 더 잘 알았다. 그리고 그는 장성들과 맞서기에 부적절하다고는 결코 느껴지지 않을 정도로 자신만만했다. 보이드와 마찬가지로 그는 장군 대다수가 진급 이외에는 한 일이 아무것도 없고, 자신의 신념을 버리고 타협한 빈 껍데기 블루 수터라고 믿었다.

스피니는 브리핑에서 아무런 권고도 하지 않았기 때문에 그는 허무주의자, 그리고 파괴자라는 말을 들었다. 하지만 권고를 하지 않은 것은 의도적이었다. 스피니는 만일 일반적인 절차에 따라서 권고 목록을 포함시킨다면 관심이 문제 자체가 아니라 어떤 허드렛일이 어느 기관에 맡겨지는지로 집중될 것이라는 사실을 잘 알고 있었다. 그는 문제 자체에만 관심이 집중되게 만들고 싶었다. 그는 철거반원이 되기로 했다. (보이드의 학습이론에 입각해서 표현하자면) 그는 영역들을 허물고 파괴적 연역을 해나가고 있었다. 그는 펜타곤에 대대적인 혁신이 필요하다는 개혁파의 근본적인 관점을 증명하고 있었다.

크리스티는 보이드가 스피니를 표적으로 전면에 내세우고 있다고 생각했다. 스피니는 그 말을 무시했다. 그는 이런 태도를 취했다. "그럴지도 모르죠. 하지만 제가 아니면 누가 하죠?" 그는 적시적소에 있는 적임자였다. 그는 철저히 준비했고 그 브리핑이 바위처럼 단단하다는 것을 알았다. 그는 자신이 처음으로 펜타곤의 약점을 그렇게 깊이 파헤친 사람이라는 사실에 큰 자부심을 느꼈다. 게다가 그는 성격이 상당히 저돌적이었다. 그는 진흙탕 싸움을 즐겼다.

개혁파는 목표를 위해 뭉쳤지만, 개혁을 위한 접근방식은 각자 아주 달랐다. 보이드는 개혁파의 다른 모든 사람을 규합하는 정신적 지주였다. 보이드가 열정적이었다면, 스프레이는 그보다 훨씬 더 심했다. 스프레이에게 개혁은 선의 힘이 악의 힘에 대항하는 아마겟돈Armageddon[267]과 같은 투쟁이었다. 크리스티는 거기서 살아남는 방법을 아는 유일한 사람이었다. 그는 누구의 레이더망에도 걸리지 않고 그 일을 해내는 방법을 알고 있었다. 모든 역경을 딛고 세 번째이자 마지막 기회에 대령으로 진급한

---

[267] 아마겟돈: 선과 악의 세력이 싸울 최후의 전쟁터. 팔레스타인의 도시 므깃도의 언덕이라는 뜻으로 요한계시록에 나온다.

버튼은 외딴 곳에 조용히 있었고, 개혁파의 다른 구성원들처럼 거리낌 없이 터무니없는 행동은 하지 않았다. 그는 정직함을 원동력으로 삼아 무엇이 옳은지에 대한 자신의 확고한 생각을 따랐다. 이들과 보이드 주위에 모인 다른 모든 사람은 국방부가 정도를 벗어났다고 생각했고 상황을 바로잡고 싶어했다. 스피니는 그러한 믿음을 따랐다. 하지만 그에게 그것은 숲이 우거진 습지, 즉 펜타곤을 누비는 하나의 신나는 모험이었다. 수십억 달러가 걸려 있는 미군의 가장 중요한 무기 프로젝트들이 문제가 있고, 청사의 모든 힘이 그의 머리를 짓누르고 있는 것과는 별개로, 그에게 그것은 아주 재미있었다.

스피니가 이 싸움을 재미있어한 이유 중 하나는 공군이 그의 보고서에 어떻게 대처해야 할지 몰라 난감해했기 때문이다. 관료주의와의 전쟁을 벌일 때 보이드의 기본적인 금언 중 하나는 상대가 제시한 정보를 이용하여 상대에 대항하는 것이었다. 스피니는 펜타곤 문서를 근거로 해서 브리핑 자료를 작성했다. 그는 모든 것을 과소평가했기 때문에 그것을 어떻게 수정하더라도 결론은 더 악화될 뿐이었다. (상대의 정보를 다시 상대에게 이용한다는 보이드의 신념은 아시아 저작물들에 나오는 것을 응용한 것이다.) 특히 번역가 토머스 클리어리는 『일본 전쟁술The Japanese Art of War』에서 "비무력swordlessness", 즉 무기 없이 스스로를 방어하는 능력을 언급하는데, 이는 적의 무기를 사용해서 적에게 대항한다는 의미를 함축한 개념이다. 클리어리는 이 기술을 논쟁, 협상, 그리고 다른 모든 형태의 경쟁에 이용할 수 있다고 말한다. 그는 비무력이 "전사戰士가 쓰는 방법 중 최고의 경지"라고 말한다.

스피니가 브리핑에서 준비태세 문제를 언급한 후 언론이 이를 다루기 시작하면서 스피니의 보고서는 언론 기사에 점점 더 많이 등장하게 되었다. 하지만 스피니는 아직 청사 외부에는 알려지지 않았다.

개혁 운동이 등장하면서 보이드의 이야기가 무한정 복잡해지는 지점이 바로 이 부분이다. 이 부분에서 그의 이야기는 더 이상 단선적으로 흐르지 않고 다양한 이야기로 퍼져나가는데, 그중 일부는 처음에는 별로 관련이 없는 것처럼 보인다. 하지만 이 이야기들을 모아보면 보이드 사상의 엄청난 범위를 알 수 있다. 스피니의 이야기는 그중 하나다. 해병대 이야기는 그 일부 이야기 중 하나이며, 육군 이야기도 마찬가지다. 짐 버튼 이야기 역시 그 일부 이야기 중 하나다. 이 모든 이야기는 두 가지 공통점을 가지고 있는데, 그것은 바로 보이드와 "분쟁의 양상" 브리핑과 관련이 있다는 것이다. 이 모든 이야기들의 중심에는 보이드와 그의 "분쟁의 양상" 브리핑이 있었다.

그 무렵 "분쟁의 양상" 브리핑은 개혁 운동의 신조이자, 선언이며, 개혁 운동을 위한 힘의 결집체였다. 수년에 걸쳐 계속 추진력을 축적한 이 브리핑은 거대하고 심오한 변화를 불러일으킨 빛나는 지적 역작이었다.

스피니의 브리핑은 좀 더 즉각적이고 직접적인 관련성이 있었다. 그의 브리핑은 펜타곤 지출의 모든 영역을 다루면서 미국의 일선 전투기이자 공군이 사랑하는 F-15를 군이 직면한 문제의 사례로 이용했다. 스피니의 보고서에는 개혁파가 의심한 모든 것이 담겼다.

보이드가 조언을 해주고 스프레이가 브리핑 내용을 비평해준 덕분에 공군은 브리핑에서 사실관계의 오류를 찾아낼 수 없었다. 또한 그 개념에는 어떠한 결함도 없었다. 공군 장성들은 조롱하고 빈정대는가 하면 과장하고 왜곡하고, 심지어 스피니에 대한 인신공격까지 서슴지 않았다. 공군은 그를 "사격을 받아본 적 없는 대위"라고 표현했는데, 이는 유치한 인신공격이었지만 전투에 참가해본 장교들에게는 대단히 충격적인 표현으로 여겨졌다. 이러한 대응방식을 통해 청사에 관한 근본적인 사실을 엿볼 수 있다. 장군들은 제멋대로 해도 허용되는 반면, 기업이나 정부에서는 그런 사람이 허용되는 경우는 거의 없다. 장군은 그가 작성하는 근무평정에 따라 경력이 좌우되는 사람들에게 둘러싸여 있다. 그가 내뱉는 모든 말은 마치 모세가 산 위에서 받은 계시처럼 여겨진다. 대부분의 보통 사람들 사이에서는 악의 없는 장난으로 여겨질 일도 어깨에 별을 단 사람이 문서로 만들면 기이한 일이 된다. 그리고 어깨에 있는 별의 수가 산술급수적으로 증가할수록 그의 기이한 행동은 기하급수적으로 증가한다. 자신의 사무실에서 누구도 콧수염을 기르지 못하게 한 장군, 자신이 들어서기 전에 별로 중요하지 않은 사람들이 자리를 피해야 한다는 신호로 복도에 깜빡이는 붉은 등을 켜라고 명령한 장군, 교통안전 표지판의 뒷면을 갈색으로 칠하라고 명령한 장군, 누구도 자신의 옆에서 걸어서는 안 되고 공손하게 두 걸음 뒤에서 걸으라고 명령한 장군, 부하들에게 자신이 착용한 것과 같은 종류의 모자를 착용하도록 명령한 후 약모와 정모를 1시간마다 바꿔 쓴 장군과 같은 이야기들이 넘쳐났다. 장군들은 감히 맞설 자가 거의 없을 정도로 아주 절대적인 힘을 가지고 사람들을 좌지우지하기 때문에, 스피니처럼 배짱 있게 누군가가 그들의 잘못을 지적하면 종종 과장법과 감정, 그리고 개인적 주장에 의지할 수밖에 없다. 공군은 스피니에게 대응할 다른 방법이 없음을 깨달았다.

보이드의 원만하지 못한 가정생활

메리는 플로리다주 이야기를 자주 했다. 에글린에 거주한 이후로 그녀는 플로리다주를 사랑했다. 그녀는 가족이 여름마다 몇 주 동안 그곳에 가기를 원했지만, 보이드는 "그런 감상적인 휴가 따위"를 보낼 시간이 없다고 말했다. 3~4년 동안 메리는 아이들만 데리고 갔다. 보이드는 그 대신 이리로 갔다.

스피니, 스프레이, 크리스티, 버튼은 보이드의 집안 사정이 좋지 않다고 느꼈지만, 보이드의 일적인 삶과 가정생활을 구분하고 그의 가정생활에 대해서는 속속들이 알려고 하지 않았다. "메리는 성인군자네요." 그렇게 말하는 정도가 다였다. 때로 그들은 보이드가 메리를 대하는 태도를 보고 약간 당혹감을 느끼기도 했지만, 결코 그것에 대해 묻지 않았다. 보이드의 친구들은 캐시의 금단 증상, 제프의 독사 수집, 존 스캇의 아버지에 대한 반항, 메리 엘렌과 보이드가 대화를 중단한 시기에 관해 거의 알지 못했다.

메리에 대한 보이드의 태도에 친구들은 어리둥절해했다. 그녀는 너무 사랑스럽고 매력적이었다. 다섯 아이를 낳았음에도 불구하고 여전히 날씬했고 방을 환하게 밝히는 햇살 같은 미소를 지었다. 하지만 그녀에게는 몽유병자 같은 면이 있었다. 분명히 무슨 일이 일어나고 있는지 느끼지 못한 채 인생을 표류하는 것 같았다. 파티에서도 메리는 여전히 조용한 반면, 보이드는 자신의 이야기로 좌중을 압도했다.

보이드는 파티에서 누군가와 말할 때 상대에게 관심을 100퍼센트 집중했다. 그는 그 사람 이외에는 방 안의 다른 누구에게도 주의를 돌리지 않았다. 하지만 파티에서 보이드가 1시간 정도 앉아서 잠을 잘 때가 있었다. 그가 깨어나면 메리는 서둘러 그를 데리고 밖으로 나오려고 했다. 그러지 않으면 다시 쌩쌩해진 보이드가 입이 근질거려 새벽 2시까지 장광설을 늘어놓을지도 몰랐기 때문이다.

보이드와 추종자들의 개혁 운동을 국가적 관심사로 만든 세 가지 사건

1979년 어느 날, 보이드는 《애틀랜틱 먼슬리Atlantic Monthly》의 워싱턴 담당 편집자라고 밝힌 한 남자의 전화를 받았다. 전화를 건 사람은 여러 해 동안 국방에 관한 기사와 미군의 현황에 대한 심층 취재 기사를 쓰고 싶어 했다고 말했다. 그는 지미 카터Jimmy Carter 대통령의 수석 연설문 작가로 2년을 보내는 동안 그러한 기사를 쓰고 싶은 마음을 접어두고 있다가 이제야 그것을 시도해보고픈 마음이 다시 되살아났다. 카터가 공화당 경쟁자인 로널드 레이건Ronald Reagan과 국방 지출을 놓고 맞서고 있었기 때문에 시기가 완벽했다. 레이건은 "미국을 재무장"하기를 원한다고 말했는데, 이 표현은 그가 당선되면 펜타곤에 수십억 달러가 유입된다는 뜻이었다. 레이건은 베트남전 이후 미군이 심각한 문제에 직면해 있음을 알았다. 그는 돈으로 모든 것을 고치려고 했다.

보이드에게 전화한 사람은 게리 하트Gary Hart 상원의원실에 있는 빌 린드Bill Lind에게 자신의 생각을 말했고, 그것을 들은 린드가 보이드를 인터뷰해보라고 추천했던 것이다. 그는 펜타곤으로 와서 대화를 나눌 수 있겠느냐고 보이드에게 물었다.

보이드는 전화를 건 사람이 "분쟁의 양상" 브리핑을 전부 들을 만한 시간적 여유가 있는 경우에 한해서만 동의한다고 말했다. 보이드는 가십성 잡지 보도에는 관심이 없었다. 보이드는 그가 진지한지 확인하고 싶었다. 그는 동의했다. 이것은 그가 《애틀랜틱 먼슬리》에 기고하는 첫 대형 기사였기 때문에 그는 제대로 쓰고 싶었다.

며칠 뒤, 보이드는 카키색 바지와 폴로셔츠, 그리고 블레이저를 입은 키크고 마른 30세의 남자를 만났다. 그는 하버드를 졸업했고 로즈 장학생Rhodes scholar[268]이었다. 그는 보이드와 달라도 너무 달랐다. 그는 손을 내밀며 자기소개를 했다. "보이드 대령님, 짐 팰로스Jim Fallows라고 합니다."

두 사람 모두 서로에 대한 첫인상이 아주 안 좋았다. 나중에 보이드는 스피니에게 팰로스를 "망할 샌님"이라고 말했다. 팰로스는 보이드를 훑어보았다. 보이드는 어깨가 늘어진 낡은 반 론 셔츠에 형편없는 구식 체크무늬 바지를 입고, 펜타곤에서는 보기 드문 슬리퍼 같은 신발을 신고 있었다. 보이드는 선 채로 팰로스의 얼굴에서 약 8센티미터까지 가까이 코를 들이밀고 팰로우스의 가슴을 손가락으로 쿡쿡 찌르며 복도 저 멀리에서 들릴 만큼 큰 목소리로 말하기 시작했다.

"이 사람 미쳤나?" 팰로스는 중얼거렸다.

팰로스는 "분쟁의 양상" 브리핑을 들었고, 그 뒤 4시간 넘게 스피니의

---

268 로즈 장학생: 영국 사업가 세실 로즈(Cecil Rhords)가 유언으로 만든 로즈 재단에서 세계의 인재들을 상대로 옥스퍼드 대학교의 대학원 학위 과정을 지원하는 제도. 선발 과정이 까다로워 여기에 선발되면 그 자체로 큰 이력이 된다.

"국방의 현실"의 공식 버전을 들었다. 그런 다음 오랜 시간에 걸쳐 피어 스프레이를 인터뷰했다. 팰로스는 스프레이의 열정과 지적 능력에 압도되었다. "저 사람 정말 대단하네요." 그는 스피니에게 말했다. 그러고는 보이드에게 돌아와서 추가로 몇 시간 인터뷰했다. 이제 보이드는 팰로스에 대한 존경심이 커지고 있었다. 그는 철저히 준비하는 작가임이 분명해 보였다.

《애틀랜틱 먼슬리》는 1979년 10월 2일 판에 "경직된 초강대국The Muscle-Bound Superpower"이라는 기사를 게재했다. 이는 개혁 운동을 국가적 관심사로 만든 세 가지 사건 중 첫 번째 사건이었다. 신문 기자들이 보이드와 개혁파, 그리고 그들이 지지하는 문제들에 관한 기사를 몇 건 썼지만, 팰로스는 주요한 전국지 기자로서는 처음으로 이 모든 것을 모으고, 펜타곤이 수십억 달러의 세금을 사용한 방법에 의문을 제기하고, 미군이 첨단기술에 지나치게 의존해 전쟁을 망치는게 아닌지 의심했다.

팰로스는 14페이지에 달하는 기사의 상당부분을 보이드와 "분쟁의 양상"을 소개하는 데 할애했다 이 기사에서 팰로스는 자신이 인터뷰한 그 누구보다 보이드를 "존경하고 높이 평가"하게 되었다고 말했다. 보이드와 그의 추종자들은 "참신한 생각"을 했고, 그러한 생각들로 인해 바보로 낙인찍힐 수도 있는 극단적인 위험을 기꺼이 감수했다. 팰로스는 보이드의 생각이 모두 상식적이지만, 현재의 관행에 비추어볼 때 그것은 "이단적인 일탈"로 보일 수밖에 없다고 말했다. 팰로스는 보이드와 개혁파를 정당화했다.

보이드와 추종자들은 팰로스와 빠르게 친구가 되었다. 보이드는 팰로스의 지성과 심도 있는 기사에 탄복했다. 팰로스는 보이드의 진실성과 일편단심으로 헌신하는 태도에 감탄했다.

펜타곤이 팰로스에 대한 대응 방안을 찾으려 하는 가운데 개혁 운동을 촉발한 두 번째 사건이 의회에서 벌어지고 있었다. 하원세출위원회House Appropriations Committee의 국방세출소위원회Defense Appropriations Subcommittee가 청문회를 개최했던 것이다. 앨라배마주 지역구 잭 에드워즈Jack Edwards 하원의원이 그 위원회의 공화당 대표였다. 군의 준비태세는 에드워즈에게 큰 문제였다. 그는 진상 조사를 위해 찰스 머피Charles Murphy라는 보좌관을 공군기지들에 파견했다. 머피가 크리스티에게 가서 출장 중에 무엇을 찾아보아야 하는지 묻자, 크리스티는 스피니 보고서를 주었다. 머피는 에드워즈 하원의원에게 조사 결과를 상세히 보고했다. 청문회는 농약 살포 이외에 모든 것을 할 수 있다던 전천후 야간 공격 폭격기 F-111D의 준비태세 문제로 빠르게 초점이 맞춰졌다. 에드워즈 의원은 해럴드 브라운 국방장관에게 상세하고 구체적인 질문을 퍼부었다. 그의 질문 공세를 통해 미국의 주력 전폭기인 이 기종이 매우 심각한 부품 부족에 시달리고 있기 때문에 이 항공기를 계속 비행 상태로 유지하기 위해 정비 부사관들이 전자 회사인 라디오 섀크Radio Shack에서 자비로 부품을 구매한다는 사실이 드러났다.

평소라면 이것을 대수롭지 않은 이야기나 몇몇 신문의 안쪽 지면에 나오는 "미담" 정도로 여겼을 것이다. 그러나 언론이 갑자기 이 이야기를 "속 빈 군대"의 아주 좋은 사례로 보도하면서 이 이야기는 살아 있기라도 한 듯 일파만파 퍼졌다. 그 이야기는 많은 일간지, 텔레비전 방송, 그리고 전국의 많은 소규모 신문에서 보도되었다. 후속 기사들이 며칠 동안 이어졌다. 부사관들이 F-111D의 비행을 유지하기 위해 라디오 섀크에서 부품을 구매한다는 미담은 사라지지 않고 계속 보도되었다.

공군은 펜타곤에서 이 이야기를 유출한 자를 색출하는 것으로 이에 대응했다. 브라운 국방장관에 대한 질문들에는 너무 많은 내부 정보가 담겨 있었다. 청사 내부에서 흘러나온 정보임이 틀림없었다. 펜타곤의 방첩 부서는 기밀 정보를 누설하는 사람의 보안 인가를 취소하겠다고 위협했고, 준비태세와 관련된 사실상 모든 사항을 기밀로 분류했다. 이것은 개혁파를 겨냥한 많은 보안 조사 중 첫 번째 사례였다.

1980년 4월에는 개혁 운동이 전국적인 화제가 되게 한 세 번째 중요한 사건이 벌어졌다. 카터 행정부가 테헤란의 인질 구출을 시도하던 중 사막의 데저트 원Desert One에서 작전이 대실패로 끝났다.[269] 8명이 죽었고, 5명이 중상을 입었으며, 항공기 8대를 잃었다. (스피니는 데저트 원 속보가 텔레비전에서 나왔을 때 재혼 상태였고 부인은 산기가 있었다. 스피니는 계산기를 꺼내서 헬기 신뢰성 연구에 관해 알고 있는 지식을 이용해 군이 성공적인 임무를 수행하려면 얼마나 많은 헬기를 사용했어야 하는지 계산하기 시작했다. 데이터는 복잡했고 계산은 느렸다. 스피니의 부인은 점점 화가 치밀어 올랐다. "어서 가요, 척!" 그녀가 소리쳤다. "아이가 나오려고 한다구요." 하지만 스피니는 계산에 빠진 채 중얼거렸다. "1분만. 1분만." 그는 군이 실제로 사용한 8대가 아니라 14대의 헬기를 이용했어야 한다고 계산했다. 그러고 나서 아내를 병원으로 데려갔다.)

이 세 가지 사건은 모두 6개월 이내에 벌어졌으며 미군에게 무언가 문제가 있다는 것을 여실히 보여주었다. 개혁파가 무언가를 알고 있을지도 몰랐다.

그 후 5월에 팰로스는 이와 관련하여 "미국의 첨단 무기America's High-Tech Weaponry"라는 제목의 또 다른 기사를 썼다. 그는 스피니의 "뛰어난 보고서"를 언급했고 스프레이의 말을 많이 인용했다.

군은 개혁파의 말을 반박할 수가 없었다. 시도는 했다. 그들의 가장 흔한 반응은 개혁파가 러다이트주의자[270], 즉 기술반대주의자들이라는 것이었는데, 이는 F-15에 대한 전투기 마피아의 불만을 반박할 때 사용한 주장과 같았다. 하지만 이는 잘못된 주장으로, 보이드, 크리스티, 스프레이, 스피니가 모두 기술 관련 분야를 전공했고 스프레이가 A-10을

---

269 1979년 이란혁명 이후 11월에 이란의 시위대가 테헤란의 미 대사관에 난입해서 약 70여 명의 외교관을 인질로 억류했다. 미국은 이들을 구조하기 위한 구출작전인 독수리발톱 작전(Operation Eagle Claw)을 감행했으나 침투 중 사막의 중간 기착지인 데저트 원이라는 지점에서 아군기들끼리 충돌하여 다수의 희생자가 발생했고 작전은 취소되었다.

270 러다이트주의자: 영국의 산업혁명 시대인 1811년에 노동자들이 기계가 일자리를 빼앗는다며 기계를 파괴하는 반자본주의 운동을 벌인 사건.

개발할 때 A-10용으로 공군에서 가장 최첨단 기관포를 주장했었다는 사실을 간과하고 있었다. 실제로 개혁파는 기술에 반대하기보다는 기술의 부적절한 사용에 반대했다. "분쟁의 양상" 브리핑의 가장 가치 있는 측면 중 하나는 서로 다른 기술적 접근방식들을 평가하기 위한 체계를 제시했다는 것이다. 이 브리핑은 과학적·공학적 지식을 인간의 필요에 따라 응용하는 행위를 장려했다. "분쟁의 양상" 브리핑은 전쟁에서 인간 행동의 정신적·도덕적 측면을 다룬다. 기술은 행동을 만들어내는 것이 아니라 보강해야 한다는 것이 개혁파의 주장이었다. 보이드가 깨달은 것은 "전쟁은 기계가 하는 것이 아니라 사람이 하는 것이고, 사람은 마음을 이용한다"는 것이었다. 그리고 그는 "사람, 생각, 하드웨어 순으로 중요하다"고 설파했다. 따라서 기계와 기술은 더 큰 목적에 이바지해야 한다. 개혁파는 미국의 기술 발전이 부적절하게 쓰이고 있고 사실상 골칫거리가 되었다고 보았다. 수십 년이 지났는데도 보이드와 개혁파에 대한 펜타곤의 피해망상은 놀라울 정도로 심각하다. 펜타곤만큼 크고 전능해 보이는 기관이 겨우 몇 명밖에 안 되는 이들에게 그랬던 것처럼 반응한다는 것은 거의 이해하기 힘들다. 보이드도 스프레이도 펜타곤, 민간 기업, 학계에서 아무런 사업 수행 이력이나 공식 직책도 가지고 있지 않았다는 사실에 주목할 필요가 있다. 보이드는 전역했고 2주마다 하루치의 급여를 받고 있었다. 스프레이는 여러 기업의 고문이었다. 펜타곤이 할 수 있는 가장 합리적인 일은 그들을 무시하는 것이었으리라 보인다. 그러나 이 사람들을 무시할 수는 없었다. 펜타곤은 오랫동안 여러 조직의 불만을 처리해왔다. 하지만 그러한 집단들은 그 구성원들이 군이나 국방 문제에 대해 피상적인 지식만 가진 채 한 가지 문제만을 호소하는 집단들이 대부분이다. 당국은 그들의 우려를 하찮거나 무관하다며 쉽게 무시했다. 그런데 이제는 역사상 처음으로 국방부 내부자, 왕국의 열쇠를 가진 사람들, 예산과 관련 문제들뿐 아니라 공군의 거물들을 아는 사람들이 청사를 공격하고 있었다. 그리고 그들은 장군들의 속을 썩게 만들 수 있는 두 조직인 의회와 언론과 동맹을 맺고 있었다. 개혁은 언론의 중요한 관심사가 되고 있었다. 《비즈니스 위크Business Week》부터 《뉴욕타임스New York Times》에 이르는 매체들이 개혁파에 관한 기사를 다뤘다. 개혁 회의Reform Caucus 의 일원이던 하원 및 상원 의원들은 상상한 것보다 더 많이 언론에 보도되었다. 이는 그들의 열정을 자극했고 결국 더욱 많은 보도를 낳았다. 개혁파 중 한 명은 이를 "스스로를 핥아먹는 아이스크림콘self-licking ice cream cone"[271]이라고 묘사했다.

이제 보이드는 대위부터 대령, 4성 장군에 이르기까지 모든 사람에게 브리핑을 하고 있었다. 그중에는 알 그레이Al Gray라는 해병대 대령이 있었다. 그레이는 나중에 장군이 되고 난 뒤에도 그 브리핑을 몇 번 더 해달라고 요청했다. 그와 보이드는 개인적 면담 자리에서 "분쟁의 양상" 브리핑의 영향을 장시간 논의하기도 했다. 의회 보좌관들은 브리핑을 들은 뒤 자신의 상하원 의원들에게 추천했다. 와이오밍 지역구의 한 조용한 의원인 딕 체니Dick Cheney는 "분쟁의 양상" 브리핑을 들은 뒤 보이드의 다른 브리핑들을 듣는 데 약 12시간을 할애했다. 그는 보이드에게 자기 사무실로 와서 전술과 전략, 그리고 미국이 다음 전쟁을 어떻게 가장 잘 수행할수 있을지에 대해 개인 면담을 여러 번 해줄 것을 요청했다. 훗날 체니는 "그가 연구하고 있는 개념에 흥미를 느꼈습니다"라고 말했다. "그는 창의적이고 혁신적인 군사사상가였습니다." 체니는 개혁파가 "훌륭한 아이디어"를 가지고 있었고, "나는 그들로부터 일부 배운 점이 있었다"고 덧붙였다. 그는 개혁파의 사상이 당시 하원 정보위원회 위원인 자신에게 가치가 있었고, 나중에 국방장관이 된 후로도 마찬가지였다고 말했다. 보이드와 기동전에 대해 논의했냐는 질문에 체니는 "기동전은 그가 말한 전체 개념 안에 내재되어 있었습니다"라고 말했다.

---

271 "스스로를 핥아먹는 아이스크림콘(self-licking ice cream cone)"은 스스로를 유지하는 것 외에 다른 목적이 없는 자기 영속적인 시스템을 말한다.

추종자들은 때로 하원의원과 상원의원을 그다지 존경하지 않았지만, 피어 스프레이조차도 딕 체니에게는 깊은 인상을 받았다. 스프레이는 보이드가 체니의 사무실을 방문할 때 가끔 동행해서 체니가 자신의 일을 제대로 하는 의원이라는 것을 알게 되었다. 체니는 전략에 대한 보이드의 복잡한 접근법을 깊이 연구했다. 그는 100명이 넘는 하원의원과 상원의원으로 구성된 의회 내 단체인 개혁 회의의 창립자 중 한 명이었다.

보이드와 개혁파에 대한 공군의 아마추어적인 서툰 대응은 몇 년에 걸쳐 문서로 기록되었는데, 그중 한 가지 사건은 공군이 얼마나 절박했는지를 보여주기 때문에 되새겨볼 만한 가치가 있다. 전술항공국은 공군, 해군, 육군, 해병대에서 각각 1명씩 도합 4명의 장교와 민간인 분석가 몇 명이 있는 작은 사무실이었다. 그중 공군 장교는 진급을 갈망하는 중령이었다. 펜타곤의 직제상 그가 작성한 효율성 보고서는 참모차장이 결재했다. 이 공군 중령은 사무실에 있는 개혁파의 모든 활동을 보고하라는 명령을 받았다. 그는 비서들에게 보이드와 스피니에게 연락하는 모든 사람의 이름을 알려달라고 요청했다. 그는 메모를 찾기 위해 책상 서랍을 샅샅이 뒤졌다. 보이드는 뭔가 수상하다고 느꼈고, 결국 스피니의 책상을 뒤지는 그 중령을 붙잡았다. 그는 보이드에게 자백하고 공군참모총장실로부터 압력을 받았다고 말했다. 크리스티는 그 중령을 다른 곳으로 발령하라고 요구했다. 보이드는 전술항공국에 배치할 공군 장교를 공군이 아니라 전술항공국이 선발하자고 주장했다. 보이드는 레이 레오폴드를 선발했다.

보이드는 공군사관학교에 있는 레오폴드에게 전화해서 말했다.

"레이, 펜타곤에서 나하고 일하고 싶은가?"

"대령님, 저는 유럽으로 가라는 명령을 받았습니다. 안 되겠습니다."

"레이, 무슨 명령을 받았냐고 물어보지 않았네. 잘 들어, 타이거. 펜타곤으로 오고 싶은가? 예야, 아니오야?"

"예, 하지만…."

"토 달지 마. 그냥 기다려."

며칠 후 레오폴드는 깜짝 놀랐다. 명령이 바뀌어 전술항공국으로 발령이 났던 것이다.

그 당시 공군 참모총장은 레오폴드가 보이드를 위해 일한 적이 있고 스피니와 가까운 친구라는 말을 들었다. 공군 참모총장은 레오폴드를 유럽으로 보내라고 말했다.

또다시 보이드는 잠재적인 헌법적 위기의 중심에 서 있었다. 국방부 부장관은 공군 참모총장에게 자신의 사무실로 오라는 명령을 내렸다. 국방부 부장관은 공군 참모총장에게 미국에서 군을 운영하는 것이 민간인임을 상기시켰다. 국방부 부장관은 장광설을 늘어놓으며 "참모총장 자리에 남아 있으려면 레오폴드 소령을 유럽으로 보내는 결정을 번복해서 펜타곤으로 보내야 할 것"이라고 말했다.

레오폴드의 발령은 다시 바뀌었고, 이렇게 해서 그는 결국 전술항공국으로 가게 되었다.

스파이 역할을 하던 그의 전임자 중령은 대령으로 진급했다.

레오폴드는 청사에서 일이 어떻게 돌아가는지 제대로 이해했다. 그가 도착하고 며칠 후, 그는 복도를 걸어가다가 어느 사무실의 문이 열려 있는 것을 보았다. 그 사무실은 비어 있었다. 그는 빈 사무실에 들어가서 칠판에 "의무Duty, 명예Honor, 조국Country[272]"이라고 썼다. 그런 다음 그 단어들에 엑스 표시를 하고 그 아래에 "자만Pride, 권력Power, 탐욕Greed"이라고 썼다.

이제 보이드의 추종자 2명이 그와 함께했다.

어느 날 보이드는 스피니에게 말했다. "있잖아, 나는 펜타곤이 넬리스보다 더 좋아."

스피니는 다음에 무슨 말이 나올지 기다렸다.

사나운 미소를 지으면서 그는 팔을 허공에 뻗어 주먹을 쥔 다음 아래

---

[272] 미 육군사관학교인 웨스트포인트(West Point)의 모토다.

로 홱 잡아당기며 말했다. "목표물이 더 많아." 그의 우렁찬 웃음소리가 사무실을 가득 채웠다. 그는 싸울 준비가 되어 있었다.

전술항공국과 공군 고위 장성들 간의 불화가 심해져서 일이 거의 이루어지지 않았다. 공군은 개혁파와의 싸움에서 꼼짝 못 하는 처지가 되었다. 3성 장군 한 명이 스피니에게 다가와서 공군이 화해를 원한다고 말했다. 공군의 고위 장성들이 스피니의 브리핑을 듣기를 원했다.

20명이 넘는 장성이 펜타곤 지하층의 큰 브리핑실에 모였다. 스피니의 모든 의견은 조롱을 당했다. 그는 평소 20분이면 충분한 브리핑의 한 지점에 도달하는 데 2시간이나 걸렸다. 브리핑실 여기저기서 장군들이 말을 가로막고 있었고 그들의 얼굴은 분노로 일그러져 있었다. 2성 장군 한 명은 너무 흥분한 나머지 발작을 일으키며 쓰러졌다. 보이드가 이 상황을 맡아서 처리했고 화이트 왜건white wagon이라 불리는 구급차를 불렀다. 수행원들이 이 2성 장군을 구급차에 싣고 의무실로 데려갔다. 이 모든 일이 브리핑실 뒤편에서 벌어지고 있었고, 스피니는 나중에 체육관에서 한 공군 대령이 그에게 다가와서 "이제 자네는 에이스야"라고 말하고 나서야 그런 일이 있었음을 알게 되었다. 그는 스피니에게 어떻게 그 브리핑이 이 2성 장군을 쓰러뜨렸는지 말했다. "그는 지금은 괜찮네." 대령은 말했다. "하지만 자네가 그를 쓰러뜨렸어. 그는 양쪽 어깨에 별 2개씩을 달았으니 별 하나는 우리가 자네에게 그냥 주겠어. 자네는 이제 에이스야."

스피니의 "화이트 왜건 킬white-wagon kill"은 다음 주 수요일의 초저녁 술자리에서 몇 번이고 건배의 대상이 되었다.

개혁파는 국가 안보의 위협으로 여겨졌다. 공군 참모차장 밥 매티스Bob Mathis 대장은 반복해서 그들을 "어둠과 악마의 세력"이라고 불렀다.

그해 봄, 단지 말을 많이 하지 않는 덕에 훌륭한 평판을 쌓은 상원 군사위원회 소속의 작고 활력 있는 조지아주 상원의원 샘 넌Sam Nunn은 "국방의 현실" 브리핑을 듣고서 스피니를 자신의 사무실로 보내 브리핑을 하도록 해달라고 펜타곤에 요청했다. 브라운 국방장관은 이를 거절했다. 개혁파가 의회와 언론에 너무 많이 진출하고 있었고, 스피니의 브리핑은 미국 상원의원이 듣기에는 너무 위험했다. 그의 브리핑이 펜타곤에서 인가되지 않은 생각을 담았을 수도 있었다.

그 이후 6개월여 동안 넌 상원의원은 펜타곤에 스피니를 그의 사무실로 보내달라고 여러 번 요청했다. 브라운 국방장관은 요지부동으로 그의 요청을 거절했다.

로널드 레이건이 11월에 대통령에 당선되었고, 그 직후 브라운 국방장관은 의회 소환 위협을 받은 끝에 스피니를 넌 상원의원의 사무실에 보내는 데 동의했다. 12월 초에 크리스티, 보이드, 스피니는 넌 상원의원의 사무실에 가서 정식 브리핑을 했다. 그들은 넌 상원의원에게 레이건 행정부가 펜타곤에 돈을 퍼부으려고 하며 더 많은 돈은 이미 심각해진 문제를 더 악화시킬 뿐이라고 말했다.

넌 상원의원은 스피니에게 브리핑에서 기밀 자료를 제거하고 보고서로 작성해서 제출하라고 말했다. 스피니는 휴가를 내고 12월의 나머지 기간을 자택 집무실에서 필기 노트와 씨름하며 보냈다. 보안성 검토를 거친 후 스피니의 보고서는 일반 공개가 허가되었다. 당시 스피니는 청사 안에서는 악명이 높았지만, 이 보고서가 공개되면서 미국 국민은 그를 처음으로 알게 된다.

1981년 초에 짐 팰로스가 자신의 첫 번째 책인 『국가방위National Defense』를 출간하여 대단한 반응을 얻으면서 개혁 운동은 국민의 인식과 신뢰 측면에서 또 다른 큰 추진력을 얻게 되었다. 이 책은 팰로스가《애틀랜틱 먼슬리》에 게재한 기사를 더 상세하게 쓴 것이었다. 이 책은 펜타곤과 방산업계에 대한 고발장으로, 보이드와 개혁파를 모든 부조리에 대한 해결책을 갖고 있을지도 모르는 사람들로 묘사했다. 이 책에서 가장 인상적인 한 부분에서는 보이드가 당초 F-16을 어떻게 인식했고, 한때 날렵한 전투기였던 이 기종이 공군의 손에서 어떤 "개선" 과정을 거쳐 전천후 폭격기가 되었는지를 다뤘다. 버튼후크 턴은 먼 과거의 일이 되었다.

『국가방위』에 이어 개혁파와 개혁 운동에 관한 다양한 책들이 출간되었다. 그러나 이 책들 중에서 팰로스의 책이 가장 먼저 출간되었고, 그의 책 덕분에 언론과 미국 국민이 개혁 운동을 매우 신뢰하게 되었다. 이 책은 미국도서상American Book Awards 논픽션 부문 수상작일 뿐만 아니라 전미 도서비평가협회National Book Critics Circle 논픽션 부문 입상작이기도 하다. 이 책으로 팰로스의 눈부신 경력이 시작되었다.

이 책이 나온 타이밍은 그보다 더 좋을 수가 없었다. 로널드 레이건은 1월에 취임했고, 그 어느 대통령보다도 군사개혁에 큰 관심을 보였다. 레이건이 취임하면서 처음 취한 조치 중 하나는 자신의 고향인 캘리포니아주에서 록웰Rockwell이 제작한 B-1 폭격기를 부활시키는 것이었다.

B-1은 나중에 적 레이더에 나타나는 레이더 반사 면적radar cross section, 항속거리 성능, 그리고 전자방해책 성능에서 낙제점을 받았다. 전투 무장을 적재한 B-1 폭격기는 많은 높은 산맥들 위를 날 수 없었다. 고도 제한은 기밀이지만 상업용 여객기가 비행하는 고도에도 미치지 못했다. 설계 결함으로 인해 회전식 폭탄 장착대와 긴 폭탄창 개폐장치를 설치하지 않으면 후방 폭탄투하실rear bomb bay에서 폭탄 투하를 불가능하게 하는 난류가 발생한다. 이렇게 개조하면 폭탄 한 발이 떨어지는 데 몇 초씩 걸리기 때문에 융단폭격을 할 수가 없다. 이는 폭탄 한 발을 투하할 때마다 B-1이 표적 위로 다시 돌아와야 한다는 뜻인데, 적이 강력하게 방어하는 지역에서 이는 결코 쉬운 일이 아니다.

하지만 이런 문제들쯤은 중요하지 않았다. 1기당 비용이 1억 6,700만 달러로 치솟아서 지미 카터가 폐기했던 B-1은 마침내 생산에 들어갔다. 그리고 이제는 1기당 가격이 2억 8,700만 달러가 되었다.

CHAPTER 26

거대한 음모의 바퀴

샘 넌 상원의원이 국방장관 인사청문회에서 한 발언으로

언론의 주목을 받게 된 스피니 보고서

1981년 2월에 레이건 행정부의 국방장관으로 임명된 캐스퍼 와인버거 Caspar Weinberger의 인사청문회가 열렸는데, 이 청문회는 마치 1960년대 히피족의 사랑의 집회love-in[273]를 연상케 했다. 상원의원들은 워싱턴에서 엄청난 국방비가 쏟아질 것임을 알았고, 각 의원은 각자의 몫보다 더 많은 것을 원했다. 상원의원들은 와인버거를 아주 환대했다.

그러나 샘 넌 상원의원은 군대에 돈을 뿌리는 것이 펜타곤의 예산 문제에 대한 해답이 아니라고 믿는 펜타곤 사람들을 알고 있다고 말했다. 넌 상원의원은 그 사람들이 억압당하고 있다고 말했다. 그는 스피니 보고서의 공개 버전을 가지고 있다면서 와인버거에게 그 보고서를 읽었는지 궁금하다고 말했다. 와인버거는 사전에 이 질문이 있을 것이라는 브리핑을 받지 못했다. 그는 스피니 보고서에 대해 전혀 알지 못했다.

---

273 사랑의 집회: 히피족 중심으로 열리던 진보적 · 개방적 문화 성향의 공개 평화 집회.

청문회를 취재하는 기자들은 넌 상원의원의 말을 듣고 상당히 고무되었다. 첫째, 그가 국방 기구인 상원군사위원회의 주요 인사였고, 둘째 미국방부가 기자들의 많은 기사를 성공적으로 막아서 기자들이 국방부에 엄청난 적대감을 품고 있었기 때문이다. 이제 기자들은 때를 만났다. 그렇게 많은 기자가 펜타곤에 모여든 것은 베트남전 이후 처음이었다.

그 후 며칠 동안 전 세계 수백 개의 신문이 스피니 보고서에 관한 뉴스 기사를 실었다. 기자들이 이른바 "해설 기사" 또는 "분석 기사"라고 부르는 기사가 수십 개나 더 보도되었다. 무명이던 척 스피니는 순식간에 전국적 무대에 오르게 되었다. 와인버거를 제외하면 그는 갑자기 펜타곤에서 가장 잘 알려진 사람 중 한 명이 되었다.

5월에 프로그램 분석 및 평가실PA&E 실장 데이비드 추David Chu는 스피니에게 "국방의 현실" 브리핑을 중단하고 다른 일을 하라는 전갈을 보냈다. 그 후 18개월 동안 스피니는 다른 브리핑을 개발했다. 이 브리핑은 첫 번째 것보다 더 정치적으로 큰 폭발력을 보여주게 된다.

펜타곤 내부의 개혁파에 대한 피해망상을 보여주는
"거대한 음모의 바퀴" 그림

한편 보이드는 "분쟁의 양상" 브리핑의 연구와 수정, 추가 작업을 계속하면서 자주 브리핑을 했다. 보이드에 관한 일련의 기사들이 전국 각지의 신문에 실렸다. 청사에서 이와 비슷한 일을 하는 사람이 없었기 때문에 그 누구도 보이드의 브리핑에 반박할 수가 없었다. 다시 말해, 펜타곤에는 군사사상가가 없었던 것이다. 보이드는 그곳에서 혼자였고, 하루하루 그의 지지자가 늘어나고 있었다. 펜타곤은 기자들에게 둘러싸여 있었다. 청사 안에는 보이드에 대한 피해망상이 분명히 존재했다.

그 피해망상이 어느 정도였는지는 개혁파가 "거대한 음모의 바퀴"라고 부른 그림을 보면 알 수 있다. 레이건 대통령의 민간인 공직 임명자들이 펜타곤에 갔을 때 그들은 웰컴 왜건Welcome Wagon[274]의 펜타곤 버전과도 같은 견학을 하고 브리핑을 받았다. 이러한 브리핑들은 대체로 민간인 지도자들에게 다양한 문제에 관한 군의 입장을 인식시키고 왜 군의 입장이 고려할 가치가 있는 유일한 것인지를 보여주도록 계획된 자기본위적인 것이다. 이제 톰 크리스티는 펜타곤에서 최고위직 민간인 중 한 명인 국방부 부차관보가 되었지만, 월트 크로스Walt Kross 중령이 레이건이 임명한 자들을 위해 준비한 브리핑북은 너무도 민감한 내용이 담겨 있어 크리스티도 볼 수만 있고 그의 사무실로 가져갈 수는 없었다. 13센티미터 두께의 이 브리핑북은 개혁 운동을 주도한 "사악한 사탄 세력"에 관한 것이었다. 이 브리핑북은 중앙에서 바깥으로 퍼지는 바퀴살들이 있는 큰 바퀴 모양의 그림으로 시작되었다. 각 바퀴살은 공군이 개혁 운동의 중요한 부분이라고 여긴 것을 나타낸 것이었다. 크리스티는 자신이 바퀴의 중앙에 위치한 것을 보고는 웃었다. 크로스 중령은 크리스티가 개혁 운동의 리더라고 생각했는데, 아마도 전술항공국이 그의 관할하에 있고 개혁파의 운영본부였기 때문일 것이다. 따라서 상명하복을 하고 계급을 따지는 공군의 눈에는 크리스티가 개혁 운동의 리더로 보였을 것이다. 실제로 크리스티는 스피니와 보이드를 보호했다. 그는 스피니의 작업이 정치적 영역으로 나아가게끔 했다. 그는 스피니가 훌륭하게 연구한 준비태세 문제를 국방부 예산 절차의 전면에 내세웠다. 그는 F-111D에 대한 문제를 폭로해서 국방장관의 관심을 끄는 데 깊이 관여했다. 하지만 이 모든 일에서 그는 철저히 뒤에 머물렀다. 그는 리더가 아니었다.

"거대한 음모의 바퀴"는 공군이 개혁파에 대해 얼마나 잘 모르고 있었는지, 그리고 그들이 개혁 운동을 조직적 집단의 소행이라고 간주한 것이 얼마나 잘못됐는지를 보여준다. 주로 보이드의 브리핑을 통해 개혁파와

---

[274] 웰컴 왜건: 원래 신규 이주민에 대한 지역 사업체 홍보 대행 기구의 이름에서 유래한 웰컴 왜건은 새 방문자에 대한 친근한 환영이라는 관용적 표현으로도 쓰인다.

의회의 개혁 회의 사이에 약간의 상호 교류는 있었지만, 개혁파는 여전히 독립적인 소규모 집단에 불과했다. 보이드를 자신들의 리더라고 여긴 점 이외에는 그들이 조직적이라고 할 만한 점은 없었다. 공군은 이러한 가장 기본적인 사실조차도 잘못 알고 있었다. "거대한 음모의 바퀴"에서 "고문 Consultants"이라고 표시된 바퀴살에 보이드와 스프레이의 이름이 있었다.

언론을 나타내는 다른 바퀴살에는 펠로스의 이름이 가장 두드러졌다. 그는 개혁파에 관한 기사를 쓴 언론인 명단의 맨 앞에 있었다.

게리 하트 상원의원과 잭 에드워즈 하원의원은 펜타곤이 개혁파로 간주한 의원들이 포함된 바퀴살에 이름이 올랐다. 낸시 카세바움Nancy Kassebaum 상원의원의 보좌관인 윈슬로 휠러는 음모 조직 중에서 의회 직원들의 리더라고 되어 있었다.

크리스티는 기억력이 거의 사진 수준이어서 다음 초저녁 술자리에서 "거대한 음모의 바퀴"에 관해 상당히 자세하게 설명했다. 그날 밤 올드 가드 룸에서는 몇 년 후 "거대한 음모의 바퀴"를 만든 중령이 4성 장군으로 진급했다는 소식이 전해졌을 때를 제외하고 그 어느 때보다 더 큰 웃음이 터져 나왔다.

개혁 운동의 리더이자 진정한 게릴라

그 무렵 보이드의 브리핑에 나오는 몇 가지 아이디어, 특히 우다 루프 개념은 보이드의 것이라는 명시 없이 다양한 출판물에 등장하고 있었다. 보이드는 전혀 신경 쓰지 않는 것 같았다. 자신의 아이디어가 일반인에게 널리 인정받기를 바랐을 뿐이라는 점에서 그는 진정한 게릴라였다. 그는 또한 갑자기 뜨거운 화제로 떠오른 개혁 운동 과정에서 때때로 다른 사람들이 전면에 등장할 때도 개의치 않았다. 실제로 그는 그것을 격려했다. 스피니와 《타임Time》지가 관련된 한 사건이 그 대표적인 예다.

개혁 운동에서 중요한 싸움 중 하나가 스피니가 새로운 브리핑을 마쳤을 때 시작되었다. 그는 이 브리핑을 "계획/현실 간의 불일치Plans/Reality Mismatch"라고 불렀다. 이 브리핑의 요지는 펜타곤이 제안된 새 무기체계들의 비용을 해마다 과소평가한다는 것이었다. 이 무기체계들의 생산이 시작되면 실제 비용은 예상 비용보다 훨씬 더 들어갔다. 스피니는 레이건 행정부가 방위력 증강 비용을 5,000억 달러 정도 과소평가했음을 밝혔다. 수억 달러, 어쩌면 10억 달러 정도라면 설명이 가능할 수도 있다. 그런데 5,000억 달러라니?

스피니는 청사 안의 모든 사람들을 대상으로 새 브리핑을 하기 시작했다. 이상하게도 공군 장성들이 특히 더 관심을 보였다. 그는 공군참모본부의 장성 대부분에게 브리핑을 했다. 그 후 데이비드 추는 스피니에게 펜타곤에서 그의 작업을 독립적으로 연구하는 동안에는 브리핑을 중단하라고 명령했다. 스피니의 브리핑에 대한 재검토를 빨리 완료하라는 엄청난 압력이 펜타곤에 가해졌다. 수십 명의 사람이 그 브리핑을 듣기를 원했다. 1년 후, 스피니의 브리핑이 정확했고 그의 결론이 흠잡을 데 없다는 재검토 결과가 나왔다. 데이비드 추는 스피니가 브리핑을 어떻게 할 것인지에 대해 이야기를 나누려 한다는 명목으로 스피니를 만났다. 데이비드 추는 다음 해에 어떤 조치를 취하겠다고 말했다. 스피니는 자신의 작업이 억압받고 있다고 생각했다.

레이건 행정부의 국방 예산이
미국의 재정적 재앙이 될 것이라고 폭로한 펜타곤의 이단아

1982년 늦여름에 《타임》지의 국방부 기자들이 개혁 운동에 관심을 보였다. 이는 상당 부분 휴 시디Hugh Sidey[275] 덕분이었는데, 그는 당시 미국 저

---

275 휴 시디: 1927년생 미국 저널리스트로,《라이프(Life)》지와《타임》지에서 일했고 대통령들을 취재했다.

널리즘의 대부 중 한 명이었다. 《타임》지에 "대통령직The Presidency"이라는 제목의 칼럼을 쓴 적이 있는 시디는 보이드와 오랜 시간 대화를 나누고 그의 신봉자가 되었다. 실제로 그는 보이드의 브리핑과 스프레이의 생각들을 듣기 위해 《타임》지의 수석 편집자 모임을 준비했다. 《타임》지 기자팀이 몇 개월간 방위산업에 관한 이야기를 조사하게 된 데에는 시디의 공이 컸다.

이 몇 개월간 보이드는 바쁘게 지냈다. 그는 《타임》지 기자들의 주요한 연락 창구였을 뿐만 아니라, 스피니에게 펜타곤의 변화에 영향을 미치기 위해 관료 조직 안에서 일하는 방법을 알려주고 있었다. 보이드는 스피니의 브리핑의 정확성을 확인한 독립적인 연구를 알리는 "분신들을 많이 만들어야 한다"고 생각했다. 스피니는 그 의미를 알고 있었다. 그는 연구 사본을 수십 부 만들어서 펜타곤에서 "계획/현실 간의 불일치" 브리핑을 들은 모든 사람에게 보내야 했다. 이 독립적인 연구는 기밀이 아니었기 때문에 스피니의 이름이 명시되어 있었다. 이 연구는 "계획/현실 간의 불일치" 브리핑을 언급했다. 스피니는 그저 사람들에게 이제 그의 브리핑을 들을 수 있다는 것을 알리고 있었다.

보이드가 예상했듯이, 이 연구에 관한 소식이 기자들에게 알려졌다. 개혁파가 이 소식을 유출했다고 해도 무방하다. 또다시 수십 명의 기자가 스피니의 최신 연구의 사본을 요구하며 청사에 모여들었다. 이번에도 펜타곤은 유출의 출처를 파악하기 위해 보안 조사에 착수했다. 데이비드 추는 기자회견에 나타나 기자들에게 연구라고 할 만한 것은 없으며, 단지 약간의 낙서를 모아놓은 뭉치만 있을 뿐이라고 말했다. 기자들은 그들이 고의로 답변을 회피하고 있다고 의심하고 우호적인 상·하원의원들에게 연락해 국방부에 전화하도록 했다. 그들은 청사에 연줄이 닿는 모든 사람에게 전화를 했다. 큰 압력이 가해졌다. 공교롭게도 이 무렵 펜타곤에서 스피니의 연구를 입증하는 또 다른 연구가 등장했다. 공군은 비밀리에 자체 예산 연구를 수행하고 스피니와 같은 결론에 도달했다. 공화당과 밀접

한 관계가 있는 보수적 싱크탱크인 헤리티지 재단Heritage Foundation은 펜타곤의 예산 절차에 심각한 문제가 있다는 내용의 또 다른 보고서를 발간했다.

1983년 2월에 《타임》지의 기사가 완성되었다. 이 기사는 너무 강력해서 커버스토리로 실을 예정이었다. 이제 《타임》지는 기사를 터뜨릴 시의 적절한 구실과 표지에 실릴 개혁파 인물이 필요했다. 당시 상하원 의원들은 펜타곤의 철옹성 쌓기에 진저리가 났다. 보수 공화당 소속 아이오와주 지역구 상원의원 찰스 그래슬리Charles Grassley는 와인버거에게 전화해서 스피니의 연구를 보여달라고 요청했다. 그래슬리는 와인버거가 이를 거절하자 깜짝 놀랐다. 그래슬리는 상원의 역할이 정치적으로 임명된 사람에게 침해당한다고 생각하여 자신의 오래된 포드 핀토Pinto 차에 올라탄 뒤 펜타곤으로 가서 스피니를 만나게 해달라고 요구했다. 그의 요구는 거절당했다.

그래슬리는 상원으로 돌아와 상원 청문회를 요청했다. 그는 스피니를 소환해서라도 그의 이야기를 들으려 했다. 이로 인해 또 한 번 헌법에 명시된 펜타곤에 대한 문민통제 문제가 대두되었다. 이것은 펜타곤이 원한 싸움이 아니었기 때문에, 청사는 가장 가깝고 가장 영향력 있는 친구들 중 한 명을 불렀다. 상원 군사위원장인 텍사스주 지역구 공화당 소속 존 타워John Tower 상원의원은 개혁파가 청사를 그의 "완전 소유 자회사"라고 표현할 정도로 강력한 펜타곤 지지자였다. 타워 상원의원은 그래슬리의 예산위원회가 펜타곤 직원이 관련된 청문회를 요구할 권한이 없으며 펜타곤 문제는 자신의 위원회에서 들어야 한다고 말했다. 하지만 그래슬리도 파워 게임을 하는 방법을 알았다. 그는 동료 상원의원들로부터 충분한 지지를 얻어 합동 청문회가 열리게 했다.

이제 《타임》지에 커버스토리를 위한 구실이 생겼다. 하지만 아직 표지에 실을 개혁파 인물이 필요했다. 《타임》지는 보이드나 스프레이를 원했지만, 너무 놀랍게도 두 사람 모두 이를 거절했다. 둘 다 언론의 주목을 받기를 원치 않았다. 보이드가 《타임》지 기자들의 연락 창구였기 때문에 그들은 그에게 표지 모델을 추천해주기를 바랐다. 보이드는 스피니를 부른 뒤 말했다. "자네가 《타임》지 표지 모델이 될 거야."

스피니는 움찔했다. "대체 왜 저인가요?"

"내가 하는 말을 잘 들어." 보이드가 말했다. "의회에서 증언을 하고 나면 자네는 공격 대상이 될 거야. 그들이 자네를 압박할 거라구. 표지 모델이 되는 게 자네의 보호막이 되어줄 거야."

보이드는 펜타곤 관료들이 복수를 하려 할 때 가장 좋은 대응 전략은 많은 사람이 생각하는 것처럼 낮은 인지도 유지를 하는 것이 아니라 오히려 유명해져서 어떤 처벌을 받더라도 공개적으로 알려지는 것이라는 걸 잘 알고 있었다.

스피니는 세로줄 무늬 정장을 입고 사진 촬영을 위해 포즈를 취했다.

스피니에 관한 이야기가 청문회 일주일 전에 《뉴욕 타임스New York Times》에 실렸다. 다음 일요일 아침에 스피니의 전화가 울렸는데, 상대는 자신을 갑판원사Bosuns Mate[276]라고 밝히며 "릭오버Rickover 제독이 통화하고 싶어합니다"라고 말했다. 잠시 후 하이맨 릭오버Hyman Rickover 제독이 스피니가 하고 있는 훌륭한 작업을 치하했다. 그는 스피니의 최신 연구를 보고 싶어했다.

"보내드리겠습니다만, 읽는 데 몇 시간이 걸린다는 말씀을 드립니다."

"나는 보고용 요약본만 읽네."

"보고용 요약본은 없습니다."

스피니는 자신의 작업 사본을 보냈고 며칠 뒤 제독은 전화를 걸어 스피니를 다시 치하했다. 그리고 앞으로 있을 청문회를 언급하면서 이렇게 말했다. "이보게, 자넨 이기지 못할 거야. 하지만 사나이가 될걸세."

이 전화를 받은 스피니는 잠깐이지만 아차 싶었다.

---

276 해군 제독의 갑판원사는 육군의 주임원사에 해당한다.

타워 상원의원은 청문회를 위한 모든 준비를 맡았다. 그는 펜타곤을 유리하게 만들려는 속셈으로 청문회 일정을 많은 상원의원이 수도에서 각자의 지역구로 떠나서 자리를 비우는 금요일 오후로 잡았다. 그보다 더 중요한 이유는 금요일 오후가 언론의 주목을 피하기 가장 좋은 시간 중 하나였기 때문이다. 타워 의원은 가장 작은 청문회장 중 한 곳에서 청문회를 열어 텔레비전 카메라들을 내쫓으려 했지만 동료 의원들이 이를 거부했다.

많은 사람을 참석시키기 위해 《타임》지 기자들은 동료들에게 전화를 걸어 청문회가 다음 주의 커버스토리가 될 것이라고 말했다. 기자들은 금요일에 일을 해야 한다고 투덜거렸지만 그 커버스토리가 다음 주 워싱턴 언론 대부분의 뉴스 소재가 되리라는 것을 알았다.

1983년 3월 4일에 스피니는 합동 상원 위원회에서 발언했고 청문회장은 신문 및 텔레비전 기자들로 가득 찼다. 스피니의 상관인 데이비드 추가 그의 옆에 앉았다. 만일 그가 스피니의 발표를 제재하기 위한 무시무시한 존재로서 거기에 있었다면 그는 낙담했을 것이다. 스피니는 2시간 이상을 말했고 거침이 없었다. 그는 레이건 행정부의 국방 예산이 미국의 재정적 재앙이 될 것이라고 말했다.

예산위원회의 그래슬리와 상원의원들은 충격을 받았지만, 타워 의원은 침착하고 냉정을 잃지 않았다. 합동 상원 위원회는 추에게 답변을 요청했다. 추는 스피니의 연구가 지난 일이며, 현재와는 관련이 없다고 말했다. 우리를 믿어달라. 레이건 행정부는 과거의 잘못을 반복하지 않을 것이다. 스피니의 보고서와는 상관이 없다.

타워 상원의원과 펜타곤이 계획한 대로 토요일의 언론 보도는 비교적 적었고, 일요일자 대형 신문 기사는 훨씬 더 적었다. 기자들이 송고한 많은 기사들은 게재되지 않았다. 월요일 아침에 미 국방부는 개혁파를 술책으로 이긴 것에 흡족해하고 있었다. 해군장관 존 리먼John Lehman은 한 회의에서 "자, 우리가 스피니 문제를 덮은 것 같습니다"라고 말했다.

자축이 한창이던 1983년 3월 7일에《타임》지가 펜타곤에 배달되었다. 스피니는 "펜타곤 이단아Pentagon Maverick"라는 설명과 함께 표지에 사진이 실렸다. "미국의 국방 지출"이라는 표지 제목에는 빨간색으로 밑줄이 쳐져 있었다. 그 밑에는 굵은 글씨로 "수십억 달러가 낭비되고 있는가?"라는 의문문이 달려 있었다. 11페이지 분량에 달하는 기사는 대부분 개혁 운동을 다루었는데, 개혁파 중에서 보이드와 스프레이가 "설계자"로 지목되었다. 펜타곤이 제안한 무기들에 대해 그들이 생각한 대안은 큰 주목을 받았다. 실제로 그 기사는 마치 그들이 직접 쓴 것처럼 읽혔다.

기사는 인플레이션의 영향을 배제할 경우 육군은 1983년에 30년 전과 같은 금액을 신형 전차에 쓰고 있었지만 생산된 전차의 수는 90퍼센트 줄었다고 말했다. 1951년에 펜타곤은 70억 달러를 지출해서 항공기 6,300대를 구매했다. 1983년 현재 미국은 110억 달러를 들여 불과 322대의 항공기를 만들고 있는데, 이 수치는 1951년보다 95퍼센트 줄어든 것이었다.

펜타곤 당국자들은 충격에 빠졌다. 잡지 배급업자는 온종일 청사로 잡지를 배달했다. 공화당의 대의명분을 강력히 지지하는 언론인《타임》지에 실린 11페이지 분량의 기사는 신성불가침의 영역인 펜타곤과 방산업계를 공격했다. 그것도 공화당 행정부 시절에 말이다. 그 영향은 엄청났다.

보이드는 표지를 보고는 미소짓고, 기사를 훑어보고는 옆에 던져두었다. 그는 스피니를 보고 말했다. "그래, 됐어."

예상대로《타임》지 커버스토리로 인해 전국의 언론이 레이건 행정부의 예산과 펜타곤의 지출과 비효율적인 첨단 무기에 관해 또다시 기사를 쏟아내게 되었다. 그뿐만 아니라 의회-언론의 상호관계에 따라서 하원과 상원은 더 많은 청문회를 요구했다. 청문회를 할 때마다 더 많은 보도가 쏟아져나왔다. 그 보도들은 상·하원의원들이 더 많은 청문회를 요구하도록 자극했다. 이렇게 하여 이 문제가 갑자기 미국에서 가장 뜨거운 이슈가 되었고, 의회의 모든 의원이 이 문제에 동참하기를 원했다. 그들은 보이드의 말에 따르면 "모성애의 산을 오르고climbing Mount Motherhood"[277] 있었다.

스피니는 몇 달 동안 의회 위원회들에서 증언했는데 그때마다 항상 추가 따라다녔다. 워싱턴의 많은 사람들은 이를 "처키 추 쇼Chuckie Chu Show[278]"라고 불렀다. 대본은 항상 똑같았다. 스피니의 브리핑은 사람들이 놀라서 잠시 할 말을 잃게 만들었다. 그러면 위원장은 추에게 조언을 구했는데, 추는 이 보고서의 내용이 다 지나간 일이기 때문에 상관이 없다고 말했다.

그래슬리 상원의원은 예산위원회 위원장에게 아무도 생각하지 못한 일을 하도록 촉구했다. 스피니에게 현재의 레이건 행정부 예산을 반영해서 결론을 업데이트하도록 요청하라는 것이었다. 국방장관은 스피니가 그렇게 하지 못하게 금지했다. 이는 상원의 특권에 대한 또 다른 직접적인 공격이었고, 상원과 펜타곤 사이에 또 다른 헌법상의 논쟁을 촉발했다. 이 문제에 관해서 국방부는 그 이상은 자신의 주장을 밀어붙이기 힘든 입장이다. 만일 어느 상원의원이 공개적으로 문민통제 문제를 제기한다면 전국의 신문들은 펜타곤 장성들을 후진국의 군부 독재자에 비유하거나, 그들이 미국 헌법 위에서 펄쩍펄쩍 뛰는 모습을 그린 만평을 게재할 것이다.

1984년 2월에 스피니는 상·하원 예산위원회에서 "역사는 반복되는가?Is History Repeating Itself?"라는 제목의 새로운 브리핑을 가지고 증언했다. 그의 증언에는 레이건 행정부 3년간의 예산 수치가 포함되었다. 그의 브리핑에서 제기한 질문에 대한 답은 확실하고 명백하게 "그렇다"였다.

추는 이 청문회에는 동행하지 않았다.

---

277 국방개혁의 역할자로서 새로이 배우고 성장하고 있었다는 의미.

278 데이비드 추를 공포영화 〈사탄의 인형(Child's play)〉에 나오는, 연쇄살인범 영혼이 빙의한 인형 처키에 비유한 표현.

개혁 운동이 절정에 이르면서 각 군에서도 그와 병행해 일련의 사건들이 벌어지고 있었다. 얼핏 보면 육군과 해병대의 개혁 노력은 존 보이드의 삶과 관계가 없어 보인다. 그러나 앞으로 알게 되겠지만, 육군과 해병대의 개혁 노력의 중심에는 보이드의 아이디어들이 있었다.

몇 년 뒤 보이드가 사망한 후, 육군은 그가 육군의 개혁 노력에 관여한 적이 없다고 부인한다. 반면, 해병대는 보이드가 해병대의 일원이라고 주장하게 된다.

CHAPTER 27

보이드, 해병대와 만나다

보이드의 사상을 받아들이지 않은 공군과 해군

공군은 전쟁을 진지하게 연구한 적이 없었다. 그 이유는 역사상 전쟁을 진지하게 연구하려는 모든 노력이 결국 항공력의 사용이 지상군 사령관의 모든 전투 계획에 부합하거나 아니면 그것에 종속되어야 한다는 피할 수 없는 결론에 항상 도달했기 때문이다. 이러한 결론은 공군이 독립적인 군종으로서 존재해야 하는 이유에 반한다. 그리고 공군의 교리에는 지상군으로부터의 독립이라는 개념이 내재되어 있기 때문에, 공군은 항공력이 전쟁 전략에 어떻게 통합되어야 하는지에 관해 독창적인 사고를 할 수가 없는 처지다.

따라서 보이드의 아이디어가 점점 더 많이 알려져 인정받고, 일부 공군 장성들이 프로그램 관리보다는 전쟁 연구가 더 발전적일 것이라는 생각을 하기는 했지만, 변화를 위한 공군의 노력은 미숙한 홍보 행사 정도에 불과했다. 항공전 및 전략을 다루는 싱크탱크를 만드는 것이 목적이었던 프로젝트 체크 메이트Project Check Mate는 한 편의 무대 연극에 지나지 않았다. 그리고 당시 "이달의 전사Warrior of the Month" 상이 만들어졌는데, 수상자로 선정되는 사람은 펜타곤 4층에 대형 사진이 걸렸다. 마지막으로, 공군은 전투에 관해 다룬 기사와 책들을 정리한 도서 목록을 발간했는데, 이는 보이드의 "분쟁의 양상" 브리핑의 끝에 나오는 출처 목록에서 차용한 아이디어였다. 요약하면, 공군은 전혀 바뀌지 않았다. 심지어 오늘날에도 퇴역한 원로 장군들은 공군이 보이드의 사상에 아무런 영향을 받지 않았다는 사실을 자랑스러워한다.

그의 사상으로부터 아무런 영향을 받지 않은 것은 해군도 마찬가지였다.

기동전에 관한 보이드의 이론을 채택한 육군

반면, 육군은 변화를 위해 진지한 노력을 기울였다. 미군에서 육군만큼 베트남 전쟁으로 인해 피해를 입은 군종은 없다. 광범위한 마약 사용, 만연한 인종 문제, 그리고 아군 장교 살해, 즉 "프래깅fragging[279]"이 대표적인 실례다. 게다가 고참 부사관단도 전쟁으로 사실상 바닥이 났다. 육군은 스스로를 재창조해야 했다. 하지만 아무도 그 방법을 몰랐다.

1976년에 육군은 소모전이라는 오래된 교리를 바꾸려고 시도했지만, 그 노력은 군이 낡은 교리를 버리고 새 교리를 채택하는 것이 얼마나 어려운지를 보여주었다. 새 육군 야전교범은 여전히 화력 및 질서정연한 정면공격이라는 몇 세기 전의 사상을 매우 강조했다. 육군은 가장 큰 대포와 가장 많은 병력을 가진 자가 승리할 것이라는 생각에 계속 의존했다. 그리고 마지막에 살아남는 자가 승자가 되는, 사상자가 많이 발생하는 정면 난타전을 선호했다.

보이드는 육군이 새로운 교리를 개발하는 데 몇 개월을 보냈으면서도 시작할 때와 기본적으로 같은 교리를 내놓았을 뿐이라며 계속 조롱했다.

---

279 프래깅: 파편수류탄(Fragmentation Grenade)으로 아군을 살해하는 행위에서 유래한 표현으로, 아군, 그중 특히 상관을 살해하는 행위 전반을 일컫는 표현으로 쓰인다.

육군 장성들이 그의 브리핑을 듣고 있을 때 그는 1976년 교리의 사본을 머리 위로 흔들면서 평소와 같이 미묘하고 절제된 방식으로 "이건 똥덩어리입니다"라고 말했다.

보이드가 자주, 그리고 충격적으로 육군 교리를 비판한 일이 육군에 어떤 영향을 미쳤는지는 알려져 있지 않다. 그러나 보이드의 브리핑이 점점 더 많은 지지자를 얻는 가운데, 아마도 우연이겠지만 육군은 안팎에서 점점 더 많은 비판을 받았다. 그 이유가 어찌되었든 간에 육군은 1982년에 다시 교리를 개정했다. 교육사령부Training and Doctrine Command를 지휘하는 4성 장군 돈 스태리Don Starry가 새로운 공지 전투AirLand Battle에 대한 공로자로 인정받았지만, 이 교리는 주로 하버드대 출신으로 빠르게 성장하고 있던 젊은 장교인 후바 바스 드 체게Huba Wass de Czege 중령이 작성했다. 그 당시 바스 드 체게는 새로운 아이디어를 잘 받아들이고 자유롭게 사고하는 장교로 여겨졌다. 그는 종종 보이드를 육군 지휘참모대학 근거지인 포트 리븐워스Fort Leavenworth로 초청해 그의 동료들에게 강의하게 했다. 그는 보이드와 전화 통화를 자주 했다.

1982년에 보이드와 바스 드 체게는 군사개혁에 관한 웨스트포인트 심포지엄에서 우연히 만났다. 바스 드 체게는 보이드에게 새로운 교리가 발표될 예정이라면서 주도권, 민첩성, 작전 종심depth of operation, 동기화synchronization라는 네 가지 원리를 강조했다고 말했다. 보이드는 앞의 세 가지가 훌륭하다고 생각했는데, 이는 육군이 정말로 진지하게 오래된 화력지상주의 이론을 버리고 기동전을 지지하려 한다는 하나의 징후였다. 하지만 새로운 육군 교리에서 동기화란 도대체 무엇일까? 동기화란 전선을 균일하게 맞추는 것이며, 한 군대가 그중 속도가 가장 느린 부대에 맞춰 움직인다는 뜻이다. 동기화는 소모전이라는 오래된 교리의 기초적인 부분으로, 다른 모든 변화의 필요성을 배제한다. 동기화에 의존하는 군대는 기동전을 실천하는 군대가 아니다. "시계를 동기화해야지." 보이드가 소리쳤다. "사람이 아니라."

바스 드 체게는 보이드의 말에 동의했다. 하지만 그는 상관이 동기화가 교리의 일부가 되어야 한다고 고집했다고 말했다. 보이드는 바스 드 체게에게 손가락질을 하며 말했다. "다시는 그들이 자네에게 그런 짓을 하게 내버려두지 말게." 보이드는 육군이 방식을 바꿔야 한다고 말했다. "그들은 여전히 쎄쎄쎄하며 한가운데로 곧장 가기high diddle diddle, straight up the middle[280]를 믿는다니까."

육군은 기동전에 관한 보이드의 이론 대부분을 채택했을 뿐만 아니라 고등군사연구학교School of Advanced Military Studies, SAMS를 설립해서 바스 드 체게를 학교장에 임명했다. 고등군사연구학교는 지휘참모대학의 각 반 최고 졸업생들이 가는 곳으로, 이곳에서 그들은 전쟁사를 1년 더 연구했다. 보이드의 브리핑은 1980년대 중반까지 교육과정의 일부였다. 처음부터 고등군사연구학교 수료생들은 그들만의 독특한 분위기를 가지고 있었다. 이들은 "제다이 기사단Jedi Knights[281]"이라 불리면서 육군에서 가장 총명한 젊은 장교로 여겨졌다. 스피니는 이 모든 것이 급진적인 변화를 의미한다고 생각했다. 육군이 동기화라는 오래된 부적을 움켜잡고 싶다면, 뭐 그것은 그렇게 중요하지 않았다. "과민반응하고 계십니다." 그는 보이드에게 말했다.

하지만 보이드는 단호했다. "동기화라는 생각이 육군을 망칠 거야."

아주 극적인 방법으로 보이드가 옳다는 것이 증명될 시간이 가까워오고 있었다.

---

280 Hey, Diddle diddle이라는 오래된 영국 동요의 한 구절을 개작해서 각운을 맞춰서 표현한 것이다. 보이드는 속도가 가장 느린 부대에 맞춰 움직이면서 고지식하게 정면공격을 함으로써 무의미한 피해를 초래하는 전투 방식을 비하하여 일컫는 의미로 이 표현을 썼다.

281 제다이 기사단: 영화 〈스타워즈(Star Wars)〉에서 따온 표현.

해병대 변화의 토대이자 자극제가 보이드의 사상

공군, 해군, 육군에 이어 이번에는 해병대 차례였다. 존 보이드의 영향으로 해병대에 일어난 일은 현대 군사사에서 알려지지 않은 위대한 이야기 중 하나다. 보이드가 얼마나 엄청난 변화를 일으켰는지 이해하려면 해병대를 알아야 한다.

우선, 해병대는 병력이 약 17만 3,000명으로, 35만 7,000명인 공군, 48만 명인 육군, 37만 2,000명인 해군에 비해 상당히 적다. 해병대원들은 육군이나 해군에 편입될지 모른다는 끊임없는 두려움을 안고 살아간다. 해병대가 소속된 해군이 예산을 배분할 때 해병대는 항상 부당한 취급을 받아왔다. 아무도 원하지 않는 낡은 장비는 해병대에게 준다.

미 해병대에는 그들만의 독립적이고 독특한 군대 문화가 있다. 해병대는 원시적이면서 동시에 엘리트로 여겨지는데, 원시적인 이유는 모든 해병대원이 기본적으로 보병이기 때문이고, 엘리트인 이유는 소수정예이기 때문이다. 그들은 전사이고, 그들에게는 전투에서 나라를 지키는 것보다 더 큰 소명은 없다. 이 자랑스러운, 바다로 나아가는 이 군대의 전투 깃발은 "몬테주마 궁정Halls of Montezuma.[282]과 트리폴리 해안shores of Tripoli[283]"으로 거슬러 올라간다. 그들은 가장 먼저 싸우고, 가장 더럽고 피비린내 나는 임무를 부여받는다. 가장 우수한 부대로 점령해야 할 해변이 있는가? 복종시켜야만 하는 나라가 있는가? 그러면 해병대를 보내라.

다른 군종은 젊은이들에게 무언가를 제공하겠다고 약속을 하면서 모병을 한다. 해병대는 소수정예를 찾아서 모병을 한다. 거의 처음부터 해

---

282 몬테주마 궁정: 1847년 미-멕시코 전쟁 당시 미 해병대가 점령한 멕시코시티의 고지 요새로, 미 해병대의 용맹함의 상징이 되었다.

283 트리폴리 해안: 1805년 제1차 바르바리(Barbary) 전쟁 당시 오스만 제국의 자치주였던 북아프리카 트리폴리의 데르나(Derna)에서 실시한 상륙작전을 의미한다. 이 전투는 미국이 독립전쟁 이후 최초로 해외에서 싸운 지상전이었다.

병대는 거칠고 좀 모자는 덩치 큰 남자들knuckle draggers, 언덕을 차지할 때까지 돌격하는 자들, 전투에서 엄청난 사상자를 감수해야 할 뿐만 아니라 그러한 사상자를 자랑하는 전형적인 정면 공격 부대로 여겨져왔다. 그러나 미군의 어느 부대도 해병대만큼 소속감, 군대 방식에 대한 존중, 그리고 개인에 대한 존경심을 갖고 있지 않다. "항상 충성스러운"이라는 뜻의 라틴어인 셈퍼 피델리스Semper Fidelis는 해병대의 살아 숨 쉬는 신조다. 어느 해병이 무언가를 하는 데 동의하고 누군가의 눈을 쳐다보면서 "셈퍼 파이Semper Fi"라고 말하면, 그가 약속한 일을 해내리라는 것을 알 수 있다. 해병대는 군사 조직 그 이상이다. 그들은 국가적 명물이다.

미군에서 공군과 해병대만큼 동떨어진 군종은 없다. 민간인은 두 군종의 문화적 차이를 이해하기가 거의 불가능하다. 그들은 분명한 차이점이 있다. 공군은 역사가 가장 짧은 군종이고 전쟁의 승패가 결정되는 경우가 많지 않은 하늘에서 전투를 하는 반면, 해병대는 1775년에 미국의 독립을 위해 싸웠고 여전히 진흙밭에서 싸우며, 그들이 싸우는 곳에서 국가의 운명과 역사의 흐름이 정해진다. 그러나 그 정도까지 분명하지는 않지만 그 밖에 다른 차이점도 있다. 공군은 기술군인 반면, 해병대는 그들만의 독특한 문화를 가진 전사 집단이다. 이 모든 것은 한 가지로 귀결된다. 그것은 바로 해병대는 공군을 완전히 경멸한다는 것이다. 이러한 배경을 고려하면서 보이드가 해병대에 미친 영향을 생각해야 한다.

해병대 장교의 교육 훈련은 워싱턴에서 남쪽으로 약 50킬로미터 떨어진 콴티코Quantico 해병대 기지에서 이루어진다. 보이드는 한 비범한 사람의 사무실을 통해 콴티코로 왔다. 그가 바로 마이클 덩컨 와일리Michael Duncan Wyly 중령이다. 보이드와 와일리는 10년 동안 해병대에서 일어난 급진적인 변화를 주도한 외부인과 내부인이었다. 보이드의 사상은 변화의 토대이자 자극제였고, 현역 해병대 장교인 와일리는 변화의 주역이었다. 와일리는 1980년부터 보이드의 이야기에서 중요한 인물이 되었다.

보이드의 여섯 번째 추종자가 된
해병대 변화의 주역 마크 와일리와의 만남

마이크 와일리는 단 한 번도 해병이 되고 싶지 않은 적이 없었다. 그는 미주리주 캔자스시티Kansas City에서 자랐고, 해병대 대위였던 삼촌인 도널드 덩컨Donald Duncan의 이야기를 들었는데, 삼촌은 1918년 6월 6일에 제6해병연대 제96중대를 이끌고 벨로 숲Belleau Wood이라는 프랑스 북동부 지역에 배치되었다. 도널드 삼촌은 그날 아침 녹색 군복을 입고, 담배 파이프에 불을 붙이고, 휘하 장병들을 전선으로 진군시켰다. 독일 기관총 소굴에 다다르자, 그는 입에서 담배 파이프를 꺼내 독일군을 가리키며 이렇게 말했다. "얘들아, 저놈들 전선을 함께 부수자. 우로 정렬."

해병들은 가장 오른쪽에 있는 대원을 향해 정렬했다. 도널드 삼촌이 전면에 서서 해병들에게 나를 따르라고 손짓하자, 그들은 기관총 소굴을 공격했다. 도널드 삼촌은 그날 전사했다. 벨로 숲은 해병대 역사에 신성한 이름으로 기록되었는데, 해병대 역사에 기록된 그 어느 날보다도 해병이 많이 죽은 장소이자, 해병이 독일군의 진격을 저지한 곳이기 때문이다. 그리고 이곳은 해병대가 가장 소중한 별명 중 하나인 토이펠훈덴teufelhunden—악마의 개—이라는 별명을 얻은 곳이기도 하다.

마이크 와일리의 친척들은 항상 도널드 삼촌이 살아남았다면 해병대 사령관이 되었을 것이라고 말하면서 이 이야기를 마쳤다.

와일리는 병사로 해병대에 입대하고 싶어했다. 그는 지금까지도 자신이 왜 그랬는지 그 이유를 정확히 알지 못한다. 그의 아버지는 그가 애나폴리스Annapolis의 미 해군사관학교에 가서 장교가 되기를 원했다. 와일리는 열일곱 살 때 아버지와 타협하면서 자신이 해병대 예비군에 입대하도록 허락해준다면 애나폴리스에 지원하겠다고 아버지에게 말했다. 그래서 와일리는 애나폴리스에 지원서를 보내고 해병대에 입대하여 신병 훈련소로 갔다.

입대한 해병이 처음 배우는 것은 행군하는 방법과 "오^伍"와 "열^列"을 유지하는 방법이다. 오란 옆으로 선 대원들이 정확하게 옆선을 맞춰서 교관이 6명이나 8명, 혹은 10명의 횡대를 쳐다볼 때 첫 사람만 보이는 것이다. 열이란 뒤에 있는 해병이 앞의 해병의 정확히 뒤에 서 있어서 교관이 긴 줄을 볼 때 줄의 맨 앞사람만 보이는 것이다. 오와 열을 맞추는 것은 규칙이다. 그리고 분대나 중대, 심지어 대대원이 걸을 때는 군화 소리가 한 번만 나도록 딱딱 맞춰 걸어야 한다. 해병대는 정확히 30인치(76센티미터)의 보폭으로 걷고, 마치 한 명이 걷는 것처럼 군화 소리가 나도록 맞춰 걷는다. 몇 분의 1초라도 어긋나게 걷는 해병은 걸음을 완전히 틀린 해병보다 더 짜증스럽다. 오와 열을 맞춘 채 수백 명이 마치 한 명이 땅에 발을 구르며 걷는 것처럼 딱딱 맞춰 걷는 것이 해병대의 방식이다.

와일리는 애나폴리스에 입학했을 때 예비군 일병이었다. 그는 해병대에서 임관하여 오키나와에서 1년을 근무했으며, 그 후 캠프 펜들턴^{Camp} ^{Pendleton}[284]에 있는 게릴라전학교 교관이 되었다. 펜들턴의 교관들은 매우 학구적이어서 게릴라전으로 유명한 모든 나라, 즉 알제리, 인도차이나, 중앙아메리카, 쿠바, 케냐 그리고 다른 10여 개 나라들에 관해 찾을 수 있는 모든 것을 읽었다. 빅터 "더 브루트" 크룰라크^{Victor "The Brute" Krulak} 장군은 펜들턴에 와서 교관들에게 연설하면서 만일 미국이 베트남에서 전쟁을 하게 된다면 장기전이 될 것이고, 해병대가 싸운 다른 전쟁과는 다를 것이며, 미군이 게릴라전 방법을 모르기 때문에 엄청난 사상자가 초래될 것이라고 말했다. 와일리는 공수학교, 심리전학교, 특수전학교를 거쳤고 육군과도 자주 훈련했다. 그는 베트남의 프랑스군을 다룬 버나드 폴^{Bernard Fall}의 고전인 『즐거움 없는 거리^{Street Without Joy}』를 읽고는 한 기차역 플랫폼에 서서 펜들턴을 지나는 해병들에게 "우리가 베트남에 간다면 프랑스인들이 저지른 실수를 하지 않을 것"이라고 말했다.

---

284 캠프 펜들턴: 미국 서해안 지역에서 가장 큰 해병대 훈련 기지다.

1965년에 마이크 와일리 중위는 심리전 장교로 베트남에 갔다. 그의 업무는 마을들을 돌며 시체의 수를 세는 것이었다. 그는 베트남 근무를 마치면서 해병대가 강인하고 잘 훈련되어 있고 용감하다는 것을 알았다. 하지만 해병대가 전쟁을 제대로 이해했을까?

그의 다음 부임지는 워싱턴이었다. 1969년에 그는 29세의 나이에 대위로 베트남에 다시 돌아왔다. 삼촌 도널드처럼 그는 이제 중대장이었다. 그는 해병대 제5연대 제1대대 소속인 델타^{Delta} 중대[285]를 이끌고 다낭^{Danang} 서쪽에 있는 안호아^{An Hoa}에서 작전을 했다. 제5연대 제1대대 델타 중대는 "죽어가는 델타^{Dying Delta}"라고 불릴 정도로 불운했다. 와일리는 1969년의 전쟁이 1965년의 전쟁과는 다르다는 것을 깨달았다. 그의 중대원 중 한 명이 말했다. "스키퍼^{Skipper}[286], 여기 있는 모두가 적입니다." 델타 중대는 밤마다 총격전을 벌였다. 그러나 젊은 해병들은 살아남는 법을 배웠는데, 그것은 전통적인 해병대 전술을 이용한 것이 아니었다. 델타 중대의 해병들은 분산하는 법과 게릴라 전술을 사용하는 법, 즉 적처럼 싸우는 법을 배우게 되었다. 와일리는 펜들턴의 교훈들을 기억했고, 그 교훈들이 얼마나 이치에 맞는지 알게 되었다. 그는 포화순찰^{saturation patrol}[287]을 실시했다. 그의 해병들은 항상 매복을 했다. 그는 적이 계속 균형을 잃게 만들었고, 적은 델타 중대가 언제 어디서든 나타날 수 있다는 것을 깨달았다.

해병대 고위 간부들은 같은 교훈을 깨닫지 못했다. 어느 날 와일리는 대대 본부로 날아가던 도중에 해병들이 들판을 가로질러 일렬로 전진하

---

285 당시 미군은 한 연대 예하의 각 중대가 1대대부터 순서에 따라 알파벳 명칭을 부여받았는데, 예를 들면 1대대 예하 중대는 A·B·C·D중대, 2대대 예하 중대는 E·F·G·H중대 이런 식이었다.
델타(Delta)는 알파벳 D를 뜻하는 NATO 표준 음성기호이므로, 델타 중대는 D중대를 뜻한다.

286 스키퍼(Skipper): 원래는 선장을 뜻하는 표현인데, 보스라는 일반적인 의미로도 쓰인다.

287 포화순찰: 다수의 순찰대를 일정 지역에 집중 투입하는 순찰 방식.

는 것을 보았다. 적은 그들이 지나가게 내버려둔 다음 후방에서 공격했다. 와일리는 해병대의 전투 방법이 무언가 근본적으로 잘못되었음을 느꼈다.

와일리 휘하에는 제임스 웹^{James Webb}이라는 소대장이 있었다. 어느 날 웹 중위는 순찰대를 이끌고 밖으로 나갔다. 그가 얕은 강을 건너 맞은편 강가에 다다랐을 때 뒤에 있는 병사들이 공격을 받았다. 웹이 재빨리 그들을 도우러 갔는데, 한 젊은 해병은 와일리에게 "웹 중위가 물 위를 가로질러 달려왔습니다"라고 말했다. 델타 중대 해병들 사이에서는 웹 중위가 물 위를 걸을 수 있다는 소문이 났다. 이후 와일리는 웹의 용기를 높이 사 최고 무공훈장인 의회명예훈장^{Medal of Honor} 바로 다음으로 높은 해군십자장^{Navy Cross}에 웹을 추천했다.

와일리와 웹은 나중에 다시 만나게 된다.

와일리가 베트남을 떠날 때 제5연대 제1대대 델타 중대는 해병대 전체에서 실전 경험이 많고 공격적인 부대이자 진정한 진흙 해병^{mud Marine}으로 알려졌다. 와일리가 받은 가장 큰 찬사는 그가 중대 지휘권을 인계할 때 그의 젊은 해병 중 한 명이 그에게 "스키퍼, 저희는 더 이상 죽어가는 델타가 아닙니다"라고 한 말이었다.

와일리는 이제 훈장을 받은 참전용사였고, 고참 대위로서 소령 진급을 앞두고 있었다. 해군사관학교에서 교육받는 대가로 그는 5년간의 의무 복무를 약정했었다. 이제 의무 복무 기간이 끝나서 해병대에 남을 것인지 아니면 민간 사회에 합류할 것인지 결정해야 했다. 그는 베트남에서 두 차례 근무하면서 해병대의 전쟁 수행 방식에 근본적인 문제가 있음을 보았다. 만일 해병대에 남는다면 바꾸고 싶은 것이 많았다.

그는 해병대에 남기로 했다. 그의 다음 부임지는 콴티코 기지였고, 그곳에서 그는 상륙전학교^{Amphibious Warfare School, AWS}를 다녔다. 상륙전학교는 포토맥^{Potomac}강 지류가 내려다보이는 높은 언덕 꼭대기에 있는 2층 벽돌 건물인 가이거 홀^{Geiger Hall}에 위치해 있다. 상륙전은 해병대만의 고

유한 전투 방식으로, 해병대가 육군이나 해군에 흡수되지 않고 있는 것은 오로지 이 때문이다. 상륙전은 해병대가 세계 어느 군사조직보다 잘한다고 알려져 있다. 하지만 와일리는 해병대가 여전히 교두보에 대한 긴 선형 공격linear attack을 가르치고 있다는 것을 발견했는데, 이는 제2차 세계대전에서 끔찍한 사상자를 초래한 전술이었다.

상륙전학교를 졸업한 후 와일리는 젊은 소위, 중위들이 중대급 전술을 배우는 기본훈련학교Basic School의 교관으로 부임했다. 교관들은 베트남전 참전용사였지만 베트남에 대해 말하지 말라는 명령을 받았다. 다음 전쟁은 유럽에서 대규모 소련군과의 전쟁이 될 것인데 왜 그 전쟁이 반복되겠냐는 것이었다. 해병대는 여전히 와일리의 삼촌 도널드가 제1차 세계대전에서 그랬던 것처럼, 그리고 제2차 세계대전에서 해병들이 했던 것처럼 선형 진격 개념을 가르쳤다. 이것은 베트남에서 사용된 것과 같은 자살적인 전술이었다. 실제로 야전 기동연습에서 학생에게 가해질 수 있는 최악의 비판은 병력을 선형으로 진격시키지 않았다는 것이었다.

사이공Saigon이 함락되었는데도 콴티코의 어떤 해병 고위 장교도 해병대 전술이 통하지 않았다는 것을 깨닫지 못했다. 그들 중 한 명은 심지어 와일리에게 "그들이 우리를 죽인 것보다 우리가 그들을 더 많이 죽였네"라고 말하기도 했다. 공식적으로 해병대는 베트남에서 승리했다. 하지만 마이크 와일리와 많은 다른 냉정한 젊은 장교들, 다시 말해 그곳에 있었고, 친구들이 죽는 것을 보았으며, 자신들이 덤으로 주어진 시간을 살고 있다고 믿은 사람들은 그것이 완전히 허튼소리임을 알고 있었다.

해병대는 다르다고 자부했지만, 이제는 다른 군종처럼 인종 폭동과 군기 문제를 겪고 있었다. 학교장 로버트 쿠쉬먼Robert Cushman이 너무 살이 쪄서 젊은 중위들은 해병대 체력검사가 "보비 쿠쉬먼 주위를 세 바퀴 돌기"라고 농담을 하기도 했다.

교관 근무를 마친 후 와일리는 소령으로 진급했다. 하지만 그는 콴티코 근무를 실패라고 여겼다. 그는 아무것도 바꾸지 못했다. 그는 지휘참모대학으로 갔고 한 국가를 대상으로 전략적 연구를 수행하는 부서에 배치되었다. 그는 핀란드를 선택해서 1939년부터 1940년까지의 겨울 전쟁Winter War[288]을 연구했다. 와일리는 핀란드가 압도적으로 우세한 소련군에게 승리했기 때문에 겨울 전쟁이 연구하기에 좋은 전쟁이라고 생각했다. 그의 교수는 대학으로 돌아가 역사를 공부하라고 말했다. 그는 조지 워싱턴 대학교George Washington University 석사 과정에 입학했으나 곧 오키나와로 발령받았다. 그 후 콴티코에 다시 배치되었다. 와일리는 모든 해병의 마음속에 신성한 전투로 남아 있는 제2차 세계 대전 당시의 타라와 전투Battle of Tarawa[289]에 관한 논문을 썼고, 해병대 교육처장 버나드 트레이노Bernard Trainor 소장의 관할 하에 있었다. 트레이노 장군은 와일리를 상륙전학교의 전술 담당 교관으로 배치했다. "전술은 공기 빠진 타이어네. 자네의 일은 그걸 고치는 거야." 트레이노는 말했다. "그리고 자네가 교리 뒤에 숨지 않기를 바라네. 고정관념에서 벗어나게. 자네 생각대로 해." 이 보직은 그에게 최고의 보직이었다. 상륙전학교는 단지 교리적 이유뿐만 아니라 가장 똑똑하고 가장 유망한 젊은 장교들만 배치되기 때문에 해병대에게 중요하다. 이곳은 미래의 해병대 지도자감인지 아닌지를 처음으로 확인할 수 있는 곳이다. 와일리는 정확히 자신이 원하는 곳에 있었다.

상륙전학교의 교수계획은 상륙전의 초창기인 1930년대로 거슬러 올라갔다. 와일리는 낡은 교수계획을 모두 폐기하고 역사상 유명한 전투들을 가르치기 시작했다. 그가 좋아하는 전투 중 하나는 1805년의 아우스터리츠 전투Battle of Austerlitz[290]였다. 때로 "삼제회전Battle of the Three Emperors"

---

288 겨울 전쟁: 1939년 겨울에 소련이 핀란드를 침공한 전쟁. 수적으로 열세한 핀란드군은 소련군에게 게릴라전으로 대항하며 선전했지만, 결국 1940년 봄에 소련에게 항복했다.

289 타라와 전투: 1943년 11월에 미 해병대가 길버트 제도에 있는 타라와 환초를 탈환한 상륙작전으로, 좁은 섬에서 상대적으로 큰 사상자가 초래된 것이 특징이다.

290 아우스터리츠 전투: 나폴레옹의 프랑스군이 오스트리아 제국의 아우스터리츠에서 수적으로 우세한 오스트리아-러시아 연합군을 상대로 싸워 승리했다.

이라고도 하는 이 전투는 전사戰史에서 가장 중요한 전투 중 하나다. 나폴레옹은 수적으로 우세한 군대를 상대로 승리했을 뿐만 아니라, 그의 승리는 오스트리아와 러시아를 전쟁에서 이탈하게 만들 정도로 결정적이었다. 나폴레옹은 적군의 장군들이 무슨 생각을 하는지 너무나 잘 알고 있었기 때문에 부인 조세핀Josephine에게 보내는 편지에 자신이 양쪽 군대를 지휘하고 있는 것처럼 느껴질 때가 있다고 썼다.

상륙전학교의 학생은 대위와 소령들이었지만, 모든 학생들이 해병대에서 경력을 쌓기로 결정한 것은 아니었다. 그들은 일선에서 많은 경험을 했고 자기 생각을 말하기를 꺼리지 않았다. 와일리가 부임한 지 몇 년 안되어서 처음으로 그의 전술 과정이 극찬을 받았다. 하지만 와일리는 고대 전투 및 유럽 평원에서 소련 전차들을 상대하는 방법을 가르치는 것 이상의 것을 하고 싶었다. 그는 우세한 전력에 맞서 승리하는 군대, 적의 생각을 조종하는 장군들이라는 주제에 매료되었다. 어딘가에 이 모든 것을 다른 종류의 전쟁 방식으로 묶을 방법이 있을 것이다. 그런데 그것이 어디에 있을까?

와일리는 보이드의 추종자들을 처음으로 "개혁파"라고 부른 빌 린드에게 조언을 구하면서 전쟁 방식에 대한 새로운 생각을 가진 사람을 추천해달라고 요청했다.

"존 보이드 대령이 그 사람일세." 린드는 말했다. 와일리는 카키색 표지로 된 해병대 교범을 보았고, 보이드가 제안한 것이 무엇이든 그것보다 더 나아야 한다고 생각했다. 그는 보이드에게 전화를 걸어 말했다. "전쟁 방식에 대한 이론을 갖고 계시다고 들었습니다."

"이론이 아니네. 브리핑이네. 나는 그걸 '분쟁의 양상'이라고 부르지. 5시간 분량이네."

와일리는 웃었다. "제 수업은 2시간짜리입니다."

"2시간에는 끝낼 수 없네. 5시간 걸려."

"5시간짜리 수업은 없습니다."

"그럼 없던 일로 하게."

와일리는 하는 수 없이 보이드의 말을 받아들였다. 자신에게 교리의 고정관념을 수술할 권한이 있다면, 왜 수업을 5시간으로 늘릴 수 없단 말인가? 와일리는 이 브리핑을 자신의 학급뿐만 아니라 모든 상륙전학교 학생들에게 공개하기로 했다.

와일리는 보이드의 브리핑을 들어본 적이 없었기 때문에 그것이 어떤 내용인지 몰랐다. 만일 그 브리핑이 별 내용이 없으면, 그리고 허튼짓 따위는 하지 않는 학생들이 퇴역 공군 대령이 그들의 시간을 낭비하고 있다고 생각한다면, 수업 분위기는 험악해질 수 있었다. 와일리는 그 브리핑을 생각할수록 걱정이 더 커졌다. 그가 무엇을 했었지? 그는 퇴역한 조종사이고, 게다가 해병대 조종사가 아니라 공군 조종사인데, 그런 그가 진흙 해병에게 전쟁 방법, 현대 전장에 적합한 아이디어들을 응용하는 방법을 가르친다고? 터무니없는 발상이다. 공격적인 젊은 대위와 소령들은 그를 묵사발로 만들 것이다.

와일리는 보이드를 소개했다. 보이드는 일어서서 해병들에게 시선을 고정하고 브리핑을 주도했다. 그의 낮은 목소리가 크게 울렸다. "사탕요정"은 마법을 부리기 시작했다. 보이드는 그들에게 손자와 기원전 371년의 레욱트라 전투Battle of Leuctra[291], 기원전 331년 아르벨라 전투Battle of Arbela[292], 기원전 216년 칸나에 전투Battle of Cannae에 대해 이야기했다.

그는 그들에게 칭기즈칸, 벨리사리우스 나폴레옹, 하인츠 구데리안, 그리고 무엇이 위대한 지휘관들을 만들었는지를 말했다. 그리고 폰 클라우제비츠를 명확하게 설명하고, 스노모빌을 만드는 방법에 대해 말했다. 그

---

291 레욱트라 전투: 기원전 379~371년에 테베와 스파르타가 싸운 전투로, 테베군은 전통적인 선형 대형 대신 변칙적인 사선 대형으로 스파르타를 물리쳤다.

292 아르벨라 전투: 알렉산드로스 대왕의 마케도니아군이 수적으로 우세한 다리우스 3세의 페르시아군을 상대로 돌파 전법을 사용해서 대승을 거뒀다. 가우가멜라 전투(Battle of Gaugamela)라고도 한다.

는 육군이 새로운 공지전투 교리에도 불구하고 여전히 "쎄쎄쎄하면서 한 가운데로 곧장 가기"를 믿고 "똥덩어리" 같은 교리를 추종한다고 그들에게 말했다. 그는 그들에게 우다 루프, 중심, 손끝 감각, 표면과 틈새, 임무형 명령과 아래로 흐르는 물에 대해 이야기했다.

5시간이 지났지만 해병들은 자리를 뜨지 않고 그대로 남아 있었다. 6명의 해병이 일어서서더니 보이드의 주의를 끌려고 존경을 표하며 생각을 요하는 어려운 질문들을 던졌다. 그들은 무슨 생각을 하는지 얼굴에 쓰여 있었다. 이 노인네는 공군일지 모르지만, 내가 들어본 그 누구보다도 전쟁을 잘 안다. 흥분한기색이 역력했다. 마이크 와일리는 학생들이 그런 것처럼 무언가 새롭고 강력하고 멋진 것의 시작을 목격하고 있음을 깨달았다.

6시간이 흐르면서 콴티코 전역에 그림자가 길게 드리우자 해병 몇 명이 자리에서 일어나 가버렸다. 7시간이 지나자 남은 해병들은 보이드가 공군 대령이라는 것을 잊었다. 그들은 보이드가 고대 전사가 환생한 것처럼 그를 바라보았다. 그들은 젊었고 고위 장교의 제도적인 기억에 얽매이지 않았다. 그들은 효과가 있는 아이디어를 원했고 보이드는 그들에게 그것을 주었다. 8시간이 지났을 즈음 보이드는 열성적인 젊은 해병들에게 둘러싸인 채 의자에 앉아 있었다. 그들은 보이드의 사상에 푹 빠진 것처럼 그에게 몸을 기울였다. 그리고 마침내 브리핑이 끝났을 때는 콴티코의 굽이진 언덕에 어둠이 내린 지 오래였다. 하지만 젊은 장교들은 여전히 똑똑하고 열정적이었다. 그들은 보이드가 언제 다시 올지 알고 싶어했다.

마이크 와일리는 평생 이 날을 기억했다. 보이드는 그의 머릿속에 떠다니는 어렴풋한 이론을 확인하는 새로운 아이디어를 주었다. 그리고 보이드는 젊은 학생들에게 현대 전장에서 효과적인 전술로 변환할 수 있는 아이디어를 주었다.

마이크 와일리는 보이드의 여섯 번째 추종자가 되었다. 그와 존 보이드는 미 해병대를 떠맡을 참이었다.

CHAPTER 28

셈퍼 파이

"전투를 생각할 때는 사람을 먼저 생각해야 한다"

며칠 뒤 와일리는 보이드의 추종자들이 겪는 "고통"을 처음 겪게 되었다. 한밤중에 보이드에게서 전화를 받고 오랫동안 통화를 한 것이다. 그는 처음에는 대단히 우쭐해했다. 중령인 그가 고참 대령으로 퇴역한 사람에게서 전화를 받았으니 말이다. 매우 조직화된 해병대에서는 큰 계급차였다.

그 후 보이드는 콴티코로 돌아와서 와일리와 수업에 관해 이야기를 나눴다. 그들은 와일리의 사무실에서 와일리의 삼촌 도널드가 벨로 숲에서 돌격에 앞장서는 그림 앞에서 만났다. "제가 무엇을 가르쳐야 하겠습니까?" 와일리가 물었다. 와일리는 보이드에게 카키색 표지로 된 상륙전학교의 공식 해병대 교수계획을 보여주었다. "이걸 읽으면 졸음이 쏟아질 겁니다." 그는 말했다. "저희는 세상에서 가장 흥미로운 주제인 전쟁을 가르치고 있습니다. 그런데 그것을 지루하게 만들고 있습니다."

보이드와 와일리는 상륙전학교가 근본적으로 교육기관이고, 교육기관이라면 학생들이 모든 사상을 고찰하게 해야 한다고 생각했다. 그렇게 하는 가장 좋은 방법 중 하나는 학생들이 책을 읽게 만드는 것이다. 그래서 와일리와 보이드는 함께 독서 목록을 만들었다. 이는 미군에서 가장 지적이지 않은 군종인 해병대로서는 하나의 급진적인 조치였다. 그러나 당시 와일리의 보호자로 널리 알려진 트레이노 장군이 그 조치를 지지해주어서, 곧 젊은 대위들은 『만조의 승리Victory at High Tide』[293], 『게릴라Guerrilla』[294], 『하얀 저승사자White Death』[295], 『전략론Strategy』[296], 그리고 심지어 롬멜Rommel의 『보병전술Attacks』[297], 폰 멜렌틴von Mellenthin[298]의 『기갑전투Panzer Battles』와 같은 제2차 세계대전 독일 장교들의 책까지 읽었다.

보이드와 와일리는 모두 참전용사였기 때문에 그들이 책과 병사들을 전투로 이끄는 능력 사이에 연관성이 있다고 주장하자 학생들은 그 말을 귀담아들었다. 실제로 학생들은 자신들이 읽고 있는 내용들을 토론하기 위해 수업에 일찍 나오기 시작했다. 머지않아 학생들은 독서 목록에 추가할 책을 추천했다.

그때쯤 보이드는 그의 모든 브리핑들을 "파괴와 창조"와 함께 모아서 "승리와 패배에 관한 담론A Discourse on Winning and Losing"이라는 제목으로 된 2.5센티미터 두께의 문서로 정리했다. 크리스티는 이를 수백 부 복사했다. 이 문서는 표지가 녹색이었기 때문에 "그린 북Green Book"이라고 불렸다. 와일리는 수업을 위해 사본이 많이 필요했지만, 보이드는 몇 부밖에 없었다. 와일리는 콴티코의 야전인쇄창Field Print Plant에 사본을 가져가서

---

293 『만조의 승리(Victory at High Tide)』: 로버트 뎁스 하이늘(Robert Debs Heinl)이 인천상륙작전에 관해 쓴 책.

294 『게릴라(Guerrilla)』: 월터 라쿠어(Walter Laqueur)의 저서.

295 『하얀 저승사자(White Death)』: 앨런 F. 츄(Allen F. Chew)가 쓴 책으로, 소련의 핀란드 침공을 다룬 책.

296 『전략론(Strategy)』: 영국 군사사상가 리델 하트(Liddell Hart)의 저서.

297 『보병전술(Attacks)』: 제2차 세계대전 독일 장군 롬멜이 제1차 세계대전 당시 보병 초급 지휘관으로서 겪은 전투와 교훈들을 기록한 회고록.

298 폰 멜렌틴(von Mellenthin): 1904년생. 독일군으로 제2차 세계대전 당시 여러 전선에서 참모 및 지휘관을 역임했다. 『기갑전투(Panzer Battles)』는 저자가 주로 기갑 장교로서 복무한 여러 전선에서 싸운 전투와 그것들로부터 얻은 교훈들을 담고 있다.

이렇게 말했다. "400부 인쇄 부탁합니다." 그는 400부를 해병대 장교들에게 전달했다.

보이드는 정규 강사가 되었고, 전술 수업에 적극적으로 참여했다. 수업에서 상륙 연습을 했을 때 보이드는 이 조에서 저 조로 돌아다니면서 그들의 계획을 살펴보았다. 한번은 수업에서 각 조가 이란 해안에 상륙 부대를 어떻게 상륙시킬지에 관해 씨름하는 동안, 보이드는 해병들이 교두보를 구축하는 방법에 지나치게 초점을 맞추고 있다는 것을 깨달았다. "교두보가 점점 더 커지고 있어." 그가 말했다. "자네들은 지형에 너무 신경을 쓰고 있네. 초점은 적에게 맞춰야 해. 적과 싸우는 거야. 지형이 아니라."

이 말이 와일리의 뇌리에 울려 퍼졌다.

'교두보가 점점 더 커지고 있어. … 적과 싸우는 거야. 지형이 아니라.'

수업의 근본적인 내용이 바뀌었다. 와일리는 이제 적의 사고를 마비시키는 유동적이고 신속하게 기동하는 전술을 지지했다. 전술 훈련을 하는 도중에 그는 학생들에게 누구도 목표물을 점령했고 확보하고 있다고 보고하기를 원치 않는다고 말했다. 그는 그들이 저항을 우회하기를 원했다. "측면은 걱정하지 마라." 그는 말했다. "적이 자신의 측면을 걱정하게 하라." 그는 그들에게 임무형 명령을 내리고, 중심을 생각하는 연습을 시키고, 에르빈 롬멜Erwin Rommel 원수처럼 전방에서 지휘하는 법을 가르쳤다. 그들은 전장의 모든 곳에 있어야 한다. 그래야 전투의 변화를 직관적으로 파악할 수 있다. 이것이 바로 손끝 감각이다.

"명령은 암시적이라야 해." 보이드는 말했다. "명시적으로 한다면 기동전을 충분히 빠르게 수행할 수 없네." 보이드의 교수법은 대학교의 교수법과는 달랐다. 그는 지침이나 목록, 규칙, 혹은 연역적 사고를 혐오했다. 모든 것은 직관적이었다. "귀납적 사고를 해야 해." 그는 해병들에게 되풀이해서 말했다. "한 가지 문제에 하나의 해결책만 있지 않네." 그는 말했다. "문제를 해결하는 데 두세 가지 아니면 네댓 가지 방법이 있어. 한 가지 해결책에만 몰두하지 말게."

보이드는 "해병은 이렇게 싸워야 한다"라거나 "상륙전을 이렇게 수행해야 한다"고 결코 말하지 않았다. 그 대신 전투에 대해 생각하는 새로운 방법을 가르쳤다. 그의 새로운 방식은 기존의 군사적 통념을 뒤집었다. 군은 대부분 하드웨어를 믿는다. 하지만 보이드는 말했다. "사람을 먼저 생각해야 한다. 그 다음이 아이디어야. 그 다음이 하드웨어고."

일요일 오후에 일단의 젊은 대위들이 와일리의 집에 모여 커다란 마호가니 테이블에 둘러앉아 와인을 마시며 기동전에 관해 이야기했다. 그리고 그들은 더 이야기를 나누기 위해 알렉산드리아에 있는 빌 린드의 집에 모였다. 이제는 "기동주의자^{maneuverists}"로 불리는 해병대 간부들이 계속 늘어났다. 이들은 이렇게 불리는 것을 자랑스러워했다. 하지만 콴티코 장교 클럽의 고위 장교들은 기동주의자들에게 등을 돌렸고, 역기를 드는 것보다 우다 루프에 관심이 있고 5마일 달리기를 하기보다 고대 전투를 읽는 데 관심이 있는 해병들을 비웃었다. 와일리는 해병대 내부에서 게릴라 운동을 이끌었는데, 그는 가끔 자신이 강의에서 언급한 한 구절을 떠올렸다. "게릴라는 전쟁에서 승리하지만 고향에서 개선행진을 하지 않는다."

트레이노는 와일리에게 새 해병대 전술 교범을 써달라고 요청했지만, 와일리의 직속 상관은 처음 3개 장을 보고는 "기존의 것과 완전히 다르군"이라고 말하며 고심하더니 이를 거부했다. 1981년 여름에 트레이노가 콴티코를 떠난 후 와일리에게는 더 이상 보호자가 없었다. 오래지 않아 포식자들이 어슬렁거리기 시작했다.

보이드의 영향으로 자유교전 연습과 기동전 개념을 받아들인 해병대

이 무렵 보이드의 이야기와 관련된 이야기로, 불과 몇 년 안에 상당한 성공을 거두게 되는 아주 중요한 이야기가 노스캐롤라이나주에 있는 넓은 해병대 기지인 캠프 르준$^{Camp\ Lejeune}$에서 시작되고 있었다. 그해 여름, 대령 때 보이드의 브리핑을 들은 적이 있는 알 그레이^Al Gray 장군이 해병대 2사단장 직책으로 르준으로 발령을 받았다. 그레이는 철도 승무원의 아들이었다. 그는 담배를 씹으며 "작업복^utilities"이라고 불리는 해병대 전투복을 입고 다녔으며 패튼과 롬멜처럼 헬멧 앞에 고글을 달고 다녔다. 그는 전사였다. 단호하고, 결단력 있고, 매우 이례적인 해병이었다. 그리고 보이드의 헌신적인 학생이었고, 기동전을 믿는 사람이었다.

르준에서 근무하는 2명의 젊은 대위 빌 우즈^Bill Woods와 G. I. 윌슨^Wilson은 기동전을 연구하는 장교 모임을 정기적으로 주최했는데, 이 모임은 "청년 튀르크당^Young Turks^299"이라고 불렸다. 그레이가 르준으로 온다는 소식을 듣자, 와일리는 우즈에게 전화를 걸어 말했다. "자네가 그레이와 연락해야 해." 우즈는 그렇게 했다. 우즈와 윌슨은 그레이를 모임에 초청했다. 그레이는 모임에 참석했을 뿐만 아니라, 이렇게 말했다. "이 모임은 더 이상 비공식 스터디 그룹이 아니네. 이제는 해병대 제2사단의 기동전 위원회일세. 자네들이 해야 할 첫 번째 일은 존 보이드를 데려오는 거야."

보이드는 그곳에 와서 브리핑을 했다. 그레이는 브리핑을 몇 차례 들은 적이 있어서 1시간 정도 듣고 자리를 떴다. 그 직후 다른 고위 장교들도 자리를 뜨기 시작했다. 하지만 진정한 신자들인 열광적인 핵심 인원들은 그대로 자리를 지켰다.

르준에서 벌어진 광경은 해병대 내에서 벌어진 소규모 기동전의 축소판이나 다름없었다. 고위 장교들이 기동전의 보호자가 되어주는 동안은 예하 장교들도 기동전 사상을 따랐는데, 대부분은 그것을 마지못해 따랐고, 소수는 자발적으로 열광하며 따랐다. 기동전에 마음이 내켜하지 않은 사람들은 대부분 빌 린드 때문이었다. 린드는 덩치가 컸는데, 전술 연

---

299 청년 튀르크당: 원래는 19세기 말~20세기 초 오스만 제국의 전제정치를 타파하고 입헌정치를 추구하면서 제1차 세계대전 때까지 11년간 집권했던 진보적 정치집단을 말하며, 여기서 파생되어 진보적 개혁파를 통칭하는 관용적 의미를 갖게 되었다.

습을 참관할 때는 소매 없는 외투인 인버네스^{inverness} 코트와 디어스토커 ^{deerstalker} 사냥 모자^{300}를 즐겨 착용했다.^{301} 그는 고위 장교들을 대상으로 한 강의에는 어울리지 않는 인물이었다. 많은 장교들은 이 거만한 민간인을 봐줄 수가 없었다. 어쨌든 그는 총알을 피해본 적이 없었고, 전투에서 사람들을 이끌어본 적도 없었으며, 심지어 군복을 입어본 적도 없었다. 예상대로 장교 중 한 명이 분개하여 린드에게 도전했다. 그리고 마치 예상이라도 한 것처럼 린드는 그에게 개망신을 주었다. 한번은 머리를 민 근육질의 장교가 브리핑 도중에 린드를 방해하면서 완전히 역겨워하며 말했다. "중심이나 한심이나 저한테는 다 똑같습니다." 린드는 그를 보고 웃으며 말했다. "그래, 그렇겠지. 안됐지만 귀관한테는 항상 다 똑같아 보일 거야."

기동전 개념은 그것을 지지하는 자와 지지하는 않는 자가 아주 첨예하게 양극단으로 나뉘었다.

그레이는 우즈에게 자유교전$^{free-play}$ 연습 계획을 세우라고 말했다. 그때까지 해병대 전술 연습은 짜여진 각본에 따라 작전하는 형식이었다. 브리핑 중에 한 대대장은 이런 명령을 받았다. "목표 알파^{Alpha}를 공격해 점령하라. 그 후에는 목표 브라보^{Bravo}를 공격해 점령하라." 대대장인 중령은 이런 식의 명령이 좋았다. 진급 티켓을 보장받는 것이나 다름없었기 때문이다.

실수가 없다면 1~2년 뒤 대령 진급이 보장되었다. 그러나 젊은 장교들은 그 브리핑을 듣고 궁금해했다. "만약 적이 예상치 못한 전력으로 목표 알파에 있고 우리가 점령해서 확보하지 못한다면, 그때는 어떻게 합니까?"

시나리오도 없고 규칙도 없는 자유교전 연습에서는 사전에 짜여진 행동은 집어치웠다. 전투 지휘관을 선발하고 시험하는 데 자유교전만큼 좋은 방법은 없다. 자유교전 연습에는 승자와 패자가 있기 마련이다. 그리

---

300 디어스토커 사냥 모자: 앞뒤에 챙이 붙어 있고 양쪽에 귀덮개가 붙은 모자.

301 셜록 홈즈(Sherlock Holmes)의 전형적인 복장과도 같다.

고 연습 후 패자는 초급장교뿐만 아니라 부사관들로부터 비판을 받게 된다. 어떤 대대장도 부사관에게 반박당하는 것을 좋아하지 않는다. 부사관의 말이 옳은 경우는 특히 더 그렇다. 그리고 만일 대대장이 자유교전 연습에서 지면 승진 기회를 잃을 수도 있다. 따라서 출세주의자들은 자유교전을 싫어했고, 더 나아가 기동전도 싫어했다. 반면, 진정한 전투 지휘관은 자유교전과 기동전을 좋아했다.

1981년 늦여름, 해병대는 버지니아주 블랙스톤^{Blackstone} 인근에 있는, 거의 쓰이지 않는 육군 기지인 포트 피켓^{Fort Pickett}에서 첫 자유교전 연습을 실시했다. 그레이는 그 기지가 모든 연습 참가자들에게 낯설었기 때문에 마음에 들었다. 연습 참가자 그 누구도 기지의 지형을 몰랐기 때문에 지형에 대한 이점을 활용할 수가 없었다. 그레이는 자유교전 연습에서 가능한 한 실전에 가깝게 전투가 예상치 못한 방향으로 전개되게 모의했다. 대대장이 진군을 하다가 갑자기 제82공정사단 예하 부대가 낙하산을 타고 측면으로 강하하는 것을 발견했다. 누구도 그에게 낙하산 부대의 공격이 있을 거라고 미리 말해주지 않았다. 이제 그는 무엇을 할 것인가?

이 연습은 대부분의 초급 장교에게 큰 인기를 끌었고, 대부분의 고위 장교에게는 인기가 없었다.

개혁을 반대하는 자들의 먹잇감이 된 와일리

이 시기에 보이드는 어디에나 있는 것처럼 보였다. 그는 해병대뿐만 아니라 육군, 해군, 공군, 여러 지휘참모대학, 그리고 수많은 세미나에서 자신의 브리핑을 강연했다. 보이드는 대부분의 강연처에서 강연료 지급을 제안받았지만, 그가 받아들인 것은 여행경비뿐이었다. 우다 루프는 신문 기사부터 비즈니스 컨설턴트들의 조언에 이르기까지 모든 곳에서 인용되고 있었다. 그러나 에너지-기동성 연구의 경우처럼 그것을 만든 사람이 보이드라는 언급은 없는 경우가 많았다. 그의 연구 내용은 일반적인 지식처럼 취급되었다. 그리고 에너지-기동성 연구의 경우에서처럼 그는 웃으면서 개의치 않는다고 말했다. 가장 중요한 것은 자신의 아이디어가 알려지는 것이었다.

하지만 "알려진다"는 것이 "받아들여진다"는 뜻은 아니었다. 다시 콴티코로 돌아가서 이야기를 계속하면, 와일리는 교수법에 대한 그의 급진적인 생각을 상륙전학교의 새 책임자가 안 좋게 생각한다는 것을 깨닫기 시작했다. 와일리는 참석했어야 하는 회의에 초대받지 못했다. 많은 장교가 그를 무시했다. 와일리는 마흔두 번째 생일인 1982년 2월 25일에 출근해서 전술부장 직책에서 해임되었다는 말을 들었다. 그의 새 보직은 상륙전 프레젠테이션팀원으로서 여러 집단을 돌아다니면서 해병대가 상륙전을 어떻게 수행했는지 알리는 것이었다.

낡고 시대에 뒤떨어진 상륙전 브리핑을 하던 이 시기는 와일리의 일생에서 가장 고통스러운 시기였다. 그는 낡은 상륙전 교범에서 선형 공격, 교두보 점령 및 확보, 소모전에 대한 모든 전통적인 사상들을 읽었다. 그는 해병대가 과거로 진군하고 있다고 생각했다. 그는 자신의 사무실을 "슈판다우Spandau[302]"라고 불렀고, 이곳을 어떻게 빠져나갈지 궁리했다.

음모를 꾸미고 있었던 사람은 그뿐만이 아니었다. 어느 날 여행에서 돌아온 와일리는 그의 사무실이 엉망진창으로 어지럽혀 있고 개인 우편물이 개봉되어 있는 것을 발견했다. 개인 우편물을 타인이 열어보는 것은 연방법상 범죄행위다. 서류들이 사무실 곳곳에 흩어져 있었고 도널드 삼촌의 사진이 바닥에 떨어져 있었다. 와일리는 절도를 의심하고 헌병대를 불렀지만, 절도가 없었다는 말을 듣고는 깜짝 놀랐다. 보직 해임된 해병대 장교는 상처 입은 동물과 같은 신세다. 이제 그는 모든 포식자의 먹잇감이 된다.

302　슈판다우: 나치 정권 시절 베를린에 있었던 정치범 수용소로, 제2차 세계대전 이후에는 1987년에 폐쇄될 때까지 나치 전범들을 수용했다.

웨스트포인트 미 육군사관학교는 1982년 봄에 군사개혁 운동에 관한 총회를 개최하고 각 군 대표들을 초청했다. 와일리는 참석해서 거침없이 개혁 제안을 했지만, 아무런 지원도 받지 못한 채 멀리 떨어진 전방에서 홀로 싸우고 있었다. 그는 자신의 신념만이 원동력이었다. 다른 장교들은 그가 오와 열에서 벗어났고, 해병대와 발걸음 소리가 맞지 않는다고 생각했으며, 그가 이를 알게끔 했다. 몇 달 후 보이드에게 전화할 때 그의 목소리에는 좌절감이 역력했다.

"마이크, 자네를 한 달 안에 콴티코에서 데리고 나갈 수 있네." 보이드는 말했다.

와일리는 웃었다. "대령님, 해병대 인사 시스템을 얼마나 알고 계시는지 모르겠지만…."

"공군 인사 시스템은 알고 있네." 보이드가 말을 가로막았다. "그렇게 다를 것 같진 않은데. 이것만 말해주게. 뭘 하고 싶나?"

와일리는 주저하지 않았다. "의미있는 일입니다."

"콴티코를 떠나고 싶나?"

"대령님, 콴티코를 떠나는 것은 제가 바라마지 않는 일입니다."

보이드는 웃었다. "알았네. 하지만 명심하게. 이 대화는 없었던 거네."

와일리는 전화를 끊으며 한숨을 쉬었다. 그는 자신이 존경하는 퇴역 장교가 하고 싶은 대로 하게끔 내버려두었다. 하지만 와일리와 다른 많은 장교가 보이드에 관해 결코 알지 못했던 점은, 개혁 운동의 정점에서 보이드의 이름이 펜타곤의 혐오의 대상일 때조차도 여전히 정부 고위층에는 그의 지지자들이 있었다는 것이다. 그리고 물론 청사에서 이면 채널로 일을 하는 모든 방법을 아는 톰 크리스티와 같은 친한 친구들도 있었다.

와일리와 보이드가 대화를 나눈 지 며칠 후 긴급 전문이 콴티코에 도착했다. 내용은 이랬다. "중령 M. D. 와일리는 국가 안보에 필수적인 임무를 위해 1982년 9월 15일이나 그 이전에 국방장관실로 전속하라. 칼루치Carlucci 보냄."

여기서 "칼루치"는 국방부 부장관 프랭크 칼루치^{Frank Carlucci}였다.

와일리는 깜짝 놀라서 휘청거렸다. 그는 관료주의적인 콴티코의 후미진 곳에 처박힌 중령에 불과했는데, 갑자기 국방부 부장관이 펜타곤의 보직으로 오라는 지명 요청 전문을 보냈던 것이다. 장군이 국방장관실에서 지명 요청을 받는 일도 드문데, 중령이 지명 요청을 받다니. 이런 일은 전례가 없는 일이었다.

와일리는 보이드에게 전화를 걸어 말했다. "대령님, 이곳을 떠나라는 명령을 받았습니다. 칼루치 부장관께서 전문을 보내오셨습니다."

보이드는 웃었다.

며칠 후 와일리는 인사 발령이 났다. 그 후 2년 동안 그는 칼루치의 사무실에서 일했는데, 그곳은 "블랙홀"이라고만 불렸다. 그곳에서 그는 미군에서 일급 기밀로 분류된 몇 가지 일에 관여했다. 그는 그곳에서 유일한 해병이었다. 그곳에 있는 동안 그는 대령으로 진급했다. 그의 오랜 보호자인 트레이노 장군이 진급심사위원회의 의장이 아니었다면 아마 그는 진급하지 못했을 것이다.

대령이 된 지 6개월 후에 와일리는 처음으로 보이드에게 "존"이라고 부를 정도로 그에게 편안함을 느꼈다.

그레나다에서 기동전의 효과를 입증한 해병대 레이 스미스 중령

1983년에 해병대가 기동전을 실행에 옮길 첫 번째 기회가 왔다. 베이루트^{Beirut}의 해병대 병영이 테러리스트들의 공격을 받아 241명이 목숨을 잃었다. 이 사건이 벌어졌을 때 해병대 1개 대대가 현지 근무를 위해 베이루트로 이동하는 중이었다. 이 대대는 이동하던 중에 임무가 바뀌어 그레나다^{Grenada} 침공에 투입되었다. 이 대대는 기동주의자이자 포트 피켓^{Fort Pickett}에서 실시한 자유교전 연습 수료자인 레이 스미스^{Ray Smith} 중령이 지휘했다.

스미스는 그레나다에서 기동전의 효과를 입증하는 두 가지 일을 했다. 정보 보고에서 특이한 깃발이 휘날리는 큰 건물이 언급되었을 때, 고위 장교들은 그 건물에 그레나다 혁명 조직 중 하나가 주둔하고 있다고 추측했다. 한 해군 제독이 스미스의 해병들에게 공격하라는 명령을 내렸다. 언제든 그런 명령을 받은 해병대 지휘관은 두 번 생각하지 않고 그렇게 했을 것이다. 그러나 기동전의 기본 원리는 현장에 있는 장교에게 전술적 결정을 내릴 권한을 부여하는 것이다. 스미스 휘하의 한 젊은 대위는 그 건물에 혁명가들이 있는지 확신이 안 가서 정찰대를 보내자고 제안했다. 스미스는 그 대위를 신뢰하여 그의 제안에 동의했다. 그는 언제든 함포사격을 요청해서 건물을 폭삭 주저앉힐 수 있었다. 정찰대가 건물로 다가가자 민간인 한 명이 나와 그들을 맞이했다. 수십 개의 총이 그를 향했다. 만일 그가 몸을 까딱하거나 주머니에 손을 가져간다면 그는 죽을 것이다. 그는 손을 흔들며 말했다. "여러분, 만나서 반갑습니다. 나는 베네수엘라Venezuela 대사입니다."

그날 스미스의 성숙함과 신중함이 미국을 상당한 불명예로부터 구했다.

그레나다에서 스미스의 전반적인 성과는 기동주의자가 행동하는 방법을 아주 잘 보여주었다. 엘리트 부대인 육군 레인저Rangers[303]는 공항에서 주로 쿠바 건설노동자들로 이루어진 적에게 저지되어 꼼짝할 수 없었다. 그러나 훨씬 더 작은 집단인 스미스의 해병들은 마치 섬의 주인인 양 그레나다를 종횡무진 돌아다녔다. 그들은 적의 거점을 우회하고, 적의 약점을 대상으로 아군의 강점을 구사하고, 아래로 흐르는 물처럼 움직였다. 이들은 한 적병의 말처럼 "해병들이 어디에나 있었기" 때문에 적병 수백 명이 스미스에게 항복할 정도로 혼란과 불확실성을 조성했다.

데이비드 해크워스David Hackworth 퇴역 육군 대령은 자신의 저서 『뒤로 돌아About Face』에서 어느 육군 장군의 말을 인용해 "해병대 2개 중대가 섬

---

303 레인저: 연대 단위로 편성되는 엘리트 경보병 부대로, 우리나라 특공연대와 비슷하다.

곳곳을 내달리고 있는데 수천 명의 육군 병력은 아무것도 안 하고 있다. 대체 무슨 일인가?"라고 말했다. 그것이 기동전이었다. 그리고 몇 년 뒤 해병대는 이 새로워진 오래된 개념의 효과를 훨씬 더 강력하고 선명하게 입증하게 된다.

보이드의 말에 자극을 받아 쓴
와일리의 기사 "교두보를 넘어선 사고"

와일리는 펜타곤 근무를 마친 후 캔자스 대학교University of Kansas의 해군 ROTC 단장으로 전속을 요청했다. 그의 경력에 도움이 되는 보직은 아니었지만, 캔자스시티에 살고 있는 그의 어머니가 매우 아팠기 때문에 그렇게 해야만 했다. 보이드도 자주 나와서 강의를 했다. 베트남에서 와일리의 소대장이었고 지금은 국방차관보가 된 제임스 웹도 강의를 하러 나왔다. 알 그레이 장군도 초빙 교수였다. 이는 상당한 ROTC 프로그램이었다. (웹은 국방차관보에 임명되기 전에 베트남에서 싸운 "죽어가는 델타"로 불린 한 해병대 중대에 관한 베스트셀러 소설인 『사계Fields of Fire』라는 책을 썼다. 이 책에서 가장 중요한 등장인물 중 한 명은 불운한 중대를 활력 넘치는 해병으로 바꾼 영웅적인 중대장이다. 이 인물은 물론 마이크 와일리의 전투 경험에 바탕을 두고 있다.)

1983년에 P. X. 켈리Kelly 대장이 해병대 사령관이 되었다. 그는 기동주의자들, 그리고 빌 린드의 연구 그룹을 비꼬듯 언급하면서 "지하실에서 만나는 사람들"이라고 말했다. 기동전이 살아남기 위해서는 해병대 최고 위층의 지원이 필요했다. 그런데 갑자기 그 지원이 사라졌다.

《해병대 가제트Marine Corps Gazette》는 예외였다.

《가제트》는 해군연구소Navy Institute의 《프로시딩즈Proceedings》, 공군의 《에어로스페이스 파워 저널Aerospace Power Journal》, 육군의 《파라미터스Parameters》와 비슷한 월간지다. 《가제트》는 특이한 작은 잡지다. 《가제트》

는 일찍이 1941년에 게릴라전에 관한 마오쩌둥의 저서 번역본을 발간했다. 그리고 손자에 관한 기사들도 게재했으며, 1955년부터 1962년 사이에 군사이론가인 리델 하트^{Liddell Hart}가 쓴 기사 25건을 실었다. 그럼에도 불구하고 1980년경까지 사적으로 자금을 조달한《가제트》는 활기 없는 기관지로, 해병대 내부에서조차 별다른 특별함이 없는 잡지였다. 그 후 퇴역한 해병대 대령 존 그린우드^{John Greenwood}가 편집장이 되었다. 그린우드는 수수하고 겸손한 사람으로, 고전적 의미의 신사 그 자체였다. 그가 민간인 복장을 하고 있을 때 그를 만난다면 누구도 그가 전직 연대장이었고 흠잡을 데 없는 해병의 자격을 갖춘 사람이라는 것을 결코 짐작할 수 없을 것이다. 그는 네 아들이 해병대 장교로 복무하고 있었기 때문에 그 누구보다 해병대에 대해 더 진지했다. 그린우드는 아마도 사령관을 포함한 다른 어느 누구보다도 더 전형적인 해병이었다. 누구도 그의 헌신에 의문을 제기할 수 없었다. 그가 해병대에 최선이라고 생각한 바를 기초로 하여 모든 기사 게재 결정을 내렸다는 데는 아무도 의문을 제기할 수 없었다. 그는 해병들의 밤잠을 설치게 하는 기사를 게재하고 싶어했다.

그래서 그린우드는 위대한 잡지 편집자들이 대대로 했던 일을 했다. 그는 논란의 여지가 있는 아이디어를 계속 다루었다. 그린우드는 기동주의자들에게《가제트》를 개방했다. 그래서 1980년대 내내 기동전에 관한 기사들이 잇달았고, 고위급 해병 장교들의 활발한 반박이 뒤따랐다.《가제트》는 해병대 전체에 지적 소동을 계속 불러일으키는 수단이 되었다.

이 시기에 와일리는 중요한 기사를 많이 썼는데, 가장 중요한 기사는 "교두보가 점점 커지고 있다. 적과 싸우는 거야. 지형이 아니라"라는 보이드의 논평에서 태어난 기사인 "교두보를 넘어선 사고^{Thinking Beyond the Beachhead}"였다. 이 기사에서 와일리는 상륙전에서 진짜 난관은 해변에 오르는 것이 아니라, 해변을 떠나서 적 지역으로 들어가는 것이라고 말했다.

각각의 기사에서 와일리는 오와 열에서 더 벗어났고, 다른 해병들과 발걸음이 더 맞지 않게 되었다.

보이드 사상 중 일부를 추종자들의 사상과 분리하기가 힘들 듯이, 때로는 보이드와 와일리의 사상을 구분하기 힘들다. 가끔 와일리조차도 헷갈려했다. 보이드는《가제트》에 와일리의 기사가 여러 개 게재된 후 그를 축하하기 위해 전화를 걸었는데, 와일리는 이 기사에 포함된 아이디어나 생각을 제공해준 것에 대해 보이드에게 감사를 표했다. 보이드는 웃으며 말했다. "그건 자네가 이끌어낸 자네 생각이고 자네 아이디어였어, 마이크."

전투에 대한 새로운 사상을 담은 해병대 교범을 만든 보이드와 와일리

제임스 웹이 1987년에 해군 장관에 지명되었는데, 그의 일 중 하나는 새로운 해병대 사령관을 임명하는 것이었다. 와일리와 G. I. 윌슨은 웹이 르준의 제2해병사단에 기동전을 도입한 3성 장군인 알 그레이를 만나도록 주선했다. "그는 다이너마이트입니다. 우리는 그가 전사라고 생각합니다." 그들은 웹에게 이렇게 말했다. 그 직후 그레이는 놀랍게도 네 번째 별을 달고 해병대 사령관에 임명되었다.

1987년 와일리는 오키나와로 가라는 명령을 받았다. 그에게는 딸이 둘 있었는데, 군인들이 오랫동안 그래왔듯이 해외에 나갈 때는 아내와 아이들을 집에 남겨두었다. 그는 연대를 지휘하고 싶었지만, 자신은 실용주의자인 데다가 게릴라 운동을 이끄는 사람들이 연대를 지휘하는 일은 거의 없다는 것을 알았다. 그의 새 보직은 서태평양 작전 및 훈련을 담당하는 참모부장이었다.

와일리는 계속해서 개혁에 관해 골똘히 생각했다. 그가 장군들이 전술을 어떻게 연구해야 하는지에 관한 기사를 쓴 후, 그의 상관이 들어와서 문을 닫고 말했다. "마이크, 이런 기사는 경력에 도움이 되지 않네." 그가 옳았다. 와일리는 기사를 기고하기 시작한 후로는 지휘권을 가지지 못했다. 장군 진급에서 누락되자, 그는 전역을 진지하게 생각하기 시작했다.

그러자 옛 친구들이 편지를 써서 이렇게 말하기 시작했다. "마이크, 이

제 시작이야. 콴티코에 있어야 해." 와일리는 대부분의 장교들보다 콴티코에서 더 많은 시간을 근무했고 돌아가기를 원치 않았다. 하지만 편지가 계속 왔다. "사령관은 자네가 콴티코의 개혁에 동참하기를 원해." 그는 이런 말을 들었다. 친구들은 말했다. "전역하지 마. 그레이에게는 생각이 있어. 그가 르준의 해병대 제2사단에서 한 일을 봐. 그가 자넬 다시 데려갈 거야." 그리고 명령이 내려왔다. 그는 사령관의 지명 요청을 받았다. 와일리는 자신의 집 뒤에 있는 헬기장을 서성거렸다. 이것은 그가 내려야 했던 가장 힘든 결정이었다. 그는 다른 사람들처럼 "어찌해야 내 경력이 좋아질까?" 혹은 "나에게 돌아오는 게 뭘까?"라고 자문하기보다 "조국이 부르고 있다. 응답해야 한다"라고 스스로에게 말했다. 만약 기동전을 부활시킬 기회가 있다면 그는 모든 것을 바칠 생각이었다.

와일리가 콴티코에 전입신고를 할 때 인사처 사무실은 장교들로 꽉 차 있었다. 한 직원이 일어서서 물었다. "와일리 대령님 계십니까?" 와일리가 신분을 밝히자, 직원이 말했다. "대령님, 사령관님 전화입니다." 10여 명의 장교들이 짐을 풀기도 전에 알 그레이 장군으로부터 전화를 받는 이 대령을 호기심 어린 눈으로 쳐다보았다. "나는 항상 문이 열려 있네." 그레이는 그날 그에게 전화로 말했다. "자네가 하고 있는 일은 중요해. 언제든 들르게."

와일리는 전입신고를 마치면서 미소 지었다. 해병대에 남기로 한 것은 옳은 결정이었다.

그레이는 와일리에게 그가 꿈꾸던 두 가지 일을 할 수 있는 임무를 주었다. 첫 번째는 해병대의 전역^{campaign} 304 계획을 작성하는 것이었다. 이 계획은 해병대가 향후 5년간 따라야 할 방향을 계획하는 것이었다. 두 번째는 몇 년 전에 그레이에게 제안한 아이디어를 이행해서 세계 최고급 전쟁 대

---

304 전역: 하나의 큰 목표를 두고 일정한 시간과 공간 안에서 벌어지는 일련의 작전들을 말한다. 대체로 전쟁보다는 작고 작전보다는 큰 개념이다.

학인 해병대학^{Marine Corps University}을 설립하는 계획을 세우는 것이었다.

와일리의 직속 상관은 마이크 설리번^{Mike Sullivan} 소장으로, 해병대에서 최고 비행사 중 한 명이었다. 설리번은 대부분의 비행사들처럼 기동전을 크게 중요시하지 않았고, 교리와 예산은 항공병과에 집중되어야 한다고 생각했다. 와일리는 낙담하지 않았다. 전역 계획 작업을 시작하면서 그는 아내에게 말했다. "이건 임무야. 조지 워싱턴^{George Washington}이 제헌회의 constitutional convention[305]로 갈 때 이런 기분이었을 거야." 와일리는 이런 기회를 갖게 되리라고는 상상도 하지 못했다. 그는 사령관의 후원을 받았다. 실제로 그레이는 와일리에게 이렇게 말했다. "해병대 전투 교리는 수십 년이나 지난 거네. 전투에 대한 새로운 사상을 교범에 성문화하고 싶어. 자네와 보이드가 맡아서 해주게."

보이드와 와일리는 그들의 이름이 교범에 실릴 수 없다는 것을 알았다. 그들은 너무 논란이 많았기 때문이다. 새 교범에 젊은 장교 이름이 새겨져 있다면 초급장교들이 훨씬 더 잘 받아들일 것이었다. 그들은 이미 새 교범을 쓰는 업무를 맡았지만 작업이 지지부진하던 한 젊은 대위를 찾아갔다. 보이드와 와일리는 그와 오랜 시간을 보냈다. 보이드가 말했다. "이걸 하나의 공식처럼 쓰지 말게. 장교들에게 생각하라고 가르치고 새로운 방법으로 전쟁을 생각하게 하는 하나의 방법이라고 쓰게. 전쟁은 계속 변하고 사람은 실수를 해. 경직된 규칙은 효과가 없어. 장교들에게 생각하라고 가르쳐.") 보이드는 잠시 말을 멈추고 마지막 말을 덧붙였다. "그리고 장군들이 이해할 수 있게 그놈의 것을 간단하게 쓰게."

원래는 교범 제목에 해병대 전술 교범의 진화 과정을 상징하는 긴 번호를 넣기로 했다. 하지만 그레이가 거부했다. "우리가 이것으로 처음부터 다시 시작한다는 것을 보여주었으면 하네. 표지에 번호 1이라고 써."

---

305 제헌회의: 1787년 5월 25일에서 9월 17일까지 펜실베이니아 필라델피아에 미국 각주 대표 55명이 모여 개최한 회의. 이 회의의 결과로 미국 연방 헌법이 제정되었다.

이 교범에는 "FMFM-1 전투 교범^{Warfighting}"이라는 제목이 붙었다.

그레이는 자신의 참모부의 장교 대부분의 반대에도 불구하고 이 교범에 서명을 하고는 이것이 해병대가 가야 할 방향이고, 훈련할 방향이며, 싸울 방향이라고 말했다. 그리고 이 교범을 해병대의 공식 교리라고 선언했다. 그 직후 보이드와 와일리는 그레이 장군을 만나러 갔다. 사령관은 대단히 기뻐했고 보이드도 그럴 것이라고 생각했다. 하지만 보이드는 98페이지 분량의 교범을 바라보고는 말했다. "좋습니다, 장군님. 이제부터 다시 이걸 고쳐나가셔야 합니다." 그는 여전히 지적인 작업에 끝이 있다는 생각을 혐오했다.

해병대 5개년 계획 수정 임무를 맡은 와일리와
그것을 방해하는 설리번 장군 간의 싸움

그동안 와일리는 계속해서 설리번에게 전역 계획의 초안을 보냈다. 그는 해병대가 가장 먼저 해야 할 일이 인사 시스템을 일신하고 경력주의를 근절하는 것이라고 말했다. 그는 모든 해병에게 전문적인 교육을 제공하고, 더 큰 윤리의식을 고취하고, 부대 응집력을 증진할 필요성에 관해 썼다. 그는 기동전의 중요성을 강조했다.

모든 아이디어가 거부되었다. 설리번은 초안에 사선을 긋고 편집하고 되돌려 보내서 몇 번이고 다시 쓰도록 했다. 그는 심지어 한 버전에는 "젠장"이라고 썼다. 그는 와일리에 대한 자신의 감정을 전투기 조종사가 동원할 수 있는 가장 큰 모욕적인 표현으로 요약했다. "자네를 내 윙맨으로 두고 싶지 않네."³⁰⁶

---

306 전투기 편대에서는 윙맨과 서로의 목숨을 의지하기 때문에 윙맨이라는 표현은 철저한 신뢰관계를 상징하기도 한다. 윙맨으로 두고 싶지 않다고 말한 것은 와일리를 불신한다고 면전에서 말한 것과 같다.

그 후 와일리는 그의 젊은 장교 중 일부가 2성 장군에게 기동전 프레젠테이션을 하는 회의에 참석했다. 장군은 모든 문장을 폄하했다. 와일리는 해병대의 선임 기동주의자로서 그들을 보호해야 한다는 의무감을 느꼈다. 그는 장군을 겁내지 않을 작정이었다. 그는 일어나서 말했다. "장군님, 비판을 시작하기 전에 그들이 끝을 내도록 해주십시오."

몇 분도 안 돼서 와일리와 장군은 서로 정면으로 맞서고 있었다. "우리는 검증된 것을 유지해야 해." 장군이 소리쳤다.

"베트남처럼 말씀입니까?" 와일리는 더 크게 소리쳤다.

다른 장교들은 뒤로 물러났다. 코끼리들이 싸울 때는 멀리 떨어져 있는 게 상책이다.

이후 와일리는 2성 장군과 대립했으니 장군 진급은 물 건너갔다는 말을 들었다. 그는 이 말을 믿지 않았다. 해병대는 건강한 논쟁을 환영한다. 그렇지 않은가?

설리번 장군은 와일리가 5개년 계획에서 제시한 아이디어를 모두 거부했다. 해병대 사령관이 와일리에게 그의 경력에서 가장 큰 임무를 맡겼는데, 그의 직속 상관은 그의 최선의 노력을 거부했다. 설리번은 지겹고 낡은 교리 외에는 그 어떤 것도 받아들이지 않을 것이 분명했다. 그러나 와일리는 낡은 교리는 조금도 원치 않았다.

1989년 부활절 주말 동안 와일리는 아내와 딸들이 사는 캔자스시티로 돌아왔다. 와일리 부인은 아이들의 학년이 끝나면 콴티코로 이사할 계획이었다.

"그만 두기로 했어." 그는 그녀에게 말했다. 그녀는 동의했다. 해병대는 그녀의 남편을 충분히 오래 학대해왔다. 이제 민간 사회에 합류할 시간이었다.

보이드는 와일리가 콴티코로 돌아온 날 저녁에 그에게 전화했다. 그의 예지력은 예사롭지 않았다. 보이드는 직접 말하지는 않았지만, 그의 대화의 요지를 보면, 와일리가 무엇을 계획하고 있는지 알고 있음이 분명히 드러났다. 결국 와일리는 말했다. "존, 해병대를 전역하기로 결심했습니다."

"마이크, 그래선 안 돼. 아직은 때가 아니야. 아직 할 일이 있어. 큰 일이 이라고. 자네가 계속해야 하는 임무가 여기 있어." 보이드는 거의 1시간 동안 와일리를 회유하면서 그에게 우다 루프, 저항 우회, 모호성, 적의 근거지에 대해 다수의 공격축을 만드는 이야기들을 상기시켰다. "다수의 공격축이 설리번을 혼란스럽게 만들걸세." 그는 말했다. "자네는 중심을 알지만 그는 몰라." 보이드는 와일리를 산꼭대기로 데려가 무지개가 덮인 약속의 땅을 보여주었다. 그 약속의 땅은 해병대가 기동전을 연습하고, 좋은 아이디어를 방해할 장군이 없는 그런 곳이었다.

와일리는 수화기를 내려놓고 보이드가 한 말을 생각해본 다음 아내에게 전화를 걸어 해병대에 남을 것이라고 말했다. "짐을 싸서 애들 데리고 이리 와." 그는 말했다.

그는 다음날 다시 전화를 걸어 전역하지 않기로 결심한 지금 자신의 기분이 얼마나 좋아졌는지 아내에게 말했다. "민간인으로 돌아갈 것이라고 생각하니 우울했었어. 보이드의 밤늦은 전화도 없고. 우다 루프도 없고 속도나 유동성에 관한 토론도 없고. 그 전화들이 그리웠을 거야." 그와 아내는 웃었다. 둘 다 때때로 보이드의 한밤중 전화에 몹시 화가 났었다.

와일리는 보이드가 이끄는 대로 기동전 원칙을 적용하겠다고 결심했다. 그는 설리번 장군에게 자신의 5개년 계획 초안을 계속 보내서 장군이 그것에 몰두하는 동안 또 다른 공격축을 만들 작정이었다. 그것은 곧바로 사령관을 향할 것이었다. 그는 보이드에게 콴티코에 와서 보이드가 불과 최근 몇 달 전부터 강조하기 시작한 두 가지 개념인 다중 공격축과 모호성에 관한 그의 생각을 사령관에게 알려주라고 요청했다.

와일리는 설리번이 보이드의 사령관실 출입을 거부할 것임을 알고 있었으므로 지휘계통을 우회했다. 와일리와 보이드는 그레이 사령관과 3시간 동안 대화했다. 부관들이 사령관을 원래 일정으로 복귀시키기 위해 계속 방해했지만, 사령관은 그들을 모두 물리쳤다. 그는 모든 전화를 거부했다. 다음날 그레이는 지휘참모대학의 한 수업에 들러 학생들에게 다중 공격축과 모호성, 그리고 중심에 대해 이야기했다. 그는 학생들에게 기동 전을 이야기하며 이렇게 말했다. "이것이 해병대가 가는 길이네."

당연히 2성 장군들은 지휘계통을 우회하는 것을 좋아하지 않기 때문에 설리번은 와일리를 붙들고 한바탕 물어뜯었다.

며칠 뒤 와일리는 그레이 사령관에게 보내는 메모를 쓴 뒤 설리번이 계속 막고 있는 프로젝트인 5개년 계획의 사본을 첨부해서 사령관실로 보냈다. 그 사본은 삭제 표시와 수정 사항, 그리고 설리번의 조롱 섞인 논평으로 가득 차 있었다.

와일리는 설리번이 자신을 물어뜯은 것에 대해 대응하기 위해서가 아니라 좌절감을 느꼈기 때문에 그레이 사령관에게 이 5개년 계획의 사본을 보냈다고 말한다. 그러나 아무 일도 일어나지 않았다. 그는 장애물을 헤쳐나가야만 했다. 게다가 그레이 사령관은 앞서 그에게 "나는 항상 문이 열려 있네. 언제든 들르게"라고 말했었다.

와일리는 메모 복사본을 책상 서랍 속에 넣어두었다. 그는 누군가가 그의 책상 서랍을 뒤지다가 그 메모 복사본을 발견하고 설리번에게 전달했을 것으로 생각한다. 충분히 가능한 일이다. 그러나 특히 나중에 일어난 사건들을 볼 때, 그레이나 그의 사무실의 누군가가 설리번에게 메모 복사본을 보냈을 가능성도 있다.

메모가 사령관에게 전달되고 몇 주 뒤에 그 메모 복사본이 설리번의 책상 위에 올라갔다.

와일리는 다시 준장 진급심사 대상에 올랐다. 해병대에 기여한 공로로 이번에는 진급할 수 있을 것 같다는 확신이 들었다. 며칠 후 그는 콴티코 주변에서 데이비드 해크워스를 안내하고 있었다. 두 사람은 야전 연습을 참관하고 있었다. 어느 순간 전령이 접힌 노란 종이를 가지고 와일리에게 다가왔다. "설리번 장군 호출." 그렇게 쓰여 있었다. 와일리는 메모를 주머니에 넣고 해크워스를 계속 안내했다. 두 번째 전령이 또 다른 노란 종이를 가져왔는데, 거기에도 이렇게 쓰여 있었다. "설리번 장군 호출." 메모에는 급하다는 표현이 없었다. 와일리는 생각했다. '장군은 내가 어디 있는지 안다. 내가 무얼 하는지도 알고, 언제 돌아갈지도 알 거야.' 와일리는 메모를 다시 주머니에 넣었다.

몇 시간 뒤 사무실로 돌아가자, 와일리의 부서장이 말했다. "대령, 이번에는 정말 장군에게 가봐야겠네."

와일리는 진흙투성이 군화와 주름진 작업복을 보면서 말했다. "거기 가기 전에 깨끗한 제복으로 갈아입어야 할 것 같습니다."

몇 분 후 그는 사무실 거울 앞에 서서 거울 속에 보이는 자신의 모습을 보고 감탄했다. 풀 먹인 작업복, 광택이 나는 군화, 그리고 군살 없는 근육질의 몸. 그는 진짜 해병다워 보였다.

그는 설리번의 사무실에 출두했고, 장군은 인사평가 보고서를 건네준 다음 책상 위에 있는 서류를 가리켰다. 그것은 그가 그레이 사령관에게 보낸 5개년 계획의 수정 초안이었다.

"저 서류 보이나?" 설리번은 그에게 물었다.

"예, 그렇습니다."

"저기 서명했나?"

"예, 그렇습니다."

"여기서 나가게. 사무실을 나가도록 주선해놨어. 자넨 해임이야."

와일리가 사무실을 비우고 있을 때, 보이드에게서 전화가 왔다. 보이드는 항상 위기 상황에서 전화를 했다. 와일리는 그에게 텔레파시 능력이 있다고 확신했다. "대체 어떻게 지내?" 보이드는 우렁차게 말했다.

"안 좋습니다, 존." 그는 보이드에게 무슨 일이 있었는지 말했다.

"그러면 포상을 받은 거네. 혼쭐이 났군 그래. 그건 자네가 잘하고 있다는 뜻이야. 혼쭐이 나는 건 훌륭한 일에 대한 보상이네."

와일리에 대한 설리번의 인사평가 보고서는 너무 가혹해서 3성 장군인 검토 장교는 그것을 진급심사위원회로 보내기를 거부했다. 그 후 진급

심사위원회는 와일리에게 전화를 걸어 그 보고서가 누락되었다고 말했다. 와일리는 그것이 설리번 장군의 문제이지 자신의 문제가 아니라고 말했다. 그는 그레이 사령관에게 인사평가 보고서를 써달라고 부탁했지만, 사령관은 대답이 없었다.

와일리의 새 보직은 아무것도 하지 않는 것이었다. 그레이 사령관의 명령을 받고 콴티코에 온 와일리는 다시 표류했다. 그는 사령관이 무슨 일이 벌어졌는지 알기나 하는지 궁금했다. 그를 콴티코로 다시 데려온 사람이 틀림없이 그를 구하러 올 것이었다. 며칠 뒤 그는 사령관 부관에게서 전화를 받고 이런 말을 들었다. "기다리게. 의미 있는 역할이 주어질걸세. 낙담하지 말게."

병사들까지 『손자병법』을 읽는 지적인 해병대로 진화하게 만든 와일리

그 후 와일리에게 보직이 주어졌다. 신설 해병대학의 부학장이었다. 와일리는 해병대학이 그의 아이디어였기 때문에 초대 학장이 될 수 있기를 바랐었다. 하지만 학장은 장군이 맡았고, 와일리는 부학장이 되었다. 부학장이라는 직책은 해병대에서는 보기 힘든 직책이었는데, 그것은 와일리가 사상가이자 교육자이며, 그 개념을 개발한 사람이라는 점을 치하해서 부학장 자리를 만들어준 것이었다. 비록 와일리가 원하던 바는 아니었지만, 그는 그 임무에 완벽하게 걸맞는 적임자였다.

그레이 장군은 와일리에게 해병이 읽을 책 목록을 종합하고 싶다고 말했다. 와일리는 몇 년 전 상륙전학교에서 그가 편찬한 독서 목록을 가져와서 보이드가 추천한 책을 추가하고 다른 사람에게 추천을 요청했다. 그렇게 해서 아주 빠른 시간 안에 해병대는 의무사항은 아니지만 대부분의 장병들이 읽어야 하는 책 목록인 사령관 지정 도서 목록Commandant's Reading List을 처음으로 갖게 되었다.

와일리는 일주일에 대여섯 번 자정까지 사무실에서 야근을 했다. 그는 포식자들이 더 가까이 다가오고 있음을 어렴풋이 느꼈다.

아버지가 돌아가신 다음날인 1991년 4월의 어느 날, 와일리는 3성 장군에게 출두하라는 명령을 받았다. 문을 나서는데 보이드가 전화를 했다.

"무슨 일인가?"

와일리는 아버지의 죽음만 생각하고 있었다. "모르겠습니다. 장군님이 5분만 보자고 하십니다."

"왜?"

"전혀 모르겠습니다."

보이드는 잠시 말을 멈췄다. "마이크, 꼭 잊지 마. 돌아오자마자 전화 줘. 알았나? 돌아오는 즉시 전화해."

장군은 요점을 바로 말했다. 장군 진급에서 누락되었고 10월까지 전역해야 한다고 그는 말했다.

와일리는 충격으로 망연자실했다. 그는 사무실로 돌아와서 보이드에게 전화했다. "이제 무얼 해야 합니까?" 그는 물었다.

보이드는 욕설을 마구 쏟아냈다.

"아직 아내한테는 말을 못 하겠어요." 와일리는 말했다.

"아니야, 말해야 해."

두 사람은 오래 대화를 나눴다. 그리고 그 뒤 몇 달 동안 와일리는 보이드에게 하루에 네댓 번씩 전화했다. 그는 인생에서 가장 큰 고통 속에서 길을 잃고 헤매고 있었다. 하지만 그는 해병대원들이 항상 그렇듯 자신이 하던 일을 계속 했다. 그는 해병대학에서 심포지엄을 주재했는데, 당시 그가 해병대에서 쫓겨났다는 것을 청중 모두가 알고 있었다.

이 행사는 그에게 더 큰 치욕을 안겨주기 위한 운명의 장난처럼 보였다. 와일리는 유명한 군사이론가인 마르틴 반 크레펠트Martin Van Creveld를 심포지엄에 연사로 초청했다. 그러나 상관들은 반 크레펠트가 너무 논란이 많다면서 와일리가 초청을 철회해야 한다고 말했다. 그는 베트남에서 가장 훈장을 많이 받은 군인인 데이비드 해크워스를 연사로 초청했다. 그러나 해크워스 역시 너무 논란이 많다고 여겨져 와일리는 초청을 철회해야 했다.

해병대를 떠나기 얼마 전에 와일리는 젊은 장교들이 해병대학 도서관에서 그의 석사 논문의 사본을 발견하고 상륙전에 관한 그의 생각을 브리핑하기 시작하자 약간의 만족감을 느꼈다. 와일리는 해병대로부터 자신이 버림받은 사람이기 때문에 자신의 이름을 이용하지 말라고 그들에게 말했다. 젊은 장교들은 와일리에게 찾아와서 브리핑이 좋은 반응을 얻었을 뿐만 아니라, 상륙전 교리를 논문과 기동전 원칙에 더 부합하도록 재수정해야 한다는 이야기도 있었다고 말했다.

해병대가 미래의 전쟁에서 어떻게 상륙전을 수행할 것인가에 관한 계획은 극비 사항이다. 하지만 오늘날 누군가가 그 극비 계획 이면의 철학적 토대와 원칙을 알고 싶다면 해야 할 일은 와일리의 논문을 읽는 것뿐이다. 그의 논문은 선형 공격 대형으로 긴 교두보를 향해 나아가는 상륙정의 파상 대열을 요구하지 않는다. 그 대신 해병들이 신속하게 깊이 이동할 수 있도록 작은 교두보에 한 번에 두세 개 집단의 상륙정들이 상륙하기를 요구한다. 장교들은 전방에서 지휘한다. 이들은 확실한 중심을 두고, 강한 저항 거점은 우회하며, 항상 움직이고, 자신의 측면은 무시한 채 적의 후방을 향해 압박할 것이다.

1980년대에 해병대는 고지를 점령하는 덩치만 큰 얼간이들에서 병사들까지 『손자병법』을 읽는 가장 지적인 군종으로 진화했다는 것 또한 와일리에게는 상당히 자부심을 느낄 만한 일이었다.

해병대 대령, 특히 훈장을 받은 전투 참전용사인 고참 대령이 전역하면 퍼레이드와 함께 공로훈장Legion of Merit을 받는 기념식이 열린다. 전역자의 아내는 여러 해 동안의 공로를 치하하는 사령관의 편지가 꽂혀 있는 커다란 꽃다발을 받는다.

와일리는 그 중 어느 것도 받지 못했다. 그는 차를 타고 콴티코의 정문을 조용히 나갔다.

그러나 게릴라들은 개선행진을 하면서 귀향하지 않는다.

CHAPTER 29

물 위를 걷는 자

국방장관실에서 무기 시험 감독 업무를 맡게 된 버튼

이제 1970년대 후반으로 돌아가 보이드가 중요한 역할을 한 또 다른 이야기를 살펴보자. 이 이야기는 짐 버튼의 이야기로, 마이크 와일리의 이야기처럼 보이드가 가진 멘토로서의 훌륭한 재능을 보여준다. 보이드는 아버지가 없었기 때문에 아버지가 되는 법을 몰랐다. 하지만 아트 웨이블과 프랭크 페티나토 덕분에 멘토가 되는 법은 알았다. 보이드가 와일리와 버튼의 작업에 엄청난 자부심을 품었음은 의심의 여지가 없다. 이 두 사람을 통해서 보이드는 자신의 작업을 계속할 수 있었다. 그는 자신이 더는 할 수 없는 일을 하기 위해 와일리와 버튼을 이용했다. 그리고 그가 멘토들의 영향과 지도를 잘 받아들인 것처럼, 이들은 보이드의 영향과 지도를 잘 받아들였다.

버튼은 세 번째이자 마지막 시도에서 대령이 된 후, 자신이 더 이상 공군의 골든 보이가 아님을 깨달았다. 그는 결코 장군이 될 수 없을 것이었다. 그는 공군에서 장군으로 진급해 출세할 수는 없었지만 아직 중요한 일을 할 기회는 있었다.

버튼이 1970년대 말 펜타곤에 복귀한 뒤 3명의 공군 차관보의 군사 보좌관으로 연이어 근무했다는 사실은 그의 강직함과 상급자들이 그를 어떻게 인식했는지를 가장 잘 보여준다. 군사 보좌관이라는 보직은 군대에서 가장 민감한 자리 중 하나인데, 너무 민감해서 그 자리에 가는 사람들은 대부분 1년 정도 지나면 그 자리를 떠난다. 그들은 거의 한 행정부에서 다음 행정부로 이어서 근무하지는 않는다. 그러나 버튼은 카터 행정부와 레이건 행정부에서 모두 근무했다.

군사 보좌관은 1년 정도 지나면 일반 군대 보직으로 복귀한다는 것을 알고 있기 때문에 민간인 상관에게 충성하는 경우는 드물다. 만일 그가 장군들에게 충성하고 자신이 소속된 군종의 이익을 보호했다면 대개는 진급한다. 펜타곤에는 30~40명가량의 군사 보좌관이 근무한다. 그들의 표면적인 목적은 그들의 민간인 상관과 소속 군종 간의 연락책 역할을 수행하는 것이다. 하지만 그들은 실제로는 스파이 역할을 하며 그들의 장군과 군종의 이익을 보호할 뿐이다. 민간인 상관의 모든 회의, 모든 관련 전화, 심지어 민간인의 관심 분야까지 모두 장군들에게 보고한다.

버튼은 이런 일에는 맞지 않았다. 그는 민간인 상관에게 공군이 어떻게 그를 속이거나 현혹시키는지 알렸다. 그는 민간인 상관이 부끄러운 실수를 하지 않도록 여러 차례 막아주었다. 이 때문에 어느 날 한 장군이 그를 벽으로 밀친 뒤 가슴을 손가락으로 찌르면서 그가 공군에 충성하지 않는다고 비난하고는 조만간 일반 공군 보직으로 복귀하게 될 것이고 그러면 더 이상 공군 차관보의 보호를 받지 못할 것임을 상기시켰다.

하지만 예상과 달리 버튼은 군사 보좌관으로 세 번째 보임되어 국방장관실에서 다양한 무기 시험을 감독하는 일을 맡게 되었다. 공군 참모차장은 버튼의 새 보직을 전해 듣고는 달가워하지 않았다. 그는 버튼이 보이드와 개혁파와 가깝다는 것을 알고 있었다. 그리고 그런 인물은 공군과 다른 군종에 해를 끼칠 수 있다고 생각했다. 공군 참모차장은 버튼의 보직을 들었을 때 전역을 불과 3일 남기고 있었다. "내가 공군에 있는 동안은 안 돼." 그는 부관에게 말했다. 그의 마지막 공식 활동 중 하나는 버튼의 보직을 취소하고 그에게 라이트-팻에 가서 낙하산과 산소 마스크를 관리하라고 명령한 것이었다.

공군 차관보는 버튼이 국방장관실에 있기 원한다고 말했다. 또다시 싸움이 붙었다. 모두 합쳐 18개의 별을 단 일단의 공군 장성들이 차관보실에 들이닥쳐서 버튼의 문제가 공군 내부의 문제이며 공군 차관보와는 관련이 없다고 말했다. 이는 인사 문제였다. 공군 차관보는 버튼을 원한다고 고집했다. 장성들은 물러서기를 거부했다.

장성들이 왜 이 문제를 그렇게 중요한 문제로 생각했는지를 더 잘 이해하려면 약간의 배경 지식이 필요하다. 청사의 방식에 익숙하지 않은 시민들은 펜타곤이 하는 일을 막연하게만 생각한다. 사람들은 펜타곤의 실제 업무가 미국의 방어와 관련이 있다고 생각한다. 하지만 그렇지 않다. 펜타곤의 실제 업무는 무기 구매다. 군은 엄격한 시험 절차를 병적으로 혐오하는데, 왜냐하면 대부분의 경우 무기 혹은 무기체계의 성능이 광고되는 수준에 훨씬 못 미치고, 따라서 애당초 의회에 그것을 설득할 때 제시한 성능에 훨씬 못 미치기 때문이다. 무기 개발은 본질적으로 위험하고 비용 예측이 어려울 수 있다. 그러나 이보다 더 큰 문제는 스피니가 말하는 이른바 "프론트 로딩"인데, 이는 의회가 이 프로그램에 자금을 편성하도록 하기 위해 의도적으로 비용을 과소평가하는 관행을 말한다. 무기 구매 사업은 견제와 비교·대조가 거의 없고, 처음부터 끝까지 옹호 행위만 있을 뿐이다. 주요 프로그램을 맡는 장교는 군의 포상을 받고 진급이 될 뿐만 아니라 전역 후에는 방산업계의 고위직 자리가 주어지는데, 많은 경우 그가 펜타곤에서 맡은 프로젝트를 수행한 회사에 입사하게 된다. 이것이 청사의 진정한 본질이다. 그리고 이것이 공군 장성들이 짐 버튼과 같이 굽히지 않는 정직한 사람이 무기 시험을 담당하기를 원치 않은 이유다. 그리고 도합 18개의 별을 단 장군들이 공군 차관보를 위협하려 한 이유다.

이 공군 차관보는 몇몇 민간인 지도자들이 비슷한 대립 상황에서 했던 일을 할 필요가 있음을 깨달았다. 그는 장성들에게 민간인이 군을 통제한다는 점을 상기시켰다. 공군 차관보는 장성들이 계속 자신의 뜻에 반대한다면 기자회견을 하고 사임하겠다고 말했다. 기자들이 이유를 물으면 그는 근본적인 헌법상의 문제 때문이라고 말할 것이었다. 그가 그렇게 말한 후에야 18개의 별들은 물러났다.

첫 번째 실사격 시험 무기로 육군의 브래들리를 선택하다

버튼은 1982년 6월에 국방장관실 직속 시험감독관으로 부임했다. 그가 문으로 들어설 때부터 피어 스프레이는 미국 항공기와 장갑차량들이 소련제 무기에 얼마나 취약한지를 시험해보라고 종용했다. 스프레이는 미 육군의 신형 M1-A1 에이브럼스Abrams 전차를 가장 강하게 비판하는 사람 중 한 명이었고, 특히 전차와 장갑차의 취약성 시험을 주로 컴퓨터 모델링으로 수행한 방법을 비판했다. 이 컴퓨터 모델들은 야전 시험을 통해 검증이 되지 않았다. 따라서 스프레이가 보기에는 모델 기반 시험은 타당성이 없었다. 그는 우리 전차와 보병수송차들로 현실적인 전장 시험을 해야 한다고 말했다. 미국 장병의 목숨이 달려 있었다.

스프레이를 등에 업은 버튼은 실사격 시험 프로그램, 즉 소련의 로켓과 대포 실탄을 미국 전차에 발사해서 그 취약성을 시험한다는 아이디어를 제안했다. 그러한 프로그램은 상식적으로 보이지만, 실제로는 당시의 관행에서 근본적으로 벗어난 것이었다. 보이드는 육군이 이의를 제기하리라 예측했다.

버튼은 1년에 걸쳐 실사격 시험에 대한 자신의 생각을 국방부 하급 직원과 초급 장교들에게 브리핑했다. 준비 작업을 하고 모든 군종의 만장일치의 지지를 받은 후, 버튼은 시험하고 싶은 첫 번째 무기로 육군의 브래들리Bradley 전투차량을 선택했다. 육군의 심장부에 그것보다 더 가까운 무기는 없었다. 브래들리는 단지 병력을 안전하게 수송하기 위해 쓰이는 장갑 상자에 불과한 전통적인 병력수송장갑차보다 진보된 차량이어야 했다. 브래들리는 이론상 병력 수송과 "전투"를 모두 할 수 있도록 장갑 상자에 경량 포탑을 추가했다. 그러나 브래들리는 전차와 싸우기에는 장갑이 너무 얇았는데, 육군은 무엇과 싸울 생각인지를 정확히 제시한 적이 없었다.

브래들리는 매우 중요했다. 첫째, 브래들리는 가장 많은 수의 장병의 안전에 영향을 미치는 무기였다. 만일 미국이 전쟁을 한다면 최대 7만 명의 장병이 이 차량을 타고 전투에 나설 것이었다. 둘째, 브래들리 프로그램은 초기 제작 단계였다. 이는 수천 대의 차량을 야전 부대로 보내기 전에 어떤 문제든 해결할 수 있다는 의미였다. 셋째, 브래들리는 적 무기에 대한 취약성 시험을 받은 적이 없었다.

브래들리는 비극이 예정된 것이나 다름없는 처지였다. 이 차량은 탄약, 연료, 그리고 사람으로 가득 찼다. 가장 얇은 알루미늄 장갑이 이들을 둘러쌌다. 그래서 버튼은 브래들리를 시험하기 위해 육군 탄도연구소에 50만 달러를 보냈고, 실제 소련제 무기를 이용해서 시험하라고 주장했다.

육군은 동의했다. 그러나 첫 번째 "실사격" 시험에서는 소련제가 아니라 루마니아제 로켓을 브래들리에 발사하기로 되어 있었다. 육군은 루마니아제 로켓이 소련제 로켓보다 탄두가 훨씬 작다는 사실을 숨겼다. 브래들리가 더 확실하게 무적으로 보이게끔 하기 위해 육군은 내부 연료탱크에 디젤 연료가 아닌 물을 채웠다. 이렇게 해야 화력이 약한 루마니아제 로켓 탄두가 브래들리의 보호 장갑을 관통한다 해도 폭발이 일어나지 않을 수 있었다.

"이거 어떻게 할 거야, 짐?" 보이드가 물었다. "그들이 이렇게 하게 놔두면 다른 것들도 시도할 거야."

버튼은 여전히 자신의 보직이 육군에게 약속을 지키라고 강요할 권한이 있다고 믿었다. 그는 육군 관계자들을 설득하고 논리를 동원했지만 소용이 없었다.

초기 시험 중 브래들리 내부에서 많은 양의 유독가스가 검출되자, 육군은 그냥 가스 측정을 중단해버렸다. 육군은 브래들리가 직격을 당한 후 가스의 영향을 시험하기 위해 브래들리 안에 돼지와 양을 가득 실어두었다. 그러나 다른 시험에서와 마찬가지로 가스가 거의 사라지지 않자, 육군은 동물들을 검사하지 않고 폐에 이상이 생길 새도 없이 도살해버렸다. 그런 뒤 육군 의무감실은 그 동물들에게 심각한 후유증이 없었다고 보고했다.

육군은 그 시험의 현실성에 대해 자주 거짓말을 했다. 그러나 거짓 시험에서조차도 피해가 너무 커서 육군은 실사격 시험 종료를 2년 연기하기로 결정했다. 그래야 주계약 업체가 비용의 상당액을 확실히 챙길 수 있고, 시험 결과가 어떻게 나오든 브래들리 사업이 생산 단계까지 너무 많이 진행되어 사업을 중단할 수 없게 될 것이 분명했다.

"짐, 이게 좋은가보군." 보이드가 꾸짖었다. "그들이 계속하게 내버려두고 있잖아." 그는 버튼을 바라보았고 그의 마음을 꿰뚫어보고 있었다. 지금 버튼 앞에 놓인 문제는 그가 이전에 겪은 어떤 문제보다도 훨씬 더 큰 것이었다. 육군에게 브래들리는 공군에게 F-15와 같은 존재였다. 110억 달러가 걸려 있었는데, 이는 육군에게는 정직한 시험을 가로막을 동기가 될 정도로 큰 금액이었다. 보이드는 버튼을 압박했다. "짐, 정상적인 경력을 쌓으면서 좋은 일도 할 수는 없네." 그는 말했다. "결정해야 해."

버튼은 자신의 경력과 인생에서 중대한 지점에 서 있음을 알았다. 지금 그는 보이드에게 여러 번 들었던 되느냐, 하느냐의 갈림길에 놓여 있었다. 이 지점에서부터는 어떤 결정을 하든 되돌아갈 수 없었다. 만일 그가 군이 기대한 것, 즉 육군이 갈 길을 가게 놔둔다면 그는 좋은 군인이 될 것이었다. 그가 육군에 도전한다면 보복당할 것이 분명했다.

보이드가 제시한 세 가지 원칙으로 육군과의 싸움에서 이긴 버튼

보이드는 일생에서 이렇게 흥분된 적이 없었다. 그는 다가오는 싸움을 "분쟁의 양상"을 현장에서 직접 시험할 수 있는 기회로 여겼다. 보이드가 자신의 이론을 시험하기 위해 한 사람을 미 육군에 대항하게 만드는 것보다 더 좋은 방법이 무엇이겠는가? 언뜻 보기에 이보다 더 불공정한 경쟁은 없어 보인다.

그러나 "분쟁의 양상"에서는 분쟁의 도덕적 요소가 중요한 부분이다. 보이드는 육군이 잘못된 이유로 잘못된 일을 하면서 수십억 달러 가치의 프로그램을 보호하고 있다는 것을 알고 있었다. 보이드의 표현에 따르면, "밥그릇 지키기protecting the farm"를 하고 있었다. 반면, 버튼은 미국 장병들의 생명을 보호하기를 원했다. 육군은 버튼을 짓밟으려 할 것이고, 그를 쳐부수기 위해 미 육군의 엄청난 자원을 이용할 것이었다. 그것은 가장 잔혹한 소모전이 될 것이었다. 버튼은 오직 재치와 기동전 기술만 가지고 있을 뿐이었다. 보이드는 이 상황을 버튼이 육군의 마음속으로 들어가서 우다 루프를 실행에 옮겨 육군에게 혼란과 오판을 유발할 기회로 보았다.

보이드는 버튼이 미 육군을 물리칠 수 있다고 믿었다.

버튼은 자신이 보이드의 아이디어의 시험대로 쓰이고 있음을 알았지만 개의치 않았다. 사실 그는 그것을 기대했다.

보이드와 버튼은 매일 대화했다. 보이드는 육군 장성들과의 모든 회의에서 정확히 어떤 말이 오갔는지 알고 싶어했다. 그는 누가 어떤 보고나 연구를 발표했는지 알고 싶어했다. "자네의 의견이나 설명을 말하느라 그걸 빠뜨려서는 안 되네." 그는 말했다. "그냥 무슨 일이 일어났는지만 말하게. 그 의미에 대해서는 나중에 의논하고." 보이드는 버튼의 말을 경청한 후 곰곰이 생각하고는 버튼에게 육군이 어디서 그를 함정에 빠뜨리기 위한 공작을 펴고 있는지, 그리고 그가 다음날 무엇을 준비해야 하는지 말했다. 보이드와 버튼은 제2차 세계대전 당시 처칠이 진실은 혼자 여행하기에는 너무 귀중하며, "거짓말이라는 보디가드"에 의해 보호되어야 한다고 했던 말을 자주 인용했다. 보이드는 버튼이 진실을 찾기 위해 거짓말이라는 보디가드를 뚫어야 한다고 말했다. 그는 버튼에게 항상 주도권을 유지하라고 말했다. "그리고 절대 당황해서는 안 되네. 그들이 자넬 기습할 때는 그 기습이 치명적인 것처럼 보이더라도 언제나 대응 수단은 있어."

보이드는 버튼에게 세 가지 처리 원칙을 제시했다. 첫 번째 원칙은 보이드와 함께 일했던 모든 사람에게 가장 어려우면서도 가장 익숙했다. "짐, 결코 틀려선 안 돼. 철저히 준비해야 해. 기술적인 진술을 한다면 정확히 해야 해. 그렇지 못하면 그들이 자네를 갈길 거야. 그리고 그들이 자네를 갈기면 자넨 끝장나는 거야. 왜냐하면 일단 자네가 신뢰를 잃어서 더 이상 위협이 되지 않는다면 아무도 자네의 말에 관심을 갖지 않을 것이기 때문이네. 그들은 자네를 존중하지 않을 것이고 자네에게 관심을 갖지 않을 거야."

보이드가 버튼에게 말한 두 번째 원칙은 브래들리 자체를 비판하지 말라는 것이었다. "그렇게 하면 다른 모든 브래들리 비판자들과 하나로 취급돼. 자네가 관여해야 하는 것은 시험 절차네."

보이드와 버튼은 그러한 구분을 할 수 있었지만, 육군은 그러지 못했다. 그들에게는 시험 절차를 비판하는 것이 브래들리를 비판하는 것과 같았다. 그러나 두 접근법의 차이는 전혀 미묘하지 않다. 버튼은 시험 방법론에 계속 초점을 맞춤으로써 미국 장병들의 생명을 보호하고 있었다. 그는 정신적 · 도덕적 우위를 점하고 있었다.

마지막으로, 보이드는 버튼에게 언론이나 의회에 말하지 말고 군 시스템 안에 머물라고 조언했다. 그는 만일 군 시스템 밖으로 나가면 그저 또 하나의 내부고발자로 보일 것이라고 말했다. 내부고발자들은 존경을 받지 못한다. 그들은 혼자서는 할 수 없는 일을 도와줄 다른 사람들을 찾아야 한다.

보이드가 버튼에게 이 모든 자문과 조언을 해주었다는 사실을 버튼이 어떤 식으로든 보이드의 도구였다는 의미로 받아들여서는 안 된다. 그와는 정반대다. 버튼은 육군 장성들이 가득 찬 방으로 걸어 들어가 그들에게 도전해야 하는 사람이었다. 그는 사명을 띤 사람이었다. 그리고 그는 때때로 보이드와 스프레이를 모두 무시했다.

1984년 6월에 버튼은 와인버거 국방장관에게 스스로 "루비콘[307] 메모Rubicon Memo"라고 부르는 글을 썼다. 그는 육군이 브래들리에 대한 실전적 시험을 하지 않아 최대 7만 명 장병의 생명을 위험에 빠뜨리고 있다고 말했다. 그는 육군에게 "완전 적재 시험full-up test", 즉 시뮬레이션이 아니라 실제 전투에서와 마찬가지로 브래들리에 연료와 탄약을 적재하고 소련군의 실제 무기를 발사하는 시험을 실시하라는 명령을 내려줄 것을 요청했다.

9월 28에 육군은 장비를 완전히 적재한 브래들리를 상대로 최소 10발을 사격하는 시험을 실시하는 데 동의했다. 그러나 2주 뒤 육군은 브래들리가 얼마나 취약한지를 깨달았고 육군 차관은 실사격 시험을 취소했다. 버튼은 차관을 만나기로 약속을 했고 설득이 통했다. 차관은 다시 입장을 번복했다. 이제 육군은 앞서 합의한 대로 시험을 수행할 것이었다.

하지만 육군은 버튼이 이 시험에 참관하는 것을 원치 않았고, 육군 장성들은 공군 장성들에게 말해서 버튼을 알래스카로 전출시키라는 지시를 내리게 만들었다. 그는 일주일 내에 전속을 수락하거나 사직하라는 통지를 받았다. 보이드가 예상한 바와 같이 그것은 잔혹한 정면 공격이었다. 그리고 효과적으로 보였다. 어쨌든 성가신 직원이 있다면, 그를 없애기 위해 그를 전출 보내는 것보다 더 좋은 방법이 무엇이 있겠는가? 버튼은 싸움이 끝났다고 생각했다. 하지만 보이드는 웃었다. "젠장, 짐, 이건 공군이 할 수 있는 가장 멍청한 결정이야. 누가 이런 결정을 했든 장군감이구만." 그는 버튼에게 브래들리 논란을 다룬 모든 메모와 서신, 그리고 모든 연

---

307 카이사르가 루비콘강을 건넌 것이 되돌릴 수 없는 결정이었듯이, 루비콘은 되돌릴 수 없는 결단을 뜻하는 관용적 표현으로 쓰인다.

구자료를 모아 복사한 후 그 사본들을 청사에 뿌리라고 말했다.

버튼은 이의를 제기했다. "제가 군 시스템 안에서 일하기를 원하시는 줄 알았습니다."

"짐, 군 시스템 내에서 일한다는 의미에는 무슨 일이 일어나고 있는지 알 권리가 있는 모든 사람이 모든 서류의 사본을 가지는 것도 포함되는 거야." 순간 보이드는 말을 멈췄다. 잠시 후 보이드는 억지로 웃음을 참는 듯한 목소리로 버튼에게 말했다. "만일 무언가 청사 밖으로 유출될 필요가 있다면, 신이 알아서 할 거네."

버튼에게 가장 공격적인 반대자들조차도 브래들리 프로그램 관련자들에게 정보를 제공하는 것을 비난할 수 없었기 때문에, 버튼은 파일 캐비닛 안의 모든 문서들을 꺼내서 사본을 만들었다. 그는 많은 사람에게 사본을 전달했다. 표지 메모에는 그가 보직에서 해임되었으며 이 문서들이 프로그램의 현황을 알려줄 것이라고 쓰여 있었다. 그가 이 서류더미를 육군의 한 고위 장성에게 건네자, 장군은 사색이 되었다. 버튼은 사본들이 유출되리라는 것을 알았다. 버튼은 그가 여전히 게임에 남아 있을 뿐만 아니라 판돈을 올리고 있다는 것을 알리고 있었다.

버튼을 전출시키지 않는다는 전갈이 내려왔다. 육군과의 갈등을 해결하기 위한 노력의 일환으로 그의 업무 분장이 바뀌었다. 육군이 브래들리에 대한 자체 시험을 수행하기로 했다. 단, 버튼이 원한 대로 정확히 시험을 수행한다는 조건이 붙었다. 그는 참관도 할 수 있었다.

보이드는 버튼에게 그가 이 싸움에서 이겼고 군 시스템 안에서 일함으로써 이를 해냈다고 말했다. 만일 이 이야기가 언론에 새어나간다면, 기자들과 대화해서는 절대 안 된다.

몇몇 사본들이 의회 개혁회의 소속 의원들에게 전해졌고, 이 의원들은 결국 이것을 언론에 알렸다. 수십 명의 기자가 왜 버튼이 알래스카로 전출되는지 궁금해하며 펜타곤에 나타났다. "버튼 대령은 알래스카에 가지 않습니다. 그런 명령이 내려진 적은 없었습니다." 펜타곤 대변인이 말했다.

기자들이 이것을 알려준 의회 개혁회의 소속 의원들을 찾아가자, 그들은 7일 기한 통지문의 사본을 기자들에게 주었다. 펜타곤 대변인이 거짓말을 했다는 것을 알고 기자들은 몹시 화가 났다. 버튼의 전화가 며칠 동안 울렸다. 하지만 그는 기자들에게 아무 말도 하지 않았다.

그럼에도 불구하고 며칠 후 미국에서 가장 큰 신문들은 버튼이 육군에 브래들리 시험을 조작한다는 혐의를 제기했고 펜타곤이 그의 보직을 폐지해서 보복했다는 기사를 실었다. 버튼은 여전히 기자들과의 대화를 거절했지만 어쨌든 그 기사들이 작성되었다.

펜타곤의 사내보인 《얼리 버드Early Bird》는 전국의 각 언론사가 게재한 기사들을 모아 실었다. 이 기사들은 브래들리 시험 문제와 펜타곤이 버튼의 보직을 폐지함으로써 대응한 방법을 다루고 있었다. 펜타곤이 가장 두려워하는 두 신문인 《워싱턴 포스트Washington Post》와 《뉴욕타임스New York Times》는 버튼의 편을 들며 미 국방부의 거친 방식을 공격했다. 낸시 카세바움이 이끄는 의회 개혁회의도 이 싸움에 가세했다.

펜타곤이라 해도 이러한 세력들에 맞설 수는 없었다. 펜타곤 대변인은 모든 시험이 완료될 때까지 버튼이 브래들리 프로그램을 감독할 것이라고 말했다.

이제 버튼은 전국적인 인물이 되었다. 스피니와 마찬가지로 이것이 그의 보호막이 되어줄 것이었다. 하지만 스피니의 경우에는 두 가지 중요한 연구에 영향을 미쳤음에도 불구하고 펜타곤이 바뀌지는 않았다. 그는 레이건 행정부의 국방예산 증액을 막았지만 예산 증액은 어차피 1년 정도 지나면 저절로 멈췄을 것이다. 개혁파는 펜타곤이 국방예산에 얼마나 신중하지 못하고 심지어 무책임한지를 미국 국민에게 인식시켰다. 그러나 그들은 오래 지속될 수 있는 중요한 변화를 일으키지는 못했다. 버튼은 마지막 기회였다. 만일 그가 펜타곤을 완전히 바꿀 수 없었다면 지난 몇 년이 무의미했을 것이다.

첫 라운드는 버튼의 명백한 승리였다. 장성들은 씁쓸했을 것이 틀림없다. 일개 대령이 장성인 그들에게 반항해 이겼을 뿐만 아니라 그들이 처벌할 수 없는 방식으로 그 일을 해냈기 때문이다. 그들은 다음번에는 실패하지 않을 작정이었다.

부패한 육군 시스템과 싸워 이긴 출혈이 큰 승리

버튼의 사무실에 있는 동료 장교인 한 대령이 버튼을 감시하기 시작했다. 그는 버튼의 전화 통화를 들으면 이를 기록했다. 그는 버튼이 사람들을 만나는 것을 계속 기록했다. 버튼이 쓴 모든 메모는 복사되어 육군 최고위급 장성들에게 전달되었다. 그 후 그것을 재복사한 복사본이 대장에서 중장, 소장, 준장, 그리고 대령에게까지 전달되었다. 버튼은 군이 자신을 해임할 근거를 만들기 위해 자료를 모으고 있다는 것을 알아차렸다. 보이드는 신이 났다. 그는 이를 버튼이 이 계획의 배후에 있는 육군 지휘부에 큰 영향력을 행사할 수 있는 기회로 여겼다. 그는 버튼에게 메모를 작성할 때 그 메모가 수신자를 위한 것이 아니라 장군들을 위한 것임을 명심하라고 말했다.

보이드는 이를 "역펌프reverse pump"라고 불렀다. 버튼은 자신을 염탐하는 사람들에게 정보를 흘려주고 있었다. 이는 버튼이 말하고 쓰는 모든 것의 정확성이 훨씬 더 중요하다는 뜻이었다. 보이드는 초기에 버튼에게 경고한 세 가지 원칙 중 하나를 반복해서 상기시켰다. "철저히 준비해야 하네. 만일 그들이 일단 자네를 갈기고 나면 다시는 자네를 존중하지 않을 거야."

버튼은 철저히 준비하여 육군 시험장에서 끝없이 질문하는 사람으로 알려지게 되었다. 그는 장갑, 종말탄도학terminal ballistics[308], 밀폐 공간에서 병력에 대한 폭발의 의학적 효과, 할론 가스halon gas[309]의 영향, 폭발의 부

---

308 종말탄도학: 무기가 표적에 명중할 때의 현상을 연구하는 탄도학의 한 분야.

309 할론 가스: 화재 진압용 소화기 성분으로 쓰인다.

산물인 유독 가스에 대한 연구인 "증기화^{vaporifics}"와 같이 난해한 영역들에서 육군을 감싸기 위해 일생을 헌신한 육군 전문가들을 상대했다. 하지만 버튼과 전문가들 간의 차이점은, 육군은 브래들리의 위험을 은폐하기 위해 컴퓨터 모델링에 의존했고, 버튼은 이러한 위험을 확인한 시험 자료들을 끝까지 찾아낸다는 것이었다.

보이드가 버튼에게 육군을 상대하는 전술을 조언해준 한편, 스프레이는 기술적인 전문지식을 제공했다. 스프레이는 장갑차량과 중동 전쟁의 전투 결과에 관한 광범위한 문헌이 있다는 것을 알았다. 그의 제안에 따라 버튼은 국방기술정보센터$^{Defense Technical Information Center}$에 가서 전쟁 시 장갑차량의 취약성에 관한 모든 보고서를 파헤쳤다. 그는 모든 것을 연구하고, 메모하고, 도전했다. 고의적이었든 무지해서였든 간에, 시간이 흐르면서 육군 전문가들은 몇 번이나 버튼이 진실을 모른다고 생각하고 잘못된 진술을 했다. 그는 그들이 계속 그렇게 하고 그들의 행동을 정당화하도록 내버려둔 다음, 함정을 팠다. "데이터에는 그렇게 나와 있지 않습니다." 그러고 나서 그는 서류가방에 손을 넣어 육군 전문가들이 들어본 적도 없거나 묻어버리고 싶어한 연구 자료를 꺼내 들었다. 버튼의 연구에 따르면 제2차 세계대전의 전차병들과 중동전쟁의 이스라엘 전차병들의 경우 전차 내부의 화재와 폭발이 가장 큰 인명피해의 원인이었다. 그는 더욱 실전적인 시험 절차를 요구하면서 한 육군 전문가를 돌아보고 말했다. "제가 하려는 일에는 사적인 목적이 없음을 알아주셨으면 합니다." 그는 심호흡을 하고 말했다. "당신의 컴퓨터 모델에서 화재, 폭발, 유독 가스, 폐동맥진탕$^{blast lung}$[310]을 다룬 부분을 보여주세요."

육군 전문가들은 그것들이 고려사항에 포함되어 있지 않다고 말했다.

버튼은 서류가방에서 보고서를 꺼내 테이블에 던지며 말했다. "그러면 그것들이 사상자의 주요 원인임을 보여주는 제2차 세계대전과 영국, 이

---

310 폐동맥진탕: 폭발 압력으로 인해 폐가 손상되어 호흡 기능을 잃는 증상.

스라엘의 자료를 어떻게 설명하시겠습니까?"

육군은 말했다. "네, 그 원인들은 존재합니다. 하지만 그것들을 컴퓨터에서 모델링을 할 수는 없어서 무시하고 있습니다."

1985년 9월에 와인버거는 버튼에게 손으로 쓴 메모를 보내서 그 시점 이후로 브래들리에 대한 모든 시험 결과를 직접 알려달라고 요청했다. 콜린 파월Colin Powell 장군은 당시 와인버거의 군사 보좌관이었는데, 버튼이 3명의 공군 차관보를 위해 일했던 것과 같은 직무를 맡고 있었다. 그러나 파월과 버튼은 다른 부류의 사람이었다. 버튼은 와인버거에게 메모를 보낼 때 육군 고위급 장성들이 국방장관보다 먼저 사본을 입수한다는 것을 알았다. 역펌프는 아직 작동 중이었다.

이제 버튼은 탄도학, 증기화, 폐동맥진탕, 그리고 다른 모든 신비로운 분야들을 육군만큼 많이 알았다. 그는 그들의 마음속에 들어가 있었고 그들이 어떻게 생각하고 어떻게 반응하는지 알았다. 그는 민간인 상급자 및 육군 관계자들의 방에 출입할 수 있었기 때문에 계획이 언제 시작되는지 알 수 있었다. 그는 상대가 언제 어떻게 움직일지 직감적으로 알았다. 버튼은 손끝 감각을 발휘해 우다 루프를 빠르게 거치며 상대의 예상을 앞지르자, 쾌감을 느꼈다. 그는 "러너스 하이runner's high[311]" 같은 기분을 느꼈고 그 대결을 즐기기 시작했다. 그는 항상 말을 시작할 때마다 "제가 하려는 일에는 사적인 목적이 조금도 없음을 알아주셨으면 합니다"라고 밝혔다. 그런 다음 상대를 완전히 초토화시켰다. 그는 상급자들에게 누군가가 항상 하원의원, 상원의원, 언론에 정보를 유출한다는 메모를 써서 육군을 다시 한 번 당혹스럽게 만들었다. 그는 악마의 씨를 심고 있었고, 육군은 그것을 수확할 것이었다.

머지않아 스프레이가 버튼의 전문지식을 뒷받침하는 기술적 두뇌라는 말이 새어나갔다. 스프레이가 A-10을 지지했다는 이유로 공군이 그

---

[311] 러너스 하이: 힘든 운동을 장시간 지속할 때 고통이 쾌감으로 바뀌는 현상.

를 미워한 것처럼, 육군은 그가 에이브럼스 전차를 비판했다는 이유로 그를 미워했다. 육군이 이를 와인버거에게 불평하자, 와인버거는 이를 공감하며 들어주었다. 와인버거는 공식 출입증이 없는 사람들이 더 이상 과거처럼 펜타곤의 공개 지역을 에스코트 없이 드나들 수 없도록 청사 출입 규정을 바꿨다. 이는 적절하며 필요한 규칙이었다. 하지만 거의 전적으로 피어 스프레이 때문에 이루어진 조치였다.

그 뒤로 스프레이가 버튼에게 전달하고자 하는 연구물이나 보고서가 있을 때면 그들은 펜타곤의 남쪽 주차장에서 만났다.

이제는 개혁회의뿐만이 아니라 의회 전체가 브래들리에 관심을 가졌다. 의회는 육군이 버튼이 시험을 감독하게 하는 합의에서 빠져나가려 할지 모른다고 매우 우려해서 버튼과 육군의 합의에 담긴 모든 조치가 이루어져야 한다는 법을 통과시켰다.

의회의 이러한 긍정적인 반응은 1985년 여름에 육군 시험 프로그램에 참가한 사람들이 브래들리를 타고 전투에 나갈 사람들을 위해 버튼이 이 차량을 안전하게 만들기로 결심했음을 깨달았다는 또 하나의 신호였다. 오직 원칙을 지키는 사람만이 그렇게 오래, 그리고 그렇게 큰 개인적인 희생을 감수하며 육군과 싸우려 했을 것이다. 개중에 육군 출신들이 많이 있던 민간인 관계자들은 버튼이 시험 프로그램에 참여한 많은 장교들과는 달리 시험 성패에 아무런 개인적 이해관계가 없음을 깨달았다. 버튼은 브래들리의 생산을 성사시켜서 훈장을 받고 진급하기 위해 그곳에 있는 것이 아니었다. 그는 오로지 야전 병력의 생명을 지키기 위해 시스템을 일신하기를 원했다.

민간인 시험 요원들이 버튼의 집에 전화하기 시작했다. 거의 모든 사람이 버튼에게 전화해서 시험 결과에 어떻게 영향을 미치도록 지시받았는지 자세하게 말했다. 이제 버튼은 그에게 정보를 제공해준 사람들을 보호하기 위한 하나의 방법으로서 자신의 명성을 이용해 질문을 했다. 그는 시험장으로 돌아와서는 비공식적으로 그에게 전달된 정보를 공식적으로 얻어낼 때까지 계속해서 질문을 던졌다.

버튼은 그에게 시험에 대한 진실을 말해주는 육군 인맥을 쌓았다. 그는 육군이 무엇을 하려는지 알고 싶을 때 이 정보원들에게 전화를 했는데, 그는 이를 "내 감시망 가동running my traplines"이라고 불렀다. 그런 다음 상급 장교에게 돌아가서 말했다. "제가 하려는 일에는 사적인 목적이 없음을 알아주셨으면 합니다."

이제 이 말은 육군 장성들을 공포에 떨게 만드는 문구가 되었다.

버튼은 1985년 12월에 브래들리 내부에 적재되는 탄약이 병력에 중대한 위험이 된다는 것을 보여주는 독립적인 보고서를 준비했다. 만일 그가 옳다고 증명된다면 브래들리 프로그램은 취소될 위기에 처할 것이었다. 미 육군은 이 보고서의 존재가 널리 알려지기 전에 이 보고서를 억누르고 탄약이 거의 위험하지 않다는 내용의 보고서로 반박했다.

ABC 뉴스 앵커인 피터 제닝스Peter Jennings는 공식적으로는 존재하지 않는 버튼의 보고서와 그것이 브래들리 프로그램을 어떻게 위협했는지를 보도했다.

버튼은《뉴욕 타임스》의 사설에 언급되었다. 그는 부패한 육군 시스템과 싸우는 정직한 사람으로 여겨졌다. 버튼의 상관이 컨설팅 회사를 창업하기 위해 정부를 떠나면서 시사 프로그램〈식스티 미니츠60 Minutes〉와 인터뷰를 했는데, 그는 버튼에게 만약 의회에서 그 때문에 한 번만 더 전화를 받는다면 그를 해임하겠다고 위협했었음을 인정했다.

기자들은 펜타곤에 전화를 걸어 브래들리에 관한 버튼의 보고서에 대해 질문하기 시작했다. 펜타곤은 이때 즈음에는 버튼이 언론과 대화하지 않으리라는 것을 알고 이 점을 최대한 활용해 그가 아무것도 쓰지 않았다고 부인했다. 그러나 사본들이 돌아다니고 있었다. 그 사본들이 기자들에게 흘러들어갔고, 펜타곤은 또다시 일격을 당했다.

어느 날 밤 육군의 한 2성 장군이 버튼 집에 전화를 걸었다. 그는 버튼이 하는 일을 칭찬했다. "우리는 이 실험들을 해야 하네." 장군은 말했다.

"자네가 하는 일이 수많은 생명을 구할걸세." 그러고 나서 장군은 버튼이 하는 모든 일에 동의하지만 자신의 직책 때문에 다음날 버튼을 공격할 수밖에 없다고 말했다.

이제 버튼은 점점 지쳐가고 있었다. 정확해야 한다는 끝없는 압박으로 인해 지쳐갔다. 그는 매일 밤 저녁을 먹으면서 와인 한 병을 마셨다. 그리고 자신이 얼마나 더 오래 계속할 수 있을지 궁금해하며 보이드에게 큰 소리로 물었다.

"짐, 자넨 이길 수 없을지도 몰라." 보이드는 그에게 말했다. "하지만 그 망할 놈들이 무임승차하게 할 수는 없어. 자넨 옳은 일을 하고 있네. 계속 하게, 타이거." 의회는 브래들리에 관한 청문회를 명령했다. 한쪽에는 브래들리 프로그램과 관련된 최고위급 장성들이, 다른 한편에는 버튼 대령이 자리할 예정이었다. 스프레이는 버튼의 서면 진술 준비를 도왔고, 스프레이가 준비를 마쳤을 때 버튼은 자신의 입장이 난공불락임을 알게 되었다.

육군은 버튼에게 그가 말하려고 계획한 모든 내용이 기밀로 분류되었다고 알렸다. 그는 어떠한 말도 해서는 안 되었다.

"그 결정을 번복하지 않는다면 제가 증언하려는 내용이 검열되었다고 의회에 알리겠습니다." 버튼은 말했다. "그리고 육군 장성들이 브래들리를 지지하기 위해 기밀 정보를 언론에 누설했다고 증언하겠습니다."

그러자 갑자기 버튼이 증언하려는 내용이 기밀에서 해제되었다.

버튼의 증언은 의회에서 브래들리에 관한 2년간의 논쟁의 문을 열었다. 워싱턴과 다른 지역에 있는 대부분의 사람들은 버튼이 옳다고 믿었다. 1986년 2월 4일자 《뉴욕 타임스》의 주요 사설은 브래들리 시험에 대한 육군의 태도와 결과 조작을 맹비난했다. 사설은 육군에게 버튼의 조언을 따르라고 요구했다. 미 육군이 스프레이와 버튼이 설계한 안전 기능에 반대하자, 미 의회는 버튼의 아이디어를 시험하지 않으면 브래들리 생산 라인을 폐쇄하겠다고 말했다.

이 일이 있기 몇 년 전에 의회 개혁회의는 펜타곤에 모든 군용 무기 시험을 감독하는 운용시험평가처장Director of Operational Test and Evaluation, DOT&E 이라는 새 직책을 만들어냈는데, 이는 개혁 운동의 영구적인 업적 중 하나가 되었다. 운용시험평가처장은 특별히 국방장관과 의회에 직접 보고하는 직책이었다. 이 직책의 목적은 펜타곤의 무기 옹호 시스템에 대한 균형추역할을 하는 것이었다. 펜타곤은 그 새 직책을 격렬하게 반대했고, 의회는 그 직책을 청사에 강제로 만들게 했다. 그 후 거의 2년 동안 와인버거는 그 직책에 누구도 임명하기를 거부했다. 결국 강한 압력을 받고서야 그는 낸시 카세바움에게 누군가를 추천해달라고 요청했다. 그녀는 와인버거가 그녀의 지명자를 단지 의회 개혁 회의의 의장인 그녀가 지명한 개혁 후보라는 이유만으로 박해하지 않겠다고 약속할 경우에만 추천을 하겠다고 말했다. 와인버거는 카세바움의 우려를 이해한다고 말했다.

그녀는 버튼을 지명했고, 버튼에게 만약 이 추천이 수락되지 않는 경우 펜타곤이 그를 처벌하지 못하도록 하겠다고 약속했다.

와인버거는 버튼의 임명을 수락하기를 거부했고, 공군은 그를 다시 전출시키려 했다. 그에게는 전출과 퇴역 둘 중에 하나를 선택하라며 7일이 주어졌다. 개혁회의의 의원들은 격노했고 거센 불만을 터뜨렸다. 하지만 카세바움은 침묵을 지켰다. 보이드와 스프레이는 그녀의 사무실로 가서 그녀에게 버튼을 보호할 책임이 있음을 상기시켰다. 하지만 그녀는 곧 있을 버튼의 전출이 운용시험평가처장에 지명된 것에 대한 징벌이 아니라 통상적인 공군 순환근무 방침에 따른 것이라고 말했다.

오랫동안 개혁을 믿어왔던 카세바움의 보좌관 윈슬로 휠러는 보이드와 스프레이가 카세바움 상원의원과 이야기를 나눌 때 그 자리에 있었다. 그는 그들의 얼굴에 나타난 경멸 어린 표정과 카세바움의 얼굴에 서린 난처해하는 표정을 기억한다. 그는 이 사건이 개혁 운동의 종말을 알리는 신호탄이었다고 믿는다.

버튼은 마지막으로 자신의 감시망을 가동하여 육군이 최근 브래들리 시험에서 적탄이 내부 구획 관통 시 어떤 일이 벌어지는지에 대한 결과를 조작하기 위해 내부 탄약상자를 물을 채운 깡통으로 교체했다는 것을 알게 되었다. 정직한 시험이었다면 브래들리가 파괴되었을 것이다. 육군 장교들은 시험 결과가 좋게 나오도록 조작하는 방법을 고안했다는 이유로 진급했다. 이에 대응해서 버튼은 그의 가장 유명한 메모를 작성했다. 그는 육군이 브래들리 시험에서 부정행위를 했다고 혹독하게 비난했다. 그는 육군이 브래들리 시험을 실시한 것은 미국 군인들의 생명을 구하기 위해서가 아니라 무기를 구입하기 위해서라고 말했다. 그러한 비난에 직면하자 육군 참모총장은 시험을 중단했고, 하원 군사위원회는 청문회를 요구했다. 그러나 버튼의 승리는 아마 자신도 알고 있었겠지만 출혈이 큰 승리였다. 그는 곧 알래스카로 전출될 것이라는 또 다른 통지를 받았다. 만일 그 보직을 수락하지 않는다면, 강제로 전역될 것이다. 그에게는 결정을 내릴 시간이 7일 주어졌다.

육군은 시험 절차를 검증하기 위해 미 국립과학원National Academy of Sciences 위원회를 소집했다. 위원 중 일부가 육군과 계약을 맺은 위원회는 곧바로 그 작업을 수행했다. 육군 장성들은 이제 그들의 시험 방법이 정당화되었다고 생각했다. 하지만 버튼은 위원회의 모든 위원들에게 편지를 써서 그들이 과학자가 아니라 옹호자라고 말했다. 위원회가 다시 소집되었고, 이번에는 위원들이 버튼의 실험 방법이 최선이라고 말하자, 육군은 경악하지 않을 수 없었다.

하지만 이제 버튼은 신체적으로나 감정적으로 지쳤다. 그는 전역 서류에 서명했다.

피어 스프레이는 육군을 상대로 한 청문회에 증인으로 출석해 증언했다. 통계학을 전공한 스프레이가 의회에 제출한 보고서에는 교활함, 노골적인 거짓말, 장병들에 대한 관심 부족 등 의회가 지금껏 들은 적 없는 육군을 고발하는 아주 충격적인 내용이 담겨 있었다.

하지만 버튼은 떠났다.

CHAPTER 30

"그들은 나를 괴짜로 봐"

펜타곤의 반격

보이드는 펜타곤에서 밤늦게까지 일한 다음날은 거의 정오가 되어서야 출근하기 위해 집을 나서는 경우가 종종 있었다. 어느 날 정오 무렵에 그의 아파트 단지에 사는 젊은 사업가들이 주차장에 나와 그날의 첫 회의를 하고 있었다. 그들은 보이드에게 손을 흔들고 고개를 끄덕이면서 웃으며 "대통령님"이라고 불렀다. 어쨌든 보이드가 키가 크고 팔다리가 길고 레이건처럼 건장하고 잘생긴 건 사실이었다. 그러나 그는 최소한 1984년에는 레이건과 같은 유쾌한 유머감각을 갖고 있지 않았다.

보이드와 딸 메리 엘렌은 약 2년 동안 서로 말을 하지 않고 지냈다. 보이드는 그녀에게 화해의 손길을 내밀며 "분쟁의 양상"을 개정하는 작업을 함께 해달라고 부탁했다. 그녀는 타자수가 되었고, 제프는 삽화를 그렸다.

메리 엘렌은 일주일에 두세 번 아버지와 밤에 일했고 종종 주말에도 일했다. 보이드는 모든 단어가 확실하고 정확하게 올바른 의미를 전달하기를 원했다. 메리 엘렌의 회고에 따르면, 한번은 그녀와 보이드가 "회전

swirling"과 "선회whirling"의 차이점을 몇 시간 동안 논쟁했다고 한다. 때로는 논쟁이 너무 격화된 나머지 오래된 감정까지 끓어올라 보이드와 메리 엘렌가 잠시 자리를 피해 감정을 가라앉혀야 했다. 하지만 아버지와 일하는 것은 메리 엘렌에게 중요했다. 그것은 오랫동안 말하지 않았던 시간을 보상하는 하나의 방법이었다.

1984년에 군사개혁 운동은 최고조에 달했다. 그리고 수요일 저녁 모임은 시끄럽고 요란했고 장군들을 갈기는 계획으로 가득 찼다. 스피니의 화이트 왜건 킬white wagon kill, 장군의 공대깔개 기동air-to-rug maneuver, 망토 흔들기cape jobs와 핫 플래터hot platter, 그리고 튜브 스테이크tube steaks와 바브와이어 엔칠라다barbwire enchilada로 알려진 특히 효과적인 기술들과 같은 오래된 이야기들이 이야기되고 또 되었다. 개혁파가 항상 승리하지는 않았다. 그들도 때로는 망토 흔들기를 당하는 처지가 되기도 했다. 이런 일을 당하면 그들은 웃으면서 고개를 가로저으며 "눈뜨고 코 베였네"라고 말하고는 술을 마시고 반격을 계획했다.

펜타곤 관료들은 수요일 밤의 초저녁 술자리 모임을 알고는 가끔 스파이를 보냈다. 그들은 형제단의 일원이 아닌 것이 분명할 정도로 무뚝뚝해서 쉽게 눈에 띄었다. 보이드가 송신 모드가 되어 20여 명의 사람들에게 둘러싸인 채 장광설을 늘어놓을 때 누군가가 방 저쪽의 몇 사람을 가리키곤 했다. "존, 저기 스파이입니다. 말소리 낮추세요." 보이드는 "엿 먹으라 그래"라고 말하고는 더 크게 얘기했다.

그러나 이 모임에는 아주 심각한 저기압이 흘렀다. 보이드와 개혁파는 세계에서 가장 크고 강한 군 기관과 싸우고 있었다. 그들은 수적으로 열세였고, 화력이 약했고, 자원이 한정적이었다. 그들의 승리에는 엄청난 대가가 따랐다.

스피니가 좋은 예였다. 보이드는 청사가 스피니의 "계획/현실 간의 불일치" 브리핑에 대응할 수 없어서 긴 칼을 뽑을 것을 알았다. 그가 스피니에게《타임》지의 표지 모델이 되라고 주장한 것은 옳았다. (그는 개혁파 중 한 명이 슈퍼맨 만화책의 표지에 등장하기 전에는 개혁 운동이 미국에서 진정으로 받아들여지지 않을 것이라고 말했다.) 하지만 결국 보호막은 사라졌다. 1984년 개혁 운동의 축이 스피니에서 600달러짜리 화장실 변기와 같은 조달 계약의 낭비와 사기로 바뀌어 있었다.

스피니가 더 이상 언론의 주목을 받지 못하자, 청사는 반격에 나섰다. 펜타곤에서 나온 문서 중에서 가장 중요한 두 가지 문서를 작성했을 뿐만 아니라 납세자들의 돈을 허공에 날리는 데 사용하는 펜타곤의 허술한 회계 절차를 밝히는 데 그 누구보다도 많은 일을 해낸 스피니는 형편없는 실적 평가를 받았다. 이것은 직원을 해고할 준비를 하는 데 쓰이는 전술이다. 몇 년 동안 실적 평가가 불량하다는 것은 그 직원이 의지할 데 없이 해고될 수 있다는 뜻이다. 반면 평가가 보복성이라고 입증되면 이는 불법이다. 한 무리의 변호사들이 스피니에게 무료 법률 서비스를 제공했다. 개혁파 중 한 명이 《워싱턴 포스트》의 조지 윌슨George Wilson에게 그 이야기를 누설하자 변호사들은 스피니의 상관 사무실을 봉쇄하고 그의 기록을 압류하려 했다. 스피니의 상관이 스피니의 실적을 낮게 평가하라는 압력을 받았다고 고백하자, 와인버거는 즉시 스피니의 실적을 좋게 평가하라고 지시했다.

스피니는 싸움에서 이겼다. 하지만 긴 소모전이 기다리고 있었다.

청사는 곧 자신들이 알고 있는 유일한 방법으로 다시 반격했다. 데이비드 추의 보좌관은 스피니에게 펜타곤 주차장에 더 이상 그의 자리가 없다고 말했다.

60세가 된 보이드

1987년 1월에 보이드는 60세가 되었는데, 이 나이가 되면 대부분의 사람들은 삶을 심사숙고하기 시작한다. 아무리 낙관적이라고 하더라도 60세가 되면 자신이 중년이라는 생각을 붙들고 있기가 어려워진다. 그리고 노년의 문턱에 서서 시간이라는 날개 달린 전차의 속도가 빨라진다는 것을 느낀다. 죽음의 징후는 점점 강해진다.

짐 버튼은 보이드의 생일 파티를 주최했다. 약 20여 명의 오랜 친구들이 그곳에 모였다. 메리는 자화자찬하는 자신의 "예술적 측면"을 뽐낼 촌극을 몇 주 동안 준비했다. 메리가 보이드의 경력을 일본에서 격납고를 태운 일부터 에글린에서 컴퓨터 이용 권한을 훔친 일과 상대들을 갈긴 일, 핫 플래터, 튜브 스테이크에 이르는 모든 이야기를 하는 동안 버튼의 아내는 피아노를 쳤다. 〈발키리의 기행〉이 크게 연주되었다. 버튼은 보이드에게 벽돌이 붙은 B-1 모형을 주었다. 여느 때처럼 보이드는 정원 호스를 선물로 받았다. 그는 파티를 하는 동안 조용히 생각에 잠긴 듯 보였다. 하지만 보르가드가에 있는 아파트에 돌아오자 화를 냈다. 그는 여러 해 동안 반복해서 이야기를 했음에도 불구하고 그의 오래된 이야기들을 노래 부르다시피 한 메리에게 화를 냈다. "사람들은 내가 괴짜라고 생각해." 그는 말했다. "그들은 내가 괴짜라고 생각하기 때문에 내 일에 주목하지 않는다고." 그는 정원 호스 수집품들을 내던졌다. 그리고 장난스러운 선물, 사진, 그의 많은 서류를 쓰레기통에 처박았다.

이때 즈음에는 모든 것이 흐트러지기 시작했다. 개혁회의와 개혁 운동은 악화되고 있었다. 보이드는 불과 몇 년 전 자신과 스프레이가 워싱턴에서 가장 영향력 있는 사람에 속하던 시절을 떠올렸음이 틀림없다. 그들은 어떤 하원 의원이나 상원 의원이라도 청중으로 모을 수 있었다. 둘 다 직책이 없었고, 선출되거나 임명된 공직자가 갖는 영향력도 없었다. 그러나 아이디어의 힘 덕분에 그들은 워싱턴에서 일시적으로 큰 인기를 얻었다. 전국 단위 언론사들이 그를 찾았다. 휴 시디와 짐 팰로스, 앨빈 토플러Alvin Toffler 같은 사람들이 그의 사무실로 찾아왔다.

하지만 모두 사라지고 있었다. 보이드는 죽음을 이야기하기 시작했다. "나는 빨리 가고 싶어." 그는 말했다. "불이 꺼지듯 가고 싶고, 빅뱅과 함께 가고 싶어. 만일 다른 방법이 있을 거라고 생각한다면 케보키언

Kevorkian[312]에게 전화해서 말하겠어. "이봐요, 일거리가 있소. 저요."

보이드는 성질대로라면 혼자서라도 개혁 운동을 계속 밀어붙였을 수도 있었다. 하지만 그는 그렇게 하지 않기로 했다. 하원과 상원 의원들에게는 다른 문제들이 있었다. 언론은 흥미를 잃어가고 있었다. 마이크 와일리와 짐 버튼은 희생자였다. 스피니는 다시는 진급할 가능성이 없는 요주의 인물이었다. 스프레이는 매일같이 화가 난 채 집에 가는 것에 지쳐서 떠났다. 몇 년 동안 그는 아마추어 음악 녹음에 손을 댔는데, 이제는 녹음 스튜디오를 열기로 결심했다.

1987년 여름에 보이드는 두 가지 새로운 브리핑을 완성했다. "지휘통제를 위한 구조 설계Organic Design for Command and Control"는 5월에 완성되었다. 역사적으로, 지휘통제에 관한 브리핑은 "방법", 즉 빠르게 변화하는 전술적 상황에서 다양한 지휘 계층들 간에 누가 누구에게 보고하는지를 다뤘다. 보이드의 새 브리핑은 지휘통제란 "무엇"인지를 다뤘는데, 지휘통제란 지휘 계층들 간의 적절한 메시지의 기초를 이루는 암묵적인 연결과 결합이다. 과거와 같이 물리적 연결이 아닌 무엇이 전달되는지 그 실체가 우선시된 것은 이번이 처음이었다.

"전략 게임? 그리고?The Strategic Game of? And?" 이 브리핑은 6월에 완성했다. 여기서 그는 상호작용과 고립이라는 주제를 다루었다. 우리는 어떻게 적들을 물리적·정신적·도덕적으로 고립시키면서 여전히 다른 사람이나 전개되는 사건들과 상호작용을 하는가? 이 브리핑 내용의 상당 부분은 "분쟁의 양상", "파괴와 창조", "지휘통제를 위한 구조 설계"에 쓰인 자료를 재활용한 것이다.

그와 동시에 보이드는 "파괴와 창조"를 더 상세히 설명한 "개념 나선Conceptual Spiral"이라는 또 다른 브리핑을 개발하고 있었다. 따라서 그의 연

---

312 케보키언: 1990년대에 불치병 환자 130명의 안락사를 불법적으로 도와 "죽음의 의사(Dr. Death)"로 알려진 의사. 결국 2급 살인죄로 실형을 선고받아 8년 6개월간 복역하기도 했다.

구는 거의 시작할 당시로 되돌아갔다.

보이드는 종종 스피니에게 목표를 가지되 반드시 그 목표가 쉽게 달성될 수 없게 하라고 조언했다. 그는 나이가 들고 모든 목표가 실현된 사람이 직면한 고적감에 대해 이야기했다. 그리고 이제 보이드의 연구는 다시 시작점으로 돌아왔다. 그는 모든 목표를 달성했다.

이 무렵 유명한 항공 작가 제프 에델$^{Jeff Ethell}$은 보이드의 전기를 쓰고 싶어했다. 그러나 보이드는 시간을 결코 낼 수가 없어서 에델은 그 생각을 포기했다.

몸에 나타난 건강 이상 신호

그러고 나서 보이드의 건강과 관련된 일련의 갑작스러운 사건들이 시작되었다. 어느 날 그는 앤드루스 공군기지에서 브리핑을 하고 있었는데 갑자기 숨을 쉴 수가 없었다. 가슴은 터질 것만 같았고 식은땀이 흘렀다. 그는 브리핑을 멈추고 1시간 정도 의자에 앉아 있다가 차를 몰고 집으로 갔다. 새벽 3시쯤 메리가 딸 메리 엘렌에게 전화를 걸어 말했다. "너희 아버지가 심장마비를 일으킨 것 같다. 병원에 보내야 해. 그런데 내 말은 듣지 않아. 네 말은 들을 거다."

"전화 바꿔주세요." 메리 엘렌은 말했다.

"아빠, 제가 병원에 모셔다드릴게요. 어디로 가고 싶으세요?" 보이드는 병원에 갈 필요가 없다고 얼버무리더니, 앤드루스로 가겠다고 말했다. 그는 딸 메리 엘렌이 알렉산드리아로 차를 몰고 가서 그를 태운 다음 진짜 앤드루스로 차를 몰고 가리라고는 생각하지 않았다. "준비하세요." 그녀가 말했다.

그녀와 아빠는 동트기 전에 앤드루스에 도착했다. 한 의사가 심전도^{EKG} 검사를 했는데, 임상적으로는 중대하지 않은 약간의 이상만 발견되었다. 그는 보이드의 심장이 강하다고 말했다. 그렇지만 보이드는 심장마비를 일으켰다고 믿었다. 하룻밤 만에 그는 식단을 바꾸고 붉은 살코기 섭취를 중단했다.

그러고 나서 그는 일정한 나이의 남성들에게서 드물지 않게 나타나는 이명 증세가 생겼다. 보이드가 버튼에게 "이건 멈추지 않을 거야. 이 윙윙 소리 때문에 미치겠네"라고 말한 것으로 봐서 그의 증세가 심했음에 틀림없다. 그는 잠을 잘 수가 없었다. 약도 도움이 되지 못했다. 그는 강한 약을 복용했는데 우울증만 생겼다. 그래서 정신과 의사를 찾아갔는데, 의사는 약을 여러 번 바꿨고 그때마다 우울증은 더 심해졌다. 보이드는 약물이 문제를 악화시키고 있다고 판단하여 의사의 충고에도 불구하고 약물 복용을 중단했다. 우울증과 이명이 모두 사라졌다.

하지만 몇 달 후에 약물을 전혀 복용하지도 않았는데 심각한 우울증이 보이드에게 찾아왔다. 어느 날 그는 스피니의 사무실에 있던 중 갑자기 몸을 떨기 시작했다. 눈에는 눈물이 그렁그렁했다. 그는 주머니에 손을 넣고 작은 약병을 꺼내 알약 몇 개를 재빨리 삼켰다.

"존, 무슨 일이에요?" 스피니가 말했다. 그는 보이드가 그런 상태인 것을 본 적이 없었다.

보이드의 목소리는 떨렸고, 그는 때때로 밤에 우울함이 그에게 엄습해서 어찌할 수 없을 정도의 고통과 불길한 예감에 휩싸인다고 털어놓으면서 울먹였다.

보이드가 크리스티에게 우울하다고 말했을 때 크리스티는 말했다. "무엇 때문에요?" 보이드는 어리둥절해하며 고개를 저을 수밖에 없었다. 그는 자신이 무엇을 걱정하고 있는지, 왜 우울한지 알지 못했다. 하지만 그것은 현실이었고 그 무엇보다도 그를 두렵게 만들었다.

이 무렵 크리스티의 생활은 엉망이었다. 딸은 사춘기가 되자 가출했다. 곧 그녀는 보호시설을 들락날락했다. 크리스티는 보험 혜택을 모두 사용했지만 안도할 수가 없었다. 그의 직급은 비임명 민간인이 도달할 수 있는 최고 직급이었지만, 커지는 딸의 의료비를 여전히 감당할 수가 없었다. 그는 펜타곤 일을 사직하고 국방장관을 위해 일하는 싱크탱크인 국방분석연구소Institute for Defense Analysis에서 일했다. 이제 보이드는 펜타곤에 거의 나타나지 않았다. 하지만 펜타곤에 오면 대부분의 시간을 크리스티의 딸에 관해서 그와 이야기하는 데 보냈다. 사실 때로는 그것이 그가 펜타곤에 온 유일한 이유인 것 같았다. 크리스티는 보이드의 관심에 어리둥절했다. 크리스티는 당시 보이드가 심각한 우울증을 앓고 있는 딸 캐시를 보호시설에 보내야 하는지를 고민하고 있었다는 사실을 모르고 있었다. 그녀는 결코 혼자서는 세상을 헤쳐나갈 수 없을 것이었다. 그리고 보이드는 가족의 정신질환 이력이 캐시에게도 발현됐는지 궁금했음이 틀림없다.

1988년 후반에 보이드는 다른 살 곳을 찾기 시작했다. 그는 버지니아 북부 지역의 아파트를 살펴보았지만 마음에 드는 곳이 없었다. 그리고 플로리다 남부로 차를 몰고 가서 형 게리를 만나 포트 로더데일Fort Lauderdale과 팜 비치Palm Beach 사이의 중간 지역인 델레이 비치Delray Beach에 있는 아파트를 골랐다. 그 아파트에는 방이 2개 있었는데, 하나는 보이드와 메리가 쓰고, 다른 하나는 캐시가 쓰기로 했다. 보이드는 워싱턴으로 돌아가서 연초에 플로리다로 이사할 것이라고 발표했다. 친구들은 깜짝 놀라면서 그 이유를 알고 싶어했다.

그의 답변의 요지는 메리를 위해 그렇게 결정했다는 것이었다. 에글린 이후로 그녀는 플로리다를 사랑했다. 메리는 그 때문에 많은 것을 인내해야 했으니, 이제는 그가 그녀를 위해 무언가를 할 차례라는 것이었다.

여느 때처럼 보이드는 가족과 개인적인 문제에 대한 모든 것들을 일일이 얘기하지 않았다. 그는 보르가드가의 아파트 지하층에서 23년 동안 살아왔다. 이웃들은 보이드 가족에 대해 자주 불평했는데, 처음에는 가끔 탈출한 제프의 뱀 때문에, 그 다음에는 스티븐이 아파트에서 하는 TV 수리 작업 때문이었다. 보이드는 제프와 스티븐 둘 다 독립해 나갔기 때문에 모든 것이 지난 일이라고 생각했다. 하지만 이제 서른이 된 스캇은 대학에 다녔고 여전히 집에서 살았다. 그는 시끄러운 모터사이클에 점점 매료되어 머플러 소리를 건물에 울리며 아파트 단지를 요란하게 드나들었다. 그는 세입자들에게 요구되는 규칙대로 주차장에 주차하지 않고 모터사이클을 아파트 뒤뜰에 주차했다. 때로는 심지어 모터사이클을 아파트 안으로 몰고 들어가기도 했다. 결국 관리자는 보이드 가족에게 질려버렸다. 그들에게 나가달라고 요청한 공식적인 이유는 아파트가 23년이 되어 수리가 필요하다는 것이었다.

하지만 보이드는 그 진짜 이유를 알고 있었다.

CHAPTER 31

게토 대령과 국방장관

인생의 황혼기에 기가 꺾인 보이드

보이드는 델레이 비치에 있는 자신의 3층 아파트의 비좁은 거실에 앉아 있었다. 텔레비전이 켜져 있었다. 펜타곤이나 장군, 무기 프로그램에 대한 어떤 뉴스 보도가 나와도 그는 "그를 쫓아내" 혹은 "모가지 잘라" 같은 말들을 터뜨리면서 흥분했다.

보이드는 수백 권의 책, 그의 브리핑 사본, 여기저기 흩어져 있는 "분쟁의 양상"을 수정한 노란 리갈 패드 낱장들로 둘러싸여 있었다. 그는 자주 일을 멈추고 침실로 가서 침대에 널브러져 스프레드, 캐튼, 크리스티, 스프레이, 레오폴드, 스피니, 버튼, 와일리에게 전화를 했다. 그 집에는 전화선이 2개였는데, 하나는 보이드, 하나는 캐시를 위한 것이었다. 그러나 보이드는 친구들에게 두 전화번호를 모두 알려주었다. 통화 중에 다른 전화를 놓치고 싶지 않았던 것이다.

이날 보이드는 피어 스프레이에게 전화를 걸어 거의 비꼬는 말투로 이렇게 말했다. "타이거, 여기서는 삶의 속도가 다르네. 모든 사람이 하루에 한 가지 일만 할 수 있어, 말하자면 슈퍼마켓에 가는 거라든가." 그는 스프레이에게 자신이 어떻게 앨라배마주 몽고메리로 가서 항공전대학$^{Air\ War}$ ^{College}에서 강의를 했는지, 그리고 어떻게 전국 각지에서 브리핑을 했는지 말했다. 하지만 항상 플로리다로 돌아와야 했고, 그곳에서 "썩고 있다"고 말했다. 스프레이는 웃었고 보이드의 표현에 큰 의미를 두지 않았다.

사실 보이드는 플로리다에서 비참했고, 메리만이 그가 얼마나 심각한지 알고 있었다. 델레이 비치로 이사한 지 6개월 후 보이드는 메리에게 자신이 잊혔다면서, 사람들이 그가 미쳤다고 생각하고 그의 일을 대수롭지 않게 여긴다고 말했다.

브리핑이나 전화 통화를 하지 않을 때면 그는 서점을 돌아다니며 논픽션 코너 선반에서 그의 이름이나 그의 연구를 언급한 책이 증가하고 있는지 살펴보면서 시간을 보냈다. 그는 몇 시간 동안 책장에 기대어 책을 읽고는 선반에 다시 꽂아놓았다. 그는 해변 근처에서 우연히 비미니 밥스$^{Bimini\ Bob's}$라는 식당을 발견하고는 좋아하게 되어 일주일에 한두 번 소라 차우더^{chowder}[313]를 먹으러 갔다. 더 이상 수요일 밤 술자리는 없었고, 더 이상 펜타곤을 어슬렁거리지도 않았다. 보이드는 자신이 기가 꺾였다는 것을 느꼈을 것이다.

해병대와 육군의 간행물에 동시에 실린 "전쟁 양상의 변화: 4세대 전쟁으로"

1989년 초에 보이드의 오랜 동료들은 기동전에 관한 그의 생각들과 그의 생각들이 어떻게 새로운 형태의 전쟁의 전조가 될지 이야기하기 시작했다. 그들은 진득하게 앉아서 기사를 썼는데, 이 기사에서 그들은 1세대 전쟁은 머스켓^{musket}[314]과 밀집 부대가 전장의 주역인 시대의 전쟁이었

---

313 차우더: 해물과 야채가 건더기로 들어간 걸쭉한 스프.
314 머스켓: 총구에 화약과 탄환을 넣고 쏘는 구식 장총.

고, 2세대 전쟁은 밀집 화력이 밀집 부대를 대체한 시대의 전쟁이었으며, 3세대 전쟁은 시간을 중시한 전쟁으로, 전격전이 대표적인 예라고 말했다. 그리고 새로운 무언가, 즉 그들이 "4세대 전쟁"이라고 부르는 것에 관해 썼다.)

해병대 대령 G. I. 윌슨Wilson은 5명의 저자 중 한 명이었다. 그는 자료조사를 하면서 보이드와 거의 매일 대화하며 나의 강점을 이용해 적의 약점을 노리는 것, 적이 첨단 기술을 가진 상대를 물리치기 위해 어떻게 낮은 수준의 기술 혹은 기술이 없는 공격을 이용하는지, 그리고 적이 어떻게 대규모 전투 없이 승리할 수 있는지에 대해 이야기했다. 이 기사는 "전쟁 양상의 변화: 4세대 전쟁으로The Changing Face of War: Into the Fourth Generation" 라는 제목으로 해병대 《가제트》와 육군의 《밀리터리 리뷰Military Review》 1989년 10월호에 실렸다. 2개 군종의 간행물이 동시에 같은 기사를 게재한 것은 군대 역사상 유일한 사례였을 것이다.

이 기사는 4세대 전쟁이 "이슬람의 전통"으로부터 발생할지도 모른다고 하면서 "전쟁과 평화의 구분이 흐려져서 결국은 사라질 것"이라고 말했다. 기사는 미국 사회 안에서 자유롭게 움직이면서 "미국 사회를 전복시키기 위해 적극적으로 노력하는 테러리스트들"에 대해 이야기했다. 펜타곤은 이 기사가 너무 미래적이고 군사적 사고와는 결이 너무 달라서 이를 무시했다. 그러나 해병대와 육군의 특수작전 병과는 큰 관심을 보였고 많은 논쟁을 유발했다.

이리에서부터 보이드의 소년 시절 친구인 쳇 라이커트Chet Reichert는 델레이 비치에서 겨울을 보냈는데, 보이드는 그를 여러 서점에 데리고 가서 그곳에서 책을 한 권씩 꺼내 자신의 연구를 찬양하는 참고문헌이 나오는 페이지를 펴고는 그것을 의기양양하게 손가락으로 가리켰다. 그리고 라이커트에게 현재 집필 중이고 1년 뒤에 출간될 자신에 관한 다른 책들에 관해 말했다. 그 책들 중 하나는 그에게 헌정될 예정이었다. 라이커트는 자신과 아내가 가끔 보이드와 메리를 저녁 식사에 초대했고 그때마다 자신이 항상 돈을 냈다고 회상한다. 보이드는 결코 답례를 하지 않았고 그의 아파트로 라이커트를 초대하지도 않았다. 라이커트는 보이드가 전역할 때 돈이 얼마나 적었는지 몰랐고 보이드가 여전히 전국 각지에서 강연과 브리핑을 했기 때문에 그의 수입이 괜찮을 것이라고 생각했다. 하지만 보이드는 경비만 받았고, 비용 수표가 도착하면 그것들을 서랍에 던져 넣고는 잊어버렸다. 그가 죽은 후 자녀들은 미환전 수표 수천 달러어치를 발견했다.

보이드는 앞을 내다보았고 인생의 황혼기에 그를 기쁘게 하는 것을 거의 찾지 못했다.

그 후 1990년 8월 2일, 사담 후세인^{Saddam Hussein}이 쿠웨이트를 침공했다.

일주일도 지나지 않아 미군 부대들이 사막의 방패 작전^{Operation Desert Shield}[315]의 일환으로 사우디아라비아에 도착하기 시작했다.

이제 보이드는 자신의 인생에서 새로운 전기轉機를 맞게 되었고, 이 시기의 그의 활동에 대해서는 여러 해 동안 소문만 무성했다.

미국의 걸프전 극비 계획에 중요한 영향을 미친 보이드

딕 체니가 이 시기의 일들에 관해 말하기 전까지 모든 증거들이 입증되지 않고 있다가 나중에 퍼즐 조각들이 하나하나 맞춰지면서 사실임이 드러났다. 보이드의 일화들은 걸프전을 추진하기 위한 미국의 전략이 될 극비 계획에 보이드가 결정적인 역할을 했음을 뒷받침해준다.

사막의 방패 작전이 시작된 지 몇 주 후, 보이드는 갑자기 비행기로 워싱턴을 오가고 있었다. 그는 메리에게 당시 국방장관이었던 체니가 호출했다고 말했다. 워싱턴에 있는 동안 보이드는 평상시 자신이 매주 몇 시

---

315 사막의 방패 작전: 이라크가 쿠웨이트를 침공하자, 미국이 사우디아라비아를 방어하기 위해 미군을 파병한 작전.

간 동안 전화하곤 했던 추종자들에게 전화하지 않았다. 단, 짐 버튼은 예외였다. 버튼이 물었다. "워싱턴에서 뭐하세요?" 보이드의 유일한 대답은 이랬다. "체니를 보러 왔어." 버튼은 기다렸지만 보이드는 더는 말을 하지 않았다. 버튼은 이해했다. 그는 기밀 작전에 관해서, 그리고 "알아야 할 것"을 잘 알고 있었기 때문에 상세한 내용을 알려달라고 하지 않았다. 하지만 그는 모든 것을 종합해 유추할 수 있었다. 국방장관은 사막의 방패 작전을 준비하고 다가오는 전쟁을 계획하기 위해 하루 18시간씩 일하고 있었다. 그는 자유시간이 많지 않았다. 보이드와 체니가 유일하게 공유한 것은 "분쟁의 양상", 그리고 전쟁 수행 전략에 관해 나눈 수많은 대화였다. 따라서 체니가 보이드를 워싱턴으로 호출했다면 가능한 유일한 이유는 전쟁 수행에 관해 대화하기 위해서였을 것이라고 버튼은 추론했다.

그리고 또 다른 입증되지 않은 증거는 스피니와 관련이 있었다. 이라크 침공 후 그는 군사 전술에 대한 해박한 지식을 바탕으로 몇 주 동안 침공 계획을 연구하면서 자신이 책임자라면 무엇을 할 것인지 생각하고 있었다. 연구를 마친 스피니는 너무 흥분해서 보이드에게 전화를 걸었다. 스피니가 말하고 싶은 것을 보이드에게 말하자, 보이드는 이상하게 조용해졌다. 스피니는 그때는 거의 알아차리지 못했다. "이걸 많이 생각해봤는데요." 그는 말했다. "두 가지 방안이 유일합니다." 여전히 보이드는 아무런 반응이 없었다. 스피니가 그의 첫 번째 방안을 이야기하자, 보이드는 자신의 생각은 밝히지 않고 괜히 툴툴거리기만 했다. 그 다음 스피니가 자신이 최선이라고 생각하는 두 번째 방안을 말했다. 그것은 해병대가 쿠웨이트에서 상륙전을 하는 것처럼 속여서 이라크 육군의 관심을 그쪽으로 쏠리게 만든 다음 사막에 거대한 레프트 훅을 날리고, 그 다음 북쪽으로 우회해서 이라크 육군을 포위하고 섬멸하는 것이었다. "전통적인 일익 포위single envelopment[316]입니다." 그는 말했다.

---

316 일익 포위: 적군을 한쪽 방향에서부터 포위하는 것.

"슐리펜 계획Schlieffen Plan[317]과 거의 비슷하다고 할 수 있죠."

한동안 침묵이 흐른 뒤 보이드가 말했다. "척, 지금 말한 거 잊어버렸으면 하네." 그것을 다른 누구와도 의논하면 안 돼. 절대." 보이드는 스피니가 전에는 들어본 적이 없는 어조로 말했다. 그는 명령을 내리지 않았다. 그 대신 평이하고 장난스럽지 않은 어조를 사용함으로써 자신이 얼마나 진지한지를 보여주었다. 스피니는 깜짝 놀랐다. 그는 거의 15년 동안 보이드의 아들처럼 지냈지만 그의 이런 면은 본 적이 없었다. 스피니는 그의 계획을 함구한 채 아무에게도 말하지 않았다.[318]

그리고 걸프전이 끝나고 여러 관련 서적들이 나올 때까지 일반인들은 알지 못했던 또 하나의 퍼즐 조각이 있는데, 체니가 사막의 방패 작전 중에 노먼 슈워츠코프Norman Schwarzkopf[319] 장군의 초기 전쟁 계획에 반대했다는 인식이 커지고 있었다는 점이다. 슈워츠코프의 계획은 이라크 육군의 주력을 정면공격하는 것으로, 소모전 이론에 물든 육군 지휘관들의 전통적인 사고방식이었다. 소모전에서는 정면으로 힘대힘으로 맞붙어 마지막에 살아남는 자가 이긴다.

그러나 체니는 합참의장 콜린 파월 대장의 지지를 얻어 이 계획을 거부하고 슈워츠코프에게 계획을 다시 만들어오라고 요청했다. "제다이 기사단"으로 유명한 육군 고등군사연구학교 출신의 젊은 중령들이 슈워츠코프의 계획을 수정하기 위해 왔다. 제다이 기사단은 기동전과 보이드의 사상에 정통했다고 한다. 그들은 슈워츠코프에게 직접적인 정면 공격과 그렇게 야심적이지는 않은 레프트 훅 포위 두 가지 버전을 제안했다. 이 계획들은 거부되었을 뿐만 아니라 조롱당했다.

---

317 슐리펜 계획: 제1차 세계대전 이전에 독일의 슐리펜 장군이 준비한 프랑스와의 전쟁 계획 초안으로, 벨기에 방향으로 거대한 우회 공격을 하기로 되어 있었다.

318 실제 작전이 스피니가 추측한 것과 거의 동일하게 진행되었다.

319 노먼 슈워츠코프: 1991년 걸프전 당시 미 중부사령부(CENTCOM) 사령관으로, 이라크에 대항한 다국적군 사령관을 맡았다.

마이클 R. 고든Michael R. Gordon과 버나드 트레이노Bernard Trainor가 전쟁 후에 쓴 책 『장군들의 전쟁The Generals' War』에서 체니의 발언을 인용한 바에 따르면 그는 파월에게 이렇게 말했다고 한다. "노먼이 이 쎄쎄쎄하면서 한가운데로 곧장 가는 계획을 수행하게 할 수는 없소." 체니는 슈워츠코프의 계획을 거부했다. 그것도 보이드의 표현을 그대로 사용하면서 말이다.

국방장관이 현장 사령관의 전쟁 계획에 이의를 제기하는 경우는 정말로 드물다. 합참의장조차 이를 꺼린다. 그러나 딕 체니는 펜타곤에서 드문 국방장관이었다. 체니는 보이드와 일대일로 많은 대화를 나눴기 때문에 노먼 슈워츠코프 같은 옹고집 4성 장군조차도 재고하게 만들 정도로 군사 지식이 풍부하고 자신감에 차 있었다. 간단히 말해서, 체니는 그의 장군들보다 전략에 관해 더 많이 알고 있었다.

체니는 지금은 보이드가 걸프전에서 "제 군사고문 중 한 명"이었다고 분명히 말한다. 체니는 슈워츠코프의 초기 계획을 바꾼 데 있어서 자신의 역할을 최소화하면서, "이라크 공격군의 한가운데로 곧장" 간다는 생각을 "누구도 좋아하지 않았다"고 말한다. 그는 자신이 최종 계획에 대해 "직접적인 영향은 미치지 않았다"고 말한다. "핵심적 내용을 파악하는 것은 제 일이 아니었습니다. 그건 슈워츠코프의 임무였습니다."

그럼에도 불구하고 사람들은 체니가 걸프전을 치르기 위한 계획을 직접 개발했다고 믿게 되었다. 해병대가 상륙 공격을 할 것처럼 위장하는 동안 육군이 서부 사막을 넓게 휩쓸며 북쪽으로 선회해 이라크 육군을 차단할 계획이었다.

여전히 일반인들이 잘 모르는 점은 해병대가 걸프전에서 얼마나 임무를 잘 수행했는가다. 포트 피켓Fort Pickett 자유교전 연습 수료자이며 보이드의 작업을 잘 아는 마이크 마이어트Mike Myatt 준장이 당시 해병대 제1사단장이었다. 전쟁이 공식적으로 시작되기 3일 전에 마이어트의 부하들은 이라크 전선의 깊숙한 곳을 급습했다. 그들이 강력한 거점을 우회하고, 자기 측면에 대한 걱정을 잊고 깊이 침투해서 혼란을 유발하자, 이라크 육군은 미국 침공의 주요 작전이라고 예상한 상륙작전이 개시되었다고 생각하고 그에 대응해서 서둘러 병력을 증원했다. 그 후 그들은 수천 명씩 항복하기 시작했다. 이라크 육군 15개 사단이 해병대 2개 사단에 항복했다는 사실만큼 "적이 스스로 붕괴하게 만든다"는 보이드의 사상을 더 잘 보여주는 예는 없다.

걸프전 당시 미군 대변인인 리처드 닐^{Richard Neal} 준장이 텔레비전에 나와 연합군의 이례적인 성공을 언론에 브리핑할 때 스피니는 버지니아주 알렉산드리아에 있는 자택 서재에 앉아 있었다. 그는 수십만 명의 병사들이 항복하고 있는 혼란에 빠진 이라크 육군에 관해 말했다. 그 이유를 질문받자, 그는 이렇게 말했다. "우리가 적의 결심 사이클^{decision cycle} 안으로 들어갔기 때문입니다." "이런 젠장!" 스피니는 외쳤다. 그는 보이드에게 전화를 걸고 말했다. "존, 그들이 우리가 전쟁에서 어떻게 이겼는지 설명하는 데 대령님의 용어를 사용하고 있어요. 전쟁의 모든 게 대령님 겁니다. 전부 '분쟁의 양상'에서 나온 거예요."

그가 옳았다. 걸프전에서 성공적인 모든 작전에는 보이드의 "분쟁의 양상"이 그대로 반영되었는데, 다시 말해 모호성을 조장해 수천 명의 적이 항복하게 만든 다수의 공격축과 기만작전이 바로 그것이었다. 미국과 연합군은 장기간의 지상전에 의지하지 않고 승리했다. 미국은 언제 어디서 싸울지뿐만 아니라 언제 어디서 싸우지 않을지도 정했다. 연합군은 적보다 훨씬 빠른 템포로 작전했다. 그 결과 위기가 너무 빨리 닥쳐서 이라크군은 이에 대응할 수가 없었다. 이라크군에 대한 100시간의 지상전 공세는 기동전을 보여주는 좋은 예이자 전통적이고 비전통적인 정과 기의 최고 사례로서, 모든 것이 아주 빠르게 이루어지는 바람에 적은 판단력을 잃고 혼란에 빠져 내부에서부터 무너졌다.

체니의 계획의 탁월함은 그 성공으로 입증되었다. 그러나 실행 과정에서 실수가 있었는데, 그중에서도 특히 육군의 실수가 두드러졌다. 육군의 어느 장군이 자신의 측면이 노출되는 것을 두려워하는 바람에 그 유명한 레프트 훅이 사막에서 사흘 밤 동안 중단되는 사태가 벌어졌다. 그는 자신의 부대들이 동기화[同期化, synchronizatio][320]되어 움직이기를 원했던 것이다. 이로 인해 육군의 속도가 느려져서 후퇴하는 이라크 공화국수비대 Republican Guard[321]와 이라크 육군의 대부분이 탈출했다. 슈워츠코프와 몇몇 장군들은 그 이후로 서로를 비난하는 데 많은 시간을 쏟았지만, 이라크군이 탈출할 수 있게 한 진짜 원인은 시대에 뒤떨어진 소모전 교리에 대한 맹종이었다. 육군의 동기화 개념에 관해 예전에 보이드가 한 예측이 맞다는 것이 입증되었다.

보이드는 전쟁 후에 오랜 친구들이 전화를 해서 그를 축하해주자, 그 어느 때보다도 행복했다. 보이드는 체니를 보러 워싱턴을 방문한 일을 절대로 언급하지 않았다. 그런데 슈워츠코프 장군이 그의 유명한 기자회견 자리에서 이라크 육군의 서쪽 측면을 대담하게 휩쓸었다고 말하면서 이를 "헤일-메리[Hail-Mary][322] 계획"이라고 부르는 바람에 하마터면 보이드가 걸프전에 관여했다는 사실이 드러날 뻔했다. 보이드는 화를 내면서 애써 그 표현에 대해 이의를 제기했다. "'헤일-메리 계획'은 보통 필사적인 시도를 포함해." 그는 스피니에게 말했다. "그런데 이 포위 기동에는 필사적인 시도 같은 건 없었어. 그런 식으로 계획된 것이라는 뜻이겠지."

---

320 동기화(同期化): 시간 차를 두고 일어나는 일들의 타이밍을 맞추어 전제적인 사건의 진행 속도를 조절하는 것.

321 공화국수비대: 사담 후세인이 자신과 정권을 보호하기 위해 만든 친위부대. 전체 이라크군 중 엘리트로 여겨졌고 대우도 일반 정규군 부대와 달랐다.

322 헤일-메리(Hail-Mary): 원래는 가톨릭의 기도문 중 하나로 성모 마리아를 의미하나, 미식축구 경기에서 마지막으로 역전을 노리고 도박과 같은 시도를 하는 작전을 일컫기도 한다. 실제로 이러한 공격을 성공시킨 선수가 성모 마리아께 빌면서 그 작전을 시도했다고 인터뷰하면서 최후의 시도라는 관용적 표현의 유래가 되었다.

사막의 폭풍 작전에 사용된 첨단 무기에 관한 청문회를
군 인사 문제 청문회로 바꾼 보이드

또한 보이드의 친구들은 B-1 폭격기에 대한 그의 오랜 비판이 걸프전에서 확인되었다는 점을 지적하면서 크게 즐거워했다. 걸프전에서는 공군의 모든 종류의 전투기가 임무를 수행했지만 B-1은 예외였다. 레이건 대통령이 부활시킨 이 항공기는 전쟁에 부름을 받았을 때 그에 부응할 수 없었다. 다시 한 번 보이드가 옳았다.

1991년 4월 22일 월요일에 사막의 폭풍 작전Operation Desert Storm[323]에서 사용된 첨단 장비의 성능에 대한 청문회를 개최하기 위해 하원 부속 건물인 레이번 하우스 오피스 빌딩Rayburn House Office Building에 미국 하원군사위원회가 소집되었을 때, 보이드의 열정이 절정에 달했다. 그는 증인으로 소환되었다. 다른 증인으로는 상원 군사위원회와 군사개혁회의 소속이었던 게리 하트 전 상원의원, 전 해군장관 존 리먼John Lehman, 펜타곤 연구 및 엔지니어링 담당 국방차관 돈 힉스Don Hicks, 피어 스프레이가 있었다.

레스 에스핀Les Aspin 의장은 위원회의 각 위원이 "사막의 폭풍 작전에서 아주 성공적으로 싸운 우리 군의 전력 및 교리, 그리고 구조를 토론하는 자리를 마련했습니다"라고 말하면서 청문회를 시작했다. 보이드는 밝은 오렌지색 폴리에스터 스포츠 코트와 체크무늬 마드라스madras[324] 바지를 입었는데, 이 복장은 어두운 정장 일색인 청문회장에서 확실히 눈에 띄었다. 하지만 그날 두드러진 것은 그의 웅변이었다. 그는 기동전과 첨단 기술에 대해 언급하면서 차분하게 시작했다. 그의 이야기는 기동전을 촉진함으로써 군에 큰 영향을 미친 장교 2명에 대한 칭찬으로 자연스럽게 넘

---

323 사막의 폭풍 작전: 1991년 쿠웨이트를 침공한 이라크군을 몰아내기 위해 실시한 미군의 공격 작전. 사막의 방패 작전에 뒤이어 이루어졌다.

324 마드라스: 가벼운 면직물 소재 체크 무늬 원단으로, 여름옷 소재로 쓰인다. 원산지인 인도의 마드라스에서 이름이 유래했으며 1960년대에 유행했다.

어갔다. 후바 바스 드 체게와 마이크 와일리 대령이 바로 그들이었다. 와일리는 불과 며칠 전에야 해병대가 자신을 조기 전역으로 몰아가고 있다는 것을 알게 되었다. 보이드는 와일리 문제를 자신이 청문회에서 다룰 중심Schwerpunkt으로 정하고 청문회에 임했다.

이날, 보이드가 첨단 무기에 관한 청문회를 군 인사 문제 청문회로 바꿔놓은 것은 그의 일생에서 최고로 뿌듯한 일 중 하나였다. 그는 걸프전에서 기동전이 성공했음에도 불구하고 해병대에 여전히 소모전 사상에 기초한 낡은 사고방식을 가진 고위급 장교들이 있다고 말했다. 보이드는 눈을 번쩍이며 도전적으로 턱을 내밀었다. 그는 의원들을 천천히 훑어보더니 의원 한 명 한 명을 주시했다. 그는 목소리에 힘을 주어 말했다. 사탕요정 플럼은 은퇴 후 돌아와 동지들을 대신하여 중앙 무대를 차지했고, 이때보다 컨디션이 더 좋은 적은 없었다. 보이드는 64세였지만 이때보다 더 매력적이고 더 위엄 있던 적이 없었다. 그의 목소리는 청문회장 구석구석에까지 전달되었고, 또렷하고 압도적이고 강했다. 그는 해병대가 마이크 와일리에게 한 일에 "분노하고 격분했다"고 말했다. 그는 만일 의원들이 행동하지 않는다면 젊은 해병 장교들이 중요한 새로운 아이디어를 제안하지 못하게 억눌릴 것이고 해병대가 "공룡들"에 의해 지배될 것이라고 말했다. 그는 예산이나 하드웨어보다 사람이 중요하며, 장교 선발 과정이 신성불가침 영역으로 간주되지만 그럼에도 불구하고 의회가 관여할 방법이 있다고 말했다. 그는 의회가 무엇을 해야 하는지 말할 수 있는 기회를 준다면 기쁘겠다고 말했다. 그는 바스 드 체게와 와일리와 같은 재능 있는 이단아들이 보호되어야 하며, 그렇지 않으면 쎄쎄쎄하면서 한가운데로 곧장 가기를 반복할 것이고 그렇게 되면 깊은 수렁에 빠질 것이라고 말했다.

위원회에 증인으로 나온 고위 공직에 있는 다른 세 사람은 토론에 능숙했지만 보이드가 청문회를 지배했다. 그날 청문회가 끝날 때, 변한 것은 없었다. 하지만 보이드는 미국 의회에서 마이크 와일리를 변호했고,

의회를 빠져나올 때는 희색이 만면했다.

그러나 그의 행복도 잠시뿐이었다. 그에게는 대처해야 하는 훨씬 더 심각한 문제가 있었다.

그는 진행성 전립선암을 진단받았다.

전립선암에 걸린 보이드

몇 년 동안 증상이 있었지만 보이드는 이를 무시해왔다. 그는 공군에서 전역한 1975년 이후로 신체검사를 받지 않았다. 이제 그에게는 살날이 5년이 주어졌다.

그는 추종자들에게 전화해서 암에 걸렸다고 말했지만, 예후를 과소평가했다. 피어 스프레이만이 보이드가 얼마나 끈질기게 정맥치료법을 조사했는지 알고 있었다. 형 게리가 수술을 강력히 권했지만, 보이드는 이를 거부했다. 그는 수술을 받은 생존자의 50퍼센트가 대소변 요실금을 겪는다는 통계를 보고 내키지 않던 것이다. 그는 메리 엘렌에게 자신이 방광을 통제할 수 없게 된다는 것은 생각만 해도 끔찍하다고 말했다. "주머니를 차지 않겠어." 그는 고집했다. 유럽에서 공개를 꺼렸던 유럽의 임상시험 결과를 밝히기 위해 미 국립보건원National Institutes of Health에 의지한 보이드는 결국 전립선에 방사성 펠릿pellet[325]을 삽입하기로 결정했는데, 이는 당시 미국에서는 새로운 치료법이었다.

1992년에는 제프가 델레이 비치로 왔다. 그는 처음에는 스캇과, 그리고 그 후에는 메리 엘렌과 함께 살려고 노력했지만 실패했다. 그는 누구와도 잘 지낼 수 없었다. 그래서 부모님과 누나 캐시가 있는 집으로 왔다. 그는 거실 바닥에서 잤다. 그는 길이 2.1미터인 스리랑카 코브라, 타란툴

---

325 방사성 펠릿: 암세포를 분해해 죽이는 작은 막대 모양의 방사성 알갱이로, 전립선암 치료에 사용된다.

라tarantula 독거미 40마리, 에메랄드 트리 보아emerald tree boa 뱀, 케인브레이크 방울뱀canebrake rattlesnake, 팀버 방울뱀Timber rattlesnake, 그리고 큰 전갈이라고도 하는 테일리스 휩 스콜피온tailless whip scorpion을 가져오고 싶었지만, 보이드는 안 된다고 말했다. 그래서 제프는 큰 전갈과 타란툴라를 차에 두었다. 그는 항상 그늘진 곳에 주차하고 정기적으로 나와서 전갈과 타란툴라에게 먹이를 주고 그들과 대화했다. 그는 지금까지도 보이드가 그의 소장품을 아파트로 들여오지 못하게 한 것에 대해 여전히 화가 나 있다.

비즈니스에도 응용된 보이드의 기동전 이론

말년에 보이드에게 지적인 즐거움을 안겨준 두 가지는 쳇 리처즈의 연구와 항공전대학의 그랜트 해먼드Grant Hammond 박사가 연구한 책이었다.

리처즈는 1973년에 펜타곤에 온 수학 신동으로, 크리스티가 초저녁 술자리를 위한 장소를 찾는 일을 맡긴 사람이었다. 리처즈는 보이드의 모든 브리핑을 검토했다. 그는 나중에 록히드Lockheed에 입사해 전설적인 도요타Toyota의 생산 시스템을 연구하기 시작했는데, 이것이 보이드의 기동전 연구와 "놀랄 정도로 비슷하다"는 것을 알게 되었다. 그러나 도요타의 생산 시스템은 보이드가 "분쟁의 양상" 연구를 시작하기 약 20년 전인 1950년대에 시작되었다. 상호 신뢰, 임무형 명령, 개인의 책임이라는 기본 개념과 "조화"와 "흐름"이라는 개념, 그리고 무엇보다도 생산 수단으로서의 시간 관리는 도요타의 시스템과 기동전 전략 모두에서 중심이 되는 개념이었다.

그 무렵 톰 피터스Tom Peters가 미국에서 경영이론에 혁명을 불러일으킨 책인 『혼돈 속의 번영Thriving on Chaos』을 출판했다. 피터스는 시장을 형성하는 혼돈과 상호 신뢰를 만들어내고 활용하는 것에 관해 말했는데, 혼돈은 기동전의 본질이다. 리처즈는 피터스에게 편지를 보내 그 책이 보이드의 이론과 매우 비슷해 보인다고 말했다. 피터스는 제임스 팰로스의 책을 읽었고 보이드의 연구를 안다고 말했다. 그는 보이드의 아이디어에 직접적인 영향을 받아 책을 썼기 때문에 보이드의 이름을 언급하지 않은 것에 대해 부끄러워했다. 그는 나중에 신문에 기고한 칼럼에서 이 실수를 인정하고 바로잡았다.

보이드는 자신의 아이디어를 비즈니스에 응용하는 것에 관해 수년간 리처즈와 이야기했다. 그러나 1993년에 보이드가 신체적으로 쇠약해지기 시작하면서 리처즈는 이에 대한 흥미를 잃기 시작했다. 보이드는 리처즈에게 이를 밀고 나아가서 그의 생각을 발전시키고 이 주제로 논문을 써서 발표하라고 격려했다. 그는 이것을 그의 지적 업적이 전쟁뿐 아니라 그 밖의 많은 것들을 망라하고 있다는 사실을 확인시켜주는 것이라고 보았다. 그의 생각은 보편적이고, 시대를 초월했으며, 어떤 형태의 분쟁에도 적용될 수 있었다.

리처즈는 린 생산 방식lean production[326]이 기동전이 미군에 미친 것과 동일한 영향을 미국의 기업에 미쳤음을 발견했다. 이 아이디어는 기업에서 많은 화제가 되어 유행했지만, 실제로 그것을 실무에 적용한 회사는 거의 없었다. 린 생산 방식은 특정한 문화적 기반에 의존하기 때문에, 군과 마찬가지로 기업들은 그 원칙에 완전히 전념할 때 필요한 급격한 변화를 꺼린다. 예를 들어, 맥도널 더글러스McDonnell Douglas는 미 육군과 비슷했다. 이 회사는 대대적인 광고와 함께 소위 "린 생산 방식"을 채택했다. 그러나 육군이 동기화라는 개념에 사로잡혀 있었기 때문에 이라크 사막에서 멈춘 것처럼 맥도널 더글러스는 하향식 경영과 중앙통제식 생산에 대한 집착을 떨칠 수 없었고, 결국 보잉Boeing에 매각되는 결말을 맞았다.

리처즈는 도요타 시스템을 만든 도요타 부사장 오노 다이이치大野耐一의

---

326 린 생산 방식: 도요타에서 고안한 방식으로, 생산 자원을 최소화해서 재고 비용을 줄이고 생산 효율을 최대화하는 생산 방식.

의 유명한 발언이 사실이라는 것을 알게 되었다. 실적이 꽤 좋은 회사들은 린 생산 방식의 단편적 요소들을 과시할지는 모르지만, 도요타의 시스템을 채택하지는 않으리라는 것이다. 보이드는 이를 더 간결하게 표현했다. "재앙을 당하기 전에는 거대 관료제를 바꿀 수 없습니다."

리처즈는 보이드의 격려를 받으면서 보이드의 이론을 비즈니스에 응용한 여러 기사를 썼다. 그는 같은 주제에 관한 브리핑을 개발해서 대기업들에 전달하기 시작했다. 그는 덴마크에 가서 코펜하겐 경영대학원 Copenhagen Business School에서 강의를 했는데, 이곳에서는 올레 스트룀그렌 Ole Stromgren 교수가 보이드의 연구를 중심으로 설계된 과목을 가르친다. 마침내 리처즈는 보이드의 아이디어들 및 그 아이디어들이 비즈니스와 어떤 관계가 있는지를 보여주는 2개의 웹사이트 www.Belisarius.com 과 www.d-n-i.net를 만들었다. (벨리사리우스는 동로마 제국의 사령관으로, 보이드가 좋아한 장군 중 한 명이었으며 초창기 기동전 전문가 중 한 명이었다. 그는 항상 수적으로 우세한 채 싸웠고, 전투에 패한 적이 없으며, 전쟁의 사기 측면을 이해했다.)

그때 즈음 보이드는 자신의 브리핑을 문서로 만드는 작업을 하라는 추종자들의 충고를 들었더라면 하고 틀림없이 후회했을 것이다. 보이드와 같은 사람이 기억되는 것은 다수의 저작을 통해서다. 그리고 학자들이 한 사람의 글을 자세히 읽고 학술 논문을 써서 그의 아이디어가 길이 남게 될 때다. 바로 그것이 보이드가 그랜트 해먼드가 연구 중인 책에 그렇게 열광한 이유일지도 모른다.

처음에 해먼드는 이 책을 전기라고 생각했다. 하지만 보이드가 유일한 경고로서 어떤 개인정보도 책에 담아서는 안 된다고 말하면서 책의 성격이 바뀌었다. 보이드는 이리, 그의 가족, 또는 그의 결혼과 사생활에 관해 말하기를 원치 않았다. 해먼드의 책 『마인드 오브 워The Mind of War』는 2001년 봄에 출간되었다. 이 책은 보이드의 군사사상을 연구한 책으로, 학술적인 독자나 군사 문제에 관심이 있는 독자를 위해 저술되었다.

암과 싸운 보이드

1994년에 보이드는 다리와 엉덩이에 매우 불편함을 느껴 암이 뼈로 전이된 것이 아닌지 의심했다. 그는 매일같이 1시간 정도 벤게이Ben-Gay 크림[327]으로 다리를 문질렀다.

메리 엘렌은 그에게 푸딩 파이Pudding Pie라는 이름의 검은 고양이를 주었고, 보이드는 가장 좋아하는 의자에 앉아 무릎에 고양이를 앉힌 채 몇 시간씩 보냈다. 푸딩 파이가 자라서 다른 가족에게 주었지만, 그 고양이는 유독 보이드를 따랐다. 고양이는 분명히 "그의" 고양이였다. 그는 여전히 불굴의 존 보이드였다. 그는 라스베이거스에 있는 스프래드, 스포캔Spokane에 있는 론 캐튼, 포트 월튼Fort Walton에 있는 에버렛 "라즈" 라즈베리, 그리고 워싱턴에 있는 추종자들과 통화하는 것보다 더 좋아하는 것은 없었다. 캐튼은 보이드를 보러 날아와 며칠 동안 머물면서 14시간짜리 보이드 연구의 "정식 브리핑"을 들으며 많은 시간을 보냈다.

메리, 제프, 캐시는 보이드가 감정을 드러내는 모습을 몇 번 본 적이 있는데, 그중 한 번은 한 아버지와 세 아들과의 관계를 다룬 영화 〈가을의 전설Legends of the Fall〉[328]을 보았을 때였다. 보이드는 너무 비통해하며 눈물을 흘렸고 어깨를 떨면서 소리 내어 울었다. 캐시는 그가 자신의 가족에게는 그렇게 무심했으면서 영화에 나오는 가족에게는 어떻게 그렇게 감정적일 수 있는지 이해하지 못했다.

보이드의 친구들에게는 그가 암과의 싸움에서 이기고 있는 것처럼 보였다. 하지만 1995년에 스트롱 빈센트 고등학교의 학급 동창회에 참석하기 위해 이리로 차를 몰고 갔을 때 그는 조용하고 가라앉아 있었다. 동창회에 참석하기에 앞서 그는 링컨가로 가서 차로 거리를 천천히 오르내

---

327 벤게이 크림: 근육 통증 완화 크림의 상표명.

328 〈가을의 전설〉: 브래드 피트(Brad Pitt)가 주연한 1994년작 영화.

리며 그가 자란 동네의 이웃집들을 바라보았다. 그는 차를 몰고 오래전에 살던 집 앞으로 천천히 다가갔다. 그러고는 거리의 끝으로 가서 만을 가로질러 반도를 바라보다가 집으로 되돌아왔다. 그는 마치 그 집을 다시는 볼 수 없을 것을 아는 듯 여러 번 왔다 갔다 했다. 한 가지 중요한 변화는 보이드가 이리를 방문할 때마다 늘 만났던 프랭크 페티나토가 더 이상 이리에 없다는 것이었다. 프랭크 페티나토는 은퇴 후 플로리다에 살고 있었다.

그날 밤 학급 동창회는 요트 클럽에서 열렸는데, 그곳에서 불과 몇 미터 떨어진 곳에서 보이드와 쳇 라이커트는 소년 시절 구조대 근무를 하기 위해 카누를 타고 반도로 나가곤 했었다. 보이드는 마드라스 바지와 오렌지색 코트를 입었지만, 방 건너편에서도 들을 수 있는 목소리로 자신의 공적을 말하지는 않았다. 그는 조용했고, 종종 만의 어둠 너머 반도를 응시했다. 심지어 오랜 친구들 중 몇 명이 그가 장군이 되지 못했다며 꾸짖을 때도 그저 미소를 지으며 어깨를 으쓱했다. 쳇 라이커트의 아내 테리^{Terry}가 보이드에게 그가 암에 걸렸지만 이겨냈다는 얘기를 들었다고 말하자, 그는 한동안 그녀를 외면하더니 그녀에게 가까이 다가가서 속삭였다. "다시 걸렸어요."

보이드는 몰랐지만 당시 그는 대장암에도 걸렸다.

1995년 여름이 보이드가 이리를 방문한 마지막이었다. 그리고 1995년은 그가 "분쟁의 양상"을 마지막으로 개정한 해였다. 그가 워싱턴의 메리 엘렌을 방문했을 때 벤게이와 비타민 C와 상어 연골로는 더 이상 다리의 고통이 완화되지 않았다. 그는 끊임없이 고통에 시달렸다. 그는 이리 방문 중에 메리 엘렌에게 베트남전쟁재향군인기념관^{Vietnam Veterans Memorial}에 데려가 달라고 부탁했는데, 워싱턴에 있는 동안 이곳을 한 번도 가 본 적이 없었다. 그곳에 있는 "추모벽^{The Wall}"에서 그는 전쟁 초기에 죽은 한 친구의 이름을 발견하고는 눈물을 흘렸다.

보이드를 치료했던 비뇨기과 의사는 그가 더 이상 할 수 있는 것이 없으며, 다른 치료를 원한다면 다른 의사를 만나야 한다고 말했다. 보이드는 암 환자의 수명을 연장하는 것으로 유명한 팜비치에 있는 종양 전문의를 찾아갔다. 하지만 그곳에서도 할 수 있는 것은 없었다.

1995년에 보이드가 말기 암과 씨름하는 가운데 맏아들 스티븐이 흑색종[329] 진단을 받았다. 메리는 큰 충격을 받았다. 그녀의 머릿속에 떠오른 것은 오로지 오래전 에글린에서 아들과 해변에서 많은 시간을 보낸 기억뿐이었다. 스티븐의 암은 악성인 데다가 너무 진행되어서 보이드는 아들이 먼저 죽을지도 모른다고 생각했다. 그는 스티븐이 좀 더 편하게 지내기를 원해서 휠체어를 쉽게 실을 수 있는 큰 차인 캐딜락을 사주겠다고 말했다.

보이드는 죽음에 관해 말할 때 항상 허세를 부렸다. 그는 죽을 때 바이킹식 장례식을 원했는데, 시신을 낡은 나무 보트 위에 묶고 보트를 이리 호수 가운데로 예인해서 불을 지른다는 것이었다. 그는 자신의 책과 기록들, 그리고 브리핑의 초기 버전들이 그가 죽었을 때 어떻게 될지 걱정했다. 때때로 그는 앉아서 책을 보며 울었다.

1996년 후반에 보이드는 대부분의 시간을 침대에서 보내고 있었다. 그는 병원에 가고 싶지 않았다. 그가 자주 넘어지자, 제프는 그가 방사선 치료를 받도록 하기 위해 팜비치에 있는 병원으로 그를 데려갔다. 그들이 I-95 주간고속도로를 차를 타고 달릴 때 보이드는 근처의 차에 탄 사람들을 보며 말했다. "이 사람들 좀 봐. 좋아 보이네. 건강해. 나는 죽어가고."

보이드의 가슴 부위 피부에 무서운 병변이 발생했다. 방사능은 걷잡을 수 없는 설사를 일으켰다. 그는 소변관을 삽입했다. 제프는 슬프면서도 한편으로는 이 모든 것이 약간 좋기도 했다. 자기 삶을 지배했던 사람, 항상 상황을 통제했던 사람이 이제는 더 이상 통제할 수 없게 되었으니 말이다.

---

329 흑색종: 멜라닌 색소를 만들어내는 멜라닌 세포의 이상으로 인해 발생하는 피부암.

한번은 캐시가 보이드의 방에 들어갔다가 그가 자신의 책과 서류들에 둘러싸인 채 의자에 앉아 있는 것을 발견했다. 눈물이 그의 얼굴 주름을 따라 흘러내렸다.

"무슨 일이에요, 아빠?" 그녀가 물었다.

"친구들을 더 이상 볼 수 없을 거야." 그는 말했다. 그는 생각을 내뱉으면서 큰 소리로 울음을 터뜨렸다. 그는 입술을 떨면서 말했다. "톰과 피어, 레이와 척을 만날 수 없을 거야. 마이크와 짐을 볼 수 없을 거야. 결코 다시는."

캐시는 화가 나는 것을 참았다. 왜 아버지는 가족이 그리울 것이라고 말하지 않을까?

마치 그녀가 무슨 생각을 하는지 알아차린 듯, 보이드는 고개를 들어 말했다. "사랑한다."

"알아요." 캐시는 말했다. 하지만 그녀는 더 화가 났다. 아버지가 그녀를 사랑한다고 말한 것은 이번이 처음이었다. 그리고 그는 죽어가고 있다는 것을 알게 될 때까지 그 말을 미뤘다. 왜 몇 년 전에 그녀에게 그 말을 하지 않았을까?

"존, 사랑합니다."

이제 보이드는 추종자들이 전화를 걸었을 때 전화까지 가기 힘들 정도로 너무 쇠약해졌다. 그는 점점 쇠약해져 1997년 2월 말에 병원에 입원했다. 보이드의 가족은 끝이 가까워졌음을 느꼈다.

제프가 그 마지막 며칠 동안 아버지의 침대 곁을 지켰다. 이제 보이드는 진정제를 너무 많이 투여받아서 깨어 있는 경우가 아주 드물었다. 제프는 아버지가 갑자기 톰 크리스티에 관해 이야기하기 시작하고 100만 달러 상당의 컴퓨터 이용 권한을 훔쳤던 시절을 회상하던 밤에 그 자리에 있었다. 보이드는 다시 잠에 빠졌다. 몇 분 후에 그는 "피어"를 큰 소리로 부르고 웃으면서 말했다. "타이거, 우리는 그 망할 놈들을 멋지게 갈겼어." 그러고는 다시 잠들었다. 그리고 그는 "척"을 외쳐 부르더니 어느 날 밤 자정에 스피니를 부른 일을 떠올리며 웃었다. "나는 망할 대령이고 내가 오라고 말하니까." 그가 중얼거렸다. 그는 레오폴드와 버튼과 와일리를 소리내어 불렀다. 그러자 제프는 아버지가 그의 삶을 되돌아보며 선한 싸움을 함께 했던 전우들을 마지막으로 떠올리고 있음을 깨달았다. 제프는 귀 기울이며 가족 중 누군가의 이름이 나오기를 기다렸다. 그러나 보이드가 언급한 유일한 이름은 그의 형 게리였다. 게리는 그곳에 없었다. 게리는 수술을 하라는 자신의 충고를 보이드가 거절해서 화가 났기 때문에 병원 방문을 거부했다.

메리는 톰 크리스티에게 전화를 걸어 임종이 가까워졌다고 말했다. 크리스티는 보이드의 친구들에게 이메일을 보냈다. 스프레이는 스피니에게 전화를 걸고 말했다. "우리가 존의 책과 서류를 위해 뭔가를 해야 해."

"압니다. 저는 그것들을 각 군 학교 중 한 곳에 보내야 한다고 생각합니다."

"해병대?"

"저도 그렇게 생각합니다."

다음날 아침 일찍 스피니는 해병대 대령 G. I. 윌슨에게 이메일을 보냈고, 그는 그것을 사령관 찰스 크룰라크^{Charles Krulak}에게 전달했다. 정오가 되기 전에 크룰라크가 대답했다. "그렇게 합시다."

다음날, 해병대 최고위급 장성들이 보이드의 모든 서류를 비롯한 특별 소장품뿐만 아니라 콴티코에 있는 해병대 연구센터^{Marine Corps Research Center}에 있는 존 보이드 전시품을 어떻게 처리할 것인지 의논했다. 추종자들은 매일 전화를 걸어 보이드의 상태를 확인했다. 그는 말을 할 수 없었다. 메리가 스피니에게 방문하지 말라고 했기 때문에 스피니는 앉아서 보이드에게 긴 편지를 썼다. 크리스티나 버튼과는 달리 스피니는 온정과 사랑으로 충만한 어린 시절을 보냈기 때문에 편지를 쓰기가 힘들었다. 스피니는 그의 아버지와 사이가 가까웠고, 자신의 아버지에게 무례를 범하지 않으면서 보이드에게서 느낀 감정을 표현하기가 힘들다는 것을 깨달았다. 하지만 그는 편지를 썼다.

그 후 짐 버튼은 보이드가 말을 할 수 있을 만큼 기력을 되찾았을 때 전화를 했다. 버튼은 말했다. "아버지가 없는 저에게 당신은 아버지 같은 존재였습니다. 당신 덕분에 제 삶이 풍요로워졌어요. 당신이 없었다면 결코 가능하지 않았을 겁니다." 버튼은 감정을 드러내는 사람이 아니다. 하지만 그날 밤 그는 말했다. "존, 사랑합니다." 그리고 그와 보이드는 서로 작별하면서 눈물을 흘렸다.

보이드는 친구들이 자신을 일본에서 격납고를 불태운 사람, 비범한 인생을 산 40초 보이드, 미친 소령, 올드 가드 룸에서 초저녁 술자리를 주도한 게토 대령, 10여 명의 장군들을 갈기고 망토 흔들기와 핫 플래터와 튜브 스테이크가 그의 전설이 되어버린 "칭기즈 존Genghis John"으로 기억하기를 바랐다. 그는 그들이 침대 밑의 통으로 이어지는 소변관을 찬 쇠약한 노인을 보기를 원치 않았다.

두 사람이 그를 거역하고 팜비치에 있는 굿 사마리안 메디컬 센터Good Samaritan Medical Center로 왔다. 레이 레오폴드는 와서 침대에 걸터앉아 보이드에게 그의 새 휴대폰을 보여주었는데, 그것은 미국 최초의 휴대폰 중 하나였다. 그날은 보이드가 마지막으로 즐겁게 보낸 날 중 하나였다. 그와 레오폴드는 시끌벅적한 저녁을 보냈다.

피어 스프레이는 비행기를 타고 와서 병실 구석에 있는 의자에 앉아 30년 이상 알고 지낸 보이드와 조용히 이야기를 나누었다. 그날 밤 둘은 많은 말을 나누지는 않았지만, 각자가 마음속에서 무슨 말을 하고 싶어하는지 느낄 수 있었다. 이 두 사람은 형제였고, 수백 번의 관료들과의 싸움에서 승리한 원조 전투기 마피아였다.

이제 전 세계에서 수십 통의 편지가 쇄도했다. 보이드의 가까운 친구들이 보낸 편지, 보이드와 직업적으로 아는 사람들이 보낸 편지, 조종사와 군인, 그리고 무엇보다도 해병들이 보낸 편지들이 속속 도착했다. 편지를 쓴 사람 중 많은 이들은 보이드를 만난 적이 없었다. 그러나 그들은 존경과 큰 애정을 전했고 그들의 삶이 그의 연구와 그의 모범적인 행동에 의해 바뀌었다고 말했다. 보이드는 너무 아파서 그 편지들을 읽지 못했다.

죽음과 함께 비로소 휴식과 평화를 찾다

스프레이가 방문한 다음날인 3월 8일, 메리는 버지니아에 있는 메리 엘렌에게 전화를 걸어 말했다. "내려오는 게 좋겠다. 너희 아버지가 이겨내지 못할 것 같구나." 메리 엘렌은 스티븐을 태우고 곧장 남부 플로리다로 차를 몰았다. 스티븐은 지쳤기 때문에 그녀는 그를 어머니의 아파트에 내려주고 병원으로 달려갔다.

보이드는 메리 엘렌이 오는 것을 알고 있었지만, 그날 오후 3시쯤 한 간호사에게 "그 애가 도착할 때까지 버틸 수 있을지 모르겠네요"라고 말했다. 그 후 그는 혼수상태에 빠졌고, 이것이 그의 마지막 말이었다.

메리 엘렌이 굿 사마리안 메디컬 센터에 도착하자, 한 간호사가 미소 지으며 말했다. "당신이 그가 보려고 기다리는 딸인가 보군요. 가족들은 어디 있나요?"

"무슨 말씀이세요?"

"곧 돌아가실 것 같아요. 가족들을 빨리 데려오세요."

메리 엘렌은 집에 전화했다. 그러나 메리, 캐시, 제프, 스티븐은 차로 병원까지 15분 만에 갈 준비를 할 수 없었다. 메리 엘렌은 침대에 앉아 아버지의 여윈 두 손을 꼭 잡고 아버지에게 얼마나 사랑하는지 말했다. 바로 그때 보이드는 말을 할 수 없었지만, 그의 손이 그녀의 손을 꼭 잡았다. 그의 내새끼가 그와 함께 있었다. 메리 엘렌은 아버지가 얼마나 피곤한지 느꼈다. 그녀는 몸을 기울이고 그가 그녀가 도착할 때까지 버티기 위해 힘겨운 싸움을 벌이고 있었음을 안다고 속삭였다.

"알죠, 아빠, 괜찮아요. 가시고 싶으시면 그렇게 하세요. 괜찮아요."

눈물이 볼을 타고 흘러내리면서 그녀는 그에게 절실히 필요한 휴식과 평화를 찾을 것이라고 말했다.

"괜찮아요, 아빠."

잠시 후, 오후 5시쯤 보이드가 미소를 지었다. 그의 얼굴은 편안해졌고 움켜쥔 손이 풀렸다.

메리 엘렌은 아버지의 영혼이 그녀를 통과하는 것을 느꼈고, 그는 떠났다.

에필로그

엘시드의 부활

존 리처드 보이드는 위대한 업적을 남긴 사람들이 종종 그렇듯 가족보다도 자신의 연구에 훨씬 큰 우선순위를 두었다. 그가 가족에게 남긴 유산의 일부는 당혹스럽고 부끄러울 정도다.

　현재 메리와 캐시, 제프는 델레이 비치의 방 2개짜리 아파트에서 계속 살고 있다. 일꾼을 제외하고 가족 구성원이 아닌 사람은 아무도 그곳에 들어간 적이 없다. 메리가 말한 한 가지 이유는 아파트가 비좁고 어수선해서 다른 사람에게 보이기 너무 창피했기 때문이다. 또 다른 이유는 제프가 수집한 뱀과 타란툴라와 곤충 때문이다. 현재 그는 길이 2.1미터짜리 황소뱀과 "다른 몇 가지"밖에 없다고 말하지만, 이 말을 하는 동안 혹시 누가 엿보지 않을까 두려워 머리를 숙이고 주위를 둘러본다. 메리는 제프의 수집품에 관한 말이 나오지 않을까 걱정하면서 아파트 관리인의 눈치를 살핀다. 그녀의 친구들은 여러 차례 제프를 내쫓으라고 했지만, 그녀는 그렇게 할 마음이 없다. 그녀는 사회보장제도와 연금으로 매달 약 1,600달러를 받는데, 자신이 죽으면 캐시와 제프가 어찌 될까 걱정하면서도 운명에 맡기는 수밖에 없는 처지다.

그녀는 당연히 걱정이 클 수밖에 없다. 캐시의 우울증은 깊어졌고 세상 대처 능력이 점점 떨어졌다. 그녀는 자신이 "분열정동장애schizo-affective disorder [330]" 진단을 받았다고 말하고는 자신이 얼마나 나쁜 사람인지 말하고 비판하고 비난하는 목소리가 들린다고 말한다. 그녀는 가끔 정신과 의사를 만나는데, 의사는 그녀의 항우울제 약에 관해 물어보고 면담을 한 후 보내준다. 그녀는 1주일에 3일씩 정신질환자를 위한 시설에서 일한다. 그녀는 버스 타기를 두려워하기 때문에 메리나 제프가 그를 태워다준다. 그녀는 마흔살이 훌쩍 넘었지만 아버지에 대한 분노는 조금도 줄지 않았다.

한편 제프는 자연보호구역에서 일했지만 해고되었다. 그는 자신이 원칙적이고 정직하며, 그러한 특징들 때문에 사람들이 불편해서 일자리를 잃었다고 말한다. 그는 40대에 접어들고 있고, 캐시와 마찬가지로 우울증을 앓고 있다. 그는 약물치료는 받지 않을 생각이다. 그는 유부녀들이 자신을 매우 매력적이라고 생각하면서 자주 유혹을 하지만, 항상 그녀들을 자신이 거절한다고 말한다. 그의 작품집에는 거미, 뱀, 곤충을 스케치한 그림들이 가득한데 그 수준이 정말 뛰어나다. 그중 많은 그림을 판매할 수도 있었지만, 그는 판매를 거절했다. 그는 매일 몇 시간씩 어머니의 침대에 누워 전화 통화를 한다. 그는 메리가 자신을 금전적으로 도와주었지만 정서적으로는 아니라고 말한다.

존 스캇은 이제 자신의 퍼스트 네임first name인 존을 자기 이름으로 사용하며, 캘리포니아에 살면서 컴퓨터 업계에서 일하고 있다. 취미는 모터사이클 만들기다. 그의 어린 아들 알렉산더는 알렉산드로스 대왕Alexandros the Great의 영어식 이름인 알렉산더Alexander에서 따왔다. 존은 그의 이름을 알렉산더 칭기즈Alexander Genghis라고 짓고 싶었지만, 그 대신 알렉산더 존

---

330 분열정동장애: 정신분열증상 및 우울증과 같은 기분장애증상이 함께 나타나는 정신장애. 가족력이 있는 경우가 많다고 한다.

Alexander John이라고 지었다. "존"은 아버지의 이름을 딴 것이다. 그는 다른 식구들이 그가 장례식에 올까 궁금해할 정도로 아버지에 대한 적개심이 컸다. 그는 장례식장에는 왔지만 아버지에 대한 적개심은 여전히 남아 있었다. 지금 그는 아들이 자라서 공군 전투기 조종사가 되기를 바란다. 그는 가끔 아버지의 말들을 인용하고, 때로는 아버지가 몹시 그립다고 인정한다. 일이 잘 안 풀릴 때면 아버지의 "진실성과 의무감"을 떠올리며 더욱 분발할 힘을 얻는다.

메리 엘렌은 컴퓨터 설명서를 쓰며 워싱턴 외곽에 산다. 그녀는 막내지만, 가족 중에서 가장 강하다. 그녀는 아버지 재산을 세세하게 관리하고 콴티코에 있는 그의 서류와 책들을 면밀히 감시한다. 그녀는 보이드의 오랜 전화번호부를 갖고 있는데, 이 전화번호부에는 국방부와 딕 체니 사저의 비공개 전화번호가 적혀 있다. 그녀는 아버지와 매우 닮았다. 직설적이고, 아주 정직하며, 때로는 시끄럽고 활기 넘친다. 메리 엘렌은 이혼했다. 그녀는 때로 보이드 집안의 우울증이 언젠가는 딸인 레바Rebah에게 나타날지 모른다고 걱정한다.

아버지와 오랫동안 싸웠던 두 자녀인 메리 엘렌과 존 스캇은 군에 입대하려 했었다. 그러나 둘 다 입대가 거부되었는데, 메리 엘렌은 알레르기 때문이었고 존 스캇은 소년범 전과가 있기 때문이었다.

스티븐은 1998년 6월 3일에 죽었다. 그는 화학 요법의 여파로 뇌졸중으로 쓰러졌고, 삼촌 빌과 마찬가지로 토사물에 질식해 죽었다.

그리고 보이드의 추종자들은 계속해서 그들의 세계를 형성하고 영향을 미치는 특별한 집단으로 남아 있다. 어떤 의미에서는 그들이 보이드의 가장 위대한 유산이다. 그들을 통해 그의 연구와 사상들이 여전히 살아있다. 거의 해마다 10명이 넘는 보이드의 오랜 친구들이 웨스트버지니아주에 있는 윈슬로 휠러의 오두막에 모여 보이드를 추모하며 주말을 보낸다. 그들은 먹고 마시면서 옛 이야기들을 하고 과거를 회상하며 웃는다.

보이드가 죽은 후 그의 가족들은 이리에 유해를 매장할 계획을 세웠는데, 보이드의 형 게리가 보이드가 알링턴 국립묘지에 묻히기를 원했다고 말했다. 메리와 자녀들은 놀랐다. 보이드는 그들에게 알링턴 이야기를 한 적이 없었다. 그들이 들은 것은 이리 호수에서 바이킹식 장례를 치르고 싶다는 이야기뿐이었다. 그러나 게리가 단호했기 때문에 메리 엘렌은 톰 크리스티에게 전화해서 도움을 요청했다. 사기꾼 크리스티는 그녀에게 알링턴에 남아 있는 공간이 거의 없고 당시 그곳에 묻히는 것이 매우 어렵다는 사실을 말하지 않았다. 크리스티는 오랜 친구를 위한 마지막 호의로서 자신의 사기꾼 능력을 다시 한 번 발휘했다.

크리스티는 약 30년 전 워싱턴에 오면서 샀던 버지니아주 비엔나^{Vienna}에 있는 집에 여전히 산다. 2001년 봄에 크리스티는 은퇴를 몇 주 앞두고 부시^{George W. Bush} 행정부의 한 담당자로부터 전화를 받았다. 크리스티는 펜타곤의 운용시험평가처장직을 제의받았다. 이 자리는 1980년대 초에 개혁파의 노력으로 만들어진 자리였다. 크리스티가 자신이 그 자리가 만들어지도록 간접적으로 도와준 자리를 물려받는다는 달콤한 역설을 옛 개혁파들은 잊지 않았다.

그 후 몇 년 동안 크리스티의 결정이 방산업계에 장기적인 영향을 미치게 된다. 포트 마이어의 수요일 술자리 참석자들은 궁극적인 내부자이자 사기꾼인 톰 크리스티가 승리할 것인지 궁금해했다. 그 후 아프간전이 벌어졌고, 그들은 더 이상 궁금해하지 않았다. 미군은 무인항공기 프레데터^{Predator}가 몇 년도 안 되어 가장 큰 기술적 진보를 이뤄서 지휘관들이 실시간으로 전장을 감시할 수 있게 되었다고 언론에 홍보했다. 크리스티는 프레데터가 적절한 시험을 거치지 않은 채 억지로 일선에 투입되어 신뢰성이 낮고, 탑재된 감시 카메라가 심각한 한계를 가지고 있다는 내용의 보고서를 발표했다.

피어 스프레이는 펜타곤에서 그랬던 것처럼 메릴랜드 시골에 있는 자신의 음악 녹음 스튜디오에서도 굽히지 않는 태도를 취했다. 그의 회사인 메이플셰이드 스튜디오^{Mapleshade Studio}의 모토는 "타협 없는 음악"으로,

이는 스프레이의 굽히지 않는 태도에서 비롯되었다. 그는 녹음장비의 모든 부분이 결코 숫자나 수치가 아닌 귀로 선택된다는 점에서 음악은 "매우 실증적"이라고 말한다. 그는 음악을 향상시키기 위해 스튜디오에서 속임수들을 전혀 사용하지 않으며 믹싱 보드mixing board, 오버더빙over dubs[331], 압축, 이퀄라이제이션equalization[332], 리버브reverb[333]를 사용하지 않는다. 그의 음악은 모두 아날로그 방식이고 투트랙 라이브live to 2 track[334]로 녹음하기 때문에 따뜻하고 활력 있고 순수한 음악을 좋아하는 사람들에게 사랑을 받는다. 그의 고객의 충성도는 변함이 없다. 그의 음악은 오디오 애호가 잡지로부터 존경을 받고 있다.

스프레이의 아들 존은 그의 이름을 따온 보이드의 이야기들을 들으면서 자라고 있다.

스프레이는 근래에는 국방 문제는 잘 다루지 않는다. 그는 모든 일을 과거지사로 여긴다. 하지만 그 분야에서 그의 마지막 작품은 그가 특히 자랑스러워하는 것 중 하나로, 마치 보이드의 발키리 중 하나인 것처럼 전투에서 포효하듯 비행음을 내는 A-10 워트호그Warthog이다. 공군 대장 찰스 호너Charles Horner는 이 "호그"들을 걸프전에 보내기를 원하지 않았다. 이 "호그"들은 싸고, 못생기고, 느리며, A-10 조종사들은 "고도 1,000 피트 이상에는 지적 생명체가 없다THERE IS NO INTELLIGENT LIFE ABOVE 1,000 FEET"는 표지를 붙이고 다닌다.[335] 걸프전에서 항공 부분에 관한 뉴스의 대부분은 스텔스 폭격기에 할애되었다. 하지만 A-10은 다른 어떤 항공기보다 걸프전에 큰 영향을 미쳤다. A-10은 이라크군이 가장 두려워한 항

---

331 오버더빙: 녹음된 연주 부분에 다른 소리를 덧입히는 것.

332 이퀄라이제이션: 음악의 주파수 대역별 균형을 잡는 과정.

333 리버브: 흔히 에코라고 하는 잔향 울림 효과.

334 투트랙 라이브: 2채널 스테레오 형식을 이용하고, 오버더빙을 하지 않고 실제 악기 음악을 직접 녹음해서 쓰는 라이브 레코딩(live recording) 녹음 방식을 말한다.

335 A-10이 아주 낮은 고도에서 자주 임무를 수행한다는 데서 나온 표현.

공기였다. 그들은 A-10을 "블랙 데스Black Death"라고 불렀다. 이라크 포로들은 다른 항공기가 오면 빠르게 공습을 하고 사라졌다고 말했다. 그러나 A-10은 전장 상공에서 머물면서 조종사가 표적을 발견하면 죽음의 30밀리미터 기관포가 지상부대들이 결코 겪어본 적 없는 파괴를 초래했다. 호너 대장은 말했다. "A-10에 관해 나쁜 말 했던 것들을 모두 취소합니다. A-10은 정말 훌륭합니다. 우리를 구해주고 있습니다."

걸프전 중 어느 날, 스프레이는 TV에서 한 A-10이 착륙하는 영상을 보았다. 이 항공기는 동체에 구멍들이 나 있었다. 꼬리의 절반이 피격으로 손상되어 날아갔고 주날개에 난 거대한 구멍들을 통해 하늘이 보였다. 조종사는 연기가 나는 비행기에서 기어 내려온 다음 돌아서서 비행기에 키스를 했다. 스프레이는 웃었다. 그가 설계에 영향을 미친 A-10이 걸프전에서 이런 정도의 피해를 입고도 조종사가 기지로 돌아올 수 있는 유일한 항공기라는 것을 본 것은 그야말로 그의 일생에서 가장 대단한 순간 중 하나였다.

레이 레오폴드는 모토로라 연구소Motorola Labs의 부사장 겸 기술사업부장인데, 그는 이 회사에서도 계속 성공하여 승승장구했다. 그는 이리듐Iridium 위성기반 휴대전화 네트워크를 만든 4명의 엔지니어 중 한 명이며, 기술 및 원격통신 심포지엄들에서 인기 있는 연사다. 레오폴드는 미국 특허를 26개나 가지고 있고 약 50개국에서 특허가 나왔거나 출원 중이다. MIT의 부교수이기도 하다. 현재 애리조나주에 살고 있고 다른 추종자들과 연락을 한다.

보이드가 죽어갈 때 프랭클린 "척" 스피니는 그에게 보낸 편지에서 "당신이 하라고 가르친 선한 일을 계속하기 위해 최선을 다하겠습니다"라고 썼다. 그는 그 약속에 부끄럽지 않게 산다. 스피니는 펜타곤에 남았으며, 보이드 사상의 불꽃지기이자 맹렬한 수호자다. 보이드가 죽은 후 그에 관해 쓴 최고의 글 중 하나는 스피니가 《프로시딩즈Proceedings》에 쓴 "칭기스 존Genghis John"이라는 기사였다. 스피니는 언제나처럼 자신만만하고 타협하지 않는 태도로 계속 전술항공국에서 근무하며 보이드의 옛 사무실에서 일하고 있는데, 보이드의 명언과 사진들을 넣은 액자가 벽에 걸려 있을 정도로 어떤 사람에게는 그곳이 거의 성지나 다름없다. 스피니는 미국 정부에서 가장 두렵고 존경받는 GS-15급[336] 인사로, 방산계약업체들은 그의 이름만 들어도 몸을 떤다. 펜타곤은 그를 해임하려 했지만 포기하고 그 대신 고립정책을 썼다. 그를 무시하고 역할을 주지 않고 동료들로부터 분리하면 그가 사직할 것이라고 여겼던 것이다. 그의 사무실과 몇 명의 젊은 민간인들 사이에는 벽이 설치되었다. "스피니 벽"이라고 불리는 이 벽의 목적은 그 이름처럼 스피니가 그들의 생각을 오염시키지 못하게 막기 위한 것이다. 그는 1979년 이후로 진급을 하지 못했다. 마지막으로 의미 있는 임무를 부여받은 것은 1989년이었다. 그는 포상이나 보너스를 받지 못했다. 그는 펜타곤에 관한 통찰력 있는 기사를 쓰는 데 대부분의 시간을 쏟는데, 그는 펜타곤을 "큰 녹색 지출 기계" 또는 "포토맥 강의 베르사유 궁전"이라고 부른다. 그는 자신의 기사들을 "발파기Blaster"라고 부르며 이를 정부와 언론에서 가장 영향력 있는 몇몇 사람들에게 이메일로 보낸다. 대학입학자격시험 작문 시험 점수가 좋지 않았던 그는 열정적이고 설득력 있는 옹호자로 변했다. 그의 "발파기"들은 사실과 논리 면에서 확실했을 뿐만 아니라(그는 중요한 사실 문제들에서 결코 흠을 잡힌 적이 없다) 정부에 변화를 야기했다. F/A-18의 주날개 문제를 국가적 문제로 만든 것이 스피니였다. 또한 스피니는《워싱턴 포스트》와《로스앤젤레스 타임스Los Angeles Times》의 기명 칼럼을 많이 쓰는 필자가 되었다.

스피니는 톰 크리스티에게 운용시험평가처DOT&E에서 옳은 일을 하지 않으면 그를 갈기겠다고 웃으면서 통지했다.

스피니는 "분쟁의 양상" 브리핑을 할 수 있는 살아 있는 3명 중 한 명이기 때문에(다른 2명은 쳇 리처즈와 피어 스프레이다), 가끔 콴티코로 차를

---

336 미 군무원 GS-15급은 의전 기준으로 대령급에 해당한다.

타고 가서 젊은 해병대 장교들에게 브리핑을 한다. 스피니와 리처즈는 이 브리핑을 좀 더 쉽게 이해시키기 위한 일환으로 브리핑에 대한 해설을 쓰고 있다. 이들은 보이드의 가장 위대한 연구가 계속 살아 남기를 원한다.

장군이 될 수도 있었는데 진급하지 못한 짐 버튼은 버지니아주 앨디 Aldie라는 마을로 이사해 불 마운틴Bull Mountain 초입 인근의 오래된 집에 산다. 그가 전역한 후 의회는 육군에게 정확히 버튼이 주문했던 대로 실사격 시험을 완료하라고 명령했다. 그리고 의회는 육군이 10가지가 넘는 버튼의 권고를 이행하지 않으면 브래들리 프로그램을 폐기했다고 위협했다. 마지막으로 의회는 모든 무기체계를 브래들리와 동일한 실전적인 방법으로 시험해야 한다고 규정했다. 브래들리의 한 가지 변화, 즉 병력 탑승칸 안에 케블라 내피를 추가한 조치는 의심할 여지 없이 걸프전에서 많은 생명을 살렸다. 거의 3년이 걸렸지만 짐 버튼은 미 육군과의 싸움에서 이겼다. 육군 도널드 필Donald Pihl 중장은 의회에서 실사격 시험에 관해 증언하면서 육군이 "많은 것을 배웠습니다. 공적의 대부분은 저희에게 이 방향으로 가라고 밀어붙인 버튼 대령에게 돌아가야 합니다"라고 말했다.

버튼은 1998년 2월 28일에 『펜타곤 워The Pentagon Wars』라는 책을 썼고, 이 책을 원작으로 켈시 그래머Kelsey Grammer가 주인공으로 출연한 HBO 케이블 채널의 자체 제작 영화도 만들어져 방영되었다. 이 책의 에필로그는 주로 걸프전의 실패에 관해 다뤘는데,《프로시딩즈》의 기사로도 게재되었다. 이 기사가 발표된 후 8개월 동안 육군 고위 장성들이 버튼을 비난하는 서신을 썼다. 그는 이 서신의 정보를 이용하여 걸프전에서 미군이 저지른 실수에 관한 충격적인 브리핑을 만들었다.

앨디로 이사한 후 버튼은 버지니아 시골의 자연을 파괴하는 빠른 개발 속도에 실망하게 되었다. 라우던Loudoun 카운티는 버지니아에서 가장 빠르게 성장하는 카운티다. 개발을 통제해야 한다는 그의 생각에 일단의 시민들이 공감하면서 그에게 카운티 감독관 자리에 출마하라고 요청했다. "출마를 하겠지만 자금을 구걸하지는 않겠습니다," 그는 말했다. "신세는

지지 않겠습니다. 모금은 원하신다면 알아서 해주시고 저는 어쨌든 출마를 하겠습니다." 그가 당선되고 선거공약을 이행하자, 버지니아에서 가장 부자 중 한 명인 대형 개발업자가 버튼의 얼굴에 주먹을 들이대며 말했다. "나는 집을 지을 거요. 날 막을 수 없을게요. 나는 싸움꾼이니까."

버튼은 그의 눈을 쳐다보며 말했다. "한 6개월 동안 제대로 싸운 적이 없는데, 어떻게 될지 두고 봅시다."

몇 달 뒤 그 개발자는 카운티를 떠났다. "펜타곤에서 벌어지는 게임과 똑같았습니다." 버튼은 말했다. "금액의 자릿수가 그렇게 크지 않다는 것만 빼면요." 버튼은 만일 옳은 일을 한다면 상대가 얼마나 강력한지는 중요하지 않다는 것을 보이드에게서 배웠다. 승리하는 길은 항상 있다. 버튼은 "상황이 어떻든, 상황이 얼마나 절망적이든, 혹은 얼마나 암담해 보이든, 얼마나 무섭든, 탈출구는 항상 있습니다"라고 말했다. "언제나 그렇습니다. 그 모든 것은 기동전에 관한 보이드의 아이디어로 거슬러 올라갑니다."

마이크 와일리는 메인주 피츠필드Pittsfield 인근에 농장을 사서 포도를 재배했고, 그가 "야생 포도원Wilderness Vineyard"이라고 부르는 큰 계획을 세웠다. 그런데 바로 그때 그는 그 지역 발레단이 빚을 지고 해체될 위기에 처했다는 소식을 들었다. 이사회는 좋은 업무 관행을 수행하기보다 자신의 자녀들이 주연을 맡게끔 하려고 서로 다투는 데 더 많은 시간을 썼다. 와일리는 발레단을 인수하겠다고 자발적으로 나섰다. 그가 해병대 친구들에게 도움을 요청하자, 제임스 웹과 G. I. 윌슨 대령, 그리고 10여 명이 돕겠다고 나섰다. 와일리가 해병대식 사고를 발레단에 도입해서 발레단의 상황을 호전시킴으로써 오늘날 보소프 발레 극장Bossov Ballet Theater은 위대한 성공 신화를 써나가고 있다. 심지어 《월스트리트 저널Wall Street Journal》에도 발레학교를 운영하는 퇴역 해병 대령에 관한 기사가 1면에 실렸다.

와일리는 보이드가 죽은 후 여름에 보이드 컨퍼런스Boyd Conference를 주최했고, 20명이 넘는 보이드의 친구들이 일주일 동안 메인주로 여행을 했다. 2001년 초에 그는 신데렐라 공연에 맞추어 이사회를 소집했다. 이

사회 위원과 자문위원들은 캘리포니아주와 조지아주에서 메인주 중앙의 작은 마을까지 먼데도 마다않고 와주었다. 공연이 끝난 후 와일리와 친구들은 술집을 방문했고, 그곳에 서서 술을 마시며 존 보이드 대령에게 건배했다.

와일리는 매일 아침에 일어날 때마다 자문한다. "오늘 나의 중심은 무엇인가?" 그리고 매일 아침 해병대 제복을 입을 수 없음을 아쉬워한다.

포트 마이어의 수요일 초저녁 술자리는 30년 지난 뒤에도 여전히 활발히 이루어지고 있다. 참석자 중 많은 수는 꽤 나이가 들었다.

G. I. 윌슨, 윈슬로 휠러, 짐 스티븐슨, 조지 윌슨, 돈 밴더그리프Don Vandergriff, 척 마이어스, 크리스 융커Chris Yunker, 댄 무어Dan Moore, 그레그 윌콕스Greg Wilcox가 참석한다. 그들은 지금은 늙은 냉소주의자이고 말썽꾼이며 반反과학기술 부류라고 비웃음을 사고 있다. 그러나 미국은 그들에게 큰 빚을 지고 있다. 가끔 그들의 배경을 아는 식견 있는 손님은 자신이 살아 있는 전설들 사이에 서 있음을 알고는 경외의 눈으로 주위를 둘러본다. 수십 명이 모여 맥주를 마시면서 옛이야기들을 되뇌면 마치 그 얘기들을 처음 듣기라도 하는 양 모두가 웃는다. 2001년에 공군은 약 93대를 보유하던 B-1폭격기를 약 60대로 감축한다고 발표했다. "보이드는 일찍이 1970년대 초에 그걸 요구했죠." 누군가가 그것을 기억하고는 말했다.

보이드의 연구는 거의 300개에 달하는 잡지, 저널, 책에 인용되었다. 과학과 항공 분야에 대한 그의 업적은 그의 이름이 항상 언급되지는 않지만, 모범이 되고 지속적으로 영향을 미치고 있다. 그는 공군 역사상 누구보다도 전투기 병과에 많은 기여를 했다. 그는 혼자서 공군이 고속 직진하도록 설계된 항공기에서 벗어나 현재와 같이 기동성이 아주 뛰어난 항공기를 지향하게 만든 장본인이었다. 그리고 다른 누구보다도 지난 30년간 미국의 전술 공군을 만든 공로를 인정받을 만한 자격이 있다. 미 공군의 F-15와 F-16, 해군과 해병대의 F-18이 보이드 덕분에 하늘을 지배하고 있다. 업적이 별로 없는 퇴역 4성 장군들은 이 주장을 들으면 격노한다. 그들은 보이드가 비전문가이고 믿을 수 없으며 그저 수학에 재능이 있었던 공군의 골칫거리였을 뿐이라고 말한다.

보이드의 에너지-기동성 이론은 전투기 병과에 네 가지 기여를 했다. 공중 전술을 가르치는 정량적 기초를 제공했고, 항공기가 공중전에서 비행하는 방법을 영원히 바꿔놓았으며, 항공기의 기동성을 평가할 수 있는 과학적 수단뿐 아니라 우군 항공기의 설계상 약점을 극복하고 적기의 우위를 최소화하거나 회피할 수 있는 전술을 제공했으며, 마지막으로 전투기를 설계하는 데 기본 도구가 되었다.

1991년 5월 6일자《유에스 뉴스 앤 월드 리포트U. S. News & World Report》에는 걸프전을 승리로 이끈 혁신적인 전술에 관한 기사가 실렸다. 이 기사에는 그 전술의 배경에 존 보이드, 마이크 와일리, 후바 바스 드 체게가 있다고 쓰여 있었다. 1998년 1월 4일자《뉴욕 타임스 매거진New York Times Magazine》은 "그들이 살았던 삶The Lives They Lived"이라는 제목의 연례 특집 기사에서 사회에 큰 공헌을 한 사람들의 행적을 다루었는데, 여기에 보이드에 관한 기사가 실렸다.

보이드를 아는 학자들은 그가 20세기 최고 군사전략가 중 한 명이자 시간을 사고의 중심에 둔 유일한 전략가였다는 데 동의한다. 그들의 평가는 거기까지가 끝이다. 하지만 보이드는 손자 이래 가장 위대한 군사이론가였다.

학자들은 이러한 주장에 콧방귀를 뀐다. 그들은 보이드와 클라우제비츠의 이론을 모두 알고 있고 보이드가 클라우제비츠 이론에 큰 결함이 있다는 것을 밝혀냈다는 사실을 받아들이면서도 여전히 클라우제비츠를 좋아한다. 학자들이 보이드를 손자의 반열에 올려놓기를 꺼리는 또 다른 이유는 그가 출간한 저작물이 너무 적기 때문이다. 그의 저작물은 널리 입소문을 타기는 했지만, 여전히 적은 부수만 발행되었다(많은 전문 잡지의 발행 부수만큼 적은 부수는 아니지만). 학자들은 보이드가 그들이 분석할 글을 남기지 않았기 때문에 그를 묵살한다. 그들은 그의 전쟁 수행 전략이 비판적

고찰의 대상이 된 적이 없어서 그가 손자와 같은 반열에 있다는 주장을 지지하기 어렵다고 말한다. 학계는 학자들의 판단만 인정하길 좋아하는 신중한 집단이다. 학자들은 보이드가 손자와 같은 반열에 있다는 주장을 불편해한다. "그렇다고 말할 수는 없습니다"가 그들의 최종 답변이다.

그러나 세월이 흐르고 쳇 리처즈가 대기업에 강의를 계속하면서 이야기가 퍼지게 된다. 리처즈가 수학 박사 학위가 있고 전역한 정보장교라는 점을 고려하면, 그의 보이드에 대한 평가는 다소 특이하다. 그는 보이드가 손자부터 시작해서 16세기 사무라이 야마모토 무사시宮本武蔵[337], 그리고 마오쩌둥으로 이어지는 계보를 잇는 가장 최근의 인물이라고 생각한다. 리처즈는 무사시와 보이드 사이에 비슷한 점이 많다고 말한다. 보이드의 반짝이는 전투기는 사무라이의 옻칠한 갑옷과 같다. 둘 다 일대일로 전투에 뛰어들었다. 둘 다 다른 사람들이 무례하다고 여기는 개인적인 습관을 가지고 있었다. 둘 다 명예와 자기희생이라는 금욕적 규범 하에 살았다. 둘 다 전투에 앞서 적을 혼란스럽게 만든다면 싸우기 전에 이기는 것이라고 믿었다. 전투에서는 둘 다 싸움에 패한 적이 없다. 둘 다 폭넓은 독서를 했고, 깨달음을 추구하는 데 있어 외골수였다. 둘 다 각자의 시대에 중요한 인물이었다. 둘 다 투사에서 군사사상가로 변모했고, 둘 다 사후에 오랫동안 남을 작품을 남겼다. 무사시의 유명한 작품은 『오륜서五輪書』[338]이고, 보이드의 작품은 우다 루프다. 리처즈는 우다 루프가 오륜서처럼 다섯 가지 부분으로 되어 있고, 전체 사이클이 다섯 번째 부분에 해당

---

337 야마모토 무사시: 1584?~1645년. 아즈치모모야마(安土桃山) 시대부터 에도(江戸) 시대 초기의 인물로, 단 한 번의 대결에서도 패하지 않은 전설적인 검술가로 알려져 있다. 또한 그는 만년에 2년에 걸쳐 『오륜서(五輪書)』라는 병법서를 저술한 전술가로도 널리 알려져 있다.

338 야마모토 무사시의 『오륜서』는 "땅(地), 물(水), 불(火), 바람(風), 하늘(空)"의 5장으로 구성되어 있는데, 1장 땅(地)은 무사시의 생애, 검술의 개요를 설명하고, 2장 물(水)은 이천일류의 검술을 설명한다. 3장 불(火)은 싸우는 방법과 마음가짐 등을 설명하고, 4장 바람(風)은 다른 검술의 유파들을 다루면서 문제점을 지적하고, 마지막 5장 하늘(空)은 싸우는 기술의 본질 또는 궁극의 경지에 대해 설명한다.

한다고 보았다. "보이드는 옛날식 무사였습니다." 리처즈는 말한다.

요즘 대학원생들은 보이드에 관해 논문을 쓴다. 챗 리처즈는 웹사이트 2개를 만들었는데 한 해 30만 명이 방문하며 그 수는 점점 늘고 있다.

보이드는 자신의 경력보다는 미군 전투원, 즉 군에서 말하는 창끝에 있는 사람들의 운명에 관심을 가졌다. 그는 항공기든 전차든 전투원들이 가급적 최고의 장비를 갖기를 원했다. 이것이 그의 삶이었다.

보이드는 사람들에게 그들이 할 수 있다고 생각하지 못한 것들을 할 수 있다고 믿게 했다. 그들 대부분은 보이드를 만나기 전부터 진실하고 자신의 일에서 어느 정도 성취감을 맛본 사람들이었다. 그는 그들이 잘하는 모든 것을 격려하고 그들에게 활력을 불어넣어 그들을 새로운 사람으로 거듭나게 했다. 보이드의 사상과 저작물은 그들에 의해 여전히 자라나고 계속 잉크 얼룩처럼 퍼지고 있으며, 널리 분산되어 있는 얼룩들이 합쳐져서 훨씬 더 큰 지식의 창고를 형성하고 있다. 어떤 사람은 보이드가 숭배의 대상이 되었다고 말한다. 그러나 추종자들이나 미 해병대나 비즈니스 분야에서 보이드 사상을 더 많이 사용하고 있음을 아는 사람은 그 누구도 이것을 숭배라고 생각하지 않는다.

2001년 9월 11일에 세계무역센터와 펜타곤에 대한 공격이 최초로 언론에 보도된 이후, 신문과 잡지 기자들은 이 비극의 더 깊은 의미를 찾기 위해 취재를 하기 시작했다. 몇 주 뒤 4세대 전쟁에 관한 이야기들이 나오기 시작했고, 1989년 10월호 해병대《가제트》에 실린 기사가 재발견되었다. 10년도 더 전에 쓰인 이 기사는 미국에서 테러리스트들이 어떻게 활동할 수 있을지를 다루고 있었는데, 그 설명에는 놀라울 정도의 선견지명이 담겨 있어 2001년 11월호《가제트》에 다시 실렸다. G. I. 윌슨 대령은 갑자기 선지자로 여겨졌다.

보이드 기념 웹사이트 중 하나는 갑자기 하루에 최대 1,600회 조회수를 기록했고, 많은 방문객들이 1989년 기사를 찾아냈다. 이처럼 놀라운 방문자 수를 기록한 것은 펜타곤 때문인데, 당시 펜타곤에서는 테러 공격에 대한 대응 방안을 놓고 치열한 싸움이 벌어졌다. B-1과 B-52 폭격기 개발은 전통적인 공군 사상이 작용한다는 뜻이었다. 하지만 딕 체니 부통령과 콜린 파월 국무장관은 보이드의 사상을 따르기를 지지했다. 파월은 전국 방영 텔레비전에 나와 다수의 공격축과 적의 결심 사이클 안으로 들어가는 것을 포함한 대응 방안을 말했다.

체니 부통령은 군사사에서 보이드의 위치에 관해 나름의 생각을 가지고 있다. "우리는 지금 그를 다시 활용할 수 있습니다. 그가 지금 가까이 있었으면 좋겠습니다. 그를 현재의 국방 시설에 자유롭게 풀어주고 그가 무엇을 생각해낼 수 있을지 보고 싶습니다. 우리는 여전히 과거를 지향하고 있습니다. 우리는 지난 100년이 아니라 다음 100년을 생각해야 합니다."

그러나 군은 그런 확신을 가지고 있지 않다.

론 캐튼은 보이드의 장례식에서 감동적인 추도사를 낭독하고 난 다음 그의 지역구 의원인 조지 네더컷George Nethercutt의 사무실에 들러 부탁을 했다. 캐튼은 공군이 공식적인 방식으로 보이드를 인정해주기를 바랐다. 현재 캐튼은 백만장자 금융 컨설턴트이며, 거주지인 스포캔Spokane에서 가장 유명한 시민 중 한 명이다. 지금 그가 그의 지역구 의원에게 그것을 부탁한다면 아마도 이룰 수 있을 것이다. 하지만 공군의 초기 반응은 공군대학Air University[339]에서 교편을 잡고 있는 그랜트 해먼드Grant Hammond가 그의 책을 집필 중이며, 이것이 보이드를 충분히 인정하는 일이라는 것이었다. 네더컷이 이에 동의하지 않자, 공군은 1999년 9월 17일에 넬리스 공군기지에 보이드 홀Boyd Hall을 헌정했다. 전투기무기학교 길 건너에 있는 작은 건물이 보이드 홀이다. 헌정사의 원래 버전은 20분 길이였지만 한 예비역 장군이 보이드는 20분의 가치가 없다면서 헌정사를 절반으로 줄이라고 주문했다. 이 퇴역 장군은 몇 년 전에 인터넷에서 이 책의 프롤로그를 읽고 친구들에게 이메일을 보내 보이드를 폄하했고, 보이드가 전

---

339 공군대학: 공군의 석사 학위 인증 교육기관으로, 1946년에 설립되었다.

투기무기학교에 있을 때 모의 공중전투에서 "내가 그에게 똥침을 놔줬어야 해"라고 말했다. 보이드와 이 퇴역 장군을 모두 아는 사람들은 퇴역 장군의 말을 듣고는 크게 비웃었다.

전투기무기학교는 이름이 바뀌었다. 이제는 B-1 폭격기와 B-52, 그리고 다른 항공기의 승무원들이 그곳에서 훈련을 받기 때문에 "전투기"라는 이름이 빠져서 지금은 "무기학교Weapons School"가 되었다. 1999년 여름에 공군은 이 학교 50주년을 축하하기 위해 《미 공군 웨폰스 리뷰USAF Weapons Review》의 특집호를 발간했다. 특집기사는 "공중전투 기동Air Combat Maneuvering"이라는 제목으로 보이드의 "공중전 연구"에서 발췌한 내용을 실었다. 그러나 그의 이름은 언급하지 않았다.

공군사관학교에서는 4학년 때 항공공학 고급과정을 배운다. 교재는 주로 에너지-기동성 이론 해설서다. 보이드의 이름은 책에 나오지 않으며 이 과목을 가르치는 사람들조차도 이 이론이 보이드의 것이라는 것을 밝히지 않는다.

한 무리의 4학년 졸업반 생도들에게 설문조사를 했을 때, 존 보이드 대령의 이름을 아는 생도는 단 한 명도 없었다. 미 육군은 걸프전 당시 한 장군이 사막에서 사흘 밤을 멈췄다는 사실을 잊었으며, 지금은 기동전을 실천하고 있다고 자랑스럽게 선언한다. 미 육군은 1970년대 후반의 교리 변화가 보이드와는 관계가 없고 그 변화가 내부에서 이루어졌다고도 말한다.

그리고 미 해병대의 경우는 보이드가 죽었을 때, 찰스 크룰라크Charles Krulak 사령관이 한 국방 저널에 보이드가 걸프전 당시 미국 승리의 설계자였다고 말하는 감동적인 헌사를 썼다. 나중에 그는 "기동, 의도, 민첩성 개념이 승리를 이끌었습니다"라고 상세히 설명했다. 해병대 젊은 장교들은 보이드에 대해 알고 그의 사상을 연구한다. 해병대 퇴역 장교 크리스 융커가 1년에 두 번씩 보이드의 사상을 토의하기 위해 보이드 심포지엄을 후원한다.

콴티코에 우뚝 솟아 있는 해병대 연구센터는 벽돌과 유리로 되어 있다. 마이크 와일리가 건물 설계에 크게 영향을 미쳤다. 방문객이 탁 트인 로비에 들어서면 황동 대포 2문이 처음 만들어졌을 때처럼 빛나고 있다. 벽에는 근엄한 표정의 해병대 장군들의 사진과 미국 건국 때까지 거슬러 올라가는 전투 장면 그림들이 걸려 있다. 건물의 부속동과 회의실은 해병대의 유명한 3성 장군과 4성 장군 이름을 따서 명명되었다. 이 성스럽고 신성한 홀은 미국 최고의 엘리트 전투부대 중 하나인 해병대를 에워싼 신비로움의 보고寶庫다. 이곳은 해병대 전사들을 기념하는 홀이다. 하지만 시선은 이 모든 것을 빠르게 지나쳐서 곧장 직진해 좌회전한 후 로비에서 가장 눈에 띄는 전시물인 파란 비행복을 입은 사람의 조형물로 향한다. 그 조형물 뒤에는 F-16 모형이 있고 그의 어깨에는 대령을 뜻하는 은색 독수리가 있다. 오른쪽 가슴의 명찰에는 크고 굵은 글씨체로 존 보이드JOHN BOYD라고 쓰여 있다. 쭉 뻗은 그의 팔에는 빛바랜 녹색 표지에 다음과 같은 제목의 두꺼운 브리핑북이 놓여 있다. "승리와 패배에 관한 담론A Discourse on Winning and Losing".

그리고 마지막으로 이리가 있는데, 보이드는 해마다 펜실베이니아주 이리로 돌아가서 원기를 회복하고 친구들의 동의를 구하곤 했다. 대여섯 명 정도의 보이드의 어린 시절 친구들이 《뉴욕 타임스》에서 보이드의 부고를 읽었다. 그들은 나중에 《유에스 뉴스 앤 월드 리포트》에서 짐 팰로스가 쓴 보이드를 극찬하는 헌사와 그 밖의 여러 인쇄물에서 데이비드 해크워스의 추도사를 읽었을 것이다. 그들은 놀랐다. 그들과 함께 자란 존 보이드, 그들이 목소리가 큰 영업사원이라고 여겼던 보이드가 정말로 그가 말한 모든 일을 했다는 것에 깜짝 놀랐다. 그들은 추도식을 위해 워싱턴으로 갔고, 론 캐튼과 피어 스프레이의 추도사를 들었고, 이리 출신의 소년이 그런 대단한 일을 했다는 것을 자랑스러워했다.

그들은 그걸 좀 더 일찍 알았더라면 하고 생각했다.

링컨가의 집은 몇 명의 주인을 거쳤고 지금은 비어 있다. 보이드가 죽기 몇 년 전에 《이리 타임스-뉴스$^{Erie\ Times-News}$》가 그에 관해 전면 기사를 실었는데, 발행인이 자신의 칼럼에 보이드를 가끔 언급하기는 했지만 이리 시는 보이드를 이리를 빛낸 인물로 공식적으로 인정하지 않았다. 이리에는 대부분의 역사가들이 별로 중요하게 여기지 않는 인물인 스트롱 빈센트$^{Strong\ Vincent}$ 대령을 기념하는 동상이 있다. 그리고 이리 시는 1812년 전쟁 당시에 올리버 해저트 페리가 이리에서 건조한 배를 타고 싸웠다는 사실을 자랑스러워한다. 하지만 이리는 가장 큰 업적을 달성한 이리의 아들을 인정하지 않는다. 이리의 아이들은 존 보이드를 모른다.

그러기에 이리는 늘 살기 힘든 도시였다.

인터뷰 명단

이 책은 주로 아래 나열한 사람들을 인터뷰한 내용과 참고문헌에 기초해 집필했다. 어떤 인터뷰에는 몇 분이, 어떤 인터뷰에는 몇 시간이 걸렸다. 어떤 사람은 인터뷰를 한 번 했고, 어떤 사람은 수십 차례 했다. 인터뷰는 전화, 이메일, 대면으로 이루어졌다.

　이 인터뷰 명단에 나온 대부분의 사람은 대령 혹은 장성으로 퇴역했지만, 그들이 위관 시절에 벌어진 사건들을 인터뷰 시 자세히 들려주었다. 혼란을 피하기 위해 인터뷰에 응해준 사람들의 계급은 모두 생략했다.

Arbuckle, Jack

Barshay, Donald

Bellis, Ben

Booth, Jim

Boyd, Jeffrey

Boyd, Kathryn

Boyd, Marion

Boyd, Mary

Brantley, A. L.

Brooks, Mrs. Ralph

Burke, Harold

Burns, Michael

Burton, James

Buttleman, Hank

Byron, Dick

Cameron, Lyle

Case, Jack

Case, Ted

Catton, Ron

Cheney, Dick

Christie, Kathy

Christie, Tom

Colbath, Jeff

Collins, Richard

Cooper, Charles E.

Cowan, Jeff

Creech, Wilbur

Dayton, Allen

Dorsett, Tracy K. Jr.

Drabant, Robert

Fallows, James

FitzPatrick, Hal

Greenwood, John

Grossman, Elaine

Guild, Richard

Hallock, Dick

Hammond, Grant

Hillaker, Harry

Holton, Mary Ellen

Horner, Chuck

Hosmer, Bill

Ingvalson, Roger

Isham, Marty

Jones, John C.

Kan, Bobby

Knox, Robert

Krulak, Charles

Leopold, Ray

MacAlpine, James

Maitland, Jock

McDowell, Robert

McGarvey, Michael

Mcinerney, Thomas G.

McKinney, Cindy

Michel, Marshall

Mogan, Bill

Moore, Daniel

Morrisey, John C.

Morrison, Blake

Mortensen, Dan

Moser, Dick

Murphy, Charles

Myers, Chuck

No Kum-Sok

Nordeen, Lon

O'Donnell, John

Persky, Arnold

Peterson, Douglas B.

Pettinato, Frank Jr.

Pyle, Joe Mike

Raspberry, Everett

Reichert, Chester

Riccioni, Everest

Richards, Chet

Shanahan, Jack

Smith, R. L.

Sparks, Bob

Speir, Bob

Spinney, Alison

Spinney, Franklin C.

Spradling, Vernon

Sprey, Pierre M.

Stevenson, James

Street, Frank

Stromgren, Ole

Tedeschi, Jim

Thompson, Jim

Thompson, Wayne

Titus, Robert

Toperczer, Istvan

Vandergriff, Donald

Vincent, Hal

Wass de Czege, Huba

Weinert, Charlie

Whatley, James

Wheeler, Winslow

Whitcomb, Darrel

Williams, Lynn F.

Wilman, Jane

Wilson, George

Wilson, G. I.

Winer, Ward O.

Winters, John

Wolford, Connie Woods, Bill

Wyly, Mike

Yates, Dave

Yunker, Chris

참고문헌

Air Warfare Center. Office of History Headquarters. *A Brief History of the Nellis Air Force Range*. Nellis AFB, Nev., 1997.

_____. *A Chronology of Nellis Air Force Base*. Nellis AFB, Nev., 1997.

_____. *A Concise History of Nellis Air Force Base Nevada*. Nellis AFB, Nev., 1997.

Barnett, Conelli, ed. Hitler's Generals. New York: Quill / William Morrow, 1989.

Baugher, Joe. "General Dynamics F-111 History." Online posting. August 9, 1999 <http://www.f-111.net/JoeBaugher.htm >.

Berent, Mark. *Phantom Leader*. New York: Jove Books, 1992.

Beyond the Wild Blue. Walter Boyne and John Honey. The History Channel. VHS.

Blesse, Frederick. "No Guts No Glory." *Fighter Weapons Newsletter* (March 1955).

Booth, Jim. "John Boyd: An American Patriot." *Erie Daily Times* (July 4, 1994).

Boyd, John R. "A Discourse on Winning and Losing." Briefing. 1987.

_____. "Air to Air Missile Analysis." Study. Circa 1968. Possession of Tom Christie.

_____. "Fundamentals of Air-to-Air Combat." Briefing. 1965. Possession of Tom Christie.

_____. "New Conception for Air-to-Air Combat." Briefing. August 4, 1976. Possession of Tom Christie.

_____. *U.S. Air Force Oral History*. Interviewed by Jack Neufeld. Washington: Office of Air Force History, 1973.

_____. *U.S. Air Force Oral History.* Corona Ace Interview. Interviewed by John N. Dick Jr. Maxwell AFB: Office of Air Force History, 1977.

Broughton, Jack. *Going Downtown*. New York: Orion Books, 1988.

_____. *Thud Ridge*. New York: Bantam Books, 1985.

Burton, James G. "Desert Storm: A Different Look." Briefing. June 21, 1995

_____. *The Pentagon Wars*. Annapolis: Naval Institute Press, 1993.

Carter, Gregory A. "Some Historical Notes on Air Interdiction in Korea." Santa Monica, Calif.: The RAND Corporation, September 1966.

Casti, John L., and Werner DePauli. *Godel*. Cambridge: Perseus Publishing, 2000.

Clausewitz, Carl von. *On War*. Edited and translated by Michael Howard and Peter Paret. Princeton: Princeton University Press, 1976.

Coulam, Robert F. *Illusions of Choice*. Princeton: Princeton University Press, 1977.

Cowan, Jeffrey L. "From Air Force Fighter Pilot to Marine Corps Warfighting: Colonel John Boyd, His Theories on War, and Their Unexpected Legacy." Diss., United States Marine Corps Command and Staff College, 2000.

Creech, Wilbur L. *U.S. Air Force Oral History*. Interviewed by Hugh N. Ahmann. Maxwell AFB: Office of Air Force History, 1992.

Creveld, Martin Van. *The Transformation of War*. New York: The Free Press, 1991.

D'Amato, Martin J. "Vigilant Warrior: General Donn A. Starry's AirLand Battle and How It Changed the Army." Armour (May / June 2000).

"Defense Technology." *The Economist* (June 10, 1995).

Dorfer, Ingemar. Arms Deal. New York: Praeger Publishers, 1983.

Dupuy, T. N. *A Genius For War*. Falls Church, Va.: Nova Publications, 1984.

Fadok, David S. *John Boyd and John Warden: Air Power's Quest for Strategic Paralysis*. Maxwell AFB, Ala.: Air University Press, 1995.

Fallows, James. "America's High-Tech Weaponry." *Atlantic Monthly* (May 1980).

_____. "Priceless Original." *U.S. News & World Report* (March 24, 1997): 9.

_____. "I Fly with the Eagles." *Atlantic Monthly* (November 1981).

_____. "Muscle-Bound Superpower." *Atlantic Monthly* (October 1979).

_____. *National Defense*. New York: Random House, 1981.

Fastabend, David A. "That Elusive Operational Concept." *Army Magazine* (June 2001): 37-44.

FMFM-1 Warfighting. Washington: U.S. Marine Corps, 1989.

Gabriel, Richard A. *Military Incompetence*. New York: Hill and Wang, 1985.

Gentry, Jerauld R. "Evolution of the F-16 Multinational Fighter." Research Report No. 163, Industrial College of the Armed Forces, 1976.

Goodwin, Jacob. *Brotherhood of Arms*. New York: Times Books, 1985.

Gordon, Michael R., and Bernard E. Trainor. *The Generals' War*. Boston: Little, Brown, 1995.

Gordon, Y. W. "Mission Bolo." *7th Air Force Working Paper 67/3* (February 1967). USAF History Support Office.

Gray, Colin S. *Modern Strategy*. Oxford: Oxford University Press, 1999.

Hackworth, David H. "Col. John R. Boyd: A Fighter on Many Fronts." *New York Times Magazine* (January 4, 1998): 32.

Halberstam, David. *The Best and the Brightest*. New York: Ballantine, 1993.

Hammes, Thomas X. "Rethinking Air Interdiction." *Proceedings* (December 1987): 50-55.

Hanson, Victor Davis. *The Wars of the Ancient Greeks*. London: Cassell, 1999.

"Harry Hillaker: Father of the F-16." *Code One*. (July 1991). Fort Worth: General Dynamics.

"Harry Hillaker: Father of the F-16. Part II." *Code One*. (July 1991). Fort Worth: General Dynamics.

Higgins, J. W. "Military Movements and Supply Lines as Comparative Interdiction Targets." Santa Monica, Calif.: The RAND Corporation, July 1970.

Hooker, Richard D. Jr., ed. *Maneuver Warfare*. Novato, Calif.: Presidio Press, 1993.

Kaplan, Fred. "Beast of Battle." *Boston Globe Magazine* (July 21, 1991): 12.

Keaney, Thomas A., and Eliot A. Cohen. *Gulf War Air Power Survey*. Maxwell AFB, Ala.: Air University Press.

Keegan, John. *A History of Warfare*. New York: Alfred A. Knopf, 1993.

_____. *The Face of Battle*. New York: Penguin, 1976.

Kofsky, Frank. *Harry S. Truman and the War Scare of 1948*. New York: St. Martin's Press, 1993.

Kross, Walter. *Military Reform*. Washington: National Defense University Press, 1985.

Krulak, Victor H. *First to Fight*. Annapolis: Naval Institute Press, 1999.

Leader, C. A. "Lambs to the Slaughter." *Marine Corps Gazette* (January 1982): 38-43.

Lind, William S. *Maneuver Warfare Handbook*. Boulder: Westview Press, 1985.

Lind, William S., et al. "The Changing Face of War: Into the Fourth Generation." *Marine Corps Gazette* (October 1989): 22-26.

_____. *Maneuver Warfare*. Novato, Calif.: Presidio Press, 1993.

Llinares, Rich, and Chuck Lloyd. *Warfighters: The Story of the USAF Weapons School and the 57th Wing*. Atglen, Pa.: Schiffer Military / Aviation History, 1996.

McKenzie, Kenneth F. Jr. "On the Verge of a New Era: The Marine Corps and Maneuver Warfare." *Marine Corps Gazette* (July 1993): 63-67.

McMaster, H. R. *Dereliction of Duty*. New York: Harper Perennial, 1998.

Millett, Allan R. *Semper Fidelis: A History of the United States Marine Corps*. New York: The Free Press, 1980.

Minutaglio, Bill. "Tales of the Fighter Mafia." *Dallas Life Magazine* (May 3, 1987).

Moore, Daniel E. Jr. "Bosnia, Tanks, and 'From the Sea.'" *Proceedings* (December 1994): 42-45.

Muller, Mary M. *A Town at Presque Isle: A Short History of Erie, Pennsylvania, to 1980*. Erie: The Erie County Historical Society, 1997.

Murray, Williamson. *Air War in the Persian Gulf*. Baltimore: The Nautical & Aviation Publishing Company of America, 1995.

Musashi, Miyamoto. *A Book of Five Rings*. Woodstock, N.Y.: The Overlook Press, 1974.

Myrer, Anton. *Once an Eagle*. Carlisle, Pa.: Army War College Foundation Press, 1997.

Neufeld, Jacob. *The F-15 Eagle Origins and Development 1964-1972*. Washington: Office of Air Force History, 1974.

No Kum-Sok. *A MiG-15 to Freedom*. Jefferson, N.C.: McFarland & Company, 1996.

Operation Desert Storm Evaluation of the Air War. Washington: United States General Accounting Office, 1996.

O'Shaughnessy, Hugh. *Grenada*. New York: Dodd, Mead & Company, 1984.

Prados, John. *The Blood Road*. New York: John Wiley & Sons, Inc., 1999.

Richards, Chester W. "Agile Manufacturing: Beyond Lean?" *Production and Inventory Management Journal* (Second Quarter, 1996): 60-64.

_____. *A Swift, Elusive Sword*. Washington: Center for Defense Information, 2001.

_____. "Riding the Tiger: What You Really Do with OODA Loops." In *Handbook of Business Strategy*. New York: Faulkner & Gray, 1995.

Robinson, Clarence A. Jr. "USAF Studies Fighters for Dual-Role." *Aviation Week & Space Technology* (January 3, 1983): 36-40.

"Rollover Beethoven... Bail Out! Bail Out!" *Lost Birds* (Jan / March 1998): 13-16.

Romm, Joseph J. "The Gospel According to Sun Tzu." *Forbes* (December 9, 1991).

_____. *The Once and Future Superpower*. New York: Morrow, 1992.

Salter, James. *The Hunters*. New York: Vintage International, 1999.

Schwarzkopf, H. *Norman. It Doesn't Take a Hero*. New York: Bantam Books, 1993.

Sherry, Michael S. *The Rise of American Air Power*. New Haven: Yale University Press, 1987.

Smallwood, William L. *Warthog*. Washington: Brassey's, 1993.

Smith, Hedrick. *The Power Game*. New York: Ballantine, 1988.

Smith, Perry McCoy. *The Air Force Plans for Peace 1943-1945*. Baltimore: The Johns Hopkins Press, 1970.

Spector, Ronald H. *U.S. Marines in Grenada 1983*. Washington: U.S. Marine Corps, 1987.

Spick, Mike. *The Ace Factor*. New York: Avon, 1988.

_____. *The Complete Fighter Ace*. London: Greenhill Books, 1999.

Spinney, Franklin C. *Defense Facts of Life*. Boulder: Westview Press, 1985.

_____. *Defense Power Games*. Washington: Fund for Constitutional Government, 1990.

_____. "Genghis John." *Proceedings* (July 1997): 42-47.

Sprey, Pierre M. "Austere Weapons Systems." Briefing. Late 1960s.

_____. "F-XX and VF-XX -- Feasible High Performance, Low Cost Fighter Alternatives." Staff Study, Office of the Assistant Secretary of Defense, June 9, 1969.

Stevenson, James P. *The Pentagon Paradox*. Annapolis: Naval Institute Press, 1993.

Stevenson, William. *Zanek!* New York: Bantam Books, 1971.

Sun Tzu. *The Art of War*. Edited by James Clavell. New York: Delacorte Press, 1983.

_____. *The Art of War*. Translated by Samuel B. Griffith. London: Oxford University Press, 1963.

_____. *The Art of War*. Translated by Thomas Cleary. Boston: Shambhala, 1988.

_____. *The Art of Warfare*. Translated by Roger Ames. New York: Ballantine, 1993.

Taylor, Maxwell D. *The Uncertain Trumpet*. New York: Harper & Row, 1959.

Thomas, Robert M. Jr. "Col. John Boyd Is Dead at 70: Advanced Air Combat Tactics." *New York Times* (March 13, 1997): 22.

Thompson, Warren, and Joe Mizrahi. "Air War over Korea." *Airpower* (September 2000): 8-39.

Tilford, Earl H. Jr. *Setup: What the Air Force Did in Vietnam and Why*. Maxwell AFB, Ala.: Air University Press, 1991.

"The United States Strategic Bombing Survey." September 30, 1945.

Watts, Alan. *Tao: The Watercourse Way*. New York: Pantheon Books, 1957.

Watts, Barry D. *The Foundations of U.S. Air Doctrine*. Maxwell AFB, Ala.: Air University Press, 1984.

Webb, James. *Fields of Fire*. New York: Bantam Books, 1979.

Wells, Linton II. "Maneuver in Naval Warfare." *Proceedings* (December 1980): 34-41.

Williams, Michael D. *Acquisition for the 21st Century*. Washington: National Defense University Press, 1999.

Wilson, George C. *This War Really Matters*. Washington: CQ Press, 2000.

Wilson, G. I. "The Gulf War, Maneuver Warfare, and the Operational Art." *Marine Corps Gazette* (June 1991): 23-24.

_____. "Maneuver / Fluid Warfare: A Review of the Concepts." *Marine Corps Gazette* (January 1982): 54-61.

Wilson, G. I., and W. A. Woods. "The Controversy: Attrition or Maneuver?" *The Word Publication* Marine Corps Reserve Officer Association (January-February 1984): 38-42.

Wolfe, Tom. *The Right Stuff*. New York: Farrar Straus Giroux, 1979.

Woods, William A. "A Reevaluation of Doctrine: Applying Infiltration Tactics to the Water-Borne Assault." Amphibious Warfare School. Quantico, May 1, 1981.

Worden, Mike. *Rise of the Fighter Generals*. Maxwell AFB, Ala.: Air University Press, 1998.

존 보이드 연표

1927년 1월 23일	펜실베이니아주 이리 출생.
1944년 10월 30일	미 육군항공단에 병사로 입대.
1947년 1월 7일	예비역 병장으로 전역.
1947년	아이오와 대학교 입학(경영학 전공).
1949년	공군 ROTC 입단.
1951년 2월	아이오와 대학교 졸업. 공군 소위 임관.
1952년 4월	애리조나주 윌리엄스 공군기지에서 제트기 비행 훈련.
1953년 3월 27일	제51전투요격전대 소속 F-86 조종사로 한국전쟁 파견.
	총 22회 전투 출격.
1954년 4월 20일	넬리스 공군기지에 고등비행학교 교관 요원으로 전속.
	전투기무기학교(FWS) 교관으로 선발.
	"40초 보이드" 전설 탄생.
1960년	"공중전 연구" 교범 첫 출간.
1960년 9월	공군의 학위 취득 지원 프로그램으로 조지아 공대 입학.

1962년	조지아 공대 졸업(산업공학 학사).
1962년	플로리다주 에글린 공군기지로 전속.
	톰 크리스티와 에너지-기동성 이론 연구.
1966년	펜타곤으로 전속.
	에너지-기동성 이론을 전투기 설계에 응용.
	후에 F-15가 되는 F-X 전투기 프로젝트 개발 참여.
1969년	전투기 마피아 결성.
	후에 F-16이 되는 경량 전투기 설계 작업 시작.
1969년 8월	앤드루스 공군기지 소재 공군체계사령부로 전속.
1971년	대령 진급.
1972년 4월	태국 나콘파놈 기지 파견(태스크포스 알파 부사령관).
	제56전투지원단장 겸 나콘파놈 기지 사령관 보임.
1973년	펜타곤으로 전속(개발계획실장).
	B-1 폭격기 프로젝트 감독.
1974년	경량 전투기 양산 허가.
1975년	YF-16, 경량 전투기 사업 기종으로 선정.
1975년 8월 31일	대령 계급으로 공군 전역.
	톰 크리스티에 의해 펜타곤 자문위원으로 위촉.
1976년 8월 4일	"신속 전환" 브리핑 실시.
1976년 9월	"파괴와 창조" 논문 완성.
1976년 9월	"분쟁의 양상" 브리핑 첫 버전 완성.
	우다 루프 개념 제안.
	추종자들과 개혁파 활동.

1979년	짐 팰로스와 군사개혁에 관해 인터뷰.
1979년 10월	군사 개혁 운동에 관해 최초의 전국지 보도.
1980년 1월	해병대 상륙전학교에서 첫 강의. 이후 해병대와 인연.
1983년 2월	군사개혁에 관한 《타임》지 보도.
1987년 5월	"지휘통제를 위한 구조 설계" 브리핑 완성.
1987년 6월	"전략 게임? 그리고?" 브리핑 완성.
1987년	기존 연구들을 "승리와 패배에 관한 담론"으로 종합.
1989년 10월	"전쟁 양상의 변화: 4세대 전쟁으로" 기사 발표.
1990년 8월 2일	이라크, 쿠웨이트 침공
	딕 체니 국방장관에게 전략 계획 자문
1991년 4년 22일	사막의 폭풍 작전 관련 하원 군사위원회 청문회 참석.
1991년	전립선 암 진단.
1993년	쳇 리처즈, 보이드 이론 비즈니스에 응용 연구.
1995년	"분쟁의 양상" 마지막 개정.
1997년 2월	병세 악화로 입원.
	보이드 연구 자료 해병대에 기증.
1997년 3월 9일	사망.
1997년 3월 20일	알링턴 국립묘지 안장.
1999년 9월 17일	넬리스 공군기지에 보이드 홀 헌정.

역자 후기

"40초 보이드"라고 불린 전설의 전투기 조종사, 에너지-기동성 이론 고안자, 공학자로서 F-16를 설계하는 데 일조한 "F-16의 아버지", 전투기 마피아의 리더, 우다 루프 창시자, 리델 하트가 꼽은 "20세기 최고의 군사전략가"….

역자는 오래전부터 밀리터리 커뮤니티에서 활동하면서 존 보이드에 대한 이런 평가나 찬사들을 많이 접해왔었다. 그런데 그가 활동한 영역이 워낙 다양하고 넓어서 한 사람이 이 일들을 다 해냈다는 것이 선뜻 믿기지 않았다. 전투기 조종사였던 사람이 공학자, 군사개혁가, 군사이론가, 군사전략가로 어떻게 거듭날 수 있었을까? 그런데 이 책을 번역하고 나서야 그것이 어떻게 가능했는지를 비로소 알게 되었다. 그것은 바로 그의 소신과 열정이 있었기에 가능했다.

하나의 전문 분야에서 뛰어난 업적을 남겨 자신의 전문 분야와 세상을 변화시키는 사람이 되고 싶다는 것은 많은 사람이 꿈꾸는 일이겠지만, 실제로 해내는 사람은 정말로 많지 않다. 보이드는 그것을 해낸 사람이다. 항공 분야를 비롯한 군사 분야에서는 그가 남긴 유산들을 언급하지 않으면 그 분야를 논할 수가 없을 정도다. 그는 탁월한 전문성뿐만 아니라 불의에 타협하지 않는 소신을 가지고 그 일들을 이뤄냈다. 이상을 위해 소신껏 살아간다는 것은 사회에 첫발을 내딛은 사회초년생과 막 입대한 젊은 군인들이 꿈꾸는 모습일 것이다. 하지만 대부분이 여러 가지 이유와 현실 논리에 부딪혀 그 꿈에서 멀어져간다.

이 책은 그러한 이상을 실천하기가 쉽지 않은 세상에서 소신을 굽히지 않고 군과 펜타곤 내의 관료주의자와 출세주의자들의 불의에 맞서 뜨겁게 싸우며 일생을 살아간 존 보이드와 그를 따른 "사기꾼" 톰 크리스티, "현인" 피어 스프레이, "일등" 레이 레오폴드, "자신만만" 프랭클린 "척" 스피니, "고집쟁이" 제임스 버튼, "불굴의 해병" 마크 와일리, 이 6명의 추종자들Acolytes의 이야기를 담고 있다.

우리나라에는 장포대라는 표현이 있다. 장군 진급을 포기한 대령이라는 뜻이다. 진급을 포기하면 소신껏 거침없이 말과 행동을 할 수 있는 입장이 된다. 말하자면 존 보이드가 바로 그런 장포대였다. 굽힘 없는 소신으로 상관들과 맞서며 때로는 승리하기도, 때로는 좌절하기도 한다. 상대는 보신과 출세주의가 만연한 거대한 관료 조직인 미 공군과 펜타곤이다. 이 책은 존 보이드와 그의 추종자들이 겪은 그런 선한 싸움들의 비화를 다룰 뿐 아니라, 한국전쟁부터 베크남 전쟁, 걸프전에 이르는 한 시대에 걸친 미 공군과 펜타곤의 조직 문화와 야사들을 다룬다.

이 책은 보이드와 그의 추종자들이 자신의 소신을 위해 힘든 싸움을 해나간 이야기들을 마치 전투 무용담처럼 생생하게 소개한다. 역자는 조직 논리가 지배하는 관료주의, 군종 간 밥그릇 싸움, 그런 펜타곤의 과거 뒷얘기들을 보면서 낯설지 않다는 느낌을 줄곧 받았다. 관료주의라는 것이 20세기 중후반의 미 공군과 펜타곤에만 존재했다는 법은 없으니 말이다. 그런 문제들은 21세기의 우리나라에서도 비슷하게 화제가 되곤 한다. 그래서 존 보이드와 개혁파들이 군사개혁이라는 꿈을 이루기 위해 해나간 싸움에 더 감정이입을 하며 응원하는 입장이 되었다. 그가 장군들을 "갈길" 때는 갈긴다는 표현의 유래가 그렇듯 적기를 격추한 것 같은 통쾌함을 느끼고, 그가 좌절하거나 상대들로부터 앙갚음을 당할 때는 차라리 더 현명하게 타협할 줄 알았더라면 어땠을까 하며 안타까워하면서 보기도 했다. 보이드의 불우한 가족사가 나오는 부분들에서는 몇 번인가 눈시울이 뜨거워지기도 했다. 저자는 그렇게 독자들에게 감정이입을 시키면서 한 사람의 파란만장한 일대기를 그린다.

장장 600쪽이 넘는 이 대작을 번역하면서 역자로서 저자가 독자에게 전달하고픈 것을 충실하게 우리말로 옮기려고 노력했지만, 능력의 한계로 인해 그것을 충분히 살리지 못한 건 아닌가 하는 걱정이 앞선다. 존 보이드는 글이란 한 번 인쇄되고 나면 고칠 수 없는 것이라고 생각했기 때문에 자신의 생각을 문서로 남길 때 완벽해야 한다는 압박감에 엄청난 스트레스를 받았다고 한다. 역자도 번역서라는 결과물을 만들어내는 작업을 하면서 그의 마음을 공감했다.

보이드는 말년에 자신이 사회에서 잊혔다는 생각에 마음고생을 하면서 자신이 많은 선한 업적을 이룬 사람이었다고 친구들이 기억해주기를 바랐다고 한다. 저자도 이 책의 후반부에서 존 보이드가 과소평가되고 잊히는 것을 안타까워했으며, 이 책을 통해 보이드가 사람들에게 기억되기를 바란다는 생각을 간접적으로 드러냈다. 존 보이드는 사후에 그의 친구들 덕분에 전 세계의 군과 항공 분야에 많은 업적을 남긴 사람으로 더 잘 알려지게 된다.

이 책은 보이드의 삶과 업적을 군인뿐 아니라 일반인에게 알리는 데 큰 기여를 할 것이다. 이 책의 역자로서 이 책이 푸른색 공군 제복의 명예를 누구보다 빛낸 존 보이드의 업적과 그의 소신 있는 삶이 우리나라에 더 잘 알려지는 데 도움이 되었으면 한다. 이 책에는 그와 비슷한 어려운 환경에서 그와 비슷한 고민을 마주하는 사람들에게 삶의 지침이 될 만한 내용이 가득하다. 다른 누군가가 번역을 맡았다면 아쉬웠을 것 같은 생각이 들 만큼 역자에게는 정말 의미가 큰 책이다. 이 대작을 번역하면서 한 사람만의 힘으로는 좋은 결과물이 나올 수 없다는 것을 새삼 깊이 깨닫게 되었다.

이런 귀한 책을 번역할 수 있는 기회를 주신 플래닛미디어 김세영 대표님, 전문적인 내용을 꼼꼼하게 감수해주신 오충원 대령님, 번역의 완성도를 높이는 데 도움을 주신 이보라 편집장님, 이처럼 명예로운 인물의 일대기를 번역할 수 있도록 주선해주신 오랜 지인 계동혁님, 그리고 역자가 군사와 항공 분야에서 지식과 경력을 쌓는 데 도움을 주신 군 안팎의 모든 분께 감사드린다. 이 책으로 그 모든 분께 작게나마 은혜를 갚는 기회가 되었으면 한다.

2023년 11월
김진용

한국국방안보포럼(KODEF)은 21세기 국방정론을 발전시키고 국가안보에 대한 미래 전략적 대안을 제시하기 위해 뜻있는 군·정치·언론·법조·경제·문화 마니아 집단이 만든 사단법인입니다. 온·오프라인을 통해 국방정책을 논의하고, 국방정책에 관한 조사·연구·자문·지원 활동을 하고 있으며, 국방 관련 단체 및 기관과 공조하여 국방 교육 자료를 개발하고 안보의식을 고양하는 사업을 하고 있습니다. http://www.kodef.net

KODEF 안보총서 120

보이드
BOYD

초판 1쇄 인쇄 | 2023년 11월 16일
초판 1쇄 발행 | 2023년 11월 23일

지은이 | 로버트 코람
옮긴이 | 김진용
펴낸이 | 김세영

펴낸곳 | 도서출판 플래닛미디어
주소 | 04044 서울시 마포구 양화로6길 9-14 102호
전화 | 02-3143-3366
팩스 | 02-3143-3360
블로그 | http://blog.naver.com/planetmedia7
이메일 | webmaster@planetmedia.co.kr
출판등록 | 2005년 9월 12일 제313-2005-000197호

ISBN | 979-11-87822-81-3 03990